D1921202

Studienausgabe 3.II

Hans Urs von Balthasar
Apokalypse der deutschen Seele

Studienausgabe Hans Urs von Balthasar
Unter der Leitung von Prof. DDr. Alois M. Haas, Zürich

1. Die Entwicklung der musikalischen Idee
   Versuch einer Synthese der Musik (1925)
   Bekenntnis zu Mozart (1955)

2. Geschichte des eschatologischen Problems in der modernen deutschen Literatur
   Abhandlung zur Erlangung der Doktorwürde der philosophischen Fakultät I der Universität Zürich (1930)

3. Apokalypse der deutschen Seele
   Studien zu einer Lehre von letzten Haltungen
   - I. Der deutsche Idealismus (1937)
     Mit einem Geleitwort von Alois M. Haas
   - II. Im Zeichen Nietzsches (1939)
   - III. Vergöttlichung des Todes (1939)

4. Von den Aufgaben der katholischen Philosophie in der Zeit (1946)

Hans Urs von Balthasar

Apokalypse der deutschen Seele

Studien zu einer Lehre von letzten Haltungen

BAND II

Im Zeichen Nietzsches

Johannes

Erste Ausgabe
Verlag Anton Pustet, Salzburg · Leipzig 1939

© Johannes Verlag Einsiedeln, Freiburg ²1998
Alle Rechte vorbehalten
Druck: Kösel Kempten
ISBN 3 89411 349 9

Inhaltsübersicht

HINWEIS DES VERLAGS

Die vorliegende Ausgabe der dreibändigen „Apokalypse der deutschen Seele“ H. U. von Balthasars gibt das noch in Fraktur gedruckte Original von 1937-1939 seitengleich und inhaltlich unverändert wieder. Vormals gesperrte Stellen sind hier kursiv gedruckt; entsprechend lautet der öfter wiederkehrende Vermerk des Autors: „Von mir kursiv“. Im Inhaltsverzeichnis des ersten Bandes wurden auch die Untertitel mit Seitenzahlen versehen.

Druckfehler wurden stillschweigend korrigiert, die Zitate nur bei fraglichen Stellen nachgeprüft. Korrigierend eingegriffen wurde zudem nur in wenigen Fällen bei offensichtlicher Inkonsequenz der Zitierweise des Verfassers.

Die vom Verfasser seinerzeit verwendeten Ausgaben der erwähnten Autoren wurden nicht durch neuere Editionen ergänzt. Wenn der Verfasser Einzeltexte oder Gesamtausgaben zitiert, gibt er normalerweise bei der Erstzitierung die genaue Referenz, so daß spätere Zitierungen mit Abkürzungen und Verweisen leicht anhand des Personenregisters im 3. Band entschlüsselt werden können.

VORWORT

Der Umfang des früher angekündigten zweiten Bandes ließ es ratsam erscheinen, diesen zu teilen und die Teile als Band 2 und 3 einzeln erscheinen zu lassen. Band 3, „Die Vergöttlichung des Todes“, erscheint im September dieses Jahres.

Der zweite und dritte Band dieser Studien sind durchweg ohne Kenntnis des ersten verständlich, auch wenn sie gelegentlich auf diesen zurückverweisen. Wer aber die ausdrückliche Darlegung der hier verfolgten Methode sucht, muß diese doch in der Einführung zum ersten Bande nachlesen.

Wenn hiemit unsere Studien zu einem vorläufigen Abschluß gelangen, so heißt das nicht, daß an ihrem Ende eine vollständige theoretische „Lehre“ von letzten Haltungen abgehoben werden kann. Wohl aber wird die innere Problementwicklung zu einem immer eindeutigeren Resultat hin treiben, so daß am Schluß dem willigen Leser der Sinngehalt dieser hundertfünfzig Jahre deutschen Geisteslebens als eine langsam gereifte Frucht in den Schoß fällt.

Damit ist gesagt, daß die behandelte Periode eine in sich geschlossene, abgeschlossene ist. In diesem Sinn wird also das Ende einer Zeit behandelt und als Ende behandelt. Die Keime des Neuen und deren Entfaltung in unsern Tagen zu schildern, hätte diesen Rahmen gesprengt, der die Zeit bis 1930 umgrenzt.

München, im Mai 1938

Dionysos-Prinzip

DIONYSOS-PRINZIP

Βάκχος ἄναξ δάκρυσε, βροτῶν ἵνα δάκρυα λύσῃ.
(Nonnos 12, 170.)

Auf dem neuen Blatt in der Geschichte des deutschen Geistes, das wir am Ende des ersten Bandes noch eben umgeschlagen haben, blickte uns ein neues Zeichen entgegen, dessen Sinn wir erst in dem enträtseln konnten, was es verneint: die ganze Prometheuswelt des deutschen Idealismus. Prometheus-Prinzip war jene Letzthaltung des Menschen gewesen, die sich als der glorreiche und zugleich tötende Mittlerpunkt zwischen Gott und Welt verstand: als Vermittlung zwischen Gott-Alles zu Welt-Nichts und von Welt-Alles zu Gott-Nichts und in diesem doppelten *δια* als Ruhm und Schmerz der Dialektik. Aber im Maße sich diese Dialektik lebend ausbreitete und von der Mitte reiner Weltschau (in Fichte und Schelling) zu wachsender Einbeziehung der konkreten Existenz fortschritt (in Novalis, Hölderlin, Schiller-Goethe, Jean Paul-Hegel), wandelte sich der innere Sinn der Formel. War er zuerst das *δια* als das denkende Fassen und Bewältigen der Gegensätze und damit die „Melancholie" jener Götterstille, die sich über den realen Schmerz erhoben hat, so verwandelte sich diese Melancholie des Abstrakten, im Maße sie sich existential verlebendigte, immer mehr in echt menschliche „Bescheidung". In der deutschen Klassik wird die einfache idealistische Synthesis zur existentialen Synthesis der Synthesis und Thesis: „Melancholie" der reinen Idee und „Schmerz" der zerrissenen Existenz werden eins in der Resignation als der eigentlichen Vollkommenheit des Ewig-Unvollkommenen. Aber erst nachdem mit Hegel der Versuch mißlungen war, diese existentiale Formel nochmals aus dem Prometheus-Prinzip idealistisch zu deuten, zeigte sie nun auch ihre ganze unverhüllte Fragwürdigkeit. Unter der „Mitte" der Resignation brach auf, was in ihr doch selbst schon verborgen gegenwärtig war: die „Nacht" des Unbewältigten im Dasein. In den Kapiteln der „Götterdämmerung" zeigten wir, wie der Einbruch dieser Nacht einen Teil des deutschen Geistes zum Christlichen zurückführte, einen andern in ideenmüde Ernüchterung von allerhand „Positivismen" leitete, einen dritten endlich zu einem innerlich ratlosen Pantragismus hinlenkte. Der doppelte Schlachtruf Kierkegaards und Nietzsches, der in diese

Nacht erging und die zersprengten Scharen sammelte, war uns als das radikale Nein gegen diese Müdigkeit und Auflösung erschienen, das in einem tiefern Ja zur heroischen Situation des Menschen im Widerspruch aufrief.

In diesem Sinn ist das Neue, das sie brachten, geradezu die formale Reinheit dieses Ja: als der reinen, leidenschaftlichen, durch kein idealistisches Bewältigen überwundenen *Existenz* in der vom Idealismus hinterlassenen Situation von „Resignation" in der „Nacht". Aber diese Situation war in der Jahrhundertmitte nicht mehr als Tat einer weltanschaulichen Selbstauslegung des Daseins verstanden worden, sondern einfach als leeres, faktisches Sichbefinden. Keine Spannung zwischen den Widersprüchen ließ die Situation *als* Situation sichtbar werden. Dazu bedurfte es jenes neuen Sehen-Könnens, das Kierkegaard und Nietzsche brachten, und dessen Leidenschaft den bloßen „Zustand" im Widerspruch wiederum in eine Selbstausdeutung verwandelte. Dieses formale Ja zur Existenz im Widerspruch gibt das Prinzip der ganzen folgenden Epoche deutschen Geisteslebens. Wir können sie also damit kennzeichnen, daß in ihr die dreiteilige Dialektik des Idealismus durch eine zweiteilige des „Existentialismus" abgelöst wird. Das „Letzte", das „Eschaton" des Menschen und der Welt, soll nicht mehr „jenseits" von Thesis und Antithesis gesucht werden, sondern sehr genau in diesem Kampffeld *zwischen* den Gegensätzen selber. Freilich könnte man hier einwenden, die Synthesis des Idealismus, besonders in der wachsend existentialisierten Form, mit der sie bei Goethe und Hegel auftrat, sei ja auch nur das Zwischen der Gegensätze, in seinem Erfüllungscharakter betrachtet, und eben Goethe und Hegel seien die entschiedensten Gegner jedes nur mechanischen, nur leeren Jenseits gewesen. Dies ist richtig, und es mahnt uns daran, die beiden Prinzipien selbst nicht formalistisch einander entgegenzusetzen. Dennoch ist Goethes „konziliantes Wesen" und Hegels Aufhebungskunst dem reinen Festhalten des Gegensatzes hinderlich gewesen. Dort, wo es um eine unerbittliche Existentialanalyse dieser konkreten Welt gegangen wäre, sind diese beiden „weltlichsten" Denker stets allzuschnell bereit, vor ihrer „Göttlichkeit" zu knien und darüber ihr eigentlich Weltliches zu vergessen. Von Nietzsche an geht es nun ausdrücklich um diese Weltlichkeit: *sie* muß begriffen und „erlöst" werden, und alles Letzte muß sich *innerhalb* ihrer vier Wände selber abspielen können. Eher dürfte hier

Jean Paul als Zeuge angeführt werden: „Unsere Wunde und unser Himmel sind offen, . . . dies ist eins und kein Wortspiel.“[1]

Nietzsche bricht daher mit jener Synthesis: „Die deutsche Philosophie als Ganzes – Leibniz, Kant, Hegel, Schopenhauer, um die Großen zu nennen – ist die gründlichste Art Romantik und Heimweh, die es bisher gab.“ Er leugnet nicht, daß diese Romantik auf „dem Regenbogen der Begriffe“, den zu beschreiten man „sehr fein, sehr leicht, sehr dünn“ sein muß, den deutschen Geist zu einer Höhe geführt hat, der ihn „der mechanischen Tölpelei der Naturwissenschaften“, dem „Jahrmarkts-Lärme der ‚modernen Ideen‘“ entrückte und der besten griechischen Kultur näherte – aber diese ganze „Synthesis“ ist zuletzt doch nur der *eine* Pol der Existenz; der andere ist das nackte, faktische Dasein, und *zwischen* beiden muß erst die Brücke, die erlösende Seinsform, gefunden werden.[2] Inhaltlich also muß die idealistische Lösung durchaus überwunden werden: „Das Notwendige nicht bloß ertragen, noch weniger verhehlen – aller Idealismus ist Verlogenheit vor dem Notwendigen –, sondern es *lieben*.“[3] Die Distanz, die die Synthesis Hegels zum Widerspruch gewinnen läßt, wird aufgehoben: „Diese Dinge kennt ihr als Gedanken, aber eure Gedanken sind nicht eure Erlebnisse, sondern das Nachklingen von denen anderer: wie wenn euer Zimmer zittert, wenn ein Wagen vorüberfährt. Ich aber sitze im Wagen und oft bin ich der Wagen selber.“[4] Das reale Hin- und Hergerissenwerden der Lebensbewegung zwischen den Polen von „Essenz“ und „Existenz“, „Idee“ und „Faktizität“, „Synthesis“ und „Thesis“ macht als solches das neue formale Prinzip aus.

Dieses Prinzip kann nun in drei Stufen von wachsender Konkretheit betrachtet werden. Zunächst im formalen Zustand einer allgemeinen Ontologie. Dann im inhaltlicheren einer Anthropologie und Kulturphilosophie. Endlich im konkretesten einer religiösen Problematik.

Als formale Ontologie wird das Kennwort dieses Prinzips offenbar „Leben“ heißen müssen, im betonten Gegensatz zur „Idee“ des Prometheusprinzips. Nicht in dem Sinn, als ob hier „Geist“ geleugnet würde, sondern so, daß zwischen „Materie“ und „Geist“ die eigentlich bindende Mitte Leben heißt und die beiden Extreme eigentlich nur Grenzbegriffe des Raumes sind, in dem sich Leben entfaltet. Bei Bergson, wo diese Philosophie des Lebens einsetzt,

---

[1] 1. Band, 545. – [2] Nietzsches Werke (Naumann, Leipzig; Bd. 15 und 16 bei Kröner, Leipzig), Bd. 15, 444-445, künftig als N. zitiert. – [3] N. 15, 48. – [4] N. 11, 382.

ist diese Absteckung des Raumes zwischen „Stoff" einerseits, „Intellekt" anderseits ein Hauptgeschäft der Philosophie. Aber sofern dann Leben wesentlich Bewegung heißt, treten zwei Begriffe in den Vordergrund: der der Zeit als der inneren Form dieser Bewegtheit und der der Bewegungsrichtung als der Unumkehrbarkeit der Zeit. Mit dieser Betonung der Zeit erhebt sich jene ganze Problematik des doppelten Werdens, die wir bei Goethe erörterten, von neuem, aber auf einer veränderten Grundlage. Hier wie dort heißt die Bewegung zwischen Polen ein Doppeltes: Schreiten aus einem Lebens-Grund zu einer Geist-Höhe und von einer Geist-Abstraktheit zu einer Lebens-Fülle. Aber während sich beide Bewegungen bei Goethe in einer zeitlosen Mitte ästhetischer oder wissenschaftlich-morphologischer Schau durchdrangen, kann jetzt diese Mitte nur selbst eine zeitliche, gerichtete sein. Daher muß der Gegensatz von Lebens-Grund und Geist-Höhe sich unmittelbar auslegen als Gegensatz von innerem, unendlichem Lebenskern und äußerem, endlichem Geist*horizont*, die Bewegung zwischen einschließenden Polen als Bewegung endlicher, zeitlicher Existenz auf ihre Grenze hin. Von Bergsons Zeitphilosophie werden wir durch Nietzsche hindurch zur Philosophie der endlich-zeitlichen Existenz bei Simmel, Scheler, Heidegger und Rilke geführt. Und indem dieses Denken nicht mehr die Seinsbewegung von jenem *Voraus* der Einheit her (wie bei Fichte, Schelling, Hegel) auf sich zukommen sieht, als θεωρία und speculatio, sondern ihren Horizontentwurf in ihrem endlich-zeitlichen Auswerfen mitvollzieht, wird es bei Bergson zunächst ausdrücklich zur empirischen Metaphysik, dann aber, von Husserl an, sich besser verstehend, zur Phänomenologie des endlichen Weltseins.

Auf Grund dieser formalen Situation und streng innerhalb ihrer ergeht dann erst die zweite, inhaltlichere Frage nach dem Sinn dieses Seins, als Anthropologie und Kulturphilosophie. Erst jetzt erscheinen Mensch und Erde eigentlichst auf sich selbst gestellt und nicht mehr an einer unzeitlich-transzendenten Geistordnung aufgehängt. Statt nach oben öffnet sich nun unabweisbar wiederum – wie einst in der Aufklärung, aber losgelöst von allem flachen evolutionistischen Apriori – der Raum der zeitlichen *Zukunft* als Raum, von dem Sinn, Lösung, Erlösung zu erwarten steht.[1] Nietzsche mag hier als der Prophet dieser neuen Zukunft stehen:

[1] Die konsequenteste Ausgestaltung dieser Seite gibt das zu wenig beachtete große Werk von Wilhelm Sauer: „Philosophie der Zukunft: Eine Grundlegung der Kultur" (1923).

„Es naht sich, unabweislich, zögernd, furchtbar wie das Schicksal, die große Aufgabe und Frage: Wie soll die Erde als Ganzes verwaltet werden? Und *wozu* soll ‚der Mensch‘ als Ganzes – und nicht mehr ein Volk, eine Rasse – gezogen und gezüchtet werden?“[1] Zukunft wird zur entscheidenden Zeitdimension: „Das Zukünftige ist ebenso Bedingung des Gegenwärtigen wie das Vergangene. Was werden soll und werden muß, ist der Grund dessen, was ist.“[2] Zukunft ist die Dimension der Entscheidung und der Wahl: „Ich liebe die Ungewißheit um die Zukunft.“[3] „Wir wissen das ‚Wohin‘ noch nicht, zu dem wir getrieben werden, nachdem wir uns dergestalt von unserm alten Boden abgelöst haben. Aber dieser Boden selbst hat uns die Kraft angezüchtet, die uns jetzt hinaustreibt, in die Ferne, ins Abenteuer, durch die wir ins Uferlose, Unerprobte, Unentdeckte hinausgestoßen werden, – es bleibt uns keine Wahl, wir müssen Eroberer sein.“[4] Diese Ausfahrt aber ist schon die in der Seinsbewegung als Zeit vorgezeichnete Richtung: „Ein verborgenes *Ja* treibt uns dazu, das stärker ist als alle unsere Neins, ... wir wagen *uns* daran.“[5] Aber weil es um die Zukunft *dieser* endlichen, zeitlichen Erde geht, die auf sich selber steht und deren Sinn es aus ihren eigenen Mitteln zu ergründen und zu leisten gilt, darum die Zuhilfenahme jener vom Idealismus zurückgedrängten, weil anscheinend zu bescheidenen Mittel: einer vital verstandenen Entwicklungslehre – von der wir getragen werden –, einer durchaus menschlichen Kultur- und besonders Technikphilosophie – womit wir selber das Ziel mitbauen –, und so der nüchterne, abschätzende Blick vom letzten Horizont zum gegenwärtig Geleisteten und wieder zurück: „Ahnungen der Zukunft! Die Zukunft feiern, nicht die Vergangenheit! Den Mythus der Zukunft dichten! In der Hoffnung leben! Selige Augenblicke! Und dann wieder den Vorhang zuhängen und die Gedanken zu festen, nächsten Zielen wenden!“[6] Nietzsches Züchtungsgedanke tritt an die Stelle der idealistischen Transfiguration in Geist. Und dieser Gedanke will unbedingt kosmisch sehen, kosmisch berechnen. „In Hinsicht auf die Zukunft erschließt sich uns zum ersten Male in der Geschichte der ungeheure Weitblick menschlich-ökumenischer, die ganze bewohnte Erde umspannender Ziele. Zugleich fühlen wir uns der Kräfte bewußt, diese neue Aufgabe ohne Anmaßung selber in die Hand nehmen zu dürfen, ohne übernatürlicher Beistände zu bedürfen.“[7]

[1] N. 16, 337. – [2] N. 12, 239. – [3] N. 5, 217. – [4] N. 15, 435. – [5] Ebd. – [6] N. 12, 400. – [7] N. 3, 99.

Nietzsche sieht das „Glück der Zeit“ darin, daß eben diese eschatologische Perspektive zum erstenmal deutliche Züge annehmen kann. Die hunderttausendjährige Geschichte des Lebens auf der Erde erfaßt sich zum erstenmal als eine Geschichte, als einen Fort-schritt, das vitale Getriebenwerden geht über in bewußtes Lenken und Treiben, der innere Weltsinn taucht aus der Tiefe auf und nimmt Gestalt und Geist an. „Jetzt erst ist das Zeitalter der Zyklopenbauten! Endliche Sicherheit der Fundamente, damit alle Zukunft auf ihnen ohne Gefahr bauen kann!“[1] „Die Presse, die Maschine, die Eisenbahn, der Telegraph sind Prämissen, deren tausendjährige Konklusion noch niemand zu ziehen gewagt hat.“[2] Nicht als ob Nietzsche die Technik in einem bloß-aufklärerisch-optimistischen Licht gesehen hätte: „Was ich bekämpfe, ist der ökonomische Optimismus.“[3] Technik ist ihm eine ebenso zweideutige Macht wie das Leben selbst. Aber worauf es entscheidend ankommt, das ist das Eintreten dieser realen Weltmächte in die letzte Sinnperspektive. Mag dieser Totalsinn noch so weit entfernt sein, eine Angel ist nach ihm geworfen, welche sicher ist, ihn über kurz oder lang an sich zu ziehn. Die Leere zwischen Utopie und Realität schließt sich. In diesem Sinn tritt die Dichtung selbst in den Kreis dieser realen Mächte: „Die Dichter haben die Möglichkeiten des Lebens noch zu entdecken, der Sternkreis steht dafür offen, nicht ein Arkadien oder Kampanertal: ein unendlich kühnes Phantasieren an der Hand der Kenntnisse über Tierentwicklung ist möglich. Alle unsere Dichtung ist so kleinbürgerlich-erdenhaft, die große Möglichkeit höherer Menschen fehlt noch.“[4]

Das ist die Perspektive als Entwicklung. Aber diese Perspektive ist nicht unendlich, sie ist im Gegenteil die einer wesenhaft endlich-zeitlichen Welt. Quer zum Gedanken des Übermenschen legt sich der Gedanke des Todes, ja der Endlichkeit der Menschheit als ganzer. Dieser Gedanke aber ist kein Anlaß, die erste Perspektive aufzugeben. Sondern nur im Festhalten des Widerspruchs kann sich allererst das Letzte der Welt enthüllen. Freilich transzendiert hier aber die ganze Problematik der Anthropologie und Kulturphilosophie zu einer höchsten, religiösen Problematik: im Problem des endlichen Horizonts erscheint die Frage nach dem Sinn der Grenze. „Die höchste Auffassung von Universalgeschichte ist für den Menschen unmöglich; der große Historiker aber wird ebenso wie der

[1] N. 3, 338. – [2] N. 3, 340. – [3] N. 16, 287. – [4] N. 11, 328.

große Philosoph Prophet."[1] Im Problem der Grenze hat eben das reale Beschreiben und damit die Phänomenologie selbst ihre Grenze, die uneinsichtige Situation des Auslegens und Wählens wird unvermeidlich. Hier kehrt der große Kampf zwischen Kierkegaard und Nietzsche um den Letztsinn der Endlichkeit nochmals als Kampf der ganzen Epoche wieder und dieser Kampf wird auch Mitte und Entscheidung der Darstellung bilden. Gerade von dieser Höhe der Fragestellung aus, die uns einerseits den unverrückbaren Endgültigkeitsanspruch der realen endlichen Welt, anderseits ihren tragischen Widerspruch offenbart, wird nun aber auch der geheime Name des Gottes offenkundig, der als der Ewige und doch Gekreuzigte den Kern und Sinn dieser Welt regiert: Dionysos. Freilich war auch Prometheus ein Gekreuzigter, aber letztlich als ein *zwischen* Gott und Welt, zwischen Christus und Dionysos Zerrissener. Dionysos ist der Herrscher der Welt selber, der als Leben zeitlich sich entwickelt, als Zeitlicher vom Widerspruch zerrissen wird (wie der Mythus ihn als den wilden Zerreißer und zuletzt selber von den Mänaden Zerrissenen verkündet) und der doch als solcher der Gott ist (in der mythischen Endgültigkeit zwischen Zerrissenwerden und Auferstehen). In diesem Sinn hat Nietzsche seinen Dionysos Christus entgegengestellt: „Es ist *nicht* eine Differenz hinsichtlich des Martyriums – nur hat dasselbe einen anderen Sinn. Das Leben selbst, seine ewige Fruchtbarkeit und Wiederkehr bedingt die Qual, die Zerstörung, den Willen zur Vernichtung. Im andern Falle gilt das Leiden, ‚der Gekreuzigte als der Unschuldige', als Einwand gegen dieses Leben, als Formel seiner Verurteilung. – Man errät: Das Problem ist das vom Sinn des Leidens: ob ein christlicher Sinn, ob ein tragischer Sinn ... Der Gott am Kreuz ist ein Fluch auf das Leben, ein Fingerzeig, sich von ihm zu erlösen; – der in Stücke geschnittene Dionysos ist eine Verheißung des Lebens: es wird ewig wiedergeboren und aus der Zerstörung heimkommen."[2] Den Sinn dieses Kampfes gilt es nicht hier schon auszumachen, es mußte nur aufgezeigt werden, welches die entscheidende Problematik des neuen Prinzips ist. Der vom Geier des Zeus zerfleischte Prometheus maß sich im Raum der „Idee" mit Christus, der von den rasenden Menschen zerrissene Dionysos mißt sich im Raum der „Existenz" mit dem selben Christus. Und er hat vor

[1] Nietzsche (hist.-krit. Gesamtausgabe, Bd. 1-4, hrg. von Mette; Beck, München), Bd. 2, 57; künftig als N. (Mette) zitiert. – [2] N. 16, 391-392.

Prometheus voraus, selbst schon „gekreuzigter Dionysos“ zu sein, als der Erlöser dieser konkreten, endlichen, zeitlichen Welt.

Die Anordnung unseres Werks ist mit dieser Gestalt des „Kreuzes“ bereits innerlich vorgezeichnet, es hat nur der Dionysos-Bewegung sich anzuschließen. Diese ist zuerst die Bewegung vom Lebens-Grund zur Geist-Form oder vom Zentrum zum Horizont: der aufragende Längsbalken. Sie ist dann, an die Grenze der absoluten Endlichkeit gelangt, die innere Einsicht in das dem Leben selbst – als Geist – immanente Nein: der Widerspruch als Querbalken. So bleibt nach der Entwicklung beider nur übrig, zum Schluß das Kreuz als solches zu betrachten und den gekreuzigten Dionysos nach seinem Geheimnis zu fragen.

Diese Anordnung ist aber in ihrer Sachlichkeit zugleich eine historische. Wenn wir die Zeit von Nietzsche bis 1930 übersehen (denn bis hier geht unser geschichtlicher Weg: das Neue, was nachher einsetzt, ist Gegenwart und kann also nicht als abgerundete geschichtliche Gestalt überschaut werden), so erhält der „Zweikampf“ zwischen Kierkegaard und Nietzsche durchaus historische Gestalt: die Weltdeutung von Nietzsche bis zum Krieg steht durchaus im Zeichen Nietzsches, die vom Krieg bis 1930 im Zeichen Kierkegaards. Aber fügen wir sogleich bei, daß damit nicht ein Überwundensein Nietzsches nach dem Krieg gemeint ist – wir sahen ja, wie beide in einer geheimnisvollen circumincessio ihren Gegner *in* sich selber trugen und so nur mit sich selber kämpften – sondern nur eine *überwiegende* Vormacht erst Nietzsches, dann Kierkegaards. Und wenn Nietzsches Grundwort „Leben“ heißt, Kierkegaards Grundwort „Geist“, so ist die Zeit von Nietzsche bis zum Krieg die vollständige Aufrollung der Problematik von „Leben“, die Zeit vom Krieg bis 1930 dieselbe Aufrollung der Problematik von „Geist“. Beides aber nur im Sinn einer Prävalenz, und so, daß jedes das andere in sich faßt. Beide Aufrollungen erfolgen auf jenen drei oben aufgewiesenen Ebenen: formale Ontologie – Anthropologie – Religionsphilosophie. Die Lebensphilosophie stellt sich also zunächst in ihrer formalen Reinheit vor, wie wir sie bei Bergson, Klages und der Lebens-Dichtung finden. Diese formale Reinheit aber, sobald sie sich inhaltlicher formuliert, transzendiert in den Kreis, wo das anthropologische Problem zwischen Leben und Geist, aber doch vom Leben her, formuliert wird: neben George, Spitteler und Rilke wird hier besonders Hofmannsthal zu erforschen sein. In dem Problem zwischen Leben und Geist wird aber endlich das Problem der absoluten

Grenze und damit das des Religiösen wach: es entscheidet sich in dem großen Kampf zwischen Nietzsche und Dostojewskij, wo der Sinn des Dionysischen bereits seine grundsätzliche Klärung erhält. So wie damit sachlich die Grenze der Nietzsche-Welt erreicht ist, ist diese Grenze vorläufig historisch mit dem Weltkrieg erreicht. Wir suchen in einem Übergangskapitel das geistige Ereignis dieses Zusammenbruchs an seinem Widerhall in der Dichtung zu fassen, gemäß der mythendeutenden Methode, die wir im ersten Band ankündeten[1] und bereits im großen an Prometheus, im kleinen an Ahasver durchzuführen suchten. Dieser Übergang ist sachlich und historisch Eingang in eine vom Geist her betonte Weltauslegung. Wiederum erhält sie zunächst ihre formale Ontologie in Husserls und Schelers Phänomenologie (obwohl der Proteus Scheler zugleich auf allen übrigen Stufen gegenwärtig bleibt), ihre Anthropologie in der Daseinsphilosophie Heideggers und der Daseinsdichtung Rilkes, ihre Theologie in Karl Barth.

Am Schluß dieser doppelten historischen Aufrollung wird uns die Aufgabe bleiben, das sachliche Grundproblem dieser Kreuzgestalt ausdrücklich herauszuheben und an ihr die totale Letzthaltung, das wahre Eschaton von Mensch und Welt abzulesen. Mit dem Reichtum der Prometheus- und Dionysos-Welt beladen, werden wir versuchen müssen, jene eschatologische Einheit wiederzufinden, von deren Zertrümmerung wir zu Anfang ausgegangen waren. Sie wird freilich ein neues Gesicht tragen, diese Einheit, denn es gibt in der Geschichte kein Zurückschauen und kein Stehenbleiben. Von einem „Neuen Mittelalter" kann keine Rede sein, und lieber wollen wir zu sehnsüchtig als zu zweifelnd in die Zukunft geblickt haben.

Keinesfalls aber ergibt sich diese gesuchte Einheit wie ein totes Resultat am Ende unserer Wanderung, sondern im Wandern selbst durch die Höllenkreise und Windungen des Läuterungsbergs erringt sich die Seele ihr Paradies. Dies gilt in besonderem Maße dort, wo die Lebensbewegung selbst zum Thema gemacht wird, wie in unserem zweiten Bande. Nicht nur Nietzsches eigenem Transzendenzrhythmus müssen wir uns anschmiegen, wenn wir ihn begreifen wollen – „nur wer sich wandelt, bleibt mit mir verwandt"[2] –, sondern die ganze Aufrollung der Lebensphilosophie muß in diesem sachlich-historischen Mitvollziehen der je neuen Transzendenz des Lebens angeeignet werden. Wie Nietzsche für sich selbst gesagt hat:

---

[1] 8-10. – [2] N. 7, 279.

„Ich schließe Kreise um mich und heilige Grenzen; immer wenigere steigen mit mir auf immer höhere Berge: ich baue ein Gebirge aus immer heiligeren Bergen",[1] so hat er auch allgemein für das Dasein gesagt: „Alles bewegt sich in ungeheuren, immer weiter werdenden Kreisen um einander; der Mensch ist einer der innersten Kreise. Will er die Schwingungen der äußeren ermessen, so muß er von sich und den nächst weitern Kreisen auf noch umfassendere abstrahieren. Diese nächst weitern sind Völker-, Gesellschafts- und Menschheitsgeschichte."[2] (Der äußerste Kreis aber ist, dem Bilde folgend, der religiöse.) Das Gesetz der Erfassung dieser immer „höheren" (ausschließlicheren) und immer „weiteren" (umfassenderen) Kreise ist dann folgerichtig in Rilkes Pilgerlied der Seele ausgesprochen:

„Ich lebe mein Leben in wachsenden Ringen,
die sich über die Dinge ziehn.
Ich werde den letzten vielleicht nicht vollbringen,
aber versuchen will ich ihn."[3]

Es kann sich also nicht darum handeln, diese Kreise nur theoretisch nebeneinander zu betrachten, sie müssen als die Lebensbewegung in der je neuen Transzendenz selbst erzeugt werden. Jeder Kreis stößt an seine eigene Grenze, seinen Horizont, und für die Subjektivität, die ihn erzeugt hat, ist diese Grenze auch ein Untergang, ein Tod, ein Eschaton. Denn innerhalb jedes Kreises rundet sich eine Welt, jede Potenz des Lebens enthält das *ganze* Leben. Das Welt-Ende einer solchen „apollinischen" *Form* beschreiben gleichsam die partikularen Eschatologien des Dionysischen, dessen Grundgesetz das Zerbrechenmüssen jeder sich schließenden Gestalt ist. Dionysos

„gehorcht, indem er überschreitet,"[4]

dem eigenen Gesetz des Lebens, das immer wieder „Chaos in sich" hat, „um einen tanzenden Stern zu gebären".[5] So muß jedes relative Eschaton aus einem „tragischen", das die Lebensbewegung in sich einschlösse und erstarren machte, immer wieder in ein „lösendes" verwandelt werden, der blinde Tod in ein offenes Tor: „Ich liebe die, welche nicht zu leben wissen, es sei denn als Untergehende, denn es sind die Hinübergehenden."[6] Die sich folgenden Sphären,

---

[1] N. 6, 303. – [2] N. (Mette) 2, 57. – [3] Gesammelte Werke, Bd. II, 175. – [4] Ebd. III, 317. – [5] N. 6, 19. – [6] N. 6, 16.

jede mit Ihrem Gehalt und ihrer Grenze, sind dann zugleich objektiv und subjektiv deutbar: objektiv als „Weltanschauungssysteme", subjektiv als jeweilige Letzthaltungen der Seele. Im selben Sinn hatten die antiken Mysterien, etwa die des Mithras, den Aufstieg durch die Planetensphären als ebensoviele Reinigungen der Seele verstanden, hatte Plotin seine vier großen Emanationsstufen: Stoff, Seele, Geist, Gott gleichzeitig als innere mystische Erlebensstufen gefaßt.

Was uns aber von diesen antiken Eschatologien entscheidend trennt, ist die Kreuzgestalt des Dionysischen. Wenn Rilke schon im voraus weiß: „Ich werde den letzten vielleicht nicht vollbringen", so ist im ersten Auszug schon die Form des Nein geheimnisvoll gegenwärtig, die die Ausbreitung der Lebenskreise ins Unendliche verwehrt. Die radikale Endlichkeit der Welt ist dann gar nicht wie eine letzte Grenze, an die das Leben *zuletzt* stößt und an der es sich resignieren muß, sondern sie ist von Anfang an, wenn auch in wachsendem Maße, die *innere* Begrenztheit des unendlichen Dranges selbst, der inwendige, unaufhebbare Widerspruch zwischen „Grund" und „Form". In diesem Sinn ist der ganze „Fortschritt" ins Unendliche innerlichst und unaufhebbar zugleich ein In-sich-Bleiben oder, wie Rilke es sogleich in seiner zweiten Strophe sinnbildlich ausdrückt: ein Kreisen.

> „Ich kreise um Gott, um den uralten Turm,
> und ich kreise jahrtausendelang;
> und ich weiß noch nicht: bin ich ein Falke, ein Sturm
> oder ein großer Gesang."[1]

In dem Bruch zwischen Auskreisen und Umkreisen ist uns somit das formale Problem des Dionysosprinzips nochmals gegeben, und im Übergehen von dem Vorwiegen der ersten zum Vorwiegen der zweiten Methode demnach nochmals der Übergangspunkt von der Lebensphilosophie (im Zeichen Nietzsches) zur Geistphilosophie (im Zeichen Kierkegaards) gezeigt, sowie das Endproblem vorgedeutet, in das unsere Studien münden müssen.

---

[1] Rilke, Bd. II, 175.

I. Im Zeichen Nietzsches

DIE MYSTIK DES LEBENS

I. Bergson

Bergson[1] hat klarer und unbedingter als seine Vorgänger (Lachelier, Boutroux, Poincaré, Duhem) und auch als seine Nachfahren die grundlegende formale Ontologie der neuen Zeit aufgestellt, an ihm wird wie sonst nirgends Verwandschaft und Verschiedenheit von Idealismus und Lebensphilosophie deutlich. Mit seiner ebenso oberflächlich klaren wie untergründig vielverschlungenen Lebenslehre müssen wir daher einsetzen. Man hat oft bemerkt, daß der Denker, der Bergson am nächsten steht, Plotin ist: schon daraus allein ergäbe sich seine Nähe zu Fichte und Schelling. Aber er selber hat Nähe und Abstand deutlich gekennzeichnet. Immer wieder stellt sich Bergsons Denken als ein Einsetzen mit der kantischen Problemstellung dar: Kant „hat endgültig festgestellt, daß, wenn Metaphysik möglich sein soll, sie es allein durch eine Intuition sein kann".[2] Kant hatte mit der Intuition auch die Metaphysik abgelehnt, Fichte aber war in dem von Kant nur formal-transzendental erforschten Innenraum des Geistes auf das auch inhaltlich Absolute, das Ich als reine Anschauung, gestoßen. Wir haben gezeigt, wie diese Wendung hinein und hinab allein aus einem überwältigenden Erleben dieses innern Raums, das sich in der Formel vom Leben als „Mehr-als-Sein" und damit von der Negativität des Seins aussprach, verstehbar wird.[3] Für Bergson steht dasselbe Erleben am Ursprung: „Das Wesen der Philosophie ist der Geist der Einfachheit . . . Alles Umständliche an ihr ist Oberfläche, alles Bauen nur Zutat, alle Synthese nur Anschein: Philosophieren ist ein einfacher Akt."[4] „Die Anschauung ist jedem System das, was mehr Wert hat als das System, und was es überdauert."[5] System und Synthese

---

[1] Wir zitieren Bergsons Werke in folgenden Abkürzungen: „Essai sur les données immédiates de la conscience" (1924^{23}) = D. „Matière et Mémoire" (1925^{20}) = M. „L'Evolution créatrice" (1910^{7}) = C. „L'Energie spirituelle" (Essais et conférences) (1920^{6}) = E. „La Pensée et le Mouvant" (Essais et conférences) (1934^{3}) = P. Darin die bedeutende „Einführung in die Metaphysik" (erstmals 1903). „Les deux Sources de la Morale et de la Religion" (1934^{17}) = S. „Le Rire" (1925^{24}) = R. „Durée et Simultanéité" (1922^{1}) = DS. – Alle Übersetzungen stammen vom Verfasser. – [2] P. 176. – [3] 1. Bd., 158-163. – [4] P. 159. – [5] C. 259-260. Wir übersetzen im Folgenden „intuition" mit „Anschauung" oder „unmittelbare Anschauung", „intelli-

sind nur Symbol, materieller und darum unvollkommener, in manchem auswechselbarer[1] Ausdruck der Anschauung: „Ich halte die Zeit, die man in der Philosophie auf das Widerlegen verwendet, im allgemeinen für verlorene Zeit . . . Was zählt und bleibt, ist die bejahende Wahrheit, die man beigetragen.“[2] Bergson hat im höchsten Maß das artistische Vermögen, eine Weltanschauung auf das mittelste Erlebnis zu verdichten, aus dem seine materiell verschiedenen Behauptungen wie Strahlen aus einem Brennpunkt ausgehen. Diese Mitte, die sich aus dem Zusammenfahren der „Begriffe“ wiederherstellt, ist zunächst freilich ein Bild. „Das Bild hat den Vorteil, daß es uns im Konkreten hält. Kein Bild wird die Anschauung . . . ersetzen können, aber eine Vielheit von Bildern . . . durch Konvergieren ihrer Wirkungen das Bewußtsein genau auf den Punkt hinweisen, an dem eine bestimmte Anschauung erreichbar wird.“[3] Das Bild ist also wesentlich nur „Vermittlung“, „Angabe einer zu nehmenden Einstellung“,[4] ein dynamischer Hinweis über sich hinaus: „In Begriffen entwickelt sich das System, in einem Bild verdichtet es sich wieder, wenn man es zur Anschauung zurückdrängt, von der her es absteigt: will man aber das Bild übersteigen und darüber emporgehen, so fällt man notwendig in Begriffe zurück.“[5] Dies heißt nur, wie wir bei Anlaß Goethes schon ausführten,[6] daß das Bild der Eingang ins Esoterische ist, dessen Tür vom reinen Denken nicht erbrochen werden kann. Diese dynamische Mitte zwischen der Anschauung und dem System wird zu einem Leitmotiv der Philosophie Bergsons werden. Sie ist das Unterwegs zur Einheit: „Im Maße wir versuchen, uns inwendig im Denken eines Philosophen einzurichten, statt es von außen zu umkreisen, sehen wir seine Lehre sich verwandeln. Erst schwindet die Umständlichkeit, dann schieben sich die Teile ineinander, endlich faßt alles sich in einem einzigen Punkt zusammen, von dem wir spüren, daß man sich ihm mehr und mehr annähern könnte, obschon man daran verzweifeln muß, ihn einzuholen.“[7] Und doch müssen wir je auch schon von diesem Punkte her denken. „In diesem Punkte liegt etwas Einfaches, etwas unendlich Einfaches, etwas so außerordentlich Einfaches, daß es dem Philosophen nie gelang, es zu sagen. Darum hat er sein

gence“ mit „Verstand“, „tension“ mit „Spannung“, „image“ mit „Bild“, „élan vital“ mit „Lebensschwungkraft“. Keines der deutschen Worte gibt das französische genau wieder, aber auf Grund dieser Regelungen dürfen jene als technische Ausdrücke angesehen werden.

[1] P. 152-153. – [2] E. 67. – [3] P. 210. – [4] P. 149. – [5] P. 151. – [6] 1. Bd., 458 f. – [7] P. 137.

Leben lang geredet."[1] So kann sein Stammeln auch nur verstanden werden, wenn es von dessen Ursprung her mitvollzogen wird; der Sinn eines Satzes wird ja auch psychologisch nie aus der Summe der Worte aufgefaßt, sondern aus dem rechten Erraten des Ganzen. Philosophie ist so ganz allgemein die Bewegung vom „Mehr" zum „Weniger", „die Gewohnheit aber, vom Leeren zum Vollen zu gehen, ist die Quelle aller falschen Probleme".[2] Ebenso leidenschaftlich wie Fichte stellt sich daher Bergson jenseits der „Schulen". Denn „je weiter man in die Tiefen des Bewußtseins hinabsteigt, um so weniger hat man das Recht, die seelischen Tatsachen wie Dinge zu behandeln, die nebeneinander stehen".[3] Von diesem Neben- und Gegeneinander aber lebt die Schule. Denn sie zerlegt die einfache Anschauung in zwei entgegengesetzte Begriffe, deren jeder einen Aspekt des Ganzen darstellt: „Die Begriffe treten . . . gewöhnlich paarweise auf und stellen einen Gegensatz dar. Es gibt kaum eine konkrete Wirklichkeit, über die man nicht zugleich zwei entgegengesetzte Ansichten vertreten könnte."[4] Auf dieser Ebene spielt die Schule mit den Begriffen „als Spielmarken" „ein Spiel, das niemals endet".[5] Aus dieser Spielhölle rettet nur der Rückgang „auf die einzige Anschauung, von der her der Abstieg zu den verschiedenen Begriffen gleich möglich ist, weil man sich über die Scheidungen der Schule gestellt hat".[6] Wie Fichte den eigentlichen Kampf zwischen Idealismus und Dogmatismus stellte, so verlegt ihn Bergson zwischen Anschauung und Räsonieren. Gerade hierin zeigt sich aber auch seine Verwandtschaft mit Schelling und Hegel, und zwar bezeichnenderweise so, daß er sich sogleich jenseits des Streites zwischen beiden stellt. Denn mit Schelling muß für Bergson der Künstler das eigentliche Vorbild des Philosophen und Kunst die Gewahr für die Möglichkeit einer ursprünglichen Anschauung abgeben.[7] „Kunst ist bildliche Metaphysik, Metaphysik ist eine Reflexion auf Kunst."[8] Sie ist die Anschauung des „Quellenden", der eigentlichen „Genialität" des Lebens.[9] „Freilich erreicht die ästhetische Anschauung . . . nur das Individuelle. Aber man kann sich eine Forschung denken, die in der gleichen Richtung strebte wie die Kunst und die das Leben im allgemeinen zum Gegenstand hätte."[10] Aber diese ästhetische und zugleich intellektuelle Anschauung erhält dann bei Bergson das Eigentümliche der Hegelschen Denkbewegung: die „Anstrengung des Begriffs". Bei Hegel ist diese Anstrengung zu-

[1] Ebd. – [2] P. 122. – [3] D. 6-7. – [4] P. 224. – [5] P. 213. – [6] P. 223. – [7] P. 170-171. – [8] P. 275. – [9] C. 178. – [10] C. 192.

nächst die der Versenkung in „die Sache selbst", dann aber in der „Sache" die Mühsal und Langsamkeit ihres Werdens. Bei Bergson aber ist es „die schmerzliche Anstrengung"[1] dessen, der, statt dem Strom des Lebens sich zu überlassen, gleichsam stromaufwärts zum Ursprung zurückschwimmt, um in diesem Gegen-stehen das Leben selbst als Gegenstand zu erfassen. „Die gewöhnliche Denkarbeit geht leicht vonstatten und kann nach Belieben fortgesetzt werden. Die Anschauung aber ist mühselig und kann nicht andauern."[2] „Unser Geist ist bei sich wie in der Fremde, während ihm im Gegenteil die Materie vertraut ist und er sich bei ihr zuhause fühlt."[3] Er bedarf „einer angestrengten Abstraktion, um wieder er selbst zu werden",[4] und diese kann von einer „unglaublichen Schwierigkeit" sein.[5] Philosophieren heißt „den geneigten Hang der Natur wieder emporsteigen, denn die Natur hat die Tat im Auge gehabt und kaum an die Spekulation gedacht. Sobald es sich nicht mehr bloß darum handelt, in sich einen Schwung zu fühlen und die Bereitschaft zur Tat zu erleben, sondern das Denken gegen sich selbst zurückzuwenden, damit es diese Möglichkeit fasse und diesen Schwung einfange, da wird die Schwierigkeit groß. Es ist, als wenn man die normale Richtung der Erkenntnis verkehren müßte".[6] Es braucht „Gewaltsamkeit",[7] und so kann die wesentliche Anschauung auch nur je einen Augenblick lang ertragen werden.[8] Diese „mühselige, ja schmerzliche Anstrengung" ist von Hegels „Schmerz der Dialektik" nur darin verschieden, daß sie nicht der „Geburtsschmerz" der Einheit aus dem Widerspruch ist, sondern die „Empfängnis" der Einheit im Widerspruch zu ihr. Der Schmerz ist der plotinische der Umwendung (ἐπιστροφή), welche existentiell einer eigentlichen Be-kehrung gleichkommt.[9] In diesem Sinn kann die Philosophie zwar eine Einübung für die Seele in die Haltung sein, „worin sie sich selbst hüllenlos erscheint. Aber sie selber wird sich dieser Anstrengung hingeben müssen. Denn *zeigen* kann man ihr nichts. Man kann sie nur einfach in die Haltung versetzen, die sie einnehmen muß, um die erforderte Anstrengung zu leisten".[10] Wie bei Hegel aber ist dieses „Ernstmachen" das Verlieren des festen Grundes: das gewohnte Satzgefüge von Subjekt-Prädikat versinkt,[11] oder besser: „statt uns über unsere Wahrnehmung der Dinge zu erheben, versenken *wir* uns selber in sie".[12] Und wie bei Hegel taucht der Denker aus dem Ding wieder auf, indem er jene Einheit mit

---

[1] C. 258. – [2] P. 39. – [3] P. 50. – [4] D. 69. – [5] D. 81. – [6] P. 119-120. – [7] C. 211. – [8] P. 84. – [9] P. 174-175. – [10] P. 211. – [11] P. 86. – [12] P. 169.

emporholt, die „alle Denker zu versöhnen imstande wäre" in progressiver Anverwandlung.[1]

Aber von diesem gemeinsamen Hintergrund, der Bergson an den Idealismus knüpft, hebt sich seine eigene Abkehrung nur um so schärfer ab. Hegels Seinsbegriff war gewiß der der absoluten Flüssigkeit gewesen, er war im en*zyklo*pädischen Lauf des Denkens doch bis in den Grund erfaßbar: Zeit war nur gleichsam die innere Unruhe des ewigen Lebens, so wie Raum nur gleichsam dessen innere Ausbreitung war. Diese Aufhebung aber dünkt Bergson etwas Ungeheuerliches. „Durch die ganze Philosophiegeschichte hindurch wurden Zeit und Raum auf die gleiche Stufe gestellt und als gleichartig behandelt . . . Um vom einen zum andern überzugehen, genügt es, ein Wort zu ändern: man ersetzt ‚Nebeneinander' durch ‚Nacheinander'".[2] Für die Griechen wie für die Idealisten ist „Zeit eine Art Eindringling, der Störefried der Ewigkeit". „Am liebsten würden sie sie zu einer reinen Erscheinung machen. Das Zeitliche ist dann nur noch die Verworrenheits-Form des Begrifflichen."[3] „Man mußte sich daher aus der Sphäre des Wechsels aufschwingen und sich über die Zeit erheben."[4] „Fliehen wir zu unserer lieben Heimat", rief Plotin. „Aber, man sieht es, es war eben Flucht."[5] Freilich ist die Zeit Widerspruch, ja sie ist für das Denken sogar der eigentliche, grundlegende Widerspruch. Darum „datiert die Metaphysik von dem Tage, da Zenon von Elea die immanenten Widersprüche in der Bewegung und im Wechsel aufwies, so wie sie sich unserem Verstande darbieten . . . So wurde die Metaphysik dazu verleitet, die Wirklichkeit der Dinge über die Zeit hinaus zu entrücken".[6] Aber in dieser Überzeitlichkeit wurde sie blind für das eigentliche und durchaus positive Wesen der Zeit. Während Raum Entspannung bis zur reinen Nichtidentität ist, geschieht im Gegenteil in der Zeit die reine Schöpfung, das je-Neu des Daseins, und das nicht als „punkthaftes" je-Anders, sondern als schöpferisch wachsende Dauer, welche in einem ihre Vergangenheit als Gedächtnis bewahrt und sich doch als ganze je-neu erschafft. Unsere innere Anschauung trifft auf einen Bewußtseinsstrom, der das „reine qualitative je-Anders-sein" (Heterogeneität[7]) ist, in dessen Übergänglichkeit aber keine vereinzelbaren Qualitäten festgestellt werden können.[8] Bildlich kann man sich ein tausendfarbiges Spektrum vorstellen, das ein Gefühlsstrom durchliefe: von jedem unmerklichen Übergang affiziert, wäre er das quali-

---

[1] Ebd. – [2] P. 11. – [3] P. 133. – [4] P. 177. – [5] P. 174. – [6] P. 15. – [7] D. 79. – [8] D. 174.

tative Je-Anderswerden.[1] Nun entferne man das Voraus-bereitetsein des Spektrums und behalte nur die qualitative Änderung des Stroms, denke diese aber als je-neues Ergebnis einer Spannung und Neuschaffung, so nähert man sich der Zeitwirklichkeit, welche damit „zugleich identisch und wechselnd" wäre.[2] Existenz ist also Zeit, im beschriebenen Sinn: „Wir suchen den genauen Sinn, den unser Bewußtsein dem Wort ‚Existieren' verleiht, und wir finden, daß für ein bewußtes Wesen Existenz soviel ist wie sich verändern, sich verändern soviel wie sich reifen, sich reifen soviel als unabsehbar selbst schaffen."[3] Diese reine qualitative Je-Andersheit auf dem Grunde unseres Bewußtseins entspräche wohl formal dem „Seelenfünklein" als absolutem Wunder bei den Idealisten, aber an Stelle des Feuer-Bilds ist das Wasser-Gleichnis getreten. Gott ist nicht mehr Licht, sondern Ozean des ewigen Strömens.

Damit ist auch der grundsätzliche Wandel im Methodischen gegeben. Die Unruhe der Dialektik, die sich bei Hegel über die Zeit ins reine Wesen erhebt, weicht der Erlebnis-Unruhe, die sich in die absolute Zeitlichkeit des Seins versenkt. Gegen „eine Anschauung, welche mit einem Sprung sich ins Ewige zu versetzen vorgibt" und eben darum „verstandeshaft" bleibt,[4] wird ein Begriff von Metaphysik als „reine Erfahrung" aufgestellt.[5] „Ein wahrer Empirismus ist der, welcher sich dem Original selbst so eng wie möglich einzuschmiegen, der sein Leben zu ergründen und in einer Art von *geistiger Auskultation* seine Seele pochen zu fühlen trachtet, und dieser wahre Empirismus ist die wahre Metaphysik."[6] „Die Metaphysik wird so zur Erfahrung selbst."[7] „Keine großen Systeme mehr, die alles Mögliche umfassen und oft auch das Unmögliche! Seien wir mit der Wirklichkeit zufrieden, Stoff und Geist. Aber verlangen wir von unserer Theorie, sie so eng zu umfangen, daß zwischen beiden keine andere Deutung mehr Platz hat. Dann wird es nur noch eine einzige Philosophie geben, wie es nur eine einzige Wissenschaft gibt."[8] Der historische Empirismus „hatte nicht darin unrecht, die Erfahrung zu hoch zu schätzen, sondern im Gegenteil der wahren Erfahrung, die aus unmittelbarer Berührung von Geist und Objekt entspringt, eine zusammenhanglose, zerrenkte zu unterschieben ... Er folgt nicht den inneren Linien der Gestalt der Dinge."[9]

Negativ sagt das Ablehnung aller Deduktion: „Keine wesentliche Wahrheit wird aus der Verlängerung einer schon besessenen Wahr-

[1] P. 208-209. – [2] D. 77. – [3] C. 8. – [4] P. 34. – [5] P. 16. – [6] P. 222. – [7] P. 16; vgl. 54. – [8] P. 82. – [9] M. 202.

heit sich gewinnen lassen."[1] „Die platonische Auffassung der Seele hat unsere Kenntnis von der Seele keinen Schritt weitergebracht, trotz der zweitausend Jahre Meditation über sie. Sie war definitiv wie die eines Dreiecks und aus denselben Gründen. Wer sieht nicht, daß, wenn es ein Problem der Seele gibt, es in der Form von Erfahrung gestellt und so progressiv, wenn auch immer nur teilweise, gelöst werden muß?"[2] Positiv wird diese Erfahrung einmal von den Erfahrungswissenschaften her geliefert. Bergson hat von ihnen den glücklichsten Gebrauch gemacht. Das Leib-Seele-Problem nimmt er vom Problem der Gehirnlokalisationen her in Angriff, und dieses wird ihm erfahrungsreif im Problem der Aphasien. Vom Phänomen der falschen Erinnerung (fausse reconnaissance) her erhellt sich ihm geradezu die Existentialität des reinen Geistes, von der Gehirnstruktur der Grad seiner Bindung an Stoff, vom „psychical research" her die Ontologie des Sozialen, schließlich und vor allem von der Mystik her die Möglichkeit einer ungeahnten Vertiefung der philosophischen Intuition. Freilich sind, abgesehen von der Mystik, alle diese „Tatsachen" nicht die Philosophie selbst, aber sie „berichtigen und ergänzen, was die innere Erfahrung an Fehlerhaftem oder Ungenügendem haben kann und fördern so die Methode der inneren Beobachtung. Durch dieses wiederholte Hin- und Hergehen" vervollkommnet sich allmählich auch die eigentliche Philosophie.[3] Bergson will sie als eine unbedingt offene, lernende, annähernde, die sich mit „steigenden Wahrscheinlichkeiten" begnügt,[4] aber gerade so einen echten Fortschritt kennt[5] und vielleicht „eines Tages an den Grund der Dinge wird rühren können".[6] Das wesentlich Augenblickshafte und Verschwimmende der Anschauung wird in immer genauere Formen gefaßt werden, denn Philosophie stellt für Bergson wie für Descartes die Forderung absoluter methodischer Klarheit und Präzision.[7] Auch ihre höhere Fortsetzung als mystische Anschauung ändert daran nichts. Indem diese nicht nur, wie die Philosophie, unmittelbares Wiedereintreten in den ursprünglichen Bewußtseinsstrom ist, sondern in „einer höheren Intensivierung bis zu den Wurzeln unseres Seins, und dadurch bis zum Prinzip des Lebens überhaupt" vorstößt,[8] kann sie zur „mächtigen Hilfe der philosophischen Forschung werden".[9] Es gilt hier, was schon von der Nutzbarmachung der Telepathie galt, daß sie als „erste Erforschung einer unabsehbaren terra incognita" imstande ist, in wachsendem Maße „einen Glauben an

[1] P. 35. – [2] S. 282. – [3] E. 40. – [4] P. 56. – [5] P. 169; S. 283. – [6] P. 52. – [7] P. 99-111. – [8] S. 267. – [9] S. 268.

das Jenseits in lebendige und eingreifende Wirklichkeit zu verwandeln".[1]

So erscheint der wahre Sinn des Unternehmens Bergsons als eine Verwandlung der transzendental-deduktiven Methode Kants und Fichtes in eine transzendental-empirische. Denn vom erfaßten Lebensgrund her will Bergson durchaus eine „Genesis des Verstandes und gleichzeitig eine Genesis der Körper" leisten, was scheinbar „an Kühnheit die verwegensten Metaphysiker übertrifft", da diese sich die wesentliche Struktur des Denkens im vorhinein geben, während es sich hier „darum handelt, den Verstand zu erzeugen, seiner Form wie seinem Stoff nach".[2] Was die Wissenschaft von außen her in progressiver Arbeit zerlegt, das rekonstruiert ebenso fortschreitend die Anschauung von innen. „Im ersten Fall öffnet sich das Bewußtsein nach außen, veräußerlicht sich von selbst in eben dem Maße, als es die Dinge als einander äußerlich erblickt; im zweiten geht es wieder in sich, sammelt sich und vertieft sich. Steigt es aber auch, in diesem Ausloten seiner eigenen Tiefe, weiter ins Innere der Materie, des Lebens, der Wirklichkeit überhaupt hinein?" Gewiß, denn „Stoff und Leben, die die Welt erfüllen, sind auch *in* uns, die Kräfte, die alles durchwirken, wir fühlen sie auch *in* uns ... Steigen wir also in unser Inneres hinab: je tiefer der Punkt ist, den wir dort berühren, um so stärker wird der Druck sein, der uns an die Oberfläche zurückdrängt. Die philosophische Anschauung ist dieser Kontakt, die Philosophie ist dieser Schwung. Und indem uns die Grundwelle wieder nach außen wirft, holen wir die Wissenschaft in eben dem Maße wieder ein, als unser Denken sich entfaltet und zersplittert".[3]

Diese „transzendentale Empirie" steht damit einerseits jener goetheschen Mitte[4] am nächsten, welche „in allem die Anschauung suchte", die sich dem innern, realen und idealen Werden des Gegenstands anschmiegt. Wir „suchen stets die direkte Anschauung", sagt auch Bergson, „und heben damit die Probleme auf, die nicht die Dinge selbst betreffen, sondern ihre Übersetzung in künstliche Begriffe".[5] Für beide steht das weiße Licht als die Fülle am Anfang, die Buntheit des Spektrums, als Vielheit des Stofflichen, ist schon seine Depotenzierung.[6] Für beide ist der Zusammenhang des Lebensstroms so wesentlich, daß der Begriff der Individualität ihnen darüber fragwürdig wird,[7] ist die ideale Konstruktion der Natur nur ein

[1] S. 342. – [2] C. 203-204. – [3] P. 156-157. – [4] 1. Bd., 444 f. – [5] P. 30. – [6] P. 288. – [7] C. 14.

Nachzeichnen ihrer realen Werdensstufen,[1] ist endlich das „Bild" und das „Symbol" die der Metaphysik zustehende exakte Ausdrucksform: „Lassen wir uns nicht vom Schein täuschen: es gibt Fälle, wo der bildliche Ausdruck bewußt im exakten Sinne redet und der abstrakte Ausdruck unbewußt im übertragenen."[2] Aber ebenso wesentlich wie zu Goethe sind die Beziehungen zu Husserl. Das Einsetzen mit der Anschauung des Bewußtseinsstromes, das sich methodisch bewußt jenseits von „Empirismus" und „Rationalismus"[3] und, noch radikaler, bewußt jenseits von „Realismus" und „Idealismus"[4] stellt, nimmt die wesentliche methodische Stellung der Phänomenologie voraus. „Jedes Bild ist gewissen Bildern gegenüber innerlich und andern gegenüber äußerlich; aber von der Gesamtheit der Bilder kann man weder sagen, daß sie uns gegenüber innerlich oder äußerlich sei . . . Die Frage, ob die Welt nur in unserem Denken oder außerhalb seiner existiert, heißt also das Problem in einer unlösbaren Form stellen, . . . ist eine unfruchtbare Diskussion." Es muß im Gegenteil „zuerst ein gemeinsamer Standpunkt gefunden werden".[5] Das erste Gegebene ist die „Welt": Der „grundlegende Akt ist das reine Wahrnehmen, wodurch wir uns von vornherein mitten unter die Dinge stellen".[6] „Warum will man, gegen jeden Augenschein, daß ich von meinem bewußten Ich zu meinem Leib fortschreite, von meinem Leib zu den übrigen Leibern, wo ich mich doch vielmehr von Anfang an in die körperliche Welt überhaupt gestellt sehe, um daraus fortschreitend jenes Handlungszentrum abzugrenzen, das mein Leib heißt?"[7] Der philosophische Urakt ist nun für Bergson wie für Husserl derselbe: es ist die ἐποχή, die Enthaltung vom Mitvollzug des Intentionalitätsstrahls vom „Grund" (Ich, Subjekt, noësis) zur „Form" (Welt, Objekt, noëma) und in dieser Enthaltung das Freibekommen des Blicks für die sonst immer nur *gelebte*, nie bewußte Dimension des Lebens. Die „Haltung der Selbstveräußerlichung für das Handeln entspricht einer Notwendigkeit des Lebens".[8] Aber „der Künstler braucht seine Schöpfungsfähigkeit nicht zu analysieren; dies überläßt er dem Philosophen".[9] Die Distanz also zwischen „Grund" und „Form", die aber nicht als eine Leere, sondern im Gegenteil als die eigentliche substantielle „Körperlichkeit" des Seins zu fassen ist, macht das wesentliche Forschungsfeld des Philosophen aus. Der Abstand, den er selbst zu dieser Dimension gewinnt, ist bei Berg-

[1] C. 27. – [2] P. 52. – [3] P. 218 f. – [4] E. 208-222; P. 233; M. I-III. – [5] M. 11. – [6] M. 61. – [7] M. 37. – [8] P. 51. – [9] P. 119.

son im Grunde schon der Abstand zwischen „ontisch" und „ontologisch" bei Heidegger. Daß alle diese Kategorien bei Bergson noch einen psychologistischen Beigeschmack behalten, hindert nicht seine grundsätzliche Erfassung des phänomenologischen Raumes. „Wir halten den menschlichen Verstand als wesentlich auf die Bedingungen der Tat ausgerichtet. Setzt man die Tat, so leitet sich daraus die Form des Verstandes selber ab. Diese Form ist also weder unrückführbar noch unerhellbar. Und eben weil sie nicht unabhängig ist, kann man die Erkenntnis auch selbst nicht mehr von ihr abhängig machen. Erkenntnis hört auf, ein Ergebnis des Verstandes zu sein, um gewissermaßen ein Wesensteil der Wirklichkeit zu werden."[1] Der Bewußtseinsstrom ist damit von vornherein dreidimensional: einerseits Fluß in der Ebene, anderseits aber in jedem Augenblick auch als Beziehung auf Tat (als „attentionaler" und „intentionaler" Strahl) Fluß in einer Höhen- und Tiefendimension. Der „dionysische" Urdualismus offenbart sich, der mit dem Einsatz in „Weltlichkeit" und „Zeitlichkeit" mitgegeben ist. „Jeder Augenblick unseres Lebens", sagt Bergson, „bietet also zwei Aspekte: er ist zugleich aktuell und virtuell, Wahrnehmung auf der einen Seite, Erinnerung auf der andern. Er spaltet sich im Moment, in dem er sich setzt, oder besser: er besteht in eben dieser Zerspaltung selbst."[2] Die (dritte) Dimension der Wahrnehmung ist erfüllt durch den Äther dessen, „was man die Aufmerksamkeit der Art nennen könnte"[3] (im Gegensatz zur zufälligen, psychologischen Aufmerksamkeit), und in dieser Dimension lebt die Philosophie. Indem dieser Tiefenraum des Seins nun offenbar gegenüber der extensiven Ebene des Noëmatischen irgendwie als ein Intensives zu beschreiben sein wird, entsteht die grundlegende bergsonsche Vorstellung der Lebens-Pyramide, deren Basis das extensive Noëmatische, das eben „Erinnerung" hieß, deren Intensitätsspitze das noësis-Zentrum der „Wahrnehmung" darstellt. Von diesem Bild aus wird es möglich, das Letzte in Bergson, das wir suchen, sichtbar zu machen. Wir stellen zunächst die Lebens-Pyramide in ihrer Höhendimension dar (1), zeigen sodann ihre innere Problematik (2) und ziehen von da aus die Linien zur resultierenden existentialen Endlehre Bergsons (3).

1. Der Abstand von Spitze und Basis der Pyramide gibt sich zunächst, ontologisch betrachtet, als der zwischen der „Intensität" des Geistes und der „Extensität" des Stoffes oder, was dasselbe ist,

---

[1] C. 165. – [2] E. 144. – [3] E. 155.

zwischen reiner Zeit und reinem Raum; sodann, noëtisch betrachtet, als der zwischen „Anschauung“ und „Verstand“. Mit diesem Gegensatz muß jede Schilderung Bergsons einsetzen, denn in ihm liegt der „Geist“ seiner Lehre. Erst in zweiter Linie muß dann der Blick zur Höhendimension als solcher sich wenden, in der dieser Gegensatz sich entfaltet und überbrückt.

Der reine Geist hat zu seinem Wesen die „reine Dauer“. Diese ist seine „Substantialität“,[1] sein „Wesen“.[2] „Die Beständigkeit des Lebens besteht aus reiner Beweglichkeit.“[3] Im Raum ist alles relativ: gegenseitige Beziehung von Orten. Eine Bewegung aber, die durch den Raum streicht, kann zwar in solche Beziehungen aufgelöst werden, wird aber in jeder dieser Beziehungen augenblicklich unbeweglich. Nur *als* Bewegung ist sie „das absolut Wirkliche“, „das Absolute“.[4] „Man sollte sich gewöhnen, in der Bewegung das Einfachste und Klarste zu sehen, was es gibt, da die Unbeweglichkeit nur die äußerste Grenze der Verlangsamung der Bewegung ist, eine vielleicht nur gedachte Grenze.“[5] „Das Reale ist . . . die Ständigkeit des Übergehens.“[6] „Es gibt nicht, unter dem Übergehen, Dinge, die übergehen. Das Übergehen braucht keinen Träger.“[7] „Man erkennt das Reale, Gelebte, Konkrete daran, daß es die reine Veränderlichkeit ist.“[8] Diese Wirklichkeit kann nachträglich in (abstrakte) Einheit (der Bewegung) und (abstrakte) Vielheit (der Zustände) zerlegt werden, sie selbst ist wesenhaft über beide Kategorien erhaben.[9] Die Mannigfaltigkeit ist eine solche des Reichtums, der Qualität und der gegenseitigen Durchdringung[10] und hat daher an sich keinerlei Beziehung zur zählbaren Vielheit des Raums, der als Bedingung des Homogenen auch erst die Bedingung der Zahl ist.[11] „Die reine Dauer . . . ist ohne jene Verwandtschaft mit Zahl,“[12] „sich selbst gegenüber wesentlich heterogen, ununterschieden, ohne Analogie mit Zahl.“[13] Darum besteht auch keinerlei Analogie zwischen reiner Zeit und reinem Raum.[14] Reine Zeit ist reine „Spannung“,[15] und in dieser Intensität liegt der wahre Begriff der Ewigkeit: einer „Ewigkeit des Lebens“.[16] In dieser Richtung ist Gott zu suchen, der reines Leben und reines Dauern ist. „Dann aber offenbart sich das Absolute als uns sehr nahe, ja, bis zu einem gewissen Grade, als inwendig in uns . . . Es

---

[1] P. 88, 187. – [2] P. 92. – [3] P. 160. – [4] M. 217. – [5] Einführung i.d. Metaphysik. Deutsch bei Diederichs, Jena 1916[4], S. 32 (in P. weggelassen). – [6] P. 14. – [7] P. 185. – [8] P. 228. – [9] P. 214; C. 283. – [10] D. 57. – [11] D. 65, 68. – [12] D. 79. – [13] D. 91. – [14] D. 174. – [15] P. 235. – [16] P. 238.

lebt in uns. Es dauert wie wir, nur gewissermaßen viel gesammelter in sich.“[1] Als reine „Spannung“ ist Gott aber auch reine Tat, reine Schöpfung (actio pura und *so* actus purus), „Sein als Tun“,[2] und darum ist die positive Analogie zwischen Gott und Geschöpf Teilnahme des letztern am Schöpfungsakt. „Schöpfung, also verstanden, ist kein Geheimnis mehr, wir erfahren sie experimentell, sobald wir frei handeln.“[3] Philosophie ist wesentlich „Teilnahme an der Tat, die ein Objekt schuf“, ihre „Anstrengung, sich in die Lebensschwungkraft wieder einzuschmiegen“, hat, „bei all ihrer Bescheidenheit“, „etwas quasi Göttliches“, sie „stellt uns in die Richtung auf das Göttliche zurück“.[4] In ihr vollzieht sich die ἐπιστροφή Plotins, worin „der Akt, in dem unser Geist die Wahrheit vollkommen erkennt, zusammenfällt mit der Tat, durch die Gott ihn zeugt . . . Die entgegengesetzten Bewegungen von Ausgang und Rückkehr sind nur noch eine einzige Bewegung.“[5] „Und je tiefer wir darin eintauchen, um so mehr wenden wir uns in die Richtung des Ursprungs, der freilich transzendent bleibt, an dem wir teilhaben und dessen Ewigkeit nicht eine Ewigkeit der Unbeweglichkeit, sondern des Lebens sein muß; denn wie könnten wir sonst in ihm leben und uns regen? In ea vivimus et movemus et sumus.“[6] Philosophie ist damit nichts anderes als „das Unternehmen, die Erfahrung an ihrer Quelle schöpfen zu gehen, oder besser gesagt, oberhalb jener entscheidenden Wendung, an der sie in der Richtung auf unseren Nutzen einbiegt und so erst eigentlich *menschliche* Erfahrung wird“.[7] An diesem Wort wird deutlich, daß Bergsons Versuch einer experimentellen Genesis der Materie und des Verstandes, trotz seiner grundsätzlichen Ablehnung jeder Deduktion, ein nicht minder titanisches Unternehmen ist als das Fichtes oder Schellings. Wenn er die Deduktion ablehnt, so nur darum, weil sie sich das Abzuleitende im voraus gibt,[8] also aus einem methodischen Fehler. Deduktion, bemerkt Bergson, ist „allmächtig in Geometrie, Astronomie, Physik, wo wir es doch gerade mit äußern Dingen zu tun haben“,[9] während sie in der Psychologie und Moral durchaus versagt. Der Grund dessen ist, daß diese letzten die eigentlichen Erfahrungswissenschaften sind, wo es nichts abzuleiten gibt. Und doch ist die Philosophie eine *analytische* Wissenschaft,[10] sofern sie von der Anschauung aus sich grundsätzlich ohne fremde Hilfe selbst erzeugt.[11]

---

[1] C. 323. – [2] P. 185. – [3] C. 270. – [4] P. 76. – [5] P. 143. – [6] P. 199. – [7] M. 203. – [8] P. 34. – [9] C. 232. – [10] P. 158. – [11] Vgl. C. 166, 203-204.

In dieser Anschauung fallen philosophisches Tun und sein Gegenstand zusammen: als reine, schöpferische Dauer. Der Durchbruch in diese innerste Region ist zugleich das Eindringen in die absolute Lust des Seins (joie im Gegensatz zu plaisir). „Vergnügen" bereiten uns die Vorteile der Wissenschaft, aber erst das Bewußtsein schlechthinigen Fortschreitens führt uns ein in die Lust.[1] Ja, diese Lust kann, im Maße die Metaphysik selbst an Boden gewinnt, die Mystik einbezieht und das „unbekannte Land" des Geistes erforscht, bruchlos übergehen in jene Lust, die christlich als „ewige Seligkeit" zu bezeichnen wäre. Das „Vergnügen" der sinnlichen Dinge schwände ob dieser steigenden Gewißheit ewigen Lebens „wie unser elektrisches Licht vor der Morgensonne . . . Seligkeit wäre in der Tat die Einfachheit des Lebens, die in der Welt durch eine ausgebreitete mystische Anschauung eingeleitet würde, Seligkeit auch jene, die von selbst einer Vision des Jenseits mittels einer erweiterten wissenschaftlichen Erfahrung folgen würde".[2] „Schon jetzt könnte uns die Philosophie die Seligkeit verleihen."[3] Das Eindringen in die absolute Schöpfung läßt „die Wirklichkeit als überquellend und überreichlich" erleben.[4] „Wir schwimmen . . . in einem Äther, den große geistige Ströme durchziehen. Viele von uns steifen sich zwar, andere aber lassen sich tragen. Und es gibt Seelen, die sich weit auftun dem wohltätigen Hauch."[5] Diese, die den Mut haben, das „Festland" aufzugeben, sind zugleich Philosophen und Mystiker. „Vor dem Schauspiel dieser allgemeinen Veränderlichkeit wird manche von uns ein Schwindel erfassen. Sie sind ans feste Land gewöhnt, sie können sich nicht in das Schlingern und Schwanken finden . . . Und doch ist das Übergehen . . . das Substantiellste und Dauerhafteste, was es in der Welt gibt."[6] In diesem Weltgefühl entdeckt sich Bergsons Denken als echt dionysisches. Der Rausch des Schöpfungsmeeres verleiht ihm „jene ungemischte Lust, jenseits von Freude und Schmerz",[7] die den Durchbruch durch alles Naturhafte ins Göttliche begleitet. „Gedemütigt bisher in einer Haltung von Gehorsam, Sklaven weiß Gott welcher Naturnotwendigkeiten, recken wir wieder auf, als Meister gesellt einem größeren Meister."[8] So wird denn Dionysos und seine Trunkenheit, „in befremdlichem Gegensatz zur Heiterkeit der Olympier",[9] schließlich ausdrücklich als Vorläufer der Mystik Bergsons angerufen.

---

[1] S. 56. – [2] S. 343. – [3] P. 162. – [4] P. 268. – [5] P. 272. – [6] P. 189. – [7] S. 280. – [8] P. 134. – [9] S. 232.

Aber wenn es wahr ist, daß „die Anschauung der Geist selbst ist und in einem gewissen Sinn das Leben selbst",[1] so ist doch die naturhafte Richtung dieses Geistes das Von-sich-weg-Sehen und Zum-Stoff-Hingewendetsein. Naturhaft ist der Mensch das „kluge Tier": homo faber und nicht homo sapiens, praktisch-werkzeuglicher Verstand und nicht spekulative Vernunft. „Die normale Tätigkeit des Verstandes ist weit davon entfernt, eine uninteressierte Arbeit zu sein."[2] Be-greifen ist Mittel zu tätigem Greifen und Eingreifen. Aus dieser Grundfunktion des Verstandes leitet Bergson dessen ganze Struktur ab: die Bildung vor allem des Allgemeinbegriffs als Beherrschungsmittel[3] (die zu jedem praktischen Tun des Lebens gehört, also auch beim Tier sich irgendwie findet[4]), die Bildung des absolut homogenen Raums und damit der Zahl als Berechnungsmittel, und folgerichtig die Ausschaltung der qualitativen Zeit und ihre Nivellierung auf eine rein quantitative, das heißt im Grunde räumliche Größe.[5] In all dem geht der Verstand, der primär auf Werkzeugbereitung eingerichtet ist, auf die untere Seinsgrenze zu, ja er faßt den Stoff geradezu von dieser Grenze des reinen, zahlhaften Auseinander her auf, die der Stoff selbst nicht erreicht. Der rein-homogene Raum ist nichts als das vom Verstand den qualitativen Dingen unterbreitete Netz, in dem sie seine Gefangenen werden. Aber schon die Materie entgeht diesem Netz durch das, was in ihr noch an Indeterminiertheit, wahrer Dauer und Bewegung vom Geiste her bleibt; erst recht entgeht ihm der Geist, dessen Wesen – Bewegung – sich nur immer festhalten läßt, wenn alles schon vorbei ist: Sein Weg wird beschrieben als die Summe seiner *möglichen Stillstände*, was ja auch richtig ist – *wenn* der Geist stillgestanden wäre.

Aber der Geist ist das wesentlich Unaufhaltsame und darum das wesentlich Freie. Ein „Problem" kann Freiheit erst für den Verstand werden. Für die Selbstanschauung der schöpferischen, qualitativen Dauer ist sie die Evidenz selber. Gegen eine Assoziations-Psychologie, aber auch gegen eine falsche, rationalistische Verteidigung der Freiheit hat Bergson zugleich ihre Undefinierbarkeit[6] und ihre absolute Gewißheit wieder aufgestellt. Der *Kern* des Geistes ist Freiheit.[7] Je nach dem Grad ihrer Tiefe und Geistigkeit nehmen die „Motive" (die selbst nicht abgesetzte Teile des geistigen Stroms,

---

[1] C. 290. – [2] P. 224-225. – [3] P. 120. – [4] P. 66-67; C. 172 bis 175; M. 182. – [5] P. 228-229; D. 74-75, 82-84; M. 169-177. – [6] P. 229-230. – [7] D. 168.

sondern jedes verschieden das Ganze sind[1]) am „Zustand" des Freiseins selber teil, der sich „nach außenhin als sogenannter freier Akt darstellt".[2] Diese „Akte" sind selten, weil das Tiefen-Ich, der personale Kern, selten in Reinheit handelt.[3] Jede Definition dieses Aktes, die der Verstand *nach* dem Akt versucht, hebt die Freiheit notwendig wieder auf. Er wird entweder ein „stärkeres Motiv" feststellen oder die Freiheit selbst zum Rang eines Motivs erniedrigen (wenn sie scheinbar das „schwächere" Motiv ohne Motiv wählt, *um* sich als Freiheit zu erweisen), vor allem wird er die „Wahl" als das Offenstehen zweier gleichwirklicher „Möglichkeiten" auffassen. Aber wenn es wahr ist, daß der Geist Zeit und Schöpfung ist, muß der ganze Begriff einer von dieser Schöpfung unabhängigen, ihr gleichsam Wege vorzeichnenden „Möglichkeit" dahinfallen. „Möglichkeit" ist im selben Sinn ein *Restprodukt* der Wirklichkeit, wie der mögliche Stillstand ein Restprodukt der Bewegung war. Stellt man die Frage, ob ein Beobachter, der alle Vorbedingungen einer freien Tat kennen würde, daraus das Wahlergebnis mit Sicherheit ablesen könnte, so kann sie nur dann bejaht werden, wenn sich der Beobachter die Situation innerlich bis ins *Konkreteste* zu eigen macht, das heißt, wenn er selbst mit dem Wählenden, Tätigen zusammenfällt.[4] „In der Region der Tiefenereignisse der Seele gibt es keinen merklichen Unterschied zwischen Voraussehen, Sehen und Handeln."[5] Aber der Verstand, der die reine Schöpfung in der Zeit nicht wahrhaben will, verwandelt jede Wahrheit in eine zeitlose, unbegrenzt „mögliche". Das Datum des Erscheinens einer Wahrheit wird vom Verstand „sogleich ausgelöscht, gemäß dem ihm eingegrabenen Prinzip, daß alle Wahrheit ewig ist".[6] „Aber unsere Logik ist eben wesentlich retrospektiv."[7] „Das Mögliche ist nichts als der Widerschein der Gegenwart in der Vergangenheit."[8] Reine Möglichkeit gibt es nur an der untern Grenze der Welt: eine Sonnenfinsternis kann man mit Sicherheit vorausberechnen (wenn anders die fraglichen Naturgesetze absolut determiniert sind); aber an dieser Grenze gibt es auch keine eigentliche Zeit und keine Schöpfung mehr. In der echten Zeit läßt sich Möglichkeit nur negativ fassen: als Nichtvorhandenheit eines unübersteiglichen Hindernisses. Und sogar hier „müßte man sich noch fragen, ob die Hindernisse nicht gelegentlich darum übersteigbar wurden, weil eine schöpferische Tat sich einfand, die sie

---

[1] D. 126. – [2] D. 127. – [3] D. 128. – [4] D. 140-152. – [5] D. 152. – [6] P. 21. – [7] P. 26. – [8] P. 128.

überstiegen hat."[1] „Die Möglichkeit wird von der Freiheit selbst geschaffen."[2]

Damit sind uns Spitze und Basis der Pyramide gegeben: jene als Zeitspanne und schöpferische Lust, diese als Raumentspanntheit und rechnender Verstand. Die Höhendifferenz, welche es unmöglich macht, das Höhere durch das Niedere auszudrücken, spricht sich im Freiheits-Problem aus: Freiheit ist oben reine Tatsache, und nur von unten her Problem. So besteht zunächst zwischen Stoff und Geist ein wesentlicher, nichtidealistischer Dualismus, ein „Riß",[3] der es verbietet, das eine aus dem andern abzuleiten. Aber wir sahen schon, daß reiner Stoff ein Grenzbegriff ist (weil Materie das schlechthin Homogene nie erreicht), daß anderseits reiner Geist – die Spitze der Pyramide: Gott – der Welt transzendent bleibt. Und die verschiedenen Intensitätsformen des Lebens: Pflanze – Tier – Mensch, vermitteln zwischen Basis und Spitze. Jede Lebensform baut wesentlich auf den niedrigeren auf und gebraucht sie als Feld und Werkzeug ihrer Tätigkeit. Der Unterschied der Zeitart aber gibt dabei nicht nur den Abstand, sondern den Zusammenhang beider Ordnungen.[4] „Die Wahrnehmung erfaßt die unendliche Wiederholung der Licht- und Wärmeschwingungen zum Beispiel und verdichtet sie zu verhältnismäßig unveränderlichen Empfindungen: Trillionen äußerer Schwingungen kondensiert das Sehen einer Farbe zum Bruchteil einer Sekunde."[5] Das rote Licht,

---

[1] P. 130. – [2] P. 132. Man könnte sich fragen, ob nicht ein einziger, bewiesener Fall von Voraussicht der (geschichtlichen) Zukunft, ein „Kiek", Bergsons ganze Zeitlehre aufhöbe. Aber bei genauerem Zusehen ließe sich auch dieses Faktum aus seiner Philosophie erklären. Denn die Pyramide aus immer intensiveren Dauern faßt auf jeder ihrer Stufen die je niedrigere Dauerspanne in eine kürzere, intensivere Dauer zusammen. Was für jene also noch Zukunft ist, das ist für diese schon Gegenwart. Die Möglichkeit einer Voraussicht hinge dann an der Möglichkeit einer momentanen Teilnahme an einer höhern Zeitweise. Dies würde erklären, wie für Gott die gesamte Weltzeit gegenwärtig sein kann, ohne daß man wieder zu „Possibilien" seine Zuflucht zu nehmen brauchte. Und weil diese „Voraussicht" Gottes auf seinem Mitvollziehen aller freien Akte des Geschöpfs (als Deus interior intimo meo) sich gründet, darum ist sie auch Seine „Vorsehung". Um dies zu denken, müßte man freilich, wie Bergson, den bañezianischen Freiheitsbegriff annehmen: „Freiheit muß man in einer gewissen Färbung oder Qualität der Tat selber suchen und nicht in einer Beziehung dieses Aktes zu dem, was nicht ist oder was hätte sein können" (D. 140). Nur ist diese Qualität nichts Physisches (wie Bañez es darstellte), sondern die personale Selbstergreifung, das heißt das *Übergehen* aus einer vorethischen Indifferenz (in die Molina zu Unrecht die ganze Freiheit setzte) zur ethischen, geisthaften Selbstmächtigkeit. – [3] C. 207. – [4] P. 73. – [5] P. 120.

das die langsamsten Schwingungen hat, vollbringt in einer Sekunde 400 Trillionen. Das kleinste Zeitintervall aber, von dem wir Bewußtsein haben, ist eine Zweitausendstelsekunde. Wollten wir demnach der Schwingungen bewußt werden, die eine Sekunde rotes Licht enthält, so brauchten wir 25.000 Jahre dazu.[1] Die Verdichtung jener Quantität in eine intensivere Zeit aber hat die Qualität Rot geschaffen.[2] „Wahrnehmen bedeutet Ver-unbeweglichen“,[3] oder besser, sie besagt die Verwandlung in eine qualitativ andere Dauernsweise.[4] Aber diese Verwandlung ist ebenso von oben nach unten zu lesen, da die Lebensrichtung ja wesentlich zum werkzeuglichen Tun, also zum Stoff hin, geht: Tat gibt sich dann wesentlich als die Nutzbarmachung der in höherer Dauer aufgespeicherten „Energie“ in der Stoffebene. „So zerhackt der Pendel der Uhr die dynamische und ungeteilte Spannung der Feder in unterschiedene Bruchstücke und legt sie gleichsam in Länge auseinander.“[5] Das qualitativ-bewegte Sein „vibriert gleichsam innerlich und skandiert seine eigene Existenz in eine oft unzählbare Menge von Momenten“.[6] Dieses Tun aber ist der „Akt des Organisierens“, der etwas „Sprengendes“ an sich hat,[7] es ist „fortgesetzte Entspannung“ des Lebens. „Das Lebendige dauert wesentlich; es dauert eben, weil es ständig Neues ausarbeitet und weil es kein Ausarbeiten ohne Suchen gibt, kein Suchen ohne Tasten. Die Zeit *ist* diese Zögerung, oder sie ist gar nichts . . . Die Zeit ist das, was verhindert, daß das Ganze auf einmal gegeben sei. Sie verzögert, besser: sie ist das ‚Nachgehn‘ . . . Wäre sie vielleicht nur das Mittel der Schöpfung und der Wahl?“[8] Halten wir diesen Gedanken mit den vorhergehenden zusammen, so wird deutlich, wie Bergson die finalistische Betrachtung der Natur ebenso entschieden ablehnen muß als die mechanistische. Gewiß mag im wundervollen Bau eines Auges die äußerste Zweckmäßigkeit erscheinen, wenn man „von unten nach oben“ blickt. Aber „gerade der Kontrast zwischen der unendlichen Kompliziertheit des Organs und der äußersten Einfachheit der Funktion sollte uns die Augen öffnen“.[9] „Die Kompliziertheit, selbst die unendliche, ist kein Zeichen von Wichtigkeit“, sondern nur davon, „daß eine einfache Existenz Bedingungen haben kann, deren Kette endlos ist“.[10] „So könnte das Auge mit der herrlichen Vielfalt seines Baus nichts als der einfache Akt der Schau sein, sofern er sich für

[1] M. 229. – [2] M. 64. – [3] M. 232. – [4] P. 18-19. – [5] D. 176. – [6] M. 225; vgl. DS. 47-48. – [7] C. 100. – [8] P. 117-118. – [9] C. 97. – [10] S. 279.

uns in ein Mosaik von Zellen zerlegt, ... der einfache Akt hat sich automatisch in unendliche Elemente geteilt", mühelos und durch sein einfaches Dasein. Was von unten als „Herkulesarbeit der Natur erscheint, sich bis zum einfachen Akt des Lebens emporzuarbeiten", ist in Wahrheit nur das „innere Vibrieren" und „Sich-Skandieren" des einfachen Lebens.[1]

Mit dieser Schichtung von qualitativen Zeitlichkeiten entgeht Bergson sowohl den Schwierigkeiten eines radikalen Dualismus von Stoff und Geist wie denen eines radikalen Idealismus. Er nähert sich dabei am meisten einer monadisch gebauten Welt im Sinne von Leibniz. Der Stoff nimmt, als Bewegung, schon teil an der Höhendimension und „kann nicht ohne eine gewisse Analogie mit der Kontinuität unseres eigenen Bewußtseins gedacht werden".[2] Die „konkrete Bewegung" „nimmt schon teil am Bewußtsein, ist schon ein Teil der Empfindung. Sie wäre also diese Empfindung, aber verdünnt, auf eine unendlich größere Zahl von Augenblicken verteilt".[3] Das Leib-Seele-Problem würde sich dann in die einfachere Frage zusammendrängen, „wie die Verdichtung sich vollzieht, nicht von homogenen Bewegungen in unterschiedene Qualitäten, sondern von weniger heterogenen Veränderungen in heterogenere".[4] Man müßte dabei nur „die Illusion aufgeben, daß es keine Stufen, keine möglichen Übergänge gibt zwischen dem Ausgedehnten und dem „Unausgedehnten".[5] Wie der Körper als solcher schon „in der Tiefendimension vibriert",[6] so ist die einfache Wahrnehmung nur ein intensiveres Zusammenfassen seiner Ausdehnung. Sie geschieht, wie Bergson mit Nachdruck betont, nicht etwa im Gehirn, sondern wesenhaft im Ding selbst, und nimmt damit noch teil an seiner Ausgedehntheit. Die reine Wahrnehmung ist in diesem Sinne auch noch das durchaus „Unpersönliche"[7] und erst dadurch, daß sie in die eigentlich geistige Zeit eingereiht wird, erhält sie mit der Tiefe des Gedächtnisses auch persönliche Färbung.

So hat die philosophische Anschauung ihr Gebiet in der ganzen Höhe der Pyramide. Denn wenn auch die Materie nicht idealistische reine „Vorstellung" des Geistes ist, so ist sie doch entspannter Geist. Sie verdankt ihren Ursprung nicht einer positiven Schöpfung, sondern einer „augenblicklichen Unterbrechung des Schöpfungsstromes".[8] Sie ist „fallender Geist". Während aber die Bewegung der Wissenschaft der Richtung dieses Fallens folgt, hat sich die Philosophie

[1] C. 98-100. – [2] M. 226. – [3] M. 276. – [4] Ebd. – [5] M. 246. – [6] M. 228. – [7] M. 36. – [8] C. 261.

durch diese fallenden „Schlacken" emporzuarbeiten, steigender Geist zu sein, der zu seiner Quelle zurückkehrt. So kann Bergson sagen, „ihr eigenes Gebiet" sei „der *Geist*". „Sie möchte in den Dingen, auch in den körperlichen, ihre Teilnahme an der Geistigkeit fassen – wir würden sagen an der Gottheit, wenn wir nicht wüßten, wieviel Menschliches selbst in unserem gereinigten und vergeistigten Bewußtsein zurückbleibt."[1] Dieses leise Ritardando, das Bergson öfter anbringt,[2] kann seinen radikalen Spiritualismus also nur schwach verhüllen. Plotin wird nur in zwei Punkten verlassen: darin, daß der Blick in den Stoff nicht Schuld und Verlorenheit ist, sondern die naturhafte Richtung des homo faber, und darin, daß Zeit nicht als geschwächte Ewigkeit, sondern umgekehrt Ewigkeit als abstrakte Entleerung der vollen Zeit gewertet wird.[3] Einerseits wäre also der Nous unmittelbar zur Hyle, anderseits die Psyche unmittelbar zu Gott. Beide Bewegungen aber sind naturhaft und darin gleichwertig: die der Wissenschaft zum Stoff und die der „philosophierenden" Seele zu Gott. Beide sind „auf gleicher Höhe",[4] beide „gleich exakt und gleich gewiß".[5] Aber sie haben die Wirklichkeit unter sich verteilt und „jede behält davon nur die Hälfte". „Die Metaphysik erkennt der Wissenschaft das Vermögen zu, sich in den Stoff kraft des reinen Verstandes zu vertiefen, sich selber aber behält sie den Geist vor."[6] Dies aber weniger im Sinn einer inhaltlichen Teilung des Gegenstands, als in dem einer formalen Bewegungsrücksicht. Philosophie und Wissenschaft stehen sich weniger wie „Geist" und „Leib", denn wie „Geist" und Buchstabe gegenüber –: ein Lieblingsbild Bergsons.[7] Philosophie ist geradezu „Einführung ins geistliche Leben".[8]

Diese Verwandlung Plotins, die an Stelle der Ewigkeit die Zeit gesetzt hat, führt zu einer doppelten letzten Folgerung. *Einerseits* erhält Zeit den ganzen positiven Akzent, den einst Ewigkeit trug. Sie ist vor allem das Absolut-Offene, Horizontlose. Ihr Wesen ist Zukunft, sosehr, daß „unsere Gegenwart hauptsächlich eine Vorwegnahme unserer Zukunft ist" und jedes Ziel wesenhaft „provisorisch" ist,[9] und „die Möglichkeit eines Fortschreitens ohne Ende" vor dem Leben steht.[10] „Der Lebensdrang weiß nichts vom Tode",[11] er „sieht einen unbegrenzten Horizont vor sich".[12] Vor der Entwicklung „öffnen sich die Tore der Zukunft angelweit, ein unbegrenztes Feld breitet sich vor ihrer Freiheit".[13] Es ist bezeichnend, daß Berg-

[1] P. 37. – [2] Vgl. C. 260. – [3] C. 229, Anm. – [4] P. 53. – [5] Ebd. – [6] P. 50. – [7] P. 42, 135, 149. – [8] C. 291. – [9] E. 156. – [10] S. 284. – [11] S. 145. – [12] C. 289. – [13] P. 132; C. 114.

son zwar gelegentlich auf die Tatsache des Alterns zu sprechen kommt, das dem Leben (sofern Zeit Gedächtnis und Ansammlung „toter“ Vergangenheit ist) innerlich zugehört,[1] aber diese „immer lastendere Erinnerung“ doch nur im Sinne eines „Reifens“ deutet.[2] Gewiß wird eine rein „mechanistische“ Auslegung des Alterns (als körperliche, zufällige Zerfallserscheinung) abgelehnt und damit die Bahn für eine metaphysische Deutung freigelegt: „Altern ist das Sicheinschreiben der Dauer, das Erhaltenbleiben der Vergangenheit in der Gegenwart.“[3] Aber als „Sterblichkeit“ ist es dann doch nur eine zufällige Interferenz des Alterns des Geistes (der als reines Gedächtnis und reine Schöpfung unbegrenzt offen ist) und des Alterns der Materie (die als reine punktförmige Gegenwart das an der Grenze Gedächtnislose ist). Nur weil der Mensch „feststellt, daß alles Leben um ihn her am Ende stirbt, ist er überzeugt, daß er selber sterben wird“.[4] Dieses empirische Wissen kann höchstens darin eine metaphysische Grundlage finden, daß die ganze Weltbewegung zum Stoff hin zugleich die Bewegung zur Praxis und somit eine ontologische Grundtatsache darstellte: „In der organischen Welt erscheint der Tod der Individuen gar nicht wie eine Verminderung des Lebens überhaupt oder als eine Notwendigkeit, die es nur gezwungen über sich ergehen ließe . . ., allem Anschein nach ist dieser Tod gewollt oder doch angenommen worden für des größern Fortschritts des Lebens überhaupt.“[5] „Angenommen“ (statt „gewollt“) drückt hier nur nochmals die Idee aus, daß die Schöpfung der Materie eher eine Unterbrechung des Schaffens als etwas Positives besagt. Aber diese Knüpfung des empirischen Todesbewußtseins ans Metaphysische ist nicht stark genug, die Entwicklung des Lebens auf immer zu binden. Denn wenn dieses der immer bewußtere Wiederaufstieg zum Ursprung durch die „fallende Materie“ hindurch ist, so kann es „vielleicht“ einst in einem absoluten Durchbruch „selbst den Tod überwinden“.[6] – *Auf der anderen Seite* ergibt die Vertauschung von Ewigkeit durch Zeit, daß das Pathos des Absoluten nunmehr Offenheit, Unvorsehbarkeit, Fluß und Überfluß, aber auch „Wahl“, „Tasten“, „Erfinden“, ja „Kämpfen“ heißt. Bergson stellt seinen Spiritualismus bewußt in Gegensatz zum „großen Irrtum der spiritualistischen Lehren“, welche den Geist über Zeit und Welt entrückten, um ihn so in eine vermeintliche „Sicherheit“ zu bringen. So wird denn das *Zwischen*

[1] P. 208, 227; C. 6. – [2] C. 12. – [3] C. 21. – [4] S. 136. – [5] C. 268. – [6] C. 294.

von Fallen und Steigen, von Stoff und Geist doch letztlich zur entscheidenden Mitte: Gewiß ist Freiheit eine Tatsache, aber das Gesetz des Determinismus ist es auch; gewiß ist Person unabhängig vom Stoff, aber die Wissenschaft zeigt die Wechselbedingung von Bewußtsein und Gehirn; gewiß steht der Mensch über dem Tier, aber die Forschung stellt seine Herkunft vom Tier durch stufenweise Entwicklung fest; gewiß gibt ein untilgbares Bewußtsein Zeugnis von unserer Unsterblichkeit nach dem Tode, aber die Erfahrung zeigt uns die Entstehung eines Individuums aus zwei Keimzellen, eine augenblickliche Gestaltwerdung des ungeheuren und namenlosen Lebensstroms.[1] Nur zwischen diesen Gegensätzen, nur von diesem Kreuzweg aus darf sich der Blick in die absolute Zukunft und ins allschöpferische Leben wenden.

2. Wir haben bereits in dieser Aufrollung der philosophischen Grunddimension nur mit Mühe den überall durchbrechenden Widerspruch verschleiern können. Es gibt in der Tat kaum ein Weltbild, das hinter einer so geistvoll geglätteten Oberfläche sosehr mit sich selber zerfallen wäre wie dieses. Das wird blitzhaft klar an der kreuzweisen Verbindung Nous-Hyle und Psyche-Gott, die ausdrücklich als äquivalent ausgegeben werden. Hiemit sollte dem Weltpessimismus Plotins ein Gegengewicht entstehen, in Wahrheit aber werden nur zwei gegensätzliche Letzthaltungen als „gleichwertig"[2] gesetzt (also in Plotins Sprache Gottabkehr und Gottzukehr) und damit ein grundsätzlich ethosloses Denken eingeführt.

Aber der Widerspruch dringt aus der existentiellen Haltung unaufhaltsam in die Theorie selbst ein: neben diesem vordergründigen Aufbau der Lebenspyramide (mit der Basis als Stoff-Extension und der Spitze als Geist-Intensität) steht hintergründig ein zweiter, geradewegs entgegengesetzter, in welchem der Geist und die schöpferische Dauer bis zur Grenze der reinen Ohnmacht verflüchtigt, der materielle Augenblick hingegen als die reine Intensität erscheint. Stellen wir den Kern dieses Widerspruchs im voraus ins Licht: er liegt in der vollen Zweideutigkeit der existentiellen Bewertung der Praxis. „Tun" ist einmal die plotinische Praxis: von der Quelle weg in den Stoff sehn, die Versenkung des homo faber in den Augenblick der Werkzeugsbereitung. Bergson will damit dem Pragmatismus seiner Zeit entgegenkommen, ja ihn bis zu Ende denken.

[1] C. 291. – [2] P. 42.

Den „Verstand", aber auch die „Intensität" der Aufmerksamkeit, das ganze Spiel der Abblendung auf einen einzigen Punkt des Handelns hin, dies alles hat eine Philosophie des Geistes, die „die geneigte Ebene des Lebens wieder emporgeht" und in die Hintergründe dieser „Interessiertheit" zu blicken sucht, als die transzendentalen Bedingungen der Erfahrungsmöglichkeit aufzudecken. „Tun" ist dann hoffnungslos in die absolute Endlichkeit gerichtet und die hinter das „Tun" zurückstrebende Philosophie ebenso hoffnungslos dem Schicksal der Tatenlosigkeit und damit der Überflüssigkeit, des „Luxus", wie Bergson sagt, überantwortet, gleichsam als Strafe für ihren Blick ins Unbedingte. Aber anderseits ist „Tun" doch auch die plotinische theoria selbst, sofern sie Rückkehr in das absolut Schöpferische der Quelle ist. Von diesem Tun aus, von dieser Möglichkeit, im Absoluten (wenn dieses auch selbst nur dionysisches Allströmen ist) Fuß zu fassen, erscheint aber das ganze unreflektierte Tun des Menschen wie der Menschheit als das sinnlose Wimmeln eines Ameisenhaufens und die weise Abblendung des Aufmerksamkeitsstrahls als törichte Verblendung.

Dieser zweite Aspekt liegt unmittelbar in unserer vorausgehenden Darstellung der Lebenspyramide begründet. Der erste Aspekt aber ist der des „Wissenschaftlers" Bergson, ihn gilt es hier genauer herauszustellen. Vom Leib-Seele-Problem her, wo es zugleich Idealismus (Leib als Vorstellung) und Realismus (Leib als getrennte Substanz) zu überholen galt, war für Bergson die Struktur der Wirklichkeit überhaupt als *extensive Empfindung* erschienen. Sofern der Stoff schon Qualität ist, nimmt er bereits teil an Dauer, und damit an Gedächtnis, und damit an Bewußtsein. Sofern umgekehrt die reine Wahrnehmung intensive Synthesis der Ausdehnung ist, wiederholt sie identisch den Stoff auf einer höhern Stufe des Seins. Der Berührungspunkt zwischen Geist und Stoff kann also als reines *Bild*sein beschrieben werden: „Eine Existenz in der Mitte zwischen ‚Sache' und ‚Vorstellung' . . ., ein Bild, aber ein in sich existierendes Bild."[1] In diesem ersten Stadium aber, wo die objektiv-subjektive Bild-Totalität noch undifferenziert[2] und gleichsam ohne Zentrum[3] gedacht wird, besteht auch noch kein Bewußtsein, ist auch noch keine Tat möglich. Damit das Bild nicht mehr nur „in sich wahrgenommen"[4] und so „neutralisiertes Bewußtsein"[5] sei, müssen sich in ihm perspektivische Zentren bilden, welche

[1] M. II. – [2] M. 7 ff. – [3] M. 12. – [4] M. 39. – [5] M. 245.

die Welt zur jeweils „meinen", „deinen" usw. machen. Der „Abstand",[1] der so von der reinen Fläche der Wahrnehmung gewonnen wird, ist zugleich der des wachsenden Bewußtwerdens und der wachsenden Tatmöglichkeit. Je höher dieser Abstand wird, um so intensiver kann die Konzentration der diffusen Bildtotalität auf einen Punkt gelingen. Der absolute Abstand zur reinen materiellen und unpersönlichen Wahrnehmung aber wird durch das rein geistige Gedächtnis eingenommen, welches die reine „Dauer" ist, darin sich die Totalität der Geschichte des Geistes aufbewahrt. Aber dieses reine Gedächtnis ist, existential gesehen, reine Schau, reine Kontemplation. Die Möglichkeit der Tat entsteht erst, wenn die Totalität des Gedächtnisses auf die Gegenwart abgeblendet, die Indifferenz der Wahrnehmungsebene aber mittels der Gedächtnistiefe in ein subjektives Zentrum zusammengezogen wird.[2] Den Ort dieses doppelten Umsatzes nimmt nach Bergson das Gehirn ein, das (wie die Aphasieforschung erweist) keinesfalls der Aufbewahrungsort von „Erinnerungen" ist, sondern einerseits die Abblendung der Überzahl der (rein geistigen) Erinnerungen besorgt, indem es die der Wahrnehmungssituation *nützlichen* wachruft, anderseits diese Situation eben dadurch in einen geistigen Zusammenhang einbettet, der sie je schon auf eine mögliche Tat hin auswählt und gleichsam siebt.[3] Ohne auf die Einzelheiten von Bergsons geistvollen Analysen einzugehen, heben wir daraus nur die grundlegende Anschauung hervor: Die Pyramide erscheint jetzt umgekehrt. Die Dimension des Geistigen bildet eine immer stärkere Verengung der Gedächtnisbreite (welche als das eigentlich personale Feld gilt[4]) nach unten zu, bis sie in der absoluten „Aufmerksamkeit auf das Leben"[5] mit der reinen aktuellen Gegenwart zusammenfällt. „Unsere ganze Vergangenheit ist da, unbewußt, – dergestalt, daß unser Bewußtsein zu deren Offenbarung nicht aus sich selber herauszutreten braucht . . ., sondern nur ein Hindernis wegzuräumen hat, einen Schleier zu heben. Glückliches Hindernis, unendlich kostbarer Schleier! Das Gehirn ist es, das uns erlaubt, unsere Aufmerksamkeit auf das Leben geheftet zu halten; das Leben aber blickt vorwärts. Es wendet sich nach rückwärts nur im Maße, als das Vergangene ihm dienen kann, die Zukunft zu erhellen und vorzubereiten. Leben heißt für den Geist

---

[1] M. 19. – [2] M. 21. Nach Bergson selbst soll man sich eine *auf der Spitze stehende* Pyramide vorstellen, deren obere Fläche das reine Gedächtnis darstellt, deren Spitze aber eine Fläche berührt: die Ebene der reinen Wahrnehmung (M. 163). – [3] M. 16-17 und öfter. – [4] M. 185. – [5] E. 51.

wesentlich sich auf die gegenwärtige Tat konzentrieren." Dadurch „wird die Anschauung des Geistes begrenzt, aber auch seine Tat wirksam".[1] Diese Konzentrierung dient als Abblendung der Geistestiefe freilich wieder zur Bannung in „eine immer unpersönlichere Form",[2] zur Regelung des an sich Bewußten in die Routine und die Geistlosigkeit des rein „Pragmatischen",[3] bis an der (freilich konkret unerreichbaren) Grenze reine Intuition mit Materialität zusammenfiele:[4] „Die reine Perzeption als niedrigster Grad des Geistes – eines Geistes ohne Gedächtnis – nähme wahrhaft teil an der Materie."[5] „Unsere Gegenwart ist die eigentliche Materialität unserer Existenz."[6] Gewiß ist diese (untere) Spitze der Lebenspyramide als solche nicht das „Optimum" des Geistes. Sie ist überhaupt nur ein Grenzbegriff.[7] Aber ebensowenig liegt nun noch dieses „Optimum" in der (obern) Basis reinen, personalen Sich-Erinnerns. Diese Region ist an sich unbewußt („Bewußtsein ist nur das auszeichnende Merkmal der Gegenwart"[8]) und auch an sich ohnmächtig, weil spannungslos. Ihre Entdeckung durch den Psychologen und Philosophen gleicht seltsam einer Nekyia, einem Abstieg in einen fast wesenlosen Hintergrund der Seele. Durchsichtig wird dieser Hades zunächst im Traum,[9] wo die pragmatische Aufmerksamkeit erlahmt und so das reine Erinnerungsfeld sich auftut. Die Sinneswahrnehmungen während des Schlafs (etwa das Flimmern im Auge, Geräusche, kinästhetische Empfindungen) werden nicht mehr in ein kluges System ausgewählter praktischer Erinnerungen geordnet, sondern die „Erinnerungs-Gespenster" stürzen sich fast ordnungslos auf sie, „in der Hast, sich in Farbe, Ton, Stofflichkeit überhaupt, Existenzschwere zu geben".[10] Indem der Traum so „ein Verlust an Spannung und Gewinn an Ausdehnung" ist, öffnet er den Zugang zum reinen Geist.[11] „Man schläft im genauen Maße, als man sich desinteressiert. Eine Mutter, die neben ihrem Kind schläft, kann einen Donnerschlag überhören, ein Seufzer des Kindes weckt sie."[12] „Das träumende Ich ist ein zerstreutes, entspanntes Ich."[13] Es kann auch gelegentlich im Wachen die „Aufmerksamkeit" auf die lebendige, praktische Gegenwart plötzlich für Augenblicke nachlassen: Wir haben dann das Gefühl, „eine erlernte Rolle zu wiederholen, wir sind in Automaten verwandelt und in

[1] E. 60-61; vgl. 82-83. – [2] M. 204. – [3] C. 195. – [4] M. 70, 198, 206, 245. – [5] M. 249. – [6] M. 150. – [7] M. 244. – [8] M. 152. – [9] D. 96. – [10] E. 102-183. – [11] E. 98-99. – [12] E. 110; vgl. C. 220. – [13] E. 115.

eine Schauspiels- oder Traumeswelt entrückt".[1] In der sogenannten „Wiedererkennungstäuschung", bei der die Person plötzlich ihre Gegenwart als Vergangenheit erlebt, nicht als eine bestimmte, sondern so, daß ihr alles Vorsichgehende als solches mit dem Index des Vergangenseins überhaupt entgegentritt, enthüllt sich nach Bergson die reine Dimension des Geistes. Es zeigt sich, daß der „normale" Verlauf des Lebens einen geheimen Dualismus überdeckt, der jeden Lebensaugenblick von vornherein spaltet in eine „aktuale" Wahrnehmung und eine „virtuale" Erinnerung. Zwischen beiden besteht keineswegs eine Gradverschiedenheit von „Stärke" und „Schwäche" – eine schwache Wahrnehmung wird an keiner Schwelle Erinnerung –, sondern ein Wesensunterschied.[2] Die Gegenwart „verdoppelt sich in jedem Augenblick, beim Aufquellen selbst zu einem zweifachen symmetrischen Strahl: der eine fällt in die Vergangenheit, der andere springt der Zukunft entgegen".[3] Eine krankhafte Unterbrechung dieser konzentrierten Aufmerksamkeit auf die Tat-Situation kann also das ganze Geschehen mit dem Index der Unwirklichkeit versehen. „Die Welt erscheint dann in einem befremdlichen Lichte, fast traumhaft, man ist sich selber entfremdet."[4] Auch der beginnende Wahnsinn stellt sich oft als „Gefühl der Befremdung oder der Unwirklichkeit"[5] dar. Gleichzeitig erhebt sich das Bewußtsein der absoluten „Unabwendbarkeit",[6] das heißt der Aufhebung jener Freiheit, die gerade im gespannten Kontakt mit der Gegenwart sich betätigt. In der Wiedererkennungstäuschung würde sich also die eigentliche Basis des Geistes offenbaren, und die Psychologie hätte zu erklären, wie und aus welchem Grund sie zumeist verdeckt bleiben muß.[7] Endlich hat Bergson des öftern auf das Erlebnis Ertrinkender, Gehängter usw. hingewiesen, welche im Augenblick, wo sie sich gleichsam aufgeben und von ihrem Leben desinteressieren, blitzhaft ihre ganze Geschichte vor sich stehen sahen. Das Tor zum reinen Geiste öffnet sich erst im Verzicht auf die Tathaltung des Lebens.

In diesem heimlichen Dualismus zeichnen sich die Pole Leben und Geist also schon so ab, wie Scheler sie später herausstellen wird: Leben als das Mächtige, aber Dumpfe, Geist als das Klare, aber Ohnmächtige. „Die Wahrnehmung ist warm, bunt, vibrierend und fast lebendig, aber unbestimmt. Die Erinnerung ist klar und scharf, aber ohne Inwendigkeit und Leben."[8] „Wir sind", heißt es

---

[1] M. 148. – [2] E. 141. – [3] E. 140. – [4] E. 116. – [5] M. 191. – [6] E. 118. – [7] E. 137. – [8] E. 103.

anderswo, „keine reinen Geister, die sich damit beschäftigen, Gedanken und Bilder vorüberziehen zu sehen."[1] Diese rein „neutralen" Bilder „müssen sich für das Handeln erst mehr oder weniger verdichten, ohne sich dabei zu teilen",[2] „aus den Höhen des reinen Gedächtnisses herabsteigen bis zum Punkt, wo sich die Tat vollzieht",[3] denn in jener Höhe sind sie wesentlich „ohnmächtig".[4]

Man könnte nun freilich diesen farblosen und beinahe wahnsinnshaften Geisthintergrund, in den der rein spekulative, nicht auf Tun eingeengte Blick des Philosophen zurückgeht, methodologisch als das Ergebnis der ἐποχή im Sinne Husserls fassen. Der Philosoph erhebt bei seinem Abstieg in die Region der transzendentalen Bedingungen des (praktisch-weltlichen) Daseins sowenig den Anspruch, eine Region der „Fülle" und der „Schönheit" zu entdecken, wie etwa der Maschinist in dem technischen Gewirr von Schnüren hinter der Bühne. Aber es ist doch klar, daß Bergson seine Ansprüche nicht darauf beschränkt. Sein ganzes Denken ist ein einziger Versuch, den vom Verstand und von der „exakten Wissenschaft" umstrickten Menschen zu befreien durch einen unmittelbaren Kontakt mit dem intuitiv geschauten und erlebten Absoluten. Die zweite, umgestürzte Pyramide kann den Anspruch nicht aufgeben, mit der ersten, aufrechten, identisch zu sein.

So aber entsteht gewissermaßen zwischen beiden Wertsystemen ein Oszillieren, das als solches zur eigentlichen Letzthaltung Bergsons hinführt und eben damit die existentielle Grundlage der gesamten Lebensphilosophie abgibt. Im ersten System ist die eigentliche Tat der Existenz die Reaktion der Anschauung gegen den rein pragmatischen Verstand; diese Reaktion in ihrer Schwierigkeit und Schmerzlichkeit gewährt eben dadurch ein Fußfassen in der Gediegenheit des absoluten Lebens. Im zweiten System ist die eigentliche Tat der Existenz das Pragmatische selbst, und die künstliche Umwendung gegen den auf mich zukommenden Lebensstrom kann höchstens die transzendentale Genesis des Pragmatischen erhellen, niemals aber dieses ersetzen. „Die Spekulation ist Luxus, die Tat ist eine Notwendigkeit."[5] Aus dem Oszillieren zwischen beiden Systemen muß notwendig der absolute Pol eines jeden in seiner Existentialität erschüttert, ja aufgehoben werden. Vom ersten aus erscheint das Pragmatische als die Engstirnigkeit des banalen Alltags, der gegenüber sich der Philosoph distanziert. Vom zweiten

[1] E. 153. – [2] M. 184. – [3] M. 166. – [4] M. 148. – [5] C. 47.

aus aber erscheint die Intuition als das Tatenlose, das zumeist mit einem „gnädigen Schleier" verhüllt bleibt. Fritz Heinemann hat über Bergson den Satz geschrieben: „*Der tragische Ort*, an dem das Bewußtsein hier seinen bessern Teil, die Intuition, aufgegeben hat und wesentlich Intellekt geworden ist und zugleich der bevorzugte einzige Punkt, wo das Bewußtsein zu einer wirklichen Freiheit gelangt, bezeichnet die Stelle des Menschen."[1] Heinemann hat recht; aber das Entscheidende ist, daß Bergson alles, was diese Tragik direkt ausdrückte oder auch nur von weitem ahnen ließe, mit Sorgfalt übergeht und mit jenen harmonisch geschwungenen Linien übermalt, die ihn lange zum Salonphilosophen abgestempelt haben, die ihn aber tiefer als den sich selber verstehenden Denker des reinen, ethoslosen Lebens kennzeichnen. Die sich selbst aufhebende Existentialität dieser Sphäre ist an sich und notwendig eine ästhetische. Die Zerfällung der Gegenwart in den doppelten Strahl von „Wahrnehmung" und „Gedächtnis" bereitet den Weg zum Grundproblem der französischen und deutschen Lebensdichtung: dem des Narziß. „Diese Verdoppelung", sagt Bergson, „geht nie bis zum Ende. Sie gleicht eher einem Oszillieren der Person zwischen zwei Standpunkten über sich selbst."[2] Aber Narziß, der das Leben, das gewöhnliche Liebende im Du vergeblich zu haschen suchen, im Ich selber zu fangen und „anzuschauen" glaubte, sieht sich in diesem „Oszillieren" in eine schattenhafte, verfließende Unterwelt verstoßen. Er wird Ästhet. „Das Leben will, daß wir Scheuklappen anlegen . . . Aber in langen Zwischenräumen stehen, durch einen gnädigen Zufall, Menschen auf, deren Sinne und Bewußtsein dem Leben weniger eng anliegen . . . Sie werden als Losgelöste geboren."[3] Von dieser ästhetischen Anschauung führt ein bruchloser, wenn auch steiler Pfad unmittelbar hinüber in die „Loslösung" der mystischen Anschauung.[4] Aber so beseligend der Blick in den

[1] Neue Wege der Philosophie (1929), 173. – [2] E. 148. – [3] P. 173. – Diese „Loslösung", als Distanz des ästhetischen Menschen zur Umwelt, wird von anderer Seite deutlich im Buch über das Lachen. Das Komische wird darin wesentlich in dem Riß zwischen Geist und Materie gesehen, der aus der Entfernung des „Unbeteiligten" merklich wird. „Es genügt, daß wir uns bei der Musik die Ohren verstopfen, sogleich erscheinen uns die Tänzer in einem Ballsaal als lächerlich" (R. 5). Freilich ist das Lachen anderseits wieder wesentlich sozial. Aber dies doch wieder nur so, daß das Lächerliche, eine Gleichgewichtsstörung zwischen Seele und Leib, als Störung der gesellschaftlichen „Gewandtheit und Elastizität" (R. 18) erscheint, also von einem Lebensideal her, das wesentlich selber ästhetisch ist. Von einem Begriff des Komischen, wie ihn Kierkegaard oder auch Jean Paul entwickelt, findet sich daher bei Bergson nichts. – [4] Vgl. P. 178.

ungeheuren Strom des Allebens ist, der Seher muß ihn verschweigen gegenüber denen, die „handeln" sollen; er selber ist jener Wotan, dem wir bei Wagner schon begegneten und den George einen „Übersichtigen" nennen wird, „dem ein Auge fehlt". „Man könnte fast sagen, daß der Philosoph, der überall das Fließende entdeckt, der einzige ist, der es nicht empfehlen kann, denn er sieht seine Unvermeidlichkeit."[1]

Aber diese Tragik bleibt so kunstvoll verdeckt, daß Bergson auch theoretisch den klaffenden Widerspruch zwischen den beiden Lebenspyramiden fast vollständig zu versöhnen vermag. Dies gelingt in einer Verlagerung des doppelten Schwerpunkts (im „reinen Geist" und im „reinen, materiellen Jetzt") in eine bewegte *Mitte*, deren Bewegtheit schließlich mit der Lebensbewegung selbst in eins fällt. Experimentell gibt sich diese Mitte als die „Vermittlung" zwischen reinem Begriff und reiner Wahrnehmung, in der Region des psychologischen wie transzendentalen Schematismus.[2] Es ist die Region des „Allgemeinbegriffs", so wie er konkret ein durchaus bewegtes „Hin und Her zwischen Schema und Bildern",[3] „Übergang von einem Plan zum andern"[4] ist. Die rechte Regelung dieser Mitte, die den doppelten Umsatz von Geist in Stoff und Stoff in Geist unter der Rücksicht des Praktischen besorgt, kennzeichnet den „Menschen von seelischem *Gleichgewicht*", der die Mitte hält zwischen dem „Überstürzten" und dem „Träumer".[5] So kann der Satz aufgestellt werden, der beide frühern Absoluta (die sich beide als das „eigentliche Leben" ausgaben) umstürzt: „*Neben* dem Bewußtsein und *neben* der Wissenschaft steht das *Leben* . . . Leben aber heißt Handeln."[6] Das Nützliche wird entschieden zum Grund des Wahren gemacht,[7] Denken auf Handeln hin interpretiert,[8] nicht nur die Gehirnstruktur aus der Funktion des Wählens gedeutet,[9] sondern das Bewußtsein selbst zu einem „Mittel" der Tat gemacht.[10] „Geist" als konkreter wird jetzt zu einer Synthesis zwischen Wahrnehmen und Erinnern.[11] Zeit selbst wird zu einem Instrument der Handlung.[12] Die reine Dauer, die früher in ihrer Abgelöstheit nur jenseits des Materiellen gesucht wurde, erscheint jetzt als die Konkretheit und Intensität meiner tatgeladenen Gegenwart.[13] Ja, die „Dauer" der reinen Erinnerung fällt geradezu mit der

---

[1] P. 110. – [2] E. 181-182. – [3] E. 194. – [4] E. 170. – [5] M. 166; vgl. 168-169. – [6] M. 219-220. – [7] P. 66 ff. – [8] M. 179. – [9] E. 9; M. 16 ff., 56 ff. – [10] E. 10, 13, 17; C. 156-157; M. 153. – [11] M. 244 bis 245. – [12] P. 118. – [13] M. 148-149.

Spannungslosigkeit der reinen materiellen Zeit zusammen, um sich von der Dauer der konkreten Mitte abzuheben: „Die Dauer, in der wir unserem Handeln zuschauen, und in der es nützlich ist, daß wir uns zuschauen, ist eine solche, in der die Elemente sich trennen und nebeneinanderstellen; die Dauer hingegen, in der wir handeln, ist eine solche, in der unsere Zustände ineinander verschmelzen, und in diese müssen wir durch die Anstrengung des Denkens uns versetzen."[1] In dieser Tat-Mitte gewinnt die Zeit nun auch wieder jenen grundlegenden Freiheits- und Schöpfungscharakter,[2] den sie zuerst in der rein geistigen Zeit besaß und der ihr daselbst geraubt worden war. So kann denn der Lebensstrom jetzt auch als „reines *Wollen*" bezeichnet werden.[3]

Es könnte scheinen, daß mit dieser Mitte die frühern, sich aufhebenden Pendelschläge sich wirklich beruhigen und die eigentliche menschliche und weltliche Verfassung treffen. Aber Bergson hat diese dritte Lösung nie bewußt gegen die beiden andern abgehoben, ja sie ist im Grunde bei ihm nichts als die oszillierende Bewegung selbst, die zwischen jenen zu vermitteln sucht. Dies zeigt sich am deutlichsten im grundlegenden Begriff der Zeit als reiner Dauer. Auch noch im Ohnmachts-Aspekt behält der Geist diese rein *qualitative* Existenzweise, die stets sorgsam von aller Berührung mit dem quantitativen Zählen und mit räumlicher, homogener Ausdehnung ferngehalten wird. Denn die schöpferische Dauer ersetzt ja Plotins Ewigkeitsbegriff und kann also nur als eine rein aktive Dynamis (potentia activa) ohne jede Beimischung von Passivität beschrieben werden. In diesem Sinn wurde Geist als reine *Verdichtung* von Dauer, reine qualitative Konzentration ausgegeben:[4] Zeit als Sein liegt am Gegenpol des Begriffs des Nichts. Aber gerade die Formel „Verdichtung *von* ..." zeigt, wie das krampfhaft Ferngehaltene unaufhaltsam in die Zeit selbst eindringt. Gewiß ist es der Triumph des Lebens gegenüber dem Denken, daß dieses die Bewegung immer nur dann berechnen kann, wenn sie „vorbei" ist, also in ihren virtuellen Haltepunkten, also niemals in ihrer Bewegtheit selbst. Eine Melodie ist ein Ganzes; bräche sie früher ab, so wäre sie nicht *diese* Melodie. Uns täuscht nur die Tatsache, daß wir während des Hörens ihr räumliches, zerlegtes Partiturbild vor dem geistigen Auge haben.[5] Und gewiß hat Bergson noch weiter recht, wenn er nachweist, daß jedes wirkliche Ab-

---

[1] M. 205-206. – [2] C. 218-219. – [3] C. 258. – [4] E. 17-18; P. 237-238; P. 87. – [5] P. 186.

brechen immer nur partiell ist, daß in der unendlichen Melodie des Lebens keine absolute Lücke entsteht, daß das „Nichts" nur ein Beziehungsbegriff ist (als Ausfall eines bestimmten, endlichen Seins innerhalb des totalen Seins) und der Tod selbst in die Rechnung des Lebens einbezogen erscheint. Was er aber bei all dem übersieht, ist die Basis von Leere, aus der der Geist Qualität konzentriert und Substantialität schafft, und dies nicht so, daß er in ihr wie in einer ersten Materie schöpferisch arbeitete, sondern vielmehr so, daß er selbst diese verdichtete Leere *ist*. Mit andern Worten: die Struktur jener mystischen Potentialität, die wir von Fichte und Schelling ab durch den ganzen deutschen Idealismus verfolgten, ist wieder lebendiger als je. Denn hier wird nicht Ewigkeit, sondern Zeit selbst als das Ewige ausgegeben, das in geheimer, teils geleugneter, teils gestandener Wechselabhängigkeit von der Raum-Leere bleibt. Gestanden wird diese Abhängigkeit nur, sofern „Spannung" als aktive Potenz erscheint; übersehen aber wird die ganze inwendige *Zerbrechlichkeit* eines Seins, das, wie die Bewegung, jeden Augenblick abbrechen *kann*. Die Melodie, die sich glücklich durch den Raum schwingt und vollendet, hat nicht die Schönheit der reinen Selbsterzeugung, sondern die zauberhafte Anmut des Geglückten, das ebenso auch hätte mißlingen können. Daß inwendig in weltlicher Dauer Gott selbst dauert und von Augenblick zu Augenblick in Seiner Welt Sein Sein erfindet, erhält, entwickelt, – das hat Bergson unvergleichlich gesehen. Daß aber diese weltliche Dauer ebensosehr von Augenblick zu Augenblick am erfindenden, erschaffenden Willen Gottes aufgehängt ist und, auch wenn sie mit dem festesten Vertrauen in ihre Existenz-Zukunft schreiten kann, dennoch innerlich Sein auf Abbruch ist – das hat Bergson verschleiert.

Dies aber ist der Grund, warum die letzte Mitte zwischen Geist-Absolut und Stoff-Absolut keine menschliche und erlösende Mitte sein kann: Der Index der existentialen Ohnmacht, mit dem der reine Geist behaftet werden mußte und der im Grunde nur die Ohnmacht des Denkens ausdrückt, etwas absolut Mächtiges zu fassen, schlägt sich nun auch an die Dauer als *Mitte* des Menschlichen. Wir sahen, daß diese Mitte sich wesentlich als die des psychologisch-transzendentalen Schemas erwies, das gleitend zwischen den Polen von Anschauung und Begriff vermittelt. Aber gerade das „Schematische" scheint als solches noch unwirklicher und vergänglicher zu sein als Anschauung oder Begriff. „Es ist etwas wie ein Bild, das die Mitte hält zwischen der Einfachheit der Intuition und dem Gefüge der Abstraktionen, die sie übersetzen, ein flüchtiges und zerfließendes Bild . . ., ein Schatten."[1] Im Grunde ist es der unfeststellbare Übergang selbst zwischen beiden.[2] Gerade *so* ist es der eigentliche Ort des Mythischen,[3] und damit dessen, was Bergson die religiöse Fabulierfunktion genannt hat.[4] Aber in dieser Gestalt erkennt Bergson selbst wieder seine Vorläufigkeit. Die Mitte des „Schematischen" und „Übergänglichen" bei Bergson unterscheidet sich von derselben Mitte bei Goethe durch ihre Unfreiwilligkeit. Was bei Goethe einer existentialen Bescheidung entstammte, das ist bei Bergson Ausdruck einer ästhetisch maskierten Ratlosigkeit über den Sinn menschlicher Handlung.

Es gibt Sätze, in denen diese Maskierungskunst gleichsam in flagranti überrascht werden kann. „Eine Aufmerksamkeit auf das Leben", heißt es einmal, „welche stark genug und von allen praktischen Interessen hinreichend losgelöst wäre, könnte in einer ungeteilten Gegenwart die ganze Vergangenheit der bewußten Person umfangen."[5] Es ist klar, daß zwischen der „Aufmerksamkeit" und der „Losgelöstheit" eben jene Lücke klafft, die wir zwischen der ersten und zweiten Lebenspyramide aufzeigten. Das ästhetische Gleichgewicht, das zwischen Tat und Schau aufgestellt wird,[6] kann die Tat ebensowohl als eine „Veräußerlichung"[7] des innern Lebens wie als seinen Vollsinn und seine letzte Verwirklichung erscheinen lassen. Erst dieses magische Ausglätten letzter ethischer Sinnentscheidungen bannt Bergson endgültig in den Kreis des „Lebens". Seine spiritualistischen Ansprüche vermögen sein Denken nicht als eine Philosophie des Geistes glaubhaft zu machen.

3. Aus dieser innern Fragwürdigkeit wird nun der Blick frei in das, was bei Bergson theoretische und existentiale Endlehre sein kann. Die erstere ist dadurch gekennzeichnet, daß sie sich zwischen biologischer und mystischer Lebenserfahrung spannt. Die letztere aber bezeichnet die eigentümliche, ethoslose Mittellage dieser Erfahrung, wie sie sich vom eben Entwickelten her ergibt. Beides geht damit ineinander und muß gleichzeitig dargestellt werden.

Die biologische Gesamterfahrung läßt uns das Wesen der Welt als „schöpferische Entwicklung" erleben. Die letzte Realität, an die wir rühren, ist diese fortwährende Neuschöpfung, „Selbsterschaffung des Lebens",[8] die uns die radikale Geschichtlichkeit der Wahrheit zugleich mit der experimentellen Teilnahme am Schöpfungsakt

[1] P. 138. – [2] M. 129. – [3] Vgl. das Beispiel P. 150. – [4] S. 110 f., 124. – [5] P. 192. – [6] Vgl. E. 12. – [7] C. 138-139; M. VIII. – [8] E. 33.

verbürgt. Eine „radikale Kontingenz des Fortschritts“[1] läßt „die Wirklichkeit weder als endlich, noch als unendlich, sondern als indefinit“ erscheinen.[2] „Sich selbst übersteigen, alles hergeben, was er hat, und schließlich mehr als er hat“, das ist „die Definition des Geistes“.[3] Dieser Überstieg aber ist absolute Freiheit und Selbsterfindung, die durch keine mechanische Präformation und keine teleologische Finalität erklärt werden kann. Die Totalität der Welt geht demnach keineswegs auf ein vorgestecktes „Ziel“ zu, sondern ist offene Schöpfung ins Unendliche. Erst wenn der Lebensstrom *vorbei* ist, kann sein beschriebener Weg nachträglich vom zerlegenden Verstand als zweckmäßig festgestellt werden.[4] Aber der Verstand und seine Logik sind selbst Residuum des Lebens.[5] Als ewiges Sich-Schaffen des Lebens ist die Welt ewiges Wachstum („Die Idee der Schöpfung erhellt sich, denn sie wird eins mit der Idee des Wachstums“[6]) und damit auch ewig neue Depotenzierung von Geist in Materie: sehen wir nicht gleichsam vor unsern Augen Urnebel entstehen, Welten sich bilden?[7] Weder das Gesetz von der Erhaltung der Energie[8] noch das von der Entropie[9] hat daher für Bergson absolute metaphysische Geltung. Das letztere erhält seinen Vollsinn überhaupt erst, wenn es nicht als physikalisches, sondern als ontologisches Gesetz genommen wird, das heißt als Ausdruck der Depotenzierungsbewegung des Geistes. Aber diese Bewegung ist im Grunde doch nur dessen „inneres Vibrieren“, hat also in nichts Ähnlichkeit mit den pessimistischen Endlehren eines Mainländer oder Hartmann. Ja es kann bei Bergson, wie einst bei Novalis,[10] im Grunde von Eschatologie gar nicht gesprochen werden. Die Flügel des Zukunftstores bleiben ewig offen. Kein Konvergenzpunkt zieht magnetisch die zersplitterte Welt an, im Gegenteil, die Welt zerteilt sich, nach Bergsons Bild, wie jene Raketen, die in der Höhe in ein Lichtbündel zerstieben, dessen einzelne Strahlen selbst wieder neue Garben bilden usw. „Die Harmonie liegt nicht vor uns, sondern rückwärts. Die Einheit stammt von einer vis a tergo: sie ist am Anfang als ein Anschwung gegeben, sie ist nicht als eine Anziehung ans Ziel gestellt. Der Schwung zerteilt sich, im Maße als er sich mitteilt.“[11] Und sofern Bergsons „Anschauung“ den Strom zurück zum Ursprung strebt, ist seine Eschatologie durchaus Protologie. Aber wir wissen, daß diese Rückwendung, die „gegen

---

[1] C. 31. – [2] P. 270. – [3] E. 22. – [4] C. 42-46, 112-113, 188-189; S. 71. – [5] C. 55-56. – [6] C. 262. – [7] C. 261. – [8] D. 115 f. – [9] C. 264 f. – [10] 1. Bd., 266 f. – [11] C. 113.

den Strich" des Lebens geht, nur die eine Deutung der Anschauung ist. Die andere ist das Ineinsfallen mit dem Lebensschwung in seiner Richtung auf Tat, Schöpfung, Zukunft. Aber auch in dieser Richtung liegt kein absolutes Eschaton; das Leben hat, wie wir sahen, keinen ontologischen Horizont. Es bleibt nur der Blick in die ungeheure „Leere" ewigen Wachsens, ewiger Schöpferlust und darin, als eine Episode, „vielleicht die Überwindung des Todes". Wie bei Novalis, nur jetzt ausgesprochen empirisch, nicht mehr spekulativ begründet, gehen Diesseits und Jenseits bruchlos ineinander über: „Gibt es für das Bewußtsein ein Jenseits, so sehe ich nicht ein, warum wir nicht das Mittel finden sollten, es zu erforschen."[1] Und zwar „progressiv, so wie man ein biologisches oder historisches Problem untersucht".[2] Die Parapsychologie einerseits, die Mystik anderseits werden „in geduldigem Fortschritt" allmählich das Jenseits zum Diesseits machen und „die Menschheit verwandeln".[3]

Aber in diese restlos optimistische Protologie und Eschatologie (je nachdem man die erste oder zweite Form der Pyramide zugrunde legt) mischen sich nun jene Nebel und Trübungen, die aus der existentialen Problematik aufsteigen. Die Amphibolie zwischen Tat als Befreiung aus der Materie und Tat als Gestalten in die Materie hinein kann nicht ohne Auswirkung auf die Konstruktion des kosmischen Schicksals bleiben. Bergsons erster großer Kampf hatte der Psychophysik und dem Parallelismus zwischen Leib und Seele gegolten; sein Ergebnis war die weitgehende Unabhängigkeit der Seele vom Leibe.[4] „Wir haben keinen Grund zu glauben, Körper und Geist seien untrennbar aneinander gebunden."[5] Leben ist *an sich* Bewußtsein;[6] wenn es in der Pflanze eingeschlummert ist, in Tier und Mensch auf verschiedene Arten sich durch Leiblichkeit abgeblendet hat, so hatte es dabei seine „Absichten", nämlich durch die Vervollkommnung des (teils instinktiven, teils intellektuellen) Automatismus die Freiheit im Menschen zu ermöglichen. Von da aus die mögliche Aussicht auf ein Dasein nach dem Tode, das nicht mehr in der hiesigen Stofflichkeit „ein wirksameres Handeln, ein dichteres Leben" entfalten wird.[7] Aber gerade jene Ermöglichung der Freiheit durch den Automatismus der Materie kehrt die Sicht um: Materie erscheint als die notwendige Bedingung des Zusichkommens des Bewußtseins. „Die Anstrengung ist wertvoller als selbst das Resultat, denn ihr verdanken wir es, daß wir mehr aus

[1] E. 29. – [2] E. 61. – [3] S. 342. – [4] E. 49. – [5] E. 61. – [6] E. 8. – [7] E. 28.

uns hervorgeholt, als vorhanden war, daß wir uns über uns selber aufschwangen. Diese Anstrengung aber wäre ohne Materie nicht möglich gewesen."[1] Darum muß auch das Leben nach dem Tode als „Leben des Kampfes"[2] vorgestellt werden, und wenn es auf anderen Planeten auch sicherlich völlig andere Lebensbedingungen gibt, so ist doch *alles* Leben im Kosmos an die formale Bedingung einer Leiblichkeit gebunden, um *frei* sein zu können.[3]

So wird der Monismus des Lebens von einem radikalen Dualismus durchschnitten.[4] Leben erscheint je schon in der Doppelgestalt eines sinkenden Stromes: der Materie, und eines durch dieses Sinken sich emporarbeitenden: des Lebendigen. „Etwas wie der Weg, den die letzte Rakete eines Feuerwerks sich durch die Splitter der zurückfallenden, erloschenen bahnt."[5] „Unfähig, den Gang der materiellen Ereignisse aufzuhalten, vermag das Leben, ihn doch zu verzögern."[6] Dieses Gleichgewicht von Fallen und Entgegenstemmen ist die Gestalt alles kosmischen Lebens; wir kennen keine andere.[7] Ohne Materie, an der es arbeiten konnte, war dieses Leben höchstens „dämmernde, ungewisse" Vitalität.[8] Aber ein solches Gleichgewicht weist entschieden auf die *Endlichkeit* des Bewußtseinsstromes hin.[9] Der Strom „hat zwar den Stoff zur Organisation gebracht, aber seine Bewegung hat sich dadurch unendlich verlangsamt und unendlich geteilt".[10] Das Leben mußte gleichsam mit sich sparen und mußte so auf jedem seiner Hauptäste etwas Wesentliches opfern. Die beiden großen Lösungen des Problems einer Symbiose von Stoff und Geist, der Instinkt und der Intellekt, haben die Einheit der Anschauung unter sich aufteilen müssen: Jener erhielt die Einschmiegsamkeit in den Lebensschwung auf Kosten der Bewußtheit, dieser die klare Einsicht auf Kosten der Lebensnähe. Freilich einen sich beide Kräfte, der pflanzlich-tierische Instinkt und der sozialmenschliche Intellekt in jenem „einzigen Durchbruchspunkt, wo der Widerstand überrannt wurde",[11] in der philosophisch-mystischen Anschauung, und in diesem Sinn ist die ganze übrige Welt nur der „Humus des Menschen".[12] Aber wenn man die konkrete Menschheit betrachtet, so ist doch in ihr „die Anschauung fast durchgehend dem Verstande geopfert. Es ist, als wenn das Bewußtsein zur Eroberung der Materie und zur Rückeroberung seiner selbst das Beste seiner Kraft erschöpft hätte".[13] Das Wesen, das sich an-

[1] E. 23. – [2] E. 28. – [3] S. 273. – [4] C. 201. – [5] C. 272. – [6] C. 267. – [7] C. 278. – [8] C. 278-279. – [9] C. 137-138, 162. – [10] C. 197. – [11] C. 288. – [12] E. 289. – [13] C. 290.

scheinend in der Welt „zu verwirklichen trachtete – man nenne es Mensch oder Übermensch –, erreichte dies nur, indem es unterwegs einen Teil seiner selbst aufgab".[1] Anders gesagt: „Jedenfalls ist auf Erden das Geschlecht, das in sich den Daseinsgrund aller übrigen Wesen trägt, nur teilweise es selbst."[2] Das Leben ist hier überall wie „paralysiert" oder „zerstreut von seiner Grundabsicht", in eine Nebensache verbohrt. Der Keim von Freiheit ist sogleich wieder vom Automatismus bedroht: „Der lebendigste Gedanke vereist im Satz, der ihn ausspricht, das Wort wendet sich gegen die Idee, der Buchstabe tötet den Geist, und unsere feurigste Begeisterung erstarrt, wenn sie sich zur Tat veräußerlicht, meist naturhaft in kalte Berechnung."[3] Die seltenen Augenblicke, wo mühsam und blitzhaft die Anschauung gelingt, das Übermenschliche Wirklichkeit wird, spenden uns gerade Licht genug, um einzusehen, daß die Welt als Ganzes ein *Torso* ist: der Versuch, mit einem endlichen Material ein unendliches Bild zu wirken, ein Ding, das zugleich ganz und halb ist.

Die Einsicht in den Torso war der Ausdruck des existentiellen Unbehagens, das sich aus dem uneingestandenen Widerspruch zwischen den zwei Lebensdeutungen ergab. Aber diese Uneingestandenheit läßt das Unbehagen nicht als solches thematisch werden, sondern verklärt abermals den Torso-Charakter zu einem ästhetischen Absoluten. Manche antike Statue wäre vielleicht weniger ahnungsvoll und ins Unendliche deutbar, wenn sie noch Kopf und Arme besäße. Freilich, „ergänzen" muß auch Bergson diese Welt, und er hat dies in seinem Alterswerk über „Die zwei Quellen der Moral und der Religion" unternommen. Aber diese Ergänzung geschieht folgerichtig in der Verlängerung gleichsam der punktierten Linien, die durch seine experimentelle Eschatologie schon vorgezeichnet sind.

Der entscheidende Einsatz geschieht an jener Bruchlinie zwischen der Menschheit, wie sie faktisch besteht, und der im blitzhaften Überstieg zur Anschauung ahnbaren Menschheit, wie sie als Ganzes sein müßte. Bisher hatte Bergson diesen Überstieg vorwiegend ästhetisch gefaßt: als „Luxus" der Philosophie. Aber schon dort hatte er auf eine fortschreitende kulturelle Einwirkung dieser „metaphysischen Empirie" gerechnet. Jetzt wird ihm die Transzendenz der Anschauung zum religiösen Ereignis. Der wahre,

[1] C. 289. – [2] S. 276. – [3] C. 138-139.

höchste Philosoph ist der Mystiker, der als übernatürlicher Heros dem natürlichen Heros entgegentritt und der damit auch, als Religionsstifter, die Menschheit aus dem Ideal eines geschlossen-endlichen Heroismus zum Ideal eines totalen und göttlichen Heroismus aufruft. In dieser scharfen und tiefen Antithese tut sich in Bergsons Denken zum erstenmal etwas wie eine wahre Entscheidung kund: ein absolutes Ja und Nein wird gesprochen. Schon der Titel des Buchs drückt den Riß aus: – wie kann Religion zwei Quellen haben?

Aber Bergson geht den beschrittenen Weg zu Ende. Auf der einen Seite steht Menschheit als *Natur*: jenes seltsame Werk einer endlichen Kraft, das sich doch als höchste Blüte des Weltwerdens, als Schönheit des Torso gibt. Das ist eine radikal endliche Menschheit, mit dem instinkthaften Ideal der geschlossenen Gemeinschaft. „Der soziale Instinkt . . . meint immer eine geschlossene Gesellschaft, mag diese noch so ausgedehnt sein.“[1] Keine Zivilisation wird diesen Instinkt aus der Menschheit ausrotten: der bruchlose Übergang aus einem Stadium des Nationalismus in ein kosmopolitisches Stadium ist der Traum eines Intellektualismus, der den *Gegensatz* von Instinkt und Verstand nicht begriffen hat. „Es ist primär gegen alle andern Menschen, daß man die Menschen liebt, mit denen man lebt.“[2] Damit ist auch die instinkthafte Bestimmung des Menschen zum Kriege gegeben. „Der Krieg ist naturhaft.“[3] Doch weil die Menschheit zwar auf einem Grund von Instinkt ihre Gemeinschaft aufbaut, aber im Gegensatz zu Bienen und Ameisen diesen Bau mit bewußtem, werkzeuglichem Verstande aufbauen muß, darum bestand die Gefahr, daß dieser Intellekt sich verselbständige und gegen die Ziele des Instinkts sich erhebe. Es waren also von seiten des Instinkts Maßregeln zu treffen, welche den Intellekt in die Bahnen des Naturhaften zurücklenken. Solche Maßregeln sind die soziale Moral, welche als *Druck* der Gesellschaft nach Bergson die eigentliche Wahrheit des kategorischen Imperativs bildet, und die soziale Religion, durch welche sich die geschlossene Gemeinschaft auch zum Jenseits hin verankert und *sichert*. Von den Bräuchen der Naturvölker bis zu den großen nationalen Götterkulten des Altertums entwickeln sich die Formen dieser sozialen Religion, ohne die Bande der absoluten Endlichkeit der Natur zu durchbrechen.

[1] S. 27. – [2] S. 28. – [3] S. 307.

Aber neben den geschlossenen Gesellschaften gibt es in der Menschheit einen zweiten religiösen Strom, der nicht vom sozialen Druck, sondern vom hinreißenden Einfluß einzelner religiöser Heroen her fließt. Von ihrem persönlichen mystischen Erleben, das jenseits von Instinkt und Intellekt in der unmittelbaren Berührung des Göttlichen sich entzündete, reißen sie die Menschen zu einer Liebe hin, welche in keinem Zusammenhang mit der „sozialen" Liebe steht. „Ein Sprung" trennt beide.[1] Jetzt ist Religion „die Rückkehr in die Bewegung" des Lebens, aus der die Natur und die Menschheit allererst entstanden, und damit eine Liebe, die „dem Schöpfungsakt verwandt ist. Die Religion drückt dies auf ihre Weise aus, wenn sie sagt, daß wir nur in Gott die andern Menschen lieben".[2] „Es ist immer nur im Kontakt mit dem zeugenden Ursprung des Menschengeschlechts, daß man die Kraft schöpfen konnte, die Menschheit zu lieben."[3] In dieser religiösen Deutung der Anschauung entscheidet sich Bergson nun auch für die Richtung der zweiten Pyramide: die Wahrheit der Anschauung vollendet sich nur im tathaften Mitvollzug der schöpferischen Lebensbewegung selber: „Die wahren Mystiker öffnen sich einfach der Flut, die sie überschwemmt. Sie sind ihrer selbst sicher, weil sie in sich etwas fühlen, das besser ist als sie, und enthüllen sich so als große Männer der Tat, zum Erstaunen derer, für welche die Mystik nur Vision, Verzückung, Ekstase bedeutet. Was sie in sich einfließen ließen, ist ein absteigender Strom, der durch sie hindurch andere Menschen gewinnen möchte."[4] Bergson wiederholt hiermit nur, was christliche Mystik einheitlich lehrt: daß alle anormalen Erscheinungen im mystischen Leben nur „Vorspiel der endgültigen Umwandlung"[5] sind und alles, was darin „Schau" ist, nur Vorspiel der Tat. Bergson hatte früher den wesentlichen Mechanismus des Lebens stets als eine Aufspeicherung körperlicher Energien beschrieben, welche auf den kleinsten Druck hin „explodieren"[6] können: in der Differenz zwischen der Geringfügigkeit der Auslösung und der Größe der Wirkung lag für ihn die Möglichkeit der Freiheit grundgelegt. Hier wird diese Struktur ins Religiöse und Mystische übertragen. Die Vision ist letztlich nur das Sprengende, die Explosion zur Tat, und das Entrücktwerden von der Erde nur die Sammlung der Kraft, die zur Erde hin sich entlädt. „Eine unmerkliche Unruhe, die über der Ekstase schwebte . . . zeigt, daß die Seele

[1] S. 28. – [2] S. 50. – [3] S. 52. – [4] S. 101. – [5] S. 244. – [6] E. 15, 37-38.

des großen Mystikers bei ihr nicht Halt macht ... Wenn die Seele sich denkend und fühlend in Gott versenkt, so bleibt doch etwas von ihr noch draußen: ihr Wille. Ihr Handeln würde jetzt noch einfach von ihr selber ausgehn. Ihr Leben ist also noch nicht göttlich. Sie weiß es, und es beunruhigt sie unmerklich." Der „Anlauf, den sie genommen hat, hatte weiter gezielt". Indem dieser Anlauf bis zu Ende geht, übersteigt er die Sphäre bloßer Vision, um ins letzte Wesen zu dringen: die Seele findet sich wie in Nacht, „vereinsamt und oft in Verlassenheit. Sie versteht nicht, welch tiefe Arbeit sich indessen im Dunkeln an ihr vollzieht". In der Hinfälligkeit der Beschauung „führt die Tat die Seele zu sich selbst zurück und löste sie so von Gott los. Jetzt ist es Gott, der durch sie handelt, in ihr ... Es ist für die Seele überströmendes Leben ... Keine Visionen mehr: Gott offenbart sich nicht mehr von außen einer Seele, die Seiner voll ist ... Und die Liebe, die sie verzehrt, ist nicht mehr einfach die Liebe eines Menschen zu Gott, es ist die Liebe Gottes zu allen Menschen".[1] Dieser Tatcharakter der Mystik läßt schließlich Bergson sogar seinen heimlichen Meister Plotin aufgeben: „Er sah das verheißene Land nur von weitem ... er hat diese letzte Wegstrecke nicht mehr betreten, wo die Beschauung in Tat hinein sich aufgibt und der menschliche Wille in dem göttlichen aufgeht."[2] Auch der Buddhismus hält „auf halbem Weg inne": „Eine volle Mystik wäre Tat, Schöpfung, Liebe."[3] Erst in den christlichen Mystikern wie Paulus, Theresia, Katharina von Siena, Franziskus, Jeanne d'Arc sieht Bergson das entscheidende Kennzeichen der Echtheit.

So stehen sich schroff natürliche und übernatürliche Moral und Religion gegenüber. Die erste ist wesentlich konservativ und auf die Schließung des Staats- und Volkswesens in sich selbst bedacht: sie ist Heroismus bleibender Endlichkeit. Die zweite ist wesentlich sprengend, sie will „mehr als den Menschen",[4] sie kehrt aus der Natura naturata in die Natura naturans zurück,[5] sie „möchte mit Gottes Hilfe die Schöpfung des Menschengeschlechtes vollenden und aus der Menschheit das machen, was sie von Anfang an hätte sein sollen, wenn sie ohne die Mitarbeit des Menschen selbst sich hätte endgültig begründen können".[6] Diese Aufgabe ist ungeheuerlich. Sie soll „in Schöpfungsschwung

---

[1] S. 247-249. – [2] S. 236. – [3] S. 241. – [4] S. 228. – [5] S. 55. – [6] S. 251.

dies geschaffene Ding: das Geschlecht, verwandeln, Bewegung aus dem machen, was wesenhaft ein Anhalten ist . . . die Menschheit verändern".[1] „Es handelt sich für die großen Mystiker in Wahrheit darum, die Menschheit radikal umzuwandeln, und das ausgehend von ihrem Beispiel. Das Ziel wäre erreicht, wenn am Ende dastünde, was an sich am Anfang hätte sein sollen: eine göttliche Menschheit",[2] wenn es gelänge, aus den Menschen „ein neues Geschlecht zu machen, oder vielmehr, sie vom Zwange zu befreien, Geschlecht zu sein".[3]

Der Riß zwischen beiden Idealen ist so tief, daß scheinbar eine eschatologische Schließung gar nicht denkbar ist. Die Menschheit, als Natur wesentlich Instinkt und Verstand, ist darauf aus, „sich Waffen und Werkzeug zu schaffen für Kampf und Arbeit des Daseins. Wie sollte sie unter solchen Bedingungen eine wesentlich zur Erde gewendete Aufmerksamkeit nach dem Himmel hin wenden?"[4] Aber Bergsons utopischer Glaube schrickt nicht zurück vor dem Paradox. Er sieht die radikale Verwandlung der „natürlichen" Ethik und Religion durch das Christentum, durch immer neue Impulse großer mystischer Seelen. Die Aufhebung der Sklaverei ist nicht nur ein äußerer Kulturfortschritt. Die berühmte Frage: ob wir zustimmen würden, das ewige Glück der gesamten Menschheit auf die Leiden eines einzigen Unschuldigen zu bauen, – diese Frage können wir nicht mehr bejahen. „Was ist da vorgegangen? Wie vermochte die Gerechtigkeit aus dem sozialen Leben aufzutauchen, in dem sie unbestimmt gelebt hatte, um jetzt über ihr zu schweben, hoch über allem, kategorisch und transzendent?"[5] Es ist zweifellos eine Art fortgesetzter „*Umsatz*" religiöser Liebe in soziale Gerechtigkeit gewesen.[6] Es gibt solche Erfindungen, die ins Allgemeinmenschliche übergehen, auch auf andern Gebieten. So hat die Renaissance eine bestimmte Weise, die Landschaft zu sehen, gefunden, so hat „Rousseau ein neues und originales Gefühl" den Bergen gegenüber „geschaffen, und dieses Gefühl ist landläufig geworden".[7] Von diesem Zwischengebiet des Schönen aber schweift der Blick in das Feld des rein Naturhaften und den möglichen „Umsatz" innerhalb seiner selbst: in die Erfindungen der *Technik*. Aber sollte dieser doppelte, übernatürliche und natürliche Fortschritt nicht zuletzt doch einem einzigen Ziele zustreben können? Es stünde dann

---

[1] Ebd. – [2] S. 256. – [3] S. 337. – [4] S. 251. – [5] S. 75. – [6] S. 85. – [7] S. 37.

auf der einen Seite der religiöse Weg einer immer weiteren Ausbreitung des mystischen Impulses, auf der andern der technische Weg „eines ungeheuren Systems von Maschinen, das imstande wäre, die menschliche Tätigkeit zu entlasten, . . . ein gefährlicher Weg, . . . aber es gibt Wagnisse, die man unternehmen muß".[1] Bis jetzt mußte freilich der religiöse Impuls sich gleichsam in „Klöstern und religiösen Orden" konservieren,[2] weil die Zeit eines Eingriffs in die Welt noch nicht reif war. Die Technik ihrerseits förderte vor allem den Genuß, anstatt in den Dienst einer Vereinfachung des Lebens und einer sittlichen Befreiung gestellt zu werden.[3] Aber schon zeigen sich beiderseits Möglichkeiten, welche auf eine Vereinigung der Wege hindeuten. Wenn auch der homo faber sich sein Himmelreich nicht allein schmieden wird: ist er nicht doch selbst ein homo religiosus, in dem ein höherer Schöpferwille durch ihn ans Ende will? „Die Menschheit stöhnt, halb erdrückt unter der Last ihrer Fortschritte. Sie weiß noch nicht genug, daß ihre Zukunft von ihr selbst abhängt."[4] Nicht in dem Sinn, nochmals, daß sie die Natur, deren Wesen der Torso ist, aus eigener Naturkraft vollendete, sondern in dem Sinn, daß sie jener ursprünglichen, mehr als natürlichen Schwungkraft des Lebens sich überließe und anschlösse, die den magischen Kreis der geschlossenen Natur sprengte und von innen her den Übermenschen erschüfe.

Diese Versöhnung eines erst schroffen Dualismus zu einer sich restlos schließenden Einheit ist das Motiv, das durch Bergsons ganzes Denken hindurchgeht und immer wieder den eigentlichen Rhythmus seines Denkens ausmacht. Leib und Seele, Raum und Zeit, Denken und Anschauung, Wissenschaft und Metaphysik werden erst polemisch als absolute Gegensätze hingestellt, dann als Kräfte im Gleichgewicht, schließlich als zwei Teilkräfte einer einzigen Grundkraft erkannt. Das Letzte in Bergson müßte uns also von diesem formalen Rhythmus her einsehbar werden, und zwar gerade von der schärfsten Gestalt, die er im Religiösen annimmt.

Zwischen geschlossener und offener Moral besteht also ein absoluter Sprung, beide stammen aus verschiedenen „Quellen". Die eine entstammt „ursprünglicher Züchtung, die von der Natur beabsichtigt war", dem „sozialen Druck".[5] Die andere ist persönliche Gottesliebe, die den Rahmen der Natur sprengt. „Sie ist

---

[1] S. 252. – [2] S. 253. – [3] S. 324 f. – [4] S. 343. – [5] S. 189.

keine Verlängerung eines Instinkts, keine Folgerung aus einer abstrakten Idee."[1] Die erste ist „statisch", „unter-rational", die zweite „dynamisch", „über-rational",[2] keinesfalls aus der ersten ableitbar. Die erste ist durchaus praktisch, aber das im Sinn des Pragmatischen, sie ist Funktion des Gesellschaftsbewußtseins.[3] Die zweite ist praktisch im Sinn absoluter Tat, die dem homo faber als „Luxus" erscheint. In dieser Antithese spürt man, wie in der ursprünglichen zwischen Intellekt und Anschauung, das tiefe *Ressentiment* Bergsons gegen den Zwang des Sozialen, das die Person verzweckt und in den engen, irdischen Buchstabendienst der Sitte, des Berufs, des Patriotismus zwängt. Das Soziale hat bei ihm dieselbe Stellung, die bei Heidegger das Man haben wird. „Soziales Ich" und „persönliches Ich" stehen sich wie „Oberflächenbewußtsein" und „Tiefenbewußtsein" gegenüber,[4] ja sogar wie „unpersönliches" und „persönliches" Dasein.[5] Dagegen ist das religiöse Tiefenerlebnis für Bergson wesentlich ein einsames, das sich nur durch personale Nachahmung[6] mitteilt und von der sozialen Verzweckung immer wieder erstickt werden kann. Diese Bindung von sozialer Form und Materie führt schließlich folgerichtig zu einer Ableitung der Personvielheit aus dem Stoff (individuatio ratione materiae),[7] womit aber auch die Vorläufigkeit der Personschranken grundsätzlich[8] gegeben ist. Die Ergebnisse der Parapsychologie scheinen Bergson zu beweisen, daß „die Seelen nur mit einem Teil ihrer selbst am Körper hängen; für den Rest ist es erlaubt, eine gegenseitige Durchdringung zu vermuten. Zwischen den verschiedenen Bewußtseinen könnte sich ein dauernder Austausch vollziehen, gleichsam eine Osmose".[9] „Nur der Raum schafft scharfe Trennungen. Sympathie und Antipathie ... bezeugen ein mögliches Ineinandersein der menschlichen Bewußtseine ... Die Intuition würde uns so ins allgemeine Bewußtsein wiedereinführen."[10] Zudem ist zu bemerken, daß in der Natur die Individualisation mehr eine „Tendenz" als eine voll durchgeführte Wirklichkeit ist. „Individualität verträgt eine Unendlichkeit von Graden, ist nirgends, selbst beim Menschen nicht, völlig verwirklicht."[11] Die oberflächlichste Erfahrung lehrt, daß eine Pflanze, ein Wurm aus einem „Individuum" zwei „Individuen"

[1] S. 250. – [2] S. 197. – [3] S. 213, 225. – [4] D. 178. – [5] M. 204; S. 8-9, 29. – [6] S. 29. – [7] S. 49, 275; E. 23. – [8] Trotz der Versicherung persönlichen Fortlebens. – [9] E. 83. – [10] P. 36; vgl. C. 281. – [11] C. 13.

werden kann. In der Fortpflanzung wird „ein neuer Organismus mit einem losgelösten Fragment des alten aufgebaut. Die Individualität beherbergt so ihren Feind bei sich selbst".[1] „Das Lebewesen ist vor allem ein Durchgangspunkt und das Wesentliche des Lebens liegt in der Bewegung, die es weitergibt."[2] Das Leben ist eine „reale Kontinuität".[3]

Aber gerade indem das Ressentiment gegen das Man die ganze Sphäre des Sozialen zu einer Funktion der Stofflichkeit veräußerlicht, erscheint das Ergreifen des Gesamtbewußtseins in der mystischen Anschauung selbst in seinem personalen Sinn gefährdet. Die mystische Identität meines Willens mit dem Schöpferwillen Gottes ist selbst kein Liebesgeheimnis mehr, sondern ein solches dionysischer Verströmung. Das Verhältnis von Gott und Welt löst sich hier auf in ein solches von Spannung und Entspannung, Geist und Stoff, innerem Vibrieren und Skandieren des Lebens. „Die Welt wäre nur noch der sichtbare und tastbare Anblick der Liebe und des Liebesdranges, mit allen Folgen, die diese schöpferische Emotion in sich schließt, ich meine: mit der Erscheinung lebendiger Wesen, worin diese Emotion ihre Ergänzung findet, mit einer Unendlichkeit anderer Lebewesen, ohne die jene ersten nicht hätten erscheinen können, und endlich mit einer Unermeßlichkeit von Stoff, ohne den das Leben nicht möglich gewesen wäre."[4] „Eine schöpferische Energie, welche Liebe ist, und die aus sich selber Wesen ziehen wollte, die der Liebe wert wären, könnte so Welten säen, deren Stofflichkeit, sofern sie der göttlichen Geistigkeit entgegengesetzt ist, einfach den Unterschied zwischen Geschöpf und Schöpfer ausdrückte, zwischen den zerstreuten Noten der Symphonie und dem unteilbaren Gefühl, das sie aus sich heraus fallen ließ."[5]

Hier, in der monistisch-personlosen All-Liebe des göttlichen Lebens, laufen also die Fäden zusammen und erklärt sich, wie der Rhythmus Bergsons zwischen einem schroffen Dualismus und einem dionysischen Entwicklungsglauben pendeln kann. Die bindende Mitte ist, ähnlich wie bei Novalis,[6] die gleitende Schema-Mitte der Narziß-Problematik zwischen Liebe als Gotteinsamkeit und Liebe als Ich-Du-Verhältnis. Denn so wird einerseits die Verbannung des Sozialen ins rein Gesellschaftliche verständlich. Aber der „soziale Druck" ohne Mystik ist letztlich nicht nur keine „Quelle", son-

---

[1] C. 14-15. – [2] C. 139. – [3] C. 176; vgl. C. 280; M. 233. – [4] S. 274. – [5] S. 275. – [6] 1. Bd., 266 f.

dern das Diabolische. Und folgerichtig erscheint in dieser Perspektive das Antlitz Marcions: Der Gott des Alten Bundes ist für Bergson „Nationalgott“ und „Gerechtigkeitsgott“, der des Neuen „universeller Gott“ und „Gott der Liebe“.[1] Aber während der Gott der Natur ein Gott der Begrenztheit ist, der nicht alles erreicht, was er plant, weil das Lebensmaterial innerlich endlich ist,[2] ist der Gott der Liebe ein durch seine Liebe selbst ohnmächtiger, den „unverhinderbaren Konsequenzen“ dieser Liebe ausgelieferter Gott,[3] ein Gott, der sein Geschöpf „braucht“.[4] Daß dieser Dualismus aber wieder sosehr verschwinden kann, daß Gott und Welt in einem einzigen Schöpfungsakt verschmelzen, das zeigt nur, daß jener Gegensatz keine letzte Positivität, keinen Liebessinn hatte. Wäre das Soziale wirklich eine „Quelle“, so böte es sich als solches dem mystischen Geschehen als formbarer Stoff an. Mit andern Worten: die Mitte zwischen rein profanem Volkstum und rein persönlicher Religion, die Mitte einer religiösen Gemeinschaft, die zugleich weltlich und übernatürlich wäre, fehlt radikal. Und dieser Ausfall läßt im monistischen Aspekt die Gegensätze so ineinanderstürzen, daß die Mystik als solche unmittelbar verweltlicht, ja industrialisiert, die Industrie unmittelbar vergöttlicht wird.

Dieser Absturz in die Säkularisierung des Mystischen hebt schon dort an, wo sie als geradlinige Verlängerung der philosophischen Intuition aus dem Geheimnis einer unantastbaren Begnadung Gottes in die allgemeine Zuhandenheit weltlicher Wissenschaft herabgezogen wird. Sie ist „experimentaler Gottesbeweis“,[5] Erfahrung eines möglichen „Rückgangs bis zu den Wurzeln unseres Seins“,[6] „mächtige Hilfe der philosophischen Untersuchung“,[7] Auskundschaftung einer Reise, „welche andere de jure, wenn nicht de facto nachvollziehen könnten“,[8] schließlich das künftige, immer allgemeinere Heilmittel der Menschheit.[9] Aber solches Eintreten planen Fußes in die Geheimnisse Gottes, solch ahnungsloses Greifen nach dem Heiligen zeigt nur ein letztesmal, wie Bergsons Denken ethoslos und bis in die Wurzeln ästhetisch ist. Sein Kampf gegen alle Öffnung der Abgründe – in der Entlarvung des Begriffs des Nichts[10] und der metaphysischen Angst[11] als harmloser Täuschungen –, seine magische Verdeckungskunst, welche alle kantigen Widersprüche

[1] S. 256-257. – [2] Vgl. das „Vielleicht“ C. 194; „Wahrscheinlich“ S. 228; „konnte nicht gewollt haben“, „hatte nicht vorgesehen“ S. 54; „ist alles, was die Natur vermocht hatte“ S. 337. – [3] S. 280. – [4] S. 273. – [5] S. 257. – [6] S. 267. – [7] S. 268. – [8] S. 263. – [9] S. 334. – [10] P. 77, 124; C. 298-322. – [11] P. 122; S. 269.

schwungvoll abrundet, machen ihn zum eigentlichen Theoretiker der Lebensphilosophie. Als solcher aber hat er in unbezweifelter Genialität die Grenzen einer neuen Weltanschauung abgesteckt und deren Grundfrage nach dem inwendigen Gott und seinem Bezug zu Endlichkeit, Zeitlichkeit und Entwicklung gestellt. Aber in all dem weigert er sich, dem neuen Weltbild existentiale Farbe zu geben. So war unsere Darstellung mehr „Entlarvung“ dessen, was wider Willen ausbrach, denn Schilderung der Lehre, wie sie sich selber auslegte. Zur ergänzenden Darstellung dieser Existentialität treten wir nunmehr in den deutschen Raum ein.

II. Der Umkreis des Lebensraumes

Die verwirrende Mannigfaltigkeit geistiger Gestalten, die sich dem ersten Blick in den geistigen Raum der deutschen Lebensphilosophie entgegendrängen, läßt es ratsam erscheinen, vor der Beschäftigung mit einzelnen Vertretern das allen Gemeinsame, mag es auch noch so allgemein und unbestimmt sein, bildhaft herauszustellen. Aus zwei Gründen werden uns die Kategorien dieses Raums vorzüglich in dichterischer Gewandung erscheinen müssen: einmal, weil Lebensphilosophie als solche der eigentliche Ort des Mythischen ist – sofern alle apollinische „Form“, aller „Logos“ immer nur geheimnisvolle und vorläufige Selbstoffenbarung des Lebensgrundes ist –, dann aber, weil hier mehr noch als anderswo der Dichter an das Existentielle dieser neuen Haltung hinführt. Im deutschen Idealismus stand die Dichtung im Zeichen der Philosophie, Weltleben folgte aus Weltschau wie die Krone aus dem Stamm. Im neuen Raum der deutschen Existenz, wo Begriff nicht mehr Erfüllung, sondern Entleerung des Symbols ist, führt der Dichter den Reigen: Bergson, der Philosoph der Intuition und Vater einer ganzen Generation junger Dichter, hat uns schon mitten in diesen Raum gestellt. Aber seine ästhetische Verwischungskunst, sosehr sie als solche mit in den ungeistigen Raum des reinen Lebens gehört, ließ die in seinem Weltbild gebundenen existentialen Möglichkeiten nicht zur Entfaltung kommen. Diesem Fesselfallen und den ihm folgenden freien Bewegungen dient diese Umkreis-Betrachtung als Vorbereitung.

Aus dem Lebensraum des spiritualistischen Protestantismus hatte der deutsche Idealismus die Grundrichtung von Leben zu Geist, von Erde zu Himmel, von unten zu oben beibehalten. Im Protestantischen war es freilich noch nicht sosehr autonome Aufwärtsbewegung des Geistes als magnetisches Angezogenwerden durch die Gnade und schließliches Anheimfallen der übernatürlichen Welt. Eines der Wolkengedichte Goethes, „Cirrus", drückt diese Bewegung unnachahmlich aus.

„Doch immer höher steigt der edle Drang!
Erlösung ist ein himmlisch leichter Zwang.
Ein Aufgehäuftes, flockig löst sich's auf,
Wie Schäflein trippelnd, leicht gekämmt zu Hauf.
So fließt zuletzt, was unten leicht entstand,
Dem Vater oben still in Schoß und Hand."

Auch Jean Pauls Wege in die Himmel, Hölderlins Äther-Sehnsucht behalten sie bei. Aber Idealismus ist doch im eigensten mehr der Raum, der durch „außen–innen" bestimmt wird. Der mystische Zug nach dem inwendigen Geheimnis des Ich, nach Freiheit, Seelenfunke und Seelenburg, ins „Innre der Natur" (mit Goethe und Schelling), ins Innre der Erde (mit Ofterdingen), ins innre, feurige Zentrum (mit Empedokles) kennzeichnet die Grundbewegung des geistigen Raums. Die Nietzschewelt aber hat ihren Schwerpunkt unten, im Grund, Abgrund, Ungrund. Ihr „Empor" gleicht damit scheinbar dem protestantisch Christlichen, ist ihm aber doch tiefer entgegengesetzt. Denn das „Unten", die Schwere, ist der Schoß, das Zeugende, das die Formen, Gestalten emporwirft. Das „Oben" ist immer Gipfel, Krone, die, von der untern Kraft aufgetrieben, ins Leere emporwächst, von keiner „helfenden Gnade" angezogen. Es ist selber das Leichte, das Ideale, Geisthafte, das von der Schwere des Lebens-Existenz-Grundes emporgeschossen wird. Nur scheinbar stellt sich dieser Bewegung Nietzsches Überwindung des „Geists der Schwere" entgegen. Denn die Schwere ist auch hier unser Ursprung, und ihr „Geist" ist Rückwendung zu ihm. Aber „nicht, woher ihr kommt, mache euch fürderhin eure Ehre, sondern wohin ihr geht".[1] „Was Vaterland! Dorthin will unser Steuer, wo unser Kinder-Land" ist.[2] Denn der Abgrund ist das Stumm-Gebärende, der Mensch und Übermensch aber soll die ausgesprochene Welt, der Logos, der Geist werden: „Dich rufe ich, meinen abgründigsten Gedanken! Heil

[1] N. 6, 297. – [2] Ebd. 311.

mir! Mein Abgrund *redet*, meine letzte Tiefe habe ich an's Licht gestülpt!"[1] Geist-Helle, Licht, ist aber selber nur die Kraft der Seele, die steigt, die Kraft des Lebens ins Leichte, ins Leere, Utopische. „Schwer-Mut" ist die Versuchung des eigenen Abgrunds, nicht dahin zu steigen, wo nichts ist, die letzte Versuchung Zarathustras, das Lied des großen Zauberers.[2] Aber der „Leicht-Mut" selbst ist der Mut des Abgrunds der Seele, und wenn der Tag, das Steigen, der Geist gegen Abend sich neigen, da erkennt es die Seele, daß ihre Tiefe es ist, die die Höhe entwarf: „In dein Auge schaute ich jüngst, oh Leben! Und ins Unergründliche schien ich mir da zu sinken."[3] „Riecht ihr's nicht? Es quillt heimlich ein Geruch herauf, – ein Duft und Geruch der Ewigkeit, ein rosenseliger, brauner Gold-Wein-Geruch von altem Glücke, – von trunkenem Mitternachts-Sterbeglücke, welches singt: Die Welt ist tief, und tiefer als der Tag gedacht."[4] Im dionysischen de profundis mischt sich Leid und Lust des Schoßseins, des schaffend-einsamen Rede-sein-Müssens: „Was bin ich! Eine trunkene, süße Leier, – eine Mitternachts-Leier, eine Glocken-Unke, die Niemand versteht, aber welche reden *muß* . . .",[5] weil ich der Abgrund bin, der sich selber ausspricht: „Gipfel und Abgrund – das ist jetzt in Eins beschlossen!" „Woher kommen die höchsten Berge? so fragte ich einst. Da lernte ich, daß sie aus dem Meere kommen . . . Aus dem Tiefsten muß das Höchste zu seiner Höhe kommen."[6]

So ist die Lebensrichtung klar in ihren Raum gestellt: ihre Überstiege erscheinen als emporgeschleuderte Protuberanzen des schaffenden Grundes. Bergson hatte dieses schon unter dem Bilde eines gewaltigen Feuerzentrums gesehen, das Rakete um Rakete emporwirft, den lebendigen Geist, der sich emporkämpft durch die Asche der zurückfallenden Schlacken. Aber auch dieses aufgelöste Zurücksinken zum Grunde kann noch etwas Positives bedeuten, wo Grund selber zaubrisches Zentrum, Ruhepunkt ist, und so einen zum Göttlichen hinweisenden Sinn trägt. Die Idee des „Fallens", die Rilkes Lebensraum beherrscht, wäre dann bezeichnend, und noch mehr seine Teilnahme für die Doppelbewegung der Fontänen. Was schon C. F. Meyer an ihnen bewunderte, die Einheit von Strömen und Ruhn, das fesselt auch Rilke: die Vollendung der Parabellinie, mit der das steigend sich Ausformende in glücklichem Fallen dem Schoße, als dem unendlichen göttlichen Erben, zurückerstattet wird:

[1] Ebd. 315. – [2] Ebd. 433 f. – [3] Ebd. 157. – [4] Ebd. 466 f. – [5] Ebd. 468. – [6] Ebd. 226, 228.

„Alles Vollendete fällt
heim zum Uralten.“[1]

Mag es hier „das Uralte“ sein, oder „der Uralte“ des Stundenbuchs, der das unterste, tiefste Tal der Welt ist:

„Und wie die obern Becken von Fontänen
beständig überströmen, wie von Strähnen
gelösten Haares, in die tiefste Schale, –
so fällt die Fülle dir in deine Tale,
wenn Dinge und Gedanken übergehn.“[2]

Freilich gehört Rilke mit dieser Überbetonung des „Fallens“ nur noch an den Rand des Lebens-Raumes:[3] Wo er die reine Kurve des Lebens als Gleichgewicht zwischen Steigen und Fallen verläßt, um zum Kläger gegen den Aufstieg zu werden, steht er schon vorwiegend auf anderm Boden. Nietzsche aber ist es, bei dem dieses Gleichgewicht am elementarsten zum Ausdruck gelangt. Wußte er bereits um die Geburt der harten, geformten Berge aus dem Schoß des Meeres, so löst sich seinem überschauenden Blick ihre Starre schließlich selbst zu einem Moment der wogenden Unendlichkeit auf. In der Beschreibung der Meeresbrandung, wie die „Fröhliche Wissenschaft“ sie sieht: als das tigerhafte, wildgrausame, herrlich-sinnlose Spiel ewigen Sichbäumens und Zusammenstürzens, spürt man die innerste Erregung des Dichters, der, in diese Schau gebannt, sein eigenstes Geheimnis sich vorgetanzt sieht: „Ihr und ich, wir sind ja aus *einem* Geschlecht! – Ihr und ich, wir haben ja *ein* Geheimnis!“[4]

Aus Rhythmus, Lust und Gefährnis des Ewigflüssigen gebiert sich die Weltgestalt. „Kultur ist nur ein dünnes Apfelhäutchen über einem glühenden Chaos.“[5] Für den Zarathustra hatte Nietzsche vorgemerkt: „Die größte aller Totenfeiern macht den Schluß. Goldener Sarg in den Vulkan gestürzt.“[6] Das scheint Hölderlin-Nachahmung. Aber der Vulkan Nietzsches ist chaotischer und geistfremder, heraklitischer als die geisthaft-glühende Weltmitte Hölderlins. Der „Grund“ ist kein Gegenstand des Erkennens oder Erfühlens. „Was wir vom Leben sehn, ist Form; wie wir es sehn, Individuum. Was

[1] Ges. W. III, 331. – [2] Ebd. II, 240-241. – [3] Dies wird stets vor Augen zu halten sein, sooft er in diesen ersten Kapiteln auftritt. – [4] N. 5, 238. – [5] N. 12, 343. – [6] N. 12, 392.

dahinter liegt, ist unerkennbar."[1] Nur im Sinne Bergsons, als Rücksturz des Lebens in seinen flüssigen Ursprung und Wiedergeborenwerden aus ihm in feuriger Taufe, gelänge es ihm, sich seinem Grund-Sinn zu nähern. Nietzsche wählt seinen Standort im archaischen Griechentum, nahe bei Heraklit und nahe bei Hesiod: er will die Geburt der apollinischen Götterwelt aus „dem Geiste der Musik" selbst sich vollziehen sehn. Spitteler, im „Olympischen Frühling", läßt uns noch leibhaftiger der Auffahrt der Lichtgötter aus der ewigregnerischen Hadestiefe beiwohnen. Rilkes „Geburt der Venus" schildert vielleicht am endgültigsten das Gebären des vollkommnen Leibeswunders aus dem „Rufen, Unruh, Aufruhr" des abgründigen Meeres.[2] Für das dionysische Transzendenz-Erleben ist gerade der Mitvollzug dieser Geburt das Bezeichnendste. Es ist auch in Georges Maximin-Erleben voll ausgedrückt. Die lichte Gestalt, die sich vom „Grunde" abhebt, wird hier ebenso im „Rausche" geboren: „Rausch und Helle" ergeben erst die volle Formel. Wohl steht George, wie Spitteler, als Geist dem Lebensabgrund feindlicher gegenüber als Nietzsche, und er bannt das Grauen des Grundes in den Zauberbann der Gestalt:

„Wer schauen durfte bis hinab zum grund
Trägt ein gefeiter heim zu aller wohl
Den zauber als begehung und als bild."[3]

Aber diese Begehung des Bildes ist selbst, als Zauber und Mysterium, eingefangener, gebändigter Dionysos, „Augenblick", der Daseinshöhe und -tiefe umfängt,

„. . . zeitloses nu
Wo landschaft geistig wird und traum zu wesen.
Schauder umfloß uns . . nu des größten glückes."[4]

So ist hier überall, auch wo Richtung und Blick empor ins Helle zielen, doch ein Lauschen in den Abgrund, ein Beugen sogar über ihn und Hinabspähen nach dem Geheimnis des schöpferischen Schoßes, aus dem „Duft und Geruch der Ewigkeit" emporquillt. Damit wird aber, bildhaft, eine letzte Bestimmung des formalen Raums sichtbar: Meer heißt wesentlich Vergänglichkeit, unhaltbarer Übergang, Untergang. In diese Vergänglichkeit schaut die neue Seele

[1] N. (Mette) 3, 390. – [2] Rilke III, 107-109. – [3] George (Gesamtausgabe), Bd. 8, 103. – [4] Ebd. 74.

wie berauscht hinab, über dem Geländer der festen Dinge vorgebeugt.

Wieder ist dieses Hinabsteigen in die Nähe des Zaubers des ewigen Verwandlungsstroms vom christlichen zum idealistischen und dionysischen Lebensgefühl sinnbildlich darstellbar. Als in Klopstocks Messias, zu Anfang des 9. Gesangs, ein Engel in der Finsternis des Kreuzigungszornes sich in die Himmel schwingt, um das Antlitz des furchtbar zürnenden Vaters zu suchen und vielleicht den göttlichen Zorn zu sänftigen, da schildert er, rückkehrend, seine Fahrt also:

„Ich kam an die Sonnen,
Und die dämmerten. Kam zu des Himmels Pole, da rangen
Trübe Schimmer mit Nächten. Ich ging zu dem Throne, da wurd' es
Dunkler um mich . . . und nun noch dunkler . . . doch ich suche
Namen und finde sie nicht, wie es um den Unendlichen Nacht war . . .
Und ich stand, und hörte von ferne die Ströme der Hölle
Rauschen unter der tiefen, verstummenden Schöpfung."

Noch ist es christlicher Raum zwischen Gott und Welt, Gott als Schwerpunkt oben, wenn auch nun in dem stummen Schauder des Zorns. Nur jetzt, in diesem Augenblick äußersten Innehaltens, wird in einer unendlichen Ferne ein drittes hörbar, unter der wechselnden Welt der Strom des Ewig-Nichtigen. Und nur aus der Höhe Gottes selbst wird dieses Rauschen vernehmbar.

Bei Hölderlin ist eine erste Wendung vollzogen: die Zweiheit Hölle-Schöpfung ist Einheit als vergängliche Schattenwelt geworden, der gegenüber die unsterbliche Ideenwelt die Stelle von Klopstocks Gott vertritt: „Ach", seufzt Hyperion, „bin ich nur einmal dort angekommen, dann soll es anders werden mit mir. Tief unter uns rauscht dann der Strom der Vergänglichkeit mit den Trümmern, die er wälzt, und wir seufzen nicht mehr, als wenn das Jammern derer, die er hinunterschlingt, in die stillen Höhen des Wahren und Ewigen hinaufdringt."[1] Das ist idealistischer Platonismus, neben dem sich freilich das Dionysische ankündigt – in der Freude des Romantikers an rauschenden Flüssen, bis zum Hinabgezogenwerden durch Nixen und selbst bis zum Untergang

[1] Hyperion-Fragment (Ausg. Böhm), 237.

des Dichters in den Fluten der Welt, ein seliger Untergang: „Freudig starb er", wenn die Woge der Welt ihn „schmeichelnd herunterzieht".[1]

Aber dies doch erst als äußerste Möglichkeit eines einzelnen Menschen, nicht als Weltsituation. Doch nun wird die feste Geisteswelt des Idealismus vom Tauwind des Dionysischen eingeschmolzen, der alles „in den Fluß" bringt: „Über dem Flusse ist alles fest, alle die Werte der Dinge, die Brücken, Begriffe . . .: – dagegen predigt der Tauwind! Oh, mein Bruder, ist *jetzt* nicht alles im Flusse? Sind nicht alle Geländer und Stege ins Wasser gefallen? . . . Wehe uns! Heil uns! Der Tauwind weht!"[2] Solcher Jubel über heraklitische Allösung ist Bezauberung durch das auflösende, schöpferische Wesen des Grundes, gerade auch da, wo er notwendig nur Vergängliches schafft. Das vielleicht deutendste und darum unvergeßlichste Bühnenbild, das ein Dichter des Dionysischen ersann, die Szenerie von Hofmannsthals „Kleinem Welttheater", zeigt eine gewölbte Brücke über einem abendlich-goldenen Fluß, der sich im Glanz des Untergangs verliert. Gestalten wandeln eine nach der andern über diese Brücke, halten inne, sprechen, sehen hinab, verschwinden. Der Dichter tritt als erster auf, eben erfrischt von einem Bade im abendlichen Wasser. Später neigt sich der Goldschmied verlangend über den Brückenrand:

„Dies hängt mir noch von Kindesträumen an:
Ich muß von Brücken in die Tiefe spähen,
Und wo die Fische gleiten überm Grund,
Mein' ich, Geschmeide hingestreut zu sehen . . .

Doch dieses Wasser gleitet stark und schnell,
Zeigt nicht empor sein stilles innres Leben.

Nur seine Oberfläche gibt sich her,
Gewaltig, wie von strömendem Metalle.
Von innen treibt sich Form auf Form heraus
Mit einer Riesenkraft in stetem Schwalle."

Halbgestaltete Leiber, Knaben, Nymphen, Ungeheuer wogen ineinander.

---

[1] Hölderlin: Dichtermut (Böhm 2, 288). – [2] N. 6, 294.

„Mich überkommt ein ungeheurer Rausch,
Die Hände beben, solches nachzubilden.

Nur ist es viel zu viel, und alles wahr:
Eins muß empor, die anderen zerfließen . . ."[1]

Wie anders als der idealistische Künstler, der seine Gestalt ins Licht baut, ins Unvergängliche, greift der dionysische in diese triefenden, schöpferischen Fluten. Wo im Idealismus Geist-Feuer unendliches Kraftzentrum war, ist im neuen Lebensraum Lebens-Wasser unendlicher Gebärgrund. So haben schon die antiken Mysterienkulte den Zusammenhang zwischen Dionysos und dem Meere gekannt: auf gewissen griechischen Inseln feierte man jährlich seine Geburt aus dem Meere, in dessen Tiefe er, einer homerischen Sage gemäß, sich einst geflüchtet hatte.[2]

Aber dieses Meer erhält nun noch eine letzte Bestimmung. Nietzsche ist Erneuerung der Subjektivität, der Innerlichkeit – bis zum Wissen eines unendlichen Ich-Innenraums: „Man erlebt endlich nur noch sich selber. Die Zeit ist abgeflossen, wo mir noch Zufälle begegnen durften; und was *könnte* jetzt noch zu mir fallen, was nicht schon mein Eigen wäre!"[3] So ist auch der Abgrund, aus dem heraus Ewigkeitsduft quillt – in mir. Und wäre das Rauschen des unendlichen Lebensstroms in mir nicht das Rauschen des Blut-Abgrunds, des Blut-Meeres in mir? Hörte ich nicht diesen innern Ozean dröhnen, wenn ich mein Ohr an die Muschel meines Herzens legte?

„Der Strom des Bluts,
Das war die schwere, dunkle Flut, in der
Die Seele taucht und findet keinen Grund."[4]

Nietzsche schon, vor Hofmannsthals „Ödipus", wußte, daß das nächtliche Rauschen des Abgrunds in uns das dunkelliebende Blut ist:

„Nacht ist es: nun reden lauter alle springenden Brunnen.
Und auch meine Seele ist ein springender Brunnen."[5]

[1] Gesammelte Werke (Fischer, Berlin 1934), Bd. 1, 84-85. – [2] Vgl. Walter Otto: Dionysos (Vittorio Klostermann, Frankfurt 1933). – [3] N. 6, 223. – [4] Hofmannsthal: Ödipus und die Sphinx, 2. Bd. (2. Teil), 98. – [5] N. 6, 153.

Am dämonischesten aber erschien dieser innere Fluß-Gott Rilke, wenn er

„ach, von welchem Unkenntlichen triefend, das Gotthaupt
aufhob, aufrufend die Nacht zu unendlichem Aufruhr.
O des Blutes Neptun, o sein furchtbarer Dreizack.
O der dunkele Wind seiner Brust aus gewundener Muschel.“[1]

Einer hat es gemalt, dieses schillernde, schwere, innere Meer: Böcklin. Und einer versuchte, den Blutozean in Zauberformeln zu bändigen: Freud.

Damit sind die allgemeinsten Dimensionen des dionysischen Raums im Bilde festgelegt: Abgrund–Meer–Vergehen–Blut als Schwerpunkt dieser Welt, gebiert Welt–Form–Schein–Geist. Es ist also Duo-Monismus, wie der Idealismus es war. Aber dies anders, weil es nicht mehr Duo-Monismus des Geists, sondern des Lebens ist. Es bleibt zwar vom Idealismus die Spannung von empirischem und absolutem Subjekt, als Einzelleben-Alleben. Aber die Spannung Geist–Natur ist Spannung zwischen Scheinnatur und Grundnatur geworden. Weltgrund und Gestalt stellen sich nicht mehr dialektisch entgegen, sondern Weltgrund umspannt und übersteigt immer Gestalt. Im Geistigen gibt es die Kraft der Negation, darum stellen sich da die Antithesen, nach Keyserlings Wort, „kontrapunktisch“ entgegen[2] und können als Zusammenklang von Gegensätzen Harmonie des Geistes erzeugen. Das strömende Alleben kann als seine Negation nur den idealen Schein setzen, und diesen nur als eine „Form“ und „Verwandlung“ des Lebens selber, als „das Leben, das sich selbst ins Leben schneidet“. So scheint sich der dialektische Monismus hier fast zum reinen Monismus, zur Identität hin, zu betonen. Die Philosophie von Mach-Avenarius ist dafür Ausdruck, so gut wie Nietzsches Leugnung eines Unterschieds zwischen Leib und Ich,[3] Freuds Ableitung des Geists aus dem Trieb, Georges Gleichsetzung von Leib und Geist. Und letztlich ist auch noch Heideggers monistisches „Dasein“ dem dionysischen Weltgefühl pflichtig. Mit alldem ist idealistische, geisthafte „Entelecheia“ abgelöst durch lebenshafte, reine „Energeia“. Aber schon die Schlußwendung der Untersuchung über Bergson erwies, daß dieser scheinbare Lebensmonismus ebenso tief

[1] III, 269. – [2] Spannung und Rhythmus (Der Leuchter, 1923), 12. – [3] N. 6, 46.

von einem Dualismus durchschnitten bleibt, der sich nicht endgültig in der Einheit auflösen und befriedigen kann und schließlich im Torso-Charakter der Welt als existentielles Unbehagen sich ausdrückt. Zwischen Zwei und Eins besteht ein so unmittelbares Verhältnis, daß ihre Identität keiner Vermittlung zu bedürfen glaubt und darum ebenso unvermittelt Zwei wie Eins ist.

Dieses unvermittelte Zwei-Eins hat die theoretische Lebensphilosophie mit der nachidealistischen Zeit noch gemeinsam.[1] Aber was dort Erschlaffung in „poetischen Realismus" oder müden Pessimismus war, erhält durch Nietzsches Leidenschaft bejahenden Wert. Die Umklammerung des Geistes durch das Leben, wie sie Diltheys Weltanschauungslehre, Simmels Lebensmetaphysik, Troeltschs Lebensethik und noch Nicolai Hartmanns Erkenntnislehre (mit der Einbettung des Rationalen ins Transintelligible) kennzeichnen, ist stets, stärker oder schwächer, von einem Willen zum Jasagen getragen. Die ontologische Ergriffenheit des Geistes durch das Leben spricht sich hier überall durch eine entsprechende ethische, ja religiöse Ergriffenheit aus.

Die Formen des Geists und der Kultur sind Kristallisationen des fließenden Lebens, Staudämme, die es sich aufrichtet, um sie zu überfließen. „Immer wieder rauscht der Strom des Lebens auf und weiter." „Die Aufgabe der Dämmung und Gestaltung ist also ihrem Wesen nach unvollendet und unendlich und doch im einzelnen immer wieder lösbar und praktisch gestellt. Eine radikale und absolute Lösung gibt es nicht . . ."[2] Otto Flake hat das Wort von der „Unvollendbarkeit der Welt" geprägt. Die „Gehäuse" (Jaspers), die „Verkrustungen" sprengt das Magma des Lebens immer wieder als zu eng gewordene Hüllen. „Alle Wesen bisher schufen etwas über sich hinaus: und ihr wollt die Ebbe dieser großen Flut sein?"[3] „Auch dein Ideal ist noch nicht deine Grenze: weiter reicht deine Kraft als die Sehnsucht deines Auges."[4] Wenn dergestalt die Zerrissenheit des Zwei immer überklungen scheint vom Rhythmus des Eins, so zeigte doch schon Bergson, daß in dieser unmittelbaren Identität ein existentiell ungelöster Rest steckte. Bevor wir den Widerspruch grell in der Lebensphilosophie von Ludwig Klages ausbrechen sehen, wollen wir ihn hier nur noch vorfühlend umzeichnen, soweit er eben zum gesamten Umkreis des Lebensraums gehört.

---

[1] Vgl. 1. Band, 645-647. – [2] Troeltsch: Der Historismus und seine Überwindung (1924), 60. – [3] N. 6, 13. – [4] N. 12, 281.

Die Zweideutigkeit der reinen „energeia" des Lebens erscheint, wie sich schon bei Bergson zeigte, wurzelhaft im *Erkenntnis*problem. Der Akt der „reinen" Erkenntnis kann einerseits als schöpferischer Mitvollzug der Transzendenz des Lebensgrundes gedeutet werden. Er setzt sich dann in Gegensatz zur rein „pragmatischen" Erkenntnis Bergsons, zum reinen „Besorgen" von „Zeug" bei Heidegger. Aber derselbe Akt kann anderseits auch als die schöpferische Gestaltung von „Formen" erscheinen, gleichsam von Spiegeln, in denen das Leben allererst seiner bewußt werden kann. Er setzt sich dann in Gegensatz zu dem reinen, tierhaften, ungebrochenen Hinströmen des Lebens, bei dem es zu keinem Reflex und daher zu keinem Bewußtsein kommen kann. Nietzsche, aber auch Stefan George und Simmel gehören vorwiegend zu dieser zweiten Sicht.

Dieser Zwiespalt im Erkenntnisproblem setzt sich unmittelbar fort in einem entsprechenden Zwiespalt im *ethischen* Gebiet. Leibniz sah im Ethisch-Bösen das Metaphysisch-Leere: den Ausstand an Akt, das Nochnicht. Weil aber Akt nur in einem „leeren Raum" wirken kann, darum ist Goethes „Faust" wiederum nur Fortführung, wenn er den Bösen zum Stachel der Tat macht, der „reizt und wirkt und muß als Teufel schaffen", als ewiger Anlaß der Tat. So ist Mephisto reine metaphysische Negation, die, wo es nötig ist (im Helena-Akt), sich aus dem Moralisch-Bösen ins Häßliche, in Phorkyas, verwandelt, um auch auf dieser Stufe Anlaß der Transzendenz des Ästhetischen zu werden. Die alte Sehnsucht Mephistos gibt recht eigentlich sein Wesen kund: „Ich liebte mir dafür das ewig Leere." Hier aber entsteht, wie im Erkenntnistheoretischen, ein dialektisches Verhältnis, je nachdem sich das positive Moment als „Leben" oder „Form" gibt: Reiner Akt, reine Tat ist gut, denn nur im Tatvollzug kommt das Leben zu sich selber. Böse ist hier also Ruhe und Stillstand, es ist Verkrustung, Tod. Gut ist die aktive Subjektivität, die in der Tat ihr Gesetz hört und befolgt. Böse ist ein Hören auf „objektive" Gesetze, auf ein „Gewissen", das im Stande der Ruhe, aktlos, befragt werden kann. Genau an diesem Punkte liegt das Problem von Spittelers „Prometheus und Epimetheus". „Böse" ist das „Ruhende", „Objektive", darum ist „böse" für den Handelnden auch der leere, ruhende Raum, in den hinein er handelt, der Ausstand, den er sich noch nicht „anverwandelt" hat. Das ist die eine Möglichkeit der Akzentsetzung. Aber eine zweite ist davon unzertrennlich und schon im Keim in ihr enthalten. Weil reine Aktivität im Weltprozeß nur Transzendenz sein kann, so kann sie auch nur Aufhebung von Bestehendem sein, Umwertung, „schöpferische Negation". Und so, weil der Akt des Transzendierenden sich notwendig mit der bösen Leere befaßt, in sie hineingeht, sie in sich aufnimmt, darum ist der Handelnde „gewissenlos", „böse" in einem metaphysischen Sinne. „Ihr Schaffenden, an euch ist viel Unreines. Das macht, ihr mußtet Mütter sein", umschreibt es Nietzsche.

Beide Probleme, das Erkenntnisproblem und das ethische, hängen unmittelbar zusammen. Wie es bei jenem im Grunde um die Frage zwischen Tat und Schau ging, so auch bei diesem; innerhalb der reinen „energeia" des Lebensaktes zeichnet sich damit ein abgründiges Rätsel ab, das uns in der thematischen Aufrollung der Letzthaltung Nietzsches zur zentralen Frage werden wird. In kleineren Ausmaßen können wir es vordeutend schon hier bei George aufzeigen. Denn auch für ihn ist das Böse deutlich die nicht mehr „aktive" Kraft des Lebens, der Zerfall der echten Spannung ins Leere, Leichte, Spielerische, Trügerische, wie der „Widerchrist" des „Siebenten Rings" es zeichnet. Dann aber ist es ebenso auch die innere, selbstgeschaffene Schranke, an der das starke Leben wächst:

„Schilt nicht dein leid, du selber bist das leid . . ."[1]

„So will der fug: von außen kommt kein feind . . .
Wird er bedurft, müßt ihr aus euch ihn schaffen
Im gegenstoß versieht er seinen dienst."[2]

Hinter dem erkenntnistheoretischen und ethischen erhebt sich das tiefere Problem von Sinn und Wert der *Individualität*, wie es schon zwischen Kierkegaard und Nietzsche verhandelt ward und bei Bergson anklang. Das mystisch-geistige Ich des Idealismus war in der doppelten Anonymität Schopenhauerschen Allwillens und sozialistischer Kollektivität untergegangen. In beiden hatte die Einzelperson kaum noch Bedeutung, hob sie sich kaum noch von dem personlosen Hintergrund ab, der selbst schon das Produkt ihrer Auflösung war. Vor *diesem* Hintergrund aber hat Nietzsche die neue Subjektivierung des Menschen durchgeführt, ihm nochmals den großen Alltraum des kosmischen Ich eingeflößt. Aber dessen

[1] VIII, 22. – [2] VIII, 94.

„Elongatur" war nun nicht mehr ein von vornherein verwandter, heimatlicher All-Geist, sondern dieses anonym-wogende Urleben. So ist die Identität einerseits nur durch erhöhten, ja forcierten dionysischen Enthusiasmus im „Augenblick" herzustellen, und in der „Nachtseite" wird die kleine Lichtsonne der Person sich viel schroffer von dem gleichgültigen, oft genug rein biologisch-vitalistisch verstandenen Lebenshintergrund abheben müssen. Im Bereich des Individuellen, Persönlichen hat der Mensch keine Anlehnung, keine Erleichterung zu erhoffen. Denn als abgeschnürtes „Bewußtsein" ist der Mensch nun ebenso unversöhnlich *fremd* dem unmittelbaren Leben, als er, *als* Leben, mit diesem eins ist. So kommt nun alles auf die Strahlkraft der Sonne Mensch an: „Du allein machst die Luft um dich herum stark und klar!"[1] Darum hat hier, wenn je in der Geschichte, der heroische Mensch seinen Platz, der sich aufreckt zur tragischen Erhabenheit, in Einsamkeit alles zu sein, reine Strahlung, aus Härte und Liebe zugleich gewoben: „O Einsamkeit aller Schenkenden! O Schweigsamkeit aller Leuchtenden!"[2]

Im Problem des *Todes* spitzt sich das alles aufs äußerste zu. Denn wenn Nietzsches ganze Situation schon das schärfste Gegeneinander von All-Anonymität und Mensch-Person ist, so wird im Tode diese Dialektik fast unerträglich: Einerseits erscheint dieser als unbedingtester Sieg des Unpersönlichen, in dem das Ich restlos, spurlos untergeht. Anderseits muß sich aber gerade angesichts dieses Untergangs der Mensch zu seiner übermenschlichsten Würde aufrichten: Im Auge den Untergang, ist er ein Gott. Die idealistische Ausflucht in die Seelenwanderung muß hier notwendig fallen gelassen werden. Denn diese Theorie ist Halbheit, die weder den Mut zum Untergang im Abgrund noch zum Wissen um die göttliche Einmaligkeit des Menschen aufbringt. Die einzig logische Ersetzung dieser Hypothese konnte nur die ewige Wiederkunft sein, als die Verewigung des agonalen Augenblicks zwischen Göttlichkeit und Untergang. Als der Jüngling Spitteler seine Weltansicht erstmals in 233 Thesen unter dem Titel „Würde des Menschen" zu formulieren suchte, da stand bereits die dionysische Situation scharf gezeichnet darin: „Mein Leben ist eine Art Abhärmung, daß ich nicht Gott bin, aber ich ergebe mich nicht der Reue, sondern ich suche, mit dem Willen mir zur Gotteigenheit zu verhelfen." Dieser Wille baute sich auch bei Spitteler zuerst die Theorie von der Seelenwan-

---

[1] N. 6, 443. – [2] N. 6, 134.

derung, um in allmählicher Annäherung die Gotteigenheit zu erreichen. Aber die Theorie fand kein Erdreich in seiner Seele. Die Würde des Menschen hat sich genau in den Schranken des einmaligen Lebens zu offenbaren.

Schon der zweite Entwurf des jugendlichen Dichters versuchte einen eschatologischen Mythus zu gestalten: „Atlantis". Spitteler sagt darüber: „Der bekannte Sagenstoff von einem im Ozean untergehenden Erdteil. Meine Behandlung des Stoffes war folgende: Die Voraussicht des nahenden Untergangs versetzt die Menschheit in einen ekstatischen und orgiastischen Seelenzustand, nicht sinnlicher oder frivoler Art wie in Pestzeiten, sondern umgekehrt: Es erfolgt eine allgemeine Erhebung und Vergrößerung der Stimmung. Alles Kleinliche, zum Beispiel Stand und Rang, fällt dahin, es erfolgt ein täglich sich erneuerndes und stetig sich steigerndes Fest der Liebe." So hatte Nietzsche gesagt: „Wichtig nehmen alle das Sterben; aber noch ist der Tod kein Fest."[1] Dieses Motiv wird später in den „Balladen" in das „Sterbefest" zusammengedrängt, die Atlantisidee fallengelassen und dafür, als Ausdruck des Wiederkehrgedankens, ein periodisches Sterben der Menschen angenommen, auf das sie sich durch das Fest der Verbrüderung und Liebe vorbereiten. Dieser erste Versuch, dessen Interesse sich noch lediglich an die „Psychologie des Weltendes" ohne metaphysischen Ausbau knüpft, zeigt doch schon in vollem Maße die Differenz des dionysischen Weltgefühls gegenüber dem dialektischen. Wird die Haltung dieser Menschen im Angesicht des bevorstehenden Endes mit derjenigen des Volkes verglichen, dem der Nachtwächter „Bonaventura"[2] das ausbrechende Gericht verkündigt, so wird klar: In der Romantik erweckt der tragisch-ironische Zwiespalt zwischen dem geistigen Ziele der Menschheit und ihrem wirklichen Zustand vernichtendes Ohnmachtsgefühl; bei Spitteler indes erhebt sich der Mensch, als die Spitze der Welt, im Augenblick der Rückkehr ins Chaos zu übermenschlicher Größe. Nackter als je tritt der Tod hervor, nachdem das „Dichtererschleichnis" der „ewigen Annäherung" an Gott grundsätzlich entlarvt war. Angesichts seiner aber spitzt sich jene dreifache Problematik von Erkenntnis, Ethik und Individualität aufs höchste zu: das Zwei-Eins des Menschen zum Leben kann sich hier nur noch in einem radikalen Ja und Nein zugleich dem Tode gegenüber ausdrücken.

---

[1] N. 6, 105. – [2] Vgl. 1. Band, 655.

Von hier weitet sich der Blick noch einmal und schweift in das Problem der *Kultur*, des menschlichen Fortschritts-Sinnes. Bei Bergson zeichnete es sich deutlich ab in der Zwei-Eins-Form eines Fortschritts als wachsender Gegensatz zum Urleben (Technik) und einer wachsenden Versöhnung mit ihm (Mystik). Aber beide Aspekte sind wiederum unexistentiell gleichgesetzt. Im weiteren Verlauf müssen sie erst in ihrer ganzen Unversöhnlichkeit enthüllt werden, bevor an Vermittlung gedacht werden kann. Im Aspekt der reinen „energeia" ist Lebensphilosophie der Triumphgesang der siegreichen Fülle und Entwicklung des Lebens über alle Katastrophen und Untergänge hinaus. So, wenn Bölsche und sein Kreis Schilderungen vom bacchantischen Siegeszug des Lebens entwerfen, bei dem alle Eschatologie im Rücken zu liegen scheint und der Weg in immer blühendere Schöpfungstage bis zu einem wirklich „jüngsten" Tage führt. So in einer Menschheitsgeschichte, wie H. G. Wells sie zeichnet, wo alle tragisch-apokalyptischen Situationen dem biologischen Optimismus nichts anhaben, noch die wörtliche Züchtung des Übermenschen („Der Unsichtbare") und die Wesensverwandlung des Menschen („Der Traum") verhindern können. So schließlich auch im Keyserling-Kreise, wo aller Oberflächen-Pessimismus von einer tiefer das reine Leben bejahenden Haltung unterbaut ist. Aber im zweiten Aspekt, wo Bewußtsein Entfremdung, Technik Lebensbedrohung ist, muß die Wertung sich radikal umwenden: der rauschhafte Optimismus sinkt zusammen, wo Kultur die tragische Kluft zwischen Geist und Leben immer weiter aufreißt. Klages und Spengler stehn hier, wenn auch mit grundverschiedener Haltung, und im Werk Theodor Lessings („Untergang der Erde am Geist") häufen sich die Endzeitvisionen: Geist und Kultur sind „der Weg zum Ende". „Die Sintflut wächst."[1]

Zwischen diese fünf Widersprüche, die nur immer die Wiederholung des Grundwiderspruchs der Zwei-Eins-Form sind, spannt sich der Raum der Lebensphilosophie und der Lebensdichtung. Es ist so ein Raum, der von unsichtbaren Gewittern bebt: „Wagnis und Gefahr und um den Tod ein Würfelspielen."[2] In diesem Widerspruch, und nur in ihm, ist dieser Raum dionysischer Raum. Ohne diesen Widerspruch wäre eine Lehre vom Leben das Fade und das Triviale selbst. Nietzsches ganze Existenz lebt von ihm und ist recht eigentlich aus der Ablehnung aller voreiligen idealistischen Versöh-

---

[1] 3. Aufl., 133, 452. – [2] N. 6, 167.

nungswege erwachsen. Auf dem längern Wege der unverkürzten Wirklichkeit zur Welteinheit gelangen, – dies dürfte der höchste Anspruch des neuen Weltbilds sein. Denn auch Nietzsche kann auf diese Einheit nicht verzichten. Als Jüngling schrieb er: „Vielleicht ist in ähnlicher Weise, wie der Geist nur die unendlich kleinste Substanz, das Gute nur die subtilste Entwicklung des Bösen aus sich heraus sein kann, der freie Wille nichts als die höchste Potenz des Fatums. Weltgeschichte ist dann Geschichte der Materie, wenn man die Bedeutung dieses Wortes unendlich weit nimmt. Denn es muß noch höhere Prinzipien geben, vor denen alle Unterschiede in eine große Einheitlichkeit zusammenfließen, vor denen alles Entwicklung, Stufenfolge ist, alles einem ungeheuren Ozean zuströmt, wo sich alle Entwicklungshebel der Welt wiederfinden, vereinigt, verschmolzen, all-eins."[1] Aber wenn im Kreise der Lebensphilosophie dieses All-eins vom unvermittelten Gegenpol aus erobert werden soll, so kann die *Form* dieses Gegenpols hier nur die des unvermittelten, also heroisch-einsamen Geistes sein. Wenn Spittelers Sterbefest die Menschen im Angesicht des Untergangs verbrüdert, ist auch das noch ein Bund von Einsamen. Nietzsches Mensch ist bis zum Wahnsinn einsam, und wo Spengler die früheste Menschenseele beschreibt, nennt er sie „sehr einsam, selbst im Vergleich zu anderen Raubtierseelen, mit dem stolzen und schwermütigen Blick des *Wissenden* über sein eigenes Schicksal hin, dem unbändigen Machtgefühl in der tatgewohnten Faust, jedermanns Feind, tötend, *hassend*, zu Sieg oder Sterben entschlossen. Diese Seele ist tiefer und leidenvoller als die irgendeines Tieres. Sie steht in unversöhnlichem Gegensatz zur *gesamten* Welt, von der sie durch ihr eigenes Schöpfertum getrennt ist. Es ist die Seele eines Empörers".[2] Der Held des Lebensraumes ist volklos. Denn der anonyme Welthintergrund, von dem sich diese Größe abhebt, wird sozial von der Anonymität der „Masse" dargestellt, in die der Sozialismus die Menschheit einschmolz. So kehren die Dimensionen von Grund-Form auch hier wieder. Zarathustra wohnt auf den Bergen, und nur wie verworrenes Gelärm rauscht der Schrei der Menschenmassen zu ihm empor: „Hörst du noch nichts? . . . rauscht und braust es nicht herauf aus der Tiefe?" „Das ist ein Notschrei und der Schrei eines Menschen, der mag wohl aus einem schwarzen Meere kommen!"[3] So wohnt der selige Göttertroß Spittelers auf seinem

[1] N. (Mette) 2, 59. – [2] Der Mensch und die Technik (1931), 33. – [3] N. 6, 350.

Götterberge, so wandert Ibsens „Brand“ in unwegsame Gletscher, und so steigt auch, in seiner geistigsten „Landschaft“, George nach letztem Menschenabschied einsam ins höchste Gebirge:

„Schon sausen winde in den letzten arven.
Der aufstieg im geröll wird rauher, wüster . . .
Wo jede wegspur sich verliert im düster,
Summen des abgrunds dunkle harfen.“[1]

Auch Georges „Kreis“ ist nicht Volk, sondern ein das Namenlose und Ungestaltete der Menschheit hinausschließender Ring – jene anonyme Masse, die so viel Züge mit dem anonymen Welthintergrund gemein hat:

„Was wäre stich der qualle, schnitt dem kraut?“

Bergeseinsamkeit als Stätte der letzten mystischen Reinigungen der Seele, weit von Gemeinschaft, hat endlich auch Rilke erkoren:

„Ausgesetzt auf den Bergen des Herzens. Siehe, wie klein dort,
siehe: die letzte Ortschaft der Worte, und höher,
aber wie klein auch, noch ein letztes
Gehöft von Gefühl. Erkennst du's? –“[2]

Hier in den ungangbaren Höhen sucht der dionysische Mensch seinen Gott. Hier endet der ekstatische Narr Gerhart Hauptmanns, der sich göttlich wähnt, wie auch sein Eulenspiegel, hierhin führt endlich, in Vollendung der Symbolik, Spitteler seinen Dionysos selbst, auf der Suche nach seiner Gottheit:

„‚Wo bin ich?‘ Sieh da: eine starre, bergumragte
Schneewüste. Luft und Feld von frostgen Nebeln hart.“[3]

III. Klages

Wenn wir aus der Reihe deutscher Lebensphilosophen Ludwig Klages herausgreifen, um an der Hand seines Denkens zur Letzthaltung der Lebensphilosophie hinzuführen, so wird man uns viel-

[1] VI–VII, 135. – [2] III, 420. – [3] Der Olympische Frühling, II, 91.

leicht der Voreingenommenheit beschuldigen. Allein, wenn der feinere Simmel, der einfühlendere Dilthey hier außeracht bleiben, so ist es, weil ihr ausgeglichenes, oder vielmehr ausgleichendes Denken existentiell keinen entscheidenden Schritt über Bergson hinaus vollzieht; wenn Troeltsch ausschaltet, so um seiner bodenlosen Unentschiedenheit in seiner letzten Haltung willen; wenn Scheler auf eine spätere Untersuchung verschoben wird, so geschieht es wegen seiner stärkern Verwurzelung im phänomenologischen Kreise. Bei Klages aber wird gleichsam in ihrer nackten Reinheit die Kurvenstrecke sichtbar, die von Bergson und der rein formalen Lebensphilosophie hinüberleitet in deren tiefere, religiöse Problematik. Auf diese scharfe, kurze Strecke richtet sich unser ganzes Interesse; darum ist es der Klages der positiven existentiellen Letzthaltung, der in der Mitte unserer Darstellung stehen wird: „Mensch und Erde" und „kosmogonischer Eros". Die charakterologischen Studien dienen uns zu deren Erläuterung. Das große, dogmatische Spätwerk aber, „Der Geist als Widersacher der Seele", erscheint bereits als eine Erstarrung und Verhärtung der lebendigen Grundeinsicht zum „System" und steht so am Rand unseres Bildkreises.

Die klassisch einfache Grundthese, um die sich alles andere schichtet, zeigt wie in einem Blitzlicht, was hier seit Bergson vorgegangen ist: Das existentielle Unbehagen, das bei Bergson in der Verdecktheit des Widerspruchs untergründig schwärte, ist plötzlich, wie eine Wunde, aufgebrochen: der kunstvolle Ausgleich zwischen den beiden Lebenspyramiden fällt als haltlose Fassade in sich zusammen und offenbart den Gegensatz, der im Innern des Lebens rumorende Polterer und Störefried tritt hervor und nennt sich beim Namen: – *Geist*. Und weil er so unbefangen war, sich zu nennen, wird er mit ebenso unnachahmlicher Unbefangenheit „hinausgesetzt", er wird aus der Welt ausgeklammert als ein störendes, „akosmisches" Prinzip. So bleibt denn freilich dem also gereinigten Leben allzeit ein Kampf bis aufs Messer an seinen äußeren Grenzen. In seinem Innern aber ist es – durch diese in der Philosophiegeschichte einzigartige Kur – zum ersten Male mit sich selber eins und einig geworden. Das verwunderlichste Paradox, das nur noch im Sāmkhya seinesgleichen hat, wird bewußt von Klages ausgehalten: Der lebendige Kosmos schließt sich als Absolutes in sich, nachdem er das negative Absolutum des Geistes ausgestoßen. Aber dieses extrapolierte –1 verfehlt darum nicht, sich als Exponent „vor die Klammer" zu setzen und so den absoluten, positiven Kosmos von außen her unausgesetzt in Frage zu stellen. In der Sprache Hegels muß dieser Dualismus das Stadium der Selbstentfremdung des Seins heißen, worin Geist und Leben sich als das unvermittelt Andere, als „Widersacher" gegenüberstehen.

Wir betrachten das Weltbild von Klages zuerst theoretisch als fortgesetzten und radikalisierten Bergsonismus (1), dann existential und eschatologisch (2).

1. Klages kann, obwohl er diesen Einfluß gerne verwischt, nicht ohne Bergson gedacht und begriffen werden.[1] Das Pathos des Gegensatzes von Intuition und Intellekt hat am Anfang der Ablehnung des tötenden Geistes gestanden. Mit Bergson stellt er sich in die Lebenseinheit jenseits des sekundären, geistigen Gegensatzes von Idealismus und Realismus,[2] und kämpft ebenso entschlossen gegen den Sensualismus wie gegen den Logizismus. Aber mag jener noch sosehr das lebendige Erleben in einen Staub von zersplitterten Eindrücken zerfällen, „so gilt unser Hauptangriff aber doch dem Idealismus".[3] Wie für Bergson, ist für Klages Platon der entscheidende Verfälscher der Metaphysik, indem er der eleatischen Tendenz, die Erscheinungen „zu vernichtigen und sie gleichsam" durch die Noumena „aufzusaugen", zum Siege verhilft. „Denn während Platon zwar alle sonstigen Prädikamente mühelos an den ‚überhimmlischen Ort' versetzt, muß er für die Bewegtheit der Dinge auf ein Urbild verzichten, folglich für die Veränderung überhaupt, folglich für die Wirklichkeit des Geschehens selbst, die solchermaßen auf die Stufe des Gegenbildes einer *mangelhaften* Erkenntnis (‚Meinung', δόξα) herabsinkt."[4] Demgegenüber aber gilt, daß die Zeitlichkeit gerade das Positivste, Wirklichste am Geschehen ist. Sie allein besondert es durch ihre unumkehrbare Je-Einmaligkeit und macht so den „Ereignischarakter der Wirklichkeit" aus.[5] Sie gibt ihm „den Charakter jener nie zu berechnenden Neuheit, die man ‚Eigenart' oder noch besser ‚Ursprünglichkeit' nennt. Das Leben steht immer im schöpferischen Anbeginn, trinkt stets aus einer und der ersten Quelle".[6] Die Zeitlichkeit des Seins erscheint zumeist in der Bewegung. Aber Bewegung als sichtbarer, physischer Vorgang

[1] Daß der Einfluß sich oft durch die Vermittlung von Melchior Palágyis Denken vollzogen haben mag, ändert für uns nichts daran. – [2] Mensch und Erde (3. Aufl. 1929), 48 (= M.). – [3] Der Geist als Widersacher der Seele (1. Bd. 1929; 2. Bd. 1929; 3. Bd. 1932), 79 (= W.). – [4] W. 59. – [5] W. 36. – [6] Ausdrucksbewegung und Gestaltungskraft. Grundlegung der Wissenschaft vom Ausdruck (= AG.) (2. Aufl. 1921), 138.

ist doch nur ein Aspekt „des umfassenderen Sachverhalts des Geschehens“,[1] der metaphysischen Bewegtheit der Wirklichkeit als solcher. Das Übergehen wird damit sosehr zur letzten Realität, daß der Grundsatz alles Denkens A = A sich ausdrücklich nur auf Grund dieser Bewegtheit formen läßt. Denn die Gleichungsform überbrückt mit einem „identischen“ Begriff die wenn auch noch so geringe Verschiedenheit des Dinges an zwei verschiedenen Punkten der Zeit.[2] Infolge dieser Differenz zwischen Begriff und Wirklichkeit wird Klages dahin geführt, selbst noch den „unvergleichlich tiefsinnigen“ Heraklit zu verlassen,[3] dessen Logos immer nur *über* den Wassern der Zeit schweben, niemals in ihnen untertauchen kann. Und doch liegt die positive Ewigkeit – wie bei Bergson – nicht in der leeren Identität, die der Geist aus dem Geschehen abstrahiert, sondern in der Ereignistiefe der Zeit selber. „‚Ewig‘ ist die wirkliche Zeit, und nur sie.“[4] „In die Ewigkeit ginge ein, wer, durchaus aller Existenz entkleidet, völlig ‚verginge‘ in der – Zeit.“[5] „Die Wirklichkeit ist ewig und die wirkliche Zeit das *Pulsieren* der Ewigkeit“,[6] welche somit „proteischen Charakter“ besitzt.[7]

Aber dieses Pulsieren ist nun doch mit Bergsons Zeitbewegung nicht durchaus identisch. Diese kennzeichnete sich, gleichsam horizontal betrachtet, als das reine, horizontlose Je-Anderswerden, in welchem alle Einschnitte des Intellekts rein vorläufige, pragmatische Bedeutung haben konnten. Freilich mußte diese Bewegung auch vertikal gelesen werden, in der Höhenrichtung der Lebenspyramide zwischen Geist und Stoff. Dann erschien sie als das Vibrieren des Lebens und das Sich-selbst-Skandieren der Fülle-Spannung des Geistes zur Leere-Entspannung des Stoffes hin. Für Klages aber erscheint der erste, horizontlose Aspekt der reinen Dauer als ein bereits zweitrangiger, vom Intellekt abgeleiteter. Denn alles zeitlich dauernde Geschehen hat als solches notwendig einen Horizont. Der Begriff der Dauer, so wie Bergson ihn versteht, ist selbst kein ursprünglicher Begriff, sondern die vom Geist wahrgenommene „Einerleiheit in bezug auf den Zeitverlauf oder innerhalb zeitlicher Grenzen“.[8] Er steht somit an der Grenze von Leben (als zeitlichem Je-Anderswerden) und Geist (als abstraktem Einerlei dieses Flusses). „Nehmen wir die Grenzen fort, so hat das Gemeinte augenblicklich seine unmittelbare Beziehung zur Zeit verloren, indem es

[1] W. 55. – [2] W. 31. – [3] W. 62. – [4] W. 27. – [5] W. 28. – [6] Vom kosmogonischen Eros (2. erweiterte Aufl. 1926), 140 (= K.). – [7] K. 164. – [8] W. 28.

entweder das Zeitunabhängige wurde . . ., oder das Zeitwirkliche selber", welches, „weil immer fließend, überhaupt nicht erfaßt werden kann. ‚Unendliche Dauer' ist also eine echte contradictio in adjectis. Was existiert, das dauert, und was dauert, das dauert auch endlich".[1] Mit diesem Begriff der Dauer stellt sich Klages also genau in die Mitte zwischen Bergson und Heidegger. Gegenüber Bergson lehnt er eine unendliche Dauer ab; gegenüber Heidegger aber hält er den Dauerbegriff für den Kreuzpunkt zweier Unendlichkeiten: der Unendlichkeit des fortströmenden Lebens und der Unendlichkeit des leer-identischen Geistes. Und sofern die tiefste, positive Wirklichkeit für ihn doch nur das strömende Leben ist, stünde er dabei doch näher bei Bergson. Der zweite, vertikale Aspekt der Zeit Bergsons aber, das Vibrieren und Sich-Skandieren der Zeit, muß aber für Klages ebenso als sekundärer, unechter erscheinen. Wie wir sehen werden, gilt ihm die skandierende Existenzweise als die eigentliche Daseinsform eines geistigen Bewußtseins in der wirklichen Zeit. Dieses berührt die Zeitebene in unendlich raschen, aber punktförmigen, zeitlosen Akten, die Klages mit Palágyi seine Pulsfrequenz nennt. Aber die Einsatzpunkte dieses geisthaften *Taktes* sind nicht willkürlich hinsichtlich des fortströmenden Erlebens, sie fallen vielmehr mit dem lebenhaften *Rhythmus* der wirklichen Zeit zusammen. Rhythmisch ist aber nicht nur das zeitlich Existierende, sondern der Zeitgrund oder die „Ewigkeit" als solche, „und es läge, so mythologisch es dem Physiker klinge, der nur das Meßwerkzeug, die linienhafte Sekunde, kennt, der unterste Grund der Bedeutung des Rhythmus im *pulsatorischen Gange* der wirklichen Zeit".[2]

Mit diesem Begriff der pulsierenden, rhythmischen Zeit schafft also Klages die lebendige Synthese zwischen den beiden unvereinten Zeitaspekten Bergsons, indem er das geistige Skandieren ausklammert, und gewinnt so auch in der wirklichen Zeit einen Ermöglichungsgrund für seinen an sich zwischen Bergson und Heidegger unklar schwebenden Begriff der endlichen Dauer. Die wirkliche Zeit bewahrt damit die ewig-offene Horizontlosigkeit, die sie von Bergson her besaß, zeigt sich aber innerhalb dieser Ewigkeit gleichsam endlich durchgestaltet. Im Urphänomen des Rhythmus hat Klages die Synthesis von Zeit und Ewigkeit, Endlichkeit und Unendlichkeit versucht. Freilich wird dadurch Bergsons Grundauffassung der Dauer noch in einem weitern bedeutsamen Punkt um-

---

[1] W. 28. – [2] Vom Wesen des Rhythmus (1934), 60-61 (= R.).

gestaltet. Durch die Ausklammerung des Geistes verliert die Zeit das Gepräge eines schlechthin Tathaft-Schöpferischen, und damit auch jenen Schneeballcharakter immer wachsender Gedächtnis-Vergangenheit. Bergsons „ausdrückliche Verwechslung von Zeit und Dauer" unternahm es, rein zeitliche Phänomene des kosmischen Lebens aus dem Gesichtspunkte eines unaufhaltsamen Existenzzuwachses zu deuten",[1] wo doch das Rein-Zeitliche vielmehr ganz im Ereignis des reinen Vorübergangs liegt. „Die wirkliche Zeit ist weder beständig noch von der Augenblicklichkeit einer mathematischen Stelle, sondern schlechtweg flüchtig."[2] Sie ist „die ziehende Flüchtigkeit des Wirklichen",[3] und nur *so* das „Stetige".[4] Freilich verbindet diese Deutung mit Bergson der Umstand, daß für beide Erinnerung, also Vergangenheit, die wesentliche Erstreckung der Zeit ist. Als Gedächtnis allein ist das Lebendige tief und geschichtlich. Mit Bergson verbindet sie darum auch die radikale Ablehnung der Zukunft als einer wenn auch nur als „reine Möglichkeit" irgendwie verfügbaren Erstreckung der Zeit: „Zukunft ist nach vorn projizierte Vergangenheit."[5] „Zukunft ist keine Eigenschaft der wirklichen Zeit."[6] Wie Bergson beweist Klages, daß die Möglichkeit des Vorausberechnens physikalischer oder astronomischer Ereignisse nichts gegen die Unwirklichkeit der Zukunft besagt. Dagegen erweist sich aber „die Vergangenheit als mit Wirklichkeit angefüllt bis zum Rande".[7] Aber während bei Bergson die reine Vergangenheit sich schließlich als das Material der Tat dem gegenwärtigen, intensiven Zeitaugenblick zur Verfügung stellte, kann sie bei Klages nach der Extrapolation des tathaften Geistes nur als der ewige Gegenstand der Schau übrigbleiben. Leben ist wesentlich schwingende, rhythmische Beziehung rückgewandter Gegenwart (die ja als solche das rein Flüchtige ist) zu dem Horizont der Herkunft, der Vorwelt. Die plotinische ἐπιστροφή, von Bergson aus der Ewigkeit in die reine Zeitdimension gestellt, wird von Klages folgerichtig von jeder Verwechslung mit geistiger Schöpfung losgelöst und damit zum reinen Blick in die Vergangenheit. So erhalten wir den ersten Vorblick in die Existentialität von Klages: Während Bergson von der Mitte des *Bildes* als Subjekt-Objekt-Indifferenz nur ausging, um von ihrer Basis aus den Geist zu potenzieren, muß Klages, der die Aufspeicherung der Zeit als „Spannung" der Dauer ablehnt, wesentlich auf der Ebene des

[1] W. 27. – [2] W. 30. – [3] K. 161. – [4] W. 66, 68, 252. – [5] K. 141. – [6] K. 137. – [7] K. 139.

Bildseins verharren. Freilich kennt auch er den „Gedanken der Steigerbarkeit des Wirklichen". Aber diese Steigerung geht ausdrücklich nicht über die Bildebene hinaus, sondern gleichsam in sie hinein. Denn „es sind die Bilder . . ., in denen allein das Wirklichkeitsurteil zu gründen vermag. Wirklich ist alles Bildliche, unwirklich das bloß Gedankliche".[1] Was Klages in einem eingeschränkteren Sinn vom Sinnenraum sagt, daß er nämlich „substantielle Scheinhaftigkeit" sei,[2] dies gilt in einem übertragenen, allgemeineren Sinn von der Wirklichkeit im Ganzen. Denn „die Wirklichkeit der Bilder ist eine Wirklichkeit der Erscheinung",[3] und eine Steigerung dieser Wirklichkeit strebt durchaus nicht dazu hin, „Erscheinungssein" zu überwinden, sondern sie *als* Erscheinung zu steigern. Wir werden bei Anlaß Nietzsches tiefer in diesen Gedanken einzudringen haben, wo wir ihn auch weit zwingender als bei Klages begründet finden werden.

Wenn wir uns von diesem Vorblick nochmals zu Bergson zurückwenden, so können wir feststellen, wie auf der veränderlichen Basis der Zeitlichkeit wesentliche Einsichten Bergsons mit herübergenommen werden. Auch als rhythmisch pulsierende ist die unablässige Flüchtigkeit der Bilder doch das schlechthin Stetige, niemals Abbrechende. „Greift doch in einem jeden von uns durch Millionen Tode und Geburten vergänglicher Einzelwesen das Zellenleben ohne die allerkleinste Unterbrechung zurück bis zum ersten Protoplasmaklümpchen des planetarischen Urmeers."[4] Aber wie für Bergson das Vergangene als Ganzes unbewußt gegenwärtig blieb und nur gelegentlich vom praktischen Verstand ins Bewußtsein gehoben wurde, so ist für Klages – seiner radikaleren These entsprechend – *alles* Leben als solches „erlebt", aber nicht „bewußt". Und wenn es dort der völligen Abspannung des Lebensinteresses bedurfte, um die Ebene des reinen, fließenden Lebens auftauchen zu lassen, so hier eines ebenso grundsätzlichen Abbaus des Bewußtseins, um das reine Erleben zu verwirklichen. Freilich, für Bergson mußte es aus den früher dargestellten Gründen bei einem Oszillieren zwischen Leben und Geist, „Wahrnehmung" und „Gedächtnis" bleiben, weil beide (in der doppelten Pyramide) grundsätzlich voneinander abhängig blieben. Für Klages, der den Geist extrapoliert, muß dieses gleiche Oszillieren also innerhalb des Lebens selbst sich wiederholen: „Wir müssen", sagt er, Palágyi anführend, „in unserem Empfinden

[1] AG. 127. – [2] W. 306-308. – [3] AG. 128. – [4] M. 50.

zwei gegensätzliche oder antagonistische Strömungen unterscheiden, von denen die eine unserm Empfinden den Charakter des Eindrucks, die andere hingegen den Charakter der Erinnerung verleiht ... Wir können nicht mit mathematischer Gleichzeitigkeit sowohl dem Eindruck als auch der Erinnerung unterliegen: ... Unsere empfindende Besinnung ist ein Schaukeln zwischen zwei antagonistischen Zuständen."[1] Auf dieser Lehre vom „Puls oder Atem" des Lebens baut Klages seine komplizierte Spiegelungslehre auf, die ihn zum eigentlichen Theoretiker des Narziß-Problems machen wird. Ja, indem das Schaukeln zwischen „Eindruck" und „Erinnerung" in den allgemeinen Kategorien des Romantikers Carus, dem „prometheischen" und „epimetheischen" Zustand des Lebens wiedergefunden wird, liefert es die philosophische Grundlage zu Spittelers Meisterroman „Prometheus und Epimetheus", und damit auch zu jenem innerlicheren Kreis des Narziß-Problems, den wir bei Spitteler, George und Hofmannsthal wiederfinden werden. Indem das „Pendeln zwischen Eindruck und Erinnern", den „zwei gegensätzlichen Strömungen in unserem Empfinden",[2] dergestalt in das Leben als solches verlegt wird, überträgt sich auch Bergsons ganze Ausdrucksproblematik, wie sie im Verhältnis von Geist und Gehirnfunktion sich aussprach, bei Klages in den Lebenspol. Wie bei Bergson die Aufgabe des Gehirns eine vorwiegend „motorische" genannt wurde, welche sowohl zu ankommenden äußern Reizen wie zu auftauchenden geistigen Erinnerungen die *praktisch* geforderten Haltungen in einem initialen Bewegungsschema vorzuzeichnen und einzuleiten berufen war, so ist für Klages der Organismus des Menschen „ein niemals zur Ruhe kommendes Bewegungssystem",[3] welches die Funktion hat, das seelische Erleben in unmittelbarer Bewegung auszudrücken. In diesem unmittelbaren Übergang, wo wiederum das Geisthafte Bergsons, nämlich die Vielheit der Schemata, die der freien Wahl dienen, extrapoliert wird zugunsten einer eindeutigen Zuordnung von seelischem Erleben und leiblicher Bewegung, gründet das „Ausdrucksgesetz" von Klages. Bei Bergson vermittelte zwischen geistiger Idee und Bewegung ein (an sich noch geistiges) bewegtes Schema, das zumeist eine „Tendenz" genannt wurde. Bei Klages spricht sich jedes seelische Erleben unmittelbar als eine (seelische, nicht leibliche) „Antriebsform" aus,

---

[1] Zur Ausdruckslehre und Charakterkunde (1927), 275 (= A.). – [2] W. 282. – [3] Einführung in die Psychologie der Handschrift (1924), 23 (= E.).

welche ebenso unmittelbar die leibliche Bewegung einleitet. Sie ist „keine wirkliche Bewegung", sondern „die reine Innerlichkeit oder Virtualität der Bewegung, mithin ein seelischer Zustand, der jedoch nur im Hinblick auf die Bewegungsäußerung charakterisiert werden kann".[1] „Nur weil zu den Wallungen selbst schon die Neigung gehört, in gegenständlichen Bewegungen offenbar zu werden, kann die Sprache sie namhaft machen durch die Bewegungsgestaltungen ihres Ausdrucks."[2] Das Gesetz kann also wie folgt ausgedrückt werden: „Jede ausdrückende Körperbewegung verwirklicht das Antriebserlebnis des in ihr ausgedrückten Gefühls."[3] Die Ausklammerung des Geistes und seiner „Willkür" in der Ausdruckswahl macht das Gesetz zur Grundformel eines allgemeinen Symbolismus, worin allem Seelischen ein Leibliches naturhaft zugeordnet ist: „Die Bewegtheit des Körpers nimmt zu proportional der Bewegtheit der Seele."[4] Der Geist kann, um sich zu äußern, es nur in dieser bereits natürlichen Formensprache tun, und darum ist es der Ausdrucksforschung möglich, dessen Willkürgebrauch selbst wieder auszuklammern, um die seelische, eigentümliche Zeichensprache eines Menschen bloßzulegen und daraus seinen seelischen Charakter zu lesen. Hier liegt der philosophische Einsatzpunkt der großen Leistungen von Klages auf dem Felde der Graphologie: „Sie ist die Wissenschaft vom Ausdrucksgehalt der persönlichen Bewegungsweise, sofern diese durch die Handschrift und nur durch die Handschrift fehlerlos festgelegt wird."[5] Das „nur" begründet Klages damit, daß die Handschrift allein den Ausdruck als einen an sich unwillkürlichen und zugleich gegenständlich dauernden vorlegt. Die Ausklammerung des Geistes ermöglicht zuletzt eine kosmische Zeichensprache, welche gleichsam eine kosmische Graphologie zu enträtseln hat, gründend in dem obersten Gesetze: „Der Leib ist die Erscheinung der Seele, die Seele ist der Sinn des lebendigen Leibes."[6] Diese kosmische Physiognomik ist die wahre Metaphysik.[7] Wenn Klages dabei gegen die Einengung des „Zusammenhangs"-Begriffes auf das Schema von Ursache und Wirkung protestiert, so ist es, um hinter der möglichen Willkür der causa efficiens die naturhaft-unwillkürliche Grundbeziehung von Bild und Abbild (causa exemplaris) wieder aufzudecken. Die „Wirklichkeit der Bilder" als letzter Weltgrund stellt sich also genauer dar als polare Wirklichkeit von Urbild und Ausdruck. Die Dimen-

[1] A. 284. – [2] AG. 22. – [3] Ebd. – [4] A. 141. – [5] E. 32; vgl. A. 135-150. – [6] AG. 16. – [7] Vom Wesen des Bewußtseins (2. Aufl. 1926), 86.

sion Geist-Stoff bei Bergson, wobei Stoff der sich ausdrückende, sich zerlegende Geist war, geht also ungebrochen über in die Polarität Seele-Leib. „Der Stoff als Unterlage der Wahrnehmungswelt ist nur ein Gedankending (das der rechnerischen Bewältigung von Bewegungen dient), der Stoff als Stätte der Bilder deutet dagegen ... auf die dunkle Hemisphäre der Wirklichkeit hin, ohne die ja die lichte der Erscheinungen nicht einmal denkbar wäre."[1]

Damit ist es an der Zeit, sich nach dem Schicksal des extrapolierten Geistes umzusehen. Bei Bergson hatte der Intellekt die Grundfunktion, in den stetigen Erlebnisstrom Schnitte zu machen, die ihn zur praktisch bewältigbaren Welt gliedern und das werkzeugliche Tun ermöglichen. Dabei kreuzten sich ständig zwei Denkmotive: Der Intellekt war einerseits durch seinen Pragmatismus Feind der Intuition: er teilt das wesentlich Eine und zerstört es. Aber der Intellekt legt doch anderseits auch, wie Bergson zu sagen liebte, seine Schnitte dort an, wo im Leben schon „punktierte Linien" vorgezeichnet sind: indem er in die Richtung der Materie blickt, folgt er der Richtung der Selbstzerlegung des Lebens und schreitet diesen Weg folgerichtig bis zu Ende, bis zum homogenen, qualitätslosen Raum. Insofern ist er das notwendige Gegengewicht zur Intuition und beide sind von gleichem wissenschaftlichem Wert. Einerseits Todfeind der lebendigen Schau, ist der Verstand anderseits ihr gleichewiger Bruder. Klages stellt also, wenn er den Geist zum ebenbürtigen Gegenspieler der Seele erhebt, nur existentiell heraus, was in Bergson, unexistentiell verwischt, doch schon vorhanden war. „Das Bewußtsein kann nur zertrennen: es ist das unwiderstehliche und nie zu erbittende Scheidewasser für alle Zusammenhänge."[2] „Grenzen zu setzen ‚in der Erscheinungen Flucht', darin besteht die einzige originäre Tat des Geistes."[3] Mit Bergson redet Klages vom photographischen Wesen des Geistes, der nicht vermag, „in seine unvermeidliche Starrheit hineinzubannen das Ereignis einer echten Vision".[4] Denn eben das geheimnisvoll Lebendige, das sich als rhythmische Polarität von Erleben und Bild ausschwingt, geht in der Bewußtheit des Geistes verloren: „Die Urbilder sind um den Nimbus reicher als selbst der Eindrucksanlaß, den der Geist darin zu erfassen vermag. Es wäre vergeblich, den Nimbus zergliedern und an Begriffe verteilen zu wollen."[5] Das Polaritätsverhältnis im Leben selbst läßt also nun die Negativität des Geistes nicht mehr so sehr in der Zerlegung der

[1] K. 176. – [2] W. 253. – [3] R. 13. – [4] AG. 164. – [5] K. 121.

„reinen Dauer“ als in der Zerreißung des lebendigen Bandes erscheinen. „Stellen wir uns einen Geist vor, der nichts als Geist, reiner, völliger Geist wäre, wie es unter anderem das Christentum vom göttlichen Wesen lehrt, so hätte seine Allwissenheit, ob sie gleich die unendliche Zukunft vorausbemäße, doch eine Schranke. Ein solcher Geist sähe und wüßte alles, nur gerade vom Leben wüßte er nichts . . . Die Welt zerfiele in zwei einander völlig entfremdete Hälften: eine körperlos geistige und eine körperhaft mechanische, und es mangelte ihr . . . ‚das lebendige Band‘.“[1] Und dies ist keine Phantasie, sondern das Grundschema abendländischen Denkens, seit Plato die Welt in Idee und Stoff zerlegt und Descartes noch mechanischer Denken und Sein zerfällt. Das Pragmatische des Geistes liegt also in einer ganz bestimmten Qualität der Blickrichtung zum Stoff: in der Versachlichung. „Auf was immer der Strahl des Geistes fällt, es verwandelt sich unter ihm augenblicklich in die bloße Sache, in das zählbare Denkobjekt, das mit andern Objekten nur mehr ‚mechanisch‘ zusammenhängt.“[2] Bergson hatte gegen Plotin um den Sinn der Zeit als Fülle und Schöpfung gekämpft; Klages empört sich gegen den ins Geistige aufsteigenden Eros des platonischen Symposions, den es gelüstet, „jene farblose und gestaltlose und stofflose Wesenheit zu schauen, welche in Wahrheit ein Sein hat“. Aber: „ist es denn wahr, daß, wenn ein Mensch einen andern liebt, er in ihm die Schönheit, Güte, Trefflichkeit liebe? . . . Gibt es wohl irgendwen, der es bei ernstlicher Selbstprüfung zugestände, er habe jemals einen Menschen geliebt in Ansehung solcher Züge, die er mit andern Menschen teilte; oder wird er nicht vielmehr bemerken müssen, daß jener, soweit er ein Geliebtes war, sich von allen nur denkbaren Wesen unterschied!“[3] Rationalismus, weltflüchtige Metaphysik und tötende Sachlichkeit sind also nur drei Aspekte der einen Tätigkeit des Geistes.

Diese Funktion ist, dank der Ersetzung der Geist-Stoff-Spannung Bergsons durch die innerlebendige Polarität, nunmehr eindeutig festlegbar als der Fluch des ewigen „Gegenüberseins“ des Bewußtseins. „Im Erleben hängt, wenn auch als gegenpolig, die erlebende Seele mit dem erlebten Bilde zusammen, im Bewußtsein sind voneinander getrennt das wissende Ich und sein Gegenstand; das Erleben erlischt im Besinnungsakt.“[4] Rilkes achte Elegie ist als ganze eine einzige Variation auf die Philosophie von Klages.

---

[1] M. 55-56. – [2] M. 57. – [3] K. 45-46. – [4] W. 253.

„Mit allen Augen sieht die Kreatur
das Offene. Nur unsre Augen sind
wie umgekehrt und ganz um sie gestellt
als Fallen, rings um ihren freien Ausgang . . .
das freie Tier
hat seinen Untergang stets hinter sich
und vor sich Gott, und wenn es geht, so geht's
in Ewigkeit, so wie die Brunnen gehen.
Wir haben nie, nicht einen einzigen Tag,
den reinen Raum vor uns, in den die Blumen
unendlich aufgehn . . .
Der Schöpfung immer zugewendet, sehn
wir nur auf ihr die Spiegelung des Frei'n . . .
Dieses heißt Schicksal: gegenüber sein
und nichts als das und immer gegenüber . . .
O Seligkeit der *kleinen* Kreatur,
die immer *bleibt* im Schoße, der sie austrug;
o Glück der Mücke, die noch *innen* hüpft,
selbst wenn sie Hochzeit hat: denn Schoß ist alles . . .
Und wir, Zuschauer, immer, überall,
dem allen zugewandt und nie hinaus!
Uns überfüllt's. Wir ordnen's. Es zerfällt.
Wir ordnen's wieder und zerfallen selbst.
Wer hat uns also umgedreht, daß wir,
was wir auch tun, in jener Haltung sind
von einem, welcher fortgeht?"[1]

Das Geisterlebnis Klages' ist das eines ebenso unbegreiflichen wie tragischen Schicksals, das uns aus dem lebendigen Bezug der Bilder-Seelen hinausgerissen hat in eine fahle und tötende Helle. Im Übergang von Bergson zu Klages wiederholt sich, nur greller, tragischer, der Übergang von Novalis zu Hölderlin, der Fall aus dem Kinderparadies in die Zerrissenheit und unaufhebbare Schuld des Jünglings. „Als Seelen unentrinnbar hineinverflochten in eine schlechthin flüchtige Wirklichkeit, fußen wir aber als Geister buchstäblich außerhalb ihrer, unvermögend, auch nur den kürzesten Augenblick lang mit ihr zu verschmelzen." Mitten durch den Menschen geht „ein mit nichts zu verklebender Riß".[2] Nietzsche hatte recht: am Ursprung der platonischen und damit der bis heute herrschenden Phi-

[1] Rilke, III, 293-296. – [2] W. 71-72.

losophie stand „Sinnenfeindschaft".[1] Und wie Hölderlins ganze Lebensbewegung nun rückwärts zu den Gründen der Jugend zurückgeht, wo Mensch und Welt noch eins waren, so auch Klages; nur tragischer, weil mit der Ablehnung der idealistischen Geistesewigkeit kein erlösender Zukunftsblick sich mehr auftut: „Der ‚Geschichte' genannte Entwicklungsgang, der aus der Kreisbahn des Geschehens hinausführt und fürder nicht zu vergleichen ist mit dem Schicksal sonstiger Lebewesen, beginnt in eben dem Augenblick, wo der Mensch den Zustand des ‚Paradieses' verliert und unversehens mit entfremdeten Blicken in nüchterner Helle *draußen* steht, ‚hinopfernd' das Verwobensein in die bildernde Vielgestalt und unerschöpfliche Fülle des Lebens . . . für das heimatlose Darüberstehen einer weltabscheidenden Geistigkeit."[2] „Zur ‚himmlischen Seligkeit' das Gegenstück heißt Hölle auf Erden, und die schlimmste Form solcher Hölle auf Erden: ahasverisch schlummerberaubte Wachheit des ewig sättigungslosen Wollens."[3] Nietzsche hatte also noch weiterhin recht, wenn er sagte: „Der sogenannte Erkenntnistrieb ist zurückzuführen auf einen Aneignungs- und Überwältigungstrieb."[4] Der negative existentielle Index, mit dem Bergson den Verstand versah: Pragmatismus, verschärft sich bei Klages zu dem von „aufbäumendem Titanismus".[5] „Zwischen Forschtrieb und Neugierde besteht kein essentieller Unterschied . . . Wer das Weltgeheimnis erforschen will, der will sich seiner bemächtigen . . ., und wessen der Geist sich bemächtigt, das ist unfehlbar entzaubert, und es ist mithin zerstört, wenn es dem Wesen nach ein Geheimnis war. Der geistige Bemächtigungswille ist Frevel am Leben, und darum trifft den Frevler der rächerische Rückschlag des Lebens."[6]

Obwohl es im schillernden Zwielicht des Intellekts von Bergson schon unausgesprochen da war, wird hier doch zum erstenmal völlig deutlich, daß gegen eine menschliche Grundhaltung nicht nur „objektive Widerlegungen", sondern „existentielle Einwände" möglich sind. Es wird nicht behauptet, daß die Ontologie, die der Geist aufbaut, *falsch* sei, sondern lediglich, daß Ontologie überhaupt ein Frevel am Geheimnis, daß *Sein* niemals *Wirklichkeit* sei. „Wer ‚interessiert' in die Welt blickt, wird von ihren Charakteren lediglich (die) Oberfläche erhaschen." „Aber schlimmer noch als die Unsachlichkeit des persönlichen ist die Nursachlichkeit des nichts als verstän-

---

[1] W. 55. – [2] M. 37, 36; vgl. Die Grundlagen der Charakterkunde (4. Aufl. 1926), 150. – [3] K. 192. – [4] Nietzsche, 15, 448. – [5] K. 187. – [6] K. 214.

digen Kopfes."[1] So ist es klar, daß Klages' Vorwurf auch niemals von einer „nursachlichen" Philosophie zu erledigen ist, sondern einzig von einer existentialen Haltungslehre, wie wir sie versuchen. Die wirkliche Antwort auf Klages wird uns daher erst von den nächst zu betrachtenden Haltungen aus gegeben werden können.

Geist ist also, in sich selbst betrachtet, „Widersetzlichkeit", an Stelle der „Preisgegebenheit der Seele".[2] „Geistesabhängig und auf Behauptung gerichtet ist jede Art von Selbstbeherrschung und Selbstgestaltung . . ., Selbstverleugnung, Selbstüberwindung, Selbstvervollkommnungstrieb."[3] Das Aszetische am Geist, daß er das Leben nicht umfassen kann, ist seine Selbstbehauptung. „Der Akt des Erfassens (hat) den Charakter einer Behauptung . . . Jedes Urteil ‚behauptet' etwas, auch das sich selbst widerlegende, skeptische . . . Das, *wogegen* jeder Urteilsinhalt ‚festgestellt' und ‚behauptet' wird, ist zwar praktisch meist nur ein Gegenurteil, metaphysisch aber das seinswidrige Element der immer fließenden Wirklichkeit."[4] Jeder ethische Satz hat ebenso den Charakter einer „Widersetzlichkeit": er ist Verbot, und zwar Verbot irgendeiner Handlung des vitalen Bereiches.[5] Als Verstand wie als Wille ist der Geist also ein seltsamer Widerspruch: einerseits reine Tat (gegenüber dem polar erleidenden Leben), ist er anderseits reines Nein. Klages will diesen Gegensatzcharakter in der alten Geistlehre selbst wiederfinden: „Die Scholastiker lehrten so tief als wahr, der Geist sei actus purus oder die Tat an sich. Die ‚Tat an sich' wäre auch Verneinung an sich, oder vielmehr, sie wäre jenes positive Nichts, in welchem die ‚negative Theologie' derselben Scholastik nicht minder treffend den Geist erblickte."[6] So ist der Geist das schlechthin Akosmische, das von „außen her" an den Kosmos herankommt und sich (als πνεῦμα) wie „ein Keil" zwischen die kosmischen Pole (σῶμα–ψυχή) eintreibt. Ist sein Wesen reine Ich-Identität,[7] so teilt sich sein einziger Strahl in der Berührung mit der reinen Nichtidentität des Lebens in tausend Facetten, die aber alle nur das absolut identische Ichsein rein quantitativ wiederholen können. Wenn Charakter etwas Naturhaft-Seelisches ist, so sind anderseits alle Menschen als Iche völlig gleich, wie die Einheiten einer Summe.[8] Erst in dieser Summenhaftigkeit entsteht „Person": „Das Wesen der Persönlichkeit liegt in der jeweils eigentümlichen Form des Zusammenhanges unwiederholbar einziger Seelen mit dem wechsellos beharrenden Geist: Persönlichkeit ist vom Geiste

[1] AG. 122. – [2] W. 74. – [3] Ebd. – [4] W. 72-73. – [5] M. 123. – [6] AG. 120-121. – [7] M. 82-83. – [8] M. 83 f.

gebundene Seele." „Personen sind Lebensträger, deren Seele zum Nebengestirn des Ichs geworden."[1] So lebt denn der Mensch als Person in zwei völlig und durch einen metaphysischen Abgrund getrennten Welten: zeithaft strömend als Seele und zeitlos als Geist,[2] den Übergang erlebend als Seele und augenblickhaft hüpfend als Geist,[3] in „Kontinuität und Diskontinuität",[4] in „Wirklichkeit" und „Existenz",[5] zwischen „Geschehen" und „Gegenstand".[6] Und zwar stellt die Geschichte diesen Dualismus als ein immer tieferes Eindringen des Geistes in das kosmische Geschehen vor, bis er im Christentum absolut wird.[7]

Eine Versöhnung gibt es nicht. „Der Geist und das Lebensprinzip (sind) einander feindlich entgegengesetzt."[8] „Es gibt kein Drittes, von dem sie Teile oder Seiten wären, und es gibt darum keinen verständlichen Grund, weswegen es hätte geschehen *müssen*, daß sie im Menschen und nur in ihm aneinandergerieten."[9] Sofern sie unrückführbare Mächte sind, bleibt es auch „der persönlichen Artung anheimgestellt, welche von beiden man für die aufbauende, welche für die abbauende halten will".[10] (Wir werden später sehen, daß in der Tat Andersgeartete sich für den Geist, *so* wie Klages ihn dargestellt hat, entscheiden können.) Aber wie immer diese Wahl ausfallen mag, im Dualismus von Klages zeichnet sich schon das zu Anfang verkündete Sinnbild der gesamten Lebensphilosophie ab: das Bild des gekreuzigten Dionysos. Was der Jüngling von Sais, nach Klages, hinter dem gelüfteten Vorhang erblickte, ist dies: „Der Sinn des Lebens als Selbstkreuzigung der Kreatur ... Die Stimmung des sinnlos zu Tode Torturierten als Stimmung des Lebens überhaupt."[11]

Aber, fügt Klages hinzu, diesen Sinn entdeckt nur der Neugierige, der den Schleier frevelnd enthüllt, – es ist der Sinn, der dem *Geist*, und nur ihm, sich bietet. Aber der lebendige Sinn, der heilige und geheimnisvolle, enthüllt sich nur dem in die Mysterien des *Lebens* Eingeweihten, der, vom Geiste abgewandt und ihm gestorben, in die Ursprünge des kosmogonischen Eros zurücktaucht. Die positive Erlösungslehre Klages', als Erlösung vom Geist,[12] führt uns in den tiefsten und bejahendsten Teil seines Denkens hinüber. Was bei Bergson noch in wirrer Magie vermischt war: Mystik und Bemächtigungswille, das klärt sich bei Klages, dank der Ausklam-

[1] M. 84, 75. – [2] M. 78-79. – [3] M. 51; A. 269, 297; W. 461. – [4] A. 268. – [5] M. 58; W. 18 f., 43; A. 292. – [6] K. 118. – [7] M. 38; K. 187. – [8] W. 70. – [9] W. 253. – [10] M. 119. – [11] K. 216. – [12] K. 63, 65.

merung des Geistes und seines titanischen Eigenwillens, in der Richtung goethescher und romantischer Erlebnismystik. Bergson behandelt das Mystische als Mittel zum Erkenntnis- und Menschheitsfortschritt, Klages weiß, daß das Weltgeheimnis nur berührt, wer allem Nutzgedanken entsagt und empfangend offensteht. „Offenstehen“, „Erleiden“, „Sich-Hingeben“, „Kontemplation“, „Empfängnis“, „Zustand geistigen Spiegelns“:[1] – all dies umkreist jene eigentümliche Passivität, welche nicht Tatenlosigkeit, sondern nur Selbstvergessenheit, „Pathik“[2] ist, die zur Vermählung mit den lebendigen Urbildern führt. Zurücktauchend in den quellenden Grund der Welt, eint sich auf Augenblicke die Seele ekstatisch mit dem Eros, der die Welt immerdar aus sich zeugt. „Passiv, erleidend, anheimfallend ist unser Ich, und es fällt anheim der siegenden Gewalt des Lebens.“[3] Einen Augenblick sind wir außer uns selbst und in diesem Augenblick geschieht, nach den berühmten Versen Dschelaleddin Rumis, ein Tod und eine Auferstehung:

„Denn wo die Lieb' erwachet, stirbt
Das Ich, der dunkele Despot.“

„Der Weg zum Leben geht also durch den Tod des Ichs.“ „Für ein geistiges Wesen ist das Leben nur um den Preis des Todes feil.“[4] Durch dieses „Flammenbad, in welches der Geist mit dunkler Inbrunst stürzte“,[5] verascht auf Augenblicke der greifende, tötende Drang, und das Zarte des Heimatgeheimnisses der Seele wird unverstellt sichtbar. Vor der so gesehenen Landschaft erbebt das Herz bis ins Letzte, eine überströmende Wollust, von der die geschlechtliche Lust nur ein vergröberter Abglanz ist,[6] rührt es an mit der siegreichsten Gewißheit. Klages hat mit fast frauenhaftem Geschick den beglückenden und doch sehnsüchtigen Widerspruch dieses Erlebens geschildert. Einerseits hebt es sich deutlich ab von allem unerfüllten Drängen, aller Bedürftigkeit, ja sogar von aller „Befriedigung“, wie dies alles geschlechtliche Wollust kennzeichnet. Im „wesentlichen stehen Sexus und Eros vielmehr im Verhältnis der gegenseitigen Störung“. In der geschlechtlichen Umarmung kann „das eine als schenkende Liebe erleben, was das andere bloß als Befriedigung eines nehmenden und besitzergreifenden Triebes erlebt“. Im Eros aber finden sich wesensmäßig die Pole in der „Gegenseitigkeit des

[1] AG. 123-125. – [2] W. 249. – [3] K. 67; vgl. AG. 124. – [4] K. 68-69. – [5] AG. 132. – [6] K. 52, 56, 89, 95-96, 219-225.

Ergriffenseins". Im Verhältnis zu ihm ist das Geschlechtliche „abstrakter, d. i. losgelöster von der einzigartigen Natur des Geschlechtsträgers". In dieser Hinsicht ist also der Eros „Überströmen", „strahlende Ergießung", „maßloses Sichverschenken", das „alles Streben als schon weit erfüllt hinter sich läßt". Aber indem er so gleichsam die Wahrheit des Geschlechtlichen ist, besagt er doch keineswegs ein blindes Zusammenfallen mit dem Erschauten. Er ist vielmehr Vermählung als Schau und Distanz, und *so* Erfüllung des rhythmisch-polaren Grundgeheimnisses der Zeit. Es „bleibt auch im Schauer der höchsten Erfüllung der Eros ein *Eros der Ferne*, ... ein (den Berauschten) aus purpurner Nacht anblickendes Auge des Alls! Diesem sich preisgeben heißt nicht: es begehren; dieses umarmen nicht: mit ihm eines werden; und in ihm untergehen bedeutet: erwachen!" „Nur ein *Ewigfernes*" beschenkt „mit entrückender Seligkeit".[1] Diese Ferne gehört als Wesentliches zur Erfüllungsform des Eros. „Zur Nähe gehört als ihr Gegenpol die wesenhaft niemals erreichbare Ferne."[2] Greifendes Begreifen verwandelt freilich sogleich diese wesentliche Ferne in die zuhandene Nähe, indem es die metaphysische in eine örtliche, durchmeßbare, umdeutet,[3] aber damit auch die lebendige Offenbarung tötet. Denn diese erkennt man zuvörderst an der „Unantastbarkeit".[4] Dieses Blick in Blick gebannte Gegenüberstehen der lebendigen Urbilder und der geöffneten Seele ist in dieser vermählenden Ferne der *apokalyptische* Augenblick. Darum heißt der Eros „kosmogonisch, weil er ein Zustand sich ergießender Fülle ist, welchem gemäß das Innere – sofort sich auch ausgebärend – augenblicklich ein Äußeres, Welt und erscheinende Wirklichkeit wird. Sehr verschieden vom bloßen Gefühl ist er zugleich das unaufhörliche Offenbarwerden dessen, was unaufhörlich aus verborgenster Seele quillt".[5]

Aber dieser zwei-einige Augenblick von Ferne und Vermählung ist ebenso auch das Zerbrechlichste. Denn nicht nur reicht die geschlechtliche Liebe nicht bis zu ihm hinan, es stürmt auch die Liebe als „große Passion" weiter über ihn hinaus und zerstört ihn so in unvermeidlich-abgründiger Tragik. „Wehe uns, solange wir unweise diesen Augenblick der Erfüllung für nichts als eine Verheißung nahmen, den Reiz der Erscheinung mit deren leibhaftigem Träger vertauschten und vom mystischen Wink uns ließen hineinverführen in ein besitzergreifendes Liebesverhältnis."[6] Unzweifelhaft auf die

---

[1] K. 96. – [2] K. 98. – [3] K. 128-129. – [4] K. 134. – [5] K. 58-59. – [6] K. 98.

Tragödie seines einstigen Freundes Stefan George hinweisend, schließt Klages: „Man rufe sich zurück das Erlebnis des Schauens, so wie wir es auseinanderlegten, und denke hinzu, daß *zwei* Menschen es *gemeinsam* erlitten: alsdann wären beide sympathetisch verbunden durch *das* Ereignis, welches den Namen des kosmogonischen Eros trägt . . . Je enger nun aber im Gegenstande der Liebe mit der Seele das Ich verschmolz, das Wesen zum abgeschlossenen ‚Charakter' verhärtend, so mehr auch wächst die Gefahr, daß den Blick der Schauung an sich reiße und banne das quälende Rätsel einer *Persönlichkeit*. Das Sinnbild wird ausgetauscht und die Person zum Gotte erhoben an *Stelle des Gottes*. Solches ist in Wahrheit ‚Abgötterei' und mit ihr beginnt die Tragödie des Eros."[1] Denn nun zwingt das Pathos der Leidenschaft die Liebenden, sich Treue bis über den Tod hinaus zu schwören, um in einem andern Leben die ewige Kluft zu schließen, die sie hier tragisch zerriß. Aber solcher Drang ist, nach Klages, sinnlos, denn er entspringt selbst der Zerreißung des kosmogonischen Eros. Die Erfüllung der Liebe liegt nicht in der Richtung auf Schließung der Kluft, sondern in dem schwebenden Erlebnis, das an ihrem Ursprung stand, wo die gemeinsame Weltoffenbarung beide Seelen durchschauerte und jede in der andern nur das „Sinnbild" des Eros erblickte. „Lebt aber danach das Einzellebendige unfraglich nur als vergänglicher Träger des kosmischen Lebens, so bemißt sich der Grad seiner Lebensfülle . . . danach, *ob und wieweit es im Hier und Jetzt den Durchgangspunkt* und gleichsam scheinbeständigen Wirbel des Allgeschehens zu bedeuten vermag."[2] An dieser Durchlässigkeit des Sinnbilds der Liebe für den kosmischen Eros entscheidet sich also Rang und Bestand einer Liebe, und man könnte versucht sein, ein Wort Augustins zugunsten dieses schwebenden Augenblickes anzuführen: „Du willst *drüben* das, worauf du *hier* notwendig verzichten mußt! . . . Es kommt vor, daß Menschen zu einem großen Gastmahl eingeladen werden, und weil sie dort gierig essen wollen, so fasten sie vorher. Ist das ein Fasten der Mäßigkeit und nicht vielmehr ein Fasten der Wollust?"[3] Die Dimension der Unsterblichkeit liegt nicht in der Dimension, in welche der titanische Eros weist, in einer „unendlichen" Fortdauer nach dem Tode, sondern in der zum horizontalen Dauern lotrechten Tiefe des schwebenden Augenblicks. Wir

---

[1] K. 200-201. – [2] AG. 129 (von mir kursiv). – [3] Enarr. in Ps. 43, 16.

begegneten dieser Einsicht schon bei Schelling, Schleiermacher, Hölderlin und am tiefsten bei Hegel. „Die Seele als unsterblich ins Jenseits versetzen“, sagt Klages, „heißt, sie ihrer weltlichen Heimat berauben.“[1] Das irdische Paradies, die verklärte Welt, nicht der platonische überhimmlische Ort des rein Geistigen ist die Heimat der Menschheit.

Wie aber ist dieser Augenblick des kosmogonischen Eros als Liebe, und nicht nur als einsames, religiöses Erlebnis vor der Tiefe der Landschaft möglich? Bergson hatte den einen Lebensstrom als die gemeinsame Tiefe aller Bewußtseine aufgestellt; Individuation war nur ein Vordergründiges, und der „psychical research“ leitete an, in diese Tiefe, wo die Seelen sich durchdringen, experimentell vorzustoßen. In Klages' Ausdrucksgesetz liegt die Ermöglichung einer ähnlichen Lösung. Das Verstehen von Ausdruck, der ja kein geistig-konventioneller, sondern ein seelisch-naturhafter Zusammenhang ist, geschieht keineswegs vermittels eines Analogieschlusses aus dem eigenen Ausdrucksgehaben auf fremdes. Vielmehr „stützt sich alles Wissen vom fremdseelischen Eigenerleben auf die unmittelbar verstandene Ausdrucksbewegung“ und ist so ein unvermitteltes Miterleben. „In fremdes Seelenleben“[2] vermag „keine Überlegung hineinzuführen, . . . die nicht schon hätte zugrundegelegt den Erkenntnisgehalt des Miterlebens.“ Klages liebt es, hier Nietzsches Wort anzuführen: „Das Du ist älter als das Ich.“ Und: „Erst am Ende der Erkenntnis aller Dinge wird der Mensch sich selber erkannt haben.“[3] Wenn die Seele also im Eros je schon im Du ist, so ist sie es doch so, daß sie nicht mit ihm übereinfällt, sondern im Eros der Ferne zu ihm hinbezogen bleibt: „Mit was ich nämlich eines wurde, das ist für mich gar nicht mehr vorhanden . . . Beruht aber gerade darauf der Einklang, daß in der Eigenerregung eines jeden der beiden steigernd gegenwärtig sei die Fremderregung, so fällt er dahin, wenn der ‚Andere‘ selbst mir erlosch als zergangen in der ungegliederten Wirklichkeit wollüstiger Einschaft. Nicht nur ist der erotische Zustand statt eines bedürftigen vielmehr ein schenkender und überströmender, sondern auch es ist die erotische Umarmung gar niemals Vermischung: sie verknüpft zwar die Pole, aber ohne sie aufzuheben.“[4]

Immerhin birgt sich in dieser Knüpfung noch eine Frage: Wie ist Polarität in der Liebe möglich, wenn nicht in einem tiefsten Grunde Identität herrscht, und wäre sie auch nur die des gemeinsamen

---

[1] K. 158. – [2] AG. 12-13. – [3] E. 16. – [4] K. 91-92.

Ursprungs aus dem einen Eros-Geheimnis? In einem früheren Aufsatz hatte Klages zwei charakterologische Typen aufgestellt, die er als Tuismus und Egoismus oder sympathetische und idiopathische Naturen bezeichnete. „Egoistisch nennen wir ... Charaktere, die zu ihren höchsten Glücksgefühlen nur in der Abgeschlossenheit von anderen Menschen gelangen können, tuistisch solche, deren Befriedigungen erhöht werden durch das Bewußtsein der Gegenwart mitempfindender Seelen."[1] Diese Gleichordnung beider Typen weicht im „kosmogonischen Eros" einer Vorschaltung des Idiopathischen. Im „Flammenbad", darin das Ich stirbt, sinkt die Seele ein bis in jene „chaotische Unterseelenwelt", in der „die Pole noch ungesondert" liegen. „Was im bloßen Gefühl auseinandertritt zu äußersten Gegensätzen, wie Lust und Unlust, Freude und Leid, Erwartung und Erinnerung, Hoffnung und Bangen, Liebe und Zornesglut, Triumph und Angst, Süßigkeit und Bitternis, findet sich hier in ein unauftrennbares Ganzes verknotet", die später „gesonderten Pole im glühenden Ringe unablässig erneuter Umarmung bindend".[2] In diesem Sinne trägt „jede Ekstase . . . idiopathische Züge". „Es *gibt* nicht nur den einsamen Rausch, die einsame Trunkenheit, die einsame Seligkeit, sondern die ekstatische Erfüllung ist ursprünglich insofern immer vollkommene Einsamkeit, als sie vollkommenes Erfülltsein ist, das – jeder Hälftenhaftigkeit überhoben – den ergänzenden Pol in sich selber trägt."[3] Der kosmogonische Eros ist darum als androgyn und sich selbst begattend vorgestellt. In einem abgeschwächten Sinn (weil auf die letzte Sinnfrage zwischen Leben und Geist verzichtet wird) ist darum auch die kosmische Ausdruckswissenschaft von Klages, wie die Lebenslehre Bergsons, Nach- und Mitvollzug der Schöpfungsbewegung selbst. So besteht „die Aufgabe der Seelenkunde darin, *Entfaltungen*, Gliederungen und Bewußtwerdungen zu verfolgen", und nicht umgekehrt aus den Elementen zur Einheit zurückzutasten.[4] Diese Vorordnung des Idiopathischen im Eros schafft also einen letzten Grund von Einsamkeit in der Zweisamkeit. Die Liebenden blicken nicht Aug' in Aug', sondern gemeinsam auf einen Unendlichkeitspunkt, und nur im Unendlichen treffen sich ihre Blicke. Ihre Zweisamkeit besteht darin, daß eine *gleiche* Welle von Einsamkeit durch beide hindurchgeht.

Klages dringt bis zu dieser Beschreibung vor, die Sinnfrage nach solcher Einsamkeit stellt er nicht mehr. Wir sparen sie auf, um sie

---

[1] A. 8. – [2] K. 74-75. – [3] K. 77-78. – [4] A. 302.

später durch den größten idiopathisch Einsamen, durch Nietzsche, erneut zu stellen.

2. Diese Umrißzeichnung des Klagesschen Weltbilds ist bereits so sehr von existentialen Zügen durchsetzt, daß es nunmehr ein Leichtes ist, diese Züge thematisch herauszustellen. Das Grundschema dieser Weltsicht ist die Ausklammerung des Geistes und die daraufolgende Schließung des kosmischen Lebens in sich selbst. Wir fragen also zuerst nach dem Sinn dieser Ausklammerung, dann nach dem Sinn des eingeklammerten Restes.

Die Extrapolation des Geistes ging durchwegs in der Weise vor sich, daß die Spannung Bergsons zwischen Geist und Materie fortschreitend ersetzt wurde durch eine Spannung, einen Rhythmus, eine Polarität innerhalb des Lebens selber, diese Beziehung zum positiv Absoluten erhoben und dadurch der verdrängte Geist von selbst zu einem negativ Absoluten, ja absolut Negativen gestempelt wurde. Es beginnt mit der Rhythmisierung des Lebensstroms, dem sich das bergsonsche „Skandieren" nur noch äußerlich anfügt: „Der Rhythmus kann in vollkommenster Gestalt erscheinen bei gänzlicher Abwesenheit des Taktes, der Takt dagegen kann nicht erscheinen ohne Einwirkung eines Rhythmus."[1] Dieser Rhythmus steht der Unendlichkeit nicht im Wege: „Der Vorgang des Wogens ist nichts als Vorgang, und was ihn gleichwohl zu etwas Gegliedertem macht, sind keine wie immer beschaffenen Grenzen, sondern die an ihm selber unterscheidbaren Gegensätze der Richtung. Ein Unendliches aber können wir nicht begreifen."[2] Und das Rhythmische hat nicht etwa nur in der Zeit seine Begründung, während der Raum (wie bei Bergson) Prinzip des mechanischen Taktes wäre – Raum und Zeit bilden bei Klages eine absolute Gegenseitigkeit innerhalb des Lebens. Raumrhythmus aber ist Symmetrie.[3] Der Geist hat so wenig Verwandtschaft mit dem Raum, als er Beziehung zur Zeit hat. Zwischen Leib und Seele schließt sich der Kreis,[4] das Leben ist, wie Klages zu sagen liebt, dioskurisch. Nun scheint aber noch eine echte Polarität zwischen Geist und Seele insofern zu bestehen, als der Geist als das Tätige, Bemächtigende das aktive Prinzip, die Seele als das Erleidende, Leidenschaftliche, Pathische das passive Prinzip verkörpert. Aber schon zeigt sich, daß die Seele als solche nicht rein passiv gedacht werden kann, auch wenn sie

[1] R. 14. – [2] R. 18. – [3] R. 38-43. – [4] A. 304.

„durch und durch pathisch“ ist. Denn damit ist nur gesagt, „sie antworte gleichsam bald der Frage, bald dem fordernden und befehlenden Ruf, und sie trete erst demzufolge in den Kreis der wirkenden Mächte ein; sie sei nicht von sich aus tätige Macht, sondern aus Notwendigkeit eines . . . Widerhallens“.[1] So liegt im Kosmischen selbst die besagte Spannung: es gliedert „das unterlagslose Geschehen sich in ein Wirkendes und ein die Wirkung Erleidendes . . . Lebensvorgang = Polarität zwischen wirkender Macht und erleidender Seele“.[2] Ist infolgedessen dem Geist die Rolle des Aktiven als solchen entzogen, so scheint ihm doch, als Bewußtsein, diejenige des wägenden Abstandhaltens zuzufallen, gegenüber dem instinkthaft blinden Lebensvorgang. Aber schon ist das Positive dieser Distanz, wie wir wissen, an das Leben vergeben: als Eros der Ferne. Die „Selbstentfremdung des Lebensprozesses“[3] hat als solche nur kosmische Bedeutung und noch keinerlei Beziehung zum Geist. Sie ist die „Wechselseitigkeit von Entfremdung und Übergang“, und so das „Urschema des sinnvollen Vorgangs“.[4] Ja, selbst das „Gegenübersein“, an dessen Fluch sich die Geistigkeit zu knüpfen schien, wird für das Leben angefordert: „Die Zweiheit von Selbst und Sache (‚Subjekt‘ und ‚Objekt‘) fußt auf der Polarität von erlebendem Leben und erscheinendem Geschehen.“ Sonst „fände der Geist kein Gegenüber vor . . . Der Geist hat nicht die Fähigkeit, ein Gegenüber zu schaffen.“[5] Dieses vitale Gegenüber ist als solches der „Charakter der Fremdheit“.[6] Dergestalt aus dem Erkenntnisbezug ausgeklammert, rettet sich der Geist ins Ethische. Wenn hier Leben als Wirklichkeitsfülle auch den Maßstab positiver ethischer Wertigkeit abgibt („der Grund aller weltangemessenen Wertabstufung liegt im Grade der Lebensfülle“[7]), so scheint der Geist demgegenüber das Prinzip der Lebensleere darzustellen und damit das Prinzip des Aszetischen. Aber hier hakt Klages' Lehre vom „Formniveau“ ein, welche gerade die Begriffe Fülle und Leere zu Grundkategorien des Lebens selber macht, so daß, kurz gesagt, eine identische Ausdrucksform das eine Mal „aus dem Dasein einer Kraft“, das andere Mal „aus der Abwesenheit der antagonistischen Hemmkraft“ entstehen kann, wobei nur das Gesamtbild des Ausdrucks darüber entscheiden kann, ob die Form Ausdruck jeweils einer Lebensfülle oder -leere ist.[8] „So faltet sich alle Bewegtheit auch

[1] W. 249-250. – [2] W. 251. – [3] W. 474. – [4] W. 251. – [5] W. 99. – [6] W. 100. – [7] G. 128. – [8] AG. 111 f.; Handschrift und Charakter (11. bis 13. Aufl. 1929), 31-48.

der Personen polar auseinander in die substantiell lebenerfüllte und die nahezu tote."[1] Der Geist ist aus dieser Polarität ausgeklammert. Sollte er nun nicht im Gegensatz zum Triebhaften des Lebens festgelegt werden können als das Hemmende, daran die Unmittelbarkeit des Triebs sich staut und so bewußt und für freie Akte verfügbar wird? Klages ist diese Auffassung nicht fern. „Aber der Trieb könnte gar nicht durch die geistige Tat gespalten werden, wenn nicht schon er zwei artverschiedene Seiten hätte", eben Triebkraft und Widerstand.[2] Die scheinbare Geist-Trieb-Polarität wird ins Innere des Triebs selbst verlegt. Dies geht so weit, daß *alle* ethischen Wertpaare in die Lebenspolarität hineingenommen werden: „Wie wir von Wärme nur mit Beziehung auf mögliche Kälte sprechen, von Helligkeit mit Beziehung auf Dunkelheit, von Höhe mit Beziehung auf Tiefe, so hebt sich auch Güte erst sinnvoll gegen mögliche Bosheit ab, Lügenhaftigkeit gegen Wahrheitssinn, Treue gegen Wankelmut: und jemandem irgendeine dieser Triebfedern beimessen, heißt unausweichlich zugleich ihn gerüstet denken mit entsprechender Kraft des *Widerstandes* gegen ihr Gegenteil."[3] Wir sahen bereits, wie im vorpolaren Eros diese Widersprüche noch ungeschieden ineinanderlagen. Es tritt also neben die Ethik des Geistes (die sich auf dem Begriff der „Sünde" aufbaut) eine unabhängig in sich geschlossene Ethik der Seele und des Lebens mit dem negativen Grundbegriff des „Frevels".[4] Der Geist ist also auch kein in der Ethik unentbehrlicher Begriff, er kann aus ihr ausgeklammert werden.

Angesichts dieser planmäßigen Verfolgung stellt sich nun aber unabweisbar die Frage, was denn schließlich der also ausgehöhlte Geistbegriff in seinem Kern *existentiell* besage. (Denn theoretisch ist er stückweise an die verschiedenen Lebensgebiete aufgeteilt worden.) Die Antwort kann nicht fraglich sein: das akosmistische Prinzip des „aktiven Nein" ist nichts anderes als das existentielle Eingeklammert- und In-Frage-gestellt-sein des Kosmischen überhaupt. Oder von Bergson her gesehen: das Nicht-mehr-Aushalten des verdeckten existentiellen Unbehagens und seine „Bereinigung" durch Zugeständnis einer absoluten Verzweiflung *außerhalb* der geschlossenen, nunmehr unbehelligten Welt. Der Geist bei Klages ist gar kein daseiendes Objekt. Es ist ein „Gespenst".[5] Weit mehr als bei Bergson ist er das absolut Ohnmächtige, das zu einem Willensakt sich die Energie erst aus den Trieben holen muß.[6] Aber er ist

[1] AG. 133. – [2] AG. 108-109. – [3] AG. 109. – [4] M. 128. – [5] A. 294. – [6] AG. 80-81.

die extrapolierte innere Bedrohtheit, ja Verfolgtheit des Lebens, die mit allen Mitteln „aus der Welt" geschafft werden soll. Er ist jenes verfolgende Etwas, vor dem sich der alte Zauberer Nietzsches pathetisch windet. Einen Schritt mehr, und dieser Geist gliche befremdlich dem Gotte Karl Barths, der ein glühendes Schwert ist, alles Nur-Lebendige zu töten und umzuschmelzen. Der Geist, sagt Klages, schiebt sich zwischen die untrennbar zusammengehörigen Pole des Lebens, Seele und Leib, ein, „mit dem Bestreben, sie untereinander zu entzweien, also den Leib zu entseelen, die Seele zu entleiben, und dergestalt endlich alles ihm irgend erreichbare Leben zu ertöten".[1] In *sich* betrachtet, scheint dieser Gott, dieser Geist, das absolut Positive, actus purus. Aber man denke ihn in die Welt eindringend: „Erst wenn der Wirklichkeit angeschlossen, kann die Verneinung des Geistes auch spürbar werden, und sie wird in ihr spürbar . . . durch Unterdrückung der Lebenswelle."[2] Der Geist bei Klages ist also nichts als eine neue Verkleidung des reformatorischen Verfolgergotts, unter dem die gehetzte Seele stöhnt. Zugleich wird aber hier mit letzter Eindringlichkeit klar, *warum* Luthers und Karl Barths Gott ein Verfolgergott ist: er wird es gerade durch die Methode seiner „Ausklammerung". Innerhalb der gegenwärtigen lebensphilosophischen Problematik aber besagt diese Situation, daß hier eine verborgene Krankheit zum Ausbruch kam, was zwar der Beginn der Gesundung sein kann, keineswegs aber schon die Gesundheit selbst ist. In dem kleinen Essay über „Ahasver"[3] versuchte Klages, „den sittlichen Idealismus aus dem Gegensatz zum Charakter seines Trägers zu entwickeln". Klages hat nun freilich selbst keinen sittlichen Idealismus aufgestellt, aber seine reibungslose, harmonische Lebensphilosophie entstand nicht minder aus dem „Gegensatz" eines ahasverischen Verfolgungswahnes durch den Geist.

An diesem Punkte wird seine Stellung zu *Hegel* aufschlußreich. „Der Panlogismus ist von allen Verblendungen des Denkens die schlimmste . . . Hat er die Folgerichtigkeit eines Hegel, so muß er die Denkgeschichte für abgeschlossen und alle Rätsel für gelöst erachten."[4] Seine Hegelkritik hakt mit sicherem Instinkt an dem Punkt ein, wo Hegels Begriff endgültig sich gegen die Pathik des Erlebens für das Greifende, Übergreifende des Denkens entscheidet. Diesem Vertrauen auf die Leistungsfähigkeit des Erfassens weist

---

[1] W. 7. – [2] AG. 121. – [3] A. 151-157. – [4] W. 80.

er einen Trugschluß nach: „Der Erfolg des Erfassens geht über den Akt des Erfassens bei weitem hinaus."[1] Denn der Akt als solcher kann stets nur auf ein zeitloses Eshaftes gehen. Wenn er dabei den zeithaften, lebendigen Umkreis des angezielten Punktes mit erfaßt, so liegt das nicht in der Leistungsfähigkeit des Begreifens, sondern im Reichtum des Lebendigen, das allseits über die Ränder des Begrifflichen hinausquillt. Und doch läßt sich das ganze Schema des Klagesschen Weltbilds in den ersten Paragraphen der „Phänomenologie des Geistes" einschließen, welcher die Dialektik von Zeit und Raum entwickelt: Das Gegenüberstehen der scheinbar reichsten Erlebnisgewißheit und des scheinbar leersten Geistes ist, genauer besehen, doch ebenso das Bewußtsein von der Leere dieses scheinbar Reichsten und damit erst der Anfang der Philosophie. Wir werden also in späteren Kapiteln zu suchen haben, wie diese von Klages nie zugestandene Leere der „wirklichen Zeit" vereinbar sein kann mit einem Geistbegriff, dessen Wesen nicht tötendes Greifen wäre, sondern das Positivste der Haltung, die Klages für die Seele vindiziert.

Aus der so aufgestellten negativen Existentialität des Geistes können wir nun aber noch fast unmittelbar die positive Existentialität ablesen, die Klages dem Leben vorbehält. Indem er aus seinem Lebensbegriff alles ausschaltet, was Bergson an Geist, Tat, Zukunft und Vorwärtsbewegung in ihn gelegt, muß diese Existentialität eine noch weit über Bergson hinaus *ästhetische* heißen. Das wird am deutlichsten, wenn das Geschehen nach seinen Zeiterstreckungen hin betrachtet wird. Als Zukunft kennt Klages im Grunde nur verzweifelten Pessimismus. Als Gegenwart ist das reine Erleben unbewußt oder höchstens traumgestaltig. Aller Wert liegt im Blick in die verlorene Urwelt in unnahbarer Vergangenheit.

„Das Wesen des ‚geschichtlichen' Prozesses der Menschheit (auch ‚Fortschritt' genannt) ist der siegreich fortschreitende Kampf des Geistes gegen das Leben mit dem logisch absehbaren Ende der Vernichtung des letzteren."[2] Technik ist die immer rasendere Zerstörung der letzten Reste des irdischen Paradieses, deren Mordlust Klages in der zornglühenden Diatribe „Mensch und Erde" gegeißelt hat.[3] Freilich klingen an seltenen Stellen seines Gesamtwerkes schüchterne Wünsche, das kosmische Abenteuer möchte durch ein Wunder sich wenden und der siegreiche Geist zurückgedrängt und schließlich aus

[1] W. 84. – [2] W. 69. – [3] M. 11-41.

der Welt hinausgestoßen werden.[1] Aber zumeist ist Klages mit sich selbst folgerichtig. Der „Brief über Ethik" rast bis zum Überschlagen der Stimme gegen den Wahnsinn des Fortschrittsglaubens.[2] Der „kosmogonische Eros" schließt mit der nihilistischsten Weltendvision, wie sie *notwendig* dem sich darbietet, der überhaupt, statt im reinen Erleben zu bleiben, über Sinn und Ziel der Erde zu *denken* beginnt.[3] Die Blickrichtung in die Zukunft ist als solche nur dem Geist möglich und eben deshalb *innerlich* entzaubernd, nihilistisch.

So schweift die Schau zurück zu den Urbildern der Vorzeit. Der einzelmenschlichen zuerst, als Sehnsucht in die Jugend, wo der Mensch noch um das unmittelbare Umfangensein von Natur und Leben wußte.[4] Dann der gesamtmenschlichen als dem irdischen Paradies, das keinTraum ist, sondern die wirkliche Heimat war.[5] In seinen Schilderungen scheint Klages zu glauben, daß es in der Natur keinen Tod, keine Grausamkeit gab, ehe der Fortschrittsmensch die Herrschaft antrat; keinen Krieg, ehe der geistige Staat entstand.[6] Die Zeitlichkeit dieser Vergangenheit kann in ihrer Ausschließlichkeit nicht buchstäblich genug genommen werden. Bei Hölderlin konnte es noch heißen: „Die selige Einigkeit, das Sein ... ist für uns verloren, und wir mußten es verlieren, wenn wir es erstreben, erringen sollten."[7] Bei Klages ist dies Verschwimmen von Vergangen und Künftig in einem überzeitlichen Geistsein unmöglich. So wird die Philosophie zu „heiligem Ahnendienst". Die lebendigen Bilder der Vorzeit *sind* die Bildseelen der Ahnen, und im sakralen Erinnern werden sie wieder lebendig. „Die Welt der Bilder glüht also nur im schauenden Eros der sie Erlebenden auf. Die sogenannte Fortexistenz, tatsächlich jedoch lebendige Gegenwart, die der Pelasger für die Seelen seiner Toten fordert, entblüht von Augenblick zu Augenblick dem elementar-erotischen Zusammenhange der Gewesenen mit den leibhaft Lebendigen. Die Bildseele stirbt, wenn sie in den Seelen der ihrer Gedenkenden stirbt!"[8] Damit aber fällt der Vorwurf, den Klages dem Sensualismus macht, auf ihn selbst zurück. Denn wenn jener die metaphysische, unaufhebbare Ferne des Eros in eine physisch durchmeßbare Entfernung verwandelte, so deutet sie nun Klages als eine im Grunde ebenso „physische", die Entfernung der Zeit. „Was das räumlich Entfernte in unantastbare ‚Ferne' stellt, ist – zeitliche Ferne."[9] So aber erhält

---

[1] W. 254; M. 40-41. – [2] M. 111-130. – [3] K. 208-218. – [4] M. 52; K. 83-86. – [5] M. 13. – [6] AG. 153. – [7] Inselverlag (Dünndr.) 685. – [8] K. 193. – [9] K. 134.

die für Klages entscheidende Existentialität des Bildseins seinen radikal ästhetischen und tatenlos beschauenden Charakter.

Wendet sich von da der Blick zum Sinn der Gegenwart, so kann dieser nur in dem Polsein zur Urwelt hin bestehen. Und dies ausdrücklich in der Haltung nicht des bewußt-geistigen Gegenüberseins, sondern des traumhaften und ekstatisch-bezogenen auf eine ebenso traumhafte Vorwelt.[1] Ausdrücklich wird der magische Idealismus von Novalis angerufen,[2] und, was bedeutender ist, die ganze „männlich-bildnerische Seite" Goethes[3] und erst recht der ganze geistige „Wille zur Macht" Nietzsches[4] abgelehnt. Das Dionysische, wie es hier erscheint, ist eine Religion „idiopathischer Dichter";[5] „nur bei Dichtern und Frauen findet man noch bisweilen jenes blinde Sehertum".[6] Unaufhaltsam zerrinnt die „Wirklichkeit der Bilder" zu einer bleichen Unwirklichkeit, die „lebendigen Bilderseelen" welken hin zu einer gespenstischen Halblebendigkeit. In der Umarmung der leibhaften Seele mit der längst erstorbenen Ahnenseele lebt die letzte vom Gedenken der ersten: das Vampyrhafte[7] der Toten, das uns bei Heine und Hebbel begegnete, lähmt das Lebendige. Die ganze Wirklichkeit sinkt gleichsam ein in die Unwirklichkeit des Hades. Der philosophische Akt ist „Totenbeschwörung".[8] Er wird mit Fausts Gang zu den Müttern verglichen und seiner „Vergegenwärtigung" der Helena.[9] Die „Entrückung" ist bedeutsamerweise im antiken Mythus fast immer „eine Entführung ins Reich der Toten".[10] Die Existenzform der Toten ist aber Unwirklichkeit: „die stoffentkleideten Seelenbilder sind schattenlos",[11] „wie dürstende Wanderer lechzen die Gewesenen nach einer umblühten und für heilig bewahrten Stätte".[12] Aber die Zurückkunft der Seelenbilder ist ebenso flüchtig wie – ihre eigene Wirklichkeit. „Die Wirklichkeit der Bilder – die wirklichste oder vielmehr die einzige, die es gibt – ist ewiges Kommen und Gehen, Wachsen und Welken, Aufleuchten und Wiederverlöschen."[13] Dann aber ist es auch unvermeidlich, daß die erotische Umarmung nicht mehr die Kraft hat, ein wenn auch noch so zartes Geschehen zwischen Personen vorzustellen: es sinkt in sich zusammen zur flüchtigen, nicht ausgestalteten Liebe des Narziß. Person als solche ist nichts Bleibendes, ist – hier in einem neuen, „physischen" Sinne –: „Durchgangspunkt".[14] Ja, „das Er-

---

[1] K. 109, 160, 167. – [2] K. 126. – [3] M. 99. – [4] Die psychologischen Errungenschaften Nietzsches (1926), 175 und öfter. – [5] K. 78–79. – [6] AG. 122. – [7] K. 191. – [8] K. 143. – [9] K. 144. – [10] K. 228. – [11] K. 169. – [12] K. 172. – [13] K. 193. – [14] AG. 129.

leben des Liebenden ... gilt überhaupt nicht der bleibenden Person des Geliebten, sondern dessen mit dem Zeitstrom strömenden Bilde".[1] Indem der Geist aus der Polarität von Subjekt und Objekt, Ich und Du ausgeklammert wird, bleibt diese Polarität ein magisches Spiegelverhältnis innerhalb des Lebens selber,[2] gründend auf eben dem „Pendeln" und „Schaukeln" des reinen Erlebens zwischen Eindruck und Erinnerung, das bei Bergson als narzißtisches Selbstaffizieren des Geistes erschien. Dann aber ist es folgerichtig, daß die Wirklichkeit bei Klages zwar ein „Geschehen" heißen kann (weil sein Wahrheitsbegriff wie bei Bergson zeithaft ist), nie und nimmer aber „Geschichte". Das ästhetische Ideal rückwärts gewandter Schau verwandelt alle geistige Selbst*auslegung* der Wirklichkeit zurück in einen „*Zustand* des geistigen Spiegelns".[3] Wenn aber der Einzelne keine Geschichte hat, so hat auch die Menschheit keine. Klages zahlt damit einen noch schwereren Zoll an die Weltanschauung des ungeistigen Lebens als Bergson: das Ausbrechen des Ästhetischen aus der magischen Religion Bergsons macht seine Existentialität zu einer wesentlich einsamen: „Die ekstatische Erfüllung ist ursprünglich ... immer vollkommene Einsamkeit."[4]

Es gibt nun freilich eine Seite in Klages, die den Riß zwischen Geist und Leben und die daraus fließenden erschreckenden Folgen zu überbrücken sucht: seine Lehre von der Gestaltungskraft. Sie ist die „Fähigkeit des Menschen, die es ihm möglich macht, geistigen Akt und lebendigen Rhythmus ungeachtet ihrer Gegnerschaft in Einklang zu bringen".[5] Daß diese Mitte, die „geheimnisvoll die Kluft zu verschließen scheint zwischen Ausdruck und Tat",[6] die Kunst ist, wird uns nicht überraschen. In ihr wird das Wunder eines „willkürlosen Wollens" erreicht, worin das geistig Tätige sich „unterordnet dem Gesamtbild des Seelenausdrucks".[7] Klages, der eben noch an Goethe das allzu Bewußte, Formende tadelte und gegen ihn das wahnsinnsnahe Sehertum Hölderlins beschwor, bekennt jetzt: „Nun können zwar Künstler daneben noch Visionäre sein, ganz sicher, aber nicht darin liegt ihre Künstlerschaft."[8] Und so wird neben der rein „pathischen" Polarität der Seele so etwas wie eine entsprechende aktive und *passive* Polarität innerhalb des tätigen Geistes. Das ästhetische Vermögen bestimmt sich dann als die Möglichkeit, im Rezeptiven bereits schöpferisch zu sein und im Schaffen die Feinfühligkeit des Pathischen zu bewahren.[9] Von hier

[1] K. 119. – [2] W. 280 ff. – [3] G. 125. – [4] K. 77. – [5] AG. 146. – [6] AG. 151. – [7] AG. 157. – [8] AG. 163. – [9] K. 168-171.

aus wird eine Apologie der schöpferischen Arbeit möglich.[1] Aber diese Mitte wirkt wie der verzweifelte Versuch, die Konsequenzen des Systems im letzten Augenblick noch aufzuhalten. Unter der Überklebung wird sogleich wieder der unheilbare Riß sichtbar. Wer sich einmal dazu entschlossen hat, zu vertreten, daß „die Persönlichkeit selbst der *chemischen* Verbindung zweier Substanzen ähnelt, nämlich von Seele und Geist",[2] für den gibt es nur den Weg, das Tragische und Zerrissene zum Daseinsprinzip zu erheben: Überbrückungsversuche können hier nur von einem wenigstens heroischen Ästhetizismus zu einem sentimentalen, vollends unwahren Ästhetentum führen.

Aber diese Unwahrheit ist zu tief in das ganze Weltbild verfilzt, als daß sie sich daraus lösen ließe. Sie verrät sich in der hoffnungslosen Abstraktheit dieser scheinbar so lebenspulsenden Bilder, im Absturz von esoterischer Schau in den Betrieb graphologischer Handbücher. Aber zu diesen letzten, so trefflich sie auf ihrem Gebiete sein mögen, wird man nicht verfehlen können, nachzulesen, was Hegel über „Physiognomik und Schädellehre" schrieb.[3] Die Ausklammerung alles dessen, was Geist, Freiheit, Tat, Verantwortung besagt, aus dem Bereich des lebendigen Ausdrucks macht diesen zur Belanglosigkeit, zur Abstraktheit. Max Bense in seinem „Anti-Klages"[4] hat darum das richtige Schlußurteil: Klages weiß nicht, „daß es eine größte Leidenschaft des Lebendigen gibt, die in der Paradoxie von Geist und Leben besteht. . . . Und diese Leidenschaft aus dem Widerspruch von Geist und Leben ist keine Sünde wider das Leben, sondern die Größe des Lebens, die metaphysische Intimität, die metaphysische Würde des Menschen; ist überhaupt keine tragische Feindschaft, die einst mit dem ‚Untergang der Erde' enden wird, sondern ist jene nur menschlich mögliche Leidenschaft de[s] . . . über die Unendlichkeit ausgespannten existentiellen Dialog[s]".

Gesetzt selbst, Klages hätte recht gesehen, wenn er zwischen Leben und Geist einen unendlichen Riß erblickte, so hat er doch diese Situation nicht *als* Situation anerkannt und bewußt das Halbe, das er als Halbes erkannte, zum Ganzen erhoben. Daß diese Folgerung sich nicht aufdrängt, zeigt ein Vergleich mit Oswald Spengler, der sich aus der selben Situation eines tragischen, unauflösbaren Dualismus von Leben und Geist die entgegengesetzte Wahl traf:

---

[1] K. 206-207. – [2] M. 86. – [3] Phänomenologie (Lasson, 3. Aufl.), 227-254. – [4] (Berlin 1937) 14-15.

mit der *Tatsache* des Geistes zu rechnen, mit der Tragik menschlicher Naturentfremdung und selbst mit der Satanik menschlichen „Fortschritts" nicht nur sich abzufinden, sondern, weil wir Leben *und Geist* sind, den vorgezeichneten Weg mit Bewußtsein zu gehen. „An Stelle des ‚So soll es sein' oder ‚So sollte es sein' tritt das unerbittliche: So *ist* es und so *wird* es sein." „Und diese Seele schreitet fort in wachsender Entfremdung gegenüber der *ganzen* Natur." „Der Kampf gegen die Natur ist hoffnungslos, und trotzdem wird er bis zum Ende geführt werden." „Zugegeben, daß sie widernatürlich und künstlich ist – aber das *ist* ja ‚Kultur'. Sie mag verhängnisvoll sein und ist es zuzeiten wirklich gewesen, weil man sich einbildete, sie künstlich beseitigen zu können, aber sie ist nichtsdestoweniger eine unerschütterliche *Tatsache*."[1] Spengler schildert die Verwüstung der Erde durch Maschine und Technik mit genau denselben Farben wie Klages. Aber –: „Zur Hybris des Prometheus, der in den Himmel greift, um die göttlichen Mächte dem Menschen zu unterwerfen, gehört der Sturz." „Auf dem verlorenen Posten ausharren, ohne Hoffnung, ohne Rettung, ist Pflicht."[2]

„Gesetzt" – hatten wir gesagt. Gesetzt, daß die abstrakte Entgegensetzung von Geist und Leben richtig sieht, dann ist nicht abzusehen, warum nicht Spengler ebenso folgerichtig wäre wie Klages. Von zwei unrückführbaren metaphysischen Prinzipien das eine zu wählen oder das andere, ist dann nur noch Sache des Temperaments. Aber die Frage ist die, ob jene positivsten Erkenntnisse von Klages, jene zarten Analysen der Polarität des Eros, der Unantastbarkeit der Bilder, der Person als Durchgangspunkt, nicht selbst schon innerlich über die abstrakte Entgegensetzung von Geist und Leben hinausweisen und ihre eigentliche Erfüllung gerade in der Leidenschaft zwischen Geist und Leben finden. Damit bräche freilich der ganze erste Kreis der Lebensmystik an seinem Rande durch in eine höhere Weltanschauungsform, in der das unbewältigte, buchstäblich verdrängte Geistproblem zu seiner Erledigung gelangte.

Wir beschreiben diese Bewältigung in drei Stufen. 1. Zunächst negativ als Einsinken der Mystik des Lebens in die Existentialität von Traum und Tod. (Ende des ersten Kreises.) 2. Dann positiv, sofern die Klagessche Problematik der „Gestaltungskraft" in ihren Folgen entwickelt wird: der Geist erscheint darin als wiederentdeckte

[1] Der Mensch und die Technik (1931), 6, 34, 36. – [2] Ebd. 11, 89.

innerkosmische Macht. (Zweiter Kreis.) 3. Endlich als Inangriffnahme der Klagesschen Fragestellung der verfolgenden Negativität des (akosmischen) Geistes: damit treten wir schon über in den dritten, religiösen Kreis der Lebensphilosophie: das Kernproblem Nietzsches selbst.

IV. Traum und Tod

Theoretisch ist mit dieser Darstellung von Klages die „Mystik des Lebens" als ein Dualismus nachgewiesen, der durch seine Form selbst sich überholt und weiterweist. Wenn wir trotzdem hier noch die existentialen Konsequenzen dieses Weltbilds sich bis zum Ende ausschwingen lassen wollen, so ist es, weil die Dichter unmittelbarer enthüllen, was die Denker zumeist nur verschleiert andeuten.

Das tiefste Rätsel dieser Weltanschauung liegt in dem durch alle Formen hindurch immer wiederkehrenden Gegensatz der Doppelhaltung liebenden Einswerdens mit dem Lebensgrunde und lichtem, aber kaltem Gegenübersein als Geist. In der Schilderung des „Umkreises" verfolgten wir diesen Widerspruch durch fünf Gebiete hindurch: Im Erkenntnisproblem, in der Ethik, in der Individualitätsbegründung, im Todes- und im Kulturproblem. Bei Bergson kunstvoll übermalt, bricht der Widerspruch bei Klages abgründig auf. Aber er spielte selbst noch einmal in dem Gegensatz des ganymedisch passiven Klages und des prometheisch tätig sich aufreckenden Spengler. Diese zwei Kategorien, deren wir uns einst bei Anlaß Hölderlins bedienten, sind hier also wieder lebendiger denn je. Nur daß der Gegensatz in der dionysischen Welt nach Nietzsche weit schroffer, fragwürdiger, dunkler erscheint, wo grundsätzlich der idealistische verklärende Hintergrund vertauscht ist mit der radikalen, weltlichen Zeitlichkeit.

Wir glauben also die existentielle Letzthaltung dieses Kreises nicht besser beschreiben zu können als durch ein ausdrückliches Herausstellen dieser beiden Teilhaltungen, um dann aus ihrem „Oszillieren" das eigentliche, tragische oder befreiende Eschaton abzulesen. Das gibt uns zugleich Gelegenheit, die *Breite* des Kreises zu durchmessen und die möglichen Variationen des einen Grundthemas von „Leben" und „Geist", wie es Klages geprägt, kennenzulernen.

Der ganymedische Typ gewinnt in Hugo von Hofmannsthals Frühwerk seinen höchsten dichterischen Ausdruck. Ist schon im „Kleinen Welttheater" der große Strom unter den Gestalten hin der eigentliche Spieler, so sind auch in den übrigen lyrischen Dramen die Figuren nur Masken des Bacchus, sie haben alle den unendlichen Zauber der Durchsichtigkeit in ein tieferes, sie übergreifendes Leben, dessen Mund sie sind. So haben sie das Verführende der Tiefe, aber auch die Flüchtigkeit und Zufälligkeit der Maske, Augenblicksbilder höchster, aber traumhafter und wandelbarster Bedeutung. In jeder Gestalt ist immer das Ganze, darum sind alle so altklug, so über ihr Alter erwacht, ohne doch das „atmend Unbewußte" zu verlieren, „womit die Jugend über Seelen siegt", darum verstehen sich auch alle ohne Anstrengung, wie im Traum eines Träumenden alle seine Gestalten vom *einen* Traumzentrum aus sich verstehen. Darum mischen sich hier Liebe und Einsamkeit in der unvermitteltsten Weise: Liebe ist wie die Atmosphäre, die diese Gestalten erzeugt und trägt, ein zärtlicher Äther, eine naturhafte Sympathie, die Hingabe noch vor Erkenntnis und Distanz sich ausbreiten läßt. Ebendarum aber scheint jeder allein zu sein; monologisch lieben sie, wie die zusammenhängenden Glieder eines Leibs einsam sind. Und wo die Flüchtigkeit, die Vergänglichkeit dieser Gestalten einmal bewußter tragisch erlebt wird, so ist es selbst da nur wie eine im Traum sich vollziehende Gestaltwerdung zwischen Ich und Ding:

„Und drei sind eins: ein Mensch, ein Ding, ein Traum."[1]

Alle Tragik ist von einer größeren Versöhntheit im vorhinein umgriffen (deren Walten die österreichische geistige Landschaft des Dichters verrät), alle Brüche der Vergänglichkeit, alle Todesuntergänge gehen immer schon als ein Verwandlungsgeheimnis vor sich, dessen Sinn im letzten doch Liebe sein muß. Wo im „Peer Gynt" der Tod als Knopfgießer hart und verurteilend vor die mißglückte Person des Helden tritt, um ihn im dionysischen Feuer auflösend umzugießen, da steht vor Hofmannsthals ähnlich dem Leben mißratenem „Toren" der Tod noch als versöhnender Verwandler:

„Ich bin nicht schauerlich, bin kein Gerippe!
Aus des Dionysos, der Venus Sippe,
Ein großer Gott der Seele steht vor dir."[2]

[1] Terzinen über Vergänglichkeit, I, 15. – [2] Ges. Werke, I, 142.

Denn die Gestalten alle sind nur vorübergehende Verfestigungen des großen, trunknen Lebens:

> „Bacchus, Bacchus, auch dich fing einer ein
> Und band dich fest, doch nicht für lange!“[1]

Und der Wahnsinnige, der den Reigen der „Glücklichen“ im „Kleinen Welttheater“ schließt, drängt selber schon sehnsüchtig aus seiner Form heraus, um den innern, „den ganzen Reigen“ anzuführen: „Ich bin schon kaum mehr hier.“[2]

Daß es eben der „Wahnsinnige“ ist, der dem dionysischen Zentrum am nächsten steht, deutet darauf, daß eine besondere Lebensform, eine äußerste, das dionysische Erlebnis rein ausprägt. Der Dichter aber steht, mit seinem „nüchternen Wahnsinn“, der das Ungestaltete in Form zu bannen hat, zwischen den gestaltenden Formen und dem gestaltenden Grunde. Er ist das menschliche Zentrum der frühen Dramen Hofmannsthals. Er lehnt sich mit dem Goldschmied zum Lebensstrom herab, ganymedischer als Nietzsche und George. Er steigt erdeinwärts, den begrabenen Schatz zu heben, mit Novalis den geheimnisvollen Weg nach innen: im „Bergwerk von Falun“, in der „Frau ohne Schatten“. Gelänge es ihm, diesen innersten Ort einmal zu besetzen, dürfte er einmal an der Esse des Lebens und des Schicksals stehn, wo die Gestalten sich ausprägen, so wäre er der wahre Mitschöpfer, der ontologische Dichter, wie der Idealismus ihn verstand. „Der Kaiser von China“ ist Sinnbild dieses magischen Zentrums, um den alles Sein in Wellenkreisen sich von innen her ausbreitet. In „Kaiser und Hexe“ wiederholt sich das Wunschbild, diesmal in der Schaurichtung von außen nach innen, von der Welt zum Kaiser:

> „Überall ist Schicksal, alles
> Fügt sich funkelnd ineinander
> Und unlöslich wie die Maschen
> Meines goldnen Panzerhemdes.
> Denn zu unterst sind die Fischer . . .
>
> Und dann sind die vielen Städte,
> . . . und darüber
> Sind die Könige, zu oberst
> Ich: von dieser höchsten Frucht
> Fällt ein Licht zurück auf alles . . .“[3]

---

[1] Ebd. I, 94. – [2] I, 93. – [3] I, 214.

In diesem Mittelpunkt wandelt sich, als „Traum von großer Magie", Schicksal, das von außen nötigt, in innere Not-Wendigkeit:

> „An ihm sah ich die Macht der Schwere enden . . .
> Er fühlte traumhaft aller Menschen Los
> So wie er seine eignen Glieder fühlte."[1]

Aber der dichterische Zustand, der in diese Mitte führt, ist Traum:

> „Heilig ist sein Schlaf. Er schaut ins Innere der Welt."[2]

Traum aber besagt Immanenz. So versteht sich auch, warum diese tiefste Kunst des Dichters, Fremdes in Vertrautes umzuzaubern, Magie heißt: es ist Möglichkeit, Transzendentes von der Immanenz aus zu sichten, zu beherrschen. Das ist also das Berückende aller Gestalten dieser frühen Dichtungen, daß sie mehr wissen können als sie wissen dürften, daß sie in Besinnung und Innerlichkeit die Geheimnisse der Tat und der wirkenden Liebe erraten. Ja die Gestalten können sogar an verschiedenen Kreisen des Überstiegs aufgestellt sein – die Großmutter im „Weißen Fächer" hat mehr vom wirklichen Leben gesehn als das junge Volk, das das Leben mehr spielt als lebt – und dabei doch *alle* Kreise noch im Banne des Um-Kreises dichterischer Immanenz stehen. Und umgekehrt werden noch vom Zentrum aus alle Überstiege magisch erfahrbar. Hofmannsthal hat in einer späteren Besinnung über das Lebensmedium seiner Jugenddramen diesen Zustand „Präexistenz" genannt, in der tiefen Doppelbedeutung dieses Wortes: er ist einmal wie eine platonische Schau des Ganzen dem Zentrum nah, er ist aber auch Vor-Leben im Sinne, daß das Schwebende noch nicht von der Schwere des wirklichen Existierens auf den Plan des allein Schicksal vermittelnden Daseins herabgezogen ist. Es ist ein Zustand, der „glorreich und gefährlich" ist, wenn man ihn an der Tiefe der Existenz mißt – er entspricht fast in allem dem „ästhetischen Stadium" Kierkegaards.

Der Hang zur *Kindheit*, als dem Zustand der vollendeten Immanenz und Schicksalsharmonie, wie er Klages eignete, kennzeichnet darum auch den Dichter des Lebenstraumes. Alle spätere Lebenstragik erscheint so als ein Herausfallen aus diesem glücklichen Gleichgewicht, diesem Zauberzustand, der traumhaft alles voraus-

---

[1] I, 17-18. – [2] III (2), 180.

besitzt, und eben weil er es noch als Einheit besitzt, so reich und tief ist, daß das Spätere nie fertig wird, diesen Zauber aufzulösen, diese Fülle aufzuarbeiten. So sieht Rilke in seiner Kindheit den ewigen Quellgrund seiner Kunst, so kehrt Spitteler in seinen „Frühesten Erlebnissen“ zu diesem Jungbrunnen zurück, „hinter die Spanne, da sein Kern in Gegensatz zur Umgebung geraten war, in das goldene Zeitalter der Harmonie zwischen Ich und Welt“,[1] so läßt Nietzsche die „drei Verwandlungen“ des Geistes vom Kamele, das sich belädt, zum Löwen, der sich tätig befreit, beim Kinde enden, denn „Unschuld ist das Kind und Vergessen, ein Neubeginnen, ein Spiel, ein aus sich rollendes Rad“,[2] so sieht George in Schwermut die Reihen singender Kleinkinder heranziehen:

„Wir waren glücklich bloß solang wir einst
Nicht diese hecken überschauen konnten.“[3]

Gerade von dieser Vorstellung des Kindheitszaubers aus fällt dann aber auch ein Licht auf den Sinn des *Mythischen* im dionysischen Kreis überhaupt. Nietzsche verwarf die Hinterwelt. Aber er verschmähte es nicht, Zarathustra mit allen Abzeichen des Über-Weltlichen auszustatten, ihm Horizonte weit über dieses Leben zurück und voraus sich öffnen zu lassen. „Ich beschwöre euch, meine Brüder, bleibt der Erde treu“,[4] dies Wort muß sich in der weitesten Auslegung, als Welt, Kosmos, verstehen. Denn der ganze abgrundtiefe Umkreis des Seienden und Möglichen legt sich wie eine verklärend-erhöhende Mandorla um die Gestalt des heroischen Menschen Nietzsches: „Wahrlich, auch neue Sterne ließ ich sie sehn samt neuen Nächten; und über Wolken und Tag und Nacht spannte ich noch das Lachen aus wie ein buntes Gezelt.“[5] All das aber nicht als Ausdehnung in unendliche Zeit, als Evolution, sondern ausdrücklich als Tiefendimension des zeithaften „Augenblicks“, als „Wiedererinnerung“ seiner innern Tiefe: „Es kehrt nur zurück, es kommt mir endlich heim – mein eigenes Selbst“,[6] „fiel ich nicht – horch! in den Brunnen der Ewigkeit?“[7] Damit ist genau die Stelle angezeigt, wo das Mythische im dionysischen Kreis entspringt. Weil der „Grund“ jenseits aller Gestalt ist, nicht mehr Hegelscher Logos, sondern ein Unnennbares, so kann der Mythus nur noch in der Durchsichtigkeit der Gestalt in diesen Grund bestehen. Das hatte

---

[1] Robert Faesi: Spittelers Weg und Werk, Frauenfeld 1933, 197. – [2] N. 6, 35. – [3] IV, 17. – [4] N. 6, 13. – [5] Ebd. 290. – [6] Ebd. 223. – [7] Ebd. 402.

Klages mit dem „Nimbus“ der Urbilder gemeint, das auch mit dem Übersteigen der „Leistung“ des Akts über den Akt selbst. Dies Mehr-Bedeuten der Gestalt, als ihre Form anzeigt, macht sie zur Rede des Abgrunds, zur göttlich-mythischen Menschwerdung: „Hier springen mir alles Seins Worte und Wortschreine auf, alles Sein will hier Wort werden . . .“[1] Eben dieser Sinn des Mythischen wird bei George eindringlich sichtbar: Seelenwanderung etwa ist nur eine Bildwerdung der Tiefe des Kairos:

„Daß unfaßbar geschehn in vorgeburten
Beschlossen lieg ist schöner sinn von dichtern“,

der aber nur als „Traum“, als Licht der Augenblicks-Tat, Bedeutung hat:

„Du folg in jedem werk dem frühsten traum!“[2]

Wenn der Schwan, den Parsifal schoß, mit brechendem Auge ihm ein Vorwurf ist, daß er ihn umtrieb „in einen neuen kreis der dinge“, so darf auch da der Täter diese dunkle Andeutung im Tierblick nicht wörtlich, sondern nur mythisch nehmen:

„Denk nicht zuviel von dem was keiner weiß!
Unhebbar ist der lebenbilder sinn:“[3]

Ist Gestalt, wie Klages sagte, nur flüchtige Verkörperung der lebenden „Bilder-Seelen“ des Göttlichen, in dem es allein unserem Auge erträglich wird – so ist sie als „Durchgangspunkt“ auch „substantielle Scheinbarkeit“ und so immer ein Zweitletztes, ein Zeichen, ein Zauber, nicht der „Grund“ selber:

„Wer ist dein Gott? All meines traums begehr.
Der nächste meinem urbild schön und hehr.“[4]

Darum endet die „Biographie“ Maximins im „Stern des Bundes“ wie der Helena-Akt in den Preis des Dionysos-Zagreus, der sich in wechselnden Figuren und verleibten Mythen darstellt als der identische Grund in allen Formen:

„Ich weiß nicht ob ich würdig euch gepriesen
Dich den Gebornen dich den Ungebornen.
Ich weiß von Einem nur der vielgestaltig
Sich auswächst will daß er vernichtet werde

[1] Ebd. 271. – [2] VIII, 23. – [3] Ebd. 107. – [4] Ebd. 16.

Und auflebt jedesmal durch neue flamme.
Erst einer füllt er seine vielen formen
Anders und gleich in gleicher herrlichkeit
Entstiegen aus der nacht der reinigung."[1]

Jede Ewe hat ihren Gott, in der das Abgründige leuchtend durchscheint, bis der Glanz blaßt und die Asche in den Grund zurückfällt, ohne im „Geiste" idealistisch „aufgehoben" zu werden.

Der dionysische Mythus ist also wesentlich lyrisch: er lebt von der Subjektivität, er stirbt unter den Händen des Dramatikers, der versuchen wollte, diesen kosmischen Nimbus in Geschichte auszudrücken. Solche Rationalisierung hat sich denn auch überall vollzogen, wo Ewige Wiederkehr oder Seelenwanderung zum Vorwurf von Roman oder Schauspiel wurden. „Ofterdingen", als kosmischer Erziehungsroman, behandelte diese Tiefendimensionen noch vorwiegend traumhaft-lyrisch. In Fouqués Dramatik aber verhärten sich die Mythen schon zu Vorgängen auf der Bühne. Wilbrandts „Meister von Palmyra" stellt die ganymedische Seite des Dionysischen im Seelenwanderungsmythus dar: Der Meister wollte Unsterblichkeit besitzen, aber die starre Versteinerung seines Lebens wird ihm Qual, und die sich wandelnden Gestalten des Einen Urlebens, die ihm in immer erneuter Jugend begegnen (Zoe, Phoebe, Tryphena), lehren ihn das dionysische Geheimnis von der verwandelnden Macht des Todes. Ein ähnliches Geschehen kehrt in Dauthendeys Novelle „Die Auferstehung allen Fleisches"[2] wieder. Vor Nietzsche und George war bereits Schopenhauer (durch seine Unterscheidung von Metempsychose als rationalistische Vergröberung und Palingenesie als esoterische Kernlehre) für den mythischen Gehalt der Lehre eingetreten. Aber auch in seiner Nachfolge mußte sich Dichtung, die der bildhaftern Form zuneigt, zum Exoterischen zurückkehren. Das wird vollends zur Regel, wo die „Wissenschaft" selbst sich des Gebiets zu bemächtigen beginnt. Die theosophische Eschatologie bedeutet einen weitern Schritt in der Richtung auf ihre Verwissenschaftlichung. Was Goethe und der Idealismus als die Hoffnung der Sehnsucht esoterisch verhüllten (sollte doch nach Goethes Wort jeder diesen Glauben für sich behalten und sich darauf nichts einbilden), das wird hier lernbar und öffentlich zuhanden. Bei Christian Morgenstern ist diese „Wissenschaftlichkeit"

---

[1] Ebd. 77. – [2] In „Lingam" 12. Asiatische Novellen, Alb. Langen, München 1909.

durch eine weichere Mystik gedämpft, die innere, religiöse Geschichte des „Ich" bleibt die Mitte seiner Weltansicht: „Ich möchte nicht leben, wenn ‚Ich' nicht lebte." Aber in den Seelenwanderungsromanen ist das Geheimnis, das das Leben Zarathustra ins Ohr raunt, zum Stadtgespräch geworden, die tiefe Beglückung des Übersteigens mit der Spannung der „Fortsetzung" verwechselt oder doch verquickt. Gjellerups Schriften („Der Pilger Kamanita" 1903, „Das Weib des Vollendeten" 1907 und vom Mythischen ins Modern-Realistische und darum zugleich Märchenhafte gewendet: „Die Weltwanderer" 1910) wurden die Vorbilder dieser Gattung von Romanen und Novellen, die dem Allzubürgerlichen die Welttiefe öffnen und statt dem kosmogonischen nur dem sentimentalen Eros darin begegnen. Näher dem dionysischen Kreis, zugleich auch näher der Art, wie Goethe (im Gedicht an Frau von Stein) und Schiller (im „Geheimnis der Reminiszenz") das Erlebnis gestalteten, stehen die Novellen Will Vespers „Die ewige Wiederkehr",[1] in denen der Augenblick seine Tiefe nach rückwärts als Wiedererinnerung öffnet, wie auch Willy Seidels Novellenkreis „Die ewige Wiederkunft",[2] durch den das Motiv nur verhüllt und wie unterirdisch sich durchwebt.

Schließen wir diese Klammer und wenden wir uns zu Hofmannsthal zurück. Die ganymedische Einschmiegung seiner frühesten Gestalten in den namenlosen Lebensgrund war uns als Präexistenz erschienen, und ihr Verhältnis zu diesem Grunde als das des Mythischen überhaupt. Es konnte nicht ausbleiben, daß der kalte Hauch der geistigen Einsamkeit diese zarten Gestalten bedrohte und ihren Dichter mit ihnen. Im „Brief des Lord Chandos"[3] schildert Hofmannsthal diese Krise seines Lebens, im „Bergwerk von Falun" erhält sie ihren tragischen Ausdruck. Aber, um die Mauern der nun bewußt gewordenen Immanenz gewaltsam zu durchbrechen, kehrt Hofmannsthal nochmals zu einem grundlegenden Bild der Lebensmystik zurück. Der Abgrund, so sahen wir, zeigt sich nicht nur als das Meerhafte überhaupt, sondern ausdrücklich als das *innere* Meer des Blutes, in dessen Gemeinsamkeit die flüchtigen Gestalten eines Geschlechts kommunizieren. Im Hinabsteigen in diese innere, dunkle Unendlichkeit kann der Mensch eine Sphäre gewinnen,

„Wo seine kleine Geburt schon überlebt war",[4]

---

[1] Haessel, Leipzig 1922. Vgl. auch Isolde Kurz: Seelenwanderung (Gedichte, 2. Aufl. 1891); J. M. Becker: Das Jüngste Gericht (1919). – [2] Propyläen, Berlin. – [3] II (2), 189-201. – [4] Rilke, III, 272.

wo die gewaltige unterirdische Höhle des Geschlechts ihn mit den Blutgemeinen unmittelbar eins sein läßt. So werden Hofmannsthals Gestalten aufs neue zu Masken der einen Blut-Wirklichkeit. Von den drei Frauen in „Elektra" sagt er, sie seien als drei Schattierungen *eines* Farbtons konzipiert worden. Ein gleiches gilt für die Figuren des „Ödipus". Wie sich aber von je Kommunion im Blute als „Zauber" gab – Novalis wie Ibsens Julian und Wagners Wälsungen zeugen dafür –, so ist diese Lösung als Magie des Opfers eine zutiefst geistfremde. Hofmannsthal ist, wie Wagner, völlig folgerichtig, wenn er die Befreiung der einsamen Person (im Ödipus) als magisch sich opferndes Ineinanderströmen, dionysische, hymnische Kommunion von Ödipus und Jokaste feiert. Aus der Bluttiefe steigen das Schicksal und die Taten auf, die sich in der (ihnen gegenüber passiv getriebenen) Gestalt ausleben. Sie sind reine Intensität. Darum ist hier Tod und Liebe, Opfer und Verbrechen so nah beisammen, darum kann Jokaste, die sich schon zum Todesopfer schmückt, mit einem einzigen Schritt in die rauschende Verwandlung der Liebe eintreten. Über den Eingang des „Ödipus" hat Hofmannsthal den gewaltigen Hölderlinspruch gesetzt:

„Des Herzens Woge schäumte nicht so schön empor und würde Geist,
Wenn nicht der alte, stumme Fels, das Schicksal, ihr entgegenstände."

An den Schranken der Person, an den Schicksalsformen brandet die Blutwoge auf und der weiße Gischt, den sie emporwirft, ist Schönheit, Augenblick, Geist, ist aufgeworfener – sublimierter „Grund".

Wie sehr Freud nur die begriffliche Formulierung dieses Weltbilds ist, bedarf kaum einer Ausführung. Auch er will Erlösung aus neurotischer Einsamkeit durch Rückführung in die Tiefe der Präexistenz, sucht Deutung von Schönheit und Geist aus Blut und Geschlecht, von Schicksal aus Brandung des Triebs an den Felsen des Bewußtseins, das „nicht der allgemeine Charakter der seelischen Vorgänge, sondern nur eine besondere Funktion derselben" ist. Es „muß an der Grenze von innen und außen liegen, der Außenwelt zugekehrt sein und die andern psychischen Systeme umhüllen",[1] und ist so Gestalt, Form, Verkrustung, gegenüber dionysischem Grunde. Ethos ist erst ein Ergebnis des tief a-moralischen ursprünglichen

[1] Jenseits des Lustprinzips. Gesammelte Schriften, VI, 190 f.

Geschehens. Und gerade hier zeigt sich, wie sehr die Freudsche Analyse, im Gegensatz zu der Ent-Zauberung, die sie zu sein vorgibt, tiefer gesehen Zauberhandlung ist. Entzauberung ist sie nur im Maße, als Freud in materialistischen Voraussetzungen wurzelt, im Maße, als für ihn Geist „nichts anderes als" Triebmechanismus ist. Zauber aber, soweit Freuds tiefere Schichten im dionysischen Kreise verankert sind, wo das Triebhafte selber ein mythischer Prozeß ist, den der Erleidende („Patient") passiv besteht und in dessen Urgeschehen er sich „pathisch" mitvollziehend hineintauchen muß.

Rilkes dritte Elegie, früher schon als Zeuge des Blutmythus angeführt, gibt die Stimmung des Zaubers zwischen Angst und Verführung, die den Hinabtauchenden umgibt, unnachahmlich wieder:

„Aber innen: wer wehrte,
hinderte innen in ihm die Fluten der Herkunft?
Ach, da war keine Vorsicht im Schlafenden; schlafend,
aber träumend, aber in Fiebern: wie er sich einließ.
Er, der Neue, Scheuende, wie er verstrickt war,
mit des innern Geschehns weiterschlagenden Ranken . . .
Liebend
stieg er hinab in das ältere Blut, in die Schluchten,
wo das Furchtbare lag, noch satt von den Vätern. Und jedes
Schreckliche kannte ihn, blinzelte, war wie verständigt.
Ja, das Entsetzliche lächelte . . ."[1]

Blutzauber ist auch Georges Glaube, wenn er auch das „Entsetzliche" gebändigt in die hellere Sphäre der Form hebt. Denn Glaube selbst

„Ist kraft von blut, ist kraft des schönen lebens."[2]

Und der reichste Schatz des Menschen, aus dem sich das Schöne immer wieder erneuern kann, ist sein „kostbar, tierhaft, kindhaft blut". Es liegt

„Im blut ein uralt unerschöpftes erbe."[3]

„Genuß" des Bluts eines Mittlers, als magische Kommunion, ist Geheimnis der Begehung,

„Leibhaft das fleisch und das blut eines Mittlers genießen."[4]

[1] III, 271-272. – [2] Stern d. B., 89. – [3] Ebd. 15. – [4] Das Neue Reich, 11.

Über Alfred Schuler und Klages (der den Verlust der katholischen Sakramente im Luthertum bedauert[1]) webte so die Magie Freuds zu George hinüber. Die schöne Lust dieser Erde, die aus ihren Tiefen ausbricht, wird hier wirklich zu dem, was Rilkes Wort andeutet:

„Ein Zwischending aus stummer Kraft und Küssen“,[2]

oder, was man einem mißverstandenen Katholizismus zutraut: zu sakramentaler Magie.

Wie aber schon Bergson als Denker die deutlichste Ausprägung der lebensphilosophischen Magie war, so ist es nicht verwunderlich, daß auch ein jüdischer Dichter den eigentlichen magischen Rhythmus des Blutes erhorchte. Wenn jüdischer Lebensraum sich genau zwischen Geist-Isoliertheit-Entwurzelung und Blut-Einheit-Verbundenheit ausspannt, so mußte *hier* der Klagessche Dualismus in seiner Existentialität sich aussprechen. Richard Beer-Hofmanns „Schlaflied an Mirjam“ hat den Ton des Ewigkeitsrauschens eines dunklen, namenlosen Stromes, in den die unbegriffene Einsamkeit der gestalteten Seele untergeht, hinunterschläft:

„. . . Schlaf, mein Kind, und horch nicht auf mich!
Sinn hat's für mich nur, und Schall ist's für dich,
Schall nur, wie Windeswehn, Wassergerinn,
Worte – vielleicht eines Lebens Gewinn!
Was ich gewonnen, gräbt mit mir man ein,
Keiner kann keinem ein Erbe hier sein –
Schlaf, mein Kind – mein Kind, schlaf ein!

Schläfst du, Mirjam? – Mirjam, mein Kind,
Ufer nur sind wir, und tief in uns rinnt
Blut von Gewesenen – zu Kommenden rollt's,
Blut unserer Väter, voll Unruh und Stolz.
In uns sind alle. Wer fühlt sich allein?
Du bist ihr Leben – ihr Leben ist dein –
Mirjam, mein Leben, mein Kind – schlaf ein!“[3]

* * *

Zwischen Grund und Gestalt besteht im Dionysischen von Anbeginn eine Fremdheit, die nur eine stärkere, ganymedische Hingabe,

[1] K. 158. – [2] III, 326. – [3] Einzeldruck, Fischer, Berlin o. J.

als sie im Idealismus nötig war, überschreiten kann. Darum wird sie sich auch leichter zum Gegenrhythmus einer prometheisch-feindlichen Distanz aushärten. Nicht mehr der erhebende „gestirnte Himmel über mir", sondern „der Abgrund in mir" ist ja Sinnbild der Erstreckung der Seele und Raum ihrer Apokalypse. Die Lichtwelt steht über der dämonischen Nachtwelt und muß ihr im heroischen Gestus abgerungen werden. Hier steht am eigentlichsten Spitteler, während George einen Übergang zwischen ganymedischer und prometheischer Haltung einnimmt, doch mit dem Übergewicht der letzten.

Georges Weltraum ist scharf dualistisch: Helle Formwelt – „grausam-schreckhafte" Nacht des „Andern"; nur in der ersten vollzieht sich menschlich großes Leben:

„Ein schritt hinaus wird alles dasein lug!"[1]

Landschaft ist bei George immer vermenschte, geformte Erde. Hinter ihr steht eine unbewohnbare, dämonische Natur, Nacht, Moor, Meer, Fels.[2] Die Kindheitserinnerungen, die „Tage und Taten" schildern, sind voll von alten Dämonenängsten, bis zur Vision eines Weltuntergangs („Zeit-Ende"), wo die zerstörenden Mächte aus dem Innern der Erde ausbrechen. Welt ist eine Insel im Chaos, ein Wohnen auf dem Krater. Welt taucht auf:

„Aus dunst und düster ringt sich jedes ding"[3]

und am Ende werden

„Trümmerstatt und mütterlicher schlund"[4]

alles Geformte auflösend begraben. Zum „Grunde" hin besteht kein sympathetischer Zusammenhang. Weil er aber wie das Feindliche so auch das Gebärende ist, muß ihm in Kampf, List, Magie seine Zaubermacht abgerungen werden. Das ist die Sendung des heroischen Menschen:

„Und wenn die große Nährerin im zorne
Nicht mehr sich mischend neigt am untern borne,
In einer weltnacht starr und müde pocht:
So kann nur einer der sie stets befocht

[1] VIII, 39. – [2] Das stellt scharf, vielleicht überscharf heraus Willi Koch: Stefan George (Halle 1933), 56 f. – [3] VIII, 69. – [4] Ebd. 35.

Und zwang und nie verfuhr nach ihrem rechte
Die hand ihr pressen, packen ihre flechte,
Daß sie ihr werk willfährig wieder treibt:
Den leib vergottet und den gott verleibt."[1]

Der Held ist mehr Kämpfer mit dem Göttlichen um „den Gott", denn ein Evangelist von Gott her. Aus der Kraft, mit der er die Meduse erträgt, gebiert sich die Glut von Bild und Begehen, ohne letzten Zusammenhang mit dem „Grunde":

„Horch was die dumpfe erde spricht:
Du frei wie vogel oder fisch –
Worin du hängst das weißt du nicht."[2]

Aber wie Nietzsche „in den vielen entsetzlichen Welten bekannt" war, „von denen ihr nichts wißt", und doch der Verkünder des Lachens sein wollte, so verhält Georges Heros sein Wissen:

„Keiner der wahre weisheit sah verriet:
Die menschen griffe lähmendes entsetzen . . ."[3]

während jene, die im Licht der geschenkten Form leben, das Gesetz ewiger Vergänglichkeit und ewigen Untergangs nicht schreckt. Der Kairos überklingt es:

„Uns bedrückt nicht solches wissen
Unser jahr ist uns die grenze
Unser licht die glut im ringe
Und ihr dienst uns ziel und glück."[4]

Ist prometheische Haltung bei George vorwiegend, so ist sie doch nicht die einzige. Schwächer, aber doch bedeutsam, steht daneben die Vorstellung einer „obern", geisthaften Realität, die „Stern" ist und „Licht", einer bergenden, fast gnadenhaften Wirklichkeit, die sich auch im Wirken des Abgrunds offenbart:

„Und preis die allmacht deren wirbel
Nie Dich zum abgrund reißt."[5]

---

[1] VI-VII, 53. – [2] IX, 129. – [3] VIII, 103. – [4] Ebd. 90. – [5] Ebd. 62.

Einer Allmacht freilich, die sich nie klar von der Zaubermacht der Heroen unterscheiden läßt, die aber doch, wenn auch untrennbar von der Eigenwirksamkeit, als ein Höheres, Anzubetendes darin erscheint:

„War der geist der mir erschienen
Fern aus unermeßnen höhn?
Hab ich selber ihn geboren?
Schweig gedanke! seele bete!"[1]

Wie die gnadenreiche Fülle der Zeit zum Prophetendurste des Alten Bundes, steht Maximin zu Zarathustra, ein Kairos, der nicht, wie Zarathustra, reiner Wunschtraum der Einsamkeit ist, sondern schon Realisierung und so Ablösung von dem Gebärenden, ein Kern, ein Zentrum, einer „Mitte Gesetz". Hier rückt Georges „Augenblick" in die Nähe des „Augenblicks" Goethes. Denn auch Goethe hatte gesagt: „Das Höchste, das Vorzüglichste am Menschen ist gestaltlos, und man sollte sich hüten, es anders als in edler Tat zu gestalten", in einer Tat, die den Augenblick setzt: „Bleibt nur das Ewige jeden Augenblick gegenwärtig, so leiden wir nicht an der vergänglichen Zeit."

Diese Helligkeit in Georges Welt geht bis zu lichten Ausblicken nach oben:

„Doch unser aller heimat bleibt das licht
Zu dem wir kehren auf gewundnen stegen."[2]

Die drohenden eschatologischen Symbole: Widerchrist, Wiederkehr Christi, Weltabend und Weltbrand, Rückkunft der Toten und letzter Aufruhr der Götter – alle gelten nur innerhalb der Sphäre, in der George die Zeit richtet und verurteilt, wie auch Goethes Ahasver und wiederkehrender Christus vorwiegend polemische Erfindungen waren. Wo George aber seine positive Eschatologie gibt, sieht er nur die Tiefe des Kairos („Der Augenblick ist Ewigkeit"), vielleicht mit leisen Anklängen teleologischer Versöhnung („. . . das licht zu dem wir kehren . . ."). Wie der junge Hofmannsthal ein leicht überschatteter Novalis ist, so ist die gesamte Erscheinung Georges eine von den Schatten des prometheischen Fremdseins verdüsterte goethesche Landschaft.

---

[1] Ebd. 70. – [2] IV, 87.

Am äußersten Flügel des prometheischen Kreises aber steht *Spittelers* Reich. Metaphysisch ist es radikalster Dualismus von Ich-Geist und Weltgrund-Materie, gebunden im „Augenblick“ als „schönem Schein“. Mit verwunderlicher Zähigkeit hat Spitteler von seinem ersten „Prometheus“ durch alle seine Werke hindurch bis zum letzten „Prometheus“ dies tragisch-sinnentleerte Weltbild vertreten. In einer für das Verhältnis von Idealismus und dionysischer Welt aufschlußreichen Abwandlung des bekannten Lessingworts verteidigt er es: „Wenn Gott in seiner Rechten die Wahrheit als das Haupt der Meduse hätte, in seiner Linken die zufriedene Täuschung“ – so wollte er sich lieber von der Meduse versteinern lassen. Spitteler hat im Tragischen fast gewühlt, in unermüdlichen Abwandlungen Mythus um Mythus hingestellt, um, nicht selten mit überschlagender Stimme, das unendliche Weltleid zu singen. Aber keiner hat gleichzeitig so viel unverbraucht-bäuerliche, ursprüngliche Frische, den schönen Schein, das Idyll, „das Knäblein Eidolon“, zu verherrlichen: „Dem Oberflächlichsten, dem Immateriellsten der Landschaft gilt seine besondere Liebe: dem Licht und der Farbe.“[1] Mozart, Haydn, Schubert, die Carmen waren für ihn eigentlichste Musik. Aber das Dämonische in Mozart und Carmen (wie es Kierkegaard und Nietzsche so gut hörten) mußte ihm nicht entgehen: „Die olympische Herrlichkeit klafft wie ein brüchiger Brokat über einem grauen, häßlichen Futter.“[2] Im reifen Werke, dem „Olympischen Frühling“, stellt er resigniert die Pole nebeneinander: Aufstieg der Götter aus dem finstern Erebos, glückliche Weltzeit, Versinken und Antritt neuer Generationen – in ewiger Wiederkehr. Der Weltgrund, Ananke, ist der sinnlos im Kreise tosende, stampfende Automat, der das erblühte Lebendige ewig wieder zermalmt. Als mögliche Haltungen ergeben sich im Grunde nur drei: der Tanz Aphrodites über dem Abgrund, der tiefe Haß Heras gegen das Dasein und der würdige Trotz Herakles' mit seinem Mitleid um die Kreatur, die Haltung auch von Spittelers Prometheus.

Frühere Werke, vor allem die „Extramundana“ (1883), versuchten noch, in verschiedensten Wendungen dem schweigenden Weltgrund seinen Rätselsinn abzulocken, Ursprung des Seins, des Bösen, Möglichkeiten des Endes abzuwägen. Nach Spittelers Versicherung bildet die stattliche Reihe seiner Mythen nur eine Auswahl aus dem Entworfenen: „Ich hatte mir eine Reihe von Mög-

[1] Robert Faesi, a. a. O. 200. – [2] Ebd. 229.

lichkeiten in der Phantasie ausgedacht, wie ein Dichter die Weltentstehung und den Weltuntergang mystisch darstellen könnte ...: 63 über Weltentstehung, ... später sollte dann ein Gegensatz kommen: Mythen über den Weltuntergang." Das eigentliche eschatologische Werk Spittelers blieb ungeschrieben und die ganze Welt der „Extramundana" blieb ein Übergang zu Dichtungen, die den hier nicht immer glücklich verbundenen Haltungen von ernstem Pathos und schmerzlicher Ironie reineren Ausdruck verleihen und aus den bunten, von allen Religionen und Völkern entlehnten Mythen immer klarer den eigentlich dionysischen herausbilden sollten. Zunächst steht also das kosmogonische Problem im Mittelpunkt, verbunden mit der Theodizeefrage, die mit einer an Strindberg gemahnenden Leidenschaft gestellt wird.

„Welche Bosheit hat uns hintergangen,
Daß wir um ein schmerzenvolles Dasein
Mochten tauschen die geliebte Heimat?"

„Die Weltenkugel" und „Kosmoxera" legen das Übel in die Materie: Satan hat die Welt mit Unrat gefüllt, Gott sie verstoßen und mit seiner Lanze durchbohrt. Der Mythus von der „Weltlaus" faßt, in überraschender Ähnlichkeit mit Gedanken Freuds, das Leben als ein sich millionenfach vermehrendes Ungeziefer, eine Krankheit der leblosen Materie. Zugleich eschatologische Bedeutung gewinnt das Problem in dem bedeutendsten der Mythen: „Der verlorene Sohn." Einer der Drei in Gott ist auf der Weltwanderung vor Erschöpfung umgesunken und von Weltenwüstensand bedeckt worden. Im Grabe stöhnt er und ringt nach Erlösung. Leben sproßt aus ihm und befruchtet die Erde. Diese dichterische Idee durchkreuzt eine zweite, wie Spitteler zugibt, nicht völlig harmonisch: die Idee einer immer weitern Auswanderung der Kinder jedes der sich folgenden Geschlechter, die immer tiefer in die Wüste geraten

„Und an einer schlimmern Schmerzenshöhle
Gründen eine neue, liebe Heimat".

Es ist der Klagessche Pessimismus, der in der Geschichte nur fortschreitenden Verfall sehen will. Vag klingt auch eine zeitlich gedeutete Emanationslehre im Sinne Plotins an. Der Weltprozeß verliert sich bei Spitteler in die Sackgasse äußersten Leides. Da wird, nunmehr in Analogie zum Perioden-Mythus von Platons „Philebos"[1] und damit dem dionysischen näher, Ajescha, „die Gottheit in Person einer himmlischen Frühlings-Jungfrau", über die Welt schreiten und alle die traurigen Gräber der Wüste eins nach dem andern öffnen, und es wird die allgemeine Rückkehr stattfinden.

„Wenn nun auch dies letzte Grab erbrochen
Ziehn wir rückwärts nach dem Freiherrnschlosse
Von dem Freiherrnschlosse nach der Altburg
Von der Altburg nach der Himmelsheimat . . ."

Diese Rückkehr deutet auch die Humoreske „Die Algebristen" an:

„Doch besteht uns eine kleine Hoffnung
Daß wir dann die Welt vernichten,
Rückwärts rechnend mit gebrochnen Zahlen
Ziehn den differenten Integralen."

Aber neben Platon und Plotin tritt nun endlich das Weltbild, das Klages für das tiefste erklärt hatte: das Sāmkhya-System, das im Mythus von Prākrti und Puruṣa den tiefsten Dualismus zwischen Leben und Geist aufgestellt. In der Erzählung vom „Propheten und der Sibylle" öffnet sich die sinnbildliche Kluft zwischen dem bewußtlos-träumenden Gott und der ihn liebenden Natur. In „Lucilia" klingt wieder Plotinisches an und zugleich der goethesche Minervamythus, wo die Göttin die Welt mit den Wassern des Lebens tränkt. Und doch kann im Kreis der Lebensmystik eine plotinische Metaphysik nicht das letzte Wort haben. In „Antithema" meldet sich die Treue zur Erde in einem für Spitteler fast heroischen Glauben an die Verklärung des Leibes.

„Nicht in Geist wird einst die Welt sich wandeln.
Würde sie in Geist sich wieder wandeln,
Wär' umsonst die Müh des harten Daseins.
Sondern, daß vielleicht aus festen Körpern

---

[1] Vgl. die Verse in Isolde *Kurz*' Zukunftsgedanken (Gedichte, 2. Auflage 1891):

Mußt die Last nicht ewig tragen,
Denn im Kreise geht die Bahn:
Hat die Zeituhr ausgeschlagen,
Geht die Urzeit wieder an.

Einst in vielen tausend Weltenjahren
Uns gedeih' ein lebenskräftiges Stark-Glück
Dies ist unser Ziel und unsre Hoffnung."

Eine theoretische Einheit ergibt sich freilich aus alldem nicht. Der Mythus ist gerade hier im echt dionysischen Sinn verwendet. Er will nicht Lehre sein, sondern flüchtige Deutung eines immanenten Aspekts, Ausfaltung eines tiefen Augenblicks-Sinns, der nicht notwendig mit dem Sinn des nächsten vereinbar sein muß. Als existentiale Gesamthaltung zeichnet sich eben darum die dionysische heraus, im eigentümlichen Zwielicht mitleidiger Weltliebe zur geborenen Form und tiefen Hasses gegen den gebärenden Grund.[1] Diese dualistische Aufteilung führt im „Prometheus", zumal in dessen letzter Fassung, zur Idee des schuldigen Gott-Demiurgen, des Sündergotts,

---

[1] Ähnlich verhält es sich in dem grotesken, in Form und Inhalt den „Extramundana", besonders dem „Weltbaugericht", sich nähernden Gedichte „Weltgericht" von Isolde Kurz (Gedichte, 2. Aufl., 1891). Auch hier heißt es von der Welt: „Ein mächtiges Fragment ist sie, voll großer Intention", aber es fehlt ihr der letzte Pinselstrich. Der pedantische Teufel als Kritiker verdarb dem Herrn die Schöpferlaune. Gott Sohn will die Welt vollenden, geht auf die Erde und stirbt aus Liebe zu den Menschen. Allein es fruchtet nichts. Vater und Sohn beschließen daher, die Welt zu zerstören. Das Getöse des Untergangs weckt den Heiligen Geist, der nun nach Hegel beweist:

Was ist, das muß vernünftig sein.
Doch weil, was nun so lang sich dreht,
Beweist, daß es zu Recht besteht,
So mag sich's weiter drehen.
Ihr könnt's nicht korrigieren.

Unter dieser skurrilen Form verbirgt sich tiefere Weltliebe, die auch Spitteler eignet. Davon zeugt das Gedicht „Am Jüngsten Tag". Die Liebe selbst zum Tragischsten in der Welt läßt sich nicht verführen, sich um einer harmonischen Überwelt willen aufzugeben. Wie Iwan Karamasof, weist sie das Eintrittsbillett zur ewigen Seligkeit zurück, das durch die Leiden der Erde erkauft ist.

Eine wendet sich zur Seit',
Will nicht sehen noch hören:
Zu verschlafen Erdenleid,
War zu kurz die Ewigkeit;
Laß dein Kind nicht stören.

Also ein altes, von Heine schon bearbeitetes Motiv, wiederum ins Dionysische umgedeutet. War dort im Grab noch Grauen, das Verschlafen der Auferstehung noch Ausdruck der Angst und des verzweifelten Unglaubens, so ist die Verweigerung der Urständ hier dionysisches Anklammern an die tiefe Seligkeit irdischen Leidens. Rilke wird hier ein Vollender sein.

der das Unheil der Schöpfung nicht mehr rückgängig zu machen vermag. Wie der Malchus-Ahasver der spätmittelalterlichen Sage:

„Jahraus, jahrein in ruheloser Fußeflucht
Tritt endlos er auf einem nämlichen Geleise
Um einen selben Mittelpunkt die gleichen Kreise.
‚Eh daß des wilden Weltenwirbels Kreisel steht,
Eh daß der letzten Klage Laut im Raum verweht,
Eh daß der letzte Haß im Aug' des letzten Bösen
Vergrinst, gibt's keine Macht, kein Mittel, mich zu lösen'."

Es zeigt sich aber schon im Bild des Geleises, das auch beim Automaten des „Olympischen Frühlings" wiederkehrt, daß dieser „Gott" nur ein Bild für die rohe, lebensfeindliche Kraft der Materie ist, als welche bei Spitteler der Klagessche „Geist" erscheint. In der Tat ist das Verwurzeltsein Spittelers im materialistischen, mechanistischen Weltbild völlig sichtbar, und sein heroischer Trotz, dem „unbeseelten Eisenriesen, dessen Herz aus Stein beschaffen", zu entrinnen, steht nicht vereinzelt in den Anstrengungen der Zeit, sich der materialistischen Weltansicht zu entwinden. Aber ihm bleibt der Ausgang tragisch. Der große Freiheitskrieg gegen Ananke mißglückt:

„Doch wider leblos Eisen fruchtet keine Schlacht:
Des Unholds Rohgewalt behielt die Obermacht . . .
Also verendete der Weltenfreiheitskrieg,
Da das Geschöpf des Schöpfers Mörderburg erstieg."

Auf Erlösung hofft die Seele nicht mehr. Zwar, auf dem „Felsen Eschaton", beschattet vom „Baume Thateron", träumt in einem Kirchlein, das die auffahrenden Götter besuchen, am Meer Nirvana ein Engel. Der Traum geht über das graue Meer Nirvana zu einem Lande hinüber, wo vielleicht ein Erlöser heranwächst:

„Man glaubt von einem Lande Meon, daß es wäre,
Die Hoffnung betet, daß der Glaube sich bewähre."[1]

Aber zu alt ist dieser Traum, als daß man noch harren und nach Me-on, dem Lande Nicht-sein, hinüberblicken dürfte: Uranus rät den Göttern ab:

---

[1] Olympischer Frühling, I, 80.

„Als ich noch frisch war und noch jung die Ewigkeit,
Auch ich bin hier am Felsen Eschaton gesessen,
Die Fläche des nirvanischen Meeres auszumessen,
Und jenseits nach dem Lande Meon auszuspähen,
Ob sich der Morgen röte, ob die Hähne krähen . . .

. . . Drum heim! Man mag die Welt auch ohne uns erlösen.
Uns aber trifft der Krieg des Guten mit dem Bösen.“[1]

Ist Spitteler wider Willen tief vom Materialismus festgehalten, so noch stärker vom Pessimismus. In der Idee eines Transnirvana klingt Schopenhauer an, dessen Machtbereich sich zeitlich noch stark in den Nietzsches hinein erstreckt. Nietzsche kam selbst dorther. So kann Spitteler als die Grenze zwischen spätidealistischem und dionysischem Pessimismus gelten, der, in den Wassern des Materialismus gefärbt, mit dessen grellen Farben oft lärmend prunkt. Bahnsen, Hartmann, Mainländer sind die theoretischen Vertreter dieser unfruchtbar synkretistischen Haltung.[2]

---

[1] Ebd. 84-85.

[2] Das Individuum hat nach Hartmann „nur eine Sehnsucht“: „frei zu werden von der schweren Pflicht der Mitarbeit am Prozesse, wieder unterzutauchen in das Brahm wie eine Blase in den Ocean“. Ideen der indischen Philosophie, die die Unsterblichkeit als Strafe auslegen, werden zur Stützung herangezogen und in die reine Pflichtethik eingebaut, „der Idee zu dienen, ohne jede Hoffnung auf dadurch zu erreichende Glückseligkeit“ als der höchste Grad der Sittlichkeit gepriesen, aber nicht verhehlt, daß der Pessimist „am feinsten die höhere Lust des Lebens zu genießen vermag“. Der versteckte Eudämonismus läßt den Abstand solchen Denkens zum heroischen Pessimismus Spenglers ermessen. Der Einzelne ist berufen und (wie bei Schopenhauer) befähigt, die „Erlösung zu beschleunigen“. Zugleich soll aber die Kultur (wie bei Hegel) vollendet werden, denn sie ist der Heilsweg des Absoluten. „Darauf wird dann eine Weltuntergangsmythe, eine Lehre von den letzten Dingen errichtet, die zu den phantasiereichsten und abenteuerlichsten Entwürfen der Philosophie zählt“ (Ziegler). Daß es zu solchen eschatologischen Entwürfen kommen konnte, beweist das Unverständnis für das Historische im neuen Sinne Nietzsches, das einen dem Sozialistischen analogen Zukunftsplan auszubauen unternahm. Der „Sieg des Logischen über das Unlogische muß also mit dem zeitlichen Ende des Weltprozesses, dem jüngsten Tage, zusammenfallen“. Hartmann ergeht sich in der Ausmalung „jener erhabenen Melancholie der letzten Zeit“: „Die Illusionen sind tot, die Hoffnung ist ausgebrannt. Die todesmüde Menschheit schleppt ihren gebrechlichen Leib mühsam von Tage zu Tage weiter.“ „Die Menschheit sehnt sich nach dem Nichts.“

Philipp Mainländer, sein unversöhnlicher Feind, schilt diese Eschatologie „bengalische Weltbeleuchtung“, aber auch er setzt das Sterben der Welt ans Ende und entdeckt in der Menschheit die „unwiderstehliche Sehnsucht nach der Ruhe des absoluten Todes“, die „Bewegung nach der völligen Vernichtung, die Bewe-

Aber Nietzsche hatte längst solchen Pessimismus, der hier wie ein veraltetes Kleid weitergetragen wird, in eine stärkere, radikalere Seelenform hineingegossen und solche Müdigkeit mit dem glühenden dionysischen Pathos belebt. Gewiß steht er Aug in Aug mit dem Chaos, aber nicht mit den Sicherungen und Krücken eines routiniert gewordenen Hegelianismus, sondern frei in der Entblößung des reinen Menschen, wie eine nackte Gestalt vor dem dunkeln Himmel.

*

Wenn die aufgerollte Breite der Lebensmystik in unaufhaltsamem innern Gleiten zwischen ganymedischer und prometheischer Haltung sich entfaltete, so muß uns das Eschaton des ganzen Kreises ebenso an diesem „Oszillieren" ablesbar werden, als es im Sonderfall Bergsons aus dem „Oszillieren" zwischen den zwei Lebenspyramiden sichtbar ward. War es bei Bergson die theoretische Zweideutigkeit zwischen Lebensgrund und Formgestalt, die die letzte Haltung vorschrieb, so ist es nun die sich daraus ergebende existentiale Fragwürdigkeit zwischen Ganymed und Prometheus. Dieses Eschaton hat ein ruhendes „Optimum" des Glückens: es ist das Gelingen der Ineinsbindung von Abgrund und Form als Augenblick des

---

gung aus dem Sein in das Nichtsein". Die Gesamtbewegung ist umgekehrt als bei Hegel, sie strebt vom absoluten Sein oder Übersein, dem Reich des Vaters, über das Reich des Seins, das Kampf und Zersplitterung ist, das Reich des Sohnes, zu dem des Geists, dem Nichtsein. Das Transzendente wird zum Immanenten und endlich zum nihil negativum. Gott muß sich durch die Welt seinen Untergang erkämpfen, seine Zersplitterung ist die Vorstufe seiner Auflösung. Die Nivellierung der Materie in der Entropie ist das äußere Symbol dafür. Mainländer, der seine Lehre „im eminentesten Sinn des Wortes Abschluß aller philosophischen Systeme" nannte, hielt das zweite Reich für vollendet: „Trügen die Zeichen der Zeit nicht, so stehen wir am Anfang des Endes. Denn wenn die Gesellschaft nivelliert, die Herde eine einige geworden ist – was soll dann noch Anderes kommen als Erlösung?" „Wenn einmal die absolute Philosophie gefunden wird, dann ist die rechte Zeit für den jüngsten Tag." Solcher Pessimismus war um eben die Zeit verbreitet, als Nietzsche den Mythus des Dionysos verkündete. Sammlungen pessimistischer Lyrik wurden veranstaltet: Otto Kenner gab ein Pessimistengesangbuch (1884) heraus, Max Seiling „Quellen pessimistischer Weltanschauung" (700 Aphorismen, 1886), Zdenko Fereus „Stimmen des Weltleids" (1887). Die Hartmann-Zitate sind aus: „Die Selbstzersetzung des Christentums" (1874), 115; „Zur Geschichte der Begründung des Pessimismus" (1880), 98, 128. Die Mainländer-Zitate: „Philosophie des Unbewußten"[3], 1871, 747, 735; „Philosophie der Erlösung"[3] (1874), I, 205, 215, 328, 345. Vgl. Pero Slepčević: Der Buddhismus in der deutschen Literatur, Diss., Freiburg 1920.

dionysischen Enthusiasmus. Dieser Augenblick, als dauernde Lebenshaltung, ergibt in seinem Optimum selbst das, was der dionysische Dichter als den „Teppich des Lebens“ besingt. Denn Teppich ist eine Ausbreitung, eine Verknüpfung zu einem Sinnganzen, wenn er auch immer auf einem „Grunde“ aufliegt und gegen eine fremde Umgebung sich abgrenzt. Teppich ist gewoben aus verworrenen Fäden, aber im „Augenblick“ wird erkennbar, wie alle Dinge „verkettet, verfädelt, verliebt“ sind.[1] So stand George vor der chaotischen, starren Zeichnung des Lebens, wirr und gegenwendig,

„Da eines abends wird das werk lebendig.

Da regen schauernd sich die toten äste
Die wesen eng von strich und kreis umspannet
Und treten klar vor die geknüpften quäste
Die lösung bringend über die ihr sannet“,

die aber nur der hohe Augenblick beschert in der gelingenden Form:

„Sie wird den seltnen selten im gebilde.“[2]

Es ist der selbe Teppich, den das ungeborene Mädchen seinem kaiserlichen Vater in Hofmannsthals „Frau ohne Schatten“ unterbreitet, der Teppich, auf dem sich sein Schicksal im Augenblick entscheidet, und der selbe auch, dessen unendlich verwobene Zeichnung Malte Laurids Brigge im „Cluny“ zu bestaunen nicht müde wird. „Teppich“ scheint in sich fast mehr als „Leben“, fast „Geist“ – aber er ruht doch nur, wie der Olymp Spittelers, auf der dunklern Erde, ohne mit ihr verbunden zu sein, und darum ähnlich jenen fliegenden Wunschteppichen in „Tausendundeiner Nacht“ voll Traum und Gefahr. Diesen „Teppich als Leben“ auszubreiten, besagt die gelingendste Möglichkeit des ersten Nietzschekreises.

Aber es ist ein so schmales „Optimum“, daß es unaufhaltsam über sich weist, sei’s als tragisches oder als lösendes Eschaton.

Zum tragischen führt kaum ein Schritt. Denn die Ausbreitung des Augenblicks hängt ganz an der Spannkraft der Seele, die ihr geformtes Land gegen den Einbruch des Gestaltlosen wehren muß. Dieses Land ist so sehr innerlich gefährdet, daß die Kraft der Seele sich gerade an der „Gefahr“ erhält. Bei George ist es der Kampf um

„Den fußbreit festen grund worauf ich stehe.“[3]

[1] N. 6, 469. – [2] V, 40. – [3] VIII, 104.

Bei Spitteler der zornige Kampf mit Ananke, dem der Held, wie einst der alte Faust dem unfruchtbaren Meere, menschliches Land abzugewinnen sucht. Nietzsche rief das dithyrambische Wort: „Die Wüste wächst", und in einer eindringlichen symbolischen Novelle („Der Garten des Schûchân") hat Willy Seidel[1] es paraphrasiert, den unaufhaltsamen Einbruch des Wüstensands in eine Oase beschreibend. Rilke erkannte dasselbe am Bilde der Nordseeinsel:[2]

„Die Insel ist wie ein zu kleiner Stern,
Welchen der Raum nicht merkt und stumm zerstört
In seinem unbewußten Furchtbarsein."

Noch unmittelbarer aber sah er's an Ägypten, dem engen Land der Form zwischen dem ewig-fließenden Strom und dem erstarrten Fels:

„Fänden auch wir ein reines, verhaltenes, schmales
Menschliches, einen unseren Streifen Fruchtlands
Zwischen Strom und Gestein."[3]

Und die Formschönheit selbst droht jeden Augenblick über die menschlichen Grenzen hinauszuschreiten,

„Denn das Schöne ist nichts
als des Schrecklichen Anfang, den wir noch grade ertragen . . ."[4]

In Hofmannsthals „Idylle",[5] der kleinen Formwelt eines antiken Schmieds und seiner Frau, bricht unversehens das Gestaltlose in Form eines Zentauren ein, die Frau zum Maßlosen verführend, entführend. Hier schon, und noch mehr in der „Frau im Fenster",[6] ist es der innere Ozean des Bluts, der seine steigenden Flutwellen ins Sittlich-Geordnete emporwirft und so die Form auch von innen her gefährdet. Ein gleiches bei Rilke in der dritten Elegie und bei Freud.

So erscheint die dionysische Welt, die Bilderwelt Klages', wie eine an ihren Rändern beständig, ja wesenhaft untergehende. Von hier aus versteht sich, daß selbst bei Verherrlichern der Form, wie Spitteler und George, die Gestalten etwas Unvollendetes, Eiliges, fast Verschwimmendes haben: flüchtige Bildungen, kurze Personi-

[1] Die ewige Wiederkunft. Novellen (Berlin 1925). – [2] III, 94-95. – [3] III, 268. – [4] III, 259. – [5] I (1), 37-44. – [6] I (1), 223-249.

fikationen des Gestaltlosen: bei George „die Götter“, „die Himmlischen“, „die Untern“, „der Drud“, „die Wellede“ usw., bei Spitteler eine spielerische Bilderfülle, über die er selber klagt: „Niemals ein Ende, niemals ein Ufer.“[1] Aber auch der andere Pol bedroht die dionysische Welt unaufhörlich, die Erstarrung der Form, die „Objektivität“, die sich einstellt, sobald sich eine Form vom fließenden Grunde wirklich abheben will:

„Was sich ins Bleiben verschließt, schon ist's das Erstarrte;
wähnt es sich sicher im Schutz des unscheinbaren Grau's?
Warte, ein Härtestes warnt aus der Ferne das Harte.
Wehe: – abwesender Hammer holt aus!“[2]

So entsteht etwas Paradoxes: der volle, pralle Augenblick, ganz vollgesogen mit Duft der Ewigkeit, erscheint zugleich im Marke so getränkt mit Vergehen und Untergang, daß sein Genuß in einer nicht mehr unterscheidbaren Weise der von Ewigkeit und Vergehen zugleich ist. Als Genuß des Einmalig-Unwiederholbaren mischt sich in ihn eine süße, selbst genossene Trauer, die Trauer einer vollkommenen, aber im nächsten Augenblick sinnlosen Schönheit, die unbegreiflich verführerische Schwermut des Unmittelbaren. „Der Wanderer und sein Schatten“! . . . Niemals verläßt der Schatten den dionysischen Menschen, in einem Nu kann seine Sonnenlandschaft der Begeisterung (als Landschaft die gleiche bleibend) von dem leichten, umflorenden Schatten der Schwermut in eine Fremde sich wandeln. Und so sehr rücken beide Zustände in einander, daß das Vollkommene selber traurig macht mit der abgründigen, sinnlosen Trauer der Juli-Schwermut über die Ewigkeit der schönen Welt:

„Nichts was mir je war raubt die vergänglichkeit.
Schmachtend wie damals lieg ich in schmachtender flur.
Aus mattem munde murmelt es: wie bin ich
Der blumen müd, der schönen blumen müd.“[3]

Dieselbe Schwermut, die im Anblick vollkommener Kunst überfällt:

„Denn mußten wir vor aufgehäuftem prunke
Vor großer gruft glorreichem säulenstrunke
Weniger weinen?“[4]

---

[1] R. Faesi, a. a. O. 50. – [2] III, 354. – [3] V, 73. – [4] V, 74.

Trauer, die dem Rausch innerlichst einwohnt. „Meine Tugend wurde ihrer selber müde an ihrem Überflusse."[1] Wenn nun der Rausch die Tiefe der Welt mythisch verklärte (in dem Nimbus der ewigen Wiederkehr und der Palingenesie), so wird jetzt auch diese Trauer mythenschöpferisch. Die oftmalige Wiederkehr der Mythen vom Hades, seines sinn- und wesenlosen Daseins in einer leeren, vielleicht irgendwie süßen Traurigkeit – dieses neue eschatologische Motiv ist nichts als die Projektion der dem Rausch immanenten Trauer, der existentiale Einbruch der sonnigen Welt des reinen Lebens in die Schatten der Unterwelt. Diese Trauer liegt ausgebreitet über der wie das unendliche Meer sich hindehnenden Nänie Albrecht Schaeffers, dem „Göttlichen Dulder", einer elegischen Odyssee, in der das ewige Weiter des pflügenden Schiffs, hinter dem die Wellen sich schließen, wie Leitmotiv und Orgelpunkt sich durchhält, die ihre Totenbeschwörung hat und in der Odysseus, wenn er zuletzt an den Lethe gelangt, sich in einem letzten Wehren sträubt, zu trinken und zu versinken. Denn er liebte den Schmerz tiefer als das Vergessen, den Schmerz, dessen monotoner Rhythmus das Meer ist, das

„. . . langsam immer wieder schwoll
. . . Zusammenbruch, und rasselnd dumpfer Sturz, und schon
Erhob sichs wieder, rollte, schwoll und stürzte um,
. . . Es war Dasein, weiter nichts."

Dieses Schmerz-Schicksal ragt bis zu den Göttern empor, sie in Trauer hüllend. In einer Vision schaut sie Odysseus:

„Von Osten aber fegte ein Posaunenstoß
Zornigen Donners: Schicksal! schreiend durch die Welt,
Und wie ein leichtes Halmefeld, in ihrem Schein
Vornüber sank der Seligen Häupterschar,
Und tief gebeugt verharrend sie entschwand."

Man fühlt, wie diese Götterdämmerung hoffnungsloser in ihrer Trauer ist als die Wagners. Nicht in weihliche Akkorde klingt sie aus, sondern in die sinnlose, schwebende, aber abgründige Trauer, wie sie etwa in Teilen von Mahlers „Lied von der Erde", noch mehr in seiner nachgelassenen Zehnten Symphonie vollkommenen tönenden Ausdruck findet. Rudolf Alexander Schröders rein musikalischer Verszyklus „Elysium" ist ganz auf diesen Ton gestimmt: die Welt des „Schattens" Zarathustras, ein leeres Nachbild der farbi-

[1] N. 6, 154.

gen Erdenwelt. Auch hier das schmerzerfüllte Zögern der Seelen, die Charon aus dem Wasser des Vergessens trinken heißt:

„Wir zittern alle, Herr, ein dürrer Schwarm im Winde,
Sei, da du selig bist, der Seelen-Not gelinde.
Gib uns die karge Frist. Ein Lächeln deiner Brauen
Gewähre uns die Gunst, noch einmal umzuschauen
In jenes süße Land, des Sterne uns versinken!
– Da winkt der goldene Stab; und alle müssen trinken."[1]

Keine Höllenqual steht ihnen bevor – nur die Entleerung alles Sinns des Seins, aller festen Kontur und Gestalt, ein Verblassen, wie Valérys „Eupalinos" und Rudolf Borchardts „Grabschrift der Schwalbe" es in zartem Bilde festhalten, vergleichbar dem Schicksal, das im Idealismus (bei Goethe, Schiller, Fichte, Rothe) den ungestalteten Seelen zugedacht war. Nur daß hier *alles* Sein diesen Weg geht und nichts die Person wahren kann. Spittelers Erebos besagt nichts anderes, und in Georges „Jahr der Seele" wird diese fast gespenstige Hadeswelt sogar mitten im irdischen Leben schon fühlbar. Borchardts „Ode mit dem Granatapfel", dem „geheimnisvollen Apfel des Hades", Schröder gewidmet, singt den schon, wie die tausend Purpurkerne der Frucht, berstenden, sich ausgießenden Augenblick.

„Alle, die wir wurden und da sind, wohnen
An der Grenze. Jede Sekunde stößt an
Reifes Jenseits, draus keine Hand mehr Händen Wirkliches abnimmt."

So soll der Kairos selbst zerbluten, „da nach Keim sie unten verhungern", und schon gierig wiederkehren, um – wie bei Klages die Bilderseelen – sich an die kostbare Augenblicksfülle der Lebenden anzusaugen:

„Faltern gleich, doch eben um ein unsagbar Deutliches anders,

Ob sie gleich, wie jene, bei Tag wer weiß wo,
Nachts, wer weiß woher, mit dem Seglerlaut des
Flugs angeisternd, von dem nur heut noch schönen Munde sich stillen."[2]

---

[1] Inselbücherei, Nr. 239, 18. – [2] Vermischte Gedichte (1924), 32-33.

Bei Rilke wird der Hades zu einer weitverzweigten inneren Landschaft der Seele. Auch hier der Klagessche „Gamos“ zwischen den Toten und den Lebenden: gleichmütig und gleichmäßig rühmend durchschreitet der Dichter beide Reiche: das schwere dieser Wirklichkeit und das leichtere, wesenlosere, der Gräber:

„Er ist einer der bleibenden Boten,
der noch weit in die Türen der Toten
Schalen mit rühmlichen Früchten hält ...[1]

Nichts kann das gültige Bild ihm verschlimmern;
sei es aus Gräbern, sei es aus Zimmern,
rühme er Fingerring, Spange und Krug.“[2]

Während Borchardt antikischer den Absturz vom Hier zum Hades ermißt, fühlt Rilke die Durchdringung der Reiche: wie die Wurzeln sich in die Herzen der Toten schlagen:

„Deines Leibes Türen sind angelehnt
und naß
tritt der Efeu ein“,[3]

wie aus diesen vergossenen Kräften der Toten die Dinge der Erde „nicht die Sprache nur des Jahres“ sprechen:

„Es ist seit langem ihre Art, den Lehm
mit ihrem freien Marke zu durchmärken.“[4]

Schon im Stundenbuch ist es die Verströmung des armen Franziskus, die in mystischer Zeugung nach Jahrhunderten in der Armut des Dichters wiederaufersteht:

„Und als er starb, so leicht wie ohne Namen,
da war er ausgeteilt: sein Samen rann
in Bächen, in den Bäumen sang sein Samen
und sah ihn ruhig aus den Blumen an ...[5]

Das ist das wundersame Spiel der Kräfte,
daß sie so dienend durch die Dinge gehn:
in Wurzeln wachsend, schwindend in die Schäfte
und in den Wipfeln wie ein Auferstehn.“[6]

---

[1] III, 319. – [2] III, 318. – [3] II, 165. – [4] III, 326. – [5] II, 292. – [6] II, 189.

So wenig aber diese mystische Kommunion mit Materialismus zu tun hat, so endgültig stellt sie sich doch in ein existentiales Zwischengebiet zwischen Traum und Wachheit, personlosem Verwehn und persönlicher Liebe, Angst und Glück. Das Auferstehn der Toten in der Natur ist immer auch wie der Aufstieg des Hades auf die Erde:

„Geht ihr zu Bette, so laßt auf dem Tische
Brot nicht und Milch nicht; die Toten ziehts –.“[1]

Und nichts entscheidet, ob ihre Teilnahme an unserem Leben „ein Werk von schweren Sklaven“ ist, das aus der Tiefe der Wurzeln heraufgestemmt wird, oder ob sie die Herren sind:

„. . . die bei den Wurzeln schlafen,
und gönnen uns aus ihren Überflüssen
dies Zwischending aus stummer Kraft und Küssen?“[2]

Aus diesem Offenbleiben der Frage breitet sich die stille und verhaltene Landschaft des halb lächelnden, halb leeren Elysiums über Rilkes ganzes Schaffen aus. Elegisch verdunkelt in der großen „Klagelandschaft“ der letzten Duineser Elegie:

„Einsam steigt er dahin, in die Berge des Urleids.
Und nicht einmal sein Schritt klingt aus dem tonlosen Los.“[3]

Und ganz als Seelenland, als „der Seelen wunderliches Bergwerk“ in „Orpheus, Eurydike, Hermes“, wo Orpheus die tote Gattin zurückführt, die, schon vom Vergessen umfangen, vogelhaft unbewußt folgt und endlich doch umkehrt:

„Felsen waren da
und wesenlose Wälder. Brücken über Leeres
und jener große, graue, blinde Teich,
der über seinem fernen Grunde hing
wie Regenhimmel über einer Landschaft.
Und zwischen Wiesen, sanft und voller Langmut,
erschien des einen Weges blasser Streifen
wie eine lange Bleiche hingelegt.“[4]

---

[1] III, 318. – [2] III, 326. – [3] III, 308. – [4] III, 99.

Hadesmythus ist Sinnbild einer mitten in der bunten Existenz je schon in Trauer untergegangenen Welt. Ist aber solche Trauer im Wesen des Daseins, in seiner Leere selbst begründet, so kann sich das tragische Eschaton von Trauer zu Grauen und Verzweiflung steigern. Denn dann ist Leben nur eine Projektion des Todes und eine Rückkehr dahin. Das drückt sich schon unverhüllt in Freuds Spekulationen über den Todestrieb aus. Er entdeckt neben dem dionysischen Lustprinzip im Menschen einen Ichtrieb, der sich gegen Fortströmen des ersten wendet und auf Bewahrung der Form, ja Wiederherstellung des ersten Zustands hinstrebt. Da aber dieser als Ausgang alles Lebens das Leblose war, so kann Ichtrieb mit Todestrieb gleichgesetzt werden. Alles Leben erscheint von da als eine gewaltige, in immer kompliziertere Systeme gedrängte und auf immer weiteren Umwegen den Tod suchende Protuberanz des Leblosen. Gewisse biologische Phänomene bestärken Freud in seiner Spekulation. Und „etwas anderes können wir uns nicht verhehlen: daß wir unversehens in den Hafen der Philosophie Schopenhauers eingelaufen sind, für den ja der Tod ‚das eigentliche Resultat' und insofern der Zweck des Lebens ist, der Sexualtrieb aber die Verkörperung des Willens zum Leben."[1] Das Leben erscheint dann wie eine qualvolle Krankheit des Seins, – ein Gedanke, dem Spitteler mehr als einen mythischen Ausdruck verlieh.[2]

Das tragische Eschaton des Kreises offenbart sich aber nirgends unverstellter als im Spätwerk eines einst optimistischen Dionysikers: Hermann Keyserlings. Seine „Südamerikanischen Meditationen"[3] enthüllen eine Welt von so abgründigem Grauen, und das in so unbarmherzig-rücksichtsloser Weise, daß sie wie das Urbild dionysischer Desillusion wirken. Zwar hat Keyserling wie schon früher so auch hier noch an einem Dualismus von dunklem Trieb-Grund und von oben einbrechendem hellem Geist festgehalten. Aber man könnte doch fast das Ganze seines Weltgefühls bei Ausschaltung des lichten Prinzips begreifen, und oft scheint Geist selbst (wie für Freud) nur sublimierter Trieb zu sein. Die Welt des Schönen (gegenüber der des Wahren) ist jedenfalls „direkt aus der Unterwelt"

---

[1] Jenseits des Lustprinzips, a. a. O. 241. – [2] *Mainländer* sagt: „Die chemische Idee *will* den Tod, kann ihn jedoch nur im Kampf erlangen, und deshalb lebt sie: sie ist in ihrem innersten Kern Wille zum Tode" (Phil. d. Erlösung[3], I, 330. Der Gang der Idee geht in der Tat „vom Himmel durch die Welt zur Hölle", wenn anders diese letzte als das reine Nichtsein gefaßt wird. – [3] Dtsch. Verlagsanstalt, Stuttgart-Berlin 1932.

zu deuten,[1] völlig im dionysischen Sinn. Aber diese übermächtige Unterwelt, die Keyserling in der südamerikanischen Seele am nacktesten vorfindet, ist zuunterst Kälte, Schleim, Grauen, und das als Schöpfungsgrund des Lebens. Leben aber ist in seinem Wesen Angst und Hunger. Hunger ist das Residuum der dionysischen „Lust", Angst dasjenige des Triebs zur Form. Denn aus Angst verkapselt sich Leben: es ist „von sinnbildlicher Bedeutung, daß die ersten Tiere Krusten- oder Weichtiere waren. Vor dem offenen Hause war die Festung da".[2] Und „die erste Welle der Angst, welche noch so dunkles Bewußtsein belichtet, verwandelt das Dasein in ein Böses".[3] Darum war „Im Anfang der Mord"[4] und die alles durchdringende Traurigkeit des Triebs. Erscheint im Dionysischen sonst das Schöpferische als spontane Emporbewegung, so ist jetzt „die innere Schwere, die schlechthinige Unfreiheit und Gebundenheit . . . Urausdruck" des Lebens. Der Geist der Erde ist im Gravitationsgesetz verbildlicht.[5] Er ist nicht Ewigkeit der Spannung, sondern der „Zähigkeit".[6] Das für Keyserling eigentlich Bezeichnende ist aber, und das läßt ihn im ersten Kreis verbleiben, daß Angst nicht vom Geist her ist (wie für Kierkegaard), sondern unaufhebbares Urphänomen des Grundes. Eine Sublimierung ist unmöglich, es gibt nur das „Aufsichnehmen des tragischen Geschickes, daß die Unterwelt notwendig zum Menschen gehört, daß diese nie moralisiert, nie spiritualisiert werden kann, und daß doch nur mittels dieses Bösen, welches ewig böse bleibt, das Gute auf Erden zu verwirklichen ist".[7] „Das Blut ist ein Schicksal, das jeder hinnehmen muß."[8] „Das nordamerikanische Bestreben, die Erde endgültig zu entschmutzen, bedeutet unmittelbaren Widersinn."[9] „Die südamerikanische Tristeza" dagegen „ist tiefstes Erleben der Erdtiefe. Sie ist tiefstes Wirklichkeitserleben, und darauf allein kommt es an."[10] Denn „tatsächlich verhält sich das Schöne . . . zum Häßlichen, im großen betrachtet, nicht anders wie die seltene Blüte zur perennen Wurzel. Nur daß die Wurzel hier Zersetzung, Verwesung, Fäulnis, Schmutz, Gestank, Unform, Scheußlichkeit und selbstverständlicher Dauermord ist".[11]

Wir ließen Keyserling selber reden, seine Formeln sind von unübertrefflicher Schlagkraft. Und doch, er weiß es selbst, seine Apokalypse ist ein Mythus, eine Seelenlandschaft, ein Glaube. „Glauben, nicht im Sinn des Gehorsams gegenüber Festgelegtem, son-

---

[1] 209. – [2] 40. – [3] Ebd. – [4] 59 ff. – [5] 192. – [6] 191. – [7] 129. – [8] 93. – [9] 23. – [10] 287. – [11] 23.

dern in dem des Hinzutragens des Eigenen zum Andern. Echter Glaube ist Selbstbehauptung der Phantasie." „Phantasie verwandelt die Welt, aus Sinnbildern wird Geschichte: mein Leben und Schaffen ist ein einziges Zeugen dafür."[1] Darum weiß auch Keyserling, daß seine Apokalypse ein Einwohnen der letzten Dinge selbst in der Seele ist. Er versteht, wie ein Russe im Glauben des Ostermysteriums schon mystisch auferstanden ist. „Die südamerikanische Tristeza ist demgegenüber eine Hölle ohne Ausgang . . . Und nur wer die Hölle in sich realisiert hat, ist Himmels-reif."[2]

Keyserling ist die mit Verbissenheit ertragene Zersetzung des dionysischen Mythus. Sie wird zum Verzweiflungsschrei in Josef Wincklers „Irrgarten Gottes oder die Komödie des Chaos".[3] Nietzsches „Gottesmord" sollte die Befreiung der Welt, die Wiedergewinnung der kosmischen Dimensionen der Seele sein. Hier wird die tragische Folge klar: selbst die weitesten Dimensionen werden zum Kerker der Seele, vom Modergeruch der eigenen Schuld erfüllt.

Faust: „Wer wird begraben? Wen schleppen wir alle hin?"
Mephisto: „Dies ist das ewige Begräbnis Gottes in der Welt . . .
Nach seiner Fäulnis riecht jahrtausendlang die Welt,
Und dennoch schleppt die Menschheit, nie von ihr befreit,
Gottes Leiche ruhlos bis in Ewigkeit."

Gott ist in sein Werk verloren und verstrickt, und unerlösbar, wie Spittelers Demiurg, ein Dionysos, der selbst unter Ananke steht.

„Gott ist noch selber Unhold, der nach Erlösung schreit.
Darum muß er schaffen, zerstören, schaffen, zerstören,
fort, fort, fort."

„Christus, Pan, Ahasver, Meister nenne mich:
In jedem offenbar' ich dir ein andres Stück –
Ich bin der Proteus-Geist der Welt."

Die Welt in ihrer schlechten Unendlichkeit wird zum Karussell des Seelenumtriebs, ewiger ahasverischer Schiffbrüche:

„Aber keine Küste, nirgendwo zerschellt
Mein Kahn."

---

[1] 10-11; 12. – [2] 91-92. – [3] Jena 1926.

So kann diese Sehnsucht nach Zerschellen, nach Scheitern nicht einmal von den Untergangsanzeichen unserer Zeit Erlösung erwarten:

> „Ist eine Stunde vor Weltuntergang und muß im Flug
> Viel Werk noch fertig, eh der grause Richter naht?
> Tobt immer noch der Babel-Unruh nicht genug?"

Nietzsche hatte gesagt: „Ich habe im vierten Akt alle Götter getötet, was soll jetzt im fünften folgen?" Nun müsse er wohl über die komische Lösung nachdenken. Winckler beschließt seine tragische Komödie mit einer „metaphysischen Burleske". Saturn versteigert den Kosmos:

> „Die ganze Welt samt allem Hausgerät
> Als Nachlaß Gottes! Kirchen-, Weltgeschichte
> Mitsamt dem Himmel und der Trinität . . .
> 'ran, Herrschaften, kauft, kauft, kauft! Attraktion!
> Und feilschte wie der Billige Jakob auf Auktion."

Nachdem sich aber kein Käufer fand und Saturn die Sache schon aufgab, ersteht sie sich der alte Momus, der Gott des Spotts.

Winckler ist in allen Mythenkreisen zu Hause, und wie um den Untergang des Mythus selbst zu feiern, türmt er seinen Scheiterhaufen aus allen Schätzen von Bild, Gestalt und Legende heidnischer und christlicher Zeit. Ein bedenklicher Zug zur Kompilation, zum Mythensynkretismus hatte schon Georges und Spittelers Werk bedroht – hier aber soll absichtlich und aus innerer Notwendigkeit der Mythus selber zu Tode gehetzt werden. In der Tat hat kein Mythus der Lebensphilosophie allgemeine, völkische Anerkennung erlangen können. Nicht nur der Mangel an „Glaube" und „Gemeinschaft", das Ästhetische und Einsame dieser Dichter sind darob anzuklagen – tiefer liegt die Wurzel des Übels in den Grundlagen des ersten Nietzschekreises selbst begründet: Form ist nur für einen „Augenblick" das Haus des Lebens, dann wird es zum toten Gehäuse. Und diese Verkrustungen (an denen allein der ewige Akt des Lebens sich bewähren konnte) bleiben stehn wie eine Totenstadt, voll Grauen und Sinnlosigkeit. „Aus gläsernen Särgen blickte mich überwundenes Leben an."[1]

---

[1] N. VI, 199.

Wenn also die Echtheit des Mythus an seinem Ausdruckswert für eine seelisch lebendige, existentielle Situation hängt, so hat sich doch gerade aus dem tragischen Eschaton dieses Kreises, aus dem Untergang des Mythus selbst etwas von der Echtheit eines Bildes losgelöst, in dem freilich der Schrei des redenden Abgrunds selber zu Form erstarrt scheint: der „Mythus" vom Gericht des Geschöpfs über den Schöpfer. Dieser Mythus ist nichts als die existentielle Erledigung des Geistbegriffs von Klages: des ohnmächtigen und doch übermächtigen, verfolgenden Gottgespenstes, dem alle Schuld am Weltleid zugeschoben wurde. Der Mythus taucht erstmalig in Quinets „Ahasver" (1833) auf, wo beim Jüngsten Gerichte Gott mitgerichtet wird. Er zuckt durch Hebbels Tagebuch. Schärfer schon im „Großinquisitor", vom aufrührerischen Titanismus Iwan Karamasofs ersonnen, wo es der greise Inquisitor seinem göttlichen Gefangenen ins Gesicht schleudert: „Man prophezeit, du werdest wiederkommen und werdest den Sieg erringen . . . Dann aber will ich aufstehn und dich hinweisen auf die hundert Millionen . . . und dir sagen: ‚Richte uns, wenn du es kannst, wenn du es wagst!'"[1] Widmann, Spittelers Freund, erhebt in seiner „Maikäferkomödie" „Anklage auf fahrlässige Schöpfung" gegen Gott. Grell schreien die Menschen in Bert Brechts drittem Mahagonnygesang[2] dem zum Gericht ankommenden Gott entgegen:

„An den Haaren
Kannst du uns nicht in die Hölle ziehen,
Weil wir immer in der Hölle waren",

ein Motiv, das Strindberg stets von neuem gestaltet hat. In seinem „Tausendjährigen Reich" heißt es: „Übrigens, wenn das Gericht kommt: Schlimmer als wir es im Leben gehabt haben, kann der Tod es uns nicht bieten. Ich habe immer gefunden, wir sind in der Hölle gewesen." Was anders liegt in Nietzsches verzweifelndem Schrei:

„Fluch, Fluch dem Schlunde
Der Ewigkeit!
Welt – ist von Erz:
Ein glühender Stier – der hört kein Schrei'n."[3]

---

[1] Werke (Inselverlag), 23, 474-475. – [2] Hauspostille, Propyläenverlag, Berlin 1927. – [3] Lieder des Prinzen Vogelfrei: „Rimus remedium." N. 5, 357.

Winckler endlich leiht der Verzweiflung, nachdem im leeren und stummen Raum der Schrei der Kreatur ohne Antwort verhallt war, diesen Fluch:

> „In diesen Abgrund, der bald voll geschwolln,
> In den wir am Tage der Verzweiflung Ihn ertränken wolln ...
> Hinab, hinab, mit Hohn und Racheruf,
> Der *das* erschuf."

Auch die Philosophen des „werdenden Gottes", Max Scheler und Ernst Bloch, erwägen den Gedanken: Gott könnte vereitelt werden – das wäre das letzte Gericht über ihn. Endlich verdichtet sich diese Vorstellung in Spittelers letztem Epos „Prometheus der Dulder" zu einer perversen eschatologischen Szene, die schon im „Olympischen Frühling" skizziert ist.[1] Bevor die Göttin Seele ihren treuen Diener Prometheus verläßt, verkündet sie ihm das letzte eschatologische Mysterium, das zu tragen der Leidende nun stark genug sein muß:

> „Allein am Jüngsten Tage, der geschehen mag,
> Am Tage des Gerichts, am Allerseelentag,
> Wenn durch den Schöpfungsgraus der Schrei ‚Erlösung' läutet,
> Die Pest des Daseins heilt, die kranke Welt sich häutet ...
> Und rings im ungeheuren Raum, vom Weltstoff rein,
> Nichts übrigblieben als der Schöpfer Gott allein –
> Dann werd' ich alle Seelen, die auf Erden je
> Gelitten Leibeslebensnot und Todesweh,
> Um mich versammeln und in langen Reihenschnüren
> Vor ihres Peinigers erbleichend Antlitz führen:
> ‚Halt da! Jetzt stehst du Rede! Flucht wird dir nicht glücken!'
> Und werd am Arm ihn packen und zu Boden drücken:
> ‚Sieh da die Opfer deiner Schöpfung! Siehe sie
> Gekommen, dich zu richten. Erstens auf die Knie!'
> Dann zu den Seelen ruf' ich: ‚Euer Urteil weist!
> So grüßt doch euren Schöpfer! Dankt ihm, jubelt, preist!'
> Doch siehe da die Seelen sich im Kreise wenden,
> Den Weltraum mit den Augen prüfen aller Enden,
> Und wenn kein Leben mehr zu schauen, um und um
> Nichts als der körperlose Luftraum, tot und stumm –

[1] Olympischer Frühling, I, 78-79.

Vermag ein schaurig Murren, grollend aus den Reihen
Zu dem am Boden: ‚Geh und ziehe! Wir verzeihen.'“[1]

*

Tragisches Eschaton heißt Untergang der Seele an der Grenze eines Kreises, die ihrem innern Reichtum sich entgegensetzt, ist darum als Verweigerung der Transzendenz Perversion und Verkümmerung.

Lösendes Eschaton heißt Untergang der Seele, wie Nietzsche sie selber wollte: „Ich liebe Die, welche nicht zu leben wissen, es sei denn als Untergehende, denn es sind die Hinübergehenden.“[2] Der Ort des Übergangs aber wird notwendig am „Optimum“ des Kreises ablesbar: dort zeigt sich, was ihm an Fülle noch fehlt. Dieses Optimum war die Ausbreitung des dionysischen Augenblicks als „Teppich“ auf die Breite des Lebens. Es kann sich also nur darum handeln, die Positivität dieses Kairos so zu bewahren, daß er nicht mehr existentiell in die Leere des Hades und sogar in die Schrecken der Hölle einbricht. Möglich ist das nur, wenn das *Gleitende*, das in diesem Augenblick lebte, das „Oszillieren“ und „Pendeln“ zwischen Eindruck und Erinnerung, Wahrnehmung und Gedächtnis, aus einem unfreiwillig Eingestandenen (und darum existentiell Gefälschten) in ein bewußt Bejahtes und beim Namen Genanntes verwandelt wird. Sofern der Kairos als ruhendes, schmales Optimum glückte, muß er schon als Funkenschlag aus zwei gegensätzlichen Richtungen, als ein Augenblick wesentlicher Schwebe begriffen sein, und darum als etwas, was als Ruhendes überhaupt nicht ohne Widerspruch ausbreitbar ist. Soll dennoch die Flüchtigkeit des göttlichen Augenblicks zum Lebensgleichnis sich ausbreiten, so kann es nur so geschehen, daß seine Grundlage, das Gegeneinander der beiden Strömungen und somit das *Übergängliche* (im Sinne Goethes und Jean Pauls), gleichsam zum Stoffe des Lebens selbst erhoben wird. Diese *wissende* Distanz im Innern des Augenblicks selbst, welche nicht nur keinen Pol des fließenden Geschehens zum Absoluten verhärtet, sondern auch das Schweben zwischen den Polen selbst nicht zum (wenn auch nur augenblicklang) Ruhenden aufsteigert – diese wissende Distanz erst überwände die Unmittelbarkeit der Lebensmystik aus dem Geiste selbst des ewigfließenden Lebens. Für Bergson also hieße dies: Aufgeben der krampfhaften Gleichsetzung zwischen einer falschen Ab-

---

[1] Prometheus der Dulder (1924), 205-206. – [2] N. 6, 16.

solutheit des geistigen Erinnerns und einer ebenso falschen Absolutheit des tätigen Versenktseins in den schöpferischen Lebensstrom. Denn das Optimum Bergsons liegt *zwischen* diesen Polen, und darum kann kein Absolutum es ausdrücken. Dies aber fordert das Eingeständnis, daß die „reine Dauer" des Fließens (sosehr sie als solche Positives enthalten mag) auch selbst kein Absolutum ist, sondern ausgesprochene Weltlichkeit zwischen Sein und Nichtsein. Für Klages aber hieße es: Aufgeben der Verkrampfung einer Lebenslehre, welche, statt die Situation des Menschen *zwischen* den Polen Leben und Geist zu beschreiben, diese Pole in verzeichnenden Vereinfachungen verabsolutiert, den einen positiv, den andern negativ wertet, und so jede Möglichkeit sich verbaut, die Mitte als echte Situation *zwischen* Extremen und als Geschichte zu begreifen. Die Distanz, die als „Eros der Ferne" ins Leben verlegt wird, *ist* schon die Distanz geistigen Erinnerns, und die Spiegelsituation *ist* die unfaßbar gleitende „Schein"-Mitte, welche aus der Polarität von Geist und Leben hervorgeht. (Wir werden bei Anlaß Nietzsches auf all dies zurückkommen müssen.) Erst mit dem Niederbrechen dieser Absolutsetzungen wird der Blick nun frei für die wahre Mystik des Augenblicks. Es zeigt sich dann, daß sowohl Bergson wie Klages etwas Tiefes gesehen haben: Klages wußte, daß der Augenblick innerlich Ferne birgt und daß die Dimension der Lebenstiefe zugleich die der unwiederbringlichen, unantastbaren Vergangenheit ist. Bergson betonte, daß im Jetzt alle Vergangenheit Nähe bleibt, sich wandelt und, schöpferisch verjüngt, greifbar zuhanden bleibt. Beides ist wahr: in der Er-innerung weitet sich der Gegenwartsraum und nimmt in sein Inneres den Schatz des Gewesenen. Aber im Maße der Kairos sich also weitet, vergeistigt er sich als Distanz zu sich selbst und gewinnt so mit dem Gewicht einer Lebensgeschichte auch erst die „ästhetische" Reife, die ihn wie eine süße Frucht begehrbar macht. Ein reiner Impressionismus ist nicht möglich: immer ist es schon erinnernder, gestalteter, expressiver Geist, der dem Neuen sich öffnet.

Dessen war auch Hofmannsthal von seinem Erstling „Gestern" an schon voll bewußt: „Es geht um den Sinn des Wortes Gestern, in dem zweierlei rätselhaft in eins gefügt ist: das unwiederbringlich Vergangene und das immer Fortwirkende."[1] Freuds Blutzauber, die Psychoanalyse, umwarb dies Geheimnis. Aber weil auch er im

---

[1] H. H. Schaeder: Das Werk Hugo von Hofmannsthals, Neue Schweizer Rundschau, Okt. 1930, 55.

reinen Leben verbleibt, entgeht ihm die Lösung. Gewiß liegt das Schöpferische der Vergangenheit auch darin, daß kein Augenblick je voll ausgelebt, ausgesogen wird, und daß er darum eine Aktivität behalten kann, die sich – im psychoanalytischen Sinn – rückwärtslebend „erledigen" läßt. Aber dieser materialistische Ausdruck zeigt doch zugleich, was die Psychoanalyse übersieht: daß Vergangen-Zeitliches nicht rein „material", „positivistisch" aufbewahrt wird, sondern Erinnerung eine schöpferische Aufhebung, eine Aneignung des Lebens bedeutet, in der eine Integration des Erlebten zu einer höheren Einheit zustandekommt. Eben diese Einheit aber wirkt den „Zauber", die Tiefe, ja Unerschöpflichkeit eines Daseins, einen Zauber, der höher und tiefer liegt als der des *nur* dionysischen „Augenblicks". Die Psychoanalyse tötet das Geheimnis, den Dämon, der in der Geschichte der Seele ihre Gegenwart befruchtet. Rilke hat das mit feinem Instinkt gefühlt, als er sich immer der Zumutung einer Analyse widersetzte: „Soviel wie ich mich kenne, scheint mir sicher, daß, wenn man mir meine Teufel austriebe, auch meinen Engeln ein kleiner (sagen wir) Schrecken geschähe."[1] Einem Nietzschewort liegt die selbe Wahrheit zugrunde: „. . . Du gehst den Weg des Schaffenden: einen Gott willst du dir schaffen aus deinen sieben Teufeln."

Schon in „Gestern" ist Dasein als „Genuß" verurteilt. Denn schon „Genuß" setzt, um Lebenszauber zu sein, „Distanz" voraus. Diese Distanz aber ist schon eine Transzendenz der Ebene rein immanenten Lebens von Moment zu Moment. Hier aber schlägt das Paradox in ein zweites um: Auch die Distanz zum „Augenblick" reicht nicht aus, die Synthese der Zeit zu wirken, vielmehr hindert auch sie an sich die Aneignung des Augenblicks selber. So wird also die wahre Augenblicks-Haltung notwendig in einer solchen Öffnung für die stets ankommende Zeit bestehen, welche je schon aus einem „Enthusiasmus" der Erinnerung ermöglicht wird. Das Problem dieser Haltung ist das Thema des lyrischen Dramas „Der Tor und der Tod". Suchte der Andrea (in „Gestern") den Lebenszauber in der reinen Unmittelbarkeit, so der „Tor" in der reinen Distanz. Aber reine Distanz ist nicht weniger Immanenz als das Aufgehen im Augenblick: denn sie ist Unfähigkeit zur geöffneten Hingabe, zu wahrem Er-leben. So tritt der Tod vor ihn hin: als sein Untergang zugleich und seine Rettung. Untergang, sofern er

[1] Briefe, 1907-1914, 183.

der innere Endpunkt seiner immanenten, kraftlosen Haltung ist, Rettung, sofern das Ansichtigwerden des Nicht-Seins (das seine Immanenz eigentlich ist) ihn öffnet für die wahre Aneignung des Augenblicks. Damit wird ihm der Tod zum genialen „Analytiker“: Sein Geigenstrich ruft die Toten herbei: Mutter, Geliebte, Freund, die durch des Toren verspieltes Leben als wahrhaft Lebendige gegangen sind, und nun vollzieht sich seine große „Er-Innerung“: Aneignung der ganzen Vergangenheit von einem Punkte wirklicher Daseinsberührung aus. So glückt noch im Untergang das Tiefwerden, die Verzauberung seines Lebens als Heilwerdung (Integration) der Vergangenheit im „Augenblick“. Und so ist dieser Tod ein besserer Arzt als der Psychoanalytiker: er schenkt dem Toren seine Psychosynthese.

Aber freilich: er ist Tod, und nicht allein als Strafe. Er ist es auch, sofern alle Transzendenz es ist und alle Berührung von Augenblick und Erinnerung. Die einzig fruchtende Haltung, den wahren Zauber des Lebens zu wirken, schließt diesen Tod im Wesen mit ein. In jeden „Augenblick“ muß ein Tropfen von seinem Geist einfließen, damit er als wahres Leben erlebt und unverweslich in Erinnerung verwandelt werde.

Die Toten, die vor Claudio erscheinen, geben ihm das Stichwort ihrer Kunst: *Treue*. Treue sagt eine Bindung der Augenblicke in einen Über-Augenblick, – das aber setzt ein Geisthaftes voraus. Hier überschreiten wir den ersten Nietzschekreis. Mag sich Hofmannsthals kleine Szene noch nicht völlig zu diesem Überschritt entschließen (sofern *ein* Augenblick der verwandelnden Erinnerung zur „Treue“ nicht ausreicht und es so bei ästhetischer „Einfühlung“ bleibt) – die Möglichkeit ist gesichtet. Treue ist Tod dem Augenblick, aber ebendarum auch Sich-tiefer-hingeben-Können dem Augenblick.

Als lösendes Eschaton muß bei diesem Überschreiten die Wahrheit des ersten Ansatzes mitgenommen werden können: sie liegt darin, daß Erinnerung wiederum Schöpfung ist und so „Subjektivität“. Als das aber ist sie in einem tiefern Sinn Zauber als der dionysische. Sie ist auch die wahre Erfüllung des „Mythischen“, ja sie ist der einzige Mythus, der des eigenen Daseins. Rilke sagt es:

> „Aber noch ist uns das Dasein verzaubert; an hundert
> Stellen ist es noch Ursprung.“[1]

---

[1] III, 350.

Diesen Mythus erdichtet sich zwar die Subjektivität, aber er kann nicht verkrusten wie die dionysischen Gestalten, weil er immer unendlich uns angeht, ja unser eigenstes Sein ist, das wir in Treue uns „dichten". Goethes Faustwort muß einmal mehr hier erklingen:

„Nicht nur Verdienst, auch Treue wahrt uns die Person."

So wird der nächste Kreis, in den die Seele hinübertritt, wesentlich die *Erfüllung* des ästhetischen Zustands sein müssen, und zugleich in einem besondern Sinn der Kreis, der Mythus der *Seele*:

„Wo die Gesänge wahr, und länger die Frühlinge schön sind
Und von neuem ein Jahr unserer Seele beginnt."[1]

---

[1] Hölderlin: Menons Klage (ed. Böhm, II, 230).

DIE FAHRT NACH METAKOSMOS

I. Die Göttin Seele

„‚Was du bedingst', versprach der Dämon, ‚bring ich dir:
In einen frischen Raum, Entdecker, folge mir!'
Verwundert hob Apoll das Haupt, des Wortes Kern
Und Geist zu lesen in des Sprechers Augenstern ...
‚Nein', rief er, ‚das ist keine Täuschung, es ist wahr.
Mit meinen wachen Augen nehm ich's deutlich wahr.
Jenseits der Welt, wo Wissenschaft und Ahnung schweigen,
Seh ich von einem neuen Gau ein Wölklein steigen.'"[1]

So ward „Metakosmos" entdeckt. Im Glauben Apolls, in seiner Treue dem Dämon, öffnet sich ein unbetretener Raum jenseits des kosmischen zur neuen Seelenreise. Die Dimensionen dieses Raumes sind die dionysischen, die des ersten Kreises: Schaffende Tiefe, helle, leichte Höhe. Aber im ersten Kreise standen sich beide rein faktisch gegenüber. Nun ist die Treue gelernt, die das Rein-Faktische in ein inneres, dynamisch-geisthaftes Geschehen geklärt hat. Die „Präexistenz" des jungen Hofmannsthal war der Traum des Ich-All vom Zentrum aus. Aber es war erst „Traum", noch nicht „Können", noch nicht tathafte Transzendenz. Der „Traum" mußte an den Wänden des Kosmos zerschellen, die „Treue" aber überschreitet die Grenze der bloßen „Welt". Das ist ihr bleibender Zauber, ihr Mythus. Er sagt, daß Leben mehr ist als nur fließender Strom. Es ist eine Liebe in ihm, die einen Horizont sich entwirft über das Faktische hinaus, um dessentwillen das Leben allein lebenswert ist: „Es ist wahr: wir lieben das Leben; nicht, weil wir ans Leben, sondern weil wir ans Lieben gewöhnt sind. Es ist immer etwas Wahnsinn in der Liebe. Es ist aber auch immer etwas Vernunft im Wahnsinn."[2] Und was Zarathustra von einigen sagt, gilt letztlich von allen: „Manche Seele wird man nie entdecken, es sei denn, daß man sie zuerst erfindet."[3] Ein Unwirklich-Schwebendes gaukelt über dem Menschen: eine Idee, – ein „Über-Mensch". „Vollenden will ich's: denn ein Schatten kam zu mir – aller Dinge Stillstes und Leich-

[1] [Carl Spitteler,] Der Olympische Frühling, II, 56, 61. – [2] N. 6, 57. – [3] Ebd. 60.

testes kam einst zu mir! Des Übermenschen Schönheit kam zu mir als Schatten."[1] So gähnt ein Spannungsraum und belebter Abgrund auf zwischen Existenz und Essenz; gähnender zugleich und lockender als die Polarität des „Eros der Ferne"; und darin auszuschreiten ist das Leben. Wesen-Ideal steht wie ein Ziel-Stein, ein Welt-Ende, und das Dasein wird, um die Kluft zu durchmessen, alles, was Welt ist, in sich aufnehmen müssen. Denn die Kluft ist wie eine hungrige Öffnung – ihre Nahrung ist die Welt. Weltwerdung des Ich ist sein Weg zum Ideal, und diese Verwandlung heißt für die Welt: Ichwerdung. Beides in eins aber ist „Wahrheit", weil Welt im Ich ihr Ideal erreicht und Ich durch Welt sein Ich erreicht: „Dies bedeute euch Wille zur Wahrheit, daß Alles verwandelt werde in Menschen-Denkbares, Menschen-Sichtbares, Menschen-Fühlbares! Eure eigenen Sinne sollt ihr zu Ende denken! Und was ihr Welt nanntet, das soll erst von euch geschaffen werden: eure Vernunft, euer Bild, euer Wille, eure Liebe soll es selber werden!"[2]

So scheint sich die Seele zu spalten und diesseits und jenseits des Abgrunds Welt zu stehen. Animus und Anima hat Claudel diese beiden Hälften genannt, die sich wie der arbeitende Knecht und die ruhende Herrin verhalten, und Maurice Blondel sprach vom wollenden und gewollten Willen. Zarathustra aber ruft aus: „Du Schickung meiner Seele, die ich Schicksal heiße! Du In-mir! Über-mir!"[3]

Wir nannten diesen „Mythus" den *einzigen*, weil er der des Lebens selber ist und Sinn-Erfüllung aller dionysischen Mythen. Er ist darum auch der einzige ausgestaltete Mythus im Werk von Nietzsche, Spitteler und George: als Mythus der „Göttin Seele". Zarathustras Anrede an sie ist fast ein Gebet:

> „Oh meine Seele, ich nahm von dir alles Gehorchen, Kniebeugen und Herr-Sagen; ich gab dir selber den Namen ‚Wende der Not' und ‚Schicksal'.
>
> Oh meine Seele, ich gab dir neue Namen und bunte Spielwerke, ich hieß dich ‚Schicksal' und ‚Umfang der Umfänge' und ‚Nabelschnur der Zeit' und ‚azurne Glocke'.
>
> Oh meine Seele, deinem Erdreich gab ich alle Weisheit zu trinken, alle neuen Weine und auch alle unvordenklich alten starken Weine der Weisheit.

---

[1] Ebd. 126. – [2] Ebd. 124. – [3] Ebd. 312.

Oh meine Seele, jede Sonne goß ich auf dich und jede Nacht und jedes Schweigen und jede Sehnsucht: – da wuchsest du mir auf wie ein Weinstock."[1]

Gleichzeitig, ohne Nietzsche zu kennen, dichtet Spitteler seinen „Prometheus": Prometheus lehnt die Weltherrschaft als „rein faktische" ab, um nicht seine Zauberherrschaft über die Welt zu verlieren. Er verschachert nicht, wie sein Bruder Epimetheus, die Göttin Seele für ein unpersönlich-anonymes „Gewissen". Da erscheint ihm die Göttin im Winterhochwald:

„Und jene trat auf ihn herzu und legt ihm grüßend ihre beiden Hände auf die Schultern, neigete ihr Haupt, und Blick in Blick und Aug in Aug versenkend, schaute sie ihn an, und es geschah, ob ihrem Schauen starb und auferstand sein Lieben, siedete, erstarrte wiederum sein Blut, und all sein Fühlen ward ihr untertan in schrankenloser, sinnverlaßner Liebe."[2]

In Georges „Vorspiel" erscheint die Seele als Dämon, noch höher und herrschender vielleicht, aber in allem ähnlich der Göttin Spittelers. Stets ist es eine erste Begegnung, die „Parusie" der Seele, die das Schicksal des Lebens entscheidet, den unendlichen Horizont entwirft. Nietzsche heißt sie „die stillste Stunde": „Gestern gen Abend sprach zu mir meine stillste Stunde: das ist der Name meiner furchtbaren Herrin".[3] Der Dämon erscheint am Anfang des „Vorspiels", Rosen, Lilien und Mimosen in den bisher verdüsterten Raum des Herzens ausstreuend, während die „Seele" dem Prometheus zu Beginn ihren Ring überläßt. Dann verschwindet sie, läßt die Welt wie eine Leere zurück, und steht von nun an als Ideal über ihrem Knecht, der ihre zweite, eschatologische Parusie erwartet. „Es ist gut für euch, daß ich hingehe, denn ginge ich nicht, so würde der Geist nicht zu euch kommen": dies Schriftwort gewinnt hier einen weltlichen, tiefen Sinn: Das Verlöbnis der Seele mit Prometheus ist ein Zauber, ist die Verzauberung seines Daseins:

„Und über dem, da nahm sie einen Ring von ihrer Hand, betrachtet' ihn und weiht' ihn mit Gebet und Zauberspruch . . . und abermals ergreifend seine Rechte, streifte sie ihn langsam über seinen Finger feierlichen Amtes!"[4]

---

[1] N. 6, 325. – [2] Prometheus und Epimetheus, Jena (11. bis 15. Taus., 1920), 24. – [3] N. 6, 215. – [4] Prometheus, a. a. O. 26.

Dieser Zauber gibt die Kraft, das abwesende Ideal zu verfolgen und existierend mehr als Existenz zu sein. Nun kann Nietzsche das stets vor ihm fliehende Leben verfolgen, nun hat Prometheus den übermenschlichen Mut, alles um seines Ziels willen zu erleiden. Der Blick richtet sich unverwandt auf den Zeitpunkt der Wiederkunft: „Von Berg zu Berge ist's ein naher Blick, und was verschlägt das Tal?“[1]

Lohn dieses Diensts wird einst eine Stunde sein, wo die Seele sich hingibt: „Und eine einz'ge Stunde wohne ich Dir bei, jedoch um diese Eine Stunde sollen dich beneiden alle künftigen Geschlechter“,[2] unterdessen aber ist es „Vernichtung, Schimpf und Schande“ und „ewige Verdammnis Tag für Tag“. Diese Qual aber ist in ihrem letzten Wesen die der Sehnsucht und darum der tiefsten Einsamkeit. Denn die Zwei-Einheit der Seele ist heilig und undurchbrechlich. Bei Spitteler: „Laß zwei Gesellen dir genügen: ich und du.“ Bei George:

„Du machst daß ich vor mitleid zittre, freilich
Ist keiner der dir bleibt, nur du und ich.“[3]

Die Ähnlichkeiten und Verschiedenheiten dieses Mythus im Vergleich zum alten Idealismus sind leicht sichtbar. Goethes Prometheus hatte Minerva geliebt, die ihm den Lebensquell entsiegelt, Eros sucht im Märchen des Novalis die Psyche, und Hyazinth in den „Lehrlingen“ seine Geliebte. Auch hier ist der Sinn der Welt Sichsuchen und Sichfinden des Geistes. Aber bei Nietzsche, Spitteler und George ist die beruhigende Sicherung des glücklichen Ausgangs (gewährleistet im „Voraus des Geistes“) durchaus ins Ungewisse, Tragische eines einzelnen Schicksals verwandelt: Nicht ein höherer Weltgeist wandert durch die Individuen, sondern der menschliche Mensch und seine Seele sind hier Liebender und Geliebte. Wohl aber ist hier, gegenüber der Lebensanschauung des ersten Nietzschekreises, der Seele eine gewisse, gnadenhaft von oben herab wirkende Kraft zu eigen, zwar nicht, wie sie einem Existierenden eignet, sondern so, wie das reine Ideal zu sich zieht, als reines Leuchten der Sonne:

„Am Meere will sie saugen und seine Tiefe zu sich in die Höhe trinken: da hebt sich die Begierde des Meeres mit tausend Brüsten.“[4]

---

[1] Ebd. 29. – [2] Ebd. 27. – [3] Vorspiel, XXII. – [4] Zarathustra, 181.

So feiert im Mythus der Göttin Seele der alte Sophia-Mythus seine dritte Auferstehung. Bei Böhme und im Pietismus (fortgesetzt über Baader zur russischen Theosophie hin) war es noch flackernde, gnostische Vermenschlichung Gottes. Bei Novalis erschien er als Ausdruck seiner magischen Kindlichkeit als unvollkommen entfalteter Eros von Mensch zu Mensch, immer bereit, sich in die verschwimmende Einheit des Kindesgenius Astralis aufzulösen. Hier aber fallen alle Beziehungen zu einer überzeitlichen Aufhebung hinweg. Seit Bergson ist die Zeit unerbittliche, letzte Schranke des Daseins. So wird der Mythus ernst, hart, männlich, die Haltung zum Ideal wird zur *heroischen*.

Wie der erste Kreis seinen theoretischen Ausdruck in Freuds Theorie der Sublimierung fand, so der zweite in der Philosophie des späten Scheler. Sie ist völlig beherrscht vom scharfen Dualismus einer mächtigen, zeugenden Trieb-Unterwelt und einer ohnmächtigen Geistwelt, die dem von unten aufstrebenden Menschen als „Deitas"-Ideal vorausschwebt. „Der Mensch ist, richtig gesehen, nur eine Bewegung, eine Tendenz, ein Übergang zum Göttlichen ... Sein Wesenskern ist jener geistige Akt des Selbsttranszendierens."[1] Der Mensch ist wie die höchste, zarteste Spitze des gewaltigen Vegetationskegels Natur, der seinen Schatten als „Ideal" ins Nichts vorauswirft. Denn ins Unbekannte, Niebetretene stößt dieses Wachstum vor, und so ist es stets das absolut Neue wie die absolute Gefahr. Der Mensch steht darum für Scheler in der äußersten Einsamkeit: Im Rücken die Welt, die ihm nicht helfen kann, das Unerhörte zu verwirklichen, vor sich die Aufgabe und das Nichts. Die Religionen wollen, nach Scheler, über die heroische Einsamkeit dieser Lage täuschen, in ihnen sucht der Mensch „etwas von Schutz und Hilfe ‚hinter sich' zu bekommen, da er im Grundakt seiner Naturentfremdung ... ins pure Nichts zu fallen schien".[2] Aber Nietzsche wie Scheler heißen dieses Schwindelgefühl überwinden und den Mut aufbringen, alles zu verlassen und sich selbst einzusetzen. Der Sprung ins Ungewisse hinaus, absolute Transzendenz, Ausfahrt ohne Gewähr jenseitigen Lands, von dessen Existenz der Idealismus von vornherein überzeugt war, solches liegt im Wesen der metakosmischen Fahrt. Man suche „in letzter Linie nie theoretische Gewißheiten, die diesem Selbsteinsatz vorhergehen sollen. Erst im Einsatz der Person ist die Möglichkeit eröffnet, um das Sein des durch

[1] Der Formalismus in der Ethik usw., 289 ff. – [2] Die Stellung des Menschen im Kosmos, Darmstadt 1928, 108 ff.

sich Seienden auch zu wissen".[1] Das ist die Grausamkeit und das „Tigerauge" der Göttin des Prometheus, um dessentwillen er sie eben liebt. Sie gibt keinen Trost: „Zu solchen Zwecken gibt es Erbauungsbücher. Die Philosophie ist hart-kalt und gefühllos wie ein Stein", hatte schon Hartmann gesagt.[2] Und Mainländer: „Der Weise aber blickt fest und freudig dem absoluten Nichts ins Auge." Die Gottesvorstellung ist rührender als das Leere, aber „das ist völlig Nebensache".[3] Scheler fährt im selben Ton fort: „Man wird mir sagen und man hat mir in der Tat gesagt, es sei dem Menschen nicht möglich, einen unfertigen Gott zu ertragen: Meine Antwort darauf ist, daß Metaphysik keine Versicherungsanstalt ist für schwache, unterstützungsbedürftige Menschen."[4]

Soll sich der Mensch entwickeln können, so darf es weder eine übergeordnete Teleologie der Natur noch einen Gott geben. Sonst verfällt er den naturhaften, vorsehenden Mächten oder wird zum unfreien Produkt seiner Vorwelten, wie er bei Hegel zum Werkzeug eines höheren Willens wurde.[5] Scheler und Nicolai Hartmann verzichten zugunsten der menschlichen auf die göttliche Teleologie.[6] Scheler beruft sich auf Freud, der den Fortschrittsglauben„ ungezwungen aus Triebverdrängung" ableite. Aber „der große Psychoanalytiker der Historie ist noch nicht erschienen, der den geschichtlichen Menschen von dieser Angst des Irdischen frei und ledig gemacht" hätte.[7]

Das Absinken des Heroischen in Angst der Einsamkeit, schon im ersten Kreis der stets gegenwärtige „Schatten", ist hier überall viel drohender als im Idealismus, wo immer ein Rest von Geborgenheit im höheren Geiste, im angeschauten Guten, in der sich gesetzhaft vollziehenden Synthesis verblieb. Im Dionysischen aber ist das geistige Ziel mehr geliebt als gekannt, ist es die ekstatische Ausfahrt des Herzens, ein verwegener Minnedienst, der sich der angebeteten Herrin zuliebe in ein Abenteuer von höchster Kühnheit wagt: das Abenteuer des Nichts. Simmel sagt, es sei „das Schicksal des Geistes, die Brücken, die er für seine Wege gebaut hat, hinter sich abzubrechen und dieses Abbrechen selbst als seine innerste Notwendig-

---

[1] Ebd. 113. – [2] Philosophie des Unbewußten, 3. Aufl., 736. – [3] Philosophie der Erlösung, 3. Aufl., I, 358. – [4] Stellg. d. M. 112. – [5] Bleibtreus indische Dramen „Karma", „Der Heilskönig" wären Symptome für solche dem Schicksalsdrama verwandte Auffassung der Zwangsläufigkeit. – [6] Nic. Hartmann: Ethik (1927), Kap. 21; Scheler: Mensch und Geschichte („Philosophische Weltanschauung" [1929] 43). – [7] Ebd. 21 ff.

keit, als die letzte Vollstreckung seines Gesetzes der Selbsttranszendenz anzuerkennen".[1] Und Zarathustra bündiger: „Du gehst deinen Weg zur Größe: Dein Fuß selbst löschte hinter dir den Weg aus, und über ihm steht geschrieben: Unmöglichkeit."[2]

Der wesentliche Unterschied zwischen der „Gefahr"-Situation im ersten und zweiten Kreise liegt darin, daß es dort um „Genuß" ging, hier aber zugleich um Treue und „Dienst", daß damit das Problem des Ethischen in der Nietzschewelt auftaucht. Aber dieser Dienst, dieses Opfer für die Idee zeigt alsbald in sich einen seltsamen Widerspruch. Denn es ist auf der einen Seite klar, daß die Liebe zur Göttin Seele „ideale" Selbstliebe ist („Verbrennen mußt du dich wollen in deiner eigenen Flamme; wie wolltest du neu werden, wenn du nicht erst Asche geworden bist"[3]) und die Leiden der Dienstzeit im Grunde Geburtsschmerzen an der Seele sind („Daß der Schaffende selbst das Kind sei, das neu geboren werde, dazu muß er auch die Gebärerin sein wollen und der Schmerz der Gebärerin"[4]). Und so *ist* die „Seele" nur im Dienst des Prometheus, ja sie *ist* dieser Dienst selber. Damit entsteht ein Wettstreit zwischen Prometheus und ihr:

> „Oh meine Seele, ich gab dir Alles, und alle meine Hände sind an dir leer geworden: – und nun! Nun sagst du mir lächelnd und voll Schwermut: „Wer von uns hat zu danken? –
>
> Oh meine Seele, nun gab ich dir Alles und auch mein Letztes, und alle meine Hände sind an dich leer geworden: – daß ich dich singen hieß, siehe, das war mein Letztes!
>
> Daß ich dich singen hieß, sprich nun, sprich: *wer* von uns hat jetzt – zu danken? – Besser aber noch: singe mir, singe, oh meine Seele! Und mich laß danken! –"[5]

Ein Liebesspiel von Geben und Nehmen spielt zwischen Leben und Ideal, bei dem auch das Ideal am Leben wächst. Als Apoll sich Einlaß in Metakosmos verschafft, tritt ihm von innen her, verändert an Gestalt, sein eigener Dämon entgegen. Apoll erkennt ihn:

„Du fehltest mir, als pfadlos ich durch Wüsten fuhr."
„Ich ehrte dich: am Ziele harrt ich deiner Spur."

---

[1] Fragment über die Liebe (Fragmente und Aufsätze, 1923), 84. – [2] N. 6, 224. – [3] Ebd. 94. – [4] Ebd. 125. – [5] N. 6, 325. 327.

„Wie bist du ernst und fremd und hoch an Wuchs geraten!“
„Ei, was befremdet dich? Ich wuchs durch deine Taten.“[1]

So ist Knechtdienst Schöpfung der „Seele“. Auf der andern Seite – und das ist das Paradox – gibt es in diesem Dienst keine idealistische „Annäherung“, keinen langsamen Übergang zum Geiste. Nie ist eine Prometheusfigur so passiv leidend gewesen wie Spittelers „Prometheus der Dulder“. Die Zeit bis zur zweiten Parusie der „Seele“ verrinnt in Verbannung, Schmach, fast tatenlosem Warten.

Was besagt dieses Doppelspiel von Nähe und Abstand, einander Beschenken, ja Begründen und grausamem Sich-fliehen? Eine erste Deutung will sich aufdrängen: im gegenseitigen Abhängigsein der Göttin und des Heroen kehrt unverkennbar die alte Gestalt der mystischen Potentialität[2] wieder und damit auch der Beweis, daß hier abermals, wie bei Schelling, das Ästhetische zur Weltstruktur überhaupt erhoben ist. In diesem Sinne wäre geradezu entscheidend, wie Spitteler in „Prometheus der Dulder“ seinen früher tätigen Heros zum Künstler umdeutet, dessen Leben in ständigem Harren auf die Inspiration hingeht. Man kennt Nietzsches Verherrlichung der einfallenden dichterischen Offenbarung im „Ecce homo“, man weiß, wie George vor ihr kniete, als sie ihm leibhaft erschien und sein Leben verwandelte, wie Rilke, weniger glücklich, ein banges Jahrzehnt lang von der Göttin verstoßen in Dürre und Ohnmacht schmachtete, während Spitteler die Parusie seiner Seele, die er noch dichtete, selbst nicht mehr erlebte. Sie alle haben auf den Augenblick dieser einzigen Begegnung hin gelebt, ihn als den Sinn und das Heil ihres Daseins erwartet. Um der „einz'gen Stunde“ willen, in der das Wesenswort der Seele aus seinen Banden gelöst werden soll, erträgt Prometheus freudig den „Segen“ der grausamen Göttin:

> „Sie aber legt' ihm betend ihre Hände auf das Haupt, begann und segnete und sprach mit klarer, lauter Stimme:
> ‚Verflucht sei all Dein Tun! Verflucht bei Tag und Nacht Dein ganz Gefühl! Verflucht Dein Hoffen!
> Und Menschen-Glück und -Freude soll Dir nicht geschehn, doch was da heißet 'Herzeleid' im Menschenland, dies werde

[1] Der Olympische Frühling, II, 67. – [2] Vgl. 1. Band, 176 u. öfter.

reichlich Dir zu Teil: Entbehrung, Kränkung und die ungelöschte Gier, und das erstickte Würgen in den stummen Nächten.

Und also soll in ewiger Verdammnis Dir geschehen Tag für Tag und Jahr für Jahr . . .

Und dieses ist mein Preis, und also sollst Du um mich werben.'"[1]

So tritt ins *Innere* des „Eros der Ferne", wie Klages die ästhetische Ekstase beschrieb, der ganze Fluch des Geistes ein. Die Wände des großen Augenblicks rücken unabsehbar auseinander und er füllt sich mit dem Raum einer Welt und der Zeit eines Lebens.

„Vor ihrem Auftritt flüchteten des Raumes Wände . . .
Und Zeit und Gegenwart versank. War ringsumher
Nichts andres Wirklichkeit, nichts andres Wahrheit mehr,
Als ihres sonnenhaften Daseins ruhiger Wille."[2]

Der Augenblick des Prometheus ist also der selbe, der Nietzsche in Sils Maria zu Boden warf, da er in die bodenlose Tiefe der Zeit hinabsah. Was wir im ersten Kreis erkannt: daß die Ewige Wiederkehr nichts ist als der Glorienschein der Göttlichkeit, um einen zeitlichen Kairos gelegt, das erfüllt sich ganz erst hier, wo Fluch, Schmach, Verdammnis des Geistes, seine Einsamkeit und seine Selbstverbrennung eintreten als Liebe in den heiligen Umkreis dieser Strahlung.

Dies wäre die erste Deutung des Liebesspiels, das als Suchen und Flucht zwischen der Göttin und Prometheus webt. Aber gerade, weil es Deutung eines einzelnen Menschenschicksals bleibt und nicht zur Entzifferung des finster verschlossenen Weltgeheimnisses sich aufwirft, darum ist es bereits nicht mehr die mystische Potentialität Schellings, sondern weist schon ins Reich der goetheschen Resignation. Um den Menschen geht es, und nur um den Menschen. Und wenn auch hier überall der ästhetische Augenblick der Inspiration zum *Schema* und Urbild der menschlichen Situation erhoben ist, so übersteigt doch dieser Mythus die rein ästhetische Lebensdeutung des ersten Kreises. Nicht nur geht es hier um Treue und Dienst, sondern die Härte und Grausamkeit dieses Dienstes faßt in sich schon jeden möglichen Ernst menschlichen Schicksals.

---

[1] Prometheus und Epimetheus, 27. – [2] Prometheus der Dulder (1924), 22.

Deutlicher wird das, wenn wir erwägen, daß der Fluch, den die Göttin als Segen über Prometheus sprach, mitten in der Liebe den Haß aufpflanzt. Es ist nicht die dem Helden gleichgültige Feindschaft der kleinlichen Umwelt, die ihn am tödlichsten trifft, sondern das, was jede Grausamkeit, auch die der leidenschaftlichen Liebe, an innerer Härte birgt. Ohne Bild gesprochen: Wie in einer einzigen Seele ein Raum der Sehnsucht sich öffnet, der von einem Ende der Welt bis zum andern reicht, so öffnet sich auch ein Raum von Kampf und Ringen zwischen der Seele als wirkender und der Seele als Werk. Unnachahmlich hat Josef Weinhebers schwere, vom barocken Prunk in klassische Strenge sich läuternde Wortkunst diese Seite des Mythus zum Ausdruck gebracht. In den Variationen auf ein Sonett Michelangelos an Vittoria Colonna wird ihm das Verhältnis des Dichters zur Muse, des Schöpfers zur Göttin tragischer klar als Spitteler. Denn nicht *zwei* Zeiten sind Verwerfung und Erwählung, vielmehr nur eine einzige in zwei widersprüchlichen Bewegungen.

„Dies sehn wir, Herrin, zeit- und leiderfahren:
Dein Reich ist furchtbar, dir zu dienen hart.
Du nimmst das Herz, du formst es, seiner Art
den Schmerz in hohen Bildern zu bewahren.

Ja, Künstler sein, heißt seine Gegenwart
in eine unbekannte Ferne sparen
und lernen, daß von allem Wunderbaren
nur Eins ihm zukommt: Die Gefahr der Fahrt.

Erhabne! Kein Erbarmen, keine Schonung!
Freiheit erahnt sich erst an Gitterstäben,
und erst zerstörtes Herz wird deine Wohnung . . .“[1]

So wird der Glanz der Göttin erst gewirkt mit den Erniedrigungen ihres Sklaven.

„Mein war die Sünde, dein ist Herzensreine.
Mein war die Schande, dein ist Ruhm und Kranz.
Mein war die Schlackenglut mit irrem Scheine,
dein ist der adelig vollkommne Glanz.“[2]

---

[1] Späte Krone (1936), 10. – [2] Ebd. 22.

In dieser Gleichzeitigkeit spitzt sich der Mythus erst vollends zu. „Geist und Leben“ überschreibt Weinheber ein Gedicht, das die menschliche Zwiespältigkeit männlichen Sinnens und Wirkens, weiblichen Gebärens singt und in deren Mitte der Künstler gestellt ist:

„Der du ordnend es nennst, versunkner Sänger:
Held und Mutter zugleich, gerecht an Schöpfers
Statt, ermächtige keines!
Binde den Streit, oder stirb!“[1]

Aber anders läßt sich der Streit nicht binden, als indem der Künstler gleichzeitig beides ist: titanisch hämmernd in der unterirdischen Esse und die Form gestaltend, aber um eben dieses Titanismus willen aus dem Himmel des Ideals je in die Unterwelt von Schuld, Schmach und Qual geschleudert. „Adel und Untergang“ hat Weinheber eine Verssammlung genannt, die nur diesen einen Zwiespalt umkreist: das Durch-einander-Bedingtsein schwebender lichter Höhe und höllischer, verfluchter Existenz. Hier erst wird auch die Fassung des Mythus bei Claudel völlig klar. So weit er auch vom Dualismus eines Klages' entfernt ist, er weiß nun, daß die Liebe der Pole Seele und Geist – die ja Liebe bleibt – eine „unglückliche Ehe“ ist. „Nicht alles geht gut im Haushalt von Animus und Anima, Geist und Seele. Die Zeit ist weit, die Flitterwochen waren schnell zu Ende, während denen es Anima vergönnt war, sich nach Herzenslust auszusprechen, und Animus ihr begeistert zuhörte. Schließlich: ist es nicht Anima, die die Mitgift brachte und den Haushalt ermöglicht hat? Aber Animus hat sich nicht lange mit dieser untergeordneten Stellung begnügt, bald enthüllte er sein wahres Wesen: eitel, pedantisch und herrschsüchtig. Anima weiß nichts und ist dumm,[2] nie war sie in der Schule, während Animus einen Haufen Zeug weiß, einen Haufen Zeug in den Büchern gelesen hat ...“ Anima verstummt mehr und mehr vor seinem platten, spießbürgerlichen Benehmen. Er verrät sie und ist doch selber eifersüchtig, quält sie, lacht über sie mit seinen Kaffeehausfreunden. Da, eines Tages, als er unerwartet früher nach Hause kommt, hört

[1] Ebd. 48. – [2] Klages hatte über Sokrates gesagt: „Der Instinkt, der Trieb und damit letzten Endes das Leben selber wird also von Sokrates (in seiner ironischen Methode) als dumm erklärt; wohingegen umgekehrt alles Gute aus der reflektierten Erkenntnis quillt.“ (Zur Ausdruckslehre und Charakterkunde [1926], 260.)

er sie hinter der geschlossenen Tür singen, „ein merkwürdiges Lied, eines, das er nicht kannte, unmöglich die Noten zu finden oder die Worte oder den Schlüssel; ein seltsames und wunderbares Lied. Seither versuchte er durch allerhand Kniffe, sie es wiederholen zu lassen, aber Anima tut so, als ob sie nichts verstünde". Animus fand endlich das Mittel. Er verläßt das Haus mit Gepolter, sägt Holz, pfeift blödsinnige Melodien. „Nach und nach schöpft Anima Mut, sie schaut, sie horcht, sie atmet auf, sie glaubt sich allein, und lautlos geht sie, ihrem göttlichen Geliebten die Türe aufzutun. Aber Animus hat, wie man so sagt, seine Augen am Hinterkopf."[1]

Mit dieser Legende, die uns scheinbar weitab von Spitteler und George führt, schließt sich aber doch in Wirklichkeit der Kreis des Seelenmythus. Der einfache Gegensatz von heroischem Knecht und Herrin steigert sich bei Weinheber zum potenzierten Gegensatz von schuldvollem Sklaven und lichter Göttin und schließlich bei Claudel zum unerträglichen Widerspruch zwischen dem verräterischen, verschmitzten Lump Geist und der heimlichen, mystischen Seele. Doch gerade hier, wo Klages wieder ganz nahe scheint, verdoppelt sich die Seele selbst noch einmal in die dienende Magd und den göttlichen Herrn und wiederholt so im ausdrücklich Religiösen, was Spitteler und George im Ästhetischen, nur indirekt Religiösen ausgesprochen hatten. Animus aber steht daneben, wie Epimetheus, der seine Seele für ein „Gewissen" verraten hat. Er steht aber auch daneben, wie der Klagessche Geist als religiöses Restprodukt neben der Polarität von Seele und Urbild stand: als die Wirklichkeit von Schuld und Verrat und als Bewußtsein eines rächenden, unsichtbaren Schwertes über dem Haupte des Lebens.

Wenn uns also die erste, ästhetische Deutung des Verhältnisses zwischen Prometheus und seiner Göttin in eine heroischere Existentialität hinüberwies, als der Idealismus sie gekannt hatte, so öffnet uns die zweite Deutung einen noch tiefern Abstand von Novalis' Geniusproblematik. Die heroisch-tragische Spannung, welche zwischen Ich und Ideal die ganze Welt zur Bewältigung einschob, diese Spannung wächst sich zu einem solchen Gegensatze aus, daß sie unaufhaltsam ins Religiöse transzendiert. Die wesentliche Unantastbarkeit des Urbilds, wie Klages es beschrieb, ist also hier bereits in ein geisthaftes Verhältnis umgewandelt. Aber der Raum

---

[1] Positions et Propositions, I (6. Aufl. 1928), 55-57. Genau dieselbe Erzählung, aber ins Dämonisch-Quälende verdunkelt, kehrt in Dostojewskijs Novelle „Die Sanfte" wieder.

zwischen Seele und Geist beginnt sich selbst von innen heraus zu sprengen und so erst in die wahren Abgründe der Nietzscheproblematik sich zu weiten. Der Kreis, in dem wir uns befinden, ist also innerlichst selbst ein Übergang zwischen dem Ästhetischen und Religiösen. Aber gerade so ist er der Kreis des existentiell Übergänglichen selbst. Aus ihm ergibt sich, daß die von Bergson weggeleugnete, von Klages verketzerte Situation des geistig-seelischen Gegensatzes die positive menschliche Situation ist. Und in der Stellung zu dieser Situation ergibt sich somit auch schon die Letzthaltung, das Eschaton dieses Weltanschauungskreises.

Es ist in seiner Schärfe das Stehen zwischen Stolz und Dienst, Schöpfung und Hingabe – und das im Geheimnis der Selbstbegegnung. In diesem „Aug in Aug und Blick in Blick“ entzündet sich die Schöpferliebe des Seins. Ein Funkensprung zwischen zwei Spannungspolen und schöpferisch wie Liebes-Funke zugleich. Im Herzen des Seins tut sich ein Mysterium auf, das zu Beginn des Kreises als Zauber der Göttin erschien, jetzt in die zwei Kategorien von Schöpfung und Liebe sich klärt: Im Hin- und Herweben beider zwischen Ich-Existenz und Seele-Ideal entsteht das wahre Leben.

Das Optimum ist auch hier schmal: es ist das möglichst ausgebreitete Gleichgewicht zwischen den Extremen einer heldisch-titanischen Haltung, welche die Göttin-Seele erzwingen wollte, und einer Untreue und Abspannung der dienenden Subjektivität ihr gegenüber:

> „Ein Wenig mehr, ein Wenig weniger: das gerade ist hier Viel, das ist hier das Meiste.
> Aber gerade dem Helden ist das *Schöne* aller Dinge Schwerstes.
> Ja, du Erhabener, einst sollst du noch schön sein und deiner eignen Schönheit den Spiegel vorhalten.
> Dann wird deine Seele vor göttlichen Begierden schaudern; und Anbetung wird noch in deiner Eitelkeit sein.“[1]

Alles ist hier gesagt: Die Zerbrechlichkeit dieser Mitte, das Gleiten zwischen Eitelkeit und Anbetung und deren Berührung im Schönen, und endlich das Bild, das dieses Eschaton unvergleichlich sprechend werden läßt: *der Spiegel*. Was das Bild des Tep-

[1] Zarathustra, 172, 173.

pichs im ersten Kreis leistete, das vollbringt hier der Spiegel. Er faßt zusammen, was Nietzsches übrige Sinnbilder: Maske, Bild, Rolle, Schauspiel, Urbild, Abbild, Kind, nur teilhaft enthalten: das innerlichst zweieinige, dialogische Wesen des Seins. Nicht als ob die Idealisten davon nichts gewußt hätten. Aber sie kannten den Spiegel doch nur in dem für sie bezeichnenden Aug in Aug zwischen Weltgeist und Allnatur, das Hölderlins Worte ausdrücken: „. . . wenn freudig überrascht im Sinnenlande dein Geist wie in einem Spiegel sein Ebenbild beschaut, die Form der Natur zu einsamen Gedanken sich schwesterlich gesellt, so freue dich.“[1] Nicht anders in der Deutung des Saïs-Motivs bei Novalis. Im dionysischen Raum aber treten die Umrisse des Widerspruchs im Innern der Existenz viel schärfer hervor: als unvereinbare Pole, die doch in einem einzigen Geist gebunden erscheinen. Die Existentialität gleitender Unwirklichkeit, nächster Antwort und ungreifbarster Ferne, genauester Erscheinung und hoffnungsloser Scheinbarkeit, diese eigentliche Existentialität des Spiegels wird als solche erst hier bewußt. So steht Oscar Wildes Dorian Gray zu seinem geheimnisvollen Spiegel-Bilde, das sein Ideal und seine Schöpfung zugleich ist. Hier, wie in den Narziß-Traktaten Gides und Valérys wird das Spiegelproblem geradezu zum Schlüssel des ästhetischen Daseins. Nirgends ließ sich in der Tat die schmale Grenze zwischen Schein und Erscheinung, zwischen Eitelkeit als leerer Vereitelung und Eitelkeit als zeugender Selbstverdoppelung, schließlich zwischen ästhetischer und religiöser Schwebe bildhafter und zwingender festhalten als in dem Doppelsinnbild von Spiegel und Narziß. George, Hofmannsthal und Rilke umwerben das Symbol um die Wette.

„Spiegel: noch nie hat man wissend beschrieben,
was ihr in eurem Wesen seid.“[2]

Stefan George verfolgt dieses Sinnbild seit der „Fibel“, wo in der zweiten Legende der Knabe sich einsam zum Flusse stiehlt:

„Im wasser inmitten der blaßgrünen algen
und schwanker zum ufer getriebener blumen
Erblickt er nur immer sein eigenes bild.“[3]

---

[1] Böhm, I, 264. – [2] Rilke, III, 343. – [3] Gesamtausgabe, I, 120.

Algabal aber, in seiner einsamen Schönheitswelt, *muß* zum gefährlich-verführenden Spiegel greifen:

„Dann schloß ich hinter mir die riegel
Und ruhte ohne wunsch und mild und licht
Und beinah einer schwester angesicht
Erwiderte dem schauenden ein spiegel.“[1]

Es ist dasselbe „Beinah“, das im „Vorspiel“ wieder anklingt, als der Lebensengel vor den Dichter tritt:

„Und seine stimme fast der meinen glich.“[2]

Bei George betont sich das Spiegelmotiv stets in der Richtung der Einsamkeit, und so der prometheischen Schöpfung – gegenüber einer Gemeinschaft der Hingabe. Und doch ist sein Suchen im Abgrund nach dem Widerschein eines Antlitzes die unwillkürliche Haltung der einsamen, mitten in Schönheit leidenden Seele:

„Heb das haupt das sich bang neigt,
Ob aus tiefen ein gesicht winkt –
Und so warte bis mein sang schweigt
Und so bleibe bis das licht sinkt.“[3]

Die bange Frage: „ob aus Tiefen ein Gesicht winkt“, erhält in Hofmannsthals „Weltgeheimnis“[4] noch verworrene Antwort:

„Der tiefe Brunnen weiß es wohl:
In den gebückt begriffs ein Mann,
Begriff es und verlor es dann.

Und redet' irr und sang ein Lied –
Auf dessen dunklen Spiegel bückt
Sich einst ein Kind und wird entrückt.“

So „zuckt im Kreis ein Traum herum“ von dem Geheimnis der Welt: von Spiegel zu Spiegel, Antlitz zu Antlitz weitergegeben, aber nur geahnt, nie verstanden. Spiegel ist hier das vollendete Sinnbild Hofmannsthalscher Präexistenz, wie denn auch der Wahnsinnige am Ende des „Kleinen Welttheaters“ seinen ahnungsvollen

[1] Ebd. II, 107. – [2] Ebd. V, 12. – [3] Ebd. V, 87. – [4] Gesammelte Werke (1934), I (1), 10.

Monolog über den Ausbruch der Seele aus ihrer Einsamkeit spricht, „indem er sich beim Schein der Fackel in einem silbernen Handspiegel betrachtet".[1] Und in „Stadien" schildert Hofmannsthal einen Knaben, der sich nachts vor einem Wandspiegel in fremden Lebensmasken übt und dabei auch die eines Wahnsinnigen versucht: „Den machte er immer zuletzt und zitterte jedesmal vor seiner eigenen Schöpfung."[2] Die Marschallin im „Rosenkavalier" aber liest (am Ende des ersten Aktes) aus dem Antlitz, das ihr im Spiegel fremd entgegenblickt, ihr ganzes Schicksal.[3] Ins Unheimlich-Pathologische wendet sich zuletzt das Motiv im „Andreas",[4] wo die Gräfin vor dem Spiegel der Verwandlung ihres einen Ich in das andere beiwohnt: „Die Gräfin, einmal allein, sieht im Spiegel, wie sie sich verwandelt."

Auch bei Hofmannsthal bleibt also das Motiv vorwiegend Ausdruck der existentiellen Zweideutigkeit und darum Unheimlichkeit der Verdoppelung, aber eben darum erscheint die inwendige Problematik des Spiegels bei ihm noch nicht mit der prüfenden, fast sachlichen Genauigkeit, mit der sie von Rilke aufgerollt wird.

Zunächst ist es das „Fast" und „Beinah" Georges, das bei ihm zum ausdrücklichen Thema wird: seine „Dame vor dem Spiegel" ist in dieses Geheimnis versunken, eine Traumwirklichkeit, in der Hingabe und Schöpfung sich einen:

„Wie in einen Schlaftrunk Spezerein,
löst sie leise in dem flüssigklaren
Spiegel ihr ermüdetes Gebaren;
und sie tut ihr Lächeln ganz hinein . . ."

Aber eine Hingabe, die, völlig wie in Nietzsches ganzem Wesen, voll von der Distanz der schaffenden Liebe bleibt, welche ihrem Ideale keine Makel einräumt. So

„trinkt sie still aus ihrem Bild. Sie trinkt,
was ein Liebender im Taumel tränke,
prüfend, voller Mißtraun . . ."[5]

In den „Drei Gedichten aus dem Umkreis: Spiegelungen" wird dieses „Beinah" bis zum Ende analysiert. Die Spiegelung erscheint hier wie eine Art Astralleiblichkeit, welche nichts ist als der

[1] I (1), 93. – [2] Loris (Berlin 1930), 12. – [3] I (2), 170. – [4] Andreas (1932), 156. – [5] III, 228.

zufällig einmal aufgefangene „Anschein", der uns zeitliche Wesen von Augenblick zu Augenblick verläßt:

„Unaufhörlich steht Anschein
auf in ihrem Gesicht und geht fort."[1]

Aber der Spiegel fängt dieses Verströmen auf und sammelt so einen Augenblick unsere reine Flüchtigkeit in einem Ewigkeit vorspiegelnden Becken, aus dem wir uns seiender wiederschöpfen können:

„Immer wieder aus dem Spiegelglase
holst du dich dir neu hinzu;
ordnest in dir, wie in einer Vase,
deine Bilder. Nennst es du,

dieses Aufblühn deiner Spiegelungen,
die du eine Weile leicht bedenkst,
eh du sie, von ihrem Glück bezwungen,
deinem Leibe wiederschenkst."[2]

Der Spiegel gibt also sehr genau die Wirklichkeit wieder, die für Plato, Augustin, Thomas die „Idee" bedeutete: das Sammelbecken einer zeitlich verflossenen Existenz im Ewigen zu sein. Und in diesem Sinn sind denn auch Rilkes ewige Engel

„Spiegel, die die entströmte eigene Schönheit
wiederschöpfen zurück in das eigene Antlitz."[3]

Als vollkommenen Widerschein (reflexio completa) hatte dieselbe alte Philosophie den reinen Geist beschrieben. Was aber hindert *uns*, Engel zu sein? Oder warum mußte Narziß, der sein Spiegelbild in sich zurücknehmen wollte, untergehn? Die beiden „Narziß"-Gedichte Rilkes geben eine erste Antwort. Über die Wasserfläche gebeugt, erblickt Narziß seinen Astralleib:

„Dies also, dies geht von mir aus und löst
sich in der Luft und im Gefühl der Haine,
entweicht mir leicht und wird nicht mehr das Meine
und glänzt, weil es auf keine Feindschaft stößt."

---

[1] III, 265. – [2] III, 434. – [3] III, 265.

„Von allen Stellen seiner Oberfläche“ fühlt er den Flug und die Flucht in den Raum. Eine Frau hatte wohl vielleicht dieses Bild innen in sich aufgefangen, aber „dort war es nicht zu erreichen“. Hier aber liegt es nun, nicht geliebt, vor dem Grund gleichmütiger Steine. Die „süße Furcht“, die jene Frau befallen mußte,

„fast fühl ich schon die ihre.
Denn, wie ich mich in meinem Blick verliere:
ich könnte denken, daß ich tödlich sei.“

Aber warum ist dieser Blick in die uns versagte ewige Sammlung unseres Wesens tödlich?

„Er liebte, was ihm ausging, wieder ein
und war nicht mehr im offnen Wind enthalten
und schloß entzückt den Umkreis der Gestalten
und hob sich auf und konnte nicht mehr sein.“[1]

Aber nochmals: warum? Warum ist diese Selbstaufhebung, die Narziß unter die Engel versetzt und hier gleichsam nur von ihrer erfüllenden Seite gezeigt wird, zugleich Selbstzerstörung? Ist es vielleicht mehr: im *offnen* Wind enthalten zu sein, als den Umkreis der Gestalten, wenn auch entzückt, zu *schließen*? Ist der Spiegel der „Idee“ eben darin tragischer Spiegel, daß er *als* Idee Widerschein, Schein ist? Dann wäre hier aber mit Narziß auch „der Engel“ selbst in Frage gestellt, wenigstens als eine Möglichkeit weltlicher Existenz. Der Engel rückte in die Nähe zur lichten, aber drang- und lieblosen Deitas Schelers, und „Spiegeldasein“ in seiner existentiellen Unwirklichkeit spräche die Weltferne des reinen Geistes aus. Dann wäre es bezeichnend, daß Rilke die Möglichkeit eines „erhörten Narziß“, die Zärtlichkeit einer erfüllten, liebenden Selbstbegegnung in die reine Helligkeit des Blumendaseins verlegte, so wie es eines seiner Rosengedichte festhält:

„Abandon entouré d' abandon,
tendresse touchant aux tendresses . . .
C'est ton intérieur qui sans cesse
se caresse, dirait-on;

[1] III, 416.

se caresse en soi-même,
par son propre reflêt éclairé.
Ainsi tu inventes le thème
du Narcisse exaucé.“[1]

Wenn wir zu den Gedichten „Spiegelungen“ zurückkehren, so bestätigt uns das erste voll diese Deutung. Das Dasein vor dem Spiegel (wie es das frühere Gedicht „Dame vor dem Spiegel“ beschrieb) ist hier auf die unterscheidend frauliche Existenz eingeschränkt:

„O schöner Glanz des scheuen Spiegelbilds!
Wie darf es glänzen, weil es nirgends dauert.
Der Frauen Dürsten nach sich selber stillts.
Wie ist die Welt mit Spiegeln zugemauert

für sie. Wir fallen in der Spiegel Glanz
wie in geheimen Abfluß unseres Wesens;
sie aber finden ihres dort: sie lesens.
Sie müssen doppelt sein, dann sind sie ganz.“

Nun wird zwar freilich dieses Doppelsein als für die Frau notwendig und gemäß gefeiert. Es gibt ihr erst sie selbst und ihre Selbstbejahung:

„Oh, tritt, Geliebte, vor das klare Glas,
auf daß du seist. Daß zwischen dir und dir
die Spannung sich erneue und das Maß
für das, was unaussprechlich ist in ihr.

Gesteigert um dein Bild: wie bist du reich.
Dein Ja zu dir bejaht dir Haar und Wange;
und überfüllt von solchem Selbstempfange,
taumelt dein Blick und dunkelt im Vergleich.“[2]

Aber der liebende Mann steht außerhalb dieses Bezugs, wie der Geist bei Klages außerhalb der Polarität von Seele und Bild steht. Und so bleibt die Spiegelexistenz als ein ästhetisch Geschontes, aber doch Unwirkliches, Zweitletztes umgriffen von dem Fragezeichen einer ins Offene ausströmenden Existenz.

[1] Poèmes Français (Paris 1935), 85. – [2] III, 434.

„Ach, an ihr und ihrem Spiegelbilde,
das, wie Schmuck im schonenden Etui,
in ihr dauert, abgelegt ins Milde, –
ruht der Liebende; abwechselnd sie

fühlend und ihr inneres Geschmeid . . .
Er: kein eignes Bild in sich verschließend;
aus dem tiefen Innern überfließend
von gewußter Welt und Einsamkeit.“[1]

Für den Mann ist dann der Spiegel nur wie das Blendwerk einer immer gesuchten, nie gelingenden Begegnung:

„. . . Gassen fand ich, –
du warst sie eben gegangen,
und die Spiegel manchmal der Läden der Händler
waren noch schwindlig von dir.“[2]

Aber tritt er näher, um zu greifen, so geschieht das Unheimliche: die Hand, die sich der spiegelnden Fläche nähert, begegnet einer andern Hand, die sich von innen her wie eine abwehrende Gebärde ausstreckt. Vielleicht ist es diese Gebärde, die am Ende der siebenten Elegie zugleich „Greifen“ und „Abwehr“ genannt wird.[3] Und dies ist es auch, was das gesamte Tun der Liebe zu einem nicht ineinander sich zahnenden Geschehen macht:

„Welt war in dem Antlitz der Geliebten –,
aber plötzlich ist sie ausgegossen:
Welt ist draußen, Welt ist nicht zu fassen.

Warum trank ich nicht, da ich es aufhob,
aus dem vollen, dem geliebten Antlitz
Welt, die nah war, duftend meinem Munde?

Ach, ich trank. Wie trank ich unerschöpflich.
Doch auch ich war angefüllt mit zu viel
Welt, und trinkend ging ich selber über.“[4]

Wir haben das Rätsel, das Narziß uns damit aufgibt, hier noch nicht zu lösen. Allein bis zur vollen Erkenntnis galt es vorzudrin-

---

[1] III, 435. – [2] III, 451. – [3] III, 292. – [4] III, 445.

gen, daß hier am Ende ein Rätsel steht, und daß also das ganze Spiegelproblem als „Mitte“ in einem schärfsten Sinn nur einen gleitenden Übergang zu einer tiefern Stellung der Polaritätsfrage bedeuten kann. Das Schwebende zwischen Innen und Außen, die Narziß-Situation in all ihrer unausgewickelten, notwendigen verhaltenen Zartheit, dieses zarte Optimum des zweiten Kreises, hat zu seinem Namen den Augenblick der Schönheit. Nochmals werden die Spiegel angeredet:

„Manchmal seid ihr voll Malerei.
Einige scheinen *in* euch gegangen –,
Andere schicktet ihr scheu vorbei.

Aber die Schönste wird bleiben, bis
drüben in ihre enthaltenen Wangen
eindrang der klare, gelöste Narziß.“[1]

Dieses Schwebende, nicht zu Ende Gesagte weist aber zugleich, daß, sobald der scheinende Spiegel zur gültigen Erscheinung verhärtet werden soll, das Innere, Unerledigte des Problems aufbricht in der Form der Angst vor dem Unheimlichen des Scheins. Als dieses Unheimliche hat der junge Hofmannsthal den Spiegel erlebt. Und der Knabe Malte Laurids übt in der abgelegenen Kammer, vermummt in phantastische Kostüme, die Rollen seiner Seele vor dem Spiegel. Aber dann das plötzliche Entsetzen vor dem Fremden: „Ein Bild, nein, eine Wirklichkeit, eine fremde, unbegreifliche, monströse Wirklichkeit, mit der ich durchtränkt wurde gegen meinen Willen: denn jetzt war er der Stärkere, und ich war der Spiegel. Ich starrte diesen großen, schrecklichen Unbekannten vor mir an, und es schien mir ungeheuerlich, mit ihm allein zu sein. Aber im selben Moment, da ich dies dachte, geschah das Äußerste: ich verlor allen Sinn, ich fiel einfach aus. Eine Sekunde lang hatte ich eine unbeschreibliche, wehe und vergebliche Sehnsucht nach mir, dann war nur noch er: es war nichts außer ihm. Ich rannte davon, aber nun war er es, der rannte. Er stieß überall an, er kannte das Haus nicht, er wußte nicht wohin . . .“[2]

Die Angst der Selbstentfremdung, die Bergson nur für den pathologischen Augenblick zugeben will, wo die Dimension des reinen Geistes nackt hervortritt, diese Angst erweist sich lauernder

[1] III, 343. – [2] V, 130.

und sprungbereiter, als es ihm lieb war. Der Mythus der Göttin Seele ist der Mythus des Menschen als eines tragischen Narziß, der wesentlich, stündlich etwas wollen muß, was ihm versagt ist. Die formalste Polarität der Nietzschewelt, die Spannung von Grund und Form, enthüllt hier ihre Hintergründe. Das Ideal, das der Mensch sich entwirft, steht ihm als ein anderes, eine Maske, gegenüber. Der Horizont, den er um sich breitet, ist mehr und weniger als er selber. Alfred Adlers Lehren haben das Tragische dieser Lage tief aufgedeckt: Vom Horizont einer Rolle her spielt sich das Leben selbst, „arrangiert" es die Wirklichkeit, indem es sie zumeist lügt. Lügt es sie vielleicht sogar immer? Wenn Heidegger in seiner Kantdeutung alles Dasein und sein Horizontwerfen als eine Schöpfung der Einbildungskraft erklärt, so ist diese Wesens-„Lüge" im Sein ausgesprochen: Vom Horizont eines frei entworfenen Bilds (der Göttin Seele) kommt das Dasein je schon auf sich selbst zurück. So *ist* es nur *als* Rolle und Ver-Stellung. Seine Echtheit ist Unechtheit, seine Wahrheit Lüge. Omnis homo mendax. Und von dieser „Lüge" her ist Dasein sogar allein schöpferisch. Was in manchen Abwandlungen von Suggestionspsychologie veräußerlicht erscheint: daß von der Vor-Stellung und Ver-Stellung her das Dasein übend zu seiner Eigentlichkeit kommt, das läge also tief im Wesen des Seins selber: erst vom Abbild her fände das Bildende sein eigenes Urbild.

Keyserling formuliert daher: „Die spezifische Erscheinung des Geistes ist das Bild."[1] „Prototyp geistigen Lebens überhaupt ist das Schau-Spiel",[2] „Schau-Spiel ist auch das einsamste Leben, welches Geist bestimmt; *für sich* spielt jeder eine Rolle."[3] Zwischen „Mut" und „Bild" wird der Geist. Der Mut, als Mut zur Transzendenz, ist „Ent-Schluß", der den Geist er-schließt, ist „Ver-Sprechen", worin der Geist sich nicht geradeheraus, sondern, wie in einer ontischen Lüge, im Bild aus-spricht. Für Keyserling ist daher alles Geistige wesenhaft Komödie, unernst, spielerisch. Das Tragische liegt für ihn erst darin, daß der Mensch dabei eine Doppelnatur ist, „die ihre Wurzeln in zwei Reichen hat, dem irdischen und einem nichtirdischen".[4] Nur weil die dionysische Unterwelt Schwere und Grauen ist, wird ihm die Komödie zum tragischen Schauspiel. „Die ewige Seligkeit ist die der spielenden Kinder. Alles Geschehen ist Theater, denn die Seligen kennen keine andere Beziehung zu ihm

[1] Südamerikanische Meditationen, 348. – [2] Ebd. 354. – [3] 362. – [4] 346.

als die der Schau oder die des im Sinn des Lebens-Ernstes unbeteiligten Mitspielens. Und auf diesem Theater werden nur Komödien gespielt, denn Tragik gibt es nur in der Spannung zwischen Geist- und Erdgesetz."[1]

Aber ist nicht der Mensch das *eine* dramatische Gesetz von Geist-Natur in einem, das als ganzes tragikomisch ist? Will unser Geist letztlich spielen, mit sich selbst, in einem Kinderparadiese, oder will er nicht *als* Geist sich tiefer „aufs Spiel setzen", sich wagen und in einem wahrhaft existentiellen Dialog sich erkennen? Und will er nicht gerade *in* der existentiellen Lüge, die sein Horizontwerfen ist, zu seiner eigenen, existentiellen Wahrheit kommen? Eine solche Wahrheit kann es für Keyserling nicht geben. Denn „ein letzter und abschließender ‚Sinn' ist unvorstellbar und unausdenkbar",[2] „jeder verwirklichte Sinn öffnet neue Horizonte . . . Keine Erfüllung erfüllt die Sehnsucht, kein Erreichnis den Ehrgeiz",[3] denn Sinnenwerfen ist Spiel um seiner selbst willen, Welt ist der Tanz und das Spiel Gottes. „Und untergehn wird sie, wenn einmal die Tanzwut über ihn kommt. Dann wird er sie zertanzen."[4] Das ist dionysisches Schau-Spiel, so wie für Zarathustra der Tanz und das Lachen letzte Erfüllung, schwerelose, ewige Schöpfung des Abgrunds ist.

Aber diese „Divina Commedia" ist im Grunde durch den heroischen Dialog von Ich und Seele bei Spitteler und George schon überwunden. Lebensschauspiel ist ein tragisches Sichmühen, ein Knechtsdienst und Untergang vor der großen Zuschauerin, der Göttin Seele. Das wahre Eschaton des Kreises ist somit das Stehen zwischen Geistesstolz und Geistesdienst – ein „glorreicher und gefährlicher" Zauber, Schau-Spiel vor dem Spiegel als Schau-Ernst.

Das beweist unmittelbar, daß hier das tragische und lösende Eschaton noch enger als im ersten Kreis aneinandergrenzen.

Tragisches Eschaton ist der Untergang des Spielers an seinem Spiel. Es hat verschiedene Formen, besagt aber im Grunde stets die Verzweiflung an der existentiellen Lüge als Stehenbleiben in der Spielsituation des Spiegels.

Zunächst ist es das Fremdwerden der Welt. Zwischen Ich und Seele ward diese Welt eingeklammert, als Stoff der Ver-Ichung, als „Nahrung" der Seele. Objektivität sollte in Subjektivität auf-

---

[1] 367. – [2] 372. – [3] 373. – [4] 368.

gehoben werden. Nun aber erscheint dieser Stoff dem rückblickenden Geiste unbewältigt, in fremder Gleichgültigkeit gegenüber. Die innere Logik, die der Geist durch seinen Dienst in die Dinge bringen sollte, ist unerreicht, und im Labyrinth dämonischer Sachlichkeit, wo alles unverstehbar und feindlich-verschworen bleibt, geht der Geist unter. Unvergleichlich hat Hofmannsthal dieses Grauen der Fremdheit im „Märchen der 672. Nacht" ausgedrückt.[1] Dasselbe als dauernden inneren Zustand drückt der für des Dichters innere Entwicklung so bedeutsame „Brief des Lord Chandos" aus: die Seele verliert hier die Magie des Worts, den Zauber der dingverwandelnden Sprache, und versinkt vor der Unheimlichkeit und sinnlosen Zerstücktheit der Dinge in einen quälenden Zustand lebendigen Begrabenseins. Ganz Ähnliches enthält der Dialog über „Die Farben". Der existentielle Zusammenbruch aber spricht sich unmittelbar als Weltenderlebnis aus. Damit sind wir an die Grenze der Pathologie gerückt, die seit langem ein ausgesprochenes, abgrenzbares „Weltuntergangserlebnis" kennt. Von dieser Grenze her versuchte schon Bergson, wie wir sahen, die Existentialität des Geistes überhaupt zu erhellen. Er machte damals halt beim Phänomen der Wiedererkennungstäuschung. Hier aber überschreiten wir einen Augenblick die Grenze des „Normalen" selbst. Ein Arzt, Dr. Wetzel („Das Weltuntergangserlebnis in der Schizophrenie"[2]), beschreibt diesen Zustand: „Was die religiöse Psychologie an besonderen Stimmungen und Gefühlen apokalyptischen Einschlags . . . feststellt, das gehört . . . zum Teil sicher den Auswirkungen der Schizophrenie zu." Das Typische dabei ist eine allgemeine Veränderung der Welt, sei es im euphorischen Sinn als eine Verklärung: die Erwartung einer „höheren Welt" in glücklicher Spannung, sei es im dysphorischen als ein Unheimlichwerden, Fremd- und Grauenvoll-Erscheinen alles Erlebten, als das Nahen einer Katastrophe oder allgemeinen Vernichtung. Dabei das Gefühl einer grenzenlosen Vereinsamung. „Die Kranken flehen dann, sie nicht hinauszustoßen, sie nicht ‚in der Öde', ‚in Eis und Schnee' allein zu lassen." Dies alles kann vor sich gehen, ohne daß die sinnlichen Wahrnehmungen verändert wären, „und doch ist alles ‚so verändert', ‚so unheimlich'". Das Weltuntergangserlebnis kann primär sein, und daran werden sich sekundär-affektive Zustände reihen, oder es kann umgekehrt „als letzte Steigerung häufig inhaltsloser, oft auch schon an besondere

[1] 3. Band (2), 121-143. – [2] Zeitschrift f. d. ges. Neurologie und Psychiatrie, 78, 1922, 403 f.

Wahrnehmungen und konkrete Befürchtungen oder paranoide Einstellungen geknüpfter Angst- und Unruhe-Gefühle" auftreten. Der Wahnsinn König Lears könnte hier als Erklärung gelten, wie er, die tote Cordelia im Arm, seinen inneren Zusammenbruch mit dem Weltuntergang gleichsetzt. Werfels Gedicht „Der rechte Weg" (in dem Zyklus „Die letzten Dinge")[1] gibt dieser plötzlichen Befremdung Ausdruck:

„Verwandelt alles! Tausend Autos jagen . . .
Die Straßen blitzen endlos Schnur auf Schnur,
Und alle führen, alle, in die Irre."

Es ist dasselbe Erlebnis, das Max Herrmann im Gedicht „Weltuntergang" ausdrückt:

„Die Gestorbenen begannen unter den Schollen zu wandern,
Nirgends war ein Obdach im Aufruhr der Tiefe gewiß,
Fremd das Gleiche, unheimlich ein Bruder dem andern.
Die Vernichtung begann: durch die Welten ging mitten der Riß."

Die Unheimlichkeit der Welt steigert die Angst zum Gefühl äußerster Verlassenheit: „Der letzte Mensch"[2] spricht:

„Im Schweigen harr ich wie verbannt.
Nur Traumbild Schnee und Latern.
Ich bin allein im toten Land:
Der letzte Mensch auf letztem Stern."

So ist auch in dem grotesken dramatischen Stimmungsbild „Der letzte Mensch" desselben Dichters der Alltag in die Atmosphäre der seelischen Apokalypse getaucht: über einem Weltuntergang, der seltsam unwirklich ist (da er sich nur in den Geistern vollzieht, während die äußere Welt unverändert bleibt), ruft ein Kind, „auf dem Chaos tanzend", mit dünner Stimme: „Ich bin der letzte Mensch, ich werde glücklich sein." Ähnlich in dem „Traum" Turgenjews „Das Ende der Welt":[3] In unsäglicher Beklemmung erwarten die Menschen etwas und wissen nicht, was kommen wird. Plötzlich springt der Knabe ans Fenster und schreit mit der selben

[1] Gedichte. (Als Nachtrag zum „Gerichtstag".) – [2] In „Einsame Stimme", Berlin 1927. – [3] Sonderdruck aus dem Landhausverlag, Jena 1921.

kläglichen Stimme: „Seht! Seht! Die Erde ist eingesunken!" Eine Novelle von Siegfried Trebitsch, „Weltuntergang",[1] endlich schildert realistisch den Übergang einer alltäglichen Neurose in die Psychose, die fortschreitende Hinausverlegung des innern in den äußern Untergang. Ganz auf dem Charakter der Un-heimlichkeit einer verfallenden Schattenwelt, die unaufhaltsam ihrem Untergang zustrebt, baut sich Alfred Kubins Roman „Die andere Seite" auf.[2] Der Übergang in diese Welt ist bildlich als eine phantastische Reise in ein unheimlich-grauenvolles, dunkles Reich gefaßt, das einer inneren Auflösung entgegengeht. Ungeziefer überflutet die Stadt, zernagt und unterhöhlt die Mauern, die Häuser zerbröckeln, und auch die Menschen scheinen stufenweise zu zerfallen, bis die untersten Triebe bloßgelegt sind und allein noch herrschen.

In die Nähe dieser seelischen Apokalypse sind alle großen Dichter dieser Kreise gekommen. Georges „Welt-Ende" in „Tage und Taten", Hofmannsthals tiefe seelische Krise um die Jahrhundertwende, Rilkes tiefe Angst vor dem Wahnsinn, Spittelers Blick ins Antlitz der Meduse zeugen davon. Ganz im Innern dieser Sphäre aber stand Strindberg: sein Meisterwerk, das „Traumspiel", ist die im Wahnsinn des auflösenden Traums untergegangene Welt. Sie ist von der tückischen, zermürbenden Unlogik und Feindlichkeit der Dinge im Traum, auswegslos, weil sie selber der böse Traum ist, der der Vereinigung Brahmas mit Maya entstammt.

Dieses Fremdwerden der Welt, als ob im Spiegel ein unbekanntes Antlitz uns anblickte, ist so immer auch Fremdwerden des Ich. „Ich liebe den", sagt Zarathustra, „dessen Seele übervoll ist, so daß er sich selber vergißt, und alle Dinge in ihm sind: so werden alle Dinge sein Untergang."[3] Das bewahrheitete sich schon, wie wir sahen, tragisch an Malte Laurids Brigge. Denn das Ich, das hätte Welt werden sollen, löst sich vom Kern der Person wie die Blätter der Rose ab, wie Schalen fallen die Rollen und Charaktere von ihrem Träger. So wird Angst des In-der-Welt-seins zu Angst um die eigne Person. Sigismund in Hofmannsthals „Turm" frägt: „Wer ist das: ich? Wo hat's ein End'? Wer hat mich zuerst so gerufen?"[4] Und in seiner „Alkestis" heißt es:

---

[1] Berlin 1903. Eine bis in Einzelheiten ähnliche Fabel kehrt bei *Georg Kaiser* wieder („Von Morgen bis Mitternacht" [1916]), jedoch ohne das eschatologische Motiv so stark zu betonen. *Trebitsch'* Novelle veranschaulicht vorzüglich den von Wetzel gemeinten Vorgang. – [2] München 1909. – [3] N. 6, 18. – [4] III (1), 85.

„Und lautlos wie ein Schleier löst sich ab
Vom nackten Ich das bunte Schicksalskleid.“[1]

Bedrohte im ersten Kreis Meerwüste die kleine menschliche Insel, so hier die Übermacht unbewältigter Objektwelt, die fremd und gesetzlos um das wehrlose Ich steht, während sie doch sein Spiegel und Gewand sein sollte. Zu ihr stellt sich darum auch das Ich selber:

„Mir wie ein Hund unheimlich stumm und fremd.“[2]

Wenn das Fremdwerden der Welt zum existentiellen Weltuntergang führte, so das Fremdwerden des Ich zum existentiellen Weltgericht. Denn während die Schalen des Welthaften von ihm abfallen, fällt auch die Gnade der Göttin Seele von ihrem Knechte Prometheus ab: er findet sich ohne Ziel, ohne Ideal, ohne Sinn, allein mit seiner Schuld, seiner Verdammung. Kein anderer hat diese letzte Phase des Mythus beschwörender verwirklicht als Franz Werfel in seinem Gedichtwerk „Der Gerichtstag“. Es folgt zeitlich dem „Weltfreund“, „Wir“, „Einander“, in denen eine ganymedische Verströmung in Natur, Ideal, Mitmensch gefeiert worden war. Aber am Ende dieser Entzückungen plötzlich die einfallende Dämmerung der Liebe, das Erstarren des flüssigen Spiegels zu eisigen, glatten, undurchdringbaren Kerkerwänden.

„O Spiegel, arm, unselig und verflucht,
In der Narziß ertrank, gefrorene Fläche! . . .

Und wird ein anderer vor dich gestellt,
Ein Spiegel, dann erkennst du Fluch und Hölle,
Dein Ich und alles, diese ganze Völle
Von Nichts, die er dir flach entgegenhält.

Da aber wird dir Rache und Entgelt.
Höhnisch vertausendfachst du das Dazwischen,
Und machst unendlich einen Wahn von Welt,
In den wir fliehen, ohne zu entwischen.“[3]

Dieses „Dazwischen“ trennt uns immer weiter von der Welt, die nicht wir sind. Sie wird das Fremde. Aber weil es doch „unsere“

---

[1] II (2), 267. – [2] I (1), 14. – [3] Der Gerichtstag (1919), 107.

Welt war, so ist unser Wanken ihr Wanken und unsere Agonie die ihre. Die Hölle, in der die Seele begraben wird, ist ebensosehr die Hölle der Dinge, denn das Höllische ist die Einsamkeit, die Leere des „Dazwischen".

„Aus meinen Tiefen rief ich dich an.
Ich rief wie aus versunkenen Fiebern tretend: Wo bin ich?
Tieftaumelnd stand ich in schwankender Landschaft, im Schwindel geheimer Erdbeben und rief: Wo bin ich?
Ich erkannte die Welt. Sie hing an einem letzten, zuckenden Nerv.
Ich sah den Todesschweiß der Dinge . . .[1]

. . . Aller Farben sind sieben. Aber was soll es, wenn das Herz sie nicht erschafft?!
Alle Zaubereien sind dahin! – Aber im Vorhaus scharren die Gläubiger mit kotigen Stiefeln,
Und mich wirft öde, tränenlose, gottlose Reue hin und bannt mich."[2]

So ist der Seele nicht nur der Weltgenuß entwunden, sie ist es grimmiger sich selbst. Denn solches Ausgeleertsein und Ausrollen alles Gehalts in Staub und Kot, solches Gebanntsein in das Flaue und Laue und Schwachsinnige trifft sie bis in ihr Innerstes, und kein Ort ist mehr, von wo aus diese Untergänge als Schauspiel genießbar wären:

„Es ist nicht die Lust der Zerknirschung, wenn ich mich dem weidenden Vieh vergleiche . . .
Meine Lampe erfriert. In das Grab des schrecklichsten Todes sehe ich, ich sehe in den geistigen Tod,
Ich fühle das fieberlose Übel, Trägheit des Herzens:
Mit kalten Fingern sitze ich da, ohne Hilfe und völlig ratlos . . .
Und nicht einmal den Wahnsinn darfst du mir mit seinen Sperberschwärmen und großen Steppen schenken."[3]

So wird nun folgerichtig im Terzinenkreis „Aus dem Traum einer Hölle" Dante ihm zum Führer in eine neue, ganz verinnerlichte Höllenfahrt, deren Eingang die Dinge der Umwelt sind, deren Trichter aber der leere Abgrund der Seele:

---

[1] 244. – [2] 241-242. – [3] 247-248.

„Ja, eine Wüste war ich. Und kein Liegen,
Kein Stehn und Wandeln füllte mein Gebein.
Kein Wort der Erde nennt mir das Versiegen,

Das sich in meine Quelle brannte ein.
Ich schwand und blieb. Ich war der Leib der Leere,
Nichts, nichtiger als Nichts, noch dessen Schein."[1]

II. Der erhörte Narziß

Wie kann sich diese Tragik von Spiegel und Spiel in ein Lösendes verwandeln? Wie kann die existentielle Lüge, die die „Wahrheit" unseres Seins ist, in *wirkliche*, höhere Wahrheit sich erlösen? Es müßte ein Weg gefunden werden, der den Spiegelcharakter des Seins zugleich beibehielte und doch von innen her verwandelte. Wir suchen in vier Stufen die Lösungen zu beschreiben, welche die Dichter dieses Kreises versuchen.

Als erste bietet sich die Lösung an, die den Zauber des Seinsspiegels als bösen Zauber zu überwinden sucht. Sie entspringt dem Leide daran, daß der Strahl, der vom Ich ausgeht, sich in ein Bild *bricht*, und die unendliche Strebung, um sich selbst zu gehören, re-flex werden muß. Mag auch der schattenhafte Partner im Spiegel für eine Zeit unentbehrlich sein – zuletzt wird er vernichtet werden, um dem freien Ausströmen der Seele zu weichen. Das ist die Lösung von Franz Werfels „Spiegelmensch",[2] die buddhistisch-schopenhauersche Lösung. Spiegelmensch ist die doppelgängerische „Wahrheit" Thamals, solange seine Idee und sein Leben sich nicht decken. Er ist die Wahrheit als Enthüllung falscher Idealität, als Entzauberungs-Zauber im psychoanalytischen Sinne. Aber als Thamals Ich gereift ist zu eigener, reiner Wahrheit, da versinkt Spiegelmensch im Spiegel, dieser zerschellt, und an seiner Stelle öffnet sich das große Fenster eines Buddhistenklosters, den Blick in die bewußtlose Seligkeit des Nirvana freigebend. Das aber ist

[1] 63. – [2] Rein eschatologisch tritt das Motiv des zerbrechenden Spiegels in Julius Maria Beckers „Passion in 14 Stationen": „Das letzte Gericht" (Müller, München 1927) auf: Entselbstung wird zur Identität mit dem Spiegelmenschen und darin zur mystischen aller Menschen.

Preisgabe des Geistigen in seiner höchsten Gestalt, dem Selbstbesitz. Es ist Erstrebung des Tierbewußtseins, von dem Rilke sagt:

„Sein Sein ist ihm
unendlich, ungefaßt und ohne Blick
auf seinen Zustand, rein, so wie sein Ausblick."[1]

Nein, Keyserling hat recht: „Je geistiger ein Mensch, desto mehr ist er Schauspieler",[2] denn menschlicher Geist und Reflexion sind eins. Aber wird so die Tragik zwischen Sehnsucht und Erfüllung nicht endgültig, wenn immer ein Bild den Strahl des Geistes bricht, um ihn sich selbst zu geben?

Spitteler und George versuchen darum einen zweiten Weg: Göttin-Seele soll der äußerste, ausgeworfene Horizont des Geistes sein, kein Fremdes, sondern der Rede gewordene Inhalt des Strahls der Sehnsucht selber. So könnte mitten zwischen diese Unendlichkeit eine Welt sich stellen, und, von ihr umgriffen, enthalten werden. Als Nietzsche seinen „Prometheus" plante, zeichnete er auf: „‚Vom letzten Glück des Einsamen!' – Das ist der, welcher aus dem ‚Zugehörigen' zum Selbsteignen des höchsten Grades geworden ist: das vollkommene ego."

Bei Spitteler freilich ist der Dienst an der Göttin Seele, wie sich zeigte, passive Parusieerwartung. Denn die Einheit gelingt nur im schöpferischen Augenblick der Inspiration. Dann freilich, am Jüngsten Tage, hat Prometheus der Dulder es sich verdient, er kann die Welt vom Ungott befreien, er kann das Kind Messias retten und das „messianische Reich" gründen. Aber wie bezeichnend ist es, im Gegensatz zu Novalis etwa, daß diese Welterlösung nicht identisch ist mit seiner eigenen Erlösung. Der Menschheit schenkt der Heros das messianische Reich, dem Heros aber schenkt allein seine Seele den Augenblick eschatologischer Vollendung. Stolz und Einsamkeit des dionysischen Menschen können kein stärkeres Symbol finden. Der Spiegel, in dem er sich sieht, ist bis zuletzt er selbst. Welt ist ihm echolos. Gott gar ist ihm feind. So ist diese Weltvollendung ein Zweitletztes, das sich wie nebenbei aus dem einzig bedeutenden Geschehn, dem metakosmischen Spiegel-Vorgang, ergibt. Als der Demiurg dem Prometheus für die Welterlösung dankt, winkt dieser ab:

---

[1] III, 294. – [2] A. a. O. 363.

> „Beschäme nicht länger mein Angesicht mit unverdientem Dank, denn sieh: ein Weniges hab' ich getan, und dieses Wenige: gezwungen hab' ich es getan; um Deinetwillen nicht, um eines Andern willen."[1]

Das ist der Stolz und die Einsamkeit des Dieners seiner Seele. Und weil die Welt in sein Verhältnis zu ihr nicht eingeht, darum ist sie im letzten Sinn unerlösbar. „Auf dem harten Granit von Spittelers Weltgrund versuchen da und dort die Blumen der Paradiesesdichtung über den Dornen des Leids emporzuwachsen. Märchenwelten, Utopien, eschatologische Glücksvisionen, metaphysische Robinsonaden, Goldene Zeitalter, Messiaden, Erlösungsmythen leuchten in magischem Glanz einen Augenblick auf, um phantomhaft wieder zu erlöschen."[2] Der tiefe Dualismus gnostischen Charakters ist der Grund dafür. Aber darin wird etwas weit Tieferes sichtbar. Kosmos ist darum ewig krank, weil es Metakosmos – nicht gibt.

> „Man glaubt von einem Lande Meon, daß es wäre . . ."

Me-on aber heißt Nicht-sein. Und der „Metakosmos" Apolls bleibt die durchsichtige Allegorie des künstlerisch Idealen. Es ist als Existierendes ebenso utopisch wie die Göttin im Roman „Imago". Denn „Imago" (Urbild auch der „Seele" im Prometheus) ist zwar der Spiegelmensch als Ideal – aber so sehr das Werk des Imaginierenden, daß sie vom Standpunkte der Existenz reine Imagination ist. Die materialistischen Grundlagen, die Spitteler mit Freud teilt und die den Erfolg seiner „Imago" in der Psychoanalyse erklären, werden sichtbar. Die „sinnverlaßne Liebe" des Prometheus zu seiner Seele kann keine Lösung des Spiegelproblems sein, weil zwischen sie keine Existenz, keine Welt tritt, die die Leibwerdung des Ideals, die überhaupt nur Transzendenz und damit allein eigentliche Liebe ermöglichte.

George geht von der Forderung dieser Leibwerdung aus. Spittelers gnostischem Leibhaß steht bei ihm wahre Leibvergottung entgegen. So kann ihm Welterlösung und Dämonsdienst eine innere Einheit werden. Sein „Dämon" ist zunächst, wie Spittelers Seele, der unendliche Horizont, Ideal und Erlösung, zu dem hin seine Seele, sich erfüllend, übersteigt:

---

[1] Prometheus und Epimetheus (1920), 306. – [2] Robert Faesi, a. a. O. 275.

„Du gibst den rausch, sie schwebt zum ewigen tore ...
erfüllung leuchtet, lösung schallt im chore.

Die unerreichte flur scheint ihr gewonnen,
Sie überfliegt die klüfte mit dem aar ...“[1]

Und dieser metakosmische Flug erhält (über Spittelers Möglichkeiten hinaus) Erfüllung durch das gnadenhafte Entgegenneigen des Göttlichen:

„Du beugest dich aus deiner wolkenstatt.“

In seiner überreichen Erfüllung aber ist dies Niederneigen der Gnade die Menschwerdung Maximins. Er ist wie das Kind von Ich und Dämon, Frucht der Sehnsuchtsbewegung und ihrer Reflektierung aus göttlichem Spiegel:

„Ist ein wunder gleich dem einen
Wunder dieses ganzen jahrs?
Riß ich nicht ins enge leben
Durch die stärke meiner liebe
Einen stern aus seiner bahn?“[2]

Aber dann geschieht doch etwas Ähnliches wie bei Spitteler: George schenkt dem Kreis den „Gott“, wie Prometheus der Welt das Messiaskind. Die Transzendenz des Heroen, in der das Göttliche sich verwirklicht, steht unvermittelt neben der immanenten Weltverklärung, die für den „Kreis“ gilt. Für die Gemeinde transzendiert der Held, er allein unternimmt das ungeheure Abenteuer, hinabzutauchen bis zum „Grund“ und von dort das gebändigte „Andre“ als wohltätigen Zauber, „Begehung und Bild“, heimzubringen. Aber ist der dionysische Abgrund nicht – in jeder Seele? Kann es einen stellvertretenden Überstieg geben? Man denkt zurück an Kants Unternehmen, ein für allemal das „Abenteuer der Vernunft“ zu unternehmen, die Gefahr der Transzendenz ins Leere, um den Abgrund endgültig zu versiegeln. Es war der Weg, mehr als eine Generation von Abenteurern in diesen Abgrund zu locken.

Gerade da also, wo Spittelers Utopismus durch erlösende Menschwerdung überwunden wird, taucht ein schwereres Rätsel auf: das Soziale im Spiegelproblem. Nietzsches Held verzichtet

[1] V, 30. – [2] VIII, 70.

auf Jünger, er heißt jeden für sich das Heil sich erringen. George muß *seine* Transzendenz als die normierende vorstellen. Damit erst steht die dionysische Hybris auf ihrer letzten Höhe. Sie besteht nun darin, daß der neue Mensch, der aus der Tat und Sehnsucht des Helden geboren ist, als ein Existentiales in die Welt tritt, also für die Jünger als eine durchaus transzendentale Wirklichkeit, während er für den Helden in der Immanenz seiner Spiegelsituation bleibt. Denn wenn George auch seelisch im Maximinerlebnis eine unbeschreibliche Befreiung vom Druck der Einsamkeit erfahren hat, wenn er sogar anbetend das eine Knie beugen kann – so hindert ihn vor wahrem Knien seine Ahnung, daß dieser „Gott“ nur kraft seines eigenen Dämons göttlich ist. Auch seine menschliche Befreiung deutet er in eine von ihm gewirkte Zaubertat um: Golem! –

„Meine hand in deiner gibt den strom
Deinen gliedern daß sie frei sich regen . . .“[1]

So darf es sich George nach Maximins Tod auch erlauben, andern sich zuzuneigen. Ist nicht *er* der schaffende „Grund“? Auch wenn er betet.

„Die reichste feier will verjüngt sich sehen
Der flüchtigen von heut entnimmt sie dauer . . .
So laß geschehn daß ich an jeder freude
Gemäß dem satz des lebens mich entfache!
Da uns die trübe droht wenn wir nicht strömen
Reißt oft sich unser geist aus seinen grenzen . . .“[2]

Weil Maximin seinem eigenen Übersteigen immanent ist, ist er nur der größte seiner „Augenblicke“, die höchste Gunst des Dämons. Und wenn Maximin nach seinem Tode zum Ideal wird und so den „Dämon“ ersetzt (wie einst Diotima von Hyperion zum All-Ideal erhoben wurde), auch dann sogar besteht eine letzte Identität zwischen dem Ich und dem Spiegel, dem Priester und dem Gotte, die jede Frage an diesen letzten überflüssig macht:

„Wer höchstes lebte, braucht die deutung nicht.
Wir wären du wenn wir dich ganz erfaßt –“[3]

Das ist das Extreme, die gefährliche Hochspannung in Georges Lebensraume: zwischen ihm und seinem Dämon taucht ein Dritter

---

[1] VIII, 52. – [2] IX, 52. – [3] VIII, 104.

auf, kommt ihm aus dem Spiegel entgegen – und dieses Antlitz deutet George dennoch als das *seine*. So zeigt sich das Spiegelproblem in einer äußersten Gestalt: in seinem Innern ist einerseits eine wahre Spannung der *Liebe*, der Sehnsucht nach existentialer Erwiderung, anderseits ein Wille zur Selbstwerdung, die George nur vereinigen kann durch Schaffung des Du. Weil aber ein *lebendiges* Du ihm entgegentritt, grenzt diese Lösung an Solipsismus. Daran erst ermißt man den Abgrund von Einsamkeit und Stolz, aus dem George in die Zone Maximins tritt, die solipsistische Einigkeit, der die Verzweiflungsgedichte der „Traurigen Tänze" und des „Teppichs" entstammen. „Das historisch Neue an den Einsamkeitsgedichten am Ende des ‚Vorspiels': ... daß es Mächte des Außen in gar keiner Form mehr gibt, von denen der Mensch sich verlassen wähnen kann. Es existiert niemand, der ihn verlassen könnte." „In den ‚Traurigen Tänzen' hat sich in einem Einzelnen vorbereitet, was zwei Jahrzehnte später als Lehre vom ‚Untergang des Abendlandes' begriffen und ausgesprochen wurde."[1] Es war eine Verzweiflung, aus der nur das Ende als Betäubung noch folgen konnte:

„Mit der betäubung wein aus seinem sprengel
Die dichten schatten der bedrängnis hindernd
Des endes schwere scheideblicke lindernd
So stand am lager fest und hoch: der engel."[2]

Georges narzißtische Sehnsucht war vielleicht die glühendste im Kreis der dionysischen Menschen. Antwort im Spiegel mußten ihm wirkliche Augen, ein wirklicher Mund, ein wirkliches Antlitz sein. Aber seine Liebe war zugleich Magie, durch Zauber mußte das Antlitz herbeigezwungen werden. Ganz nah streift hier Georges Religiosität an die Pascals. Ihrer Liebe *mußte* Gott gehorchen, sie war wie ein beschwörender Kuß in den unendlichen Spiegel.

„Ich spannte die arme und wagte den flehenden kuß."

Pascals Magie wurde erhört im Erlebnis des „Mémorial". Die Georges blieb ohne Antwort. Er läßt das Bild Gottes aus den Händen sinken:

„Ich glaube mein arm ist bald zum umfangen zu matt
Auf meinen Lippen erlosch die brennende liebe."[3]

---

[1] Willi Koch: Stefan George (Halle 1933), 29. 60. – [2] V, 35. – [3] III, 66.

Wie soll aber dieses Scheitern Georges überwunden werden? Zwischen Ich-Spiegel und Du-Spiegel scheint kein Weg mehr gangbar. Und doch müssen beide Pole des Problems in die Lösung eingehn, soll es eine Lösung sein. George scheiterte daran, daß er ein lebendiges Du in seine Einsamkeit einschloß. Sollte die Lösung nicht in der Möglichkeit liegen, im Du-Spiegel den Ich-Spiegel zu finden? Das Du, die „Objektivität", die „Welt" der Göttin-Seele überzuordnen? Aber das Problem spaltet sich hier sogleich in das zwischen Ich und Dingwelt und das zwischen Ich und Menschen-Du. So ergeben sich noch zwei Stufen für die Lösung des Spiegelproblems: Rilke steht auf der ersten, Hofmannsthal auf der zweiten.

Rilke wird, wie wir früher bemerkten, vom Lebensphilosophischen aus nur teilweise sichtbar, seine eigentlichen Wurzeln liegen in einem spätern Kreise. Darum findet sich bei ihm auch der dionysische Mythus der Göttin Seele nicht. Das Verhältnis zwischen dem Engel und dem Menschen ist keine Spannung der Liebe. Rilke hat vor sich keinen endgültigen Ich-Spiegel. Vielmehr ist ihm dieser Spiegel gleichsam zersplittert und die Splitter [sind] unter die Dinge verstreut. Orpheus, der Gott der Einen Natur, des Zaubers im Ganzen, ist von den Mänaden zerrissen worden:

> „Schließlich zerschlugen sie dich, von der Rache gehetzt,
> während dein Klang noch in Löwen und Felsen verweilte
> und in den Bäumen und Vögeln. Dort singst du noch jetzt.
>
> O du verlorener Gott! Du unendliche Spur!"[1]

So gibt es nur einen Weg für Rilke: dieser unendlichen Spur nachzuspüren und in allen Dingen den verlorenen Gott zu suchen. Das aber ist mit einem als Vorbild und Maßstab an die Dinge angelegten Ideal der Seele nicht erreichbar, sondern nur durch eine Dienst- und Knechthaltung dem Existierenden selbst gegenüber. So öffnet sich Rilke hörend der Welt, wo Spitteler und George sie herrschend verwandeln. Die unendliche Spur aber regt sich ihm alsbald:

> „Es winkt zu Fühlung fast aus allen Dingen,
> aus jeder Wendung weht es her: Gedenk!
> Ein Tag, an dem wir fremd vorübergingen,
> entschließt im künftigen sich zum Geschenk."

[1] III, 338.

Die offene, hinhorchende Bereitschaft der Seele Rilkes schafft so ein neues Spiegelverhältnis. Denn sie will nicht vor allem sich selber finden – sie sucht ja den verlorenen Gott. Daran aber wird sie selber zum Spiegel, in dem die Dinge sich erkennen, ja ihre Idee, ihre Wahrheit erreichen:

„Was haben wir seit Anbeginn erfahren,
als daß sich eins im anderen erkennt?

Als daß an uns Gleichgültiges erwarmt?
O Haus, o Wiesenhang, o Abendlicht,
auf einmal bringst dus beinah zum Gesicht
und stehst an uns, umarmend und umarmt.

... Ich sorge mich, und in mir steht das Haus.
Ich hüte mich, und in mir ist die Hut.
Geliebter, der ich wurde: an mir ruht
der schönen Schöpfung Bild und weint sich aus."

Verse unnachahmlicher Schwingung, selber ergriffen von dem schwebenden Wunder, das sie erzählen: Die offenstehende Seele wird heimgesucht von den Dingen wie ein Tröster und Helfer und, ans Herz genommen, weinen sie in ihm die Trauer ihrer Einsamkeit aus. Denn hier, in diesem Spiegel, blickt ihnen der einzige Erlöser entgegen, der sie entzaubert (von ihrem vergänglich-niedern Dasein), indem er sie verzaubert (weil er ihre Idee schaffend aus ihnen zu lesen versteht). Alte Ahnung aller idealistischen Philosophie: daß die Dinge in der Seele ein höheres Sein – ihre Idee – gewinnen als in sich selbst. Und das Bild des Sich-Ausweinens, diese Mischung von Erlösung und Leid, ist vielleicht das zarteste, in das diese Ahnung je gekleidet wurde.

„... Und diese, von Hingang
lebenden Dinge verstehn, daß du sie rühmst; vergänglich,
traun sie ein Rettendes uns, den Vergänglichsten, zu.
Wollen, wir sollen sie ganz im unsichtbarn Herzen verwandeln
in – o unendlich – in uns! wer wir am Ende auch seien."[2]

Seele: Zauberspiegel der Welt. Aber welch seltsame Bewegung muß darüber in ihr selbst entstehn! Sie sucht in den Dingen – nun

[1] III, 452. – [2] III, 300.

finden die Dinge in ihr. Und sie sucht in den Dingen den Gott – nun finden die Dinge ihren Gott in ihr. Sie wollte transzendieren und ist das Transzendente. Aber in dieser unbegreiflichen Wendung blieb sich eines gleich: Sie wollte sich öffnen – und wurde geliebt. So ist es doch eine Antwort auf ihre ursprüngliche Gebärde. Der erste Gestus der Freigebung hat sie unendlich befreit. Göttliches: die Wahrheit der Dinge, ist in ihr aufgestanden. Eine Liebesbewegung vollzieht sich naturhaft, seinshaft in ihrem Innern: sie steht „umarmend und umarmt . . .".

Die Seele hat den Dingen ihr Antlitz geschenkt, ihren schöpferischen Blick. Ist aber dieses Geschenk auch der schöpferische, der apokalyptische Blick – für sie?

> „O Haus, o Wiesenhang, o Abendlicht,
> auf einmal bringst dus beinah zum Gesicht . . ."

„Beinah" – klingt hier nicht Georges „beinah" an, als seine Seele den Spiegel nahm?

> „Und beinah einer schwester angesicht
> erwiderte dem schauenden ein spiegel."

Sucht Rilkes Seele nicht doch auch, sich selber unbewußt, einen Spiegel, in dem ihr eigenes Antlitz erschiene? „O Einsamkeit aller Schenkenden! O Schweigsamkeit aller Leuchtenden!" Rilkes Seele hat etwas von jener Karitas-Liebe von Krankenschwestern: sie trösten und pflegen, aber antwortlos, irgendwie über die Kranken hinaus, hinweg, und um eines Andern willen. Antwortlose Liebe an sich allein ist eine „Anstrengung", und Rilke sagte einst von sich: „Alle Liebe ist Anstrengung für mich, surmenage . . ." Aber: „Die Natur ist nicht fähig, an einen heranzureichen, man muß die Kraft haben, sie umzudeuten und anzuwerben, sie, gewissermaßen, ins Menschliche zu übersetzen, um ihren mindesten Teil auf sich zu beziehen; das aber gerade ist es, was man als ein gründlich Vereinsamter nicht leisten kann: man will dann ja beschenkt sein, bedingungslos, . . . es muß einen das, was zu einem will und soll, überfallen, als ob es Sehnsucht hätte nach einem, als ob es nichts meinte, als sich dieser Existenz zu bemächtigen und jedes Atom ihrer Schwäche in Hingegebenheit zu verwandeln."[1] Aus diesen Worten folgt unmittelbar, daß nicht nur die Dinge ein Doppel- und

---

[1] Briefe an eine junge Frau (Inselbücherei, Nr. 409), 6-7.

Spiegelsein haben, sondern die spiegelnde Seele nicht minder ein „Ding“ ist, dem seine Idee noch aussteht. So ist es ein allgemeines *Seins*gesetz, das auch die Seele mit einfaßt:

„. . . Alles
ist nicht es selbst.“[1]

Die vierte Duineser Elegie wäre hier aufs sorgfältigste auszulegen. Wir deuten nur an. Die Seele als Existierende kennt ihre Idee, ihre mögliche Ganzheit, ihr Zentrum nicht. Nur auf dem Spiegel der Dinge, als auf einem Andern, Unseelischen, hebt sich einiges von ihr für Augenblicke ab:

„Da wird für eines Augenblickes Zeichnung
ein Grund von Gegenteil bereitet, mühsam,
daß wir sie sähen; denn man ist sehr deutlich
mit uns. Wir kennen den Kontur
des Fühlens nicht, nur was ihn formt von außen.“

So ist auch die Seele selber Schau-Spiel. Aber die Bühne (der Spiegel) ist die Welt, und auf ihr kann ihre Eigentlichkeit nicht auftreten. Nur Verkleidungen, Masken, ein Faschings-, nicht ein heiliger Zauber geht über diese Bretter, und Psychoanalyse hat leichtes Spiel, diese Masken zu entlarven. Aber auch vor *dieser* Bühne, die im Grund nur Puppen zeigt: – die Seele, die schauen will, *sich* schauen, bleibt davor dennoch sitzen:

„Wer saß nicht bang vor seines Herzens Vorhang?
Der schlug sich auf: die Szenerie war Abschied.
Leicht zu verstehen. Der bekannte Garten,
und schwankte leise: dann erst kam der Tänzer.
Nicht *der*. Genug. Und wenn er auch so leicht tut,
er ist verkleidet, und er wird ein Bürger
und geht durch seine Küche in die Wohnung.
Ich will nicht diese halbgefüllten Masken,
lieber die Puppe. Die ist voll. Ich will
den Balg aushalten und den Draht und ihr
Gesicht aus Aussehn. Hier. Ich bin davor.
Wenn auch die Lampen ausgehn, wenn mir auch
gesagt wird: Nichts mehr –,
. . . Ich bleibe dennoch. Es gibt immer Zuschaun.“[2]

[1] III, 276. – [2] III, 274-275.

Es ist ein Zuschaun an Kraft, weit über das Schaubare hinaus, fast wie am Ende von „Spiegelmensch“ das Schaun nicht mehr in den Spiegel, sondern aus dem Fenster geschieht . . . Es ist ein Hinaussehn, über das Schauspiel von Ding und Dingidee hinaus:

„. . . O, der ich wachsen will,
ich seh hinaus, und *in* mir wächst der Baum.“

Die Verwandlung der Welt in Eigentlichkeit, die auf dem Theater der Seele gespielt wird, ist aber wie eine große Oper, gegeben in einem kleinen, billigen Vorstadttheater. Es ist darin eine Anstrengung, ein guter Wille, der das Lächerliche des Mißlingens peinlich macht. Es ist die Halbheit zwischen dem Echten des großen Spiels und dem Echten des einfach-bürgerlichen Menschen. Das Kitschige der mißlungenen Verzauberung ist unerträglich – besser wäre ein Puppentheater, das sich als solches gibt. Ausgedeutet heißt dies: die Seele vermag den Dingen nicht *so* Spiegel zu sein, daß das Ganze der Welt zu einem wahren Spiel, einem gelungenen Zaubervorgang verwandelt würde – sie hebt sie in eine Stufe von Eigentlichkeit, die zwar die Dinge „erlöst“, aber die Welt nicht zum ungebrochenen „großen Welttheater“ macht.

Die Elegien sind Rilkes tragische Weltdeutung. Darum suchen sie die Lösung aus der Halbheit der Verkleidungen nicht in der Richtung auf die *volle* Erlösung der Welt, als restlosem Ineinanderaufgehn der Pole, sondern in der Richtung auf menschliche Wahrhaftigkeit, welche an Stelle einer unklaren, dionysischen Zauberhandlung lieber den ehrlichen Dualismus im Sein, die reine Idee und die bloße Existenz auseinandergelegt sieht. Das wäre eine Form des Schauspiels und der Spiegelung, die die Entdeckung und damit die „Wahrheit“ der existentiellen Lüge bedeutete, eine Wahrheit, die der Wahrheitssehnsucht der zuschauenden Seele entspräche und – genügte:

„. . . Wenn mir zumut ist,
zu warten vor der Puppenbühne, nein,
so völlig hinzuschaun, daß, um mein Schauen
am Ende aufzuwiegen, dort als Spieler
ein Engel hin muß, der die Bälge hochreißt.
Engel und Puppe: dann ist endlich Schauspiel.
Dann kommt zusammen, was wir immerfort
entzwein, indem wir da sind. Dann ensteht

aus unsern Jahreszeiten erst der Umkreis
des ganzen Wandelns."

Diese rilkesche Wendung des Spiegelproblems bedeutet gegenüber den früheren Lösungen auch dann einen Fortschritt, wenn sie jetzt wieder im Tragischen endet. Denn Tragik ist hier die Aufrichtigkeit, welche die volle Ideewerdung, die *Fülle* auch nur eines dionysischen Augenblicks für ungelingbar erklärt. Was Rilke über das hier Vorgebrachte hinaus zur Lösung beiträgt, wird erst an späterer Stelle verstehbar sein können. Es gehört einem andern Lebensraum an.

Rilke konnte zum Spiegel der Dinge werden, weil er selbst keinen Spiegel als bildhaftes Seelen-Ideal besaß. Weil der Strahl seiner Liebe (wie er einmal sagt) „intransitiv" war, konnte er selbst zum Verbum der Dinge werden. Aber Rilkes unendlicher Schau-Blick, in den sich die Dinge stellen, um darin wie Sonnenstäubchen aufzuglänzen, begegnet dem Blicke nicht, der ihn selbst ganz aufleuchten ließe.

„Denn des Anschauns, siehe, ist eine Grenze,
Und die geschautere Welt
Will in der Liebe gedeihn."[1]

* *
*

Was Hofmannsthal zur Lösung des Spiegelproblems beitragen konnte, wird klar aus seiner ganymedischen Grundhaltung im ersten Kreise. Alle Figur war da Maske des Dionysos und mit der Weltmitte in sympathetischer Kommunion. Darum waren es die Gestalten auch untereinander. Und der Dichter, der sich ins Zentrum zu versetzen verstünde, könnte von ihm aus präexistierend alle Schicksale der Welt erfahren:

„Er fühlte traumhaft aller Menschen Los,
So wie er seine eignen Glieder fühlte."[2]

Das ist der „glorreiche und gefährliche Zustand" der Seele Hofmannsthals: Alles, was sie berührt, verwandelt sich in ihren Traum. Ihre Tragik ist im tiefsten Midas-Tragik.

---

[1] Briefe 1907-1914 (20. Juni 1914), 367. – [2] Werke, I, 17-18.

Ein ausgesprochener Mythus der Göttin-Seele hat bei Hofmannsthal darum nicht zentrale Stellung. Er kommt nur einmal, im „Bergwerk von Falun", zu thematischer Darstellung, und dieses Drama war ein ausgangsloser Seitenpfad auf Hofmannsthals dichterischem Weg. Wohl aber findet sich bei ihm das Dualistische von Einzel-Ich und All-Ich, welches, oberflächlich betrachtet, am meisten der alten idealistischen Vorstellung nahekommt:

„Cherub und hoher Herr ist unser Geist –
Wohnt nicht in uns und in die obern Sterne
Setzt er den Stuhl und läßt uns viel verwaist . . .

Und lebt in mir wie ich in meiner Hand."[1]

Das Alltags-Ich, der „Charakter" ist eine Rolle, eine Schale und Erscheinung des Geistes, und der hohe Augenblick ist das Rücktauchen von der Schicht des äußern „Gliedes" zu der der Seelenmitte. Von ihr aus wird die ganze Welt Traum-Glied. Worum Rilke in Existenz-Schwere ringt, das fällt Hofmannsthal naturhaft zu. Allzuleicht nur wird ihm die Welt zum Spiegel: er sieht sich wie von tausend Spiegeln umstellt, die alle sein Antlitz zeigen. Im „Kaiser von China" und in „Kaiser und Hexe" zeigte sich schon im ersten Kreis dieses Schicksal. Das Ganymedische des Ansatzes läßt darum jeden Dualismus von Seele-Dienst und Welt-Dienst unmöglich werden, Welt ist von Anfang an nur zusehr verzaubert. So ist der Bann hier zugleich leichter und schwerer zu lösen als bei Rilke.

Die erste Phase des Durchbruchs ergab sich schon als lösendes Eschaton des ersten Kreises: Der große Augenblick ist eine Synthesis der Welt nur, indem er selber die Synthesis von Distanz und Hingabe ist, welche den Namen Treue verdient. Diese Treue hatte bereits jenen ethischen Kern, der aus dem ästhetischen Impressionismus errettet. Aber nun erhebt sich die neue Frage: Treue *wem*? Hofmannsthals großer Traumkosmos enthält von vornherein

„. . . traumhaft aller Menschen Los."

Die präexistente Einfühlung dichtet Menschen nicht schwerer als Dinge. Rilke dagegen, der von der Forderung der nüchternen, erdschwer-existierenden Dinge nach Verwandlung ausging, kam gar

[1] I (1), 18.

nicht bis zum Menschen. George hatte freilich den göttlichen Knaben aus seinem Spiegel treten sehen – aber ihn in sein eigenes Gesetz hineingenommen. Hofmannsthal, der einzige Dramatiker der dionysischen Dichter, geht geradewegs auf das Problem zwischen Menschen-Du und Spiegel zu. In drei Stufen erarbeitet er sich seine Ebene der Lösung. Er hat seine dichterische Sendung selbst klar ausgesprochen: „Zwei Antinomien waren zu lösen: die der vergehenden Zeit und der Dauer – und die der Einsamkeit und der Gemeinschaft." Und er fügt bei: „Ohne Glauben an die Ewigkeit ist kein wahrhaftes Leben möglich."[1] Die erste Antinomie ist schon überwunden, um die zweite müht er sich hier.

Eine erste Stufe löst die dem Grund wie einem Mutterschoße naturhaft immanente Gestalt ins klar-bewußte, geistig-umrissene Selbstsein los. Damit folgt Hofmannsthal zunächst der Linie Spittelers und Georges und ihrer Neigung zum Prometheischen. Im „Bergwerk von Falun" schildert er das Schicksal der für-sich-seinwollenden Gestalt als das Verlangen von allem Sozialen weg in die All-Einsamkeit mystischer Versenkung. Der Held ist Bergmann, sein Hinabsteigen in die Erde ist symbolisches In-sich-Gehen. In der dunklen Tiefe aber leuchtet ihm die Göttin-Seele („Bergkönigin") auf, für die er in „schrankenloser, sinnverlaßner Liebe" alle weltliche Bindung aufgibt. Aber Spittelers Prometheus hatte keine Familie, der Held Hofmannsthals hat Braut und Verwandte. Das Treueproblem stellt sich als scharfes, tragisches Entweder–Oder zwischen Seele-Braut und Menschen-Braut. Hofmannsthal hat hellsichtig dazu ein nordisches Milieu gewählt, dasselbe, das in Ibsen und Strindberg schon allein durch seine eigentümliche Erdschwere und zugleich seine grüblerische Einseitigkeit und Verbohrtheit alle Tragik sogleich ausweglos werden läßt. Aber er hat die fünfaktige Tragödie nicht vollendet, sie lag seinem versöhnlichen Geist zu fern, nur ein Bruchstück zeugt von der schwersten Krise seines Lebens, der tragischen Midas-Krise.

In einem Prosagespräch dieser Zeit deutet er seinen eigenen Lösungsweg an: „Wollen wir uns finden, so dürfen wir nicht in unser Inneres hinabsteigen: *draußen* sind wir zu finden, draußen." Dieses Draußen bot ihm zunächst die „Intersubjektivität" des subjektiven Abgrunds: die Gemeinschaft des Bluts und Geschlechts, wie sie im ersten Kreis beschrieben wurde. Blutzauber

[1] Ad me ipsum (Jahrb. des freien dtsch. Hochstifts, 1930), 333.

von Elektra und Ödipus, vermischt mit einer Philosophie des Opfers als Magie und der Tat als Untergang, sprengen die solipsistische Einsamkeit des „Bergmanns“. Eben dies Wagnis aber, vom Untersten her die entscheidende Einswerdung zu versuchen, zeigt rückweisend auf die Tiefe der Krise. Es war mehr ein Freiheitsrausch denn eine wahre Erlösung. Dazu lag Hofmannsthals Ansatz schon zu sehr im Geistigen. Und das Verströmen in der Sphäre des Bluts, in der Region tierhafter Hingabe war selbst nicht einmal eine Öffnung der geistigen Einsamkeit, sondern in der Lust eine tiefere Verstrickung in Angst.

So mußte der wahre Weg in die Lösung des geistigen Ich-Du-Problems, als Treueproblem weiterführen. Jedes geistige Ich hat sein kosmisches Gesetz, das die einmalig-persönliche Ichwerdung der Welt regelt. Keine Monade gleicht der andern, und das Gesetz der einen ist wie ein Farbton, der die Sachlichkeit der Dingwelt unwiederholbar eigentümlich färbt. Aber diese Dingwelt enthält in sich Monaden, die mit dem Anspruch auftreten, den Farbton der ersten selbst wie eine Sachlichkeit zu behandeln. So verwirren sich Fäden des Lebensteppichs unlösbar ineinander.

In leichtem Spielton behandelt erstmals „Der weiße Fächer“ das Problem. Während Claudio, der „Tor“, die Menschen ganz ins Ich-Gesetz aufnehmen wollte und so der Hingabefähigkeit verlustig ging, halten Fortunio und Miranda beide sinnlos-eigensinnig an der Treue zu ihren verstorbenen Gatten fest. Eine übermäßige, dem dionysischen, flüssigen Lebensgesetz irgendwie unzuständige Trauer läßt sie eine Treue zu Menschen festhalten, über der ihr eigenes Leben zu verkümmern droht. Denn auch der Pol der Verwandlung fordert sein Recht: erst die Spannung von Treue und Hingabe bildet das ganze Gesetz des Lebens. George verstand diese Notwendigkeit des Vergessenkönnens und seinen tiefen Grund:

> „Da jedes bild vor dem ihr fleht und fliehet
> Durch euch so groß ist und durch euch so gilt
> Beweinet nicht zu sehr was ihr ihm liehet.“[1]

Das Problem der monadisch gebauten Welt als Lebensproblem wird somit das Grundproblem der Meisterwerke. Die Menschenwelt erscheint wie eine Unzahl von „absoluten“ Mittelpunkten, die sich gegenseitig nicht ganz umspannen können und so in „Rela-

[1] V, 23.

tionen" gebunden sind. Die Monade kann darum nicht mehr völlig ihr eigener Baumeister sein, kann ihrer Welt-ver-Ichung nicht mehr die Stilreinheit geben, die Spitteler und George vom Mythus der Seelengöttin her anstrebten. Sie hat Einbrüche von außen als ihr unabwendbares, unbeherrschbares Schicksal auf sich zu nehmen, sie wird sich in Demut zu einem Vergleich verstehen müssen.

Der feine Trennungsstrich zwischen Hofmannsthal und Novalis wird hier klar sichtbar: Wenn Rilke in geduldig getragener Enttäuschung vor dem halben Schauspiel seines Herzens sitzend verharrt, das es zu keiner „Wahrheit" bringt, weil es selbst Ausdruck der „existentiellen Lüge" des Dingseins ist, so steigert sich dieses Lebensgefühl in Hofmannsthals zwischenmenschlichem Raume zu einer Atmosphäre ethischen Unreinseins, die wie eine Grundfarbe alles durchherrscht. Die Brechung des reinen Lichts der Seele in den Prismen der fremden Monaden, der Einbruch fremder Lichter in das eigene Prisma, verwirrt vor jeder persönlich-freien Schuld die ethischen Lebensgesetze bis zu einem Bewußtsein ontisch-wesentlicher Schuldhaftigkeit des Lebendigen, einer Verstricktheit, für die die Blutdramen schon ein starker, aber noch nicht der endgültige Ausdruck waren. Der „unreine" Charakter des Lebens betont sich denn auch bei Hofmannsthal immer stärker von naturhafter Schuld („Ödipus") zu geisthafter („Frau ohne Schatten", „Turm"). Novalis behielt sich stets die Möglichkeit vor, von einem absoluten Ichzentrum *über* allen Einzelwelten in diese einzudringen. Es war eine Kindlichkeit, ein naiver Schwung, der die Brechung der Lebensgesetze noch nicht kannte. Hofmannsthal sieht die monadische Welt je schon im Charakter des Gebrochenseins.

Dieser Unterschied ist nur scheinbar aus einer größern „Geistigkeit" Hofmannsthals abzuleiten. In Wirklichkeit ist sein Grund ebenso die Strukturverschiedenheit von dialektischer und dionysischer Welt. Geistphilosophie hat stets den Schwung des Konstruktiven, der Setzung und Aufhebung, den Optimismus der Synthesis, wie er sich im Mittelbegriff der Aufhebung sinnbildlich ausdrückt. Lebensphilosophie hat demgegenüber die größere Nähe zum Individuell-Einmaligen, ohne die Geschmeidigkeit, dasselbe in höhere Einheiten synthetisch einzugliedern. Solang Gestalt nicht vom „Grund" aus zerstört ist, gilt sie ganz durch ihr eigenes, „individuelles Gesetz".

Diese Grundlagen im Kreis dionysischer Lebensphilosophie geben aber zudem Hofmannsthal eine bedeutende Förderung für seine

Lösung. Während für Kierkegaard etwa die „wesenhafte Schuldigkeit“ im Präexistenzstadium verhüllt bleibt, bricht sie im ethischen wie eine Krankheit aus und setzt das moralische Gesetz (der Liebe als Pflicht) schroff dem ästhetisch-sinnlichen (der Liebe als Genuß) entgegen. Hofmannsthal nimmt demgegenüber die ganymedische Stellung zum Leben im ersten Kreis bereits gelöst und geläutert in den zweiten hinüber: wenn Treue schon im *Allgemeinsten* Lebensgesetz ist, so wird sie im Besondern höheres, moralisches Lebensgesetz als Treue zu diesem gebrochen-unreinen Leben. In „Abenteurer und Sängerin“ ist dieser Lebenscharakter des Sittlichen in der zartesten Weise besungen. Treue wird hier, als gerechte Mitte zwischen Ich-Treue und Du-Treue, zum „Takt“, also zu einer zugleich sittlichen und ganz lebenshaft-untheoretischen Kategorie.[1] Dieser „Takt“, der „nicht Furcht, nur Ehrfurcht“ hat vor dem hehren Lebensgesetz, öffnet die innern Horizonte, wirft jene Räume unbewußt-spielend aus, welche George und Spitteler nur im heroischen Treuschwur an die Göttin-Seele eroberten. Wenn daher bei diesen um des *einen* eschatologischen Augenblicks der Einswerdung willen das Leben zum Dienst an der Idee wird, so ist bei Hofmannsthal dank dem sittlichen „Takte“ das dionysische Element über das *ganze* Leben hin wie ein Raum, eine Atmosphäre ausgebreitet, welche das Tragisch-Unreine wie den glücklich-verzückten, eben dionysischen, Charakter des Lebens gleichzeitig zum Ausdruck bringt. So ist es von höchster sinnbildlicher Bedeutung, daß „die Sängerin“ Musik – das eigentliche Medium des Dionysos – als Lebensraum für sich ausbreiten kann, in dessen strenge, reine Rhythmik ihr eigenes Lebensgesetz sich schöpferisch übersteigt und verwandelt. „Takt“ ermöglicht es zuletzt auch, das Verschwimmende alles dionysischen Personseins, das sich als Maske (persona) des Grundes in ihm geborgen fühlt, und die zaubrische, stille Verzücktheit des Daseins, die alles in Heiterkeit taucht, in den Kreis der metakosmischen Fahrt hinüberzuretten. Das große Schau-Spiel, das alles Dasein ist, wird bei Hofmannsthal in einem metaphysischen Sinn zum „Lust-Spiel“: Wie denn (im „Schwierigen“) Graf Kari zu Helene sagt: „Heiraten Sie wen immer . . . Ihnen kann ja gar nichts passieren. Sie sind ja unzerstörbar . . . ich kann gar nicht versuchen, Ihnen das zu explizieren . . .“[2]

---

[1] Das Sprachliche hebt dies schon heraus: Takt ist Mitschwingen mit dem Lebensrhythmus, Seismographie seiner Kurven. – [2] I (2), 389.

Alle Herzprobleme Hofmannsthals laufen zusammen im Romanfragment „Andreas".[1] „Andreas" ist die Synthese des rein-magischen „Ofterdingen" (von ihm übernimmt er den monadischen Weltaufbau und den Lustspielcharakter des Seins) und des pragmatischen „Wilhelm Meister" (sofern Lebensphilosophie auch erdhafte Lebensweisheit ist). Es ist ein Erziehungsroman fürs irdische, nicht für das sphärische Leben, aber doch so, daß die „Welt" selber als Aureole, Nimbus, „Astralleib" von Geistern gewußt ist. Das Kühne, ja Paradoxe darin ist, daß scheinbar ein Standort außerhalb der Subjektivitäten bezogen wird, den es, tiefer gesehen, nicht gibt, und der Leser (besser: der Zuschauer) so die (sachlich) „gleiche" Welt in immer neuen Farben sieht, je nachdem sie „Astralleib" dieser oder jener Person ist. Damit ist das Personproblem selber in seiner schärfsten Form gestellt: Das „gleiche" Weltmaterial wird von verschiedenen Ichzentren aus durchformt und so in eine unverwechselbare, nicht mehr sachliche Vielheit zerteilt, die doch keine andere ist als die der Zentren selbst und der einmaligen Farbenabschattung, welche das Objektive von ihnen aus tönt. So heißt es vom Astralleib der Gräfin: „Dies Ganze kann Andreas niemals umklammern",[2] weil das fremde Zentrum uneinnehmbar ist. Und doch wäre dieses Zentrum das einzig Liebenswerte. So sucht Sacramozo sich ihm zu nähern: „Von Wert für ihn ist nur das Lebensgeheimnis jedes Wesens."[3]

Zwischen dem eigenen und dem fremden, geliebten Lebenszentrum muß also das persönliche Lebensgesetz „oszillieren". So ist gleichsam eine doppelte Transzendenz zu unterscheiden: Zuerst die des Ich in *seine* Welt hinein, dann die weitere der geschlossenen Welten zueinander. Die erste ergäbe nur eine prästabilierte Harmonie (von Gott oder von einem idealistischen Ichzentrum aus), die zweite erst schafft lebendigen Austausch der Welten. Die erste aber kann ästhetisch-traumhaft die zweite, echte und brechende Transzendenz be-greifen, ohne sie um-greifen zu können. Das erklärt die unbegrenzte „Bedeutungsfähigkeit" der Welt Hofmannsthals. Alles ist Leib eines, ja mehrerer Geister, alles ist ihr Ausdruck, alles kann ästhetisch oder ethisch, traumhaft oder tätig zur Brücke zwischen Mittelpunkten werden, zur „Chiffre", wie Hofmannsthal (im „Gespräch über Gedichte") mit Novalis sagt. Tragisch bleibt diese Welt, sofern sich jeder Mittelpunkt nur in Spiegeln, Rollen, Spie-

[1] Andreas oder die Vereinigten (Fischer-Verlag, Berlin 1932). – [2] 122. – [3] 169.

len kundgeben kann, und diese „Gegen-stände" den Zug befremdlicher Sachlichkeit nie ganz abstreifen können.

Sacramozo, der Malteser, ist *eine* Möglichkeit, Weltmonade zu sein: die idealistische. Hofmannsthal führt sie bis in die letzten „Takt"-Schwingungen aus, läßt sie aber scheitern und untergehn. Denn das ist eine der Zauberkünste im „Andreas" (die vielleicht nur noch Dostojewskij ganz beherrscht): die Weltansicht des magischen Idealismus nicht von außen, theoretisch, dialektisch oder „psychologisch" zu überwinden, sondern durch die innerste Aneignung dieser Welt bis zum Übereinfall mit ihr, so daß selbst noch ihr Untergang innerhalb ihrer selbst und in ihrem eigenen Spiegel geschildert werden kann. „Andreas" ist die erste Dichtung, in der so der Idealismus im alten Doppelsinn „aufgehoben" wird: Von innen her zerbricht die magische Welt in Facetten, jeder Klang weckt hundertfaches Echo, „es gibt nichts Einzelnes, alles vollzieht sich in Kreisen",[1] und diese Brechung der Wellen ist die Brechung der Welten aneinander, ihr Untergang ineinander, ihre Öffnung und Apo-kalypse, und gerade dabei doch ihr tragisches Einander-Verborgensein: „Der Malteser und die Welt: zu denken, daß Alles, Alles verhüllt ist. Das verschleierte Bild von Saïs steht überall."[2]

Sacramozo also ist die versuchte Deutung dieser unendlich widerhallenden Welt als „Innenraum": „Sacramozo beanstandet Wort und Begriff ‚in die Tiefe dringen' – man sollte es ersetzen durch ‚gewahr werden' – ‚sich erinnern'."[3] „Sacramozo kennt die Gewalt des Schöpferischen. ‚Wir wissen nur, insoweit wir machen. Wir kennen die Schöpfung nur, inwiefern wir selber Gott sind, wir kennen sie nicht, insofern wir selber Welt sind' (Novalis)."[4] Von einem Novaliswort wird der Malteser zum andern geführt: „‚Allmähliche Vermehrung des innern Reizes ist also die Hauptsorge des Künstlers der Unsterblichkeit' (Novalis)."[5] Wenn aber Tat den innern Reiz schafft und zum Schöpferbewußtsein erhebt, so wird es der höchste Reiz sein, tätig – auch in andere Welten – hinüberzusteigen. Die erste Transzendenz findet in ihm ihren Meister: „Selbstgenuß, höchster, reinster – Sacramozo sucht ihn: Die Vereinigung mit sich selbst, völlige Identität . . ."[6] „Sacramozo über die mystischen Glieder des Menschen, an die nur zu denken, die schweigend zu bewegen schon Wollust ist."[7] „Die Menschen sind die Leiden und Taten des Geistes . . . Überall ist alles in jedem

[1] 114. – [2] 171. – [3] 118. – [4] 134. – [5] 137. – [6] 170. – [7] 135.

Augenblick."[1] Er weiß, daß Liebe das Mittel, der Weg ist zum Ichzentrum: „In der Liebe: immer sublimieren, verflüchtigen, das Leben dem Moment aufopfern für das daraus herzustellende Höhere, Reinere . . .",[2] denn so wird aus der sachlichen Welt der fremde Rhythmus herauslösbar, den ins eigene Rhythmusgesetz kontrapunktisch zu verflechten höchster und reinster Genuß ist: „[s]ein Motto: le plus grand plaisir de tous les plaisirs est de sortir de soi-même."[3] Solche Kunst ist sublimster „Takt", denn dieser Magier ist kein „Egoist": „In dem Malteser ahnt (Andreas) eine Meisterschaft im Spiel von dessen eigener Rolle", weil er die volle Hingegebenheit an das eigene weltdurchformende Gesetz, „höchste Empfänglichkeit für die eigene Natur"[4] wie für die fremde besitzt, die er freilich immer nur als schwingende Rhythmen der Welt sich aneignen kann: „So kommt er darauf, die *Masken* das Unterscheidende zu finden."[5] Gerade hier aber scheint ihm eine Schranke entgegenzutreten: „Der Abgrund in einem Menschen wie Sacramozo: die Verzweiflung des Beschauenden, der sich fragen muß: ‚bin ich überhaupt, wenn ich hinweg muß – werde ich *gewesen sein*? Hab ich Haß-Liebe gekannt?? – oder war alles nichts.'"[6] „Über das Sterben: ‚aus dem Theater fort müssen, bevor der Vorhang einmal aufgegangen war'."[7] Das offenbart das letzte Problem Sacramozos: er muß, um seine Immanenz zu vollenden, die zweite Transzendenz in sie hineinnehmen. Er hält sie für „einholbar", auch und gerade als Klang des Zerschellens an andern Welten. Das ist sein „Frevel": „Sacramozo – das ist sein Frevel – hält es für möglich, ein zweites Leben zu führen, worin alles Versäumte eingeholt, alles Verfehlte verbessert wird."[8] Liebe-Tat soll nochmals von Liebe-Genuß umgriffen sein. Und so auch sein Untergang: „Selbsttötung einerseits als der sublimste Akt des Selbstgenusses, das wahrhafte Disponieren des Geistes über den Körper, zweitens als die sublimste Kommunion mit der Welt."[9] Und doch bleibt dies Sterben ein Abschied, „bevor der Vorhang einmal aufgegangen war". Wie Rilke vor seines Herzens Schauspiel die Uneigentlichkeit der Welt quälend fühlt, so spürt Sacramozo Schuld und Unreinheit der zweiten Transzendenz: „Wie kann", fragt er sich, „aus der unwerten Substanz die würdige Substanz werden, aus dem Chamäleon der Adler, aus dem Unflat der Edelstein?"[10] „Sein brennendes Verlangen nach der Reinheit aller

---

[1] 118. – [2] 160. – [3] Ebd. – [4] 120. – [5] 132. – [6] 135. – [7] 172. – [8] 136. – [9] 136-137. – [10] 161.

Dinge."[1] Darum aber, weil er das Brechende der Transzendenz weit tiefer erfühlt als ein Novalis, ist sein „Frevel" am Lebensgesetz auch größer, der die offenbare Dissonanz der Melodien als einen um seine Melodie geschlungenen Einklang hören will.

Sacramozo, das deuten die Aufzeichnungen zum „Andreas" an, ist schuld an der Krankheit der Gräfin. Diese Krankheit, wie die ganze Gestalt der Gräfin, ist zweifellos das Kühnste, Äußerste, was Hofmannsthals dichterische Phantasie ersonnen hat. Ihre Krankheit ist zugleich eine tief „metaphysische" und ganz alltagsnahe. Sie ist gleichsam der Ausbruch von Sacramozos „Frevel", derselbe Kosmos, aber pathologisch zerfallen, die existentiale Verwirklichung dessen, was Sacramozo als ideale Möglichkeit vorgeschwebt war: Zentrierung mehrerer Weltrhythmen um ein Ich. Die Gräfin *verwirklicht* die zweite, „tragische" Transzendenz innerhalb einer Immanenz, und dies führt zu einer Verdoppelung der Tragik, auf welche die Natur nur durch Verdoppelung der Person antworten kann. Das Doppelwesen Maria-Mariquita, der unfaßbare Träger der zwei Rollen: Heilige und Dirne, hängt innerlich nur zusammen durch ein Hündchen, das in beide Leben sie begleitet, zugleich Sinnbild des einen tierischen Leibs wie der Unbedeutendheit des metaphysischen Trägers der „Charaktere". So ist sie die tragische Umkehrung der Liebesbewegung, die zwei Träger zu einer „Welt" zusammenschmilzt. Die Fragwürdigkeit dessen, was der Träger „Ich" und „Welt" nennt, erreicht damit ihre Spitze: „(Marias) Astralleib, bestehend aus ihren Gedanken, Ängsten, Aspirationen, der oft mit immenser Sensibilität von etwas, was einer sagt, ja von einer bloßen Nachricht, einem ‚stummen Niederfallen der Sterne' tangiert wird –: dies Gesetz empfindet sie als ihr Ich; dieses Ganze muß selig werden, dies Ganze wäre nie fähig gewesen, sich in der Liebe hinzugeben, dies Ganze kann Andreas niemals umklammern, dies Ganze ist ihre Lust und ihr Leiden."[2] Und solcher Welten zwei zu besitzen ist höchste Fragwürdigkeit des reinen Ich.

Diesen zwei Figuren, Sacramozo und der Gräfin, tritt mit Andreas der Jüngling gegenüber, der zunächst noch naive, nicht wie der Malteser, reflexe Immanenz und Präexistenz ist. Auf seiner Ausfahrt ins Leben trifft er bald ein neues, fremdes Weltzentrum, zu dem ihn seine Liebe hinüberzusteigen zwingt: Romana. Diese erste „Exzentrizität" seines Lebensgesetzes aber ist zugleich dessen

[1] 171. – [2] 122.

Weckung: „es war ihm wohl: seine Seele hatte einen Mittelpunkt.“[1] Aber die Begegnung dauert nur einen Augenblick, ihre Transzendenz nur solang wie eine Empfängnis: nun muß in Andreas’ Seele der empfangene Keim von der Nahrung seiner Ichwelt wachsen. Traumhaft erscheint ihm sein Schicksal, wie es einer jungen Mutter traumhaft zumute ist: „Alles ging in der Welt vor und zugleich mitten in seinem Herzen, wo noch nie ein Fremdes ihn durchschritten hatte.“[2] Und als er Kärnten in abendlicher Fahrt verläßt und ins Venezianische hinunterfährt, da *ist* er diese Abschiedslandschaft: „Ihm war, als wäre dies mit einem Schlag aus ihm herausgestiegen . . .“[3] Die „Empfängnis“ macht so jene Immanenz nicht überflüssig, die George und Spitteler allein pflogen: „Die beständige Erhöhung der Materie Romana, durch alles was sich begibt: er kann Romana erst besitzen, wenn er sie *glaubt*.“[4] So ist auch eine Mutter nach der Empfängnis „schöpferische Immanenz“. Ja mit der Hegung des fremden Keims wird seine eigene Innerlichkeit, die bisher reine Traumwelt und reiner naiver Drang zur Weltwerdung war, zu einer Gesetzlichkeit, die nicht mehr nur „der geometrische Ort fremder Geschichte“[5] ist. Weil sein Kern aber noch unentwickelt ist („Andreas’ Charakter nicht von vornherein feststehend; . . . alles noch unerprobt . . . Hauptrichtung: Mut“),[6] darum: „Autoritätsglaube durch und durch bis ins Äußerste des peripheren Daseins verästelt, daß er alles, was er erlebt, analog einem Eigentlichen, aber diesem nicht identisch empfindet.“[7] Was also Sacramozo als Grenze der höchsten Lebenskunst erfährt, die Unreinheit aller Dinge, das stellt sich Andreas’ naiver Schüchternheit als Unechtheit aller seiner Erlebnisse dar. Es ist ihm, als gäbe es zu seinem Dasein ein zweites, wo alles erst wirklich wäre. Aber diese Naivität mit der „Hauptrichtung Mut“ enthebt ihn doch zugleich dem Midasgeschick Sacramozos. Er wird es lernen, alles in sich um ein Zentrum wachsen zu lassen, das ihm von außen gegeben ist und das ihn vor einer Umdeutung ins Immanente darum immer warnen wird.

Weil er mit grundsätzlichem Bewußtsein der „Unechtheit“ seines Wesens beginnt, hat er den grundsätzlichen Sinn für ethische Transzendenz: „Der Weg des Sozialen als Weg zu sich selbst, ‚ich will die Treue lernen . . .‘“[8] Die Schwere der Realität gegenüber der Leichtigkeit des Idealen, die Nähe Rilkes also und die Ferne Sacramozos, helfen ihm zum Durchbruch: „In der Vergangenheit erschien

[1] 65. – [2] 67. – [3] 69. – [4] 147. – [5] 168. – [6] 109. – [7] 163. – [8] Ad me ipsum, a. a. O. 327.

es ihm möglich, im Traum war es sein eigenster Besitz", – aber noch nicht im Wirklichen: „Ihm war eines vor allem schwer: zu sich selber zu gelangen, und an dieser Schwere erfüllte sich sein Wesen."[1] So stößt er vor zu seiner entscheidenden Erkenntnis: „Das Allomatische; das Dürftige des irdischen Erlebnisses."[2] „Allomatisch" ist eine Wortbildung Hofmannsthals, im Unterschied von „automatisch" das transzendierend-*Gegenseitige* der Lebensgesetze, ihr Durch-einander-sich-Erlösen, zu bezeichnen. Das aber begründet mitten im vollen Reichtum des Liebeserlebnisses eben doch „Das Dürftige des irdischen Erlebnisses", seine Unreinheit, die ihm auf den unsaubern venezianischen Hintertreppen, erschreckend in der Dirne Mariquita, entgegentritt. So ist ihm nicht Selbstgenuß das letzte, sondern die Haltung, welche die tragische Transzendenz (die sich, selbst für Sacramozo, notwendig einmal im Tod vollziehen wird) bereits als Kern an den Anfang nimmt: „Liebe ist Vorwegnahme des Endes im Anfang, daher Sieg über das Vergehen, über die Zeit, also über den Tod."[3] So begreift Andreas endlich: „Einsamkeit und Vermischung mit den Menschen sind eins."[4]

Die Gräfin steht somit zwischen Sacramozo und Andreas: Jener vermag nicht unterzugehen („das ist sein Frevel"). Andreas lernt die zweite Transzendenz der Liebe, das wahre In-einander-Untergehen. Sacramozo weiß von der Eigentlichkeit, reflektiert sie aber. Andreas, dessen Wesen Naivität ist, weiß sie nicht, lernt sie aber transzendierend kennen. Zwischen beiden ist nur der pathologische Grenzfall ausdenkbar, über Sacramozo hinaus kann es nur echte, soziale Transzendenz oder eine dämonisch-perverse innerhalb des gleichen „Suppositums" geben, mit dem Grauen des Sich-selber-fremd-Werdens und der gefährlichen Lust, in sich selber unterzugehen: „Marias Geständnis, welche Wollust sie aus dem Versinken in die ‚Andere', ja aus dem bloßen Anklingen dieses Zustandes schöpfe (das erstere ist ihr eine mit Grauen gemischte Wollust), – daß dies das Leben ihres Lebens sei, ja daß jede Süßigkeit, jedes Vorgefühl der Vereinigung mit Gott sie in diesen Zustand hinüberzuführen drohe."[5] Mystik und Perversion berühren sich hier, nicht ohne eine folgerichtige Durchführung von Möglichkeiten zu sein, die im Mythus der Seele-Göttin zugrunde liegen, als eine letzte Form des Spiegelproblems, das innerhalb der Immanenz nicht lösbar ist.

Die Lösung, die das „Andreas"-Fragment in fast theoretischer

---

[1] Andreas, 148. – [2] 168. – [3] 168-169. – [4] 171. – [5] 170.

Weise diskutiert, tritt in den voll ausgeführten Werken plastisch-lebendig entgegen, am sieghaftesten in den zwei auch formal gelungensten, in: „Ariadne auf Naxos" und in der „Frau ohne Schatten". Beide sind auch gestaltungsmäßig die reine Darstellung der „polymonadischen" Welt: Zusammenklang von Welten als ein „Augenblick", von der Tiefe der Lust und dem Zauber wie dem Schmerz echter Transzendenz unendlich widerhallend, als Ganzes unauflösbar (obgleich unendlich bedeutend), weil es keinen Standpunkt außer den ineinander sich brechenden Welten gibt – Augenblick als „Chiffre" oder (wie R. A. Schröder sagte) „transzendentale Fuge".

„Ariadne" ist die Errettung aus der rein blut-magischen Transzendenz des „Ödipus" in eine Magie der Gesamtliebe. Bacchus findet die verlassene Ariadne, die den Todesgott erwartet, als jung-naiver Knabe auf ihrer wüsten Insel, da er eben, kindhaft unbewußt, dem Abenteuer mit Circe entrann: ihr Zauber vermochte ihn nicht in ein Tier zu verwandeln. Nur der ganze Mensch darf den Überstieg der verzaubernden Liebe als Geheimnis von Geist und Leib vollziehn; nur die große Liebe, nicht ein Blutzauber, wird Bacchus zum Gott verwandeln. So ist Dionysos hier nicht mehr der außerhalb der Gestalten ruhende, anonyme „Grund", der die Gestalten verwandelt. Er ist selbst Person und mitverwandelt durch das Zaubergesetz der Liebe: die in Leben und Geist zerrissene Welt des ersten Kreises und die monistische Seelenwelt des zweiten durchdringen sich zum menschlich-allomatischen Liebeskosmos. „Ergreift die Liebe mit ihrer ganzen Kraft ein Wesen, so löst dieses sich aus seiner Starrnis bis in den tiefsten Grund: die Welt ist ihm wiedergegeben, ja es zaubert sich selber die Welt hervor als ein Diesseits und Jenseits zugleich."[1]

Aber weil die Einswerdung echte Transzendenz ist, darum kann sie nicht von prästabilierter Harmonie, sondern nur von übergreifender Gnade her ihr Gesetz empfangen: Der Ineinanderblick von Bacchus und Ariadne wird mit leuchtender Sinnbildlichkeit als Gnaden-Geheimnis kund: ein goldener Baldachin senkt sich von oben auf sie und besiegelt das Gelingen des Überschritts. Die strahlende Feierlichkeit, mit der hier (und von nun an in allen Werken) Hofmannsthal das echte Zusammenfinden zweier Menschen umgibt, ist wie unwillkürlich der Ausdruck für die unsägliche Anstrengung, die vorausging, zwei Welten, ganze Welten, beladen mit

[1] Rodauner Nachträge, III, 77.

Selbstsein und Einsamkeit, so ineinandersinken zu lassen, daß ihr Weltuntergang nicht nur tragisch, sondern auch Lust ist, daß der Weltbrand, der sie verschmelzt und doch, weil es Geistwelten sind, in „sublimstem Wahren der Person", nur ineinanderschenkt – *Liebe* wird. Hier vollendet sich eine Möglichkeit von existentialer Eschatologie, die von Novalis her über Nietzsche, George und Rilke sich ausbaute. Es ist freilich ein Zerbrechen der monadischen Weltsphäre, aber es gleicht dem Zerbrechen des evangelischen Nardengefäßes, dem unendlicher Duft entströmt. Darin, daß der Verwandler Dionysos, der Magier, selber vom Baldachin umhüllt wird, drückt sich wundersam die Beugung der „allomatischen" Lösung *unter* ein Gesetz aus, als unter ein Wunder, das die zaubernden Wesen selber übergreift. Von „Ariadne" an geht es Hofmannsthal nicht mehr um das Jugendideal, den „Traum von großer Magie", die „Weltformel", die den Kosmos aus den Angeln hebt und zum Astralleib macht, sondern um demütige Verherrlichung des übergreifenden Lebensgesetzes. Rilkes Orpheus-Idee war ein Ähnliches, aber in dem Bereiche einer fast menschenlosen Welt. Hier ist die „Demut" tragisch-lösender Ausweg für das Gesamtmenschliche geworden.

In der „Frau ohne Schatten" rundet sich Hofmannsthals Welt. Das Bild des goldenen Lebenswassers taucht wieder auf. Aber nicht mehr als der alle Gestalten und Formen sanft unterspülende Strom, sondern als Sinnbild der Liebe in ihrer ganzen geist-sinnlichen Breite: als das strömende Lebensgesetz voller Menschlichkeit. Das ist nun kein „glorreich-gefährlicher" Zustand mehr, wie die „Präexistenz", sondern ein „glorreich-demütiger": und das unerschöpfliche Sinnbild dieser menschlichen Unversehrtheit ist Hofmannsthal gelungen: der Schatten.

Nicht mehr der „Schatten" Zarathustras, das Gespenst der Schwermut des freiesten Einsamen – Schattenwerfen ist die Verleugnung durchsichtiger Geistigkeit, ist Schwere, ist tiefer noch „das Dürftige des irdischen Erlebnisses". Aber es ist auch das Zeugenkönnen, das Geist nicht, das nur Natur kann: Zeugen eines Ebenbilds seiner selbst aus sich heraus, in der Demut reiner Öffnung und Empfängnis. Was „Andreas" im Geistigen lernte: das Wunder des Schoßes als fruchtbare Immanenz, was „Ariadne" erst ahnt: daß das von oben gnadenhaft Einende zugleich das Fruchtgebende sei – das vollendet für die ganze Breite des Menschlichen die „Frau ohne Schatten" und erfährt dabei erst das Glorreichste der Dürftigkeit des irdischen Erlebnisses: daß die Ineinanderbrechung eine neue, seligste Transzendenz als Schaffung neuer Immanenz, als Kind sich ausblüht.

Von den vier Hauptgestalten, die „allomatisch“ erlöst werden, ist der Kaiser am weitesten von der Liebe entfernt. Sein Absolutheitstraum ist hier wie die Verdammung der Traumwelt des „Kaisers von China“: er endet in der Versteinerung, aus der ihn nur die Hingabe der Kaiserin erlöst. Es ist ein sprechendes Sinnbild, daß der Kaiser von China „unter“ sich tief im Erdinnern seine Ahnen fühlt, die ihn tragen, während der Kaiser in der „Frau ohne Schatten“ unter sich in der Erdtiefe seine ungeborenen Kinder hat, die er nicht kennt und nicht will.

Hofmannsthals ganymedische Grundhaltung, erklärbar aus der Mühelosigkeit und Versöhntheit seiner österreichischen Heimat, hat sich den Übergang in einen Kreis eröffnet, in den die deutsche Seele (dem sachlichen Verlauf nach gesehen) sich erst viel später Einlaß verschaffte: den der wesentlichen Geschichte. Sofern sich Hofmannsthal dem Gesetz des Allomatischen beugt, hat er für sich den ersten und zweiten Nietzschekreis ohne wesentlichen Verlust hinübergeklärt in die verflochtene Welt geistig-sinnlicher Monaden und von da in die Welt-Einwohnung eines persönlichen Gottes: das dionysische „Kleine Welttheater“ ist zum großen Welttheater geworden. Die Nabelschnur, die dort die Gestalten mit der Weltmitte verband, ist nie abgerissen, das Gefühl dionysischer wandelt sich bruchlos zum Gefühl katholischer Geborgenheit. In den „historischen“ Spielen (im Sinn des Ewigkeitsvorgangs in der Zeit) „Jedermann“, „Welttheater“, „Turm“ kommt dieser letzte Lebenskreis Hofmannsthals zur Erfüllung.

Die Probleme der Zwischenkreise, die er gleichsam „überspringt“, sind in ihm dennoch latent. Die Schärfe des Ethischen bis zum Antichristlichen im Menschen ist ihm bewußt, wenngleich er sein nacktes Hervortreten (im Deutschland der Kriegs- und Nachkriegsjahre) aus dem alten Grund des lutherisch-kalvinischen und kantischen „radikalen Bösen“ umgeht und es je schon als einzelne „Rolle“ im Welt-Spiel sieht. Auch der Krieg geht nur wie fernrollender Donner durch sein Werk, einzig im „Schwierigen“ wird er zur „Apokalypse der Seele“, die Aufhüllung und damit Rettung des Grafen Kari.

Hofmannsthal hat über Rilke hinaus zur Lösung des Spiegelproblems beigetragen: Ich-Spiegel und Du-Spiegel werden eins in gnadenhaftem, wenn auch tragisch-brechendem Geschehen. Verwandlung als Liebestod und Todesliebe ist Hofmannsthals Ur-Thema. Die Lösung ist „allomatisch", damit ist Rilkes Spiegelsituation in ihr aufgehoben: In der Öffnung zum Du-Spiegel wird das Ich selber zur Zuflucht und zum Spiegel des Du. Und doch bleibt auch bei Hofmannsthal noch ein ungelöster Problemrest. Die Sinn-Entzifferung jener dunklen Sehnsucht nach Zerbrechen *aller* Spiegel, die den „parallelen Herzstrahl" brechen und zurückwerfen, um ihn bewußt werden zu lassen, ist noch nicht gelungen. Denn sie ist scheinbar im direkten Gegensatz zur ebenso absoluten Sehnsucht des Herzens, sich im Spiegel zu sehn und vom Ideal her zu besitzen. So laufen die Linien des letzten Wollens kreuzweis gegeneinander, und Zerbinetta in „Ariadne" hat Grund, ihr Rondo fortzusingen:

„Daß ein Herz so gar sich selber,
Gar sich selber nicht versteht!"[1]

[1] I (1), 331.

NIETZSCHE UND DOSTOJEWSKIJ

I. Spiegel und Fenster

Die Enthüllung der dionysischen Seele vollzieht sich im Grundgesetz des Je-über-Hinaus. Der erste Aufbruch war beginnende Lichtung des Grundes im Bildentwerfen, der zweite Morgenröte des Geistes als Auffahrt zum unerreichbaren, vergöttlichten, begnadenden Bilde, steigender Lebenspulsschlag im Herzen des Seins bis zur Wunderverdopplung in Spiegel und Widerschein, Aufblitz und Ineinanderblick. Der „actus purus" Leben wird in solcher Befeuerung Geist, Innenraum und Rundung, ja er scheint sich darin schon endgültig zu besitzen. Aber gerade die letzte Wendung Hofmannsthals deutet auf eine andere Seite des Überschreitungsgesetzes.

Nicht nur zerbricht das Spiegelproblem in Spiegelsein der Seele für die Dinge und Spiegelbieten der Seelen füreinander – wobei schon scherbenklirrend in die Unberührtheit des Widerscheins das „Unreine" der Fremde eindrang, sondern diese Erlösung der Welten ineinander zeigte selbst eine verschärfte Ausprägung des dionysischen Dualismus von Grund und Form: die Stillung der Sehnsucht erkaufte sich nur durch eine steigende Ohnmächtigkeit und Grundgebundenheit. Hatte sich die Freiheit des Augenblicks schon nur in der Fessel des Ethischen als Treue erhalten können, so mußte sich nun diese Treue selbst in die „Unreinheit" hinein binden lassen, um in der endgültigen Fesselung an die schwere Scholle, den Schatten, die „überschattende" Fruchtbarkeit zu erfahren: Der gelingende Durchbruch nach „oben" ist zugleich durchgelittener Einbruch nach unten. Formal betrachtet ist dies Gelingen also geradezu ein Scheitern, und man wird sich fragen müssen, ob die in Hofmannsthal dargestellte Lösung nicht einen verborgenen Kurzschluß in sich enthält. Denn diese Lösung läßt sich nur durch den formalen Widerspruch ausdrücken: Die Reinheit ist die Unreinheit. Inhaltlicher betrachtet aber lautet sie: Die ethische Reinheit ist die ontische Unreinheit, als Gebrochenheit. Das Ethische stellt sich darin geradezu als die Kraft dar, die das Ungerade als Gerade „setzt", über das Unstimmige hinwegsieht und hinüberschreitet und so das Falsche und Lügenhafte in Wahrheit verwandelt. Hofmannsthals ganze Leistung ist die

Anerkennung der Gebrochenheit als Wahrheit, und nur das hartnäckige Sträuben des solipsistischen Traums, sein narzißtisches Spiegelverhältnis aufzugeben, verleiht dieser Anerkennung den erlösenden Schimmer einer endgültigen „Regelung". Die Tränen des befreienden Geständnisses scheinen selbst schon die Aufhebung der Schuld.

Aber im Grunde bringt Hofmannsthal nur diese Schuld in ihrer ganzen Wirklichkeit vors Gesicht: statt einer verlogenen Schuldlosigkeit erkennt die Seele nur ihre wahrhafte Schuldigkeit. Der „Ariadne"-Schluß ist daher zwar Erlösung aus (ästhetischer) Schwermut, aber eben dadurch Einweisung in (ethischen) Ernst, und die „Frau ohne Schatten" klingt aus in den Preis „des ewigen Geheimnisses der Verkettung alles Irdischen". Beide aber sind Märchenspiele und sie haben als solche das Vorrecht, das Versöhnliche (selbst wenn dieses die Schuld wäre) als endgültig zu schildern und das „Böse", das als erregendes Moment die Peripetie der Erzählung beherrschte, aus dem Schlußbild auszustreichen. Nüchtern besehn verdeckt diese Versöhnung die doch gerade durch sie aufgedeckte Schuld, wenn auch unter dem Vorwand, sich mit ihr auszusöhnen. Wenn auch die Wahrheit der Existenz sich als deren Zerbrochenheit enthüllt, so ist diese Wahrheit darum nicht schon das Unzerbrochene, Ganze. Der Riß ist vielmehr absolut geworden und die Existenz selbst spaltet sich nun in „Grund" und „Form". Ihre je-höhere Versöhntheit ist ihre je-tiefere Verlorenheit. „Ein Bild", schreibt Nietzsche an Gast, „das in allen meinen Schriften einmal vorkommt: ‚über sich selber erhaben' – ist zur Wirklichkeit geworden – und, oh, wenn Sie wüßten, *was* hiebei *sich selber* zu bedeuten hat! Sie denken hundertmal zu gut von mir, Freund Gast!"[1] Aus der erreichten Höhe ermißt die Existenz nicht nur ihre „Tiefe", sondern ebenso die wachsende Differenz zwischen ihrer Höhe und ihrer Tiefe. Spiegel ist wieder mehr denn je Lüge und *so* erst wird der Wunsch wach nach dem absoluten Zerbrechen aller Spiegel. Das ehemals Ersehnte ist das Unerträgliche geworden, der in der absoluten Lüge gefangene Strahl ruft nun nach dem absoluten Durchbruch. Und das nicht mehr mit dem „Mut" abenteuernden Auszugs und jugendlicher „Fahrt", sondern gedemütigt in ein Überschreiten-*müssen* trotz und wegen der totalen Verstrickung. Die „Brüche, Risse, Schrammen" fordern es so sehr, daß sie es fast

[1] NB. 4, 176-177.

schon *sind.* Die Sphäre, wohin ihr Dasein deutet, ist nach der „ästhetischen" und „ethischen" die „religiöse" als die der absoluten Transzendenz, und der in sie vorausgeworfene Schatten ist die Frage nach der Möglichkeit des Spiegels als Fenster, des transitiv-intransitiven Liebesstrahls.

Hier aber scheint sich wieder der Widerspruch entgegenzustellen: Die Endgültigkeit des An-sich-Zurückgewiesenseins des Geistes, der Bewußtsein und nicht leer-offener Tierblick sein soll, scheint ihn für immer in Endlichkeit zu bannen. Die Weltoffenheit des Geistes scheint einzig durch den Schmerz einer In-sich-*Ver*schlossenheit erkäuflich, und diese doch, wie wir sahen, nie als ruhende *Ge*schlossenheit vollendbar, weil seine Wahrheit nur in der Nichtidentität von Grund und Form und also in der Transzendenz aufblitzt. Wie sollte ein solches Sein jemals in der Wahrheit sein? Und wenn die Wahrheitsproblematik in die Gutheitsproblematik übersetzt wird: wie sollte ein solches Sein jemals „gut" sein können? Seine Hingabe und Liebe scheint einzig durch den Trotz einer Selbst-Mächtigkeit erkäuflich, und diese doch wiederum unvollendbar, weil sie in der Spannung von Grund und Form (im Seele-Mythus) schon radikal zerbrochen und auf Liebe angewiesen ist. Ein solches Sein kann weder „zentrisch" noch „exzentrisch" existieren, und die Notwendigkeit, zwischen beiden Polen zu schweben und zu vermitteln, läßt es unabänderlich beiden gegenüber schuldig werden.

Nietzsche strebt einesteils ausdrücklich zum absoluten „Fenster": „Das ganze Leben wäre möglich, ohne daß es sich gleichsam im Spiegel sähe . . . Wozu überhaupt Bewußtsein? . . . Bewußtsein ist eigentlich nur ein Verbindungsnetz zwischen Mensch und Mensch."[1] Aber dieses selbe Bewußtsein kehrt sich ihm unvermerkt um in die Dimension der inneren Spiegelunendlichkeit, bis zur Annäherung an die Mitte des Seins: „Das Bewußtsein – ganz äußerlich beginnend, als Coordination und Bewußtwerden der ‚Eindrücke' – anfänglich am weitesten entfernt vom biologischen Zentrum des Individuums; aber ein Prozeß, der sich vertieft, verinnerlicht, jenem Zentrum beständig annähert."[2] Im Riß zwischen diesen zwei Wegen gelangt die Existenz an ihre absolute Grenze und im Willen zu ihrer Versöhnung dehnt sie sich gleichsam ontologisch über sich selbst hinaus und über jedes entwerfbare Ideal und jede ethische Situation. Diese Zerdehnung muß dem Zuschauer als Verzerrung er-

[1] N. 5, 291-292. – [2] N. 16, 22.

scheinen; Nietzsche aber antwortet auf die deutschen Kritiker, die ihn als „exzentrisch", „pathologisch", „psychiatrisch" bezeichneten: „Diese Herren, die keinen Begriff von meinem Zentrum, von der großen Leidenschaft haben, in deren Diensten ich lebe, werden schwerlich einen Blick dafür haben, wo ich bisher außerhalb meines Zentrums gewesen bin, wo ich wirklich ‚exzentrisch' *war*."[1]

Das Pathos, das sich an dieser Grenze entwickelt, wird freilich eine Erörterung darüber in einem bestimmten Sinn zu Pathologie machen müssen. Das Problem der Gräfin im „Andreas" wird geradezu – sofern dort das Pathologische sich als der reine Widerspruch der Existenz darstellt – in diesem neuen Kreis zum „normalen" Fall. Das Religiöse, das bei Nietzsche ja mit Vorliebe unter dem Zeichen des Pathologischen erscheint, taucht in der Mitte dieses Widerspruchs auf, ohne ihn, von der widersprüchlichen Existenz aus gesehen, immanent zu lösen. Das letzte, erlösende Bild ist als Bild nicht entwerflich, es bleibt unanschaulich und nur „glaubbar". In diesem Glauben stellt sich das Pathos der Existenz dar, die sich in der Verzweiflung an der letzten Möglichkeit des Menschlichen auf die Ebene des Übermenschlichen schwingt. Der Widerspruch zwischen dem Fürsich des Geistes, das ihn isoliert und ihm das Gesetz der Macht diktiert, und der Welthaftigkeit dieses Fürsich, das ihn verbindet und ihm das Gesetz der Liebe vorschreibt, ist auf der Ebene des Menschlichen unaufhebbar. Ist der Mensch als Spiegel wahr, so ist er als Fenster falsch, ist er als „ego" „gut", so ist er als Liebender „böse". Das Religiöse entflammt sich an diesem Widerspruch,und es ist seinem eigensten Wesen nach das Jenseits von Wahrheit und Lüge wie von Gut und Böse. „Das Recht zu meinen eigenen Werten – woher nahm ich das? Aus den Rechten aller alten Werte und den Grenzen dieser Werte."[2] Beides: Recht und Grenze müssen hier bewahrt bleiben, denn das Jenseits, das gesucht wird, soll zugleich den innern Zwist zwischen zwei unbestreitbaren Rechten richten. Die Seele muß sich hier von ihrem Schicksal als von ihrer Verstrickung befreien, ohne doch in eine schicksallose Leere zu fallen. Im Schicksal verharrend, hat sie sich über ihr Schicksal zu erheben.

Diese *Befreiung* aus der Schuld als dem Widerspruch ist, gerade weil es hier nicht mehr um ein anschauliches Bild, sondern um ein unanschaulich geglaubtes Ganzes geht, zugleich die Verwirk-

---

[1] NB. 1, 335-336. – [2] N. 12, 281.

lichung der absoluten Freiheit der Seele als Wahl. Freiheit kann ihr ja nicht, als ein Schicksal, von außen zufallen, sie kann nur ihre eigene Tat als Selbstverwirklichung in Wahl, gegen das Schicksal, besagen. Daran ändert die Tatsache nichts, daß diese Befreiung nur als „Gnade" erscheinen kann; Gnade und Freiheit stehen sich in der Verwirklichung der Vollkommenheit keinesfalls wie zwei partikuläre Ursachen gegenüber, die in der Wahl sich vollziehende Einheit des naturhaften Widerspruchs ist vielmehr selbst das naturhaft Unmögliche und somit Geschenkte. – Es ist klar, daß dies Geschehen notwendig an der Grenze des ganzen Seins der Seele sich vollzieht, wo die Ränder des Bewußten und Nichtbewußten ineinander übergehen. Auf der Bewußtseinsseite ist das entworfene Bild das Unanschauliche schlechthin, das nur Geglaubte und eben darum das in keiner beschreibenden Psychologie Auszulegende. Die Transzendenz ist hier schöpferische Selbstauslegung der Seele. Auf der Tatseite aber ist doch dieses Selbstbefreien wiederum nicht auf das reine Schaffen der Tat selbst rückführbar – als ob die Auslegung selbst schon der Sinn wäre –, weil dies Schaffen, wenn es überhaupt sich vollziehen kann, selber nur der „unmögliche" Einbruch von Gnade sein kann und so an einem geglaubten Sinn-Bild hängt, das als „Entwurf" des Grundes das Ganze der Existenz überragt. Dieses Sinn-Bild, die religiöse Vorstellung und Erfahrung des Absoluten, muß nun irgendwie der analytischen Beschreibung zugänglich sein. Aber nur in diesem Zwielicht von Auslegen und Erfahren – da die totale Befreiung sowohl „Selbstwahl" wie „Gnade" ist –, nur in dieser Zweideutigkeit von Glauben als Sehen und Nichtsehen vollzieht sich das ganze Drama dieses Kreises.

Es ist aber schon damit klar, daß diese Zweideutigkeit selbst das Wahlobjekt in sich enthält. Die Immanenz der „Gnade" in der „Freiheit" (die ja meine Freiheit ist, obschon ich sie mir im Widerspruch nicht geben kann) und die Transzendenz der „Freiheit" als „Gnade" (die ja die Geschenkte bleibt, obschon sie meine eigene Freiheit ist) scheinen eins und dasselbe. Aber dies doch in einem abgründigen Geheimnis: dem der „Grenze" zwischen Gott und Mensch. Hier ergeht die Frage an den inwendigen, unterirdischen, „immanenten" Gott, die Frage an Dionysos. Es ergeht die Frage, ob das Einwohnen der Gnade in der Freiheit bedeutet ein über alle Horizonte und Entfremdungen hinaus Sich-Wiederfinden, so daß im Niederbrechen aller „Formen" die Selbstbegegnung des „Grundes" sich vollzieht, oder ob diese Inwendigkeit der Gnade in der Freiheit so radikal ist, daß sie zum innern übersteigenden Abgrund der Freiheit selbst wird, im Sinn des Wortes Augustins: Deus interior intimo meo. Dann ist nicht Gnade in Freiheit, sondern Freiheit in Gnade beschlossen und die „Befreiung“ schließt geradezu noch die Niederbrechung der „Form“ Freiheit in sich, um das Durchströmen und die Selbstbegegnung des „Grundes“ zu ermöglichen. In der ersten Deutung bleibt Gott umgriffen von der Freiheit des Ich, ja Er *ist* das Zentrum dieser Freiheit. In der zweiten Deutung umgreift Gott diese Freiheit, die sich zu Ihm wie Form zu Grund oder Grund zu Abgrund verhält. In der ersten kehrt der fernste Entwurf des Glaubens dadurch zum „Grunde“ zurück, daß er sich als Entwurf auflöst und aus Spiegel unmittelbar in Fenster verflüchtigt: Grund begegnet dem Grunde. In der zweiten „kippt“ das Schwergewicht der entworfenen Idee gleichsam über und gerät in die Anziehungssphäre des jenseitigen Gestirns oder, was dasselbe ist, bricht der Grund der Freiheit selbst ein und sinkt in den Schoß einer umgreifenden Überfreiheit. Das Spiegelspiel zwischen Grund und Form der Seele wird als *Ganzes* so durchlässig, daß es Fenster für die Selbstbegegnung Gottes ist.

Diese Gleichnisse sind freilich noch völlig abstrakt. Erst die Füllung dieses Entwurfs durch ein lebendiges Geschehen wird Nähe und Ferne beider Auslegungen zeigen. Ferne: denn es geht um Christ und Antichrist. Nähe: weil beide in ihrer unrückführbaren Gegensätzlichkeit die gleichen Formen umkleiden und der Sinn dieser Formen nicht objektiv, sondern nur in auslegender Wahl einsichtig werden kann. Damit ist klar, daß hier Nietzsche selbst nochmals auf den Plan treten muß, um den letzten Sinn seiner Welt zu verteidigen. Um ihn geht es in dieser Apokalypse der deutschen Seele thematisch. Aber Nietzsches gesamtes Denken ist so auf dialektische Wechselrede angelegt, daß es nur in einer solchen steten Vergleichung und Abscheidung seinen Wesenscharakter offenbart. Ehemals, wo es um die Herausstellung des Formalen der neuen Eschatologie ging, mußte dieser Widerpart Kierkegaard sein. Hier, wo es zugleich um inhaltlichere Probleme der Nietzschewelt geht, muß einer einspringen, der ihm noch näher steht, ihm bis in die Einzelheiten seiner Fragestellung nachgeht und in einem Zweikampf von noch quälenderer Ungewißheit und Länge sich mit ihm mißt. Er ist der einzige, mit dem der reife Nietzsche noch einen lebendigen Dialog unterhält, über den er bei der ersten Begegnung ausruft: „Der Instinkt der Verwandtschaft (oder wie soll ichs nennen?) sprach sofort, meine Freude war außerordentlich."[1] „Ein Buch, das man in einem Buchladen aufschlägt, Unbekanntschaft bis auf den Namen – und der plötzlich redende Instinkt, hier einem Verwandten begegnet zu sein."[2] Nietzsche war, mit seltenem Glück, auf jenes grausamste, aber wichtigste Zeugnis von Dostojewskijs Entlarvungskunst gefallen, die Aufzeichnungen aus dem Kellerschlupf: „Ein wahrer Geniestreich der Psychologie – ein schreckliches und grausames Stück Verhöhnung des γνῶθι σαυτόν, aber mit einer Kühnheit und Wonne der überlegenen Kraft hingeworfen, daß ich vor Vergnügen dabei ganz berauscht war."[3] „Ein Psychologe, mit dem ‚ich mich verstehe'."[4] Brandes hatte, in einem Brief an Nietzsche, nur Augen für den Gegensatz gehabt: „Er ist ein großer Poet, aber ein abscheulicher Kerl, ganz christlich in seinem Gefühlsleben und zugleich ganz sadique. All seine Moral ist, was Sie Sklavenmoral getauft haben."[5] Aber Nietzsche, des Gegensatzes tiefer bewußt als Brandes, reicht über den Abgrund hinweg seinem Feinde die Hand: „Ihren Worten über Dostojewskij glaube ich unbedingt; ich schätze ihn anderseits als das wertvollste psychologische Material, das ich kenne – ich bin ihm auf eine merkwürdige Weise dankbar, wiesehr er auch immer meinen untersten Instinkten zuwider geht."[6] Hätte aber Dostojewskij Nietzsche gekannt, so hätte er in ihm jenen unfaßbaren Gegner wiedererkannt, mit dem er oft in Träumen bis zur Ohnmacht rang, den er in seinen großen Atheistengestalten endgültig niedergezwungen glaubte und der ihm doch auf eine unerklärliche Art im letzten Augenblick wieder entging.[7]

Nirgends mehr als in diesen beiden Äußersten vollzieht sich im ausgehenden Jahrhundert ein solcher Kampf um Enthüllung des Daseins. „Magie des Extrems" lebt in beiden: „Immer und in allem", sagt Dostojewskij, „gehe ich bis an die äußerste Grenze."[8] Und Nietzsche: „Wir Immoralisten – wir sind die Äußersten."[9] Nicht nur verführen sie zur letzten Grenze, sie sind selbst von ihr verführt, der Bann des „Eschaton" umstrickt sie ganz. „Wie weit

---

[1] Nietzsche-Overbeck-Briefwechsel 1916 (= NO.) 364. – [2] Nietzsche Briefe (= NB.) 4, 284. – [3] Ebd. 284-285. – [4] Ebd. 280. – [5] NB. 3 (1), 319-320. – [6] Ebd. 322. – [7] Leo Schestow: „Dostojewskij und Nietzsche", Philosophie der Tragödie (1924), hat einen Wertungsversuch unternommen, der ebenso scharfsinnig wie im letzten verfehlt ist. Bierbaum war mit einigen Vergleichungen vorausgegangen („Dostojewskij", Piper, 1910) und Guardini ihm gefolgt („Der Mensch und der Glaube", Hegner, 1932). Aber auch Guardini bricht seine Analyse zu früh ab. – [8] DB. (= Dostojewskij, Briefe, hrg. v. Eliasberg, Piper, 1914) 100. – [9] N. 16, 376.

mich diese Denkweise schon in Gedanken geführt hat, wie weit sie mich noch führen wird – ich fürchte mich beinahe, mir dies vorzustellen. Aber es gibt Wege, die es nicht erlauben, daß man sie rückwärts geht, und so gehe ich vorwärts, weil ich vorwärts *muß*.“[1] Dostojewskijs Kellerschlupfmensch aber sagt von seiner Bosheit: „Der Genuß rührte hier gerade von einer besonders klaren Erkenntnis der eigenen Erniedrigung her, von der Empfindung, daß man bis an die letzte Mauer gelangt sei, . . . daß man keinen Ausweg mehr habe.“[2] Diese letzte Mauer zu erreichen bieten sie alle Künste der Analyse an, aber sie wissen genau, daß die Grenze selbst nur „synthetisch“, durch Glaube und Auslegung eingeholt und überschritten wird. Das ganze Finale der Karamasof ist ein einziges, schallendes Hohngelächter über die deutende Psychologie, die mit aller einfühlenden Approximation beim grausamen Justizirrtum anlangt. Nietzsche hat das an zwei kleinen Novellen Dostojewskijs sofort erkannt: „Gerade daß die höchste psychologische Mikroskopie und Feinsichtigkeit noch ganz und gar nichts zum Werte eines Menschen hinzutut, das ist ja eben das Problem Dostojewskijs, das ihn am meisten interessiert, . . . jenes *sehr tatsächliche* Paradoxon“, das in diesen Novellen „auf eine beinahe fürchterliche Weise illustriert“ wird.[3] Aber es ist nicht weniger das Paradoxon Nietzsches, wenn er immer wieder aus der bohrenden Enthüllungsmethode überspringt in die reine Setzung von Wert und Unwert. Das ganze Feld des Psychologischen wird ihnen darum zum Werkzeug, indirekt von der Grenze zu reden. Die direkte Aussage, daß etwa Nietzsche als Gottloser die Transzendenz nicht vollziehe, während Dostojewskij als Gläubiger überschreite, weil er sie in seinen Werken verherrlicht, hat in dieser Direktheit die Naivität alles Psychologischen; und in dieses Feld gehört auch alle unmittelbare Ethik, alle Wertung über Gut und Böse auf Grund der erscheinenden psychologischen Tatsachen.

Akt und Objekt dieser Grenze sind über all dies hinaus. Akt ist, wir sagten es schon, der „Glaube“. In Dostojewskij ist er, wie sich zeigen wird, geradezu das zentrale Problem: „Ist es möglich, ernst und wahrhaftig zu glauben? Darin liegt alles.“[4] Psychologie wird sich an diese Frage heranmachen und mit allen Mitteln entscheiden wollen, ob Glaube da ist oder nicht. Aber das Mißtrauen Dostojewskijs vor der eigenen psychologischen Meisterschaft läßt ihn das Ja

[1] NB. 3 (1), 275. – [2] D. (= Dostojewskijs sämtliche Romane und Novellen, Inselverlag, 1921), 3, 15. – [3] NO. 380. – [4] UD. (= Der unbekannte Dostojewskij, München, Piper, 1926) 215.

oder Nein in immer unfaßlichere Ferne entrücken. Nietzsche setzt mit diesem Mißtrauen ein: „Wir sind vorsichtig, wir modernen Menschen, gegen letzte Überzeugungen; unser Mißtrauen liegt auf der Lauer gegen die Bezauberungen und Gewissens-Überlistungen, welche in jedem starken Glauben, jedem unbedingten Ja und Nein liegen . . . Damit bildet sich ein nahezu epikurischer Erkenntnis-Hang aus, welcher den Fragezeichen-Charakter der Dinge nicht leichten Kaufs fahren lassen will; insgleichen ein Widerwille gegen die großen Moral-Worte und -Gebärden, ein Geschmack, der alle plumpen, vierschrötigen Gegensätze ablehnt."[1] Aber das Offenhalten der Frage und Abschatten aller vorschnell sich schließenden Endgültigkeiten ist dann tiefer doch nur das Ermöglichen des wahren Glaubens: „Das verborgene Ja in euch ist stärker als alle Neins und Vielleichts, an denen ihr mit eurer Zeit krank seid; und wenn ihr aufs Meer müßt, ihr Auswanderer, so zwingt dazu auch euch – ein Glaube."[2] Ein von allen Gründen und „Motiven" befreiter und darum mit den längsten Flügeln beschwingter Glaube, den es gelüstet, weiter zu fliegen als alle „Lehrmeister und Vorläufer". „Andere Vögel werden weiter fliegen! Diese unsere Einsicht und Gläubigkeit fliegt mit ihnen um die Wette hinaus . . . wo noch alles Meer, Meer, Meer ist! – Und wohin wollen wir denn? Wollen wir denn *über* das Meer?"[3]

Dieser „Glaube" ist, wie das letzte Gleichnis es zeigt, das absolute Experiment mit der Existenz als ganzer. Nietzsche fühlt die Gefahr dieser Lage: „Hybris ist unsere Stellung zu uns, denn wir experimentieren mit uns, wie wir es uns mit keinem Tier erlauben würden."[4] Dostojewskij spürt das Versuchshafte des ganzen Daseins: „Wie, wenn der Mensch nur als ein Versuch in die Welt gesetzt worden ist, nur um zu sehen, ob sich ein solches Wesen auf der Erde einleben kann oder nicht?"[5] Dieser Experiment-Charakter entspricht der Uneinsichtigkeit der Grenze: der Glaube muß, als Selbstverwirklichung der Freiheit, schöpferisches Wählen sein. Natur hat ein vorgestecktes Gesetz, Geist aber muß sich sein Gesetz selber schaffen, denn sein Gesetz ist die Freiheit. „Die Ameise", sagt Dostojewskij, „kennt die Formel ihres Ameisenbaues, . . . aber der Mensch kennt seine Formel nicht."[6] Er ist, wie Nietzsche immer wieder sagt, „das noch nicht festgestellte Tier."[7]

[1] N. 5, 333. – [2] Ebd. 337. – [3] N. 4, 371-372. – [4] N. 7, 420. – [5] D. (P.) (= Dostojewskij: Sämtliche Werke, Piper-Ausgabe; zitiert für die literarischen, autobiographischen, politischen Schriften: Bd. 11, 12, 13) 12, 324. – [6] Ebd. 200. – [7] N. 14, 67.

Aber weil es Experiment der *Grenze* ist, darum ist dieser Glaube ebensosehr die Passivität, die sich als begnadet zum Jenseits der Grenze verhält. Das Platonische der Wahrheit-Sonne, an deren Strahl die höchste Freiheit nur teil-nimmt, kennzeichnet immer die höchste Berührung mit ihr: „Ich habe die Wahrheit gesehen", sagt Dostojewskijs „lächerlicher Mensch" nach seinem enthüllenden Traume, „nicht daß ich sie mit dem Verstande erfunden hätte, sondern . . . ihre lebende Gestalt hat meine Seele auf ewig erfüllt."[1] „Mag auch mein Herz den Traum erzeugt haben; aber war denn mein Herz allein imstande, jenen schrecklichen wahren Vorgang zu erzeugen, der sich mit mir zutrug? . . . Konnten etwa mein kleinliches Herz und mein launenhafter, wertloser Verstand sich zu einer solchen Offenbarung der Wahrheit emporschwingen?"[2] Und Nietzsche, anknüpfend: „Der Begriff Offenbarung, in dem Sinn, daß plötzlich, mit unsäglicher Sicherheit und Feinheit, etwas *sichtbar*, hörbar wird, etwas, das einen im Tiefsten erschüttert und umwirft, beschreibt einfach den Tatbestand. Man hört, man sucht nicht: man nimmt, man fragt nicht."[3] Wenn vorher die „Psychologie" der vergebliche Versuch war, die Wahl zu konstruieren, so ist sie hier das ebenso unmögliche Unterfangen, die transzendente Erfahrung nachzuzeichnen. Schaffend wie empfangend bleibt der Akt der Daseinsganzheit uneinholbar.

Objekt dieses transzendierenden Akts ist dann folgerichtig das „Transzendentale" schlechthin, im Sinn wie das Wahre-Gute-Schöne in Einheit die „transcendentalia" genannt werden; jener totale Gegenstand, den das „Wissen" immer nur zersplittert in der Welt findet: „Die ungeheure Einheit in allen Erkenntnistrieben ist nachzuweisen: der zerbrochene Gelehrte."[4] Die Über-Wahrheit der Existenz, die über ihrem absoluten Widerspruch sich zeigen soll, muß gerade aus diesen unvereinbaren Einzelhaltungen zusammenschießen: „Künstler (Schaffender), Heiliger (Liebender) und Philosoph (Erkennender) in *einer Person* zu werden: – mein praktisches Ziel!"[5] So Nietzsche, während Dostojewskij dasselbe in seiner schöpferischen Tat leistet: sein Roman erstrebt die Überwindung jeder Einkräftigkeit zur vollen Durchdringung der drei Grundhaltungen. Das ist die existentiale Methode in seiner Transzendenzanleitung. „Beweise" gelten ihm nichts, wo es um Gott und Unsterblichkeit geht. „Beweisen kann man da gar nichts", sagt der Starez

---

[1] D. 4, 314. – [2] Ebd. 307-308. – [3] N. 15, 90. – [4] N. 10, 158. – [5] N. 12, 213.

Sossima zu einer zweifelnden Frau. „In dem Maße, als Sie Fortschritte machen werden in der Liebe, werden Sie sich auch überzeugen sowohl vom Dasein Gottes wie von der Unsterblichkeit Ihrer Seele."[1]

In diesem Sinne sind freilich Nietzsche und Dostojewskij „schlechte" Denker, weil die Schärfe des Begriffs ihnen geradezu als ein Einwand gegen die totale Wahrheit erscheint. „Meine Gedanken sind Farben; meine Farben sind Gesänge",[2] sagt Nietzsche. Wersilof aber bekennt: „Ein großer Gedanke, das ist meistens ein Gefühl, das manchmal sehr lange undefinierbar bleibt. Ich weiß nur, daß ein solches Gefühl immer die Quelle gewesen ist, der das lebendige Leben entströmte."[3] Und je länger man Dostojewskij erforscht, um so deutlicher erweisen sich alle seine Gestalten als fleischgewordene Gefühle, Instinkte, Evidenzen – geradeso wie Nietzsches mythische Begriffe: Dionysos, Zarathustra, Wiederkehr, Übermensch. Nicht Gedanken, sondern letzte widersprüchliche Seinserlebnisse, letzte sich ausschließende ontologische „Instinkte" wollen sie in der Totalwahrheit vereinigen. Strachof spricht von der „Breite der Basis von Dostojewskijs Sympathien",[4] die in sich auszusöhnen er sich umsonst gemüht habe. Er „dachte in Bildern und ließ sich von Gefühlen leiten".[5] Nur daß diese Grundgefühle bei beiden seinsenthüllenden Charakter besitzen: sei es als „Fühlungen" mit dem Absoluten (was Nietzsche mit Vorliebe seine „unbedingte Instinkt-Gewißheit" nennt[6] und Dostojewskij das „lebendige Band zwischen uns und einer anderen Welt")[7], sei es als nicht-intentionale Gestimmtheiten (die Nietzsche höchste „Zustände" nennt und als solche „Voraussetzung der Erkenntnis",[8] Dostojewskij aber so meisterlich als die Atmosphäre und das Milieu eines Gedankens, eines Charakters oder einer Situation zu vergegenwärtigen versteht). Wenn also Schestow Dostojewskij einen schlechten Denker nennt[9] und Nietzsches Philosophie aus lauter Widersprüchen sich aufbaut, so muß man, um an ihr unvergleichlich Lebendiges zu stoßen, diese „Fehlschlüsse" und „Widersprüche" selbst als Ausdruck von etwas Tieferem zu lesen verstehen. Freilich erweist sich dadurch ihr Denken, an Hegel oder Kant gemessen, als grundlos und chaotisch. Aber „jene Denker", sagt Nietzsche, „in denen alle Sterne sich in zyklischen Bahnen bewegen, sind nicht die tiefsten; wer in sich wie in einen ungeheuren Welt-

[1] D. 23, 102. – [2] N. 12, 353. – [3] D. 21, 378. – [4] D. (P.) 12, 27. – [5] Ebd. 29. – [6] N. 15, 12. – [7] D. 24, 77-78. – [8] N. 14, 14. – [9] A. a. O. 56.

raum hineinsieht und Milchstraßen in sich trägt, der weiß auch, wie unregelmäßig alle Milchstraßen sind; sie führen bis ins Chaos und Labyrinth des Daseins hinein", so weit, daß in der Verlorenheit des Grundlosen die Sehnsucht nach den behüteten Zimmern der „Wissenschaft" erwachen kann: „Aus der Mitte des unermeßlichen Ideenozeans sehnt man sich dann oft nach dem festen Lande zurück, ... zur Geschichte und Naturwissenschaft!"[1] Durch diese Labyrinthe führt kein erprobter Weg, kein Ariadnefaden. Durch Nietzsche und Dostojewskij kann man nur taumelnd, systemlos und ohne die Ungeduld des Bauens hindurchgehen. Der Weg ist oft zugeweht, man dreht sich im Kreis, man ermüdet vor dem Unentwirrbaren. Ein einziges Rezept ist hier anwendbar: das des längsten Atems. Es gibt keine Abkürzungen, denn wo er durch das Gehen selber belehrt wurde, da hat der Schüler keine andere Wahl als Nachfolge.

Und die Dimension des Wegs ist gemäß des zu Anfang Gesagten keineswegs nur die „obere" Grenze des Menschlichen, das „Apokalyptische" bei Dostojewskij, das „Utopische" bei Nietzsche, fernste Entwürfe und Horizonte des Weltschicksals. Sondern diese „Höhe" ist getragen und aufgewogen durch einen ebenso radikalen Abstieg. Historisch betrachtet ist dieser Einbruch in die Tiefe bei Nietzsche die fortschreitende Ernüchterung von allen Göttern der Jugend und Götzen der ersten Mannesbegeisterung in das „Allzumenschliche" alles Menschlichen, als die unverrückbare Basis aller Übermenschentwürfe. Bei Dostojewskij die womöglich noch grausamere Desillusion des „großmütigen" und sentimentalen Realismus der ersten Dramen in stufenweisen Abstürzen bis in die Grauenshölle des „Kellerschlupfs", wo das nackte Böse emporstarrt. Die sibirischen Jahre sind der entscheidende Anstoß. Aber das Erlebnis braucht Jahre, um sich durchzusetzen. „Erniedrigte und Beleidigte" sind noch die Umhüllung des Bösen durch eine reinigende Schicht von sentimentaler Tragik. Im „Gut Stepantschikof" schlägt es schon wildsinnlos um sich, nur ein Kunstgriff des Dichters verwandelt im letzten Augenblick das Verderben in Glück, indem der böse, hysterische Foma aus purer Herrschsucht „alle glücklich macht", in der Kellerschlupfnovelle tritt die Unterwelt unverhüllt auf die Szene, um von da an überall gegenwärtig zu bleiben. Dieses Ausgespanntsein zwischen Sublimität und Gemeinheit ist so der eigentliche Raum beider Denker. Nietzsche sieht das. „Aristoteles meint, der Weise,

[1] N. (Mette) 2, 55.

σοφός, sei der, welcher sich nur mit dem Wichtigen, Wunderbaren, Göttlichen beschäftige. Da steckt der Fehler in der ganzen Richtung des Denkens. Gerade das Kleine, Schwache, Menschliche, Unlogische, Fehlerhafte wird übersehen, und doch kann man nur durch sorgfältiges Studium desselben *weise* werden."[1] Ein „Gegenekel gegen die moralische Arroganz" seines „Idealismus" trieb ihn in diese Tiefen,[2] um die Wurzeln des Übermenschlichen in den Höhlen des Untermenschen zu studieren. Nietzsche, der Denker der Sonnenhöhn von Rapallo und Sils Maria, hat sich immer wieder als den Unterirdischen gekennzeichnet: Ich „komme mir mitunter ganz unterirdisch vor".[3] „In meinem unerbittlichen und unterirdischen Kampfe gegen alles, was bisher von Menschen geehrt und geliebt worden ist . . . ist aus mir selber etwas wie eine Höhle geworden – etwas Verborgenes, das man nicht mehr findet, selbst wenn man ausginge, es zu suchen."[4] „In diesem Buche", so hebt die Vorrede zur „Morgenröte" an, „findet man einen ‚Unterirdischen' an der Arbeit, einen Bohrenden, Grabenden, Untergrabenden. Man sieht ihn, vorausgesetzt, daß man Augen für solche Arbeit der Tiefe hat."[5] Sieht man ihn wirklich noch? „Wie ist es möglich, sich mitzuteilen? Wie kann man gehört werden? Wann komme ich aus der Höhle ins Freie? Ich bin der Versteckteste aller Versteckten."[6] Denn das Höhlendasein macht zweideutig und unverständlich: „Wer in seiner Höhle . . . zum Höhlenbär oder Schatzgräber oder Schatzwächter und Drachen wurde, dessen Begriffe erhalten zuletzt eine eigene Zwielicht-Farbe, einen Geruch ebensosehr der Tiefe als des Moders."[7] Das Höhlendasein wird aber zuletzt zur Verzweiflung an endgültigem Fußfassen, die Höhle verdämmert im Bodenlosen: „Der Einsiedler . . . wird zweifeln, ob er letzte und eigentliche Meinungen überhaupt haben könne, ob bei ihm nicht hinter jeder Höhle noch eine tiefere Höhle liege, . . . ein Abgrund hinter jedem Grunde."[8] Daß dieser „Moder" der Tiefe in noch stärkerem Maße das ganze Werk Dostojewskijs durchweht, bedarf keines eigenen Nachweises: aller Schimmel des Neurotischen und Verlogenen setzt sich an den Wänden des Kellerschlupfs fest. Aber bei ihm wie bei Nietzsche gibt erst diese Tiefe den Auftrieb zur Höhe. Indem Mitja Karamasof sich dazu durchringt, das Kellerleben der sibirischen Katorga zu ertragen, ruft er aus: „Und dann werden wir, die unterirdischen Menschen, aus der Tiefe der Erde

[1] N. 11, 15. – [2] N. 12, 213. – [3] NB. 4, 31. – [4] NB. 1, 440. – [5] N. 4, 3. – [6] N. 12, 257. – [7] N. 7, 268. – [8] Ebd.

einen Trauerhymnus anstimmen zu Gott, bei dem die Freude ist!"[1] Die Hades-Mythik des ersten Nietzschekreises, die dort ein Zerfallsergebnis war, erhält hier ihren positiven Sinn in der Spannung der gesamten Existenz. Ja, diese Unterwelt wird zum bevorzugten Zugang zur „Grenze", insofern gerade im Je-Tiefern das Je-Höhere sich spiegelt. „‚Religiöser Mensch', ‚Narr', ‚Genie', ‚Verbrecher', ‚Tyrann' – das sind schlechte Namen und Einzelheiten an Stelle eines Unnennbaren", sagt Nietzsche, und man könnte glauben, er rede für Dostojewskij.[2] In diesen Daseinsgrenzen, gerade weil sie das Negative, Konkave sind, zeichnet sich das „Jenseits" als das Positive, Konvexe, ab.

Der Abstieg in die Höhle, in welcher Nietzsche und Dostojewskij das Wesen des Menschen überhaupt erforschen wollen, wird aber dann auch notwendig zu einer innern Höllenfahrt in die eigene Person: die Seelen-Unterwelt liegt ja nicht öffentlich und objektiv zutage. Die Schächte der „christlichen Seele", die Nietzsche unterwühlt, sind seine eigenen Tiefen, die Verstecke des „atheistischen" Geistes, die Dostojewskij durchspürt, sind in ihm selbst verborgen. Im Grunde haben es beide nur mit sich selber zu tun. Und wie Träume oft darum so ängstigend sind, weil der Träumende die Rollen beider Gegenspieler verwaltet, einen immer dem andern verraten kann und in diesem schuldigen Eingeweihtsein so grausame Hindernisse erfinden kann, daß ein Außenstehender Mühe hat, sie zu fassen, so ist der Atheismus, den Dostojewskij bekämpft, fast unüberwindlicher als der Nietzsches, das Christentum durch Nietzsche oft besser verteidigt als durch Dostojewskij. Diese Dimension des Persönlichen, in der diese tiefste Enthüllung sich vollzieht, läßt denn auch das Werk beider, so welthaft es in seinem Gehalt ist, doch als ein endloses Monologisieren erscheinen. Je weiter Nietzsche vorausschreitet, um so mehr redet er nur noch von sich selbst, bis im „Ecce Homo" das Ich die Welt in sich verschlungen hat. Und alle Einfühlungskunst Dostojewskijs in jede menschliche Gestalt, dieses unheimliche Sichverwandeln, das an das Pathologische der „Gräfin" Hofmannsthals erinnert, hindert nicht, daß er in seinem ganzen Werk nur die großen Ereignisse seines eigenen Lebens abwandelt: Todesurteil und Begnadigung, Verbannung, Epilepsie, Roulette, Glaubenskampf, Gewissensbiß und Haß-Liebe des Westens. Die ganze Hellseherei, die ihnen für die ihnen feindliche

[1] D. 25, 145. – [2] N. 12, 250.

Front der Existenz eignet, ist erkauft durch dieses Eingebanntsein in ihre Homunkulussphäre. Aber auch dies ist ihnen bewußt, und ein Teil ihrer Hellseherei liegt in eben diesem Bewußtsein. Es läßt sie das Perspektivische der Welt entdecken, also das Problem des zweiten Nietzschekreises, das Problem der Monadenwelt und ihrer Brechung ineinander. Aber es ist hier schon das Ergebnis der Hofmannsthal-Lösung, die als neues Problem eingeht. Hofmannsthal ging es um die Brechung des Absolutheitsstolzes der Sphären ineinander, im Erlebnis der „Dürftigkeit des irdischen Erlebnisses". Hier, im Gegenteil, wird das Perspektivische selbst, die Gebrochenheit der Wahrheit in personale Facetten, als ein Ausdruck der Dürftigkeit verstanden, Irrtum und Verstrickung als zum Wesen der Existenz gehörig angesehen. Diese Dürftigkeit, die immer zugleich das Personale und damit das letzlich Wertvolle der Existenz besagt, soll nun in ihren drei Tiefenstufen entfaltet werden: im Theoretischen, Vitalen und Ethischen, als Lüge, Krankheit und Bosheit. Erst nach diesem stufenweisen Einbruch können dann die letzten Gegenstellungen von Nietzsche und Dostojewskij in ihrem letzten Sinn beleuchtet werden.

Was wir suchen, ist die Ganzheit der Existenz aus dem absoluten Widerspruch. Auf der ersten Stufe wird es also zu gehen haben um die Integration der Lüge in die (totale) Wahrheit; auf der zweiten um die Integration der Krankheit in die (totale) Gesundheit; auf der dritten um die Integration des Bösen in die (totale) Gutheit. Dabei wird es in wachsendem Maße um das Problem des Verhältnisses von Thesis und Synthesis gehen: um Wahrheit im Gegensatz zu Irrtum und Wahrheit über Wahrheit und Irrtum usf., und die Frage sich erheben, in welchem Sinn diese letzte *indirekt* zur Gegebenheit zu kommen vermag. Von der Weise dieser Gegebenheit wird dann auch die Weise abhängen, wie die Thesis relativiert werden muß.[1] Formal kehrt also hier das Grund-

---

[1] Christliche Metaphysik spricht vom kreatürlichen Sein als von einer subsistierenden Relation zu Gott. Damit ist auch jeder Seinsweise dieses Seins jeder Absolutheitsanspruch entzogen. Für die „Wahrheit" ist die Konsequenz leichter zu ziehen, für die „Schönheit" ebenfalls. Aber sie muß sich auch für die „Gutheit" vollziehen. Hier liegt sie in der Verlegenheit der Ethik, einen „absoluten" Maßstab des ethischen Handelns aufzustellen. Denn einerseits steht der objektive Wertkanon unter der Norm des subjektiven Gewissens, auch wenn dies irrig ist. Anderseits wird das irrige Gewissen verpflichtet, sich seinerseits vom objektiven Kanon berichtigen zu lassen. In diesem Zirkel liegt die Relativität kreatürlicher Ethik.

problem des Idealismus wieder, sofern es eben die Struktur der eschatologischen Frage überhaupt ist. Inhaltlich aber unterscheidet sich die Fragestellung durch den Ausgang von der Struktur „Grund"-„Form", welche nachdrücklicher die unaufhebbare Endlichkeit, und das in der existentialen Situation des Je-Höher als Je-Niedriger, betont. Gerade so aber ist die neue Fragestellung auch personaler. Die „Arbeit des Begriffs" bei Hegel brachte es in seiner „Anstrengung" fertig, das Perspektivische der Empirie in die Allgemeinheit des konkreten Geistes aufzulösen, welche „nicht mehr die gemeine Unbestimmtheit und Dürftigkeit des gemeinen Menschenverstandes", sondern „das Eigentum aller selbstbewußten Vernunft" ist.[1] Aber diese Überwindung der „Dürftigkeit" in einen Kommunismus der Wahrheit konnte doch nur ein Absturz in eine unpersönlich-zuhandene Allgemeinheit sein. Die existentielle Bewegung gleicht der des Begriffs darin, daß auch sie durch den Widerspruch hindurchgeht („Dieser Denker braucht niemanden, der ihn widerlegt: er genügt sich dazu selber"[2]) und ihn dadurch „aufhebt" (nämlich als den existential durchlebten). Sie unterscheidet sich aber von ihr darin, daß die Bewegung kein registrierbarer Fortschritt ist, der die Synthesis neuerdings zum Ausgang (Thesis) neuen Gehens gebrauchen könnte. Die Dürftigkeit ist somit nicht überwunden, sondern im Gehen selbst ausgedrückt; das Wesentliche ist also, daß das „Ganze" innerhalb der unverstellten „Halbheit" selbst erscheint. Das Gehen mit Dostojewskij und Nietzsche hat den Sinn, existentiell beizubringen, was Endlichkeit und Relativität ist, und das abstrakte Wissen davon, das sich für ein Absolutes hält, in die konkrete Erfahrung zu verwandeln, daß außer dieser Relativität die Existenz kein Absolutes besitzt.

II. Lüge

Die Einsicht in die Lüge als grundlegenden Bestand der endlichen Wahrheit bildet die Voraussetzung aller anderen Einsichten Nietzsches und Dostojewskijs. Lüge heißt hier der Spiegel- oder Scheincharakter der Endlichkeit, in dem diese allein Wahrheit hervorbringt, die Eitelkeit des ontischen Narzißmus im früher ausgeführten Doppelsinne. Nietzsche hat sich theoretischer als Dostojewskij dar-

---

[1] Vorrede zur Phänomenologie (Lasson 3), 57. – [2] N. 3, 327.

über ausgesprochen; so stellen wir Nietzsches Grundgedanken zunächst in ihrer Abstraktheit dar, um sie hernach gelebt bei Dostojewskij wiederzufinden.

1. „Es gibt keine Dinge an sich, auch kein absolutes Erkennen; der perspektivische, täuschende Charakter gehört zur Existenz."[1] Und zwar in der doppelten Beziehung von „Grund" und „Form" überhaupt und von intersubjektiver Verschiebung.

Als Verhältnis von Grund und Form, worin die Wahrheit die „Lichtung" des Grundes besagt, der von sich Abstand gewinnt, zeigt sich diese als subsistierende Scheinbarkeit.[2] Die Peripherie ist das Scheinen des Punktes, der ohne Kreis (wie klein dieser immer sein mag) sich als Punkt nicht zu manifestieren vermag, aber geradeso ist die Peripherie die Unwahrheit des Punktes. Dies scheint nun freilich noch dem besten hegelschen Idealismus gleichlautend: Indem der Punkt, würde Hegel fortfahren, den Kreis als sein Scheinen versteht, hebt er ihn als Schein auf und nimmt er ihn in sich zurück. Aber diese dynamische Eroberung der Wahrheit ist für Nietzsche nicht möglich. Für Hegel beweist sich die absolute Geltung des dialektischen Dreischritts als Gestalt der Vernunft durch die Ausführung selbst der gesamten Systematik. Nietzsche weigert sich störrisch, sich dem Fortgang des logischen Flusses anzuvertrauen, bevor er nicht den Sinn der Urgestalt in ihrer Absolutheit eingesehen. In der Vertiefung in diese Einsicht begegnet er aber jenem Widerspurch, der es ihm verbietet, sich des Werkzeugs „Vernunft" für irgendeinen Aufbau zu bedienen: Der Horizont der „Form" ist vom „Grunde" geworfen, und dies zu dessen Geistwerdung. Es fragt sich also, ob in diesem Hervortreiben das „Wahre" formal

---

[1] N. 14, 40. – [2] Wir sind in dieser Fragestellung durchaus diesseits des Problems von Idealismus und Realismus, ja diesseits des Problems der Wahrheitseignung des Geistes (aptitudo mentis ad verum). Denn wir fragen nach dem Sinn von Wahrheit überhaupt. Dieser Frage gegenüber ist die Frage nach der „Realität der Außenwelt", woran der Skeptizismus mit Vorliebe sich klammert, geradezu unbedeutend. Die der Wahrheitseignung aber ist insofern sekundär unserer Frage gegenüber, als zuerst entschieden sein muß, *was* das ist, wozu der Geist geeignet oder ungeeignet sein soll. Der Widerspruch, den Nietzsche aufweist, liegt nicht zwischen der „Wahrheit" und dem „Geiste", sondern im Wesen der Wahrheit selbst. „Der Begriff der Wahrheit ist widersinnig" (N. 16, 106). Skeptizismus setzt eine Norm voraus, an deren Erreichung gezweifelt und verzweifelt wird. Nietzsche, der die Norm selbst „besitzt" und als Norm verwerten muß, ist aber nicht Skeptiker, wenigstens dann, wenn er seine eigentliche Absicht voll versteht.

darin besteht, daß der „Grund“ *treibt* und scheint, oder darin, daß der Horizont dem Grunde sein Treiben zu *durchschauen* (zu reflektieren) und als Trieb und Schein aufzuheben verhilft. Beides zugleich kann nicht das Wahre sein, denn es hebt sich auf. Ist das Treiben und Scheinen des Grundes das Wahre, dann liegt die Richtung des Erkennens in der Rückkehr aus der objektiven, „apollinischen“ Schau der Form in den Mitvollzug des Triebs und des „dionysischen“ Strahlens. Ist umgekehrt der Horizont, als der Tod des Triebs, das Wahre, dann liegt die Richtung des Erkennens in der wachsenden Durchschauung des Treibens als Schein und damit in der Erfassung des Grunds, wie er „vor“ dem Trieb besteht. Von diesem zweiten Standpunkt aus erscheint das Treiben (die Basis der Wahrheit des Durchschauens) als das Vital-Irrationale, als der Irrtum und die Lüge. Aber indem dieser Irrtum Voraussetzung alles Durchschauens ist, ist Wahrheit selbst auf Lüge aufgebaut, hat sie das vitale Irren zum Grunde, zur Voraussetzung, ist darum auf den Irrtum als auf seine Lebensbedingung angewiesen: „Leben ist Bedingung des Erkennens. Irren ist Bedingung des Lebens, und zwar im tiefsten Grunde Irren. Wissen um das Irren hebt es nicht auf! Das ist nichts Bitteres! Wir müssen das Irren lieben und pflegen, es ist der Mutterschoß des Erkennens . . . Um des Erkennes willen das Leben lieben und fördern, um des Lebens willen das Irren, Wähnen lieben und fördern . . . ist Grundbedingung aller Leidenschaft der Erkenntnis.“[1] Der Vollzug der Leidenschaft des Scheinens ist hier also geradezu das Falsche und die ganze Erkenntnisrichtung ist der Gegenstrom gegen das Treiben: die Enthüllung und Entlarvung des Triebs als Trieb. In diesem Sinn ist die eine Grundbewegung der Metaphysik Nietzsches die immer radikalere Technik der Abtakelung aller aufgeblähten Geistigkeiten, Moralitäten und „absoluten“ Einsichten in den Trieb- und Lebensursprung. Aber gerade hier kehrt sich der Sinn des Ganzen um: der Trieb, eben noch Lüge der Wahrheit, wird durch diese Entlarvung der Wahrheit zur Wahrheit der Lüge, und der Mitvollzug des Triebs, als das absolute, in sich selbst Sinn und Ziel findende Schaffen und Horizontwerfen des Grundes, wird zum formalen Ort der Wahrheit. Die Wahrheit ist also im Kern das Praktische der Existenz, und die sekundäre Gegenkraft, die sich enthüllend dagegenstemmt, gilt dann entweder als das (in Geist)

[1] N. 12, 49.

pervertierte Leben oder tiefer als das im Spiel der Kräfte sich selbst zu höherem Entwurf stachelnde Leben. – Erst im Angesicht dieser absolut widersprüchlichen Situation wird klar, warum Nietzsche die Wahrheit (nunmehr die aus beiden Gegensätzen als Totalsinn resultierende) als absolutes Scheinen kennzeichnen konnte, um damit die metaphysische Qualität der Wahrheit selbst zu treffen.

Diese aus der allgemeinsten Gegensetzung von „Grund" und „Form" entspringende Struktur setzt sich dann im besondern Gegensatz des Intersubjektiven fort. Denn die Wahrheit tritt in der Welt in der zersplitterten Form der nichtidentischen Denkzentren auf, von denen aus alle übrigen jeweils in immer neuen Perspektiven erscheinen. Die Frage stellt sich demnach, in welchem Verhältnis die individuelle Färbung einer einzelnen Perspektive zum Sinn von Wahrheit überhaupt steht. Bei Hegel wäre die Antwort wiederum eindeutig. Da für ihn die Wahrheit in der Durchdringungsbewegung des Subjektiv-Wahren und Objektiv-Wahren liegt, wodurch die individuellen Färbungen einer gleichen Objektivität sich progressiv, gleichsam wie in einem Farbendruck, zur Gesamt-Wahrheit integrieren, besteht zwischen den beiden Bewegungsrichtungen kein tötender, sondern ein fruchtbarer Widerspruch. Für Nietzsche aber ist der allgemeine Wahrheitsbegriff schon widersprechend. Darum erhält die individuelle Färbung des Wahren für ihn eine entgegengesetzte Wertung, je nachdem sie mit dem einen oder andern Wahrheitsbegriff zusammengebracht wird. Ist Wahrheit die Enthüllungsbewegung gegen das Treiben, so gibt sie sich auch mit Vorzug als Durchschauen der perspektivischen Täuschung und der Trübung durch das Subjektiv-Leidenschaftliche der Triebe. „Alle Leidenschaft trübt den Blick, erstens für das Objekt, zweitens für den damit Behafteten. Und nun! *Paradoxie*! Leidenschaft der Erkenntnis, welche gerade die Erkenntnis erkennen will und ebenso den von der Erkenntnis Befallenen! Unmöglich!! Ist diese schöne Unmöglichkeit vielleicht ihr letzter Zauber?"[1] Dieser Text hat die Wendung schon vollzogen: Wahrheit ist ebenso die Entwurfsbewegung des Triebs und so die Leidenschaft und das Personale, gegen das die ungetrübte Helle der Objektivität nur ein kaltes und „schein"-bares Licht ist. Da also ein Stehen außerhalb des Perspektivischen unmöglich ist, kann die Wahrheitsaneignung nur in einer möglichsten Vermehrung der Perspektiven selbst bestehen:

[1] N. 12, 6.

„Aufgabe: Die Dinge *sehen, wie sie sind*! Mittel: Aus hundert Augen auf sie sehen können, aus *vielen* Personen! Es war ein falscher Weg, das Unpersönliche zu betonen, . . . das ‚Unpersönliche' ist nur das *geschwächt* Persönliche, Matte."[1] „Es genügt nicht, *ein* Mensch zu sein. Aber aus einem in einen andern übergehen und eine Reihe von Wesen durchleben!" Das letzte Wesen müßte dann „alle früheren als Funktionen" brauchen.[2] Nur daß diese hegelsche Idee durchkreuzt wird von der echtern Forderung, zugleich die Distanz der Individuen zu vermehren und mit der Erschwerung der Kommunikation die Personalität zu erhöhen: „Meine Moral wäre die, dem Menschen seinen Allgemeincharakter immer mehr zu *nehmen* und ihn zu spezialisieren, bis zu einem Grade unverständlich für die Andern zu machen."[3] Aber hier zeigt sich wieder, daß, wie beim Problem zwischen „Grund" und „Form", eine einseitige Deutung der individuellen Färbung unmöglich ist, daß vielmehr nur das Gegeneinander beider Bewegungen das Letzte sein kann. Nachdem Nietzsche festgestellt hat, das Unpersönliche sei nur das geschwächt Persönliche, Matte, fährt er unmittelbar fort: „. . . kann hier und da auch schon nützlich sein, wo es eben gilt, die Trübung der Leidenschaft aus dem Auge zu entfernen. . . . Überall, wo Liebe, Haß usw. *möglich* sind, war die Wissenschaft noch ganz falsch."[4] Weder ist also subjektive Wahrheit auf objektive rückführbar, noch umgekehrt. Darum ist auch von keiner der beiden Seiten her ein Urteil über den Sinn des Ganzen möglich: „Man müßte eine Stellung *außerhalb* des Lebens haben und anderseits es so gut kennen wie einer, wie viele, wie alle, die es gelebt haben, um das Problem vom Wert des Lebens überhaupt anrühren zu dürfen."[5] Wiederum nur von der Höhe dieser Doppelstellung aus darf über Nietzsches Wahrheitslehre geurteilt werden. Der absolute Widerspruch zwischen Perspektivität und Objektivität, der die „Wahrheit" der Existenz ist, macht diese Wahrheit eben zum Schein. Schein heißt dann nicht mehr das (einseitige) Treiben des Grundes, sondern die gegenseitige Aufhebung der absoluten Wahrheit durch Schein und Gegenschein. Das Wesen der Wahrheit selbst ist, zu scheinen, und innerhalb dieser Grundbestimmung fallen alle möglichen Abwandlungen von Wahrsein. „Was zwingt uns überhaupt zur Annahme, daß es einen wesenhaften Gegensatz von Wahr und Falsch gibt? Genügt es

---

[1] N. 12, 13. – [2] N. 12, 14. – [3] N. 11, 238. – [4] N. 12, 14. – [5] N. 8, 88-89.

nicht, Stufen der Scheinbarkeit anzunehmen, und gleichsam hellere und dunklere Schatten und Gesamttöne des Scheins?"[1] Es würde sich gar nicht darum handeln, aufzuwachen, sondern „wahrer zu träumen".[2] Dieses Leben in der Qualität des totalen Scheins ist es, was Nietzsche an den Griechen so bewundert: „O diese Griechen! Sie verstanden sich darauf, zu *leben*, ... den Schein anzubeten, ... diese Griechen waren oberflächlich – aus *Tiefe*!"[3]

Die Wertung, die im Worte „oberflächlich" liegt, zeigt klar, daß die Deutung der Wahrheit als Schein nicht nur eine harmlose Namensvertauschung ist, sondern ein Problem der Sinn- und Wertgebung. Das Horizontwerfen *ist* der Akt der Selbstwertung des Seins. Aber gegen dieses Horizontwerfen wendet sich wiederum das Grundentlarven als Gegenwertung. Die absolute Selbstaufhebung kehrt also in diesem Wertaspekt wieder: Die Frage ist: „ob nicht ein Dasein ohne Auslegung, ohne ‚Sinn', eben zum ‚Unsinn' wird, ob, andrerseits, nicht alles Dasein essentiell ein *auslegendes* Dasein ist". Auszumachen ist diese Frage nicht, denn „wir können nicht um unsere Ecke sehn".[4] Dann aber ist das Dasein eben die Kreuzung zweier sich aufhebender Sinngebungen, und dann hat Nietzsche recht, die Erkenntnishaltung als eine heroische Erhabenheit zu beschreiben,[5] welche zwischen diesen hoffnungslosen Widersprüchen aushält. Nietzsche ist freilich immer geneigt, der Verlockung zu erliegen und eins der Glieder absolut zu setzen. So wird ihm oft der gesamte Schein zum (besonderen) Scheinen des Grundes und eine schopenhauerische, idealistische Sehnsucht wird in ihm wach nach dem noch horizontlosen, bewußtlosen Grund: „Die gewöhnlichste Form des Wissens ist die ohne Bewußtheit. Bewußtheit ist Wissen um ein Wissen ... Die treibenden Kräfte sind nichts Letztes, wir können in ihnen noch das Wissen begrifflich absondern als ihre Eigenschaft: ohne Wiedererkennen und Schließen gibt es keinen Trieb, kein Treiben und Wollen."[6] Aber dieses vortriebhafte Urwesen kann dann auch nur mit der Materie zusammenfallen. Nietzsches Akzente gleichen dann denen Spittelers: „Vom Leben erlöst zu sein und wieder tote Natur werden, kann als *Fest* empfunden werden – von Sterbenwollenden. Die Natur lieben! Das Tote wieder verehren! ... Was hat Schmerz und Lust mit dem wirklichen Vorgang zu schaffen! ... Die ‚tote' Welt: ewig bewegt und ohne Irrtum, Kraft gegen Kraft! Und in der empfin-

[1] N. 7, 55. – [2] N. 12, 5. – [3] N. 5, 11. – [4] N. 5, 332. – [5] N. 12, 8. – [6] N. 11, 187-188.

denden Welt alles falsch, dünkelhaft!"[1] Aber anderseits ist dann wieder das Scheinen des Lebens, welches dieses abstrakte „Kraft gegen Kraft" – das ja doch selbst schon Widerspruch im Keime ist – zu seiner Verwirklichung und Innerlichkeit bringt, und der Wert muß wieder im Wert-*geben* liegen: „Interpretation, nicht Text."[2] „Es gibt keine ‚richtige Auslegung'."[3] Das Richtige ist vielmehr das Auslegen selbst – nur daß im Vorgang des Auslegens das Fragwürdige dieses Tuns immanent bleibt. Darum bleibt das Spiegelverhältnis des reinen Scheinens das Letzte: „Wir sehen unsere Gesetze in die Welt hinein und wiederum können wir diese Gesetze nicht anders fassen als als Folge dieser Welt auf uns. Der Ausgangspunkt ist die Täuschung des Spiegels, wir sind lebendige Spiegelbilder. Was ist also Erkenntnis? Ihre Voraussetzung ist eine irrtümliche Beschränkung, als ob es eine Maßeinheit der Empfindung gäbe; überall, wo Spiegel und Tastorgane vorkommen, entsteht eine Sphäre. Denkt man sich diese Beschränktheit weg, so ist Erkenntnis auch weggedacht – ein Auffassen von ‚absoluten Relationen' ist Unsinn. Der Irrtum also ist die Basis der Erkenntnis, der Schein. Nur durch Vergleichung vieler Scheine entsteht Wahrscheinlichkeit, also Grade von Schein . . . ‚Wahrheit' gibt es also nur in den Dingen, die der Mensch ‚erfindet', zum Beispiel Zahl. Er legt etwas hinein und findet es nachher wieder – das ist die Art menschlicher Wahrheit."[4] Wenn also die Fähigkeit zu scheinen die Grundfähigkeit alles Lebendigen ist,[5] so ist sein Wesen, durch das es sich, „über sich" erhebt, seine Wahrheit also, Lüge und Verstellung. Nietzsche ist sich der ungeheuren Paradoxie dieses Ergebnisses voll bewußt, um so mehr als sein eigenes Kritisieren und Werten mit unter seine Kritik fällt: „Die ganze Attitüde ‚Mensch gegen Welt', der Mensch als ‚Welt-verneinendes' Prinzip, der Mensch als Wertmaß der Dinge, als Welten-Richter, der zuletzt das Dasein selbst auf seine Waagschalen legt und zu leicht befindet – die ungeheuerliche Abgeschmacktheit dieser Attitüde ist uns als solche zum Bewußtsein gekommen und verleidet . . . Wie aber? . . . Sind wir nicht eben damit dem Argwohn eines Gegensatzes verfallen, eines Gegensatzes der Welt, in der wir bisher mit unsern Verehrungen zu Hause waren . . . und einer andern Welt, *die wir selber sind*?" Müssen wir also die Welt aufheben oder uns selbst? „Das letztere wäre der Nihilismus; aber wäre

[1] N. 12, 229. – [2] N. 7, 35. – [3] N. 13, 69. – [4] N. 11, 177-178. – [5] N. 13, 80.

nicht auch das erstere – der Nihilismus? – Dies ist *unser* Fragezeichen."[1] Dieser tiefe, unerbittliche Argwohn Nietzsches ist, nochmals gesagt, weder Skepsis (die einen absoluten Maßstab voraussetzt, den sie aber nicht in den Griff bekommt) noch Pessimismus, denn er verträgt sich durchaus mit einer unbedingten Bejahung *dieses* Wesens der Wahrheit. Er ist vielmehr nur der subjektive Ausdruck für den Letztcharakter des Scheinens selbst, der sich in der immer wiederholten Seinserfahrung, daß gegen jeden *wirklich* objektiven Sinn- und Wertentwurf der ebenso *wirkliche* Einwurf der Scheinbarkeit erhoben werden kann, nur vertieft. Das Hohle, das alles Scheinen voraussetzt und das in aller „Fülle" der Welt als Voraussetzung zugrunde liegt, weckt jene echt nietzschesche Zurückhaltung, welche sich erst sekundär in die beiden Grundhaltungen der Verehrung und Verachtung entfaltet. Verehrung als der Beugung vor dem geheimnisvoll Schöpferischen des horizontentwerfenden Lebens, Verachtung als die Distanz des Durchschauens, daß in eben diesem Schaffenden nur der Schein, die Lüge und der Irrtum entwerfen. Die untrennbare Einheit beider Haltungen ergibt sich notwendig aus der Einheit von Wahrheit als Schein; „und wie viel feine Freude, wie viel Geduld, wie viel Gütigkeit selbst verdanken wir gerade unsrem Verachten!"[2] Der Punkt der Indifferenz zwischen Liebe und Verachtung, wie er sich aus dem Gleichgewicht des Scheinens ergibt, wird zu einem geheimen Mittelpunkt der ganzen Letzthaltung Nietzsches. Um diese Mitte pendeln die Ausschläge des Übermenschen und des letzten Menschen, des Utopischen und der décadence. Und auf diese Indifferenz-Mitte werden alle Angriffe Dostojewskijs zielen. Der eigentliche Name dieser absoluten Mitte, die sogut Liebe als Verachtung heißen kann, ist offenbar der der „*Macht*". Als solche beherrscht und regelt sie die höchsten Zustände des Lebendigen.

Damit ist auch deutlich, daß das ganze geistige Leben sich notwendig auf diesem absoluten Widerspruch aufbaut, denn dieser *ist* der Akt selbst des Lebens. Was von der Wahrheit und dem Werten ausgeführt wurde, gilt ebenso für die Grundlage des Ethischen. „Wenn man sich den reichsten, edelsten und fruchtbarsten Menschen denkt *ohne* Böses – so denkt man einen Widerspruch."[3] Das ist aus dem Formalsten des Kreises schon klar, da das Je-Höhere des Menschen nur im Je-Tieferen sich verwirklicht. Nietzsche begründet

[1] N. 5, 279-280. – [2] N. 5, 338. – [3] N. 12, 153.

es aber näherhin sowohl im Blick vom „Grund“ zur „Form“ hin wie von der „Form“ zum „Grund“ zurück. Im ersten Aspekt, als Horizontentwurf, ist es die schon erwähnte Zweideutigkeit von Macht und Hingabe. Wenn die Lichtung des Grunds einesteils, ethisch gewertet, Ausdruck ontologischer Dürftigkeit und Hingabe ist, so ist sie andrerseits nicht weniger das Ausstrecken machtwilliger Fangarme: „Das Assimilieren ist: etwas Fremdes sich gleich *machen, tyrannisieren, – Grausamkeit*.“[1] Erkenntnis wäre so nur die verfeinertste Stufe des ursprünglichen „Habenwollens“ und „Halten-wollens“.[2] Das ganze Schwellende, was in der Liebe selbst liegt, kann, von einer andern Seite besehen, ebensogut als Schwellung der Macht beschrieben werden: „Unser Grad von *Lebens-* und *Machtgefühl* . . . gibt uns das Maß von ‚Sein‘“,[3] „und noch im Willen des Dienenden fand ich den Willen, Herr zu sein.“[4] Liebe zunächst als die große List der Macht: „Und wo Opferung und Dienste und Liebesblicke sind: auch da ist Wille, Herr zu sein. Auf Schleichwegen schleicht sich da der Schwächere in die Burg und bis ins Herz des Mächtigeren – und stiehlt da Macht.“[5] Liebe tiefer als identisch mit dem Entwerfen aller Horizonte des erobernden Lebens: „Vieles ist dem Leben höher geschätzt als Leben selber; doch aus dem Schätzen selber heraus redet – der Wille zur Macht!“ „Mit euren Werten und Worten von Gut und Böse übt ihr Gewalt, ihr Wertschätzenden: und dies ist eure verborgene Liebe und eurer Seele Glänzen, Zittern und Überwallen.“[6] Aber so gerade liegt im Doppelwert von Macht und Liebe auch der von Gut und Böse. Denn als Macht-Liebe ist das Horizontwerfen sowohl Selbst Überwindung (und damit Kampf und Niederringen bisher geltender Werte) als auch Eroberung der Welt, die sich erst durch Vernichten von Bestehendem den Raum des neuen Horizonts aufrichten muß. – Was sich so im Mitvollzug des Entwurfs schon zeigt, das ergibt sich noch eindringlicher im Gegenvollzug der Enthüllung von „Form“ zu „Grund“ hin. Denn in dieser Richtung weist Nietzsche auf, wie Gut und Bös in ihrer Entgegensetzung und ihrem Kampf wurzeln und festgeankert sind im Antagonismus der vitalen Kräfte und dieser Kampf selbst in der reinen Entgegensetzung der toten Kräfte. „Liebe und Haß sind nicht ursprüngliche Kräfte. – Hinter dem Hassen liegt das Fürchten, hinter dem Lieben das Bedürfen.“[7] Der Evolutionist in Nietzsche erkennt,

[1] N. 12, 103. – [2] N. 12, 102. – [3] N. 16, 14. – [4] N. 6, 167. – [5] N. 6, 188-189. – [6] 11, 50.

daß das Geistige im Tierischen fundiert ist und hier die Liebe grausam, der Kampf fast Lebenssinn ist. Leben ist „*essentiell*, nämlich in seinen Grundfunktionen verletzend, vergewaltigend, ausbeutend, vernichtend“ und kann „gar nicht gedacht werden ohne diesen Charakter“.[1] Das vitale Böse gab es, ehe der Mensch auftrat, und ein „irdisches Paradies“ ist ein Widerspruch in sich. Denn wie im Vitalen das „Positive“ sich von diesem Vergewaltigungscharakter nicht scheiden läßt, sondern damit sich deckt, so kann in einem Geist, dessen Funktionieren wesentlich auf diesem grausamen Leben aufgebaut ist, ein „Gutes“ nicht gedacht werden ohne sein „Böses“. Ein endliches „Gut“ ist für ein anderes endliches „Gut“ ein „Bös“, die Überwindung dieser Endlichkeit kann nur mit Kampf, List, Übermächtigung vor sich gehen. „Alle unsere Kräfte wollen fortwährend kämpfen. Die Moral will: *zu allererst Gegner! und Krieg*!“[2] „Es spukt ein falscher Begriff von Eintracht und Frieden, als dem nützlichsten Zustande. In Wahrheit gehört überall ein starker *Antagonismus* hinein, in Ehe, Freundschaft, Staat, Staatenbund, Körperschaft, gelehrte Vereine, Religion, damit etwas Rechtes wachse. Das Widerstreben ist die Form der Kraft.“[3] „Feinde zu haben ist die älteste Gewöhnung des Menschen und folglich das stärkste Bedürfnis.“[4] Diese Erkenntnis ist vielleicht die in Nietzsche am tiefsten eingewurzelte, sie hat für ihn den Zug schlechthinniger vitaler Existenz: „Prüfet das Leben der fruchtbarsten Menschen und Völker und fragt euch, ob ein Baum, der stolz in die Höhe wachsen soll, des schlechten Wetters und der Stürme entbehren könne: ob Ungunst oder Widerstand von außen, ob irgendwelche Arten von Haß, Eifersucht, Eigensinn, Mißgunst, Härte, Habgier und Gewaltsamkeit nicht zu den *begünstigenden* Umständen gehören, ohne welche ein großes Wachstum selbst in der Tugend kaum möglich ist? Das Gift, an dem die schwächere Natur zu Grunde geht, ist für den Starken Stärkung – und er nennt es auch nicht Gift.“[5] Ist der Mensch wirklich ein Erdengewächs, aus ihr sein Dasein empfangend und nicht von einem Jenseits her in sie importiert, so hat er Erdschwere und Erdverwurzelung zu seinem Gesetz und seine Ausfaltung geht in den Dimensionen *ihrer* Höhe und Tiefe vor sich: „Es ist mit dem Menschen wie mit dem Baume. Je mehr er hinauf in die Höhe und Helle will, um so stärker streben seine Wurzeln erdwärts, abwärts, ins Dunkle, Tiefe, –

[1] N. 7, 368. – [2] N. 12, 139. – [3] N. 12, 119. – [4] N. 12, 317. – [5] N. 5, 57.

ins Böse."[1] Diese Mitte von je-Höher und je-Tiefer spricht sich ethisch wiederum als jene Distanz aus, welche zwischen Liebe und Verachtung die Indifferenz eines wurzelhaften „Argwohns" wahrt. „Ich empfinde alle Menschen als schädlich, welche dem, was sie lieben, nicht mehr Gegner sein können: sie verderben damit die besten Dinge und Personen."[2]

Erst in dieser Ableitung versteht sich philosophisch der Sinn von Nietzsches Verteidigung des Bösen in ihrer wahren Form. Sie geht davon aus, daß nicht *eine* von zwei gegensätzlichen Erscheinungen der Endlichkeit die unmittelbare Erscheinung des Absoluten sein kann, sondern dieses nur durch den Gesamtsinn des Gegensatzes hindurch sich offenbaren kann. Das Ideal einer *„halbseitigen* Tüchtigkeit" „nimmt das Gute und Böse . . . nicht als komplementäre Wertbegriffe, was die Wahrheit wäre, . . . sie verneint tatsächlich damit das Leben, welches in allen seinen Instinkten sowohl das Ja wie das Nein hat". Die Absolutsetzung des relativen Guten endet also in einer absoluten Gegensetzung, das heißt beim Manichäismus: „Diese Unnatur entspricht dann jener dualistischen Konzeption eines bloß guten und eines bloß bösen Wesens."[3] Was Hegel in der Phänomenologie als den relativen Gegensatz von Tugend und Weltlauf schilderte[4] und wir bei Goethe im Begriff des „Unreinen" feststellten, erscheint bei Nietzsche radikalisiert. Seine Ethik kann daher nur auf ein höheres Gleichgewicht zielen: „Ich würde an jedem einzelnen meiner Affekte zu Grunde gegangen sein. Ich habe immer einen gegen den anderen gesetzt."[5] „Du würdest an dieser Tugend zu Grunde gehen, mein Freund: aber der Himmel schenkte dir eine zweite, die dich bisweilen der ersten untreu macht."[6]

Nur ist dieses Gleichgewicht kein Erreichen des „Überirdischen", „Unendlichen". Im Gegenteil, es ist jene Mitte des *Scheinens*, welches die Wahrheit des Endlichen selbst ist. Ethisch gewendet hat dieser Schein bei Nietzsche den ständigen Namen der Maske, als Ausdruck der Nichtidentität von Form-Ausdruck und Grund-Wesen. Verstellung sowohl im gesellschaftlichen Umgang wie im Verkehr mit sich selbst ist darum die notwendige Form, in der die Redlichkeit des Menschen auftritt und aus der er nicht entfliehen kann: Selbst wenn wir uns geben, „geben wir uns" noch.[7] Das Scheinen ist dann zuletzt so sehr das Ergebnis des absoluten Widerspruchs, daß ihm der Tod im Grunde sitzt. Zwei Endlichkeiten, die ineinan-

[1] N. 6, 59. – [2] N. 12, 315. – [3] N. 15, 397, 396. – [4] Phän. 3, 274-282. – [5] N. 12, 224. – [6] N. 12, 290. – [7] N. 5, 313.

der sterben wollen, ergeben keine Todlosigkeit. „Wir gehen an dieser Leidenschaft zu Grunde! Aber das ist kein Argument gegen sie. Sonst wäre der Tod ein Argument gegen das Leben des Individuums. Wir *müssen* zu Grunde gehen, als Mensch wie als Menschheit!"[1] Der Tod ist nichts als der reif gewordene Schein, die an das Ende des Scheines sich voll-endende Endlichkeit.

> „Du Weinstock! Was preisest du mich? Ich schnitt dich doch! Ich bin grausam, du blutest –, was will dein Lob meiner trunkenen Grausamkeit?
>
> ‚Was vollkommen ward, alles Reife – will sterben!', so redest du. Gesegnet, gesegnet sei das Winzermesser!"[2]

Zwischen Tod und Leben besteht das gleiche Verhältnis wie zwischen Wahrheit und Lüge, Gut und Bös. Das Leben des Lebens ist das Leben zwischen Leben und Tod.

2. Die Philosophie der Lüge, die Nietzsche theoretisch darstellt, geht als gelebtes Denken durch alle Werke *Dostojewskijs* hindurch. Bei ihm wie bei Nietzsche steht freilich dahinter das absolute Fordern von Redlichkeit und „Wahrheit". Ja nur dieses Wahr-seinwollen um jeden Preis führt überhaupt vor die existentielle Lüge. Der Starez gibt diesen Willen als das erste Rezept: „Vor allem belügen Sie sich nicht selber – wer sich selber belügt und seinen eigenen Lügen lauscht, der kommt schließlich so weit, daß er keine Wahrheit mehr, weder in sich noch um sich herum, zu unterscheiden vermag, und demnach damit endigt, sich selber zu verachten und alle anderen. Wer aber schon niemand mehr achtet, der hört auch auf zu lieben!"[3] Wenn auch der ganze Gegensatz Dostojewskijs zu Nietzsche in diesem ersten Satz schon keimhaft verborgen liegt, so ist doch die Richtung auf eine Totalwahrheit der Existenz als immer neue Entlarvung ihrer Lüge das grundlegend Gemeinsame. Es gibt eine Art von Kompaß, der durch alles hindurch auf Wahrheit zielt und in diesem Zielen selbst schon die „Unreinheit" der Existenz aussühnt: „Vor allem vermeiden Sie die Lüge, die Lüge zu sich selber im besonderen; beobachten Sie ihre Lüge und blicken Sie auf sie jede Stunde, jede Minute. Vermeiden Sie es dabei, Ekel zu empfinden vor sich selber oder vor anderen: das,

[1] N. 11, 169. – [2] N. 6, 468. – [3] D. 23, 80.

was Ihnen in ihrem eigenen Innern ekelhaft erscheint, wird schon allein dadurch gereinigt werden, daß Sie es in sich bemerkt haben."[1] Aber dieses Rezept ist nur eine Richtung, eine Bewegung, kein Inhalt; und es ist geradezu eine Sendung in die Lüge hinein. Diese Sendung, in der Gestalt der Sendung des „Wahrheitsengels" Aljoscha aus dem Kloster in die Welt, ist das Grundthema der Karamasof.

„Welt" aber hat für Dostojewskij genau jene Scheinhaftigkeit, die einerseits aus dem Widerspruch von Wesen („Grund") und Ausdruck („Form"), anderseits aus dem Perspektivischen stammt. Daß zunächst Charakter eine Maske und eine veränderliche Form ist, hat Dostojewskij stets erkannt. „Achte einmal darauf", sagt Wersilof, „photographische Aufnahmen fallen nur sehr selten ähnlich aus; und das ist begreiflich: das Original selbst, das heißt ein jeder von uns, ist sich nur sehr selten selbst ähnlich. Das menschliche Gesicht bringt nur in seltenen Augenblicken seinen wichtigsten Zug, seine charakteristische Eigenschaft zum Ausdruck."[2] In diesem Verhältnis liegt aber schon das wesentliche Maskiertsein des Lebens: „Auf der Erde zu leben und nicht zu lügen ist unmöglich, denn das Leben und die Lüge sind Synonyma."[3] Im „Charakter" entwirft sich das „Wesen" des Menschen, um sich selber auszulegen. Aber diese Auslegung ist, sofern jede Interpretation lügt, gerade nicht das Wesen. Die „Offenherzigkeit", mit der sich das Wesen auslegt, *ist* eben seine Verschlagenheit, und der Wahrheitsspiegel, den es sich oder andern von sich vorhält, *ist* eben seine Eitelkeit. Es gibt Dinge, sagt der Kellerschlupfmensch, die man nur seinen Freunden entdeckt, andere, die man „höchstens sich selbst entdeckt, und auch das nur unter dem Siegel der Verschwiegenheit. Endlich gibt es aber auch Dinge, die der Mensch sogar sich selbst aufzudecken Scheu trägt, und solcher Dinge sammelt sich bei jedem ordentlichen Menschen eine ziemlich große Menge an . . . Jetzt jedoch will ich gerade ein Experiment machen: Bekommt man es fertig, wenigstens sich selbst gegenüber vollkommen aufrichtig zu sein? . . . Beiläufig bemerkt: Heine behauptet, der Wahrheit entsprechende Biographien seien so gut wie unmöglich. Nach Heines Ansicht hat zum Beispiel Rousseau sich in seinen Bekenntnissen zweifellos verleumdet, und zwar absichtlich, aus Eitelkeit. Ich bin überzeugt, daß Heine recht hat."[4] Der Kellerschlupfmensch redet, seiner Art entsprechend, hä-

[1] D. 23, 105. – [2] D. 22, 297. – [3] D. 4, 264. – [4] D. 3, 61-62.

misch von moralisch verwerflicher Eitelkeit, aber er sieht sie als unvermeidlich an, infolge der Bosheit des Daseins selber. Myschkin seinerseits ist überzeugt, daß „bei jedem ernsten Menschengedanken, der in jemandes Kopf entsteht, immer ein Rest übrigbleibt, den man andern Menschen nicht mitteilen kann, und wenn man ganze Bände vollschriebe, . . . und so stirbt man denn, ohne jemandem vielleicht gerade den Kernpunkt seines Gedankens mitgeteilt zu haben".[1] Weil das Mitteilen die Wahrheit durch seine Form zur Unwahrheit macht und doch als solches die ursprüngliche, wesentliche Bewegung der Existenz ist, darum kann sich deren Wahrheit nur als die gleitende Mitte zwischen zwei sich zerstörenden Unwahrheiten behaupten. Im „Jüngling" bekennt Arkadi seinem Freund Wasin, daß er sich jedesmal freue, wenn er ihn auf einem Fehler ertappe. „‚Ja, warum denn auch nicht?', rief Wasin endlich . . . ‚Das kommt ja fortwährend vor . . . nur gesteht es niemand ein, und es ist auch gar nicht nötig, daß man es sich eingesteht, weil dies Gefühl in jedem Falle vorübergeht und keine weiteren Folgen hat.'" Dem Jüngling ist es unerträglich, daß seine „Moralität" auf einem so dunklen Grund von Eitelkeit und Machttrieb sich aufbaue: „Aber mit einer solchen Anschauung kann man doch nicht leben!" Darauf Wasin: „Sie halten es wohl mit dem Satze: ‚Den Irrtum, dessen Trug zum Himmel mich entzückt, zieh' ich der Wahrheit vor, die mich zu Boden drückt'?" „Aber das ist ja doch wahr", entgegnet der Jüngling, „in diesen zwei Versen liegt ja ein heiliges Lebensprinzip beschlossen!" „Ich weiß nicht", sagt Wasin. „Ich unternehme nicht, zu entscheiden, ob diese beiden Verse die Wahrheit sagen oder nicht. Wahrscheinlich liegt die Wahrheit, wie überall, irgendwo in der Mitte: das heißt, in einem Falle ist es heilige Wahrheit und in einem andern Unwahrheit."[2] Die Mitte ist also dies, daß die irrende Begeisterung sowohl wahr als Lüge sein kann. Der „Kompaß" wird es zu entscheiden haben, ob in der Situation diese begeisterte Schwellung im höheren Sinn wahr oder unwahr ist. Daß sie selbst an sich nicht Wahrheit ist, das muß Aljoscha erfahren, da ihm nach dem Tode Sossimas sein absoluter „Durst nach Gerechtigkeit" durch das peinliche Vorkommnis mit dem Leichengeruch am Sarg des Heiligen grausam zerstört wird. „Wo blieb denn die Vorsehung und ihr Wink? Warum verbarg sie ihre Hand ‚in der allerdringendsten Minute', und wollte sich wie absichtlich den blinden, stummen, erbar-

[1] D. 16, 30. – [2] D. 21, 320.

mungslosen Gesetzen unterwerfen?"[1] Diese Versunkenheit des Ethischen in der Grausamkeit der bloßen Natur macht in allen Werken Dostojewskijs seine Hilflosigkeit und Unfaßbarkeit. Nicht nur das Auslegen des Wesens und das Enthüllen des Charakters sind widersprechende Formen der Wahrheit, sondern ganz wie bei Nietzsche ist jede einzelne von ihnen selbst zweideutig. Die hohle Scheinbarkeit der Begeisterung, so sehr sie falsch auslegt, kann doch „wahr" sein: „In gewissen Fällen ist es tatsächlich achtbarer, sich einem Hingerissenwerden zu überlassen, das zwar unvernünftig ist, aber aus großer Liebe hervorging, als sich ihm nicht zu übergeben."[2] „So lispelten sie beide einander Worte zu, die fast sinnlos waren und wie im Rausche gesprochen, vielleicht sogar auch unwahr, aber gerade in diesem Augenblick war alles Wahrheit, und sie selber glaubten sich fraglos."[3] „O, ich fühlte es, daß sie log, wiewohl ehrlich, denn man kann auch ehrlich lügen."[4] Diesem „wahren" Verdecken kann ein „unwahres" Enthüllen entsprechen: „Wenn er auch wirklich darin etwas von seiner ‚schwächlichen, selbstsüchtigen Gesinnung' schrieb, so atmete das ganze Billett doch einen gewissen Hochmut – oder richtiger gesagt, eine gewisse Geringschätzung."[5] Da Myschkin eine sonderbare Tat Hippolyts auf dessen Eitelkeit zurückführte, entgegnet ihm Aglaja: „Es ist roh, eine Menschenseele in der Weise zu untersuchen und zu kritisieren . . . Es fehlt Ihnen an Zärtlichkeit; die Wahrheit ist Ihnen alles, und darüber werden Sie ungerecht."[6] Diese Ungerechtigkeit ist aber Ausdruck einer Unwahrheit. Dostojewskij weiß also auch, so gut wie Nietzsche, daß Sinn- und Wertentwurf in all dem etwas höchst Fragwürdiges, keineswegs objektiv Gegebenes ist. Die heimliche Unwirklichkeit, die dem Akt des Entwerfens zugrunde liegt, ist als solche Ausdruck eines Auch-anders-sein-Könnens und deutet auf eine Freiheit, eine Willkür in der *Wahl* des Entwurfs hin. Dostojewskijs Weltauslegen ist selbst ein solches Wählen und so durchaus jenseits des beschreibenden Realismus. „Man nennt mich einen Psychologen. Das ist nicht richtig. Ich bin nur ein Realist in höherem Sinne."[7] „Ein Realismus, der nicht über die eigene Nasenspitze hinausreicht, ist gefährlicher als die unverständigste Phantasterei, weil er blind ist."[8] „Ich habe einen ganz anderen Begriff von der Wirklichkeit und vom Realismus als alle unsere Realisten und Kritiker. Mein Idealismus ist realistischer

---

[1] D. 24, 114. – [2] D. 24, 111. – [3] D. 25, 463. – [4] D. 22, 234. – [5] D. 21, 331. – [6] D. 16, 88-89. – [7] D. (P.) 12, 363. – [8] D. 21, 241.

als der ihrige."[1] Wie Michelangelos Sklaven trotz der höchsten Anatomie Übermenschen sind, so schafft Dostojewskij, wie er selbst sagt, Gestalten, „wie sie in der Wirklichkeit nur ganz selten anzutreffen sind, Charaktere, die aber trotzdem fast wirklicher sind als die Wirklichkeit selbst".[2] Wenn auch Nietzsche gegen die Realisten kämpft, so nur darum, um zu zeigen, daß das sogenannte Reale ein Schein und Entwurf ist, hinter dem eine Leidenschaft und eine Wahl stehn.[3]

Die Fragwürdigkeit steigert sich noch, wenn die konkrete Gestalt der Wahrheit betrachtet wird: das Perspektivische. Was Nietzsche nur gefordert hatte: aus hundert Augen sehn, das verwirklicht Dostojewskij: „Mich hatte nun einmal ein unstillbarer Durst erfaßt ... nach perspektivischen Eindrücken."[4] Die großen Romane zumal leben diesen Durst aus, zugleich aus den entgegengesetztesten Winkeln dieselbe Welt anzusehen und so zwischen dem Unvereinbaren ein lebendiges Gleichgewicht herzustellen. Von den drei Karamasof gilt dies ganz besonders: in diesem bis ins Letzte ausgewogenen Dreieck steht jeder Winkel nur durch die zwei andern. Und auch die andern Figuren sind in dieses magische Kräftespiel hineinbezogen: das „Gute" des Starzen wie das „Böse" Smerdjakofs, der egoistische Idealismus Katjas wie das keusche Dirnentum Gruschenkas. Jedes bestärkt das andere, und indem es so in die Ebene der Perspektive gebannt wird, hebt es sich zugleich als Absolutes auf. Nur das Ganze ist die „Wahrheit". Sogar die humane, liebende Heiligkeit Sossimas hat einen Gegenspieler an der tollen des Teufelssehers Ferapont. Dabei aber besteht zwischen allen, thematisch ausgesprochen für die drei Brüder, ein geheimnisvolles Ineinandersein, eine circumincessio, welche die Sphären unter sich kommunizieren läßt und jeden die Möglichkeit des andern ahnen. Dostojewskij, der auf allen Standpunkten zugleich steht, ist Meister darin, eine Sphäre durch eine andere hindurch zu schildern: der ganze „Jüngling" ist eine unendlich mannigfache und unterschiedene Welt seelischer Monaden, alle gebrochen durch das eine Medium des halbreifen, komplizierten, zugleich idealen und neurotisch-egoistischen Arkadi Dolgoruki. Dostojewskij kennt Wahrheit nur in dieser approximierenden Gebrochenheit. „Wären wir Geister, so wohnten wir in der Sphäre jener Idee, über der unsere Seele schwebt, wenn sie sie erraten will. Wir sind aber erdgeborene Menschen und sollen die Idee erraten, können sie aber nicht von allen Seiten *zugleich* erfassen."[5] Diese

---

[1] UD. 114. – [2] D. 16, 149. – [3] N. 5, 93-94. – [4] D. (P.) 11, 165. – [5] DB. 5-6.

Zerlegung Dostojewskijs in eine widersprüchliche Vielheit von Wahrheitsfacetten erhöht die Schwierigkeit seiner Deutung weit über die der Nietzscheauslegung, ja selbst über die Deutung der Kierkegaard-Pseudonyme hinaus. Denn die immerhin noch verwandtschaftlichen Züge dieser Pseudonyme fallen bei Dostojewskij in eine Welt größter Widersprüche auseinander: die Partner des einen Existenzdramas verteidigen die einander vollständig entgegengesetzten Thesen. So erhebt sich als Hintergrundsfrage die nach der Selbstauslegung Dostojewskijs in seiner Weltauslegung. Vorgreifend und ohne näheren Beweis, der erst später zu folgen hat, können wir dazu sagen: Auf einer vordersten Ebene treten alle Hauptgestalten mit dem von Dostojewskij unterstrichenen Anspruch auf Begründetheit ihrer Perspektive auf. Jeder hat in seiner Sicht recht („Man muß ihn nur von diesem Gesichtspunkte aus beurteilen, dann erscheint er sofort als gerechtfertigt"[1]). Auf einer zweiten Ebene enthüllt sich aber das „Tendenziöse" und „Polemische" in der Auslegung Dostojewskijs, das um so verhüllter ist, je weniger es sich in abstrakten Sätzen, je mehr es sich in lebendigen Ereignissen und Charakteren ausspricht. Auf einer hintersten Ebene verschwimmt aber auch dieses Tendenziöse noch einmal, um einer reinen existentiellen Beschreibung der Widersprüche zu weichen, die Dostojewskij in sich findet und denen er in seinen Gestalten Selbständigkeit verleiht. Auf dieser Ebene darf man sagen, daß hinter aller, auch widersprechenden, Wahrheit, die von seinen Gestalten ausgesprochen wird, Dostojewskij selbst steht.

In diesem Sinn geben die zwei Extreme des „Besten" und „Bösesten" den einen dostojewskijschen Innenraum in seiner Dimension. Es ist die karamasofsche Dimension, wie der Rechtsanwalt sie erklärt: „Fähig, alle möglichen Gegensätze in uns zu vereinigen und gleichzeitig beide Abgründe anzuschauen: den Abgrund über uns, den Abgrund der höchsten Ideale, und den Abgrund unter uns, den Abgrund des allerniedrigsten und stinkenden Falles."[2] Die Mitte der Scheinbarkeit, die für Nietzsche sich ergab, vermag bei der Dämonie dieses Widerspruchs hier nur noch im Sinn einer betonten *Un*-wahrheit als Wahrheit des Ganzen zu bestehen. *Diese* Unwahrheit ist es, in der also die Gestalten Dostojewskijs als in ihrem gemeinsamsten Medium existieren, und diese Unwahrheit legen sie jede in ihrer Weise aus. Da ist der arme Herr Goljädkin, dem

---

[1] D. 8, 169. – [2] D. 25, 342.

sich die ganze Existenz einfach verdoppelt in einen bösen, hämischen Doppelgänger, der ihn langsam und planvoll zugrunde richtet.[1] Da ist der Kellerschlupfmensch, der wie rasend im Netz der Unwahrheit um sich schlägt, um sie endlich an irgendeinem Punkte endgültig – als Wahrheit der Unwahrheit – festzunageln, und sich dabei nur immer tiefer verstrickt. Da ist Iwan Karamasof, der die irdische Wahrheit gegenüber der absoluten abzuriegeln versucht und so gerade zu jener Verdoppelung gelangt, die ihn in die unfreiwilligste Kommunikation mit dem Absoluten bringt. „Nein, bevor ich nicht hinter das Geheimnis komme“, sagt ihm der Teufel, seine Halluzination, „bestehen für mich zwei Wahrheiten: eine dort, die ihrige, die mir vorerst völlig unbekannt ist, und dann die meinige. Und es ist noch nicht erwiesen, welche die reinere sein wird.“[2] Da ist Stawrogin, der die Überwindung der Unwahrheit mit der absoluten indifferenten Mitte versucht, in der Machthaltung zwischen endlichem „Gut“ und endlichem „Bös“. Da sind jene Lebedef-Naturen, in denen diese Indifferenz zwischen Zynismus und Unschuld vollkommen scheint: „Ihnen, Ihnen allein will ich die Wahrheit sagen“, bekennt Lebedef zu Myschkin, „weil Sie ja doch einen Menschen ganz durchschauen: die Worte und das Tun, die Lüge und die Wahrheit, das ist alles gleichzeitig in mir enthalten und ist alles vollkommen aufrichtig.“[3] Und der Fürst bestreitet es nicht, entgegnet aber: „Sie haben die Sache zu einer Art Gewerbe gemacht.“ Da ist der sterbende Knabe Hippolyt, bitter zermürbt von seiner eigenen, unüberwindlichen Unwahrheit, einen Weg suchend, sich an seiner Existenz selbst zu rächen. „Denn diese moralischen Dinge haben alle nur einen relativen Wert – ha-ha!“[4] Von da geht es hinüber zu den Sündengestalten, die ihre Verstricktheit wie eine Notwendigkeit und die Sünde selbst schon als Strafe erleben, die unschuldige Dirne Sonja Semenowna, die schon fast heilige Ehebrecherin Sonja Andrejewna im „Jüngling“. Und hinter all diesen Auslegungen der einen Unwahrheit der auslegende Dostojewskij selbst, der mit 24 Jahren mit Freunden einen „kleinen fliegenden Almanach“ gründen will mit dem Namen „Der Spötter“ („Wir wollen alles schonungslos verspotten und auslachen, Theater, Zeitschriften, Gesellschaft, Literatur, Tagesereignisse, Ausstellungen, Zeitungsmeldungen, Auslandsnachrichten, mit einem Wort: alles“[5]), der in der Mitte seines Lebens sich vom Spiel so umstricken läßt, daß

[1] D. 2. – [2] D. 25, 249. – [3] D. 15, 250. – [4] D. 16, 337. – [5] DB. 23.

es ihm geradezu die Scheinbarkeit und Leidenschaft des Daseins verkörpert; der ein Jahr vor seinem Tod über den „inneren Zwiespalt" die Worte schreibt: „Dieser Zug ist allen Menschen eigen – allen Menschen, die nicht ganz gewöhnlich sind . . . Er verursacht große Qualen und zugleich ein großes Wonnegefühl."[1]

Die Unwahrheit hat für Dostojewskij demnach denselben Scheincharakter wie für Nietzsche. Durchaus bezeichnend sind hier die häufigen Irrealitätserlebnisse bei Dostojewskij,[2] ebenso der geöffnete Raum der Halluzination, des Traums, der unbestimmten Ahnung. Daß der Teufel Iwans seine irreelle Halluzination ist, das gerade verleiht ihm sein existentielles Gewicht. Aber es ist gleichzeitig deutlich, daß die Scheinbarkeit für Dostojewskij nicht denselben Letztcharakter wie für Nietzsche haben kann, sondern daß sie als ganze in einen Grund von Wirklichsein einbricht, von dem her sie überhaupt erst den Index der Scheinbarkeit erhalten kann. Der „Großinquisitor" ist hier bezeichnend: Das eschatologische Reich der All-Lüge, das er aufgerichtet hat, wird als ganzes umklammert von einer Frage: dem stummen Blick des gefangenen Christus. Auch wenn er ihn von neuem tötete, die Frage kann er nicht umbringen, er weiß es. In der Welt hat „alles sein Gutes und Schlimmes",[3] und das Gute steht auf dem Schlimmen („Wisse, . . . daß die Albernheiten allzu nötig sind auf der Erde! Auf Albernheiten steht die Welt!"[4]) und die Freiheit des Auslegens schwebt selbst zwischen Sinn und Unsinn. („Das Unsinnreden", sagt Rasumichin, „ist das einzige Privilegium, das der Mensch vor allen übrigen organischen Wesen voraushat. Wer Unsinn redet, der gelangt zur Wahrheit!"[5]) Angesichts dieser Zweideutigkeit überlegt Raskolnikof, ob er nicht mit Nietzsche die Faktizität des Bösen – als Antithesis – in die Wesentlichkeit der Synthesis mit aufnehmen soll, und damit das Transzendieren des Sinnentwurfs selbst immanent deuten („‚Der Mensch ist ein Schuft! . . . Und ein Schuft ist, wer ihn deswegen Schuft nennt!', fügte er einen Augenblick darauf hinzu"[6]), Dostojewskij selbst aber bekennt sich zum Einbruch des Ganzen in den Grund, von woher das stumme Auge Christi die Frage nach dem Ganzen stellt: „Christus habe sich geirrt – das sei erwiesen! Lieber bliebe ich in meinem Irrtum bei Christus als bei euch."[7] Weder Irrealität noch das Gleichgewicht von „Gut" und „Bös" sind dadurch aufgehoben. Aber das synthetische „Gut" er-

[1] DB. 215. – [2] z. B. D. 21, 236. – [3] D. 12, 687. – [4] D. 23, 445. – [5] D. 11, 307. – [6] D. 11, 243. – [7] D. (P.) 12, 362.

gibt sich nicht als höchste Mitte im Widerspruch, als Integration von „Macht“ und „Liebe“, sondern es zeigt sich nur im Kompaß des Widerspruchs als *Richtung* an, in der das Ganze des Widerspruchs durchbricht und von der her folgerichtig das Absolute einbricht. Dieses Einbrechen in die Zeitlichkeit führt damit zu einer Absolutheits*bezogenheit* des jeweiligen Widerspruchs. Wenn Nietzsches Eschaton *Zustand* heißen muß, so Dostojewskijs Eschaton *Situation*. Zwischen diesen beiden Formen der Synthesis wird der ganze erbitterte Kampf sich abspielen.

Für Dostojewskij ist die Bezogenheit der Situation der einzige Ausweg aus dem sich selbst aufhebenden Widerspruch des Endlichen. Die Nichtbezogenheit schließt den Schein in sich ab und macht ihn damit zum Abstrakten und zum (religiös) Bösen. „Abstrakt sprechen nur Egoisten gern“, sagt der „Jüngling“ zu Wersilof. Der erwidert: „Diese Bemerkung ist gar nicht so dumm.“ Aber der Jüngling, in seiner Bewunderung für Wersilof, glaubt doch, daß dieser aus der Situation heraus spreche. „Wersilof lächelte sonderbar, bog sich dicht an mein Ohr, faßte mich bei der Schulter und flüsterte mir zu: ‚Er belügt dich fortwährend.‘“[1] Nietzsche kann für Dostojewskij nur abstrakt reden und daher lügen.

Die Auslegung der Grenze ist somit im gemeinsamen Ansatzpunkt eine völlig verschiedene: Während für Nietzsche der Tod zuletzt als der „Grund“ des Scheinens sich zeigt, dieser Tod (als das Leben, das sich ins Leben schneidet) sich als Wesen des Lebens und als Lust offenbart, ist die Existenz auf der Grenze für Dostojewskij jene dauernde Situation, in der der Widerspruch zwischen Leben und Tod hinüberstirbt in ein absolutes Leben. Im „Idiot“ ist die Schilderung dieser Situation das eigentliche Leitmotiv. In der dreifachen Gestalt der Epilepsie, deren Anfall jeden Augenblick dräut, des Mordes, der von den ersten Seiten an unaufhaltsam und unabwendbar heraufzieht und am Ende sich ereignet, und endlich des Hinrichtungsaugenblicks, als der tastbaren Grenze des Lebens, ist es im Grunde stets die eine Situation. Die Schilderung der letzten Stunden des Hinzurichtenden mit all ihren sinnlosen Verrichtungen, die Fahrt zur Richtstätte, wo jedes Vorkommnis zur absoluten Bedeutung sich steigert, die Verzerrung der letzten Sekunden zu Ewigkeiten („Und wenn man nun bedenkt, daß das so bis zur letzten Viertelsekunde fortgeht, wo der Kopf schon auf dem Brette liegt

[1] D. 21, 450.

und wartet und – *weiß*, was kommen wird, und auf einmal über sich das Geräusch gleitenden Eisens hört! Das hört man unbedingt!"[1]) ist nur die mikroskopierte Schilderung *jeder* zeitlichen Situation. Dostojewskij unterstreicht das durch die Gestalt des jungen, todgeweihten Hippolyt, der das Eisen schon gleiten hört und für den damit das Zeitliche zur reinen Absurdität wird, dem die Güte, die man ihm erweist, wie ein Henkersmahl erscheint. In diesem Sinn ist die Situation Dostojewskijs, der ja selber am Pfahl mit verbundenen Augen gestanden hat und dort begnadigt worden ist, nicht weniger „nihilistisch" als die Nietzsches. Aber unter der sinnlosen Vergeblichkeit der von Augenblick zu Augenblick sich fortsetzenden Begnadigung, unter dem Damoklesschwert der Todesgrenze bäumt sich sein ganzes Wesen und windet sich vor Grauen. Immer wird alles Zeitliche durch diesen Grund restlos fragwürdig und sinkt unter dem Todesschwert hindurch, in einen noch tiefern Grund hindurch, von dem her es überhaupt nur Sinn erhalten kann.

Die Scheinbarkeit Nietzsches, der Durchbruch Dostojewskijs gibt ihren Welten einen eigentümlich antlitzlosen Charakter. Die Plastik der ersten zwei Kreise weicht hier einer Ungreifbarkeit, die bei Nietzsche jede echte Mythenbildung, bei Dostojewskij jede letzte Menschwerdung verhindert. Nietzsches mythische Grundgedanken haben alle teil am Widerspruch und am Schein, vergehen in seiner „dionysischen Welt des Ewig-sich-selber-Schaffens, des Ewig-sich-selber-Zerstörens . . . ohne Ziel, wenn nicht im Glück des Kreises ein Ziel liegt".[2] Dostojewskijs scheinbar so scharf profilierte Gestalten erweisen sich beim Zusehn als lauter Masken, sie lassen, wie jener Jüngling in der Passion, ihr Leintuch fahren und fliehen nackt. Wie Nietzsche sich in das Rätsel des Menschen überhaupt hinabbohrt, so packt Dostojewskij die Seelen dort, wo sie alle nur noch nackte Existenz sind, oder besser, wo sie alle untereinander in der identischen Schuld und Erlösung kommunizieren. Diese unterste Schicht aber ist nicht „beschreibbar", sondern nur „auslegbar". Wie sehr Dostojewskij – wie Nietzsche – in dieser Auslegung schwankte, zeigen die Pläne zu seinen Hauptgestalten. Im „Idioten" versucht er „die Darstellung eines wahrhaft vollkommenen und schönen Menschen", das heißt die Idee, den Sinn des Menschen überhaupt. Das aber ist „so schwierig, daß ich bisher noch nie den Mut hatte, sie auszuführen; wenn ich sie jetzt doch in Arbeit nehme,

[1] D. 14, 120. – [2] N. 16, 402.

so geschieht es nur, weil meine Lage verzweifelt ist". Denn wer weiß, was das Ideal ist? „Das Schöne ist das Ideal, das Ideal aber steht . . . noch lange nicht fest."[1]

III. Krankheit

In der Frage der Integration der Lüge in die (totale) Wahrheit konnten wir die Grundstruktur und in dieser den Grundgegensatz der beiden Welten aufrichten. Den ersten Aufbau auf diesem Grunde fassen wir am besten von der vitalen Problematik von Krankheit und Gesundheit her. Die Rechtfertigung der Krankheit, das heißt ihre Integration in die (totale) Gesundheit ist in beiden Weltbildern zugleich völlig parallel und gegensätzlich. Dabei wird Krankheit, wie vordem Lüge, für einen grundlegenden ontischen Seinsverhalt genommen, in dem Sinn etwa, wie Augustinus die Zeitlichkeit überhaupt als „Verwesung" beschrieb.[2] Diese Kategorie war ihnen beiden als vorzüglicher Zugang zur Grenze bekannt: Nietzsche, der sein Leben lang krank war und sein Schaffen in zähestem Kampf der verzehrenden Mattigkeit und Schmerzen jeder Art abringen mußte, wie Dostojewskij, der oft mehrere epileptische Anfälle im Monat, ja in der Woche hatte. Das machte sie zugleich zu Grausamen und Starken gegen sich selbst und doch auch tief Zermürbten, Weichen, die darum tief ins Innere der Dinge schauen konnten. Weil sie erfahren haben, was der Wert des Krankseins ist, haben sie für andere nur ein grausames Mitleid: Dostojewskij läßt seine Helden allen höllischen Winden schutzlos ausgesetzt, Nietzsche schreibt: „Solchen Menschen, die mich etwas angehen, wünsche ich Leiden, Verlassenheit, Krankheit, Entwürdigung – . . . ich habe kein Mitleid mit ihnen, weil ich ihnen das einzige wünsche, was heute beweisen kann, ob einer Wert hat oder nicht – daß er standhält."[3] – Wir stellen zunächst in ihrer steigenden Vertiefung die Deutung Nietzsches dar, dann die Dostojewskijs und vergleichen dann beide.

1. „Krank! Krank! Krank!" „Kalt. Krank. Ich leide."[4] Das ist der Kehrreim aller Nietzschebriefe: „Immer krank, es ist gar nicht

---

[1] DB. 124-125. – [2] Enarrationes in Psalmos, 62, Nr. 6. – [3] N. 16, 311. – [4] NB. 4, 127.

auszumachen, ob von außen nach innen, oder von innen nach außen."[1] Dieses Durch-und-durch-Greifen der Krankheit läßt ihren metaphysischen Sinn zunächst sich der Negativität und Scheinbarkeit des geistigen, bewußten, ausgeworfenen Wesens überhaupt annähern: Geist als Krankheit des Lebens, wie es dem ersten Kreis entsprach: „‚Über den Dingen.' – Wer die Präposition ‚über' ganz begriffen hat, der hat den Umfang des menschlichen Stolzes und Elends begriffen."[2] „Die Erde hat eine Haut, und diese Haut hat Krankheiten. Eine dieser Krankheiten heißt Mensch."[3] Infolgedessen steigt auch mit steigender Geistigkeit und Individualität Krankheit und Leidensfähigkeit,[4] und ist „das Zugrundegehen der höheren Menschen ... die Regel".[5] Aber ist der Geist, als Distanz zum Leben, das Kranke, so ist er ebenso die Ermöglichung des wesentlichen Argwohns („Was die Krankheit angeht ...: Erst der große Schmerz ist der letze Befreier des Geistes, als der Lehrmeister des großen Verdachtes"[6]) und damit der Enthüllung der vorgeblichen „Gesundheit" des Lebensgrundes. Die „Dialektiker-Klarheit", die „Kälte", die diese Distanz bringt,[7] läßt das Scheinen der Natürlichkeit erst als Maja-Schleier erkennbar werden. Wenn im ersten Aspekt ein offener Widerspruch klafft zwischen diesem ewig kranken Leben Nietzsches und seiner Lebens- und Machtlehre („Wenn ein Philosoph krank ist, so ist das beinahe schon ein Argumentum *gegen* seine Philosophie"[8]), so baut sich jetzt Krankheit schon als der notwendige Widerstand in das Schicksal der Gesundheit ein („Die Krankheit brachte mich erst zur Vernunft",[9] „die vollige Verlassenheit hat mich erst meine eigenen Hilfsquellen entdecken lassen"[10]), sein heimatloses Entwurzeltsein gibt ihm erst die Möglichkeit, das Feinste, Zarteste der Existenz zu erspüren („Ein neues Heimweh zehrt mich, die Not der freiesten Seelen, wie nenne ich's? Das Heimweh ohne Heim"[11]), ja erst die Möglichkeit des völligen Freiwerdens („Immer krank, viel zu Bett, vom Winter überfallen, täglich zweihundertmal sagend: ‚Was liegt an mir!'"[12]). In diesem Sinn hätte seine Philosophie geradezu den Weg des Krankmachens einzuschlagen („Kranksein ist lehrreich, ... lehrreicher noch als Gesundsein – die Krankmacher scheinen mir heute nötiger selbst als irgendwelche Medizinmänner"[13]), weil nur Krankheit hörig und

---

[1] NO. 311. – [2] N. 11, 20. – [3] N. 6, 192. – [4] N. 11, 142. – [5] N. 7, 255. – [6] N. 5, 8. – [7] N. 15, 10. – [8] NB. 1, 431. – [9] N. 15, 32. – [10] NB. 3 (2), 587. – [11] N. 12, 255. – [12] NB. 4, 39. – [13] N. 7, 420-421.

sichtig macht („Erst wenn ihr krank werdet, bekommt ihr Ohren“[1]). Der Krankheitsbegriff nimmt also genau an der Widersprüchlichkeit des „Lüge“-Begriffs teil, je nachdem die Interpretation von „Grund“ zu „Form“ oder von „Form“ zu „Grund“ geht. Und wie bei diesem liegt die „Überwindung“ der Krankheit in dem absolut widersprüchlichen Gegeneinandergehen beider Bewegungen: „Von der Kranken-Optik aus nach *gesünderen* Begriffen und Werten, und wiederum umgekehrt aus der Fülle und Selbstgewißheit des *reichen* Lebens hinuntersehen in die heimliche Arbeit des décadence-Instinkts – das war meine längste Übung, meine eigentliche Erfahrung.“[2] Dann aber ergibt sich, in einem vierten Schritt, aus dem Widerspruch als totaler Index des Seienden wie des Scheinens *als* Wahrheit nun auch das Kranksein *als* Gesundheit oder, genauer, die Transfiguration und Einverleibung des (partikulären) Krankseins in den über krank und gesund erhabenen Zustand der „großen Gesundheit“.[3] „Diese Kunst der Transfiguration *ist* eben Philosophie.“[4] Das Gelingen dieses Zustands, die Möglichkeit dieser Auflösung ist für Nietzsche der immer neue Beweis, daß seine Krankheit selbst Stärke ist und nichts „Krankhaftes“,[5] so wie das „Böse“ in ihm nichts „Niedriges“ war. Und wie im absoluten Scheinen der Gegensatz von Wahr und Falsch sich in eine relative Stufenleiter von „Schattierungen“ auflöste, so auch hier: „Gesundheit und Krankheit sind nichts wesentlich Verschiedenes, . . . nur Gradunterschiede.“[6] In dieser Linie ist dann aber das „Krankhafte“, als das nicht verarbeitete Kranke, ausgeschaltet: als das „Geschwächte, Geisteskranke und Neurasthenische“[7] bildet es die bloße, hegelisch gesprochen, nicht vermittelte Negativität: „Das, woran die zarteren Menschen zu Grunde gehen würden, gehört zu den Stimulanzmitteln der *großen* Gesundheit.“[8] Christentum steht daher voll in dieser Doppelmöglichkeit: „Im Fall A ist Christentum ein Heilmittel, . . . es dient unter Umständen, krank zu machen, was nützlich sein kann . . . Im Fall B ist es ein Symptom der Krankheit selbst.“[9]

Nietzsche rang um diese große Gesundheit, er fühlte sich von den zermürbenden Kräften der Krankheit tief bedroht. Sorgsam tilgt er aus seinen Werken „die Spuren des Leidens und des Druckes“,[10] so wie man nach dem Gusse die Gußform zerbricht. Sorgsam sucht er alles Krampfhafte immer wieder in den größern amor fati auf-

---

[1] N. 12, 256. – [2] N. 15, 11. – [3] N. 5, 343. – [4] N. 5, 8. – [5] N. 15, 47. – [6] N. 15, 173. – [7] Ebd. – [8] N. 16, 366. – [9] N. 16, 316. – [10] NB. 4, 18.

zulösen: „Das Problem ist nicht gerade einfach . . . Kranksein *ist* eine Art Ressentiment selbst. Hiergegen hat der Kranke nur *ein* großes Heilmittel – ich nenne es den russischen Fatalismus, jenen Fatalismus ohne Revolte, mit dem sich ein russischer Soldat, dem der Feldzug zu hart wird, zuletzt in den Schnee legt."[1] „In Ketten tanzen, das ist das Kunststück", das er den Griechen, die „nichts weniger als eine vierschrötige Gesundheit" besaßen, ablernen will.[2] Dankbar schaut er so auf das Gelungene zurück: „Daß ich in diesem Jahre meine sonnenhellsten und heitersten Dinge erdacht und geschrieben habe, viele Meilen hoch über mir und meinem Elende: das gehört eigentlich zum Erstaunlichsten."[3]

So kommt jene Form der Grenzerfahrung als große Ekstase zustande, die vor allem die Zarathustrazeit kennzeichnet: Eintritt „in das Gesamtverklärungsgefühl der Dinge".[4] „Was man sieht, was man will, man sieht es geschwellt, gedrängt, stark, überladen mit Kraft. Der Mensch dieses Zustandes *verwandelt die Dinge*, bis sie seine Macht widerspiegeln."[5] Claude Lorrain ist der Name, der hier immer wieder auftaucht: „Vorgestern gegen Abend war ich ganz in Claude Lorrainsche Entzückungen untergetaucht und brach endlich in langes, heftiges Weinen aus. Daß ich dies noch erleben durfte! Ich hatte nicht gewußt, daß die Erde dies zeige."[6] In Sils muß er das Zimmer hüten, weil seine Augen vom Weinen entzündet sind, „und zwar nicht sentimentale Tränen, sondern Tränen des Jauchzens".[7] Diese sprengende Fülle und Beladenheit des Augenblicks läßt ihn endlich den Mythus der ewigen Wiederkehr erfinden: die Tiefe, die sich da auftut, ist unverhältnismäßig gegenüber der Dürftigkeit des Moments. „Alle Ewigkeit war in diesem einzigen Augenblick gutgeheißen, erlöst, gerechtfertigt und bejaht."[8] Das letzte Wort, das gleichsam die Verklärung des Menschen ausdrückt, ist darum für Nietzsche „Heiterkeit",[9] Ergebnis der Widersprüche und Selbstzerstörungen der Krankheit: Sie „ist ein Lohn: ein Lohn für einen langen, tapferen, arbeitsamen und unterirdischen Ernst, der freilich nicht jedermanns Sache ist".[10] Dieser „Lohn" wird Nietzsche in den letzten Wochen seiner geistigen Helle in der überströmendsten Weise zuteil: „Hier kommt Tag für Tag mit gleicher, unbändiger Vollkommenheit und Sonnenfülle herauf, . . . ein Claude Lorrain, wie ich ihn nie geträumt hatte zu sehn."[11]

---

[1] N. 15, 18-19. – [2] N. 2, 194; 3, 271. – [3] NO. 225. – [4] N. 8, 260. – [5] N. 8, 123. – [6] N. 11, 153. – [7] NB. 4, 70. – [8] N. 16, 378. – [9] N. 1, 401; 7, 296. – [10] N. 7, 296. – [11] NB. 4, 412.

Aber gerade an diesem Ende, einen Schritt vor dem Abgrund der Umnachtung, wird die Frage laut: ist diese „große Gesundheit", in der Kranksein und Gesundsein sich aufgehoben haben, nicht selber in einem neuen Sinne – Krankheit? „Alles Übermenschliche erscheint am Menschen als Krankheit und Wahnsinn",[1] sagt Nietzsche selbst. Woran dann aber die Ekstase von einer Krankheits-Euphorie unterscheiden? Daß die Ekstasen der letzten Wochen die Vorboten der Umnachtung seien, ist kaum zu bestreiten. Aber auch die großen Gefühlsüberwallungen der Zarathustrazeit scheinen, nach dem vorsichtig abwägenden Urteil von Jaspers,[2] ohne einen „biologischen Faktor, der vielleicht einmal durch den Fortschritt der Psychiatrie erkennbar sein wird", unerklärlich. So scheint, was als „Thesis" in der Synthesis schon aufgehoben schien, diese als eine neue Thesis zu umgreifen. Oder sollen wir sagen, daß die biologische Deutung in der Philosophie unzuständig ist, selbst wenn sie auf ihrem Gebiet recht hat? Die Frage wird später aufzugreifen sein.

Nietzsches „große Gesundheit" ist, wie die große ästhetische Rechtfertigung des Weltscheins, Ergebnis eines Widerspruchs: Er hebt ihn auch nicht im hegelschen Sinn auf, sondern ist die Musik seines Hin- und Wider-sprechens. Als solche geht der Schmerz positiv in die Verklärung ein, wird innerlich Glut und gärt sich in Süßigkeit aus. „Schmerz ist auch eine Lust, Fluch ist auch ein Segen. Nacht ist auch eine Sonne."[3] Es gibt „eine Glückstiefe, in der das Schmerzlichste und Düsterste nicht als Gegensatz wirkt, sondern als bedingt, als herausgefordert, als eine *notwendige* Farbe innerhalb eines solchen Lichtüberflusses."[4] Dieses Moment der Negativität als Tiefe und Schatten der Ekstase gibt ihr ihren letzten, bezeichnenden Zug. Es ist das Ästhetische an ihr, wenngleich in einem weit höheren Sinn als Kierkegaard dies Wort gebraucht, denn nicht nur ist Nietzsche, der Entlarver, tief mißtrauisch gegen alle naive „Inspiration" und jedes „Dichter-Erschleichnis", sondern das Moment des „Ethischen" als härtester Selbstzucht geht zweifellos als Voraussetzung in seine „Ekstase" ein.

2. Dostojewskijs Krankheitsbegriff, wenn dieser zunächst wieder als allgemeinste philosophische Kategorie genommen wird, entspringt, wie der Nietzsches, in der formalen Struktur von Grund und Form als „Leben" und „Geist". Geist als Krankheit des Lebens hat aber

[1] N. 12, 361. – [2] Karl Jaspers: Nietzsche (1936) 82. – [3] N. 6, 469. – [4] N. 15, 90.

sogleich die konkrete Form : Intellektuelle Höhe und Isolierung als Krankheit gegenüber dem Lebensgrund des Volkes. Der sich absondernde Geist ist unmittelbar auch das Verwesende („Warten Sie nur, bis diese obere Schicht, die sich von Rußland losgelöst hat, vollständig verwest ist"[1]), das Phantastische („Gerade heutzutage muß es in unsern Gesellschaftsschichten, die von der Scholle losgelöst sind und in der Tat phantastisch zu werden anfangen, solche Charaktere geben [wie der ‚Idiot'][2]), darum folgerichtig auch das dem Wahnsinn Verfallende („Die Besseren sind jetzt alle geistesgestört. Kräftigen Lebensgenuß leistet sich nur die Mittelmäßigkeit", sagt ein verzweifelter Nihilist[3]), und vor allem das Neurotische („Ich begreife nicht, warum die jungen Leute jetzt sämtlich Hypochonder sind!"[4]). In der Puschkinrede hat Dostojewskij die Diagnose der russischen „Krankheit" vorgenommen, die aber „nicht tödlich zu sein braucht", wofern der „Anschluß an den Volksgeist" wieder gelänge.[5] Dostojewskij ist überzeugt, daß der isolierte Geist sein inneres Gericht in sich selber trägt, sofern seine hohle Scheinbarkeit an sich selbst Leiden ist und daher teils unter sich zurück ins Volk, teils über sich hinaus auf Gott weist. „Ein solcher Mensch straft sich selbst", sagt Makar, „du aber geh ihnen aus dem Weg, . . . aber bete für sie, denn solche Menschen suchen Gott."[6] Jenen, die in der Situation der Isolierung stehen bleiben, legt Dostojewskij das Wort von der Erkenntnis als Leiden in den Mund: „Erkenntnis ist ja nicht Harmonie, sondern ist Disharmonie, denn ich bin mit ihr unglücklich."[7] „Erkennend, folglich leidend."[8] Und der Kellerschlupfmensch: „Ich bin fest davon überzeugt, daß nicht nur sehr viel Erkenntnis, sondern sogar jede Erkenntnis eine Krankheit ist." „Einen Menschen des unmittelbaren Handelns halte ich für den wahren Normalmenschen, wie ihn die zärtliche Mutter Natur selber haben wollte." „Die Vernunft, meine Herren, ist ein gut Ding, das ist nicht zu bestreiten; aber die Vernunft ist nur Vernunft und befriedigt nur die vernunftmäßige Fähigkeit des Menschen; das Wollen aber ist eine Bekundung des gesamten Lebens . . . mitsamt der Vernunft und allem sonstigen Zubehör. Und obgleich sich unser Leben bei dieser Bekundung oft als ein rechter Quark erweist, so ist es doch Leben und nicht nur das bloße Ausziehen einer Quadratwurzel."[9]

---

[1] DB. 168. – [2] DB. 146. – [3] D. 21, 107. – [4] D. 21, 188. – [5] D. (P.) 12, 107. – [6] D. 22, 122. – [7] D. (P.) 12, 322. – [8] Ebd. 321. – [9] D. 3, 13. 18. 44-45.

Wenngleich diese Deutung der existentiellen Krankheit als Isolierung vom Grund bei Dostojewskij mit der Stärke eines Programms auftritt, so liegt doch auch die entgegengesetzte überall gleich stark im Hintergrund. „Ich bin davon überzeugt“, fährt der Kellerschlupfmensch fort, „daß der Mensch auf das wirkliche Leiden, das heißt auf die Zerstörung und das Chaos, niemals verzichten wird. Das Leiden, das ist ja die einzige Ursache der Erkenntnis. Und wiewohl ich anfangs sagte, die Erkenntnis sei meiner Ansicht nach für den Menschen das größte Unglück, so weiß ich doch, daß der Mensch sie liebt und sie gegen keine Befriedigung eintauschen würde.“[1] Also die Distanz, der Schmerz als Wert gegenüber der reinen Unmittelbarkeit. Warum hat sich Dostojewskij, der große Prediger der Rückkehr zum Volk, stets nur mit großen unglücklichen Intellektuellen befaßt? Gewiß nicht *nur* um sie zu widerlegen. Sondern weil er hier die Distanz der Reflexion findet, mit der sich das Dasein allererst enthüllen läßt bis an seine Grenzen und Wurzeln, bis an seinen Widerspruch und seine Krankheit. Denn jetzt heißt es ja nicht mehr: „Erkennend, *folglich* leidend.“ Sondern: „Leiden, die einzige *Ursache* der Erkenntnis.“ Dann aber wird die doppelte Gegenbewegung, in der sich „Krankheit“ zeigt, im Grunde zu einem einzigen Schicksal: der Notwendigkeit der Entfremdung des „Grundes“ und des „Volkes“ zur ontisch-ethischen Krankheit des Geistes. „Die Masse des Volks lebt unmittelbar ruhig und geordnet wie eine Urkraft. Kaum aber zeigt sich in ihr auch nur die leiseste Bewegung, eine einfache lebendige Tendenz, so bringt sie sofort solche Typen hervor“, wie Stawrogin, „die unter Qualen nach Ruhe vor den Stürmen“ verlangen, denen „das ganze Leben ... Sturm und Chaos“ ist.[2]

Aber diese ganze Dialektik erhält erst dann ihre konkrete Form, wenn sie in die alles beherrschende Krankheitsgestalt Dostojewskijs eingetaucht wird. „Ein frühzeitig gealterter, unheilbar kranker Mensch, die Hand gelähmt, düsteren Gemüts, mißtrauisch“, unter solchen Zügen stellte sich Dostojewskij bei seinem Heiratsantrag an Anna Grigorjewna selbst dar.[3] Die Krankheit, die er selbst für unheilbar erkannte[4] und die ihn tief bedrückte,[5] streckte ihn in regelmäßigen Anfällen immer wieder zu Boden. Eine Vorahnung[6] ging voraus, dann das sprengende, unerträgliche Grenzbewußtsein, dann

---

[1] D. 3, 55. – [2] UD. 207. – [3] Die Lebenserinnerungen der Gattin Dostojewskijs, Piper, 1925 (= AGD.) 45. – [4] Ebd. 73. – [5] Ebd. 86. – [6] D. (P.) 12, 17.

der „kaum noch menschlich zu nennende Schrei“, Schmerz, Konvulsionen und Verlust des Bewußtseins.[1] Von dieser Krankheit aus ergab sich für Dostojewskij gleichsam eine Art experimenteller Einfühlung in den Wahnsinn einerseits, in den hysterischen Anfall anderseits, den er übrigens auch des öftern in seiner Familie zu sehen bekam. Aber das Entscheidende ist nicht dieser äußere Verlauf, sondern das innere Erlebnis des epileptischen Augenblicks. „In diesen wenigen Augenblicken“, sagt er, „empfinde ich ein Glück, wie man es in normalem Zustande niemals empfindet und von dem andere Menschen sich gar keine Vorstellung machen können. Ich fühle vollständige Harmonie in mir und mit der ganzen Welt, und dieses Gefühl ist so stark und süß, daß man für die wenigen Sekunden einer solchen Seligkeit zehn Jahre seines Lebens, ja sogar das ganze Leben hingeben könnte.“[2] Somit vollzieht sich hier das Unerhörte, daß ein Mensch, der noch dazu Dichter und Philosoph ist, in jenes dionysische „Gesamtverklärungsgefühl“ planen Fußes eintreten kann und den „Augenblick“ als höchste Synthesis erleben darf ohne die ethische Anstrengung der Existenz. In seiner höchsten Spitze ist dieses Erlebnis der Kairos der einbrechenden Ewigkeit und Stillstehen der Zeit – Nietzsches „Fallen in den Brunnen der Ewigkeit“ und „großer Mittag“ zugleich als absolute Intensität und Überlastung der Zeit („Die Intensitäten meines Gefühls machen mich schaudern und lachen.“[3] „Die Vehemenz der inneren Schwingungen war erschrecklich“[4]) und absoluter Einbruch der reinen Ewigkeit („Was geschieht mir? Still! Es sticht mich – wehe – ins Herz? Ins Herz! O zerbrich, zerbrich, Herz, nach solchem Glücke, nach solchem Stiche! – Wie? Ward die Welt nicht eben vollkommen? Rund und reif?“[5]). Dasselbe ereignet sich für Dostojewskij: „Die Empfindung des Lebens . . . verzehnfachte sich . . . Verstand und Herz waren von einem ungewöhnlichen Lichte durchleuchtet, alle seine Aufregungen, alle seine Zweifel, alle seine Beunruhigungen mit einem Schlage besänftigt, . . . voll Verstand und Einsicht in die letzten Gründe der Dinge aufgelöst. Aber diese Momente, diese Lichtblitze waren nur Vorläufer jener letzten, entscheidenden Sekunde (es war nie mehr als eine Sekunde), mit der der Anfall begann. Diese Sekunde war freilich unerträglich.“ Sie ist es, die „als die höchste Stufe der Harmonie und Schönheit erscheint und ihm ein bisher ungeahntes Gefühl der Fülle, des Ebenmaßes, der Versöh-

[1] AGD. 98 ff. – [2] D. (P.) 12, 18. – [3] NB. 4, 70. – [4] NB. 1, 378. – [5] N. 6, 402-403.

nung und des entzückten, gebetartigen Zusammenfließens mit der höchsten Synthese des Lebens verleiht. ... In diesem Augenblicke, so hatte er zu Rogoschin ... gesagt, wird mir jener auffallende Ausspruch verständlich, daß ‚hinfort keine Zeit mehr sein soll'."[1] Aber dieser Augenblick hat seinen offenen Namen, denselben, den er, als letztes Ergebnis, bei Nietzsche nur verborgen erhielt: eben Krankheit. Diese höchste Intensität, in der die Paradieseslust jede Sekunde in den „unmenschlichen" Höllenschrei umschlagen kann, in der die wesentliche Krankheit des Daseins wie von ihrem Kulminationspunkt blitzhaft im Ganzen klar wird, als „Grenze", ist das Gestelltsein in das „Konfinium" des absoluten Widerspruchs von Himmel und Hölle. – Dostojewskijs Genialität hat der Versuchung widerstanden, sie anders denn als bloßen Tatbestand, ja als Symptom darzustellen. Weder ist dieser Kairos ihm eine wesentliche Aufhebung des Widerspruchs in eine dunkle Glückstiefe jenseits von Gut und Böse, ein unmittelbares Vorspiel des Himmels, denn auch Kirilof in den „Dämonen" erstrebt und erwartet jene Ekstase im titanischen Gottseinwollen. Noch ist dieser Augenblick ihm das satanische Blendwerk und Gegenspiel der endgültigen Lust, denn auch Myschkin ist Epileptiker und seine Anfälle bringen ihn ins Konfinium des Religiösen. Dieser Kairos ist für Dostojewskij religiös *indifferent*, aber, als das höchste Zeichen der Ewigkeit, religiös von absoluter Relevanz. Der Augenblick ist *diesseits* der Grenze, Krankheit des Daseins in ihrer vollsten, gefährlichsten Blüte und Zweideutigkeit, und gerade als diese höchste und doch nicht ethische Möglichkeit ist dieser Augenblick Dostojewskijs ein unerbittliches Aug-in-Aug zu dem Nietzsches. Aber das Entscheidende ist dabei, daß der überethische Nietzsches Ergebnis des Ethischen sein will und doch von „Krankheit" umklammert wird, der Dostojewskijs dagegen selbst Krankheit sein will und als unterethisch vom Ethischen umklammert wird. Nietzsches Gefahr liegt darin, daß das „Ende" als der einzig folgerichtige „Lohn" für das Ethische gefaßt wird. Dostojewskijs Gefahr aber liegt darin, daß der „Anfang" in die Vorzeichnung des Ethischen selbst umgedeutet wird.

Zunächst ist sich Dostojewskij durchaus des Bruches zwischen dem Erlebnisinhalt und der Form, welche die Krankheit ist, bewußt. Im Reflektieren über das Erlebte „sagte er sich oft, daß dieses Aufschimmern und Aufblitzen eines erhöhten Selbstgefühls und Selbst-

---

[1] D. 15, 90-92.

bewußtseins und somit auch eines ‚höheren Seins' nichts anderes sei als Krankheit, eine Aufhebung des normalen Zustandes, und daß es in diesem Fall überhaupt kein höheres Sein sei, sondern ganz im Gegenteil zu der allerniedrigsten Art des Seins gerechnet werden müsse. Und doch gelangte er schließlich zu einer höchst paradoxen Schlußfolgerung: ‚Was liegt daran', sagte er sich, ‚daß dies Krankheit ist ...' Wenn er in jener Sekunde ... manchmal noch die Möglichkeit fand, zu sich selbst klar und mit Bewußtsein zu sagen: ‚Ja, für diesen Augenblick könnte man das ganze Leben hingeben', so war dieser Augenblick sicherlich das ganze Leben wert ... In seiner Schlußfolgerung ... lag unzweifelhaft ein Fehler; aber die Realität des Gefühls verwirrte ihn doch einigermaßen, ... sie existierte doch!"[1] Diese seltsame Verdoppelung von Inhalt und Krankheitsform, die sich doch wieder nicht mit vollem Gewissen durchführen läßt, wird zum Ausgangspunkt des ethischen Weges für Dostojewskij, an deren Ende die *Wahrheit* der epileptischen Ekstase stehen würde. Das Ethische und seine Anstrengung bestünde dann darin, das Indifferente aus der Ekstase auszuschalten und damit auch das Zufällige, Blitzartige in die Kontinuität eines dauernden „Verklärungsgefühls" zu besänftigen. Damit wäre auch das *Wesentliche* des Bruchs zwischen Inhalt und Form des Erlebnisses überbrückt. Es brauchte darum nicht die Kategorie der Krankheit überhaupt aufgehoben zu werden, vielmehr nur diese besondere, „klinische" Krankheit der allgemeinsten Form von Krankheit zu weichen, der wesentlichen Krankheit der Endlichkeit, in welcher vom Jenseits, unverdient, als Gnade, das Verklärungserlebnis sich eingießen würde. Die Endlichkeit würde also, wie bei Nietzsche, nur Grade des Krankseins enthalten: „In dieser Hinsicht sind wir tatsächlich alle Wahnsinnige ... nur mit dem kleinen Unterschiede, daß die ‚Kranken' ein bißchen verrückter sind als wir; ... vollständig normale Menschen gibt es so gut wie gar nicht."[2] Und Krankheit wäre gar kein Einwand gegen die Kommunikation mit der Wahrheit des Ganzen. Daraus, sagt Swidrigailof, daß Geister nur Kranken erscheinen, folgt doch nicht, daß es keine gibt. „Ein gesunder Mensch hat natürlich keine Veranlassung, sie zu sehen; denn der gesunde Mensch ist ein durchaus irdischer Mensch und soll daher lediglich ein irdisches Dasein führen, das ist ganz in der Ordnung. Na, sowie er nun aber erkrankt und die normale irdische

---

[1] D. 15, 91-92. – [2] D. 11, 345.

Ordnung des Organismus gestört wird, dann tritt ihm sofort die Möglichkeit der Existenz einer anderen Welt entgegen, und je kränker er wird, um so mehr nehmen seine Beziehungen zu der andern Welt zu, so daß, wenn er nun wirklich stirbt, er einfach selbst in die andere Welt hinübergeht."[1] Dieser Theorie des alten Wüstlings fehlt das Ethische, das gerade die Garantie der Wahrheit der Verklärung enthalten soll. Dann aber ist es der Weg, den Dostojewskij seine „Heiligen" gehen läßt.

„Verklärte Welt" heißt, bei Dostojewskij wie bei Nietzsche, Gegensatz zu „Hinterwelt". Der Ruf Zarathustras an seine Brüder: „Bleibet der Erde treu", ist auch der Ruf und die Sendungsweihe Sossimas an Aljoscha: „Gewöhne dich daran, zur Erde niederzufallen und sie zu küssen! Küsse die Erde und liebe sie ohne Unterlaß, unersättlich, liebe alle, liebe alles, suche die Begeisterung und die Ekstase . . . Schäme dich nicht deiner Verzückung, sondern halte sie hoch und heilig; denn sie ist eine Gabe Gottes, eine große, ja, und nicht vielen wird sie gegeben, sondern nur den Auserwählten."[2] Diese Begeisterung *meint* und sieht schon hindurch auf die Neue Erde, welche nichts als die Verklärung der alten, in Christus schon im Kerne erlösten, ist. Diese Verklärung und Auferstehung vollzieht sich im voraus in der begeisterten Seele, wo in wachsendem Maße die Ekstase mit der absteigenden Gnade eins wird. Im Geheimnis dieser Einswerdung bebt und schwingt eben die Begeisterung, welche ahnt und fast schon sieht, was noch verhüllt ist. „Es ist schön in der Welt, mein Lieber! Ich möchte, wenn es mir besser geht, im Frühling wieder wandern gehn. Und daß alles ein Geheimnis ist, das macht die Sache noch schöner. Das Herz bangt und staunt, aber diese Bangigkeit macht das Herz heiter."[3] Es ist das Geheimnis der einen gegenwärtigen und verklärenden Liebe Gottes. „Worin das Geheimnis besteht? Alles ist ein Geheimnis, mein Freund; in allem liegt ein göttliches Geheimnis. In jedem Baum, in jedem Gräschen ist dieses selbe Geheimnis eingeschlossen."[4] Diese Begeisterung verklärt sich zuletzt im vollendeten Menschen zu jener „Heiterkeit", die auch für Nietzsche das Ergebnis des ganzen Weges war. Vom Pilger Makar wird gesagt: „Das Wort Heiterkeit liebte er sehr."[5] Im sterbenden Sossima und seinem jungen Bruder Markell, die beide im Tor des Übergangs stehn, verströmt die irdische Ekstase abendlich ins Licht, das von drüben

[1] D. 12, 441. – [2] D. 24, 81. – [3] D. 22, 123. – [4] D. 22, 117. – [5] D. 22, 164.

anbricht: „Aller Kummer geht im geheimnisvollen Wirken des Menschenlebens allmählich über in stille, freudige Rührung, an Stelle des jungen, schäumenden Blutes tritt das sanfte, klare Alter. Noch segne ich den täglichen Aufgang der Sonne, . . . oh, daß doch alle die Gerechtigkeit Gottes erkännten, die rührt, versöhnt und alles verzeiht! Mein Leben geht zu Ende, ich weiß und höre es, ich fühle aber an jedem Tage, der mir bleibt, wie mein irdisches Leben schon einmündet in ein neues, unendliches, unbekanntes Leben, das schon nahe herankommt, in dessen Vorgefühl meine Seele vor Entzücken aufbebt."[1] In dieser „Heiterkeit" verschmelzen dionysisches Verklärungsgefühl mit christlicher Mystik, hinübergedehnte Sehnsucht mit einfallendem Gnadenlicht zu einem einzigen, erlösten Weltglück, und im Mitvollzug der göttlichen Erlösung und Verklärung verwandelt auch das menschliche Herz die Schöpfung. „Denn alles ist ja wie ein Ozean, alles fließt und alles berührt sich. Am einen Ende der Welt rührst du an, und am andern Ende hallt es wider. Mag es auch sinnlos sein, die Vögelchen um Verzeihung zu bitten, so wäre doch den Vögelchen, den Kindern und jedem Lebewesen leichter in deiner Nähe, wenn du selbst besser und begeisterter wärest."[2] Wie für Novalis das „alte Paradies" aus der Tiefe der Erde hervorbricht unter dem Zauberblick des „Idealisten", wie tiefer ein Lehrsatz des Buddhismus sagt, jeder Geist trage seine Erde mit sich: der erdhafte eine rauhe und leidhafte, der gereinigte eine verklärte, und beide Erden seien dieselbe, nur das Sehvermögen ein anderes,[3] so will es auch der russische Christ: „Mutterchen, weine nicht, mein Täubchen . . ., weine nicht, das Leben ist ein Paradies. Und alle sind wir im Paradiese, wir wollen es nur nicht wissen. Wollten wir es aber wissen, so würden wir morgen auf der ganzen Erde im Paradiese sein."[4] Einen Augenblick erscheint sogar die Glückstiefe des Augenblicks als Wiederkehr deutbar: „War dies das Leben? Wohlan! – noch einmal!" ruft Nietzsche. Und Makar: „Woran sich nur die Seele noch immer so klammert und hält, und immer freut sie sich noch am Lichte; und ich glaube, wenn ich das ganze Leben noch einmal von vorn anfangen könnte, so würde die Seele sich wohl auch davor nicht fürchten."[5] Und wie in Nietzsche es die Tiefe des Schmerzes selbst ist, die in dieser Gesamtlust sich verklärt, so steht auch Makar über Freude und Schmerz: „Nur daß sich im Laufe der Jahre die Trauer gleich-

[1] D. 24, 22-23. – [2] D. 24, 76. – [3] Vgl. die Bhûmî-Lehre des Mehâyâna. – [4] D. 24, 15. – [5] D. 22, 116.

sam mit der Freude vermischt, sich zu einem freudigen Seufzen verwandelt."[1] Dostojewskij sieht darin gern etwas Nationales: „Im Glück des Russen ... ist unbedingt ein Teil Leid enthalten, andernfalls ist für ihn das Glück nicht vollständig."[2] Aber in der Möglichkeit dieser vollen Durchklärung des Leids in „Heiterkeit" liegt für ihn ebenso etwas unterscheidend Christliches: „ Wer heiter ist, der ist auch nicht gottlos."[3] Dies aber verwirklicht sich erst, wenn nicht nur, wie bei Nietzsche, der Schmerz, sondern ausdrücklich die *Schuld* in der Heiterkeit verklärt ist. Und dies, entsprechend wie die Krankheit nicht aufgehoben, sondern *als* Krankheit in die Gesundheit eingeht, auch als innere Durchklärung des Schuldigseins: „Möchte ich doch auch schuldig sein vor allen, dafür verzeihen mir aber auch alle, und das ist eben das Paradies."[4]

Die letzte Verklärung ist also für Dostojewskij im Grunde die durch das Ethische gereinigte und vernotwendigte Ekstase der vitalen Krankheit. So ist es bezeichnend, daß er sich nicht scheut, das Krankhafte an Makar, an Markell, sogar an Sossima einzugestehen. Die Ekstase Markells verleugnet sich gar nicht als Euphorie. Und wenn auch Makars „Heiterkeit" stets als Zeichen seiner „höchsten, glücklichsten Entwicklung"[5] gedeutet wird, so hat „sein Mitteilungsdrang" doch „etwas Krankhaftes".[6] Und seine Erzählungen haben alle „eine Art von krankhafter Verzücktheit, eine Art von krankhafter Rührung".[7] Dieselbe „Rührung"[8] und „Begeisterung"[9] spricht sich in den Reden des Starez aus. Freilich ist diese Liebe für ihn das Ethische: „Brüder, wohl ist die Liebe eine große Erzieherin, man muß aber um sie ringen, man kann sie nur durch Mühen erwerben und teuer bezahlen mit langdauernder Plage und nach langem Hoffen. Nicht zufällig auf einen Augenblick muß man die Menschen lieben, sondern fortwährend und ewig. Zufällig kann jeder lieben, sogar der Bösewicht."[10] Aber das Ethische hindert nicht den bruchlosen, langsamen Übergang von Menschbegeisterung in Gottbegeisterung. Die „verklärte Erde" dieser „Heiligen" Dostojewskijs hat darum durchaus den Charakter von einem irdisch-tausendjährigen Reich, ihr Erlebnis drückt sich objektiv in Schwärmerei und Utopie aus. Für den Starez Sossima ist es bezeichnend, wie er den Bruch und Kompromiß[11] zwischen Kirche und Staat progressiv aufheben will zugunsten einer Allkirche, das weltliche Gericht in ein

---

[1] D. 22, 213. – [2] D. (P.) 12, 311. – [3] D. 22, 147. – [4] D. 24, 17-18. – [5] D. 22, 113. – [6] D. 22, 119. – [7] D. 22, 164. – [8] D. 24, 80. – [9] D. 24, 25. – [10] D. 24, 76. – [11] D. 23, 111.

rein geistliches verwandeln und dadurch an die Stelle eines mechanischen Ausscheidens des Verbrechers den Appell an Gewissen und Schuldigsein vor der Gemeinde setzen. Dadurch würde sich „vielleicht tatsächlich die Zahl der Verbrecher in einem unwahrscheinlichen Maße vermindern“.[1] Diese „Erwartung einer völligen Umwandlung aus der Gemeinschaft“, „wenn auch erst am Ende der Jahrhunderte“,[2] ist noch utopischer im Endzeittraum Makars ausgesprochen, wo es von der großen christlichen Armut des Herzens unmittelbar übergeht in ein Schauen Gottes „von Angesicht zu Angesicht; und die Erde wird heller strahlen als die Sonne, und es wird keine Trauer sein und kein Seufzen, sondern nur ein einziges, herrliches Paradies“. Worauf Arkadi, „maßlos begeistert“, einfällt: „Aber wenn Sie so reden, dann predigen Sie ja den Kommunismus, den entschiedenen Kommunismus!“[3] Der Starez freilich wehrt sich gegen eine mechanische Herstellung des Gottesreiches durch Luftschiff und Telegraphie,[4] und Aljoscha erwartet es einzig von innen her, aus der absoluten Kraft des liebenden Herzens der Heiligen.[5] Aber Paisi zieht doch die entscheidende Konsequenz, wenn er den „wörtlichen“ Sinn des „nicht von dieser Welt“ ablehnt. „Unser Herr Jesus Christus ist ja gerade gekommen, um die Kirche auf der Erde zu begründen. Das Himmlische Reich, das versteht sich von selber, ist nicht von dieser Welt, . . . die Kirche ist aber in Wahrheit ein Reich, und ausersehen zu herrschen.“[6]

Daß Dostojewskij und sein religiöses Slawophilentum hier selber sprechen, ist außer Zweifel. Dann aber erhebt sich eine schwerwiegende Frage: Ist in dieser dionysisch-christlichen Begeisterungs-Apokalypse nicht, trotz aller Ausklärung durch das Ethische, die Form der Krankheitsekstase unmittelbar bewahrt? Nietzsche nannte einst den heiligen Utopisten „Franz von Assisi neurotisch, epileptisch, Visionär“,[7] er sieht im Christentum die „Formen der Hysterie und der Epilepsoidis“.[8] Hat er angesichts *dieser* russischen Ekstatiker unrecht? Dann aber wird das Eschaton Dostojewskijs, die „verklärte Erde“ als christliches Paradies, ebenso von der nietzscheschen Kategorie des *Ästhetischen* oder *Vitalen* umklammert, wie Nietzsches Eschaton, die „verklärte Erde“ als „Große Gesundheit“, von der dostojewskijschen Kategorie der Krankheit umklammert wurde. Für Dostojewskij spricht sich dieser Sachverhalt darin aus, daß das Verklärungsgefühl der Heiligen sich inhaltlich kaum unter-

[1] D. 23, 120. – [2] Ebd. – [3] D. 22, 170. – [4] D. 24, 64. – [5] D. 23, 55-56. – [6] D. 23, 112. – [7] N. 15, 305. – [8] N. 15, 313.

scheidet von den Endzeitträumen des intellektuellen Wahnsinnigen Wersilof und von dem rein dionysischen, schwermütigen Natur- und Sonnenkult der Marja Lebädkina in den Plänen zu den „Dämonen“.[1]

3. Im Vergleich der beiden „Krankheits“-Begriffe gelangen wir somit zu einer beiderseitigen Fragwürdigkeit. Eines freilich ist beiden gemeinsam: die tragische Verbundenheit von Genialität und Krankheit. Nietzsche versteht: „Die Unternehmung, in der ich drin stecke, hat etwas Ungeheures und Ungeheuerliches – und ich darf es niemandem verargen, der dabei den Zweifel hier und da in sich auftauchen fühlt, ob ich noch ‚bei Verstande‘ bin.“[2] Er versteht sogar noch mehr; 1880 schreibt er an Malwida: „Die furchtbare und fast unablässige Marter meines Lebens läßt mich nach dem Ende dürsten, und nach einigen Anzeichen ist mir der erlösende Hirnschlag nahe genug.“[3] Und es war zwar unreifer Byronismus, wenn der Jüngling Dostojewskij schrieb: „Ich habe ein neues Projekt: verrückt zu werden.“[4] Aber auch bei ihm sprengte die Intensität des Schaffens das Gefäß des „normalen Lebens“, ja dieses Schaffen nährte sich immer wieder aus den verborgenen Paradiesen, die der epileptische Augenblick ihm enthüllte. Seine Notizbücher sprechen „deutlich für den funktionellen Zusammenhang zwischen der schöpferischen Produktion des Dichters und seinem Leiden“.[5] Nicht minder evident ist es, daß das Hinreißende, Blitzende und Stahlharte der letzten Nietzscheschriften nur durch jene visionäre Sicherheit und jenes Vollkommenheitserlebnis bedingt ist, das als solches schon der Auftakt der Umnachtung war.[6]

Aber in diesem Gemeinsamen die Unterschiede: Nietzsche erstrebt eine höchste Gesundheit über Gesund und Krank, zugleich als das Überethische, im amor fati und im dionysischen Vollendungsgefühl. Aber der Verdacht, daß diese Vollgestalt selbst noch Symptom von Krankheit sei, läßt sich nicht abweisen. Dostojewskij läßt die Krankheit dieses höchsten Augenblicks umgekehrt in eine religiöse Gestalt sich verklären. Aber hier behält der Argwohn sein Recht, daß es sich um ein ästhetisches, nicht wahrhaft religiöses Eschaton handle. Dieser doppelte Verdacht aber entspricht zuletzt einem Mißtrauen Nietzsches wie Dostojewskijs ihren Entwürfen gegenüber. Bei Nietzsche gibt sich die Ekstase nur als „Lohn“, als zufallendes Glück und so-

[1] UD. 203-204. – [2] NB. 4, 344. – [3] NB. 3 (2), 587. – [4] DB. 4. – [5] AGD. 102. – [6] Jaspers, a. a. O. 85-93.

mit nicht als die immanente Erfüllung der höchsten Haltung. Der entspricht im Grund eine stärkste, zuchtvollste Indifferenz zwischen dieser Ekstase und der dem Blitze folgenden Nacht. Es ist der heroische Rhythmus: „Es ist wieder Nacht um mich; mir ist zumute, als hätte es geblitzt – ich *war* eine kurze Spanne *ganz* in meinem Elemente und in meinem Lichte."[1] Die heroische Desillusion, die doch ganz tief in der Grundlage von Nietzsches Weltbegriff eingewurzelt ist, bildet den Gegenpol zum ausgeführten Vollendungserleben. Und zwischen beiden erst, als die Stärke der aushaltenden, indifferenten Mitte, liegt das Höchste, Letzte. Dieses Letzte gibt denn auch der Ekstase die Kraft, den Halt, die Form, die sie vor dem ästhetischen Zerfließen in „heilige Rührung" bewahrt, so wie sie der Desillusion die Kraft gibt, harte und nicht schreiende Verzweiflung zu sein. Die Problematik zwischen dem Vitalen und Ästhetischen der Gesundheitskategorie weist uns daher weiter zu einer Problematik dieser „ethischen" Kraft der Indifferenz.

In Dostojewskij der entgegengesetzte Weg: Auch bei ihm offenbart sich das Mißtrauen gegen die „große Gesundheit" seiner Heiligen: darin nämlich, daß ihren Ekstasen die kalten Zweifler und Spötter als Gegengewicht entgegentreten, mit einem ungeheuren, stummen Anspruch auf die entgegengesetzte Wahrheit. Nur ist hier der Riß viel tiefer und heilloser als bei Nietzsche. Denn die Wahrheit der „verklärten Erde" gab sich als absolute, weil religiöse aus. Eine entgegenstehende „Wahrheit" kann sich dann nur als eine diabolische ausgeben, und es ist folgerichtig, daß die grauenhafte Zerstörung jener Verklärungsmöglichkeit dem satanischen Kellerschlupfmenschen überlassen bleibt, der zugleich Gottesleugner und Gottesgeißel sein kann. Aber diese Lösung ist ja nur eine billige Ausflucht, sich vor der letzten Entscheidung zwischen der guten und der bösen Wahrheit zu drücken. Wenn Dostojewskij der „Slawophile" und Dostojewskij der „Kellerschlupfmensch" ein und derselbe sind, dann gilt es einen Kampf auf Leben und Tod um die Absolutheit der einen Wahrheit. Oder es gilt die Entlarvung der einen wie der andern als Vorläufigkeit. Auf jeden Fall aber muß ihm eine kampflose Indifferenz *zwischen* beiden Möglichkeiten als der eigentlich letzte Gegner erscheinen, auch und gerade dann, wenn sie sich als die Stärke des Ethischen ausgibt. Von hier aus sind wir auch bei

---

[1] NO. 198.

Dostojewskij aus der Problematik zwischen dem Vitalen und dem Religiösen in die tiefere Frage nach dem Wesen des Ethischen weitergewiesen. Das Eigentümliche aber ist, daß diese Problematik des Ethischen bei Nietzsche sowohl als bei Dostojewskij sich von vornherein als die der Grenze des Ethischen gibt, als die Frage nach dem Jenseits von Gut und Böse.

IV. Jenseits von Gut und Böse

Ging es zuerst um die Integration der Lüge in die Wahrheit, dann der Krankheit in die Gesundheit, so jetzt offenbar um die des Bösen ins Gute. Hier sind aber die beiden Weltbilder schon so weit differenziert, daß die Lösungsrichtungen von vornherein im Ansatz sich entgegensetzen. Die Tiefe des Ethischen muß, dem Gesagten zufolge, für Nietzsche in der Reinheit der Indifferenz liegen, welche *als solche* die Enthobenheit über die Beschränktheit des „Guten" und „Bösen" besagt, für Dostojewskij hingegen in der Reinheit der Wahl und der Empfindlichkeit des Kompasses, welche je und je aus dem absoluten Widerspruch zwischen der „guten" und der „bösen" Wahrheit zu entrinnen erlauben. Um diesen Unterschied der beiden Haltungen im dritten Teil dieses Kapitels klar herausstellen zu können, ist aber zuerst eine Untersuchung über Nietzsches und Dostojewskijs Weg zu ihm hin gesondert anzustellen. Der gemeinsame Ausgangspunkt ist das Bewußtsein des Ungenügens der landläufigen Begriffe von Gut und Böse. „Wer weiß heutzutage, was gut und was böse ist!?", ruft Nietzsche aus. Und Dostojewskij hat das geheimnisvolle Wort: „Es gibt nichts Böses oder Gutes!"[1] Nietzsches Weg, davon zu überzeugen, ist die Entlarvung der Ethik durch Aufzeigen ihrer Relativität und Genealogie.[2] Dostojewskij ahnt, wie weit ihre Relativität reicht: „Was ist denn eigentlich Tugend? . . . Ich besitze eine Tugend, der Chinese aber eine andere – dies ist demnach wohl nur etwas Beziehungsweises?"[3] Damit die Fragwürdigkeit von „Ethik" überhaupt, als der Fixierung des innern, unfaßbaren Akts. „Gott erstickte an der Theologie, und die Moral an der Moralität."[4] Und schon während der Militärzeit notiert Nietzsche: „Insbesondere ist die Ethik schädlich den

[1] AGD. 76. – [2] N. 11, 195-196. – [3] D. 25, 146. – [4] N. 12, 329.

guten Eigenschaften des Menschen."[1] Dostojewskij gibt dem Teufel Iwans gerade die Maske des „anständigen Menschen"[2] und hat ein tiefes Mißtrauen gegen Ethik als Wissenschaft. „‚Ideen! Ideen! das ist es! Ethik. Was ist denn das, Ethik?' . . . ‚Ja, es gibt eine solche Wissenschaft – nur gestehe ich dir, ich kann dir nicht erklären, was das für eine Wissenschaft ist.'"[3] Das Wort „sittlich" hat beim reifen Dostojewskij fast stets einen ironischen Nebengeschmack;[4] was Nietzsche als Moraltrompeterei verhöhnt, geht ihm nicht weniger auf die Nerven: „Menschen mit vollkommen reiner Moral, wie sie bei Schiller vorkommen, gibt es nicht."[5] Die große Satire auf die bourgeoise Ethik der Franzosen in Dostojewskijs autobiographischen Schriften ist das würdige Gegenstück zur Strauß-Satire Nietzsches. „Das Bedürfnis nach Tugend ist in Paris nicht zu löschen", und der ganze Wandel daselbst ist ein Reigen um das „Tugendbrünnlein", das so etwas „Ruhiges, Stilles, Tagtägliches, Beständiges, Heidelbergisches" hat.[6] Der „unaussprechliche Edelmut" ist ja ganz schön, „aber warum denn das zur Tugend erheben, ausgerechnet zur Tugend?". Es ist das Zeichen, daß die Fähigkeit verloren ist, „Ehre zu *wittern*"; „ein solcher Tugendkatalog stellt im Leben einer Nation ein schlimmes Symptom dar".[7] Man glaubt, Nietzsche selbst zu hören. Wenn ein Lebemann Dostojewskijs sagt: „Was soll ich tun, wenn ich bestimmt weiß, daß die Grundlage aller menschlichen Tugenden der größte Egoismus bildet? Und je tugendhafter eine Handlung ist, um so mehr Egoismus steckt dahinter"[8] – so ist etwas in Dostojewskij selbst, was diese Maxime nicht verneint. Er ist nicht weniger raffiniert im Entlarven dieses Egoismus als Nietzsche, dieser „Art von Piedestal", die dabei im Spiel ist[9] und bis zum nackten Herrschtrieb gehen kann: „Ich werde dir die dreißigtausend Rubel geben, meinetwegen, aber ich bin moralisch reiner als du und stehe über dir."[10]

Darum gehen beide am schärfsten an gegen das „Kasuistische", „Jesuitische" in der Moral, das ihnen als das gefährlichste Anzeichen der Nivellierung und Verkrustung erscheint. „Jesus von Nazareth", sagt Nietzsche, „liebte die Bösen, aber nicht die Guten: der Anblick von deren moralischer Entrüstung brachte selbst ihn zum Fluchen. Überall, wo gerichtet wurde, nahm er Partei gegen

[1] N. (Mette) 3, 321. – [2] D. 25, 230. – [3] D. 25, 137. – [4] D. 21, 477; D. 15, 244 usw. – [5] D. 22, 283. – [6] D. (P.) 11, 227. – [7] Ebd. 246-247. – [8] D. 9, 151. – [9] D. 21, 318. – [10] D. 22, 276.

die Richtenden: er wollte der Vernichter der Moral sein."[1] Immer mehr aber hat sich das Christentum zum Richtenden gemacht, und das gerade in der Form einer Passepartout-Moral, die die Form der breitesten, untersten Schicht ist.[2] Und gerade am Ende *dieser* Moralentwicklung steht der „letzte Mensch": „Man hätte dann freilich jenen vielbegehrten ‚Frieden auf Erden'! Aber auch so wenig ‚Wohlgefallen aneinander'! So wenig Schönheit, Übermut, Wagnis, Gefahr!"[3]

Dostojewskijs „Großinquisitor" ist bis zur Identität gleichlautende Polemik. „Im Grunde gab es nur einen Christen", sagt Nietzsche, „und der starb am Kreuz."[4] „Daß die Menschheit vor dem Gegensatz dessen auf den Knien liegt, was der Ursprung, der Sinn, das Recht des Evangeliums war, . . . man sucht vergebens nach einer größeren Form weltgeschichtlicher Ironie."[5] Das ist die Idee selbst des „Großinquisitors". „Wir haben deine Taten den Menschen angepaßt und sie begründet auf dem Wunder, dem Geheimnis und der Autorität. Und die Menschen waren froh, daß man sie wieder wie eine Herde führte."[6] Christi Moral war wohl eine Moral für Übermenschen. „Aber bedenke, es waren ihrer insgesamt nur einige Tausend, und dazu noch Übermenschen! Aber die übrigen? Was haben sie, die Schwachen, denn verbrochen, daß sie nicht das ertragen konnten, was die Starken ertrugen?" „Sind dir etwa nur die Zehntausend Großer und Starker teuer?"[7] Darum hat die Kirche unmerklich die große Anpassung vollzogen, bis sie am Ende der Zeiten das Glück aller verwirklicht hat. Und nur die furchtbare, stumme Gegenwart Christi in ihr, nur das höllische Leiden der übermenschlichen Betrüger, „die auf sich genommen haben den Fluch der Erkenntnis des Guten und Bösen",[8] stellt diesen „großen, einträchtigen Ameisenhaufen",[9] diese „gebändigte Hundertmillionen-Horde"[10] in Frage. – In der Konvergenz von Moralität und Dekadenz sind sich so Nietzsche und Dostojewskij einig. Die Verwandlung der Erde in „ein einziges Kinderspiel mit Kinderliedern, Chorgesang und unschuldigen Tänzen",[11] oder wie Nietzsche sagt: „Die Erde als Hospital und ‚Jeder Jedermanns Krankenpfleger'",[12] das wäre die endgültige Vermauerung aller Wahrheit der Existenz. Diese Wahrheit aber liegt wesenhaft jenseits des unvermit-

[1] N. 12, 266. – [2] Vgl. die vorzügliche Darstellung bei Hugo Fischer: Nietzsche Apostata (1931), 295 ff. – [3] N. 15, 426. – [4] N. 8, 265. – [5] N. 8, 262. – [6] D. 23, 469. – [7] Ebd. 469. 463. – [8] Ebd. 474. – [9] Ebd. 471. – [10] Ebd. 473. – [11] Ebd. 473. – [12] N. 15, 426.

telten Gegensatzes von Gut und Böse. Nietzsche hat das herrliche Wort: „Was aus Liebe getan wird, geschieht immer jenseits von Gut und Böse."[1] Die Liebe zwischen Sonja und Raskolnikof steht jenseits dieser Grenze: „Auch du bist über eine Grenze hinübergeschritten", sagt der Mörder zur Dirne, „hast die Kraft besessen, hinüberzuschreiten. Du hast Hand an dich gelegt."[2] Nietzsche pflanzt seine Fahne jenseits sogar von Theismus und Atheismus auf, aber auch der Starez lehrt: „Hasset nicht die Atheisten, . . . es sind viele Gute unter ihnen, vor allem in unserer Zeit."[3] Mit dieser transzendenten „Ethik" wirken Nietzsche wie Dostojewskij absolut sprengend. Nietzsche nennt sich Dynamit. Dostojewskijs ganze Romantechnik beruht im Grunde auf einer fortwährenden Reihe von Skandalen, in jeder denkbaren Gestalt: als das „Anstößige", „Peinliche", „Unmögliche", „Lächerliche", „Hilflos-Überwältigte", „Himmelschreiende". Im je-neuen sprengenden Augenblick allein wird das Antlitz des Eigentlichen kund unter der Schminke der Moralität.

1. Nietzsches Weg zu diesem Eigentlichen ist jener pfeilgerade Wille, der links und rechts jedes Hindernis niederbricht, jedes Klammern und jede ankettende Liebe zerreißt um der absoluten Reinheit der seelischen Flamme willen. Hofmannsthal hatte, im Problem der Treue, die ästhetische Freiheit des Ich in die schweren Ketten der Pflicht gelegt, das unstet Geistige mit dem Gewicht des irdischen Schattens behängt. Aber diese irdische Mitte bricht durch in neue Tiefe und Höhe, da sie sich innerlich schon als die Einheit der Gebrochenheit erwies. Aus den Scherben des engen Wissens, aus der Begrenztheit unserer Tugend – sollte sich daraus nie ein Ganzes und Freies ergeben? „Irgendein Jenseits von Gut und Böse, zu dem man steigen, klettern, fliegen muß . . ., jedenfalls ein Jenseits von *unserem* Gut und Böse?"[4] Denn dessen Widersprüche haben uns alles Endliche und uns selber verleidet. Kommt nicht einmal

> „die Stunde, wo ihr sagt: ‚Was liegt an meiner Vernunft! Begehrt sie nach Wissen, wie der Löwe nach seiner Nahrung? Sie ist Armut und Schmutz und ein erbärmliches Behagen!'
>
> Die Stunde, wo ihr sagt: ‚Was liegt an meiner Tugend! Noch hat sie mich nicht rasen gemacht. Wie bin ich müde meines Guten und meines Bösen! Alles das ist Armut und Schmutz und ein erbärmliches Behagen!'"[5]

---

[1] N. 7, 106. – [2] D. 12, 503. – [3] D. 23, 299. – [4] N. 5, 339. – [5] N. 6, 15.

Was sich Tugend nennt, ist nur ein wucherndes Rechnen und Messen, das uns immer kleinlicher und erstickender umgarnt. Wäre die einzig werte Tugend nicht, all diese Netze zu zerreißen und aus seiner Enge auszubrechen?

> „Ich liebe den, dessen Seele übervoll ist, so daß er sich selber vergißt . . .
> Ich liebe den, dessen Seele sich verschwendet, der nicht Dank haben will und nicht zurückgibt . . .
> Ich liebe den, der nicht zuviele Tugenden haben will. Eine Tugend ist mehr Tugend als zwei . . ., denn Tugend ist Wille zum Untergang und ein Pfeil der Sehnsucht."[1]

Tugend als Wille zum Untergang heißt dann aber, daß aller Wille zum Bestehen Untugend ist. Tugend ist das, was frei und groß genug ist, die absolute Verschwendung der Welt, der Liebe, des Leidens zu *ertragen* ohne den Gestus des Greifens oder das Rechnen des Judas; es ist die Freiheit zu einem absoluten Spiel mit allem, was sich als gesetzter Ernst gibt. Ist es nicht erdenkbar,

> „das Ideal eines Geistes, der naiv, das heißt ungewollt und aus überströmender Fülle und Mächtigkeit mit allem spielt, was bisher heilig, gut, unberührbar, göttlich hieß; . . . das Ideal eines menschlich-übermenschlichen Wohlseins und Wohlwollens, das oft genug *unmenschlich* erscheinen wird, zum Beispiel, wenn es sich neben den ganzen bisherigen Erden-Ernst, neben alle Art Feierlichkeit in Gebärde, Wort, Klang, Blick, Moral und Aufgabe wie deren leibhafteste unfreiwillige Parodie hinstellt –".[2]

Freilich: „Die Frage ist, ob man wirklich dorthinauf *kann*."[3] Aber schon bietet sich das Kriterium des Jenseits an: „In der Hauptsache ist es die Frage darnach, wie leicht oder wie schwer wir sind, das Problem unserer ‚spezifischen Schwere'. Man muß *sehr leicht* sein, . . . sich von vielem losgebunden haben."[4] Diese Überwindung des „Geistes der Schwere" ist einerseits der Auftrieb des absoluten Ja durch alle Verlockungen von einschränkenden Neins hindurch: „Wir verneinen nicht leicht, wir suchen unsre Ehre darin, *Bejahende* zu sein",[5] und darin absolute Ausfahrt: „Wir haben das Land verlassen und sind zu Schiff gegangen! Wir haben die

[1] N. 6, 17-18. – [2] N. 5, 344. – [3] Ebd. 339. – [4] Ebd. 339-340. – [5] N. 8, 90.

Brücke hinter uns – mehr noch, wir haben das Land hinter uns abgebrochen! Nun, Schifflein! Sieh dich vor!"[1] Aber dieses Ja vollzieht sich immer im Abstoßen aller Neins, also selbst durch ein immer neues Nein hindurch.

Dieses radikale Nein, das sich in den Entlarvungen Nietzsches vollzieht, bedarf hier keiner ausführlichen Darstellung. Es hat einen doppelten Charakter. Die Enthüllung deckt entweder eine Perversion des Ja-Triebs auf und befreit dieses Ja im Nein, oder sie deckt einen wurzelhaften Nein-Trieb auf und schafft durch dessen Zerstörung Platz für das Ja. Ein rasches Bündel von Beispielen genügt: „Moralität" ist das Mittel, „sich selbst den Anschein von Überlegenheit über geistigere Menschen, . . . die Lust der vollzogenen Rache" zu gewähren.[2] Hingabe ist perverser Machttrieb: „Wir ordnen uns unter, damit wir das Gefühl der Macht haben."[3] Demut ist Versicherungsangst: „Überhaupt sind Ergebung in Gottes Willen und Demut oft nichts anderes als Deckmäntel für feige Furchtsamkeit."[4] Das christliche Sicherheitsgefühl ist „künstliche Verstärkung".[5] „Großmut" meist nur „die plötzliche Verzichtleistung auf Rache" aus dem Gefühl „der plötzlichen Sättigung und des plötzlichen Ekels" beim Sieger.[6] Ebenso im Religiösen: „Der Instinkt der Lebensmüdigkeit hat die andere Welt geschaffen."[7] Nietzsche analysiert das komplexe Erlebnis der Heiligen und findet darin „Trotz gegen sich selbst, der ein naher Verwandter der Herrschsucht ist und auch beim Einsamsten noch das Gefühl der Macht gibt", die „angeschwellte Empfindung, aus dem Verlangen, seine Leidenschaften dahinschießen zu lassen", dann wieder Versinken in „dumpfe Indolenz", die aber, sobald sie sich als Langeweile enthüllt, zur Geißelung „der Selbstvergötterung mit Selbstverachtung und Grausamkeit" aufpeitscht, bis zum Genuß am „wilden Aufruhr der Begierden, an dem scharfen Schmerz der Sünde, ja an der Vorstellung des Verlorenseins".[8] Und dann zuletzt auch noch das Verlassen dieses ganzen Spielplatzes äußerster Herrschsucht als Eitelkeit: „Dieses Zerbrechen seiner selbst, . . . dieses spernere se sperni, aus dem die Religionen so viel gemacht haben, ist eigentlich ein sehr hoher Grad von Eitelkeit . . . In jeder asketischen Moral betet der Mensch einen Teil von sich als Gott an und hat dazu nötig, den übrigen Teil zu diabolisieren."[9]

---

[1] N. 5, 162. – [2] N. 5, 309. – [3] N. 11, 252. – [4] N. (Mette) 2, 60. – [5] N. 15, 315. – [6] N. 5, 85. – [7] N. 16, 90. – [8] N. 2, 150. – [9] N. 2, 142-143.

Wir könnten stundenlang diesen Hammerschlägen und Wühlarbeiten zusehn. Aber der Sinn ist klar: um jeden Preis die Ebene des „Gut", das sich einem „Bös" entgegensetzt, zu überfliegen, indem die absolute Relativität beider Begriffe und ihre Vertauschbarkeit nachgewiesen wird. Wie Kant mit dem (theoretischen) Wissen aufräumte, um dem (ethischen) Glauben Platz zu schaffen, so räumt jetzt Nietzsche mit dem ethischen Glauben, das sich fälschlich wieder als Wissen ausgibt, auf, um das formale Transzendieren über diesen Glauben selbst als das ethisch Absolute aufzuzeigen. Im Nein wird so das Ja sichtbar, in den Tugenden die Tucht: „Man hat immer nur eine Tugend – oder keine."[1] Ja, man „hat" nicht einmal je eine Tugend, sondern überschreitet sie nur immer wieder: „Wer sein Ideal erreicht hat, ist eben damit über dasselbe hinaus."[2] Sobald eine Tugend ruhender Besitz wird, wird sie abstrakte Form und damit tote Maske. „Die ‚Tugend', die ‚Pflicht', das ‚Gute an sich' mit dem Charakter der Unpersönlichkeit und Allgemeingültigkeit – Hirngespinste, . . . Opferung vor dem Moloch der Abstraktion."[3] Das Überhinaus als Ja ist als solches die „Wahrheit" des Entsagens und Verneinens: „Was tut der Entsagende? Er strebt nach einer höheren Welt, er will weiter und ferner und höher fliegen als alle Menschen der Bejahung – *er wirft vieles weg*, was seinen Flug beschweren würde, und manches darunter, was ihm nicht unwert, nicht unliebsam ist: er opfert es seiner Begierde zur Höhe. Dieses Opfern, dieses Wegwerfen ist nun gerade das, was allein sichtbar an ihm wird: danach gibt man ihm den Namen des Entsagenden . . . Mit diesem Effekte, den er auf uns macht, ist er aber wohl zufrieden: er will vor uns seine Begierde, seinen Stolz, seine Absicht, *über* uns hinauszufliegen, verborgen halten."[4] Nietzsche zeichnet sich selbst, seinen ekstatischen Willen über alle Schranken hinaus und seine Maske dafür. Sein Wille ist sein Reichtum, um seinetwillen kann der Entsagende sich selbst entbehren: „Er opfert sich, aber nicht aus Mitleiden, sondern aus Reichtum: er gibt ab, er gibt *sich* ab!"[5] „Dein Weib mußt du verlassen können, dein Land, deinen Nutzen, deinen weitesten Glauben: und eine Zeitlang soll die Sonne deines Lebens dir untergehen."[6]

„Nicht an einer Person hängen bleiben: und sei sie die geliebteste – jede Person ist ein Gefängnis, auch ein Winkel.

[1] N. 12, 139. – [2] N. 7, 94. – [3] N. 8, 226. – [4] N. 5, 69. – [5] N. 12, 282. – [6] Ebd. 280.

Nicht an einem Vaterlande hängen bleiben: und sei es das leidendste und hülfbedürftigste ...

Nicht an einem Mitleiden hängen bleiben: und gälte es höheren Menschen, in deren seltne Marter und Hülflosigkeit uns ein Zufall hat blicken lassen.

Nicht an einer Wissenschaft hängen bleiben: und locke sie einen mit den kostbarsten, anscheinend gerade uns aufgesparten Funden.

Nicht an seiner eigenen Loslösung hängen bleiben: an jener wollüstigen Ferne und Fremde des Vogels, der immer weiter in die Höhe flieht, um immer mehr unter sich zu sehn: – die Gefahr des Fliegenden.

Nicht an unseren eigenen Tugenden hängen bleiben und als Ganzes das Opfer irgend einer Einzelheit an uns werden."[1]

Glühender und unerbittlicher hat kaum ein christlicher Mystiker die Loslösung des Herzens besungen. Und das Echteste darin, das, worin auch Nietzsche sich vom Christen unterscheiden will, ist die Selbstverständlichkeit, mit der alles in den unersättlichen Wirbel preisgegeben wird: „Ihr heißt mich einen Aufopfernden: aber wer je Opfer brachte, weiß, daß es nicht Opfer waren, was er brachte."[2] Einmal weil „Opfer bringen" nur die Lebensbewegung bewußt mitvollziehen heißt: „‚Sein Leben lassen für eine Sache' – großer Effekt! ... Sind wir andern Verächter des Lebens? Im Gegenteil, wir suchen instinktiv ein *potenziertes* Leben, ... man opfert immer."[3] „Opfer bringen wir fortwährend. Bald siegt diese Neigung über die andere und deren Anforderungen, bald jene. Du würdest erstaunen, wenn ich dir vorrechnete, wie viel Opfer jeder Tag mich kostet."[4] „Man hat nie: denn man *ist* nie. Man gewinnt oder verliert beständig."[5] Weiterhin aber, weil Verzichten die Tat des Reichtums ist: „Im Kampfe gibt man wohl sein Leben dran; aber der Siegende ist versucht, sein Leben *wegzuwerfen*. In jedem Sieg ist Verachtung des Lebens."[6] Aber zutiefst ist dann erst das Stehenlassen jedes andern Gegenstands, wenn der einzige einmal sichtbar wurde: „Die Opfer, die wir bringen, beweisen nur, wie wenig wert uns jedes andere Ding ist, wenn wir etwas *lieben*."[7] Dann ist es das Stehnlassen aller „persönlichen Überzeugungen": „Die Freiheit von jeder Art Überzeugungen *gehört* zur

[1] N. 7, 61-62. – [2] N. 12, 282. – [3] N. 16, 323. – [4] N. 12, 140. – [5] N. 12, 306. – [6] Ebd. – [7] N. 12, 316.

Stärke, das Frei-blicken-können."[1] Das Drangeben des Besitzes seines Glaubens: „Der Gläubige gehört *sich* nicht, er kann nur Mittel sein, er muß *verbraucht* werden."[2] Das Drangeben seines persönlichen „Heils": „Das ‚Heil der Seele' – auf deutsch: ‚die Welt dreht sich um mich'."[3] Das Verzichten auf jeden Lohn: „Die große Liebe will nicht zurückgeben und vergelten, im Meere der großen Liebe ist die Vergeltung ertrunken."[4] „Wenn einer tut, was er tun muß, so ist kein Verdienst dabei: wird er trotzdem belohnt, so ist dies eine überschüssige Gnade, Güte."[5] „Was groß ist am Menschen, das ist, daß er eine Brücke und kein Zweck ist; was geliebt werden kann am Menschen, das ist, daß er ein *Übergang* und ein *Untergang* ist. Ich liebe die, welche nicht zu leben wissen, es sei denn als Untergehende."[6] Der Name dieses Lebens scheint der des heroischen zu sein: „Heroismus – das ist die Gesinnung eines Menschen, welcher ein Ziel erstrebt, gegen das gerechnet er gar nicht mehr in Betracht kommt. Heroismus ist der gute Wille zum Selbst-Untergange."[7] Aber dieser Name ist noch zu großspurig für die Feinheit des Höchsten: „Auch seinen Helden-Willen muß er noch verlernen: ein Gehobener soll er mir sein und nicht nur ein Erhabener . . . Der Säule Tugend sollst du nachstreben: schöner wird sie immer und zarter, aber inwendig härter und tragsamer, je mehr sie aufsteigt. Ja, du Erhabener, einst sollst du noch schön sein . . . Dann wird deine Seele vor göttlichen Begierden schauern; und Anbetung wird noch in deiner Eitelkeit sein. Dies nämlich ist das Geheimnis der Seele: erst wenn der Held sie verlassen hat, naht ihr, im Traume, – der Über-Held."[8]

Das ist vielleicht der schwindligste Aufstieg, den je die deutsche Seele ihrer Grenze und Enthüllung entgegen gewagt hat. Denn die letzte Stufe, die auch noch den Opfer-Heroismus opfert, bedeutet keine Erleichterung. Sondern sie sagt nur, daß der aszetische Opferkrampf sich noch glätten muß in die Selbstverständlichkeit des „Was liegt an mir!" In einem merkwürdig schwankenden Brief läßt Nietzsche in diesen innersten Kreis hineinblicken, wo die Überwindung der Opfergrausamkeit selbst noch wie Grausamkeit anmutet: „Was ‚den Helden' betrifft, so denke ich nicht so gut von ihm wie Sie. Immerhin: er ist die annehmbarste Form des menschlichen Daseins, namentlich wenn man keine andere Wahl hat. Man gewinnt etwas lieb: und kaum ist es einem von Grund aus lieb geworden, so sagt

[1] N. 8, 294. – [2] Ebd. – [3] N. 8, 272. – [4] N. 12, 316. – [5] N. 11, 44. – [6] N. 6, 16. – [7] N. 12, 295. – [8] N. 6, 172-173.

der Tyrann in uns (den wir gar zu gerne ‚unser höheres Selbst' nennen möchten): ‚Gerade *das* gib mir zum Opfer.' Und wir geben's auch – aber es ist Tierquälerei dabei und Verbranntwerden mit langsamem Feuer ... Lauter Probleme der Grausamkeit ... Ich sage Ihnen aufrichtig, daß ich selber zuviel von dieser ‚tragischen' Komplexion im Leibe habe, um sie nicht oft zu *verwünschen*; meine Erlebnisse im kleinen und großen nehmen alle den gleichen Verlauf. Da verlangt es mich am meisten nach einer *Höhe*, von der aus gesehen das tragische Problem *unter* mir ist. – Ich möchte dem menschlichen Dasein etwas von seinem herzbrecherischen und grausamen Charakter *nehmen*."[1]

Töricht und seicht wäre es, angesichts solcher Worte Nietzsches tiefe Aufrichtigkeit zu bezweifeln, wenn er die Psychoanalyse des Gewissens immer unter dem Leitgedanken der Grausamkeit durchführt. Er, der dem Dasein mehr Spannung, mehr „Böses", mehr Unerbittlichkeit wünscht, er zuckt nun selbst unter dieser wilden Geißel des Opfernmüssens, die niemals und nirgends müde wird, zu fordern. Aber in diesem wilden Schmerz erhebt sich nun unerbittlich die Frage nach dem Sinn, dem Wohin dieser ungeheuren Opferung. Durch alles Gewittergewölk zielt der „Argonaute des Ideals"[2] doch empor in einen ungetrübten, ewigen Äther: „Der Held ist heiter – das entging bisher den Tragödiendichtern."[3] Hier wird es von entscheidendem Gewicht, daß Nietzsches grausame Psychoanalyse der Moral haltmacht vor Christus, dem ersten und letzten Christen, und daß er zwischen ihm und sich etwas wie eine unmittelbare Kommunikation herstellt. Christus ist die Lehre, nein: die Gegenwart jenes höchsten Äthers als übermoralischem Zustand. „Jesus geht direkt auf den Zustand los, das ‚Himmelreich' im Herzen, und er findet die Mittel *nicht* in der Observanz der jüdischen Kirche ... Ebenso macht er sich nichts aus den sämtlichen groben Formeln im Verkehr mit Gott ... Das Himmelreich ist ein Zustand des Herzens (– von den Kindern wird gesagt ‚denn ihrer ist das Himmelreich'), nicht was ‚über der Erde' ist. Das Reich Gottes kommt nicht chronologisch-historisch, ... sondern es ist eine ‚Sinnes-Änderung im Einzelnen', etwas was jederzeit kommt und jederzeit noch nicht da ist ... Die Seligkeit ist nichts Verheißenes: sie ist da."[4] Christus „selbst ist jeden Augenblick sein Wunder, sein Lohn, sein Beweis, sein ‚Reich Gottes' ... Er lebt, er wehrt sich gegen

[1] NB. 3 (1), 225. – [2] N. 5, 343. – [3] N. 12, 332. – [4] N. 15, 260-261.

Formeln". „Er redet bloß vom Innersten: ‚Leben' oder ‚Wahrheit' oder ‚Licht' ist sein Wort für das Innerste, – alles Übrige, die ganze Realität, die ganze Natur, die Sprache selbst, hat für ihn bloß den Wert eines Zeichens, eines Gleichnisses." „Mit dem Wort ‚Sohn' ist der *Eintritt* in das Gesamt-Verklärungsgefühl aller Dinge (die Seligkeit) ausgedrückt, mit dem Wort ‚Vater' *dieses Gefühl selbst*, das Ewigkeits-, das Vollendungsgefühl."[1] Was Nietzsche in Christus erblickt, ist also nichts anderes als die überwundene Krise der Moralität, die schon gegenwärtige „Heiterkeit" des Ewigen. Aber dann steht daneben die Zeichnung eines andern Christus, der nicht nur diese „Heiterkeit" nicht erreicht hat, sondern sich wie Nietzsche unter der Tantalusqual eines grausamsten Gesetzes windet. Am Schluß dieser Zeichnung stehn die geheimnisvollen Worte: „Aber warum solchen schmerzlichen Dingen nachhängen? *Gesetzt, daß man es nicht muß* –." Nietzsche *muß*, das gehört mit zur Grausamkeit des Gesetzes, er muß über das Wohin des Opfers sich zerquälen: „Mitleiden täuscht sich regelmäßig über seine Kraft; das Weib möchte glauben, daß Liebe *alles* vermag – es ist sein eigentlicher *Aberglaube*. Ach, der Wissende des Herzens errät, wie arm, hülflos, anmaßlich, fehlgreifend, leichter zerstörend als rettend auch die beste, tiefste Liebe ist! – Es ist möglich, daß unter der heiligen Fabel der Verkleidung von Jesu Leben einer der schmerzlichsten Fälle des *Wissens um die Liebe* verborgen liegt: das Martyrium des unschuldigsten und begehrendsten Herzens, das an keiner Menschenliebe je genug hatte, das Liebe, Geliebtwerden und nichts außerdem *verlangte*, mit Härte, mit Wahnsinn, mit furchtbaren Ausbrüchen gegen die, welche ihm Liebe verweigerten; die Geschichte eines armen Ungesättigten und Unersättlichen in der Liebe, der die Hölle erfinden mußte, um die dorthin zu schicken, welche ihn nicht lieben *wollten*, – und der endlich, wissend geworden über menschliche Liebe, einen Gott erfinden mußte, der ganz Liebe, ganz Lieben-*Können* ist, – der sich der Menschenliebe erbarmt, weil sie gar so armselig, so unwissend ist! Wer so fühlt, wer dergestalt um die Liebe *weiß*, – *sucht* den Tod."[2] Was ist die Analyse dieses *Wissens* um die Liebe, wenn nicht die Selbstanalyse Nietzsches? Wer ist der „arme Ungesättigte und Unersättliche", wenn nicht er selbst? Nur daß sich ihm das letzte Wohin, das eben zur „Heiterkeit" und zum „Vollendungsgefühl"

[1] N. 8, 256-260. – [2] N. 7, 257-258.

nicht durchstoßen kann und das zugleich die „Erfindung“ des Liebesmythus von Hölle und Gott nicht anerkennen will, in die dionysische Ungesättigtheit und Grausamkeit der Liebe als dem Eschaton selbst auslegt:

„Ja, ich weiß, woher ich stamme!
Ungesättigt gleich der Flamme
Glühe und verzehr' ich mich.
Licht wird alles, was ich fasse,
Kohle alles, was ich lasse:
Flamme bin ich sicherlich.“[1]

Die Glut zerbrennt jeden Stoff, das Feuer depotenziert alles Lebendige zu Asche. Das Nein der Entlarvung und der Analyse sind der ewige Anlaß eines Transzendierens ohne Transzendenz, Fechtkunst als ewige Übung der Stärke. Der Kern der Dinge *ist* diese Fechtkunst: „Die Dinge selbst . . . sind das Erblitzen und der Funkenschlag gezückter Schwerter, sie sind das Aufglänzen des Siegs, im Kampfe der entgegengesetzten Qualitäten.“[2] Damit aber finden wir die höchste Mitte der Indifferenz wieder, die als Nullpunkt zwischen den Möglichkeiten höchste Seinsmächtigkeit ist. „Die große Leidenschaft braucht, verbraucht Überzeugungen, sie unterwirft sich ihnen nicht, – sie weiß sich souverän.“[3] Die flammende Durchwühlung aller Dinge, die Glut in der Zerstörung ist die Mitte. „Unbedenklich zwischen Gegensätzen lebend, voll jener geschmeidigen Stärke, welche sich vor Überzeugungen und Doktrinen hütet, indem sie eine gegen die andere benutzt und sich selber die Freiheit vorbehält.“[4] „Der weiseste Mensch wäre der reichste an Widersprüchen . . . und zwischeninnen seine großen Augenblicke grandiosen Zusammenklangs.“[5] Der letzte Sinn des opfernden Absehens ist dann diese Freiheit: „Meine tiefe Gleichgültigkeit gegen mich . . . Ich handhabe meinen Charakter.“[6] Und der letzte Sinn der Grausamkeit der Liebe die Freiheit zwischen Hingabe und Distanz: „Ich liebe die großen Verachtenden, weil sie die großen Verehrenden sind.“[7] Das Je-mehr der Liebe ist immer auch „jenes Verlangen nach immer neuer Distanz-Erweiterung innerhalb der Seele selbst.“[8] Auf dem früheren Leugnen des Widerspruchsatzes baut sich hier der psychologische Widerspruch als Symptom der höchsten Kraft auf: „Der instinktive Beweis: ‚ich kann nicht zwei entgegengesetzte Empfin-

[1] N. 5, 30. – [2] N. 10, 35. – [3] N. 8, 294. – [4] N. 16, 297. – [5] N. 15, 336. – [6] N. 15, 431. – [7] N. 6, 16. – [8] N. 7, 235.

dungen zugleich haben' – ganz grob und falsch."[1] Damit wird Nietzsches „Jenseits" folgerichtig zum „aktiven Nihilismus".[2] „Nichts wäre nützlicher und mehr zu fördern als ein konsequenter Nihilismus der Tat."[3] Er ist das experimentierende Sich-Hineinhalten in das läuternde Feuer des Nichts: „Eine solche Experimental-Philosophie, wie ich sie lebe, nimmt versuchsweise selbst die Möglichkeit des grundsätzlichen Nihilismus vorweg: ohne daß damit gesagt wäre, daß sie bei der Negation, beim Nein, bei einem Willen zum Nein stehen bleibt. Sie will vielmehr bis zum Umgekehrten hindurch – bis zu einem dionysischen Ja-sagen zur Welt."[4] Nur daß das Ja sich im Grunde nicht jenseits des Nein, sondern mitten darin vollzieht. Das „synthetische" Gute jenseits von Gut und Bös wird von Nietzsche selbst wieder als je neue Thesis genommen und in das Feuer der Kritik getaucht, so daß das eigentlich letzte „Gut" dieses Feuer selbst ist. Damit umgreift hier wiederum, wie früher, das *Vitale* der reinen dynamischen Größe das Ethische. Positivismus der Wahrheit, Historismus der Gutheit, Phänomenismus der Schönheit sind die Folge dieser Überhebung des Vitalen über den absoluten Sinn der Transzendentalien. „Die Moralwerte als Scheinwerte, verglichen mit den physiologischen."[5] Aber in diesem Wiederauftauchen des Vitalen liegt die große Zweideutigkeit dieser Indifferenz. Ist es das Über-ethische, Über-christliche, das Nietzsche anstrebt oder ist es das Unter-ethische und Unter-christliche, auf das seine Kritik herunterbrennt? Nietzsche schildert einmal zwei Knaben, die einen Bach überqueren: der eine hüpft mit leichten Zehen von Stein zu Stein und achtet nicht darauf, daß jeder gleich hinter ihm einsinkt. Der andere zögert und will auf den gleitenden Tritten festen Fuß fassen, er verliert das Gleichgewicht und fällt ins Wasser. Der „transzendierende" Nietzsche benützt Lüge und Widerspruch der Moral und der Psychologie nur als augenblicklichen Tritt – genug wenn sie ihm diesen Dienst leisten. Der auf der „Lüge" und der „Scheinbarkeit" beharrende Nietzsche versinkt mit seiner ganzen entlarvenden Wissenschaft in die Tiefe der Flachheit, der Entzauberung, des bodenlosen Räsonierens. Das Auseinanderbrechen des Ziels in ein unanschaulich-transzendentes: den Übermenschen, und ein positivistisch-immanentes: den guten Europäer, ist nur das Zeichen dieser grundlegenden Zweideutigkeit. Darin liegt der noch tiefere Bruch zwischen Anerkennung des Transzendenzcharakters des Seins

---

[1] N. 16, 30. – [2] N. 15, 156. – [3] N. 15, 324. – [4] N. 16, 383. – [5] N. 15, 422.

überhaupt und seiner Verweigerung anderseits. An der Stellung zu Plato ist dieser Bruch greifbar: „Beim Lesen Teichmüllers bin ich immer mehr starr vor Verwunderung . . . *wie sehr* Zarathustra πλατωνίζει!“[1] „Die Fälschung alles Tatsächlichen . . . Und an alledem ist *Plato* schuld! er bleibt das größte Malheur Europas!“[2] Unter allem herauf bricht wieder der absolute Widerspruch zwischen „Grund“ und „Form“ durch: Auslegung des Grundes im Horizont der „Idee“ und Entlarvung des Grundes im Abbrechen dieses Horizonts bleiben schlechthin sich zerstörende Seinsbewegungen. Die Mitte der Indifferenz zwischen ihnen, die Mitte des „Scheins“ wird hier zur Tragik des „Schattens“: Der „Schatten“ des Wanderers, der wie dessen traumhaft-phantastische Verdoppelung zu ihm redet, ist das Resultat der gegenseitigen Zerstörung von Idealismus und Phänomenismus: „Fast ist es mir, als hörte ich neben mir reden, nur mit noch schwächerer Stimme, als die meine ist . . . Mein Schatten redet; ich höre es, aber glaube es nicht.“[3]

Es wäre leicht, aus diesem „Hören“, das nicht glauben will, Nietzsche des Widerspruchs in seiner Philosophie zu zeihen. Aber Nietzsche nimmt uns diese Arbeit, diese „Waffe“ gegen ihn weg, indem er seine Philosophie auf den Widerspruch selber gründet.[4] Heraklit und Hegel stehn ihm dabei zur Seite, – nicht die schwächsten Schutzgötter. Aber, anders als bei Hegel, geht es bei Nietzsche auch gar nicht mehr um eine theoretische Synthesis des Widerspruchs. Es geht nur um die Flamme der Existenz, die aus ihm schlägt. Wer Nietzsche in Frage stellen wollte, der könnte folgerichtig nur diese Flamme selbst in Frage stellen. Aber –: „Flamme bin ich sicherlich!“ Das *Faktum* der reinen, steilen, ungetrübt durchsichtigen Flammenexistenz Nietzsches kann kein räsonierender Kommentar wegerklären. Auf die Anerkennung der verpflichtenden Größe dieses Faktums zielte das ganze Nietzsche-Kapitel, das den ersten Band unserer Studien schloß. Aber eben *weil* es sich um ein Vorbild und eine unbezweifelte Größe handelt, darf die Frage an diese Größe selbst nach deren Sinngehalt ergehen. Die unendliche Schwierigkeit dieser Frage-*Stellung* erhellt daraus, daß diese Größe sich selbst als Größe im Widerspruch versteht und auslegt. Damit nimmt diese Größe aber notwendig selbst am Widerspruch teil, aus dem sie lebt. Sie ist also teils, als Entschlossenheit der Stärke im Widerspruch, über seine Nichtigkeit erhaben, teils aber

[1] BO. 229. – [2] BO. 361. – [3] N. 3, 187. – [4] N. 16, 30-32.

nimmt sie, als Unentschlossenheit des Widerspruchs, an dessen Nichtigkeit selber Anteil. Die Frage ergeht also, trotz allem, an die *Möglichkeit* dieses *Faktums* selber, das sich als Widerspruch je und je selbst aufzuheben scheint.

In der Tat legt sich die Größe Nietzsches selbst als innerer Widerspruch aus. Ihre durchaus existentielle Faktizität hat selbst als solche ihre Tiefen, ihre Hintergründe: „Jede Philosophie *verbirgt* auch eine Philosophie; jede Meinung ist auch ein Versteck, jedes Wort auch eine Maske."[1] Die „Größe" ist als Indifferenz der Kraft, des Spiels, der Geschmeidigkeit, des Tanzes *zwischen* den Möglichkeiten zugleich deren Haben und Nichthaben. Das freilich nicht in dem vordergründigen Sinn, in dem der ästhetische Mensch Kierkegaards indifferent war. Denn Nietzsches Nichthaben ist schon ethischer Verzicht, wie sein Haben die ethische Freiheit der Distanz und darum des Beherrschens ist. Nein, die Indifferenz der Kraft ist als solche erhaben über den Gegensatz von Haben und Nichthaben. Aber als diese Erhabenheit ist sie die Armut an Armut:

> „Licht bin ich: ach, daß ich Nacht wäre! Aber dies ist meine Einsamkeit, daß ich von Licht umgürtet bin.
>
> Ach, daß ich dunkel wäre und nächtig! Wie wollte ich an den Brüsten des Lichts saugen! . . .
>
> Das ist meine Armut, daß meine Hand niemals ausruht vom Schenken; das ist mein Neid, daß ich wartende Augen sehe und die erhellten Nächte der Sehnsucht.
>
> O Unseligkeit aller Schenkenden! O Verfinsterung meiner Sonne! O Begierde nach Begehren! O Heißhunger in der Sättigung!"[2]

Höchster Reichtum als Vereinsamung der Größe, und daraus das Lied „Von der Armut des Reichsten", das nicht der „Schatten" zum Existierenden, sondern die „Wahrheit" zum „Schatten", zur Indifferenz des reinen „Scheinens" spricht:

> „Du möchtest schenken, wegschenken deinen Überfluß,
> aber du selber bist der Überflüssigste!
> Sei klug, du Reicher!
> *Verschenke dich selber erst*, o Zarathustra!

---

[1] N. 7, 268. – [2] N. 6, 153-154.

. . . Dein Glück macht ringsum trocken,
macht arm an Liebe
– ein regenloses Land . . .

. . . Du mußt ärmer werden,
weiser Unweiser!
willst du geliebt sein.
Man liebt nur die Leidenden,
man gibt Liebe nur den Hungernden:
Verschenke dich selber erst, o Zarathustra!

– Ich bin deine Wahrheit . . .“[1]

Das ist der Widerspruch, als den sich das Faktum der Größe selbst auslegt. Er kommt dem Widerspruch sehr nahe, als welchen Nietzsche den Hunger Christi nach Liebe ausgelegt hat. Gibt es im 19. Jahrhundert einen, der tiefer ins Herzgeheimnis des Christentums eingedrungen ist, in das Geheimnis des Durstes Gottes nach Armut und „Vergeblichkeit“, wie Nietzsche, der „Antichrist“? Warum ist Nietzsche überhaupt „Antichrist“, wenn er, wie kaum ein anderer, dieses Geheimnis des christlichen Gottes – mitvollzieht? Hier ist es Zeit, sich dem Wege Dostojewskijs zuzuwenden, auf dem dieser Gut und Böse hinter sich läßt.

2. Die Vornehmheit Nietzsches hat in seinen niederbrechenden Entlarvungen vor dem Bilde Christi haltgemacht. Er schiebt die Lösung dieses Knäuels von „Widerspruchen“ seinem Gegner zu: „Man hätte zu bedauern, daß nicht ein Dostojewskij in der Nähe dieses interessanten décadents gelebt hat, ich meine jemand, der gerade den ergreifenden Reiz einer solchen Mischung von Sublimem, Krankem und Kindlichem zu empfinden wußte.“[2] Macht nicht gerade die Einung dieser drei Eigenschaften das Wesen von Dostojewskijs „vollkommenem Menschen“, des Fürsten Myschkin, aus? Und in der Tat, von Christus aus nimmt Dostojewskij seinen Weg, der ihn jenseits von Gut und Böse führen soll. Die „Meditationen an der Bahre“ seiner ersten Frau, „Über Christus“ betitelt, bilden den Schlüssel zum Verstehen dieses Weges. Wo Nietzsches Eschaton auseinanderbricht, in das Ideal eines über-ethischen, aber unanschaulich-utopischen Übermenschen und in das einer unter-ethischen, vitalen Humanität, da schweißt Dostojewskij die Trümmer des Unverein-

[1] N. 8, 440-441. – [2] N. 8, 255.

baren in der Idee Christ zusammen: „Die synthetische Natur Christi ist erstaunlich." Und die Begründung: „Sie ist ja die Natur Gottes; Christus ist demzufolge das Spiegelbild Gottes auf Erden."[1] Als solches ist er beides: sowohl die Überwindung der abstrakt-idealen Synthesis des alten Idealismus ins Konkret-Persönliche als auch die Erhöhung jener konkreten „allomatischen" Spiegelwelt des realistisch-ethischen Weltbilds auf die Stufe des Religiösen. Er ist die transzendente Einheit des Ungebrochenen (aber Idealen) und des Erlösenden (Realen). „Das Gesetz der Persönlichkeit auf Erden verbindet, das *Ich* hindert. Einzig Christus konnte es, aber Christus war ein ewiges, für die Ewigkeit bestimmtes Ideal, dem der Mensch zustrebt und nach dem Naturgesetz zustreben muß."[2] Wenn es aber Christus nur als transzendenter, *ab*steigender Gott „kann", dann ist damit zugleich gesagt, daß das „Naturgesetz", kraft dessen der Mensch auf diese Synthesis hinstrebt, das „Nichtkönnen" oder der „Widerspruch" ist. „So strebt denn der Mensch auf der Erde einem Ideale zu, das seiner Natur *entgegengesetzt* ist."[3] Als idealistische Synthesis ließe sich dieser Weg allenfalls noch anschaulich machen: „Nach dem erhabenen Ergebnis der Wissenschaft geht der Mensch aus der Vielgestaltigkeit zur Synthese über . . . Die Natur Gottes ist jedoch anders. Sie ist eine *neue* Synthese des *ganzen* Seins."[4] Als solche ist sie schlechthin unanschaulich: „Wie dereinst jedes Ich in der allgemeinen Synthese auferstehen soll, ist schwer auszudenken." Denn „Ich" sagt hienieden wesenhaft Für-sich-sein, Entwicklung in steigender Abgrenzung, Distanz, und wird sich darum nie in das „Zusammenfließen . . . mit allem", in das „liebe alles wie dich selbst" fügen können, „weil es dem Gesetze der Entwicklung der Persönlichkeit widerspricht".[5] Hienieden ist das Sein selber widersprüchlich, „unrein", denn wie unsere seinliche Distanz stets den Charakter des Egoismus hat, so unsere Kommunion mit allem stets den Charakter der Unzucht, und damit wiederum der Ichsucht. Nietzsche hatte gesagt: „Nichts ist gewöhnlicher, in der Liebe der Geschlechter wie in der Zweiheit, welche ‚Ich' genannt wird, als *Verachtung* gegen das, was man liebt: – der Fatalismus der Liebe."[6] Dostojewskij hat diesen Fatalismus der Liebe unzähligemal dargestellt, am krassesten im Kellerschlupfmenschen, und er gibt den metaphysischen Grund dazu an: Die höchste Ekstase irdischer Liebe ist zugleich „die vollkommene

---

[1] UD. 26. – [2] UD. 22. – [3] UD. 27. – [4] UD. 25. – [5] UD. 25. – [6] N. 16, 317.

Absonderung des Paares von allen", und darum von der erstrebten Synthesis aus gesehen ein „im vollsten Sinne egoistischer Zustand".[1] „Wesen sein, ohne aufzuhören mit allem zusammenzufließen, ohne Unzucht zu treiben", das ist das Jenseits, das schlechthin übermenschlich ist. Es bleibt also hienieden nichts als die Bewegung im absoluten Widerspruch, welche als unaufhebbare Tragik der Liebe vom Ich-Ideal zum realen Du und von da wieder zurückschwingt, jedoch so, daß beide Schwingungen „sich gegenseitig vernichten".[2] Wir haben damit nur der existentiellen Lüge ihren ethischen Namen gegeben.

Daraus ist klar, wie für Dostojewskij zur Möglichkeit der Ganzheit der Existenz die Wirklichkeit Christi unentbehrlich ist. Er ist „die conditio sine qua non. Ohne ihn können Sie aus Ihrem Kinde keinen guten Menschen machen, sondern im besten Falle einen *Dulder* und im schlimmsten Falle – einen gleichgültigen, *fetten* Menschen, was noch viel schlimmer ist. Etwas Besseres als den Heiland können Sie nicht erfinden".[3] Hingabe an Christus ist „Linderung der Qual des Zwiespalts", ist „innerer Ausweg".[4] Die existentielle Ganzheit Christi ist demnach auch die Wahrheit aller menschlichen Wunschbilder dieser Ganzheit: „Hat denn dieses Ganze nicht neunzehn Jahrhunderte lang gelebt, lebt es nicht auch jetzt noch, in den Regungen der Einzelseelen so gut wie in denen der Volksmassen? Sogar in den Regungen der Seelen eben jener Atheisten, die es völlig niederreißen wollten, lebt es wie früher unerschütterlich . . . Denn bis jetzt war weder ihre Weisheit noch die Flamme ihres Herzens imstande, ein anderes, höheres Vorbild dem Menschen und seiner Würde zu geben."[5]

Aber weil dies Vorbild das dem Widerspruch durchaus Transzendente ist, so erhebt sich die Frage, wie es überhaupt Ziel einer immanenten Bewegung sein kann, die sich zwischen „scheinbar äußersten Gegensätzen" zerreibt. Es wird Ziel nur sein können, wenn seine volle Indirektheit gewahrt ist, wenn es niemals mit einer „Idee" des Menschen zusammenfällt. „Ideen" sind immer nur zweideutig, weil sie abstrakte, nicht synthetische Wahrheit sind. Darum sind sie im Letzten auch ethisch indifferent, wenn sie auch zunächst und konkret immer schon Kleid und Darstellung eines Guten oder Bösen sind. So versteht sich jenes schon erwähnte Paradox einer Briefstelle, das in den „Dämonen" wiederholt wird:

---

[1] UD. 24. – [2] UD. 24, 22. – [3] DB. 205. – [4] DB. 216. – [5] D. 23, 312.

„Sollte mir jemand beweisen, daß Christus außerhalb der Wahrheit ist, und es tatsächlich so wäre, so würde ich es vorziehen, bei Christus zu bleiben, statt bei der Wahrheit."[1] Und doch muß die leitende „Idee" eines Menschen, als die Darstellung des Transzendenten und der Kanal seines Transzendierens, den Strebenden wie eine existentiale Macht emporziehn können. Als *fixe* Idee erhält sie ein Übergewicht über die schwankende Existenz, „nicht nur Gedanke, nicht nur Bild, sondern Macht, die alle Kraft an sich zieht . . . ‚Idee' bedeutet etwas Religiöses".[2] Aber gerade als das Fixe ist sie höchste Zweideutigkeit, kann sie Kraft und Kompaß oder „hybrides Ersatzgebilde" und „dämonische Besessenheit" sein.

Die Problematik der „Krankheit" war bei Dostojewskij in die noch höchst dunkle, unheilschwangere Frage einer doppelten „lichten" und „dunkeln" Wahrheit ausgemündet, deren Kampf sich in der Frage nach dem Wesen und der Grenze des Ethischen entscheiden sollte. Nun aber stellte sich der Weg der „guten" Wahrheit (in den lichten Helden, wie Makar, Markell, der Starez, Aljoscha, Myschkin, die beiden Sonja) so dar, daß er die ethische Reinigung der zweideutigen Unmittelbarkeit zur Wahrheit in der kranken Ekstase zur eindeutigen Mittelbarkeit als religiöse Gesamtverklärung vollzog. Mitten in der Unaufhebbarkeit von Schuld und Krankheit erhalten diese Seelen geheimnisvoll teil an der gesamten Wahrheit „jenseits von Gut und Böse", bis zu einer Teilnahme am Gerichtscharakter dieser Wahrheit, die Christus ist. Mit ihm, kraft eines unfehlbaren Instinkts, richten sie selbst schon über die Menschen und deren „Ideen", indem sie in ihrer Transzendenzbewegung lebend diese Wahrheit repräsentieren. Dieser Instinkt wirkt die Überlegenheit der kleinen, unschuldigen Dirne Sonja über Raskolnikofs Ideen-Abstraktheit. Sie „fühlt" die Lüge in dessen Versuch, seine eigene Schuld ideell zu *denken* und sie als die „erhabene Mitte" zwischen Gott und Satan zu deuten.

> „Ach, das ist nicht richtig, das ist nicht richtig", rief Sonja in tiefem Schmerze. „Kann man denn überhaupt so . . . Nein, es muß ganz anders gewesen sein, ganz anders!"
>
> „Und doch habe ich dir alles aufrichtig erzählt, ich habe die Wahrheit gesprochen! . . . Ich – ich wollte es wagen, und so mordete ich – . . . "

---

[1] UD. 345. – [2] Guardini: Der Mensch und der Glaube. Versuche über die religiöse Existenz in D.'s großen Romanen (1932), 219.

„Schweigen Sie! Spotten Sie nicht, Sie Gotteslästerer! Nichts, aber auch gar nichts verstehen Sie davon! O Gott! Nie, nie wird er etwas davon verstehen!“[1]

Im gleichen Sinn richtet Aljoscha, der „ein besonderes Verhältnis zur Wahrheit hat“, über den theoretischen, ideellen Geist Iwans und löst ihm wie traumhaft die verwirrtesten Fäden: „Du hast nicht gemordet!“ Wo sich für Iwan die Wahrheit zur fixen Idee verhärtet, die ihm den Weg zum Konkreten versperrt, so daß er in seinen Formeln seinen guten und bösen Willen nicht mehr zu scheiden vermag, da wird für Aljoscha das ganze Gewebe durchsichtig: Iwan hat zwar durch seine Abreise dem Diener Smerdjakof die Bahn geöffnet und so den Mord gutgeheißen und ermöglicht. Aber Iwans „Idee“ meint etwas anderes: aus dem Abgrund des Bösen, mit dem er sich in geheimer, antichristlicher Identität glaubt, raunt es ihm zu: Du hast es getan. Dann aber wäre seine satanische Halluzination wirklich – er selbst, wirklich nur *seine* Bosheit, er hätte den Schlüssel des Guten und Bösen in der Hand. Aljoscha löst das Fixe dieses perversen Absolutheitswahns: „Du hast nicht gemordet.“

So scheint der Kampf zwischen beiden Wahrheitsformen schon entschieden: Das demütige Hinhören auf eine jenseitige Wahrheit richtet das trotzige Fixieren der Wahrheit in der eigenen, gottgleichen „Idee“. Aber es ist anderseits doch ersichtlich, daß bei Dostojewskij sich beide Typen fast wie Naturkräfte gegenüberstehn. Aljoscha und Myschkin besitzen den Instinkt der Wahrheit ebenso naturhaft und unethisch, wie Iwan oder Raskolnikof naturhaft verneinende Mächte sind. Das eigentliche Problem liegt also erst im ethischen *Übergehen* in die echte Wahrheit, in der Aneignung des Glaubens durch den Ungläubigen. Hier aber zeigt sich etwas Seltsames. Es scheint, daß, je näher Dostojewskij diesem Problem rückt, dieses in immer fernere Ungreifbarkeit entrückt wird. Wenn wir einen Blick auf den großen Lebensplan Dostojewskijs werfen, von dem seine größten Romane nur Splitter und Fragmente darstellen, jenen gewaltigen Zyklus „Atheismus“ oder „Das Leben eines großen Sünders“, so scheint eine fortschreitende Verdunklung stattzufinden. Es sollte die russische Seele aus vitaler Unmittelbarkeit („der Typus der Ur-Energie, unbewußt, . . . vollkommen unmittelbar“)[2] und aus dämonischer Zweideutigkeit durch Schuld

[1] D. 12, 638-641. – [2] UD. 207.

hindurch in die christliche Lösung geführt werden. „Zum Schluß findet sie ihren Halt in Christus, . . . endlich erscheint der Augenblick, da sie sich in einer Idee beruhigen kann, deren Macht der eigenen, unmittelbaren, tierischen Leistungsfülle an Ausmaß vollkommen entspricht; die so gewaltig schwingt, daß sie diese Kraft zu formen und zur Ruhe des himmlischen Friedens zu führen vermag."[1] Aber je weiter die Arbeit voranschreitet, je näher die entscheidende Vermählung von subjektiver Fülle und objektiver, synthetisch-konkreter Idee rückt, um so fühlbarer wird es, daß Dostojewskij von einer geheimnisvollen Hemmung befallen wird, die ihn treibt, immer neue, subtilere Zwischenglieder und Verzögerungen einzuschalten. Er scheint an Zenos Beweis der Unmöglichkeit einer Bewegung zu glauben. Jede Eindeutigkeit wird von diesem gewissenhaftesten Apologeten des Glaubens als eine neue Zweideutigkeit entlarvt, um den Sprung in den Glauben in immer größerer Reinheit zu isolieren. Dabei vergehen die Jahre, der „große Sünder" verstrickt sich in den Ariadnefaden, der ihn hätte retten sollen, und geht unter. Der Stawrogin der „Dämonen", in dessen Figur die Hauptenergien des ursprünglichen Plans geleitet wurden, zeigt dies am anschaulichsten.

Stawrogins ungeheure Vitalität setzt dort ein, wohin Nietzsche in seinem Zusammenbruch mündet: „‚Ich bin selbst Gott.' In den Aberrationen der Phantasie grenzenlose Träume, bis zur Absetzung Gottes und zur Einsetzung seiner selbst an Gottes Stelle."[2] Stawrogin sollte der „russische Candide" werden, dessen Teufelei durch die mystischen Hintergründe des echt Religiösen unendlich vertieft werden sollte. Sein Ideal, „der größte aller Menschen zu werden", nimmt die nietzschesche Form reiner, musikalischer Intensität an: „Dabei ist die Form der künftigen Größe unbestimmt."[3] Der Wendepunkt dieses Sünderlebens wäre ein Klosteraufenthalt, bei dem ihm zum erstenmal der ferne Traum einer aszetisch-religiösen Größe „jenseits von Gut und Böse" auftaucht. Dieser Plan einer Begegnung der weltlichen und geistlichen Größe verwandelte sich aber allmählich in die viel zweideutigere Begegnung, die in der „Beichte Stawrogins" geschildert ist. Schon früh taucht der Gedanke auf, den Mönch Tichon dem „maßlosen Stolz" des „Sünders" die „Macht der Demut", die Selbstüberwindung und die „Größe der geistigen Schlacht" anpreisen zu lassen. Und Stawrogins un-

[1] Ebd. – [2] D. 62. – [3] UD. 107, 74.

ersättlichem Drang nach Macht leuchtet dieser Weg ein: „Aus Hochmut wird er Aszet und Pilger",[1] wird er barmherzig, sanft, losgelöst. Dostojewskij hatte diese Möglichkeit schon an der komplexen Gestalt Wersilofs im „Jüngling" erwogen: „Er setzte sich auf einmal einen sonderbaren Gedanken in den Kopf: sich mit einer besonderen Zucht zu kasteien, ‚mit derselben, deren sich die Mönche bedienen. Man überwindet seinen Willen allmählich durch methodische Übung, indem man mit den lächerlichsten, unbedeutendsten Dingen anfängt; schließlich gelangt man zur vollständigen Überwindung seines Willens und wird frei'."[2] Bezeichnend ist, daß Wersilof dieser „Wissenschaft" sich nach einer Periode tierischer Herrschsucht über Frauen zuwendet. Nietzsche sagt dazu: „Das Gefühl der Macht ist bis jetzt am höchsten bei enthaltsamen Priestern und Einsiedlern gestiegen." „Die Aszeten erlangen ein ungeheures Gefühl der Macht."[3] Dostojewskij geht noch weiter. Er kennt sogar einen Glauben aus Stolz. „Viele sehr stolze Menschen lieben es, an Gott zu glauben, besonders solche, die gegen ihre Mitmenschen eine gewisse Geringschätzung empfinden. Viele starke Menschen haben, wie es scheint, eine Art von natürlichem Bedürfnis, irgend jemand oder irgend etwas zu finden, wovor sie sich beugen können. Für einen starken Menschen ist es manchmal sehr schwer, seine Stärke zu ertragen." „Der Grund ist ja klar: sie wählen Gott, um sich nicht vor Menschen zu beugen; natürlich haben sie selbst von diesem psychologischen Vorgange keine Kenntnis; sich vor zu Gott beugen, ist nicht so demütigend. Aus ihnen gehen die eifrigsten Gläubigen hervor – richtiger gesagt: diejenigen, die den eifrigen Wunsch, zu glauben, haben; diesen Wunsch aber halten sie für den Glauben selbst."[4] Dieser psychologische Abgrund, der sich im „Jüngling" auftut, wird in der „Beichte Stawrogins" ausgelotet. Die eindeutigen Wertbetonungen im „Jüngling", die freilich auch da schon weit differenzierter sind als etwa in den „Erniedrigten und Beleidigten", verwischen sich vollends in Stawrogin: Noch während der Ausführung der „Dämonen" ist es zweifelhaft, ob er sich „bekehren" wird oder nicht. Sein Drang ins Große, sein glühender Enthusiasmus gibt sich hier zunächst als religiös noch indifferenzierte Schwungkraft. Und der Mensch, der dieses gewaltige Leben in sich birgt, gibt sich nun auch die lebendigste Aufgabe: Rettung, Verklärung Rußlands. Zwei Wege bieten sich ihm an:

[1] UD. 97. – [2] D. 22, 328. – [3] N. 11, 253-254. – [4] D. 21, 103.

der Nihilismus und seine ekstatischen Taten: Wissen, Können, Glaube an die völkische, die allmenschliche Zukunft – und das Christentum mit seinem ausschließlichen Anspruch, „den Menschen zu den lebendigen Quellen zu führen“.[1] „Man kann also“, erklärt Stawrogin, „das eine oder das andere glauben; die Frage ist nur, was sicherer ist und wo die lebendigen Quellen liegen.“ Die Indifferenz zwischen diesen Extremen, die Möglichkeit, seine ganze Kraft in die entgegengesetztesten Schalen werfen zu können, schwellen sein Bewußtsein. „Ein Engel fällt nie, der Teufel ist so tief gefallen, daß er für immer am Boden liegt. Der Mensch fällt und erhebt sich wieder. Ich glaube, die Menschen werden entweder Engel oder Teufel werden.“ Im unverhüllten Widerspruch dieser zwei Sätze zeigt sich nun aber, daß es Stawrogin im Grunde nicht um das Wägen objektiver Weltanschauungen geht, sondern um das prüfende Abschätzen von Glauben und Unglauben. In der Möglichkeit, beides zu können, fallen und aufstehn, und *so* engelhaft und teufelhaft zu sein, wiegt sich sein Stolz. Auch er könnte aus Hochmut glauben. Er könnte, mit dem Herrscherbewußtsein eines Reichen, sich Gott zum Geschenk anbieten. Aber Stawrogin hat, praktisch wenigstens, zunächst die nihilistische Möglichkeit gewählt und seine Kraft zugleich an eine phantastisch-raffinierte Ausschweifung vergeben. Nicht ganz, denn in allem Wogen der Triebe behält er das Steuer, seine eisige Reflexion, das uneinnehmbare Zentrum seiner Stärke, von dem aus er Taten und Triebe beherrscht und das ihm auch den steten Zugang zur andern Möglichkeit, zum christlichen Glauben, offenhält. Denn diese hat er nie aus der Hand gegeben, sie ist eine *seiner* Möglichkeiten. In den „Dämonen“ erscheinen diese Möglichkeiten gleichsam auseinandergespalten und personifiziert, Schatof ist seine christliche Möglichkeit. Er selber bleibt der halbgöttisch verehrte, undurchdringliche Mittelpunkt hinter allem. Hier nun, nachdem Ausschweifung von Geist und Sinnen in grenzenlose Langeweile eingetragen, vollzieht sich die Begegnung Stawrogins mit Tichon. Stawrogin erscheint vor dem Mönche, um ihm eine Broschüre vorzulegen: die Schilderung seiner Perversitäten.[2]

---

[1] UD. 218. – [2] Mittelpunkt bleibt die „Beichte Stawrogins“ auch dann, wenn Dostojewskij nicht, wie wahrscheinlicher, aus rein äußeren Rücksichten (auf den Verleger), sondern aus inneren Gründen des Romanaufbaues und der Charakterzeichnung Stawrogins dieses Kapitel, an dem er so lange feilte, fallengelassen hat. Mag auch Stawrogin in der Endfassung als dämonische Maske in ihrer Undurchdringlichkeit und Kälte geschlossener wirken, den inneren Sinn dieser Maske enthüllt, in unerhörter Tiefe, doch erst die „Beichte“.

Er will sie veröffentlichen – in einem plötzlichen Schwung von Reue und Umkehr. (Man errät bereits – Dostojewskij selbst hatte die „Aufzeichnungen aus dem Kellerloch" unter dem Titel „Meine Beichte" veröffentlichen wollen –, wie sehr diese Situation „ein Problem der Grausamkeit" ist.) Hier aber stellt sich die Frage: Ist dieser Schwung, aus Ekel geboren, Glaube, oder nur der Spott des Übermenschen über das Entsetzen des Spießbürgers? Das ist zunächst durchaus unausgemacht, auch für Stawrogin, ja es ist die eigentliche Frage an Tichon. Äußerlich geht das Unternehmen tragisch aus. Tichon spürt den Hochmut Stawrogins und stellt ihn vor die entscheidende Probe: würde er imstande sein, nicht das Gruseln, sondern das *Gelächter* der Leser zu ertragen? Würde dieser verachtende Geist auch – und eben dafür – Gegenverachtung ertragen? Stawrogins Stolz bäumt sich, mit dem Wort „Verdammter Psychologe!" verläßt er den Mönch. Aber das alles ist noch erst Vordergrund. Das Tiefere ist, daß Stawrogin gegen seinen Hochmut oder doch gleichzeitig mit ihm, ernstlich glauben *will*. Aber da geschieht das Unerwartete: er, der die ungeheure Dynamik zu allen Möglichkeiten in sich hatte, scheint sich den Glauben selbst nicht mehr zuzutrauen. Glauben könnte er nur durch einen ebensolchen „Sprung", mit dem er sich ehemals in die Ausschweifung geworfen hatte. Die Veröffentlichung der „Beichte" hätte ein solcher „Sprung" sein können, wenigstens die äußere Stütze, die seinen innern Schwung ermöglichte. Sie hätte ersetzen können, was vielleicht an sittlich-unscheinbarer Anstrengung zum eigentlich religiösen „Sprung" vorausgesetzt wird. So notiert Dostojewskij:

„Der Fürst begreift, daß Begeisterung ihn erlösen könnte (etwa das Mönchstum oder die Selbstentäußerung durch die Beichte), aber zur Begeisterung fehlt es ihm an sittlichem Gefühl (zum Teil aus Unglauben)." „Der Erzpriester beweist, daß ein Sprung nicht nötig sei, sondern daß der Mensch in seinem Innern wieder aufgerichtet werden müßte (durch lange Arbeit – dann vollbringe er den Sprung)."

„Und plötzlich sollte es unmöglich sein?"
„Unmöglich? Aus einem Engelswerk wird ein Werk des Teufels."
Der Fürst: „Ach, das habe ich ja selbst gewußt."[1]

Er hat es gewußt? So glaubt er vielleicht doch? So ist vielleicht diese Verzweiflung doch die Brechung seines Hochmuts? Und das

[1] UD. 290, 283.

Dokument, mag es auch nach des Chronisten Ansicht „ein krankhaftes Produkt" sein, „ein Werk des Teufels, der diesen Herrn beherrscht hat", „eine Frechheit und Verwegenheit" – es ist vielleicht darum so „furchtbar", weil in ihm doch ein „ungeheucheltes Bedürfnis nach Strafe" sich ausspricht?[1] Und selbst noch zum Schluß der Unterredung, als Stawrogin die negative Entscheidung zynisch fällen will: „Ich will mir selbst verzeihen, und das ist mein Ziel, mein einziges Ziel", kann Tichon die religiöse Zweideutigkeit auch dieser Formel aufweisen: „Wenn Sie glauben, daß Sie sich selbst verzeihen und daß Sie jede Verzeihung in dieser Welt durch Leiden erringen können, dann glauben Sie an alles!" rief er begeistert aus. „Wie konnten Sie denn sagen, daß Sie nicht an Gott glauben?"[2] Wenn Sie glauben . . . aber was heißt glauben? Wie vollzieht man diesen geheimnisvollen Sprung „jenseits von Gut und Böse"? Dostojewskij notiert denn auch zum Charakter des Fürsten: „Er kommt überhaupt zu der Einsicht, daß es nicht so leicht sei . . . ein *neuer* Mensch zu werden, daß die Begeisterung dazu nicht ausreiche",[3] er muß es fühlen, daß die wahre Transzendenz sich von keinem „Zentrum" aus beherrschen und regeln lasse, daß darum wirklich „der Mensch auf Erden einem Ideale zustrebe, das seiner Natur entgegengesetzt" sei. Und die furchtbare Wahrheit zeigt sich ihm, daß jener Mittelpunkt zwischen Glaube und Unglaube, Engel und Teufel eben jener Nullpunkt sei, jenes *laue* Zwischen, dem in der Apokalypse das Ausspeien aus Gottes Mund angedroht ist, das also das *eigentliche* Böse ist. Seine existentialen Möglichkeiten, Schatof der Glaubende, Kirilof der Ungläubige, sind warm oder kalt. Er ist lau. Er, dessen Glaube „eine Heldentat" sein sollte, die „der Welt eine Offenbarung russischer Kraft" böte,[4] er erfährt nun, daß eine Stellung zwischen Glaube und Unglaube nicht nur nicht Kraft, sondern Unmöglichkeit ist. Denn wenn er auch nicht weiß, ob er glaubt oder nicht glaubt, so weiß er doch jetzt, daß er entweder glaubt oder nicht glaubt. Aber wie Iwan Karamasof nur noch ein dunkles Wissen von einer irgendwie gegenwärtigen unfaßbaren Schuld hat, ohne daß ihn seine „fixen" Ideen über das Schuldig-Unschuldig aufklären können – so verzehrt sich nun Stawrogin zwischen den „fixen Ideen" des Glaubens und Unglaubens, ohne das Wesen seiner Schuld in die Hand zu bekommen: Kirilof for-

[1] Petersburger Fassung der „Beichte" (ebd. 403). – [2] Ebd. 441. – [3] Ebd. 209. – [4] Notiz Dostojewskijs, ebd. 324.

muliert diese Dialektik: „Wenn er glaubt, so glaubt er nicht, daß er glaubt. Wenn er aber nicht glaubt, so glaubt er nicht, daß er nicht glaubt.“[1] Und so scheint doch wieder der „Sprung“, den er als „Teufelswerk ahnt“, die einzige Lösung. Aus seiner halben Lauheit hinaus scheint nur ein blinder, gewaltsamer Akt zu retten. So zeichnet Dostojewskij das entscheidende Urteil über den Glauben Stawrogins auf: „Er ist wie andere Sünder (es heißt: auch die Teufel), die glauben, und folglich auch das, woran sie glauben, begreifen und klar einsehen können.“[2] (Die Situation Nietzsches mit dem Schatten: „Ich höre es, aber glaube es nicht.“) Diese Differenz zwischen Verstehen des Glaubens und seiner liebenden Umfassung aber ist die Differenz der Lauheit, und *in* dieser Lauheit verbirgt sich tiefer, unfaßbarer, das Grundproblem des Bösen selber. Die ganze Unfaßbarkeit dieses Bösen, das zugleich rein negativ, Nichts, Ohnmacht und positive Selbstverschließung ist, kommt in der letzten Formel zu entscheidendem Ausdruck: „Der Fürst glaubt ebenso restlos an den Antichrist wie an die Erlösung . . . Da er jedoch seinem Gewissen nach nicht *hinreichend* glaubt, spricht er die Formel aus: Wenn ich nicht hinreichend glaube, so glaube ich folglich überhaupt nicht.“[3]

Was konnte Dostojewskij angesichts dieser Unentwirrbarkeit für seinen Helden tun? Im Raskolnikof glaubte er, sich die Kraft zutrauen zu dürfen, ihn zu bekehren. Aber auch da schon geschieht das Seltsame: der Zusammenbruch des Mörders schiebt sich hinaus, immer weiter. Selbst nach dem öffentlichen Bußgestus auf dem Markte nach der Selbstanzeige finden wir ihn in Sibirien ungebrochen, ohne Reue wieder. Und nur der letzte Satz *versichert* uns, daß er endgültig bekehrt sei: „Hier aber beginnt eine neue Geschichte“, die Dostojewskij nicht erzählt. Aber ein Erzähler muß darstellen, nicht versichern! Als Dostojewskij das „Leben eines großen Sünders“ begann, wollte er „die Synthese seiner künstlerischen und poetischen Ideen“ aussprechen,[4] er glaubte sich die Fähigkeit zur unmittelbaren Anschauung der „Weltenharmonie“ zutrauen zu können.[5] Die Analyse beginnt, verwickelt sich, wie wir sahen, und am Ende wird die „Beichte“ ausgeschaltet. Das Verschwimmen aller Züge Stawrogins wird nur dadurch verhütet, daß jeder Blick in sein Inneres verwehrt wird und nur seine rätselhafte, bedeutsame, zweideutige Maske gezeigt wird. Im „Idioten“ gibt Dostojewskij dieser Resi-

[1] Ebd. 347. – [2] Ebd. 327. – [3] Ebd. 327. – [4] DB. 149. – [5] UD. 95.

gnation Ausdruck: „Wir wollen nicht vergessen, daß Motive der menschlichen Handlungen gewöhnlich unendlich viel komplizierter und mannigfaltiger sind, als wir nachher immer glauben, und sich nur selten mit Sicherheit angeben lassen. Für den Erzähler ist es manchmal das beste, sich auf die einfache Darlegung der Tatsachen zu beschränken."[1] Ja, aber hat denn Dostojewskij vergessen, daß er kein „Realist" ist, daß es also für ihn keine „Tatsachen" gibt, daß er so gut wie seine Gestalten auslegen *muß*?

Die ἐποχή Stawrogins hat also eine viel grundsätzlichere Bedeutung, als es anfangs schien. Sie ist der Ausdruck der Enthaltung Dostojewskijs selbst und sie kehrt in allen großen Werken am entscheidenden Punkte wieder. Die Jugendwerke einschließlich den „Erniedrigten und Beleidigten" verteilen kühn eindeutige Wertakzente. Der Fürst in diesem Roman lebt zwar selbst in der ἐποχή, aber Dostojewskij sieht in dieser den direkten Ausdruck seiner Teufelei. Dann aber bricht elementar der Schrei aus dem Kellerloch aus: „Erlauben Sie, meine Herren, ... was mich anbelangt, so habe ich ja in meinem Leben nur dasjenige bis zur äußersten Grenze durchgeführt, was Sie nicht einmal bis zur Hälfte durchzuführen gewagt haben; und dabei haben Sie noch ihre Feigheit als Vernunft aufgefaßt und sich durch diesen Selbstbetrug getröstet. Daher ergibt sich am Ende, daß ich noch lebendiger bin als Sie! Aber sehen Sie doch einmal schärfer hin! Wir wissen ja nicht einmal, wo das Lebendige jetzt eigentlich lebt und von welcher Art es ist, und wie es heißt!"[2] Mit andern Worten: der Abgrund von Bosheit, den die gewöhnlichen Menschen lügnerisch und feig überdeckt halten, der Kellerschlupfmensch hat ihn aktuiert: die Ohnmacht ist ihm zur Stärke geworden, zum Heroismus des Bösen. Und doch wird schon hier wieder diese böse Indifferenz als die erbärmliche Lauheit entlarvt: „Daß ich es nicht verstanden habe, boshaft zu werden, ist nicht das einzige: ich habe überhaupt nicht verstanden, etwas zu werden, weder boshaft noch gutmütig, weder ein Schuft noch ein Ehrenmann, weder ein Held noch ein Wurm."[3] Derselbe Absturz wiederholt sich dann im „Jüngling": „Das ist Fakirtum, poetische Phantasie eines unbedeutenden, kraftlosen Menschen, ... der Triumph der Tatenlosigkeit und Mittelmäßigkeit!"[4] In der Gestalt des Lambert dasselbe: „Er sagt einem auf einmal, ein Schuft und ein Ehrenmann, das sei ganz dasselbe, ... man solle nichts

[1] D. 16, 191. – [2] D. 3, 198-199. – [3] D. 3, 10. – [4] D. 21, 158.

tun, weder Gutes noch Schlechtes; oder es sei ganz gleich, man könne sowohl Gutes wie Schlechtes tun."[1] So ist die Raskolnikof-Situation wieder eingeholt: einerseits die Freiheit über Gut und Böse, und dann eben diese Freiheit als das Laue, Mittelmäßige zwischen „Napoleon" und der „Laus", als – die „Laus". Es ist die Situation auch des Kellerschlupfmenschen: „Für eine Rolle zweiten Ranges hatte ich überhaupt kein Verständnis ... Entweder ein Held sein oder im Schmutze liegen; ein Mittelding gab es für mich nicht. Eben dies war es auch, was mich verdarb; denn im Schmutze tröstete ich mich damit, daß ich zu anderer Zeit ein Held war, der Held aber verdeckte mit seiner Persönlichkeit den Schmutz."[2]

Hier überall aber bleibt die Zweideutigkeit voll gewahrt. Denn die Frage ist stets: will Dostojewskij beweisen, daß der Kellerschlupfmensch in seiner Neutralität weder wahrhaft gut noch wahrhaft bös ist, sondern die ekelhafte Mittelmäßigkeit – warum läßt er ihn dann aber die perversesten Bosheiten in der Szene mit der kleinen Dirne vollbringen? Oder will er ihn als die heroische, böseste Grenzsituation darstellen, von der aus die Mittelmäßigkeit des „Guten" und „Bösen" in eine amoralische Größe überwunden ist – warum entlarvt er aber dann diese Größe als die Ohnmacht selbst? Wir greifen hier mit Fingern die Ungreifbarkeit der Grenze. Im Erlebnis der „Indifferenz", das doch Dostojewskijs eigenes Erleben ist, liegt untrennbar zugleich ein *Zustand*, der selbst als solcher ethischen Belang hat, und eine *Forderung*, diesen Zustand deutend, wählend auszulegen. Der Zustand läßt sich durch die größte Entfaltung der Psychologie ins Unendliche annähern und damit wird das Ethische, das er *ist*, beschrieben. Aber mit dieser Beschreibung ist nur die Hälfte getan: denn das Ethische ist nie im Zustand selbst aufgegangen, und so entgeht es notwendig jeder psychologischen Annäherung. Sowohl Raskolnikof wie Dostojewskij legen den Zustand Raskolnikofs aus, und Dostojewskij legt fernerhin noch Raskolnikofs Selbstauslegung aus, und letztlich sind diese drei Auslegungen Dostojewskijs Selbstauslegung.

Von dieser letzten Selbstauslegung her also muß uns Licht kommen für die drei andern Auslegungen. Dostojewskij versteht sich selbst als den Menschen, der im *Übergang* aus dem Unglauben in den Glauben lebt: „Nicht weil Sie religiös sind, sondern weil ich es selbst erfahren und durchgemacht habe, will ich Ihnen sagen,

---

[1] D. 22, 257. – [2] D. 3, 87.

daß man in solchen Augenblicken ‚wie trockenes Gras' nach dem Glauben lechzt und ihn schließlich findet, eigentlich nur aus dem Grunde, weil man im Unglück die Wahrheit klarer einsieht. Ich will Ihnen von mir sagen, daß ich ein Kind dieser Zeit, ein Kind des Unglaubens und der Zweifelsucht bin und es wahrscheinlich (ich weiß es bestimmt) bis an mein Lebensende bleiben werde. Wie entsetzlich quälte mich (und quält mich auch jetzt) diese Sehnsucht nach dem Glauben, die um so stärker ist, je mehr Gegenbeweise ich habe. Und doch schenkt mir Gott zuweilen Augenblicke vollkommener Ruhe; in solchen Augenblicken liebe ich und glaube ich geliebt zu werden; in diesen Augenblicken habe ich mein Glaubensbekenntnis aufgestellt, in dem mir alles klar und heilig ist."[1] Wieder begegnet hier das Wort *Liebe*, wie oben im Glaubensproblem Stawrogins. Dieser scheint den Glauben zu haben, aber er hat nicht die Kraft der Liebe. Dostojewskij hätte eher die Kraft der Liebe, als Sehnsucht, und diese verbürgte ihm den Glauben. Das aber wäre der lebendige Glaube, während wie Stawrogin auch die Teufel „glauben". Die Liebe wäre also die eigentliche Macht, sei es als positive Sehnsucht oder als negatives Ankämpfen. Darum sagt Tichon: „Der Liebenden sind viele, der Gläubigen sehr wenige. Was ist ein Liebender? Einer der wünscht, wünschen würde, zu glauben. Aber nur die vollkommene Liebe fällt mit dem vollkommenen Glauben zusammen. Einzig die Gleichgültigkeit glaubt überhaupt nicht; der vollständigste Atheismus steht vielleicht dem Glauben am nächsten."[2] Wenn dieser letzte Satz wahr ist, dann mußte Dostojewskij sein eigenes Zerquältsein zwischen Glauben und Unglauben als Liebe, wenigstens als Sehnsucht deuten, und aus dieser schöpfte er die Kraft, gebietend als Gläubiger aufzutreten und vom Glauben her seine Gestalten auszulegen. Gerade sein eigenes „zwischen Alles und Nichts" verbürgte ihm letztlich seine Sendung: Im selben eben angeführten Briefe sagt er: „Was mich betrifft, so will ich entweder alles oder nichts."[3] Und später: „Am meisten fürchte ich die Mittelmäßigkeit: ein Werk soll entweder sehr gut oder sehr schlecht sein, doch beileibe nicht mittelmäßig."[4]

Aber gerade hier stockt die Selbstauslegung: diese Angst vor der Indifferenz, vor der Mittelmäßigkeit ist, bei Raskolnikof, in den „Aufzeichnungen" das eigentliche Kennzeichen der Hybris, der Gottähnlichkeit, und darum der Ohnmacht, sich in *eine* der Mög-

[1] DB. 61-62. – [2] UD. 288. – [3] DB. 62. – [4] DB. 113.

lichkeiten zu verlieren. Es ist die tötende Reflexion alles Direkten; und Dostojewskij weiß, daß sie ihm im Tiefsten eignet. Strachof berichtet darüber: „Mit ganz ungewöhnlicher Deutlichkeit zeigte sich in ihm eine besondere Art von Dualismus, der darin bestand, daß der Mensch, selbst wenn er sich äußerst lebhaft gewissen Gedanken und Gefühlen hingibt, in seiner Seele dennoch ein ununterjochbares und unerschütterliches Bewußtsein behält, von dem aus er auf sich selber, auf seine Gedanken und Gefühle sieht. Ich habe ihn mehrmals über diese seine Eigenschaft sprechen hören, und er nannte sie ‚Reflexion'. Die Folge eines solchen Dualismus ist, daß der Mensch immer die Möglichkeit behält, darüber zu urteilen, was seine Seele erfüllt, daß die verschiedenen Gefühle und Stimmungen sich nie restlos seiner Seele bemächtigen können und daß aus diesem tiefen seelischen Zentrum eine Energie hervorgeht, die die ganze Tätigkeit und den ganzen Geist und Inhalt des Schaffens belebt und gestaltet."[1] Das ganze Stawrogin-Problem ist also Dostojewskijs eigenes Problem. Dostojewskijs tiefste Qual ist es, nie eigentlich aus ganzer Seele lieben, den letzten eisigen Nullpunkt nicht wirklich verlassen zu können. Erst dieser Nullpunkt, als *Medium* der Erlebnisse, macht den Widerspruch in der Seele möglich, hebt wie bei Nietzsche, die Unverträglichkeit des Entgegengesetzten auf. Vom Bilde Nastaßjas heißt es: „Ein grenzenloser Stolz, eine grenzenlose Verachtung, die fast wie Haß aussah, lagen in diesem Gesicht, und zu gleicher Zeit etwas Zutrauliches, erstaunlich Offenherziges."[2] In Nastaßjas Benehmen „zeigte sich eine barbarische Vermischung zweier verschiedener Geschmacksrichtungen".[3] Bei Wersilof wird dieser Nullpunkt zum innersten Wesen: „‚Ich weiß ja, daß ich unendlich stark bin, und was meinst du, wodurch? Eben durch diese unmittelbare Fähigkeit, sich in alle möglichen Verhältnisse einzuleben ... Ich bin durch nichts zu ruinieren, durch nichts zu vernichten, durch nichts in Erstaunen zu versetzen. Ich habe ein so zähes Leben wie ein Hofhund. Ich kann auf die bequemste Weise zwei entgegengesetzte Gefühle zu ein und derselben Zeit empfinden – und zwar selbstverständlich ganz unwillkürlich. Aber nichtsdestoweniger weiß ich, daß das ehrlos ist, besonders deswegen, weil es gar zu verständig ist. Ich habe mein Leben jetzt bis nahe an die Fünfzig gebracht, und weiß bis jetzt noch nicht, ob es gut oder schlecht ist, daß ich so lange gelebt habe ...' Er sagte das mit trauriger Miene, aber trotzdem wußte ich nicht,

---

[1] D. (P.) 12, 14-15. – [2] D. 14, 146. – [3] D. 14, 249.

ob es aufrichtig gemeint war. Er hatte immer so eine Art von *Sicherheitswinkel*, den er unter keinen Umständen verlassen wollte."[1] Nietzsches grausamstes Problem, das der Schauspielerei, wurzelnd in der Lüge des Daseins, enthüllt sich auch als das Dostojewskijs: „‚Natürlich schauspielerte ich', sagt Wersilof zum Jüngling, ‚aber ich wußte es damals noch nicht, daß ich schauspielerte. Schauspielerst du zum Beispiel niemals in Fällen wirklichen Gefühls?' . . . ‚Das ist richtig, daß man sich manchmal trotz aller Aufrichtigkeit des Gefühls doch verstellt.' . . . ‚Genau so ist es! . . . Ich weiß nur nicht, ob ich ihm damals leid tat; ich erinnere mich aber, daß ich damals sehr wünschte, ihm leid zu tun.' ‚Wissen Sie', entgegnet der Jüngling, ‚auch jetzt, während Sie das sagen, spotten Sie.'"[2] Doch der Spott ist nur die Hälfte der Wahrheit: der „gewöhnliche Ausdruck" von Wersilofs Gesicht ist „ein Ausdruck zugleich der Trauer und des Spottes".[3] Das symbolische Zero, auf das „der Spieler" immer wieder setzt und gewinnt, ist dann hier das letzte Bild: „Was bin ich jetzt? Zero. Und was bin ich vielleicht morgen? Morgen erstehe ich vielleicht von den Toten und beginne ein neues Leben!"[4] Aber das Zero ist unaufhebbar: „Sie werden noch in zehn Jahren hier sein, . . . auf dieser Bank."[5]

„Der Jüngling" und „Der Spieler" sind das Mutloseste, was Dostojewskij geschrieben hat. Jener vor allem ist wie das gleichgültige Hindurchtreiben durch alle Hinterhäuser der Seele, das von vornherein auf eine Auslegung verzichtet hat. Er verrät die volle Ratlosigkeit der Selbstauslegung Dostojewskijs. Er, der sehnsüchtig Liebende, ist zugleich der Gleichgültige, Kalte. „Liebt er sie wirklich so leidenschaftlich? Oder haßt er sie so leidenschaftlich? Ich weiß es nicht; aber weiß er es selbst?"[6] Dies absolute Zugleich des Widerspruchs ist selbst die letzte, unlösbare Frage: „Ich habe mich schon tausendmal über die Fähigkeit des Menschen . . . gewundert, in seiner Seele das höchste Ideal zu hegen neben der tiefsten Gemeinheit, und alles mit völliger Aufrichtigkeit. Ist das nun eine besondere Großzügigkeit . . . oder ist es einfach Gemeinheit? *Das ist die Frage.*"[7]

So legt auch Dostojewskij, wie Nietzsche, sich selbst als den Widerspruch aus. Das Schwert geht mitten durch ihre Seele. „Ich habe", sagt Nietzsche, „für die Zeiten von Anfang und Niedergang eine feinere Witterung, als je ein Mensch gehabt hat, ich bin der Lehrer

[1] D. 21, 363-364. – [2] D. 21, 221-222. – [3] D. 22, 302. – [4] D. 13, 233. – [5] D. 13, 240. – [6] D. 22, 65. – [7] D. 22, 161.

par excellence hiefür – ich kenne beides, ich kenne beides."[1] Die Bewegung des Horizontwerfens vollzog er in ihrem Aufstieg mit, und die Bewegung des Entlarvens aller Krankheit und Lüge in ihrem Abstieg. Und der letzte, höchste Widerspruch war auch in ihm der zwischen dem Reichtum über allen Möglichkeiten und der Armut dieses Reichtums. Und doch ist Dostojewskijs Auslegung mitten in dieser Ähnlichkeit tief verschieden. Denn Nietzsches höchster Widerspruch war das letzte Ergebnis des ethischen Aufstiegs, des existentiellen Reinseins. Dostojewskijs Macht-Ohnmacht-Widerspruch gibt sich als Ende im Unreinen, Zweideutigen, in einem müden Rätsel. Er ist die ungelöste Frage nach der Möglichkeit des Übergangs in den Glauben, nach dem Sprung. Denn immer stehen, als zweiter Gipfel seiner Existentialität, neben all diesen großen Zweideutigen die Eindeutigen, die den Instinkt der Wahrheit durch alle Zweifel hindurch besitzen. Und in den Situationen zwischen Raskolnikof und Sonja, Stawrogin und Tichon, Iwan und Aljoscha standen sich beide Pole wie die falsche und die richtige Lösung des Transzendenzproblems gegenüber. Nur fehlt uns bisher der Zusammenhang beider, der einende, gemeinsame Maßstab. Das zwingt uns, weiterzusuchen.

Man kann zunächst versucht sein, einen der beiden Pole als das Absolute zu setzen. Im Absolutsetzen des Macht-Ohnmacht-Widerspruchs gelangt man zum „tragischen" Dostojewskij, wie ihn etwa das grimmige Buch von Schestow, die Biographie von Filöp-Miller,[2] auch Berdjajew,[3] Hesse[4] und andere zeichnen. Dann wird folgerichtig für Schestow Aljoscha zum „jämmerlichen Schwätzer" mit „aufdringlichem und monotonem Gestammel", Myschkin, der „unser Ideal sein soll, ein kümmerlicher Schatten, ein kaltes, blutloses Gespenst, ... eine absolute Null". „Dostojewskij verstand und konnte nur unruhige, ringende, suchende Seelen schildern. Kaum unternahm er es, einen Menschen zu schildern, der sich gefunden, sich beruhigt und verstanden hat, so verfiel er sofort in fatale Banalität."[5] Für diese Sicht hält die existentielle Wahrheit der lichten Seite nicht stand vor dem furchtbaren Gewicht der dunkeln. Jene ist nur der wesenlose Wunschtraum, aus dem absolut Tragischen zu entrinnen. Seine Leere richtet ihn selbst. Das ist entlarvende Psychologie aus der Perspektive des Kellerschlupfs.

[1] N. 15, 9. – [2] Dostojewskij am Roulette (1925), X-LXXXVII. – [3] Die Weltanschauung Dostojewskijs (München 1925). – [4] Blick ins Chaos (3. Aufl. 1921). – [5] A. a. O. 163-164.

Aber auch der entgegengesetzte Pol, den absolutzusetzen etwa Solowjef neigt,[1] hat seine entlarvende, psychologische Tätigkeit. Denn von ihm her gesehen erscheint Dostojewskij geradezu als der vollendete Meister der „Individualpsychologie".[2] Das Unerwartete tritt ein, daß plötzlich die ganze Welt der „dunklen" Wahrheit mit ihrem Widerspruch als Krankheit erscheint, und zwar in einem andern und tieferen Sinn, als das „Euphorische", „Verzückte", welches als die wesentliche Krankheit früher in die allgemeine, eschatologische Verklärung einging. Denn dieses war gleichsam der Ausdruck der Gebrechlichkeit des Weltlichen, das unter der Last der göttlichen Herrlichkeit wankt und bricht. Jenes dagegen erscheint als die Krankheit des Geistes, der sich in der Verzweiflung seines Absolutsein-Wollens gegen Gott und gegen jede wesentliche Hingabe in die krampfhaft festgehaltene Göttlichkeit seines Nichts verrammelt. Die ganze Stawrogin-Situation, die in allen Hauptwerken wiederkehrt und Dostojewskijs Selbstauslegung war, löst sich unter der Arbeit *dieser* Entlarvung in das geheime System der *Neurose* auf. Ein paar Belege genügen:

Das „Böse" an der „dunklen" Wahrheit ist ihr negativer „Protest" („Auch ein Protest ist manchmal keine kleine Tat."[3] „Und da, da erhob sich aus der tiefsten Tiefe meines Wesens ein starker Protest, ich konnte kaum atmen vor meinem Gefühle grenzenlos gesteigerten Hochmuts und Trotzes"[4]), das kalte, in sich selbst gekrümmte Nein („Dort in ihrer häßlichen, übelriechenden, unterirdischen Behausung vergräbt sich unsere beleidigte, mißhandelte, ausgelachte Maus sofort in einen kalten, boshaften und vor allen Dingen lebenslänglichen Groll"[5]), Wille zum Schlecht-sein (wie Nelly absichtlich eine Tasse zerschlägt: „Ich will nicht! Ich will nicht! Ich bin schlecht; ich bin schlechter als alle; seht nur, wie schlecht ich bin!",[6] und wie sie „gleichsam mit ihrer Bosheit vor uns prahlt",[7] wie ebenso Nastaßja sich in die Schuld wirft, „Und wissen Sie, warum? In Wirklichkeit nur, um mir zu beweisen, daß sie ein gemeines Weib sei, . . . um sich dann selber sagen zu können: Siehst du, du hast eine neue Schandtat begangen; also bist du ein gemeines Geschöpf!"[8]), und dies als *Rache* gegen die eigene Ohnmacht.[9] Diese Rache wendet sich als Wille zum Wehtun gegen andere,[10] am ungeheuerlichsten in der reinsten Neurotikerfigur

[1] Drei Reden, dem Andenken Dostojewskijs gewidmet (Deutsch, Mainz 1921). – [2] Alfred Adler hat selbst mehrfach auf Dostojewskij Bezug genommen. – [3] D. 16, 68. – [4] D. 22, 104. – [5] D. 3, 20. – [6] D. 9, 194. – [7] D. 9, 198. – [8] D. 16, 102. – [9] D. 22, 76. – [10] D. 12, 491.

Dostojewskijs, im Foma Fomitsch des „Guts Stepantschikof“: „Foma Fomitsch ist eine Verkörperung des grenzenlosesten Selbstgefühls, aber zugleich eines besonderen Selbstgefühls, nämlich eines Selbstgefühls, das mit vollkommener Wertlosigkeit verbunden ist.“[1] Foma Fomitsch ist fest gewillt, jeden Anlaß als persönliche Beleidigung zu fassen und seine Umgebung bis aufs Blut zu tyrannisieren. Der Lebensplan des „Jünglings“ ist kein anderer: „Ich habe mein ganzes Leben lang nach Macht gedürstet, nach Macht und Einsamkeit.“[2] Seine Kinderträumereien setzen ihn stets auf „den ersten Platz“.[3] Aber Macht ist für ihn nur Isolierung. „Der ganze Zweck meiner Idee ist Absonderung von den Menschen“, und nur um die Barrikade bedrohlich genug zu machen, braucht er „auch Macht“.[4] „Ein einsames, ruhiges Kraftbewußtsein, . . . Freiheit!“,[5] das ist das Ziel. Und doch lebt diese beleidigte Größe nur von der Anerkennung der andern und muß sich daher „interessant“ machen.[6] Daher das Spiel von kriechender Annäherung und plötzlichem eisigem Zurückstoßen,[7] das „Triumphieren“ über andere[8] in der Empfindlichkeit passiven Beleidigtseins,[9] ja in der Entblößung seiner eigenen Bosheit.[10] Diese Herrschsucht maskiert sich am Schluß bei Foma in gnädige Großmut,[11] sie ist der Grund der Tugend Katjäs in den „Karamasof“[12] („Ich werde sein Gott sein, zu dem er beten wird, das wenigstens ist er mir schuldig“[13]), deren „Großmut“ denn auch in hysterische Vernichtungswut umschlägt, sobald sie entlarvt wird.[14] Es ist „Aufrichtigkeit“ mit Hintergedanken,[15] Selbstgenuß des Verzeihens,[16] Selbsterniedrigung für Lob,[17] bis zum „Wetteifer in Zartgefühl und Geduld“,[18] Mißbrauch der Ausschließlichkeit der Freundschaftsliebe für eine grausame Isolierung des Freundes zum Zwecke vollständiger Beherrschung.[19]

Und dieses ganze „Theater“,[20] eingetaucht in die Halb- und Ganz-Unbewußtheit der Seelenuntergründe,[21] hineingreifend bis in das Arrangement der Machtträume und ihrer „prophetischen Form“.[22] Dieses Verbergen ist dann aber nichts als die Selbstverhüllung des Existenzwiderspruchs, Nein zu sagen zum eigentlichen Gesetz der Existenz selbst: Verweigerung der Hingabe an Gott und die Mitmenschen, die Steigerung der eigenen relativen, auf die

---

[1] D. 7, 21. – [2] D. 21, 150. – [3] D. 21, 151. – [4] D. 21, 147. – [5] D. 21, 153. – [6] D. 21, 154. – [7] D. 21, 360. – [8] D. 21, 152. – [9] D. 22, 74-75. – [10] D. 3, 26. – [11] D. 7, 318. – [12] D. 23, 187. 214. 271. – [13] D. 23, 344. – [14] D. 23, 348-350; 25, 320 f. – [15] D. 23, 105. – [16] D. 9, 231. – [17] D. 21, 243. – [18] D. 22, 366. – [19] D. 3, 104. – [20] D. 23, 348. – [21] D. 16, 88. – [22] D. 22, 159.

Mitwelt geöffneten Bedürftigkeit zu einer eisigen innern Absolutheit, die sowohl Alles als Nichts ist. Der „Jüngling" hat Angst, sich in Gesellschaft zu begeben; „wenn ich irgendwo eintrete, wo viele Menschen zusammen sind, so habe ich immer ein Gefühl, als ob alle Blicke elektrische Funken auf mich überspringen ließen. Ich bekomme geradezu einen Krampf".[1] Ebenso der Kellerschlupfmensch: „Ich stellte sogar Experimente an, ob ich wohl den Blick dieses oder jenes Menschen würde aushalten können, und immer war ich der erste, der den Blick senkte. Das quälte mich bis zur Raserei. Ebenso hatte ich eine krankhafte Furcht davor, lächerlich zu erscheinen ..."[2] Diese „wirkliche Angst vor dem Leben",[3] die sich „wie eine Schildkröte in ihrem Gehäuse verbirgt",[4] wäre dann der eigentliche Sinn der Indifferenz-Situation Stawrogins. Gerade der Kellerschlupfmensch rühmt sich ja auch, im selben Augenblick edel und Schuft zu sein,[5] das heißt als „Romantiker" beide Situationen zugleich zu „verstehen" und zu „kosten", ohne sich für eine von ihnen zu entscheiden. Das ganze Problem, das uns als ein „logisches" entgegentrat, nämlich die Möglichkeit des Widerspruchs in einem völlig indifferenten Medium, löst sich unter dieser entlarvenden Psychologie in ein „pathologisches" auf: in den Widerspruch zwischen dem Gesetz der Menschennatur und dem faktischen Gebrauch, den der Geist von dieser Natur macht. Die Tatsache, daß oben im Stawrogin-Problem die Möglichkeit des *Übergangs* in den Glauben nicht zur Darstellung gebracht werden konnte, wäre dann nichts anderes als die Tatsache, daß Dostojewskij selbst als Neurotiker, das heißt als Nicht-Übergehender, auslegt. Seine ganze Auslegung ist gefälscht durch sein Stehenbleiben in der Verlarvung, in der Lüge der geistigen Krankheit.

Das ist die Sachlage, wenn die beiden Pole „lichte" und „dunkle" Wahrheit mit dem absoluten Maßstab des „lichten" Poles gemessen werden. Der Absolutheitstraum des Neurotikers, die fixe Idee Fomitschs, des „Jünglings", „Iwans" enthüllt sich von da aus als die falsche, verkrampfte Form der eigentlichen, transzendenten Absolutheit, wie sie Aljoscha und Myschkin verstehen: Hören auf die göttliche Wahrheit über dem Menschen und Öffnung in die Relativität des Sozialen. Die Frage ist, ob wir in dieser Absolutsetzung die ganze Wahrheit Dostojewskijs erfaßt haben und ob nicht Schestows Sicht ihre Berechtigung hat. Denn diese Absolutsetzung

[1] D. 21, 484. – [2] D. 3, 67. – [3] D. 3, 107. – [4] D. 21, 29. – [5] D. 3, 72.

scheint gegen ihr eigenes Prinzip, das der Transzendenz, und somit der Indirektheit der Wahrheit zu verstoßen, wenn sie zwischen einer weltlichen, psychologischen Erscheinungsform (Neurose) und der transzendenten Unwahrheit eines Menschen (Sünde) eine *eindeutige* Korrelation herstellt. Aber wir übersehen dabei, daß in der Methode der psychologischen Entlarvung das Korrektiv selbst schon immanent liegt. Dieses Korrektiv liegt in der Gegensätzlichkeit zwischen psychologischem Auslegen (als Analyse eines *Zustands*, der selber als solcher zwar ethischen Belang haben kann, aber worin das Ethische mit zum „Befund" gehört) und der Forderung ethischen Auslegens (das immer eine *Deutung* des Zustandes in einer Wahl ist). Zwischen diesen beiden Weisen des Auslegens besteht in Dostojewskij ein erbitterter Kampf.

Die psychologische Auslegung der Neurose ist ihre Erklärung aus „Verdrängung"; aus „Minderwertigkeitsgefühl", vor allem aus Erlebnissen frühester Jugend. So wird Fomitschs ungeheuerliche Tyrannei aus den „vielen Kränkungen", den „schweren, früheren Mißerfolgen", der „Bedrückung, Armut, Schmutz und Geringschätzung" in seiner Jugend hergeleitet.[1] Ebenso wird Stawrogins ganze Hysterie in seiner Knabenzeit grundgelegt, Nastaßjas Doppelwesen aus der entwürdigenden Situation ihrer Jugend begriffen,[2] auf die Prügel hingewiesen, die der „Jüngling" als Kind erhielt und die seine „Bedientennatur" erklären,[3] beim Knaben Wersilof „ein leidenschaftliches, verfrühtes, beinahe rachsüchtiges Verlangen nach Vornehmheit" aufgewiesen,[4] beim Mörder Smerdjakof seine „Jugend ohne jede Dankbarkeit" geltend gemacht.[5] Schließlich ist dann die ganze Perversion nicht nur auf das verderbliche „Milieu" zurückgeführt, sondern auch noch aus einem tieferen, guten Trieb abgeleitet: Knaben wie Wersilof entwickeln sich „wegen der Vereinsamung ihrer Jugend" „entweder zu schweigender Kriecherei oder zu dem heimlichen Verlangen nach Unordnung. Aber dieses Verlangen nach Unordnung entspringt vielleicht (und zwar sogar in den allermeisten Fällen) aus einem heimlichen Durste nach Ordnung und edler Schönheit".[6] Psychologie hebt mit ihrer Analyse die Schuld, und vor allem ihren Kern, die religiöse Schuld, auf. Man weiß aber, daß Dostojewskij gegen nichts grimmiger vorgegangen ist als gegen die psychologischen Milieutheorien, welche das Ethische wegerklären. Er spottet über die

[1] D. 7, 21-22. – [2] D. 14, 76-78. – [3] D. 21, 204. – [4] D. 22, 304. – [5] D. 23, 228. – [6] D. 22, 470.

„ästhetische Neigung“ der Richter „zum Beispiel zur Psychologie“,[1] und wenn er ihr in „Raskolnikof“ einen vollen Erfolg gönnte, so bereitet er ihr in „Karamasof“ einen ebensolchen Mißerfolg. Gegen die Analyse des „Sachverständigen“ lehnt sich als der unwegleugbare Gegenzeuge das *Bewußtsein des Schuldigen* auf.[2] Ja, nach Dostojewskijs Ansicht, die Myschkin ausspricht, ist diese „Verdrehung der Begriffe und Meinungen“ gerade die eigentliche Quelle des modernen Verbrechertums selbst.[3] „Der verstockteste Verbrecher, der keine Reue empfindet, weiß doch, daß er ein Verbrecher ist, das heißt, er urteilt seinem Gewissen nach, daß er schlecht gehandelt hat, wiewohl er nichts von Reue weiß . . . Diese aber wollen sich nicht für Verbrecher halten und meinen . . . sie hätten sogar gut gehandelt.“[4] Die Bewegung der „Psychologie“ tritt hier in den schärfsten Widerspruch zum Ethischen.

In dieser Weise hat die Auslegung der „Neurose“ als direkte „Schuld“ ihr Korrektiv. Im Gegeneinander von Psychologie und Schuldbewußtsein zerstört sich jeder direkte Zugang zur Wahrheit. Es vollzieht sich, genauer gesehen, folgendes: Das Wahrheitsbewußtsein, wie Aljoscha, Sonja, Myschkin es besitzen, richtet die Unwahrheitssituation Iwans, Raskolnikofs, Nastaßjas, aber dieses Richten ist *gleichzeitig* ein Ent-schuldigen als Wegsehen von der Schuld. Dies „gleichzeitig“ macht es, daß das Neurotische einerseits als „Zustand“ von „Krankheit“ in Güte gepflegt und besorgt wird, anderseits als ethische, *religiöse* „Krankheit“ ebenso scharf bekämpft, und das *Übergehen* in die Wahrheit gefordert wird. In diesem seltsamen Spiel zwischen „Verstehen“ des Bösen als „Zustand“ und Bekämpfen des Bösen als das Nichtseinsollende blicken wir nun zum erstenmal in das eigentliche Letztproblem Dostojewskijs, um das es, in vielen Abwandlungen, bis zum Schluß gehen wird.

Gerade diese Möglichkeit des „Verstehens“ des Neurotischen als eines „Zustandes“ erinnert uns daran, daß wir dieses Sinngefüge, das doch beim Verstehen vorausgesetzt wird, einseitig vom absolutgesetzten Maßstab der „lichten“ Wahrheit her gerichtet haben. In dieser Perspektive erscheint es denn auch als die typisch *unreife Existenz*, wie denn auch das Neurotische gerade in der Unreife und Unfertigkeit des „‚Jünglings‘ seinen genauesten Ausdruck findet“.[5] Und diese Existenz muß von jener Warte aus in besonderer

---

[1] D. 24, 316. – [2] D. 25, 102. – [3] D. 15, 294-295. – [4] D. 15, 296. – [5] D. 21, 27. 151. 486.

Weise als das Kleinliche, Armselige, Niedrige erscheinen, das sich unter dem aufgebauschten Mantel der Eigenherrlichkeit verbirgt. Der Blick wird frei in die tiefe *Langeweile* dieser Existenz, die sich in sich selber gründet, die aus Langeweile liebt[1] und deren Gottlosigkeit ebenso Langeweile ist.[2] Aber das ist nur die eine Perspektive. Stellt man sich existierend in diesen Zustand, so ist jene glatte „Wahrheit" Aljoschas und Myschkins das Fade, Saftlose, Langweilige, und die ganze dynamische Elementargewalt von Raskolnikof, Stawrogin, Iwan läßt sich nie und nimmer mit der charakterlosen Blässe jener Wahrheitsengel in eins denken. So öffnet sich der Abgrund zwischen den zwei Polen doch wieder und der „Übergang", den wir suchten, ist nicht hergestellt. Das letzte Band zwischen den zwei Seelen in Dostojewskij, der russischen Mystiker-Seele und der Nietzsche-Seele, fehlt uns noch. Aber eben diese Gebrochenheit trennt Dostojewskij wiederum von Nietzsche und macht auch noch seine ganze Polemik gegen den Atheismus fragwürdig. Seine Zweipoligkeit bringt es mit sich, daß er das einemal (vom dunklen Pol aus) den Atheismus dämonisiert, indem dieser sich als ein Satanisches dem Religiösen entgegenstemmt, das anderemal (vom lichten Pol aus) den Atheismus als das „Neurotische" entlarvt, das nichts als die Krankheit des Nicht-Übergehenwollens ist. Aber, und das ist das Entscheidende, beide Angriffe treffen Nietzsche nicht, der weder dämonisch noch neurotisch ist.

Der Einblick in diesen Zwiespalt Dostojewskijs ist für alles Folgende unentbehrlich. Er zeigt uns, daß zwei Tendenzen durch sein gesamtes Werk gehen. Die eine zielt auf ein immer tieferes Inkarnieren seiner Idee in lebenden Gestalten, die andere hindert ihn, und zwar ebenso progressiv, dieser Idee einen Körper zu verleihen. Die erste, wesentlich psychologische, strebt danach, die gesamte „Auslegung" der Existenz auf eine Analyse des Zustandes der Existenz zurückzuführen, sosehr, daß das Religiöse, Christliche einfach aus der objektiv wiedergegebenen, sich selbst bewegenden Existenz sich ergebe. Aber in der Durchführung dieses Vorhabens zeigt sich immer mehr, daß hinter dem „auslegenden" Dichter der „hineinlegende", im ethischen Sinn auslegende, steht, welcher die Existenz so formt, daß der Beweis, der aus ihr herausspringen soll, kunstvoll zu Anfang in ihr angelegt wird. Der sich ergebende Schein der Objektivität ist dann nur eine Verführung: „Ich trage mich jetzt mit dem

---

[1] D. 21, 366. – [2] D. 22, 148.

Plan zu einem riesengroßen Roman ... Thema ist: der Atheismus ... Dies muß den Leser *auch gegen seinen Willen* gefangennehmen."[1] In der meisterhaften kleinen Studie über den Selbstmord[2] wird, gerade mittels scheinbar objektivster Analyse, bewiesen, daß, wer an Unsterblichkeit nicht glaubt, sich notwendig umbringen müsse. Dostojewskij glaubt in ihr „die Formel des logischen Selbstmords gefunden" zu haben.[3] Das Schlimme ist nur, daß weder Nietzsche noch andere Atheisten daran dachten, sich – aus Logik – das Leben zu nehmen. So erhebt sich die Frage allgemein: Welche Gesetzmäßigkeit erlaubt es Dostojewskij überhaupt, diesen Helden zu „retten", jenen „untergehen" zu lassen? Wie bekommt er das intelligible Band zu fassen, das die „Schicksale" eines Menschen mit der religiösen Haltung verbindet, deren Ausdruck dieses Schicksal sein soll? Nicht mit einem bloß beobachtenden Realismus („Mit einem solchen Realismus kann man auch den hundertsten Teil wirklicher Tatsachen gar nicht erklären"), eher schon mit einem divinatorischen Idealismus („Wir haben aber mit unserem Idealismus sogar manche Tatsachen *vorausgesagt*"[4]). Aber am Schluß des „Jünglings" bekennt Dostojewskij, daß sein Divinieren dieser neuen Phänomene, wie sie das Neurotische darstellen, ein „Erraten" noch ungewisser, fließender Umrisse sei: „Es ist eine undankbare Arbeit, ... ferner sind diese Typen jedenfalls etwas noch im Fließen Begriffenes und können nicht in künstlerisch vollendeter Weise dargestellt werden. Es besteht die Möglichkeit, daß man bedeutende Fehler begeht, dies und das übertreibt, dies und das übersieht. Jedenfalls erwüchse einem die Aufgabe, sehr vieles zu erraten." So bleibt dem Dichter nur eins übrig: „Er muß zu erraten suchen und – sich irren."[5] Erraten kann er nur, wenn er ein vorgefaßtes Schema an die Existenz anlegt und dann Idee und Existenz aneinander prüft. Aber *ob* sein vorgefaßtes Schema dem religiösen Letztsinn der Existenz entspricht, das kann in dieser prüfenden Annäherung selbst *nie objektiv* als Resultat sich ergeben, weil das Religiöse überhaupt nicht zu direkter Darstellung gelangt. So bleibt in aller Annäherung eine Kluft, die in der Darstellung eines Schicksals nur durch ein Apriori ausgefüllt werden kann; dies Apriori aber ist bei Dostojewskij der doppelte Wahrheitsbegriff. Es wird also nicht nur ein Gegensatzpaar von Menschen, sondern sogar ein und dieselbe Existenz bald mit dem Maß der „dunklen", bald mit

---

[1] DB. 142. – [2] D. (P.) 12, 321-334. – [3] Ebd. 327. – [4] DB. 139. – [5] D. 22, 476.

dem der „lichten“ Wahrheit konstruiert. Diese ständige Verschiebung gibt den Gestalten Dostojewskijs ihre unverwechselbare Perspektivität. In den Skizzenbüchern des Dichters wird ersichtlich, wie eine scheinbar eindeutige Gestalt aus zwei entgegengesetzten Winkeln langsam zusammenwächst. In der Entstehung des „Raskolnikof“ ist das am deutlichsten.[1] Einerseits soll ein radikaler Nihilist, stolz, machthungrig, verachtend, gezeichnet werden, der aus reinem Titanismus mordet und am Ende sich erschießt. Der Weg zu dieser doppelten Konsequenz wird durch die entlarvende Neurosenlehre glaubhaft gemacht. Auf der andern Seite hat Dostojewskij ohne Zweifel eine gewisse Bewunderung für den „Radikalismus“ seines Helden. Dieser vollbringt die Tat, um Mutter und Schwester zu retten, mit dem Vorsatz, den Rest seines Lebens die „Schuld“ durch ein „humanitäres“ Leben zu sühnen, „insofern (schreibt Dostojewskij) man überhaupt diese Tat, einer stumpfsinnigen, dummen, bösen und kranken Alten gegenüber, die selbst nicht weiß, wozu sie auf der Welt ist und die in einem Monat vielleicht eines natürlichen Todes gestorben wäre, ein Verbrechen nennen kann“.[2] Von hier aus erhalten die amoralischen Erwägungen in der Art der Kellerschlupfwahrheiten ein viel positiveres Gesicht. „Es ist klar“, sagt der Herausgeber der Fragmente, „daß es schwer war, diese einander entgegengesetzten Elemente zu einer einheitlichen, geschlossenen Gestalt zu verbinden; offenbar aber hat Dostojewskij *gerade die Idee gefesselt*, diese Züge *um jeden Preis aus einer Gestalt* heraus zu erklären, und die letzte Redaktion ... stellt das Ergebnis einer solchen Vereinigung dar.“[3] Ähnliches konnten wir für Stawrogin feststellen und ließe sich für die „Karamasof“ nachweisen. Es wird hier also in einem ganz einmaligen Sinn Ernst gemacht mit dem Perspektivischen der Wahrheit. Nicht nur hat jede Existenz ihre monadische Wahrheit, oder (wie in der Gräfin Hofmannsthals) höchstens eine pathologische Doppelexistenz, sondern ein und dieselbe Existenz lebt in der übergänglichen Zweipoligkeit der Wahrheit selbst. Welch radikale Folgen dies für eine Theorie der Wahrheit hat, wird sich weiter unten ergeben.

Dann aber öffnet sich uns vielleicht doch ein Ausblick in einen möglichen einheitlichen Sinn und Maßstab der so verworrenen ethi-

---

[1] Raskolnikofs Tagebuch. Mit unbekannten Entwürfen, Fragmenten und Briefen zum „Raskolnikof“ und „Idiot“, hrg. v. René Filöp-Miller u. Fr. Eckstein (Piper, 1928). – [2] Ebd. 111. – [3] Ebd. 91-92 (von mir kursiv).

schen Problematik Dostojewskijs. In dieser flüssigen Übergänglichkeit der Wahrheit zeichnet sich durch alles hindurch eine eindeutige Sinnrichtung des Gehens ab. 1. Wir haben diesen Sinn zunächst rein äußerlich, uneinsichtig in den ständigen, offiziellen Versicherungen Dostojewskijs, gläubiger Christ zu sein und als solcher die „dunkle" Wahrheit des Atheismus von innen her sprengen und zum Übergang zwingen zu wollen. 2. Die entgegengesetzte Relativierung des „Religiösen" durch das Atheistische (als fad, süßlich, albern, ohne Existenzschwere) ist insofern selbst vom religiösen Pol wieder umgriffen, als diese Wertung teils der freiwilligen Verblendung des Ungläubigen, teils einer religiösen Prüfung (als „desolatio"), teils endlich der objektiven Knechtsgestalt des Religiösen selbst entsprechen kann. 3. Wenn auch die direkte Darstellung des Übergehens an der Bodenlosigkeit der Glaubensanalyse scheitert, so vermag doch Dostojewskij die innere, seinshafte Forderung dieses nicht vollzogenen Übergehens einsichtig zu machen und ihr Untergehen erscheint als gerechtfertigte Symbolik. 4. Endlich und vor allem: Wenn die Helden Dostojewskijs den Richtungssinn immer wieder umkehren und dem dunklen Pol das existentiale Übergewicht geben, ja wenn wir den auslegenden Dostojewskij selbst dieses heimliche Spiel treiben sehen, so wird gerade diese Doppeldeutigkeit noch als ein neurotisches Treiben vom religiösen Pol aus durchschaubar. Das aber heißt dann, daß, vom Menschen aus gesehen, das Schwanken über den Richtungssinn des Übergehens ein Problem des Wollens, genauer des Nichtwollens, und nicht ein intellektuelles Problem ist, daß aber, von Gott aus gesehen, dieses Sträuben selbst den Sinn einer religiösen Situation haben kann: der des *Zerriebenwerdens* zwischen Glauben und Unglauben, in der der Mensch „weich" gemacht wird für das Übermenschliche. In diesem Sinne sagt der Teufel zu Iwan: „Ich habe dir absichtlich deine eigene Anekdote erzählt, die du schon vergessen hattest, damit du endgültig den Glauben an mich verlieren solltest." „Du lügst!", schreit Iwan, „Der Zweck deines Erscheinens ist ja gerade der, mich zu überzeugen, daß du wirklich bist!" „Durchaus. Aber die Schwankungen, aber die Unruhe, aber der Kampf des Glaubens und des Unglaubens – das ist ja bisweilen eine solche Qual für einen gewissenlosen Menschen, gerade so einen wie du, daß man sich lieber erhängen möchte ... Ich führe dich unaufhörlich zwischen Glauben und Unglauben hin und her, und ich habe meine ganz bestimmte Absicht dabei. Eine neue Methode ist das; denn wenn du völlig allen Glauben an mich verloren haben wirst, dann wirst du plötzlich anfangen, mir ins Gesicht zu versichern, daß ich durchaus kein Traum sei, sondern tatsächlich lebe. Ich kenne dich schon!"[1] Die ganze Zweideutigkeit, die die Szene zwischen Iwan und dem Teufel umspielt, gibt dann nur die höhere Zweideutigkeit der Selbstauslegung Dostojewskijs wieder, der sich einerseits als den absolut zwischen Glauben und Unglauben Zerrissenen, ja Zerrissensein-Wollenden und ebendarin doch tiefer von Gott her Zerrissenen deutet. Hier vollzieht sich, was wir anfangs als den Einbruch des ganzen Spiegelverhältnisses in den tiefern über- wie untergreifenden Grund Gottes beschrieben. In einem tiefsten Sinn hat sich das Perspektivische als Lüge erwiesen, als die Existenz-Lüge des Neurotischen, dieser „zweitletzten Wahrheit", die sich als die letzte ausgibt.

Wenn wir damit die Formel Dostojewskijs gefunden haben, so bleibt nun die schwerwiegende Frage: wie verhält sich dieser „Durchbruch" durch die Lüge in die religiöse Wahrheit zu dem Durchbruch Nietzsches? Eins ist dabei von vornherein klar: die Formeln ergänzen sich nicht, sie zielen aneinander vorbei. Bei Dostojewskij ist ja das Atheistische, das als innerer Widerspruch nachgewiesen werden soll, heimlich selbst das *eine* Glied des neurotisch-religiösen Widerspruchs, darum muß seine Zeichnung das Wesen Nietzsches notwendig verfehlen. Nietzsches Wille zur Macht ist nicht Herrschsucht („Mir ist der Hang zum Herrschen oft als ein inneres Merkmal der Schwäche erschienen"[2]), seine Einsamkeit ist nicht Minderwertigkeitsgefühl („Ich fliehe nicht die Nähe der Menschen: gerade die Ferne, die ewige Ferne zwischen Mensch und Mensch treibt mich in die Einsamkeit").[3] Selbst jene „Größe" der indifferenten Kraft zwischen Extremen ist nicht die neurotische Scheingröße, die ihre Ohnmacht aufbläht, sondern ein reifes, überlegenes Ruhen: „Es ist verräterisch, wenn jemand nach Größe strebt. Die Menschen der besten Qualität streben nach Kleinheit."[4] „Ich habe die Kraft gefunden, wo man sie nicht sucht, in einfachen, milden Menschen ohne den geringsten Hang zum Herrschen."[5] Und vor allem: jene typische *Lüsternheit* des Neurotischen, das in Dostojewskijs Gestalten nie fehlt und das als ein Ausdruck der Freiwilligkeit der existentialen Unreinheit, des verzweifelten Trotzes gegen Gott („Seht nur, wie schlecht ich bin!"[6]) auch nicht fehlen darf, bei Nietzsche ist

---

[1] D. 25, 243-244. – [2] N. 11, 251. – [3] N. 12, 325. – [4] N. 10, 309. – [5] N. 11, 251. – [6] D. 9, 194.

es nicht anzutreffen. Dieses Fehlen weist zurück auf eine tiefere Reinlichkeit auch in allen Angelegenheiten des Geistes. Jaspers hat von einem „unbestimmbaren, hauchzarten Adel von Nietzsches Wesen" gesprochen,[1] und Nietzsche selbst bekennt mitten im Todeskampf mit dem Christentum noch: „Ich glaube, ich bin nie in meinem Herzen gegen dasselbe gemein gewesen."[2]

Aber es gilt doch ebenso auch umgekehrt, daß Nietzsches Polemik Dostojewskij verfehlt. Die eine Hälfte seines Angriffs findet den Dostojewskij des „Großinquisitors" selbst auf seiner Seite, es ist der Angriff gegen das Erstarrte und Unchristliche im Christentum. Die andere Hälfte aber ist in die Fessel seines eigenen Kampfes mit sich selbst verstrickt: die Problematik der Liebe Christi erwies sich als Nietzsches persönlichstes Ringen. Der letzte Widerspruch in ihm selbst, der ihn bis in die Tiefe seiner Sonnen-Existenz nicht verläßt, den darf er nicht mehr als Kampfeswaffe benützen. – Die beiden Letztsituationen sind also nunmehr in ihrem Zueinander zu betrachten.

3. Wir haben früher die Differenz zwischen den beiden Formen, den Widerspruch zu übersteigen, als Differenz zwischen „Zustand" und „Situation" bezeichnet. In dieser Differenz wird auch das Zueinander faßbar, das wir suchen, und darin die doppelte Auffassung vom Eschaton als Jenseits (von Gut und Böse), wie es im Widerspruch faßbar wird, letztlich also das Problem des Gewissens.

„Gewissen" ist für Nietzsche, in seinem positiven Sinn, die Gut und Böse übersteigende Bewegung selber, der Zustand des Hinter-sich-gelassen-habens aller Starrheit endlicher Gegensätze. „Zwei neue Tugenden – die weise Vergeßlichkeit und die Kunst, die Segel nach dem Wind zu stellen."[3] „Der rechte Philosoph . . . lebt ‚unphilosophisch' und ‚unweise', vor allem *unklug*, und fühlt die Last und Pflicht zu hundert Versuchen und Versuchungen des Lebens: – er riskiert *sich* beständig, er spielt *das* schlimme Spiel."[4] Beides führt zu jener wesentlichen Plastizität des ganzen Seins, das als ganzes immer den *richtigen Klang* geben soll. „Ich finde Schopenhauer etwas oberflächlich in seelischen Dingen, er hat sich wenig gefreut und wenig gelitten; ein Denker sollte sich hüten, *hart zu werden*, woher soll er dann sein Material bekommen? Seine Leidenschaft für das Erkennen war nicht groß genug, um

[1] „Nietzsche" 410. – [2] N. 4, 69. – [3] N. 12, 291. – [4] N. 7, 147-148.

ihrethalben leiden zu wollen: er verschanzte sich."[1] „Ich habe meine Schriften jederzeit mit meinem ganzen Leib und Leben geschrieben: ich weiß nicht, was rein geistige Probleme sind."[2] Alle Gelehrten, deren „Mut und Blick nicht bis dahin reicht", werden darum auch „die eigentlichen *großen* Probleme und Fragezeichen gar nicht in Sicht bekommen".[3]

Was nun diese wesentlich meta-ethische Ausgesetztheit der Existenz inhaltlich besagt, das umschreiben Nietzsches Ausdrücke: Ehrfurcht, Reinlichkeit, Instinkt. Alle drei gründen in der wesentlichen Vornehmheit der Seele. Der „Instinkt der Ehrfurcht", die „Lust an den Nuancen der Ehrfurcht" läßt „auf vornehme Abkunft und Gewohnheiten raten".[4] „Mir eignet eine vollkommen unheimliche Reizbarkeit des Reinlichkeits-Instinkts, so daß ich die Nähe oder – was sage ich? – das Innerlichste, die ‚Eingeweide', jeder Seele physiologisch wahrnehme – *rieche*."[5] Dieses Gespür als absolute Aufgebrochenheit kann mit einem vielleicht mißverständlichen Namen Liebe genannt werden, als die Macht jenseits von Gut und Bös. Und in diesem Sinn ist dieses Gespür das formal Religiöse in Nietzsche: „Was aus Liebe getan wird, das ist *nicht* moralisch, sondern religiös."[6] Dieses „Gewissen" ist durchaus eine *aufsteigende*, aus den Niederungen des Geistes ins Reine und Hohe strebende und von dieser Höhe aus richtende Macht.

Eben deshalb ist das Gewissen Nietzsches selbst nicht in eine wirkliche *Situation* gestellt, in der es auf eine Frage antwortet, sondern ist es der *Zustand* naturhaften, aktiven Entscheidens über die Angemessenheit einer Gegebenheit an die „Reinheit" dieses Zustandes oder ihre Unangemessenheit. Dabei aber wird übersehen, daß der Instinkt der Reinheit im Grunde eine urteilende *Aktivität* des höchsten Zustandes, nicht dieser selbst ist. Das spricht sich darin aus, daß dieser Zustand bei Nietzsche zu keiner wirklichen inhaltlichen Bestimmung gelangt. Denn jene „Indifferenz der Kraft", die sich früher als höchster Zustand ergab, bleibt im Grunde, weil sie sich auf nichts Inhaltliches festlegen läßt, eine rein formale Intensität, die sich stets am besten rein musikalisch ausspricht: „Alle Dinge hängen zusammen, und ich fand nachgerade so vieles, worüber ich nicht mehr sprechen mag, . . . Musik ist bei weitem das Beste!"[7] Musik ist gerade auch noch jener höchste Zustand der ohnmächtigen Liebe. „Ein Lied . . . ‚Von der Armut der Reichsten' – wissen Sie,

[1] N. 11, 162. – [2] N. 11, 382. – [3] N. 5, 330. – [4] N. 7, 249. – [5] N. 15, 22. – [6] N. 12, 289. – [7] NB. 4, 184-185.

eine kleine siebente Seligkeit und noch ein Achtel dazu – Musik –."[1] Die Qualität des höchsten Zustands wird wohl in der Kategorie des „Lebendigen" zu fassen gesucht, als Zentrum der „Kraft" im Gegensatz zur Ohnmacht der Dekadenz. Es wird dann gesagt: „Die Kraft steckt in der Qualität."[2] Aber Qualität ist hier wieder nur ein formaler Ausdruck, und so bleibt es bei der leeren Tautologie.

Die „ewige Wiederkehr" ist freilich der Versuch, durch eine gewaltsame Approximationsbewegung den Zustand in eine Situation zu verwandeln. Durch sie wird dem Augenblick eine Tiefendimension verliehen, die das Bewußtsein gleichsam mit Unendlichkeit überschüttet und so scheinbar das „Gewissen" *anruft*. So verwandelt sich das rein aktive, formale Gewissen Nietzsches in etwas, was dem formalen, aber doch irgendwie passiven „kategorischen Imperativ" Kants verwandt ist: Handle, wie du in alle Ewigkeit zu handeln wünschest: „Drücken wir das Abbild der Ewigkeit auf unser Leben!"[3] Aber diese Norm ist offenbar ein Trug, der Schein der Ewigkeitstiefe vermag kein ethisches Werten hervorzubringen. Gewiß: „*Ein* Faktum gutheißen heißt alles billigen."[4] Aber: Ein Faktum kritisieren heißt – Nietzsche weiß es, er nennt das sein „Fragezeichen"[5] – alles in Frage stellen. Das *ganze* Problem des „Gewissens" ist erst die Vereinbarkeit von beidem. Die Forderung der reinen, formalen Aktivität, die Nietzsche „Schaffen" nennt, bleibt also, wie einst bei Fichte, der *als* Knoten gelöste Knoten.

Das wird vollends klar, wenn wir das Gewissensproblem in jene Problematik von „Grund" und „Form" zurückstellen, in der das Transzendieren des Lebens und damit auch das Transzendieren über Gut und Bös sich darstellte. Die doppelte, gegeneinandergehende Bewegung von Horizontwerfen und Grundentlarven erzeugte die Mitte eines irrealen Scheinens *als* Realität. Wenn nun zwar einerseits (im Horizontwerfen) das Leben der Schaffensgrund war und anderseits (im Grundentlarven) dieser Schaffensgrund hinter den idealistischen Vermummungen freigelegt wurde, so war doch in der ersten Bewegung das „Bewußtsein" gerade als ein Gegenüber Ziel, in der zweiten die Distanz seiner „Objektivität" Voraussetzung des Entlarvens. So liegt das *Aszetische*, als Gegenbewegung zum Leben, dem Leben selbst im Grunde, und Nietzsche gibt unumwunden zu, daß der „Aufstieg", etwa des Philosophen, das heißt dessen Ethik und Gewissen, not-

[1] NB. 4, 431. – [2] N. 16, 411. – [3] N. 12, 66. – [4] N. 13, 74. – [5] N. 5, 278.

wendig ein „aszetischer" Aufstieg sei. Seine Umwertung besteht nur darin, die aszetischen Ideale aus dem Mißbrauch des Ressentiments zu befreien und sie so für die ursprüngliche Bewegung des Lebens freizustellen. „Man weiß, was die drei großen Prunkworte des aszetischen Ideals sind: Armut, Demut, Keuschheit: und nun sehe man sich einmal das Leben aller großen, fruchtbaren, erfinderischen Geister aus der Nähe an – man wird darin alle drei bis zu einem gewissen Grade immer wieder finden. Durchaus *nicht* ... als ‚Tugenden' – was hat diese Art Mensch mit Tugenden zu schaffen! –, sondern als die eigentlichsten und natürlichsten Bedingungen ihres *besten* Daseins ..., als der dominierende Instinkt, der seine Forderungen bei allen andern Instinkten durchsetzte." Und Nietzsche beschreibt die wesentliche Armut des Weisen als die Bewegung jener wesentlichen Entsagung, die wir früher schilderten. „Was seine ‚Demut' angeht, so verträgt er, wie er das Dunkel verträgt, auch eine gewisse Abhängigkeit und Verdunkelung: mehr noch, er fürchtet sich vor der Störung durch Blitze, ... sein ‚mütterlicher' Instinkt, die geheime Liebe zu dem, was in ihm wächst, weist ihn auf Lagen hin, wo man es ihm abnimmt, an sich zu denken ... Sie verlangen zuletzt wenig genug, ... nicht aus Tugend, aus einem verdienstlichen Willen zur Genügsamkeit und Einfalt, sondern weil es ihr oberster Kern *so* von ihnen verlangt, ... es dünkt (sie) ein schlechter Geschmack, den Märtyrer zu machen; ‚für die Wahrheit zu *leiden*' ... Was endlich die ‚Keuschheit' der Philosophen anbelangt, so hat diese Art Geist ihre Fruchtbarkeit ersichtlich woanders als in Kindern; vielleicht woanders auch das Fortleben ihres Namens."[1]

Was heißt dies anders, als daß Armut, Demut, Keuschheit gerade erst dann „Tugenden" sind – dann aber *wesentliche* –, wenn sie aufgehört haben, einen eigenzwecklichen Sinn zu besitzen, um dessentwillen sie „geübt" und „gepflegt" werden, und reine Werkzeuglichkeit des „obersten Herrn" in uns geworden sind? Dann aber ist es Zeit, zu erinnern, daß dieser im Bewußtsein (als Gegenüber) selbst verankerte aszetische Zug des Lebens sich unaufhaltsam steigert bis zu jenem Opfernmüssen, in dem sich der „oberste Herr" in uns verwandelt in „den Tyrannen in uns".[2] Damit aber ist die ontologische Ableitung dessen geschehen, was Nietzsche teils als das „Schulden" und das „schlechte Gewissen" so heftig bekämpft, teils wider Willen als dem Leben wesentliche Tatsache einräumt: als

---

[1] N. 7, 414-418. – [2] NB. 3 (1), 325.

„Problem der Grausamkeit". Anderswo hat Nietzsche den Quellpunkt des Bewußtseins aus der Brechung und Zurücksendung des Lebensstrahls erklärt.[1] Hier muß im Ethischen dieselbe „Potenzierung" durch Spiegelung eintreten. „Alle Instinkte, welche sich nicht nach außen entladen, wenden sich nach innen . . . Der Mensch, der sich, . . . eingezwängt in eine drückende Enge und Regelmäßigkeit der Sitte, ungeduldig selbst zerriß, verfolgte, annagte, aufstörte, mißhandelte, dies an den Gitterstangen seines Käfigs sich wundstoßende Tier, das man ‚zähmen' will, . . . dieser sehnsüchtige und verzweifelte Gefangene wurde der Erfinder des ‚schlechten Gewissens'."[2] Was hier auftritt, ist nicht irgendeine oberflächliche Erkrankung des Lebens, sondern es ist „mit der Tatsache einer gegen sich selbst gekehrten, gegen sich selbst Partei nehmenden Tierseele auf Erden etwas so Neues, Tiefes, Unerhörtes, Rätselhaftes, Widerspruchsvolles und *Zukunftsvolles* gegeben, . . . daß der Aspekt der Erde sich damit wesentlich veränderte".[3] Erst dieser innerste Riß im Leben macht den Menschen zu diesem „unerwartetsten und aufregendsten Glückswurf", der „eine Spannung, eine Hoffnung, beinahe eine Gewißheit" erregt, daß mit dem aufgetretenen Phänomen „sich etwas ankündige, etwas vorbereite, als ob der Mensch kein Ziel, sondern nur ein Weg, ein Zwischenfall, eine Brücke, ein großes Versprechen sei". Denn nochmals, das „schlechte Gewissen" ist kein „Epiphänomen" des Lebens, sondern „ein Bruch, ein Sprung, ein Zwang, ein unabweisbares Verhängnis, *gegen das es keinen Kampf* und *nicht einmal ein Ressentiment*" gibt.[4] So gibt es keinen Weg hinter diesen Bruch zurück, sondern nur über ihn hinaus, zu dem, was jenseits von Gut und Bös, aber auch jenseits des Menschen überhaupt liegt. Das „schlechte Gewissen" ist damit geradezu die aktive Vorbereitung des Übermenschen. „Eine Krankheit, . . . aber eine Krankheit, wie die Schwangerschaft eine Krankheit ist."[5] Es ist der „Instinkt der Freiheit", dessen Stoff nicht mehr die Natur, sondern „eben der Mensch selbst, sein ganzes tierisches, altes Selbst" ist. „Diese heimliche Selbstvergewaltigung, diese Künstler-Grausamkeit, diese Lust, sich selbst als einem schweren, widerstrebenden, leidenden Stoffe eine Form zu geben, . . . ein Nein einzubrennen, . . . dieses ganze *aktivische* ‚schlechte Gewissen' hat zuletzt . . . als der eigentliche Mutterschoß idealer und imaginativer Ereignisse auch eine Fülle

[1] N. 5, 291. – [2] N. 7, 379-380. – [3] Ebd. 381. – [4] Ebd. 381-382 (von mir kursiv). – [5] Ebd. 385.

von neuer, befremdlicher Schönheit und Bejahung ans Licht gebracht und vielleicht überhaupt erst *die* Schönheit."[1] Vor der eingesehenen „Nezessität ersten Ranges"[2] wird alles Räsonieren gegen das „schlechte Gewissen" nachdenklich: „Dies ist alles im höchsten Grade paradox: wir stehen hier vor einer Zwiespältigkeit, die sich selbst zwiespältig *will*."[3]

Aber Nietzsche weiß sehr wohl, daß alles Entlarven, alle Genealogien der Moral, welche die grundlegende Grausamkeit des Lebens aufhüllen, diese Grausamkeit darum doch nicht aufheben können. Alle die Überwindungsversuche, welche das „schlechte Gewissen" als das „Dyspeptische, das Nicht-Fertigwerdenkönnen mit seinen Taten"[4] oder als Mittel in der Hand des machtdurstigen Priesters,[5] als Rache der Mißratenen[6] erklären, mögen ihre teilweise Berechtigung haben, und gegen diese Phänomene gilt mit Recht die Errichtung jener „zwei neuen Tugenden: – der weisen Vergeßlichkeit und der Kunst, die Segel nach dem Wind zu stellen".[7] Aber diese Überwindungen treffen nicht ins Schwarze. Die Zone der innersten Grausamkeit überfliegen sie nicht, im Gegenteil, sie befreien nur von allen falschen, neurotischen Grausamkeiten und zeigen auf den „grausamen Gott Dionysos" als das innerste Lebensgeheimnis. Das ganze „andere Tanzlied" Zarathustras müßte hieher gesetzt werden. Aber am Ausgang dieses Liedes jenes alles entscheidende Stillwerden, das ins Ohr geraunte Geheimnis: „Lust tiefer noch als Herzeleid", und „Schönheit", aus Grausamkeit geborene, tiefer noch als Grausamkeit. Das „Jenseits von Gut und Bös" und von „schlechtem Gewissen" blitzt durch, als die zarteste Spitze der Grausamkeit, als der überzärtliche Stoß des im Leben wühlenden Schwertes. Der doppelte, unerbittliche Abwehrkampf Nietzsches erhält hier seinen positiven Sinn: *Auf der einen Seite* muß alles Moralisieren aus dem Höchsten ausgeschaltet werden: Mit Tugendleistung hat diese letzte, geradezu „passive" Erfahrung nichts zu tun, auch nicht mit Tugendlohn. Hier haben die Religionen recht: „Weder in der indischen noch in der christlichen Denkweise gilt jene ‚Erlösung' erreichbar durch Tugend, durch moralische Besserung . . . Hierin *wahr* geblieben zu sein, darf vielleicht als das beste Stück Realismus in den drei größten, sonst so gründlich vermoralisierten Religionen betrachtet werden . . . Die ‚Erlösung' in den großen Religionen wollen wir also in Ehren halten"[8] und damit auch ihren

[1] Ebd. 384. – [2] Ebd. 426. – [3] Ebd. 427. – [4] Ebd. 442. – [5] Ebd. 437 f. – [6] Ebd. 434. – [7] N. 12, 291. – [8] N. 7, 447.

Schwellenhüter, das Geheimnis der großen Grausamkeit, die mit dem feurigen Schwert jedes aktive Sicherobern des Paradieses wehrt. Hier dringt nur ein, wer sich, wie Nietzsche es will, mit der *einen* Tugend des Willens zum Untergang – „Was liegt an mir!" – in das offene Schwert stürzt. Aber *auf der andern Seite* muß, was schwerer ist, auch noch das Geheimnis der Grausamkeit entmoralisiert, „entgiftet" werden: Hier gilt gegenüber dem „Pessimismus" der Religionen so gut wie Schopenhauers das schallende Lachen Zarathustras, gegenüber dem pathetischen und theatralischen Sichwinden des „großen Zauberers" seine Verachtung, gegen die „Anbetung des Fragezeichens selbst als Gott"[1] und gegen jeden darin sich offenbarenden „Geist der Schwere" die gottlose Leichtigkeit und Schwerelosigkeit, welche den Mut zum Leichtsinn und den Mut zum Abenteuer des tiefsten Glückes hat.

Das Ansteigen des „Gewissens" über Gut und Bös (als Selbstvergessen ins Höhere), über Schwert und Lust (im Richten des einen durchs andere) vollendet damit die Gewissensdeutung als „Zustand".

In dieser höchsten Positivität Nietzsches als Ansteigen seines Ja über Ja und Nein wird aber seine Selbstdeutung als „Zustand" wieder fragwürdig. Die geheime Passivität der letzten Erfahrung läßt die Frage aufkommen, ob hier nicht etwas um jeden Preis in einen „Zustand" umgedeutet ist, was in Wahrheit „Situation" heißen müßte. Zweierlei weist darauf hin. Einmal ist es die Abgründigkeit des Grausamkeitsvorgangs, in dessen Unerbittlichkeit die Liebe selbst gefangen liegt: „Dies alles ist interessant bis zum Übermaß, aber auch von einer schwarzen, düsteren, entnervenden Traurigkeit, daß man es sich gewaltsam verbieten muß, zu lange in diese Abgründe zu blicken . . . Und wer es noch zu hören vermag (aber man hat heute nicht mehr die Ohren dafür! –), wie in dieser Nacht von Marter und Widersinn der Schrei *Liebe*, der Schrei des sehnsüchtigsten Entzückens, der Erlösung in der *Liebe* geklungen hat, der wendet sich ab, von einem unbesieglichen Grausen erfaßt. – Im Menschen ist so viel Entsetzliches!"[2] Der Blick, den Nietzsche getan hat, der ihm das eisige Grausen ins Herz aufsteigen ließ, ist zu tief gewesen, als daß zu hoffen stünde, daß dieser Abgrund durch welche Menschenunternehmungen immer sich schlösse. Das alles ist aber ebenso „eine Spannung, eine Hoffnung, beinahe

[1] N. 7, 476. – [2] N. 7, 391-392.

eine Gewißheit", daß der Mensch als ganzer „nur ein Weg ... ein großes Versprechen" sei.[1] Das aber heißt, in eine übersteigende Situation gestellt sein.

Das Zweite ergibt sich daraus: die feine Bruchlinie, die bis in das höchste Ja eindringt und die schuld daran ist, daß es so formal wie – eine Hoffnung bleibt. Es ist das höchste *Mißtrauen* gegen jedes als Geschenk zufallende Glück, das diese „Nacht von Marter und Irrsinn" verfrühend zudeckt:

> „Noch kam mir die Stunde meines letzten Kampfes nicht – oder kommt sie mir wohl eben? Wahrlich, mit tückischer Schönheit schaut mich rings Meer und Leben an!
>
> O Nachmittag meines Lebens! O Glück vor Abend! O Hafen auf hoher See! O Friede im Ungewissen! Wie mißtraue ich euch allen! ... Dem Liebenden gleiche ich, der allzu samtenem Lächeln mißtraut.
>
> Wie er die Geliebteste vor sich herstößt, zärtlich noch in seiner Härte, der Eifersüchtige – also stoße ich diese selige Stunde vor mir her."

Und Zarathustra vertreibt seine selige Stunde und wartet die ganze Nacht auf sein Unglück.

> „Aber er wartete umsonst. Die Nacht blieb hell und still, und das Glück selber kam ihm immer näher und näher. Gegen Morgen aber lachte Zarathustra zu seinem Herzen und sagte spöttisch: ‚Das Glück läuft mir nach. Das kommt davon, daß ich nicht den Weibern nachlaufe. Das Glück aber ist ein Weib'."[2]

Im „Tanzlied" war der glühende Übermut der Hetze über Stock und Stein, das plötzliche Innehalten auf der heißen Heide und das grausam-leidenschaftliche Neckspiel hin und her die Gewähr des Höchsten. Hier aber ist die Eifersucht etwas ganz anderes. Sie ist die Beleidigung durch ein unerbetenes, nicht aus dem letzten *Sieg* erkämpftes, ein fast dirnenhaft sich aufdrängendes Glück. Gewiß kann der ewig-männliche Zarathustra mit dem Scheinrecht des Helden, der eben den Blick in das „Entsetzliche" getan, sein ewig-

---

[1] N. 7, 381. – [2] N. 6, 238-239.

weibliches Glück zurückweisen; das Zueinander von Grausamkeit und Lust ist noch unzeitgemäß, verfrüht, unstimmig. Und auch seinen „Spott“ über das würdelos Nachlaufende kann sein Manntum sich gestatten. Dies hindert nicht, daß eben diese Männlichkeit hier, über alle Zuständlichkeit, sich in eine „*Situation*“ gestellt sieht, die sie überkommt: „Das Glück selber kam ihm immer näher und näher.“

So wendet sich der Blick zum Gewissensbegriff Dostojewskijs hinüber. Dieser Begriff aber muß dieselbe Doppelgestalt zeigen, die in unserer ganzen Untersuchung über Dostojewskij herrschend war, in der Weise, wie die „lichte“ Wahrheit zuerst nur als Thesis gegenüber einer „dunklen“, dann aber zuletzt doch noch als übergreifende Synthesis erschien, da die „dunkle“ Wahrheit selbst noch als ein Modus religiöser Situation sich enthüllen mußte. Thesis und Synthesis fallen dabei insofern überein, als, *objektiv* gesprochen, die Thesis gewiß der „wahre“ oder doch der „kürzere“ Weg zu Gott ist und daher auch für den Atheisten als Norm aufgestellt bleibt. *Subjektiv* aber ist das Atheistische so tief und der Sprung so undurchführbar, daß die Qual des Nicht-Übergehenkönnens, die sich in einem „Hinken nach beiden Seiten“ offenbart, selbst das Gewicht einer selbständigen religiösen Situation erhalten *kann*. Das spricht sich dann in der Ratlosigkeit und Machtlosigkeit des feinsten religiösen Gespürs der Thesis solcher Situation gegenüber aus; und erst von dieser zweiten Situation wird der eigentliche Kampf mit Nietzsche gefochten.

Das „Gewissen“ im „lichten“ Pol ist also zunächst dem Fühlunghalten und Reinheitsinstinkt Nietzsches durchaus verwandt; beide zielen wesentlich auf einen Seinshintergrund jenseits von Gut und Böse. Aljoschas ganzer Charakter reduziert sich zuletzt auf einen solchen Instinkt,[1] ebenso der Myschkins, bei dem das „Prophetische“ nur eine extreme Gestalt des Instinkts ist. Von seinem „Versenktsein in die Sache selbst“ (um es hegelisch auszudrücken) rührt jener völlige Mangel an Eitelkeit her, die ihn zum geistigen „Idioten“ stempelt. „Zu den Dingen“, sagt Nietzsche, „die einem vornehmen Menschen vielleicht am schwersten zu begreifen sind, gehört die Eitelkeit.“[2] Dimitris Unmittelbarkeit, die aber immer versteht, daß „alles auf Erden Rätsel“ ist,[3] transzendiert ebenso unmittelbar

[1] D. 23, 144. 268. 349. – [2] N. 7, 243. – [3] D. 23, 197.

durch die Schuld zur Gnade. Sonja, mitten in ihrem Dirnentum, hält das Band in der Hand, das zu Gott hinüber nie zerrissen war: „‚Was wäre ich ohne Gott?‘, flüsterte sie schnell und mit fester Stimme ... ‚Und was empfängst du denn von Gott dafür?‘ examinierte er sie weiter ... ‚Seien Sie still! Fragen Sie nicht so! Sie sind ein Unwürdiger‘, rief sie und blickte ihn streng und zornig an. ‚Also es ist so! ... ‘, wiederholte er hartnäckig vor sich hin. ‚Alles gibt er mir!‘, flüsterte sie hastig und schlug wieder die Augen nieder.“[1] Gruschenka hat dasselbe Gefühl der Vornehmheit: sie hat Aljoscha zu sich gelockt, um ihn zu verführen, und sitzt ihm nun auf den Knien. Da erfährt sie, daß heute der Starez, Aljoschas geliebter Meister, gestorben ist. „‚So! der Starez Sossima ist gestorben‘, rief Gruschenka aus. ‚Mein Gott, das habe ich ja gar nicht gewußt!‘ Sie bekreuzte sich fromm. ‚Mein Gott, was mach ich denn da, ich sitze ihm ja auf den Knien!‘, rief sie plötzlich, als ob sie Entsetzen gefaßt habe, sprang augenblicklich von seinem Schoße herab und setzte sich auf das Sofa. Aljoscha warf ihr einen langen, erstaunten Blick zu, es war, als ob in seinem Gesichte etwas zu leuchten beginne.“[2]

Zu diesem Gespür reicht der Verstand nicht aus („um klug zu handeln, dazu genügt Verstand nicht“[3]); Dostojewskij spricht bei Myschkin von einem „Hauptverstand“ (der „besser ist als bei ihnen allen, sogar so gut, wie sie es sich gar nicht träumen lassen“, während „sein Nebenverstand“ „mitunter nicht ganz gesund ist“[4]), bei andern von „Herz“ („Sobald ich über irgend etwas im Unklaren bin, befrage ich sogleich mein Herz.“[5] „Man kann sich wohl in einer Idee irren, man kann sich aber nicht mit dem Herzen irren“[6]). Der „Jüngling“ erkennt, „wie wenig gefestigt meine Begriffe von Gut und Böse noch waren. Was mich rettete, war nur mein Gefühl“.[7] Der Starez endlich gibt in einem Bilde die „Theorie“ dieses fühlunghaltenden Instinkts: „Das ist es auch, weshalb die Philosophen sagen, man könne das Wesen der Dinge auf Erden nicht erfassen. Gott nahm Samenkörner aus anderen Welten und ... das Aufgegangene lebt und ist lebendig nur dadurch, daß es bewußt bleibt, mit andern geheimnisvollen Welten in Berührung zu stehen. Wenn aber dies Gefühl in dir schwach wird oder gar stirbt, dann stirbt auch das, was in dir aufgegangen war.“[8] Und wenn auf das Wort Makars: „Alles ist ein Geheimnis, mein Freund“, der „Jüngling“ feurig erwidert: „Aber alle diese Geheimnisse sind doch durch den

[1] D. 12, 495-496. – [2] D. 24, 135. – [3] D. 11, 358. – [4] D. 16, 92. – [5] D. 9, 119. – [6] DB. 76. – [7] D. 22, 15. – [8] D. 24, 78.

Verstand schon längst aufgedeckt worden, und was nicht aufgedeckt worden ist, das wird alles aufgedeckt werden, ganz bestimmt, vielleicht in ganz kurzer Zeit", so antwortet jener unbeirrt und naiv mit einem Lob der Wissenschaft, die es mit so großen Geheimnissen zu tun habe.[1] Wersilof dagegen, der die Fühlung in sich ersterben ließ, wird trotz seiner romantischen „Einfühlungskunst" doch als der hoffnungslos *abstrakte* Mensch gekennzeichnet: „ Konnte ein so feinfühliger Mensch wirklich so stumpf und verständnislos sein?"[2] Er hat „eine besondere Passion, in undeutlicher Manier zu reden",[3] weil beim Präzisieren die Dinge angeblich unwahr und einseitig werden. „Zu guter Letzt leitete er die Erörterung immer auf Sentenzen von ganz allgemeinem Inhalt, so daß es in Wirklichkeit nicht möglich war, ein Resultat zu gewinnen."[4] „Ich setzte ihm auch oft mit Fragen über die Religion zu, aber hier war der Nebel am allerärgsten."[5] Diese Leere weist, wie schon früher bemerkt, auf das Egoistische zurück („abstrakt sprechen nur Egoisten gern"[6]) und damit auf die völlige geistige Unfruchtbarkeit.[7] Das Nichttranszendieren ist die Bequemlichkeit, die sich nicht „in das Gewissen anderer Menschen eindrängen" will – „es ist das Unpraktischste, was man tun kann".[8] Und doch ist auch Wersilof von einem Stachel beunruhigt: er weiß, daß es „ein lebendiges Leben" gibt, das er nicht kennt und das doch „etwas überaus Einfaches sein muß, das Allergewöhnlichste, offen Daliegende, das Alltäglichste".[9]

Dasselbe Verfehlen zeigt sich bei Iwan. In seinem Gespräch mit Katerina Iwanowna zeigt er sich zugleich als der feine Psychologe, der vielleicht sogar für ein männliches Seelenleben richtig sieht, im Grund aber seine „Idee" blind auf die Seele Katerinas überträgt, sie zu seinem abstrakten Heroismus überreden will und dabei letztlich noch aus einem innern Trotz so vorgeht, der seinen Wunschtraum verwirklicht sehen möchte. „O mein Gott, wie ist das alles nicht so!", ruft am Ende Frau Chochlakof aus.[10] Noch deutlicher ist es in Raskolnikofs Frage an Sonja, die sie in eine ausweglose, abstrakt konstruierte Situation stellt, in der sie unfehlbar schuldig werden muß.

> „‚Es ahnte mir schon, daß Sie nach so etwas fragen würden', sagte sie und blickte ihn forschend an.
>
> ‚Schön, meinetwegen; aber wie würden Sie entscheiden?'

---

[1] D. 22, 117-118. – [2] D. 21, 233. – [3] D. 21, 379. – [4] D. 21, 364; vgl. 366-368. – [5] D. 21, 369. – [6] D. 21, 450. – [7] D. 21, 459. – [8] D. 22, 17-18. – [9] D. 21, 379. – [10] D. 23, 345-346.

‚Warum fragen Sie nach etwas, was doch ganz unmöglich ist?‘ erwiderte Sonja mit sichtlichem Widerstreben.

‚Also ist es besser, daß Luschin am Leben bleibt und seine Schändlichkeiten verübt? Wagen Sie auch darauf keine bestimmte Anwort zu geben?‘

‚Ich kenne doch Gottes Ratschlüsse nicht – wozu fragen Sie Dinge, auf die es doch keine Antwort gibt? Wozu diese nutzlosen Fragen? . . . Und wer hat mich hier zum Richter eingesetzt? . . . ‘

‚Ja, wenn Sie Gottes Ratschluß da mit hineinmengen, dann ist freilich nichts zu machen‘, murmelte Raskolnikof grimmig.“[1]

In derselben Weise wird die abstrakte Dialektik Raskolnikofs immer wieder von Sonja zerstört durch den Hinweis auf die konkrete Situation. Sie selbst lebt in dieser ständigen Hörigkeit von Gott, die es gar nicht erlaubt, ein ethisches Problem außerhalb dieser Beziehung auch nur in Erwägung zu ziehen. *In* dieser Bezogenheit aber ist das Tun der Liebe das „Ethische“ – jenseits von Gut und Böse: ama et fac quod vis. Oder mit Nietzsche: „Was aus Liebe getan wird, das ist nicht moralisch, sondern religiös.“[2]

Gegenüber dieser ganzen, eindeutigen Ethik des „lichten Pols“ steht nun, scheinbar als dessen reine „Entartungsform“, die amoralische Übermenschen-Ethik Raskolnikofs und der anderen Aufrührer Dostojewskijs. Und Dostojewskij scheint damit auch völlig Nietzsche zu treffen und zu überwinden. Da ist zunächst die simple Mathematik Raskolnikofs: „Ein einziger Tod, und dafür hundert Leben, – das ist doch ein einfaches Rechenexempel!“[3] Raskolnikof hatte in seinem Zeitungsartikel ausgeführt, wie der außerordentliche Mensch nicht nur „sozusagen ein persönliches Recht hat, seinem Gewissen die Überschreitung gewisser Hindernisse zu gestatten . . . wenn die Durchführung seiner Idee dies verlangt“, sondern alle großen Menschen sogar ausnahmslos Verbrecher waren in der Aufrichtung neuer Ordnungen und Werte.[4] Wenn der große Mensch aber seine Tat nicht erträgt, so ist das eben der Beweis, daß er kein großer Mensch war: „Nein, jene Menschen waren aus anderem Stoff geschaffen wie ich . . . Solche Menschen sind offenbar nicht von Fleisch und Blut, sondern von Erz!“ „Das falsche Prin-

[1] D. 12, 625. – [2] N. 12, 289. – [3] D. 11, 102-103. – [4] D. 11, 396-398.

zip habe ich zwar getötet. Aber über die Hindernisse bin ich doch nicht hinweggeschritten; ich bin auf dieser Seite geblieben!"[1] Dazu könnte man Nietzsches Worte zum Vergleich anführen: „Der Gewissensbiß: Zeichen, daß der Charakter der Tat nicht gewachsen ist."[2] „Das, was nur den *stärksten* und *fruchtbarsten* Naturen freisteht zur Ermöglichung *ihrer* Existenz – Muße, Abenteuer, Unglaube, Ausschweifung selbst –, das würde, wenn es den *mittleren* Naturen freistünde, diese notwendig zu Grunde richten – und tut es auch."[3] Und wenn Smerdjakof mit der größten Ruhe zu Iwan sagt: „Einen Mord zu begehen – dies hätten Sie selber um keinen Preis fertiggebracht, ja auch nicht gewollt; aber zu wünschen, daß irgend ein anderer den Mord vollführte, das haben Sie getan",[4] dann muß neben diese spottende Entlarvung das bedeutsame Selbstzeugnis Nietzsches gestellt werden: „Man hat gut reden von aller Art Immoralität: aber sie aushalten können! Zum Beispiel würde ich ein gebrochenes Wort oder gar einen Mord nicht *aushalten*: – langes oder kürzeres Siechtum und Untergang wäre mein Los! ganz abgesehen vom Bekanntwerden der Untat und von der Bestrafung derselben."[5] Schon die Feindschaft mit Wagner reibt ihn völlig auf: „Ich bin nicht grob genug dazu gebaut."[6] So scheint also Dostojewskij doch recht zu behalten, wenn er gegen Nietzsches „Hybris" („Wir experimentieren mit uns, wie wir es uns mit keinem Tiere erlauben würden, und schlitzen uns vergnügt und neugierig die Seele bei lebendigem Leibe auf: was liegt uns noch am ‚Heil' der Seele! Hinterdrein heilen wir uns selber"[7]) die Grenzen des Geistes an der *Natur* aufzeigt, das heißt in dem, was im Geiste seiner Autonomie entgeht: „Die Wirklichkeit und die Natur, mein verehrter Herr, das sind wichtige Faktoren, und sie machen manchmal einen Strich durch die scharfsinnigste Berechnung."[8] So verrät sich der Verbrecher schließlich nur darum, weil seine Natur ihn verrät.[9] „Die Natur ist ein Spiegel, der klarste Spiegel."[10] Sosehr, daß der Untersuchungskommissär Raskolnikof schließlich zynisch prophezeit, er werde sich selbst anzeigen.[11] Und „Natur" heißt letztlich nur jene wesentliche Gottbezogenheit *jedes* Geistes und damit die Entzogenheit jedes Rechts über sich selbst, wie es spitz und scharf im Problem Hippolyts heraustritt: Warum soll er, der doch in wenigen Tagen sterben wird, sich sein Leben nicht nehmen

[1] D. 11, 420. – [2] N. 15, 314. – [3] N. 16, 308. – [4] D. 25, 186-187. – [5] N. 12, 224. – [6] NB. 4, 135. – [7] N. 7, 420. – [8] D. 11, 523. – [9] Ebd. 524. – [10] Ebd. 525. – [11] Ebd. 708-709.

dürfen? „Welche Moral kann denn außer dem Leben des Todeskandidaten auch noch das letzte Röcheln beanspruchen?“[1]

Diese ganze Seite der Ethik Dostojewskijs ist durchaus zusammenhängend und folgerichtig. Aber sie ist nicht der ganze Dostojewskij. Der Teufel erklärt Iwan, die sinnlichen Höllenstrafen seien jetzt „drüben“ außer Mode gekommen. Man halte sich jetzt immer mehr an „die Gewissensbisse“ und diesen ganzen Schwindel. „Dies ist gleichfalls von euch zu uns herübergekommen, mit der ‚Milderung eurer Sitten‘. Nun, und wer hat denn dabei gewonnen? Einzig und allein die Gewissenlosen; denn was bedeuten ihm die Gewissensbisse, da er doch überhaupt kein Gewissen hat?“[2] Aber kurz darauf gibt der Teufel auch noch eine höchst nietzschesche Genealogie des Gewissensbisses: „Was ist Gewissen? Ich mache es ja selber! Weshalb quäle ich mich dann aber? Aus Gewohnheit! Weil die Menschen auf der ganzen Welt sich seit sieben Jahrtausenden daran gewöhnten. Laßt uns also uns das wieder abgewöhnen, und wir werden Götter sein!“[3] Nietzsche fährt hier fort, im selben Ton: „Nur ist es nicht so leicht, . . . wir müssen nicht nur umlernen, sondern unsere Schätzungen *umgewöhnen* – es bedarf der Übung.“[4]

Dostojewskij hat in Sibirien solche Menschen kennengelernt, die scheinbar kein Gewissen hatten, die den Biß nicht spürten. Nietzsche sagt einmal: „Ein Verbrecher, der mit einem gewissen Ernst sein Schicksal festhält und nicht seine Tat hinterdrein verleumdet, hat *mehr Gesundheit der Seele*. – Die Verbrecher, mit denen Dostojewskij zusammen im Zuchthause lebte, waren samt und sonders ungebrochene Naturen – sind sie nicht hundertmal mehr wert als ein ‚gebrochener‘ Christ?“[5] „Nicht das Verbrechen des Verbrechers, sondern seine Feigheit und Albernheit nach dem Verbrechen läßt uns überhaupt verächtlich von Verbrechern denken.“[6] Es ist kein Zweifel, daß Dostojewskij von diesem seinem Gegner wie von einer Versuchung fasziniert ist. Er verwirft alle „gewöhnlichen“ Waffen, um nach der einen, entscheidenden, zu suchen, welche der vollen Tiefe des Feindes gerecht würde. Dabei muß er ihm ins Innerste zu spähen suchen, sein letztes, düsteres Geheimnis ausforschen, und auf diesem Schleichgang befällt ihn die Angst und – sagen wir es – etwas wie Neid. So geschieht das Seltsame: die Angst verleumdet äußerlich, was der Neid innerlich mit über-

---

[1] D. 16, 63. – [2] D. 25, 240. – [3] D. 25, 258. – [4] N. 11, 267. – [5] N. 15, 313. – [6] N. 12, 288.

menschlichen Zügen ausstattet; das Versteckspiel der doppelten Wahrheit beginnt. Sehen wir Raskolnikof scharf ins Gesicht, so enthüllt sich, unter den Zügen des Mörders, ein anderes Gesicht: das des Neurotikers, der gar nicht den Mut haben kann, zu morden, der aber unendlich gern ein gewissenloser Verbrecher wäre. Die ganze Geschichte vom Mord an der alten Wucherin ist eine Erfindung, eine Verleumdung und zugleich ein Keulenschlag Dostojewskijs – gegen sich selbst. Der Mord ist die Maske, die zugleich das eigentliche Böse kaschieren und die „glatte" Auflösung des Gewissenskonfliktes vermitteln soll. So hoffnungslos ist Dostojewskij in sein verhülltes Wunschbild verliebt, daß er es bis zum letzten Satz nicht über sich bringt, seine „Bekehrung", seine – Schande zu zeigen. Die unerhörte Psychologie, mit der der ganze Roman Schritt für Schritt die „Natur", das „Gewissen" als die notwendig siegreiche Macht zu erweisen sucht, dieser ganze Aufwand hat versteckterweise den Charakter einer fieberhaften Anstrengung, sich ins Innerste eines wirklichen Mörders hineinzuversetzen, einen Augenblick wenigstens mit seinem gewissenlosen Bewußtsein ineins zu fallen. Wo Nietzsche in unendlicher Approximation den „Zustand" in eine „Situation" zu verwandeln suchte, da sucht Dostojewskij in ebensolcher Anstrengung die „Situation" des Gewissens in einen „Zustand" umzudeuten. Wäre aber dann sein Innerstes nicht ein „Problem der Grausamkeit" im Sinne Nietzsches? Sei es als die faulige Grausamkeit des Neurotischen, wie Nietzsche sie gern als décadence-Form entlarvte, sei es tiefer als wesentliche Grausamkeit des sich verwundenden Lebens, so daß der Satanismus des Kellerschlupfmenschen oder der des Großinquisitors ihr Recht hätten? Hören wir doch den gefangenen Raskolnikof: „Oh, wie glücklich wäre er gewesen, wenn er sich selbst eine Schuld hätte beimessen können! Dann hätte er alles gern ertragen . . . aber so streng er auch mit sich ins Gericht ging, er fand . . . keine so besonders schreckliche Schuld . . . ‚Was bedeutet denn das: eine böse Tat? Mein Gewissen ist ruhig' . . . Nur in diesem einen Punkte erkannte er sein Verbrechen an: nur darin, daß er nicht vermocht hatte, den Schritt durchzuführen, und sich selbst angezeigt hatte."[1] Wenn nicht alles täuscht, haben wir hier, ebenso wie in Iwan, ein Selbstbildnis Dostojewskijs. Das innerste Erleben aber, das diese Situation widerspiegelt, ist dies: Gewissen als ein innerstes *Angeklagt-* und *Schuldig-sein*, ohne daß der Mensch sich ge-

---

[1] D. 12, 834-836.

nötigt sähe, diese Schuld zu *ratifizieren*. Dieser Punkt ist, auf dem ethischen Gebiet, die höchste Ausprägung der Zweideutigkeit der Grenze. Denn diese Situation kann ebensogut *religiös* als der Gerechtigkeitstrotz des Menschen vor Gott ausgelegt werden („Aufruhr" sagt Aljoscha von Iwans Großinquisitor) als vital-immanent einer Selbstaffizierung des Lebens als „Grausamkeit" gleichgesetzt werden.

Das ist das mögliche Nein, das der „lichten" Wahrheit Dostojewskijs gegenübersteht. „Dionysos ist, man weiß es, auch ein Gott der Finsternis."[1] Hören wir den bebenden Stolz, mit dem Dostojewskij sein *Wissen* um das Böse und Böseste anpreist: „Die Schurken foppen mich mit meinem angeblich *ungebildeten* und rückständigen Glauben an Gott. Diese Tölpel haben sich eine solche Gottesleugnung noch nicht einmal träumen lassen, wie sie in meinem ‚Großinquisitor' und in dem vorhergehenden Kapitel ausgedrückt ist und auf die das *ganze Buch* die Antwort gibt. Wenn ich an Gott glaube, so tue ich es doch nicht wie ein Dummkopf (wie ein Fanatiker). Diese da wollen mich belehren und lachen über meine Beschränktheit! Ihre dumme Kreatur hat es sich ja nicht einmal träumen lassen von einer solchen Gewalt der Verneinung, wie ich sie durchgemacht habe."[2] „Auch in Europa gibt es keine solche Gewalt atheistischen *Ausdrucks* und hat es *nie gegeben*."[3] Das sind die Akzente, wie Nietzsche sie in „Ecce Homo" gebraucht, er, der auch seinem Feind ins innerste Herz gekrochen ist: „Den ganzen Umkreis der modernen Seele umlaufen, in jedem ihrer Winkel gesessen zu haben – mein Ehrgeiz, meine Tortur und mein Glück."[4] „Ich habe den ganzen *Gegensatz* einer *religiösen Natur* absichtlich ausgelebt. Ich kenne den *Teufel* und seine *Perspektiven für Gott*."[5]

Hier also erreicht Dostojewskijs Zweideutigkeit ihre Höhe. Denn das ist ein „Jenseits von Gut und Böse", das vom „Baum der Erkenntnis des Guten und Bösen" gegessen hat: das den Maßstab in der Hand hat und das voll ausgeschöpfte Böse mit der Prometheusgeste eines, der seiner Sache sicher ist, am Ende erschlägt. Das ist auch die dämonische Tiefe des neurotischen „Nicht-Übergehens" Dostojewskijs, die eigentliche Verwandlung des Gewissens als Situation, in die es passiv und hörig gestellt ist, in das Gewissen als Zustand, in dem es aktiv regelt und übersieht. Denn von hier

[1] N. 15, 104. – [2] D. (P.) 12, 356. – [3] Ebd. 365. – [4] N. 16, 378. – [5] N. 12, 330.

aus wird auch noch das „Gute“ selbst übersehen, und das ist der Grund, warum an Dostojewskijs Heiligen so vieles nur das „Gut“ ist, das antithetisch dem Bös gegenübersteht, und nicht das synthetische „Gut“.

Zwei Gipfel stehen sich also in diesem Weltgefühl wieder gegenüber. Wir deuteten früher ihre mögliche, von Dostojewskij selbst erstrebte Versöhnung im Religiösen an. Es ist aber unvermeidlich, daß diese Versöhnung selbst noch den Charakter des Neurotischen nicht ganz abzustreifen vermag. Indem Dostojewskij den Feind bis zum Äußersten gewähren läßt, um ihn auch nur mit der äußersten Waffe zu schlagen, setzt er alles auf die eine, die religiöse Karte. Das ganze Feld des ethischen Gewissens wird als möglicherweise zweideutiger Zustand preisgegeben: „Gewissen ohne Gott ist etwas Entsetzliches, es kann sich bis zur größten Unsittlichkeit verirren. Es ist ungenügend, Sittlichkeit als Überzeugungstreue zu definieren. Man muß sich auch noch fortwährend fragen: sind meine Überzeugungen richtig? Ihr Prüfstein aber ist – Christus. Doch hier kommt nicht mehr Philosophie in Frage, sondern Glaube. Glaube jedoch ist wie eine Farbe.“[1] Diese Gewissensinterpretation ist zugleich als höchster Akt der Unterwerfung (indem auch noch das Personalste als unzuständig erklärt wird) und als höchster Akt der Abweisung Gottes deutbar (indem Gott jedes eindeutige Reden in der Natur, letztlich die Inkarnation, verweigert wird).

Daß Dostojewskij seine Interpretation als religiös verstanden wissen will, darüber besteht kein Zweifel. Wenn er etwa sagt: „Es ist bisweilen sittlicher, nicht nach seinen Überzeugungen zu handeln ... Mit seinem Verstande schilt und verachtet [ein solcher] sich deshalb, aber sein Gefühl, d. h. sein Gewissen läßt ihn doch die Tat nicht ausführen, und schließlich weiß er auch, daß er sie nicht aus Feigheit unterläßt“ – so ist das beste religiöse Deutung des Gewissens. Dostojewskijs *Selbstauslegung* ist zweifellos religiös, nur sein wirkliches Tun (d. h. unsere Auslegung Dostojewskijs) ist es nicht eindeutig. Denn dazu müßte die Anmaßung, den Antichrist und das mysterium iniquitatis persönlich, wie Nietzsche, durchschaut zu haben, sich mäßigen in die Demut, welche auch noch sein *Können* als ein tieferes *Nichtkönnen* anerkennt, nämlich: das aus eigener Kraft die Doppelzüngigkeit Nichtüberwinden-Können. Denn das Jenseits von Gut und Böse kann nur durch absteigende Gnade Wirklichkeit werden.

---

[1] D. (P.) 12, 360.

V. Die Botschaft des Propheten

Wir haben bisher in drei Stufen die Dimensionen der Weltanschauung abgesteckt. In der entscheidenden Tiefe der Gewissensanalyse trafen wir auf den Grenzpunkt, wo Nietzsches „Zustands"-Deutung in „Situation", Dostojewskijs „Situations"-Deutung in „Zustand" überzugehen schien. So wird die letzte Botschaft in ihrem Sinn fraglich. Wir wenden uns daher von der reinen Weltanschauungslehre zur konkreten *Deutung der Geschichte*, denn aus deren letztem Sinn und Verlauf müßte uns entscheidendes Licht auf den Sinn der Botschaft fallen, welche diese beiden Propheten in diesen Geschichtsverlauf mit solcher Eindringlichkeit hineinrufen. Wir stellen zuerst die Hauptkategorien und Kräfte der Geschichte dar, dann die Anwendung auf die Gegenwartsdeutung, endlich das darin sich offenbarende Wesen des Apokalyptischen.

1. In dem ersten Gegensatz von „Grund" und „Form" liegt auch der erste Gegensatz des historischen Raumes: Volk und isolierter, freier Geist. In dieser besonderen Gestalt scheint zwischen Nietzsche und Dostojewskij von Anfang an ein scharfer Widerstreit gegeben. Volk mag für Nietzsche der dumpfe Mutterschoß des freien Geistes sein, wenn aber dieser Geist sich einmal entfaltet hat, zieht es ihn unaufhaltsam zur Höhe. Alles Zurücktauchen in den „Grund" ist „Geist der Schwere". „Ich lebe seltsam, wie auf den Wellenspitzen des Daseins – eine Art fliegender Fisch."[1] Die „kuhmäßige Gemütsstille" des Volkes kann, ja *darf* nichts davon verstehen, „was ihm am fernsten liegt, von der großen Leidenschaft des Erkennenden, der beständig in der Gewitterwolke der höchsten Probleme und der schwersten Verantwortlichkeiten lebt".[2] Sein Aufstieg ist die pfeilgerade Fahrt des Kolumbus: „Jenseits des Nordens, des Eises, des Todes – *unser* Leben, unser Glück."[3] Dostojewskijs Richtung ist die entgegengesetzte. Die Rückkehr des vogel-freien Geistes in die Bindung natürlich-übernatürlicher Gemeinschaft des Schicksals ist ihm gleichbedeutend mit der „Austreibung der Dämonen". Berdjajew hat wohl recht: „Den großen Russen fehlt das Pathos des Höhenaufstiegs, sie fürchten die Einsamkeit, die Verlassenheit, die Kälte, sie streben nach der Wärme des kollektiven Volkslebens."[4] Dostojewskij redet mit der Monomanie eines Agitators von „Fühlung" mit dem Volk, von Rückkehr der entwurzelten, „verwitterten"

[1] NB. 4, 85. – [2] N. 5, 287. – [3] N. 8, 217. – [4] Die Weltanschauung Dostojewskijs (1925), 149.

und darum nihilistischen Intelligenz zum Kontakt mit der Volksidee.[1] Der russische Atheismus ist nach Myschkin nichts als die pervertierte Sehnsucht nach festem Boden: „Wer keinen Boden unter sich hat, der hat auch keinen Gott!“[2] Ja, dieser „Gott“ verschwimmt für Dostojewskij geheimnisvoll mit dem „Volk“, dem „Boden“ selbst: als „mystischer Leib“ des Erlösers. Nur im Einschmiegen in das Korporative nimmt der Einzelne an der Allerlösung teil. Dostojewskij hat eine elementare Sehnsucht nach seinem Volk gehabt, seine Auslandsbriefe klagen alle über Fremdheit, Langeweile, Sehnsucht nach Rußland.[3] Und das Einmalige an diesem Programm Dostojewskijs war, daß er dies Verschwimmen von Volkstum und Erlösungsordnung gerade als die eigentliche Nationalidee des Russischen erkannte. „Ich behaupte“, schreibt er kurz vor dem Tode, „daß, wer den Nationalismus verneint, auch den Glauben verneint. Das trifft ganz besonders auf Rußland zu, denn bei uns ist der nationale Gedanke auf dem Christentum begründet.“[4] „Wer nicht an Gott glaubt“, sagt der Starez, „der wird auch nicht an das Volk Gottes glauben . . . Nur das Volk und seine kommende Kraft wird unsere Atheisten bekehren.“[5] So liegt denn auch „das tiefste Wesen und die letzte Bestimmung des russischen Volkes“ darin, daß es „seinen eigenen russischen Christus“ der Welt und dem an Atheismus kranken Europa „offenbaren“ muß.[6]

In der nationalen Idee spitzt sich also die Stellung zur Volksidee noch zu. Nietzsche hat neben Wagner und dem Christentum den deutschen Nationalismus zu seinem dritten Erbfeind. Schärferes, Boshafteres ist über das Deutschtum nie gesagt worden. Nietzsche ist so besessen von der Idee, der Vision der Einheit Europas und dahinter von der Einheit der Erde, daß das nationale Prinzip ihm nur als Hemmung erscheint.[7] „Über alle diese nationalen Kriege, neuen ‚Reiche‘ und was sonst im Vordergrunde steht, sehe ich hinweg. Was mich angeht – denn ich sehe es langsam und zögernd sich vorbereiten –, das ist das Eine Europa.“[8] Nietzsche sieht „also die langsame Heraufkunft einer wesentlich übernationalen und nomadischen Art Mensch“.[9] „Das Eine Europa . . . und dies als Herrin der Erde“,[10] damit die Idee des „guten Europäers“, die Idee der „Überrasse“,[11] die Idee „großer“ und „Welt-Politik“.

---

[1] DB. 168, 188. – [2] D. 16, 305. – [3] DB. 100, 102, 111, 141, 184, 209-210; D. 14, 102. – [4] DB. 223. – [5] D. 24, 26. – [6] DB. 153. – [7] N. 1, 422. – [8] N. 13, 357. – [9] N. 7, 207. – [10] N. 5, 314. – [11] N. 13, 323.

Dostojewskij sieht im Gegenteil große Politik nur über dem Wege einer Ausfaltung der in jedem Volke latenten Idee. „Im Bestreben, diese in sich verborgenen Ideen zum Ausdruck zu bringen, liegt die ganze Energie seines Lebens. Je unerschütterlicher das Volk seine Idee bewahrt, je weniger es fähig ist, von seinem anfänglichen Gefühl abzuweichen, . . . um so kraftvoller und glücklicher wird es sein.“[1] Schatof geht in seinem Anti-Atheismus diesen Weg bis zu Ende: In jedem Volk lebt ein „unstillbarer Drang, der bis ans Ende gehen möchte und doch zugleich das Ende verneint. Das ist die Kraft der ununterbrochenen, unermüdlichen Bejahung der eigenen Existenz, . . . der Geist des Lebens, wie die Schrift sagt“. „Das Ziel einer jeden Volksbewegung . . . ist einzig und allein das Suchen nach Gott, nach seinem Gott, unbedingt nach seinem eigenen Gott und der Glaube an ihn als an den einzig wahren. Gott ist die synthetische Persönlichkeit des ganzen Volkes, . . . es ist noch nie vorgekommen, daß alle oder viele Völker einen gemeinsamen Gott gehabt hätten . . . Es ist ein Symptom des Schwindens der Nationalität, wenn die Götter anfangen, gemeinsam zu werden . . . Jedes Volk hat seine besonderen Begriffe von Gut und Böse.“ Stawrogin wendet ein: „Schon allein daß Sie Gott zu einem bloßen Attribut der Nationalität erniedrigt haben . . .“ „Ich soll Gott zu einem Attribut der Nationalität erniedrigen?“ rief Schatof. „Vielmehr hebe ich das Volk zu Gott hinauf. . . . Das Volk ist der Körper Gottes . . . Ein großes Volk kann sich niemals mit einer Rolle zweiten Ranges in der Menschheit begnügen, es verlangt, unbedingt und ausschließlich den ersten Platz einzunehmen . . . Aber es gibt nur eine Wahrheit und folglich kann nur ein einziges Volk den wahren Gott haben, . . . das russische Volk.“[2]

So redet Schatof. Kann Dostojewskij selber so reden? Ja, wenn wir auf das Korrektiv achten, das für ihn in der „russischen Idee“ selbst liegt. Dieses Korrektiv aber macht ihn zum – guten Europäer! Liegt nicht auch in Nietzsche ein ähnliches Korrektiv, das ihn, wenn es ihn auch nicht zum „guten Deutschen“ macht, so doch mit Dostojewskij in eine Front stellt?

Nietzsche sieht mit dem Ideal des „Einen Europa“ zugleich die Unaufhaltsamkeit der „Demokratisierung Europas“,[3] und deren „praktisches Ergebnis“: „ein europäischer Völkerbund“.[4] Damit aber zugleich den Sieg des technischen Zeitalters als des wesentlich

---

[1] D. (P.) 12, 298. – [2] D. 19, 76-80. – [3] N. 3, 337. – [4] N. 3, 352.

einigenden. („Die Presse, die Maschine, die Eisenbahn, der Telegraph sind Prämissen, deren tausendjährige Konklusion noch niemand zu ziehen gewagt hat."[1]) Der Mensch, der damit unaufhaltsam heraufkommt, ist der Arbeiter. Im „Willen zur Macht" hat ihn Nietzsche als den kommenden Herrn gefeiert: „Die Arbeiter sollen einmal leben wie jetzt die Bürger; – aber *über* ihnen, sich durch Bedürfnislosigkeit auszeichnend, die *höhere Kaste*: also ärmer und einfacher, doch im Besitz der Macht."[2] „Wo man die stärkeren Naturen zu suchen hat . . . Sie gedeihen in den niedrigsten und gesellschaftlich preisgegebensten Elementen am häufigsten; wenn man nach *Person* sucht, dort findet man sie, um wieviel sicherer als in den mittleren Klassen."[3] Man erinnere sich des Ausspruchs über die Zuchthausgenossen Dostojewskijs. Nietzsche schrickt auch nicht davor zurück, den Zukunftsmenschen mit „Maschinentugenden" auszustatten.[4] Sein antisozialistischer Instinkt will durchaus nicht der Bourgeoisie das Wort reden: „Die Solidarität als Instinkt zu pflanzen gegen den Instinkt der Furcht und der Servilität."[5] Hier steht jener dithyrambische Kommentar zur Neunten Symphonie: der Ausbruch aus „dem Fluch" des „Alleinseins", „Losgelöstseins", die Aufforderung „zur Freude der Vielsamkeit".[6] „Das ‚Lied an die Freude' eine meiner höchsten Stimmungen."[7] Von alldem her die Möglichkeit, zwischen „Volk" und „Geist" nicht nur die Kluft, sondern auch den Sinnzusammenhang zu sehen: „Das Spezifische des Volkes kommt hier als Individuum zutage, und zwar der Volkstrieb als *Welttrieb* erklärt." „Ein Volk, das sich seiner Gefahren bewußt wird, erzeugt den Genius."[8] Schließlich heißt es wörtlich mit Schatof: „Ein Volk, das noch an sich selbst glaubt, hat auch noch seinen eigenen Gott. In ihm verehrt es die Bedingungen, durch die es obenauf ist, seine Tugenden."[9]

Das Korrektiv Dostojewskijs ist noch weitgehender. Gegen den westlerischen Atheismus, der „nicht ins Volk geht, sondern in ein nebelhaftes ‚Ausland'", der „ins Europäertum, ins abstrakte Reich des phantastischen ‚Allmenschen'"[10] flüchtet, geht die ganze, entlarvende Charakteristik Wersilofs im „Jüngling". Rußland hat nach ihm nur den Zweck gehabt, einen „höchsten Kulturtypus" zu züchten, auf dem „die Zukunft Rußlands" beruht.[11] Der „höchste russische Kulturgedanke", den dieser Typus auszuprägen hat, ist „die allge-

[1] N. 3, 340. – [2] N. 16, 197. – [3] N. 15, 300. – [4] N. 15, 301. – [5] N. 15, 304. – [6] N. 10, 466. – [7] N. 11, 123. – [8] N. 10, 111-112. – [9] N. 8, 232. – [10] DB. 209. – [11] D. 22, 310-311.

meine Versöhnung der Ideen", „die Liebe zur ganzen Menschheit".[1] Westeuropa ist noch in einzelne Nationaltypen gespalten. „Wir aber sind frei. In ganz Westeuropa war damals ich, mit meiner russischen Melancholie, der einzig freie Mensch." „Nur der Russe hat sogar schon in unserer Zeit, das heißt lange bevor das allgemeine Fazit daraus gezogen werden wird, die Fähigkeit empfangen, gerade dann in höchstem Grade Russe zu werden, wenn er im höchsten Grade Westeuropäer wird." Die Westeuropäer haben „noch lange miteinander zu ringen, weil sie noch zusehr Deutsche und zusehr Franzosen" sind, aber „einem Russen ist Westeuropa so teuer wie Rußland". „Nur Rußland lebt nicht für sich, sondern für die Ideen."[2]

Diese paradoxe Bestimmung der russischen Idee, die der abstrakte „Romantiker" Wersilof vorträgt, wird nun zwar vom Kellerschlupfmenschen höhnisch parodiert: „Alles verstehen, alles sehen ... allem aus dem Wege gehen, allem schlau nachgeben."[3] „Wir halten es sogar für eine Last, daß wir Menschen sein sollen, Menschen mit wirklichem, eigenem Leib und Blut; wir schämen uns dessen . . . und möchten eine Art von nie dagewesenen Universalmenschen sein! . . . Bald werden wir ein Mittel ausfindig machen, irgendwie aus der Idee geboren zu werden!"[4] Iwan, den abstrakten Geistmenschen, zieht es so nach Europa,[5] Myschkin hat dessen Schwermut genossen,[6] selbst Raskolnikof hat sie gekannt.[7]

Schlagen wir aber Dostojewskijs entscheidendes kulturelles Manifest, die Puschkinrede, auf, so hören wir: „Unser ganzes Volk trägt diese Neigung, sich in den Geist anderer Völker zu versetzen, und somit die Neigung zur Allversöhnung in seiner Seele . . . So sprach ich denn aus, daß unser Streben nach Europa . . . in seinem letzten Grunde nicht nur berechtigt, sondern auch volkstümlich ist ... Ich sage ganz einfach, daß von allen Völkern Europas das russische Volk am fähigsten ist, die Idee der allmenschlichen Einigung, der Nächstenliebe, . . . die Widersprüche aufhebt, in sich aufzunehmen." Der russische „Volksgeist" ist dies: „Nicht sich in der eigenen Nationalität von allen andern abzuschließen und sich gegen sie zu verschanzen, damit nur das eigene Volk alles bekäme, während man die anderen Völker für so etwas wie Zitronen hält, aus denen sich Saft herauspressen läßt (und Völker von diesem Nationalcharakter gibt es in Europa!)."[8] „Einem echten Russen ist Europa und

[1] Ebd. 309. 308. – [2] Ebd. 311-313. – [3] D. 3, 70. – [4] D. 3, 199. – [5] D. 23, 420. – [6] D. 14, 105. – [7] D. 12, 435-436. – [8] D. (P.) 12, 110-114.

das Geschick der ganzen arischen Rasse ebenso teuer wie Rußland selbst, ... eben weil unsere Bestimmung ... die Verkörperung der Einheitsidee auf Erden ist."[1] Was Dostojewskij schließlich dem Russen zumutet, ist die von Nietzsche dem „guten Europäer" aufgetragene Arbeit. „Schier unheimlich ist es, bis zu welchem Grade der Geist des Russen frei ist und von welch ungeheurer Gewalt sein Wille sein kann ... Wer weiß, meine Herren Europäer, vielleicht ist es gerade Rußlands Bestimmung, so lange zu waren, bis Sie Ihre Aufgabe beendet haben, inzwischen Ihre Ideen sich anzueignen, Ihre Ideale, Ihre Ziele, ... dann aber Ihre Ideen zu einigen, sie zu allmenschlicher Bedeutung zu erheben und schließlich freien Geistes, frei von allen nebensächlichen Kasten- und Klasseninteressen, ein neues, großes, in der Geschichte noch unbekanntes Wirken zu beginnen."[2] Dostojewskij wäre also nicht nur in seinem Deutschenhaß mit Nietzsche einig („Ich meinerseits möchte lieber mein Leben lang mit Kirgisen als Nomade umherziehen, als das deutsche Idol anbeten"[3]) in seiner Wertung des Nationalen als „Hindernis"[4]; sondern die Synthese von Volk und Übernation entspräche auch jener Synthese des jungen Nietzsche, aus der offenbar die Idee des „guten Europäers" sich entwickelte: „Wir sind billiger und gerechter gegen andere Völker und ihre Eigentümlichkeiten geworden, und insbesondere der Deutsche zeichnet sich dadurch aus, daß er oft das ihm Eigene über dem Fremden vergißt ... So vermögen wir uns auch bei weitem leichter in fremde, ungewohnte Verhältnisse, in den Geist eines uns nicht verwandten Volkes hineinzuleben, wir vermögen darin selbst heimisch zu werden, und es scheint, als ob gerade der Mensch das als einen Vorzug vor den Tieren zu betrachten hat, daß für ihn die ganze Erde, die verschiedensten Striche ihre Erzeugnisse hervorbringen, daß ihn nicht die Scholle fesselt."[5] An Wersilof hätte dann Dostojewskij nur das Romantisch-Tatenlose, keineswegs die Grundidee verworfen, und er zielte auf die selbe Mitte über Nationalismus einerseits, atheistischen Sozialismus anderseits, die Nietzsches „große Politik" im Auge hatte.

Dies bestärkt sich noch von der Art her, wie Dostojewskij das russische „Volk" konkret sieht. „Dieser *tiefe* Mensch", sagt Nietzsche von Dostojewskij, „der zehnmal recht hatte, die oberflächlichen Deutschen gering zu schätzen, hat die sibirischen Zuchthäus-

---

[1] Ebd. 150. – [2] Ebd. 226-227. – [3] D. 13, 43-46. – [4] D. (P.) 12, 225. – [5] N. (Mette) 2, 353-354.

ler ... lauter schwere Verbrecher ... sehr anders empfunden, als er selbst erwartete – ungefähr als aus dem besten, härtesten und wertvollsten Holze geschnitzt, das auf russischer Erde überhaupt wächst."[1] Das war in der Tat das „Volk" gewesen, das Dostojewskij begegnet hat. Am Schluß der Totenhaus-Aufzeichnungen heißt es: „Und wie viel Jugend war in diesen Wänden untätig eingesargt, wie viele starke Kräfte gingen hier ungenutzt zugrunde. Ich muß hier alles rückhaltlos aussprechen: Dieses Volk war ein ungewöhnliches Volk; es war vielleicht der begabteste, kräftigste Teil unseres Volkes."[2] Wir wissen schon, wie sehr die Möglichkeit solcher „blonden Bestien" Dostojewskij fasziniert hat. In der Skizze „Der Büßer" erzählt er von zwei Burschen, die miteinander eine Wette eingingen, welcher die größere Frechheit begehen könnte. Einer von ihnen schießt auf die geweihte Hostie. Das psychologische Problem beunruhigt Dostojewskij: er entdeckt, daß Nihilismus keineswegs nur Sache der obern, „verwesenden" Schichten sei, sondern daß es „dort unten im Volk gärt", daß „der Riese erwacht und seine Glieder dehnt", daß es das heimliche Verlangen *jedes* Russen ist, „über das Maß hinauszugreifen, ... das Verlangen, an einen Abgrund heranzugehen, sich mit dem halben Körper über den Rand zu beugen und in die schaudervolle Tiefe zu sehen", das „Verneinungsbedürfnis", das sich gerade am Heiligsten vergreifen will, der Rausch, an „die letzte Grenze" zu gehen.[3] Dieser „erschütternde Genuß der eigenen Vermessenheit" auf dem Grunde der Volksseele ist „allerdings eine etwas überraschende Entdeckung".[4] Hier ist schließlich der unerwartetste, ernsteste Anschluß Dostojewskijs an Nietzsche. Wie dieser durch den Nullpunkt des Nihilismus durchstoßen will und die Kultur auf diese entscheidende Feuerprobe hintreibt, so sieht Dostojewskij keinen andern Weg ins Freie als durch dieses im Volke selbst verwurzelte Nein: „Ich bin immer der Meinung gewesen, daß gerade diese Menschen das letzte Wort aussprechen werden, diese reuigen oder auch nicht reuigen, bußfertigen oder auch nicht bußfertigen; sie werden es sagen und uns den neuen Weg weisen, den neuen Weg ins Freie aus allen unseren anscheinend vollkommen unlösbaren Problemen."[5] Dann aber ist es nicht mehr erstaunlich, wenn gelegentlich auch bei Dostojewskij Anklagen gegen das sonst so vergötterte Volk ausbrechen. „Eigentlich ist auch das Volk im Unrecht." „Unsere Jugend war noch nie so ehrlich und aufrichtig wie jetzt."[6]

[1] N. 8, 158. – [2] D. 10, 506. – [3] D. (P.) 12, 309. 313. – [4] Ebd. 316. 317. – [5] Ebd. 308. – [6] DB. 209. 212.

Denn jetzt hat er nicht nur droben, in der Intelligenz, sondern auch drunten, im „einfachen Volk" jenen Erbfeind entdeckt, dessen Bekämpfung bei ihm hintergründig den Charakter einer verdeckten Sehnsucht hat. „Ich *fürchte* aber die einfachen Menschen mehr als die komplizierten. Menschen sind übrigens überall Menschen. Selbst unter den Raubmördern, ... glaube mir, gibt es tiefe, starke, schöne Naturen. ... Ich habe ja das russische Volk so gut kennengelernt, wie es nur wenige kennen."[1] Aber Dostojewskij, der Adelige, war in der Katorga selbst unter dem „Volk" der Verbrecher ein Verbannter: „Wir *konnten einander nicht verstehen*, wir mußten die ganze Rachsucht und den ganzen Haß, den sie gegen den Adel empfinden, über uns ergehen lassen. Wir hatten es da sehr schlecht."[2] Dies nur, um zu zeigen, daß Dostojewskijs Liebe zum Volk ebenso ihre Hintergründe hat, wie das Volk selbst.

Damit blickt aber durch Dostojewskijs politische Kategorien das alte Janushaupt seiner Ethik hindurch. Sein slawophiles Programm wird die vordergründige Thesis, die stets durch den Schrei des Kellerschlupfmenschen in Frage gestellt wird. Es kann bei Nietzsche selbst nicht anders sein: Seine Politik ist, trotz ihrer Aufgangsperspektive, stets die anti-optimistische, anti-sozialistische Politik, die mit der bleibenden Tatsache der Bestie Mensch rechnet. Dies wird an der Zeit- und Zukunftsbedeutung beider klar, ihrer inhaltlichen Apokalypse.

2. „Das Ende der Welt naht", schreibt Dostojewskij in sein Notizbuch, „das Ende des Jahrhunderts wird sich in einer Erschütterung kundtun, wie noch nie zuvor."[3] Nietzsche spürt mit allen Fibern diese unaufhaltsam nahende „Katastrophe".[4] „In Europa", sagt Dostojewskij, „ist der ganze Staatsbau bei allen diesen Nationen untergraben und wird vielleicht morgen einstürzen, um dann etwas beispiellos Neuem, das an nichts Dagewesenes gemahnt, Platz zu machen."[5] Alles, meint Nietzsche, ist „zu einer völligen Veränderung vorbereitet, Prinzipien, Mißtrauen, Auflösung aller Verträge, die Gewöhnung, ja das Bedürfnis der Erschütterung, die Unzufriedenheit".[6] „Der Nihilismus ist bei uns aufgetreten, weil wir alle Nihilisten sind. Uns hat nur die neue, originelle Form seiner Erscheinung erschreckt",[7] sagt Dostojewskij. Und Nietzsche: „Der Nihilismus steht vor der Tür ... Wir verstehen das Alte und sind lange nicht

[1] DB. 56-57. – [2] Ebd. 52. – [3] D. (P.) 12, 343. – [4] N. 15, 137. – [5] D. (P.) 12, 112. – [6] N. 11, 372. – [7] D. (P.) 12, 359.

stark genug zu einem Neuen."[1] Das Fallende, Überwundene ist die Religion. Dostojewskij: „Dies Europa ist am Vorabend seines Falles angelangt, eines Falles, der ausnahmslos allgemein und furchtbar sein wird. Der Ameisenbau ohne Kirche und Christentum . . . ist bereits so gut wie untergraben. Der vierte Stand erhebt sich . . . er wird die Tür zertrümmern. Er will nicht die früheren Ideale, er verwirft jedes Gesetz, das bisher gegolten . . . Alle diese parlamentarischen Regierungssysteme . . . werden im Nu verschwinden (außer den Juden natürlich, die auch dann den Kopf nicht verlieren und wieder obenauf sein werden, so daß der Krach ihnen sogar zugute kommen dürfte). Alles das ‚steht nahe vor der Tür'."[2] „Der Katholizismus ist nicht mehr Christentum und geht in Götzendienst über, der Protestantismus aber nähert sich mit Riesenschritten dem Atheismus."[3] Ein „aufgeklärter und humaner Atheismus", das ist „das letzte Wort Europas".[4] „Die allumfassende Idee fehlt! Alles ist schlaff geworden, alles ist ausgekocht, alle Menschen sind ausgekocht! Wir alle, wir alle, wir alle sind ausgekocht!"[5] Und Nietzsche: „Jetzt ist alles durch und durch falsch, ‚Wort', durcheinander, schwach und überspannt . . . Die Zeit kommt, wo wir dafür bezahlen müssen, zwei Jahrtausende lang Christen gewesen zu sein: wir verlieren das Schwergewicht, das uns leben ließ."[6] „Insofern ist die Heraufkunft des Christentums nichts weiter als die typische Sozialistenlehre."[7] Auch für Nietzsche ist das Christliche zersetzt und mündet in den „passiven Nihilismus". Nietzsche selbst ist „der erste vollkommene Nihilist Europas, der aber den Nihilismus selbst schon in sich zu Ende gelebt hat".[8] Wie hat er, wie hat Dostojewskij dieses „Ende" sich vorgestellt?

Zunächst ist es offensichtlich, daß die für Dostojewskij satanische Apokalypse übereinfällt mit dem heroischen Wunschbild Nietzsches.

Nietzsche denkt sich für die nähere Zukunft zunächst eine Periode „der Wildheit und Kraftverjüngung".[9] „Es sieht aus, als ob alles chaotisch würde."[10] „Alles dient der kommenden Barbarei."[11] „Es sind gewiß Kräfte da, ungeheure Kräfte, aber wilde, ursprüngliche und ganz und gar unbarmherzige."[12] „Die Masse tritt auf als Herrscher; das Individuum muß sich zur Masse lügen."[13] Rußland wird an diesem Vorgang seinen Teil haben: „Zeichen des nächsten Jahrhunderts: . . . Das Eintreten der Russen in die Kultur. Ein

[1] N. 15, 141. 187. – [2] D. (P.) 12, 205-206. – [3] Ebd. 163. – [4] Ebd. 122. – [5] D. 15, 372. – [6] N. 15, 161. 160. – [7] N. 15, 296. – [8] N. 15, 138. – [9] N. 11, 376. – [10] N. 2, 232. – [11] N. 1, 421. – [12] Ebd. 422. – [13] N. 11, 374.

grandioses Ziel. Nähe der Barbarei, Erwachen der Künste, Großherzigkeit der Jugend und phantastischer Wahnsinn und wirkliche Willenskraft."[1] Zugleich aber auch eine „geistige Sklaverei", wie sie „noch nie da war".[2] Despotische Staatsgewalt, die „die förmliche Vernichtung des Individuums anstrebt".[3] „Alles ist verpöbelt."[4] „Katilinarische Existenzen"[5] führen an, „voran die Gotteslästerer, die Immoralisten, die Freizügigen jeder Art, die Artisten, die Juden, die Spielleute."[6] Aber durch dieses stählerne Zeitalter hindurch üben sich im Hintergrunde die Stärksten: „Sie sind Beobachter der Zeit und leben hinter den Ereignissen. . . . Sie reservieren hinter allen Vorgängen die Individuen, erziehen sie."[7] In der fortschreitenden Bändigung der Masse zum „Maschinenmenschen", in der Versöhnung mit der Mittelmäßigkeit („Für den Mittelmäßigen ist mittelmäßig sein ein Glück . . . Es würde eines tiefern Geistes vollkommen unwürdig sein, in der Mittelmäßigkeit an sich schon einen Einwand zu sehen. Sie ist die *erste* Notwendigkeit dafür, daß es Ausnahmen geben darf") treten jene höchsten Gipfel als die wahren „Herren der Erde" hervor.[8] Unter ihnen vollzieht sich der Kampf um die Erde, in „Kriegen, wie es noch keine auf Erden gegeben hat".[9] Denn „es naht sich unabweislich, zögernd, furchtbar wie das Schicksal, die große Aufgabe und Frage: wie soll die Erde als Ganzes verwaltet werden?".[10] Dieser Kampf wird ein Ideenkampf sein: „Die Zeit kommt, wo der Kampf um die Erdherrschaft geführt werden wird – er wird im Namen philosophischer Grundlehren geführt werden. Schon jetzt bilden sich die ersten Kräftegruppen, – man übt sich ein in dem großen Prinzip der Bluts- und Rassenverwandtschaft. ‚Nationen' sind viel feinere Begriffe als Rassen, im Grunde eine Entdeckung der Wissenschaft, die man jetzt dem Gefühle einverleibt: Kriege sind die großen Lehrmeister solcher Begriffe und werden es sein . . . bis endlich Begriffe nicht mehr nur Vorwände, Namen usw. für Völkerbewegungen abgeben, sondern der mächtigste Begriff sich durchsetzen muß."[11] Die ganze Bewegung ist so von selbst eine „aussiebende".[12] „Der Gegensatz des Übermenschen ist der letzte Mensch: Ich schuf ihn zugleich mit jenem."[13] „Die zwei Zukünfte der Menschheit: 1. die Konsequenz der Vermittelmäßigung; 2. das bewußte Abheben, Sich-Gestalten. Eine Lehre, die Lehre, die eine Kluft schafft: sie erhält die oberste und die nied-

---

[1] N. 11, 375. – [2] N. 12, 203. – [3] N. 2, 350. – [4] N. 16, 282. – [5] N. 8, 159. – [6] N. 15, 225. – [7] N. 11, 375. – [8] N. 16, 336-360. – [9] N. 8, 117. – [10] N. 16, 337. – [11] N. 12, 207. – [12] N. 15, 187. – [13] N. 14, 262.

rigste Art (sie zerstört die mittlere)."[1] „Die *eine* Bewegung ist unbedingt: die Nivellierung der Menschheit, große Ameisenbauten usw. Die andere Bewegung, meine Bewegung: ist umgekehrt die Verschärfung aller Gegensätze und Klüfte, Beseitigung der Gleichheit, das Schaffen Über-Mächtiger."[2] In diesen geht wie eine Blüte der Sinn der Erde auf: „Ich lehre, daß ... ein Einzelner ganzen Jahrtausenden unter Umständen ihre Existenz rechtfertigen kann."[3] Nach ihm schreit die ganze übrige, nivellierte Menschheit: „Sie klammern sich an Gesetze an und möchten ‚Gesetze' festes Land heißen, denn sie sind der Gefahren müde; aber im Grunde suchen sie einen großen Menschen, einen Steuermann, vor dem sich die Gesetze selber auswischen."[4]

Diese Perspektiven Nietzsches sind auch die Dostojewskijs. Die Zeit der Nivellierung hat angehoben. „Die jetzige Zeit ist die Zeit der goldenen Mittelmäßigkeit und Unempfindlichkeit ... niemand denkt wirklich nach, selten bildet sich jemand eine Idee ... Alle befinden sich gleichsam in einer Herberge und schicken sich an, Rußland morgen zu verlassen; alle leben mit dem Gedanken: ‚Wenn es nur für uns noch reicht.'"[5] Mit dem Abbruch des Bisherigen ist alles in Frage gestellt: „Nun leben wir in der größten Ungewißheit."[6] Die „höchste Charakterlosigkeit"[7] der Zeit hat doch etwas von jener dämonischen Freiheit zu allen höchsten Möglichkeiten, wie Nietzsche es gesagt hatte: „Die Menschheit kann von nun an durchaus mit sich anfangen, was sie will."[8] Vor der Unheimlichkeit Londons und seiner Weltausstellung „spürt" Dostojewskij „die furchtbare Kraft, die hier alle diese unzähligen Menschen aus der ganzen Welt zusammengetrieben hat; man erkennt einen Riesengedanken; man fühlt, daß hier bereits etwas erreicht ist: ein Sieg, ein Triumph. Und eine Angst vor irgend etwas beginnt sich in einem zu erheben. Wie frei und unabhängig man auch sein mag, um irgend etwas überkommt einen doch die Angst. ‚Sollte am Ende dies das erreichte Ideal sein? ... Ist das nicht doch schon die verwirklichte *eine* Herde der Weissagung?' ... Das ist irgendein biblisches Bild, irgend etwas von Babylon, es ist eine Prophezeiung der Apokalypse, die sich leibhaftig verwirklicht hat ... Angesichts dieser feierlichen Vollendung der Schöpfungen dieses Geistes verstummt nicht selten auch die hungrige Seele, ergibt sich, unterwirft sich."[9]

[1] N. 16, 335. – [2] N. 14, 262. – [3] N. 16, 359. – [4] N. 12, 274. – [5] D. 21, 108. – [6] D. (P.) 12, 318. – [7] D. 3, 10. – [8] N. 3, 99. – [9] D. (P.) 11, 214-215.

Aus solchem Erleben gehen die eschatologischen Visionen von Dostojewskijs Sozialisten hervor: Schigalefs „System“, das freilich aus „Verzweiflung“ hervorgeht und im „Schlußresultat in direktem Widerspruch steht mit der ursprünglichen Idee“, von der er ausgeht: „Indem ich von unbeschränkter Freiheit ausgehe, ende ich bei unbeschränktem Despotismus.“ „Er schlägt als endgültige Lösung der Frage die Zerlegung der Menschheit in zwei ungleiche Teile vor: ein Zehntel erhält die Freiheit der Persönlichkeit und das unbeschränkte Recht über die übrigen neun Zehntel. Diese aber müssen ihre Persönlichkeit verlieren und sich in eine Art von Herde verwandeln und bei unbegrenztem Gehorsam durch eine Reihe von Wiedergeburten die ursprüngliche Unschuld, gewissermaßen das ursprüngliche Paradies wiedererlangen, obwohl sie übrigens auch werden arbeiten müssen.“[1] So allein läßt sich die Bewegung der Nivellierung und die der Selektion, welche beide von der Gegenwart aus notwendig erscheinen, vereinigen. Man schlägt Schigalef vor, die neun Zehntel doch einfach „in die Luft zu sprengen“. Aber er antwortet, sie seien eben nötig als Grundlage, und so müsse man sich „auf das irdische Paradies beschränken“.[2] Nietzsche hatte selbst festgesetzt: „die Erhaltung der Schwachen, weil eine ungeheure Masse *kleiner* Arbeit getan werden muß“.[3] Und wenn schließlich Nietzsche auch vom „letzten Menschen“ sprach, so hat er doch für dessen Sklaventüchtigkeit und ihre Notwendigkeit volles Verstehen. „Aus der Höhe betrachtet, sind beide notwendig, ingleichen ist ihr Antagonismus notwendig.“[4] Der Sinn des Sozialismus ist die Lieferung des „idealen Sklaven der Zukunft“, der „sehr nützlichen Arbeiterspezies“.[5] In diesem Sinn hatte Raskolnikof die Menschen in „gewöhnliche“ und „außerordentliche“ eingeteilt, die ersteren sind dabei „sozusagen das Material, das lediglich zur Fortpflanzung dient“, jene Menschen, die „wohlgesittet sind, in ruhigem Gehorsam dahinleben und mit Vergnügen gehorsam sind“. „Die einen und die andern haben eine völlig gleiche Existenzberechtigung.“[6] Und doch haben, wie der Teufel zu Iwan sagt, nur die hohen Menschen entscheidenden Wert: „Eine einzige solche Seele ist ja bisweilen ein ganzes Sternbild wert – wir haben ja unsere eigene Arithmetik!“[7] Das alles vollendet sich in der Endsicht des „Großinquisitors“: Ein Häuflein verwegener „Übermenschen“,[8] die

[1] D. 19, 330-332. – [2] D. 19, 333. – [3] N. 16, 304. – [4] N. 16, 299. – [5] N. 12, 367. – [6] D. 11, 398-399. – [7] D. 25, 244. – [8] D. 23, 469.

die ganze übrige Herde, den „Ameisenbau“, mit dem Schein paradiesischer Freiheit in den Banden untermenschlicher Sklaverei halten. „Anstaunen werden sie uns und für Götter halten, weil wir bereit sind, die Freiheit zu ertragen, vor der es ihnen graut, und über sie zu herrschen.“[1] „Und sie werden stolz auf uns sein, daß wir mächtig und klug genug waren, eine so wilde Hundert-Millionen-Horde zu bändigen . . . Oh, und wir werden ihnen auch die Sünde gestatten – sie sind ja nun einmal schwach und kraftlos – und sie werden uns deswegen lieben wie Kinder.“[2] „Diese Herren der Erde“, sagte Nietzsche, „sollen nun Gott ersetzen und das tiefe, unbedingte Vertrauen der Beherrschten sich schaffen. Vorerst: ihre neue Heiligkeit, ihre Verzichtleistung auf Glück und Behagen . . ., sie bieten Religionen und Systeme an, je nach der Rangordnung.“[3]

Sind wir hier nicht auf eine Perspektive gestoßen, zu der Nietzsche eindeutig Ja, Dostojewskij eindeutig Nein sagt? Der Wunschtraum des einen ist der Angsttraum des anderen, der schließlich in die teuflische Apokalypse Peter Werchowenskijs sich steigert: Stawrogin als Gegenpapst und „Sonne Satans“ in letzter anarchischer Bosheit. Und dieses Ja und Nein hätte dann seinen scharfen Ausdruck in der Stellung zum Katholischen. Für Dostojewskij ist es „überhaupt kein Glaube, sondern einfach eine Fortsetzung des weströmischen Kaisertums“ und daher „schlimmer als der Atheismus“, der selbst ein „Produkt des römischen Katholizismus“ ist, ebenso wie „der Sozialismus“.[4] Nietzsche dagegen bejaht eben das Klassisch-Geschlossene an der Kirche: „Die ganze römische Kirche ruht auf einem südländischen Argwohn über die Natur des Menschen, der von Norden aus immer falsch verstanden wird.“[5] Gegen diesen „südländischen Verdacht gegen Natur, Mensch und Geist“[6] ist Luther „ein grobes, biederes Mißverständnis“, eine „Vergutmütigung“,[7] ein „Bauernaufstand“.[8] „Augenblicklich scheint es mir nichts mehr als Sache des *nationalen* Geschmacks in Norden und Süden, daß *wir* Luther als Menschen dem Ignaz Loyola *vorziehen*.“[9] Luther „verdroß . . . die gute Etikette der Kirche . . ., jene Ehrfurchtsetikette des hieratischen Geschmacks, welche nur die Geweihteren und Schweigsameren in das Allerheiligste einläßt“.[10] Mit diesem „Herrschaftsgebilde“[11] kann Dostojewskijs radikal-demokratischer Sinn nichts anfangen, so sehr er sein Leben lang unruhig

---

[1] D. 23, 464. – [2] D. 23, 473. – [3] N. 12, 418. – [4] D. 16, 300-302. – [5] N. 5, 286. – [6] Ebd. 305. – [7] Ebd. 307. – [8] Ebd. 308. – [9] NB. 4, 25. – [10] N. 7, 463. – [11] N. 5, 308.

und gespannt jede Regung dieser Kirche verfolgte. Nietzsches Traum: Cesare Borgia als Papst[1] erfüllt sich ihm in der Satansgestalt des greisen Inquisitors.

Wenn wir nun aber in die Motive und Hintergründe dieses Ja und Nein zu blicken suchen, wird die ganze vordergründige Eindeutigkeit von neuem in Frage gestellt. Für *Nietzsche* entsprang das im Bild Gezeichnete letztlich dem eschatologischen Widerspruch, einerseits eine oberflächliche, sozialistische „Entwicklung" der Menschheit zu einem „irdischen Paradies" zu verwerfen und das Böse, den Krieg, die Widerstände als die Grundbedingung alles irdisch Großen aufzustellen, anderseits aber doch dem Fortgang der Menschheit ein Wunschziel vorzustecken und so allererst die Auslese und den Kampf auszulösen. „Es ist eitel Schwärmerei, . . . von der Menschheit noch viel (oder gar: erst recht viel) zu erwarten, wenn sie verlernt hat, Kriege zu führen."[2] Nietzsches ganze Aufgabe erschöpft sich im Grunde mit der Wachhaltung dieses Kampf- und Ausleseinstinkts: „Es bildet sich ein Sklavenstand – sehen wir zu, daß auch ein Adel sich bildet."[3] Es geht nicht auf ein Entwicklungsziel zu: „Der Mensch als Gattung ist *nicht* im Fortschritt."[4] „Die Menschheit hat im Ganzen *keine* Ziele."[5] Das eschatologische Bild ist demnach nur das Leitbild der Gegenwart, das ihren Sinn offenbaren soll. Nicht in dem Sinn freilich, als ob kein technischer, organisatorischer, selbst züchtender Fortschritt erreicht werden könnte, sondern in dem, daß jenes Bild ganz, wenn auch keimhaft, in der doppelten Lebensbewegung, ihrer Notwendigkeit und ihrer Fruchtbarkeit, wie sie die Gegenwart schon enthält, verwirklicht ist. Alles andere ist sozialistische, das heißt säkularisiert-religiöse Utopie: „Daß die Menschheit eine Gesamtaufgabe zu lösen habe, daß sie als Ganzes irgendeinem Ziele entgegenlaufe, diese sehr unklare und willkürliche Vorstellung ist noch sehr jung. Vielleicht wird man sie wieder los, bevor sie eine ‚fixe Idee' wird . . . Unter der Gewalt des christlichen Vorurteils gab es diese Frage gar nicht: der Sinn lag in der Errettung der einzelnen Seele . . . Nun glaubt kein Mensch mehr an diese absurde Wichtigtuerei . . . Trotzdem bleibt unerschüttert die optische Gewöhnung, einen Wert des Menschen in der Annäherung an einen idealen Menschen zu suchen . . . Zustände träumen, wo dieser vollkommene Mensch die ungeheure Zahlen-Majorität für sich hat: höher haben es auch unsere Sozia-

[1] NB. 3 (1), 322. – [2] N. 2, 355. – [3] N. 12, 205. – [4] N. 16, 147. – [5] N. 2, 51.

listen . . . nicht gebracht . . . In Summa: man hat die Ankunft des ‚Reiches Gottes' in die Zukunft verlegt, auf die Erde, ins Menschliche – aber man hat im Grunde den Glauben an das *alte* Ideal festgehalten." „Das ganze sozialistische Ideal: nichts als ein tölpelhaftes Mißverständnis jenes christlichen Moral-Ideals."[1] Gegen dieses Mißverständnis ist es geradezu die Wurzel aller Weisheit Nietzsches, daß „Gefahr, Härte, Gewaltsamkeit, Gefahr auf der Gasse wie im Herzen, Ungleichheit der Rechte, Verborgenheit, Stoizismus, Versucher-Kunst, Teufelei jeder Art, kurz der Gegensatz aller Herden-Wünschbarkeiten zur Erhöhung des Typus Mensch notwendig sind".[2] Beides, „Gut" und „Böse", ist gleichzeitig nötig und existiert nur durch einander: „Dieselben Bedingungen, welche die Entwicklung des Herdentiers vorwärts treiben, treiben auch die Entwicklung des Führertiers."[3] Die ganze Sicht der Darwinisten ist „nur eine Hypothese . . . das Umgekehrte ist ebenso beweisbar".[4] „Zu jeder Zeit gab es eine verwesende und eine werdende Welt."[5] Ja, „die Menschheit kommt vielleicht auf der Mitte ihres Weges . . . ihrem eigentlichen Ziele näher als am Ende",[6] an dem sie, wer weiß, vielleicht wieder ganz vertiert.[7] Die *ganze* Menschheit mit all ihren Möglichkeiten ist die Wahrheit. Wie Cellini in den Guß seines Perseus Schüsseln und Teller hineinwarf, da die Masse nicht auszureichen drohte, so wirft auch der Genius der Menschheit „Irrtümer, Laster, Hoffnungen, Wahnbilder . . . hinein, denn die Statue der Menschheit muß herauskommen und fertig werden; was liegt daran, daß hie und da geringerer Stoff verwendet werde?"[8] Das Ganze ist notwendig und Nietzsches amor fati hat nur den Ehrgeiz, dieses Notwendige selbst zu seiner höchsten *Intensität* zu steigern. Alles ist darum besser als die glatte chiliastische Lösung der Sozialisten, welche die Ehrfurcht vor der Notwendigkeit nicht kennt. Aber so vorzüglich diese Einsichten Nietzsches sein mögen, sie können letztlich, weil sie von einem Widerspruch ausgehen, doch auf nichts anderes Anspruch machen, denn eine rein *formale* Lösung zu sein. Jedes inhaltliche Programm wird wieder aufgesogen von der immer einfacheren Forderung, aus dem Widerspruch der Gegenwart den höchsten Funken schlagen zu lassen.

Dostojewskij scheint nun in dieser anti-sozialistischen Wendung Nietzsches sein früheres absolutes Nein in ein ebenso entschiedenes Ja zu verwandeln. Wenn Nietzsche gesagt hatte: „Für

[1] N. 15, 385-388. – [2] N. 16, 338. – [3] N. 16, 337. – [4] N. 12, 359. – [5] N. 11, 373. – [6] N. 2, 221. – [7] N. 2, 232. – [8] N. 3, 240.

die Überflüssigen ward der Staat erfunden!"[1] „So wenig als möglich Staat!",[2] so sekundiert Dostojewskij: „Der Staat wurde für die Mittelmäßigen geschaffen."[3] Das „Staatsideal" der römischen Kirche ist „die dritte Versuchung des Teufels".[4] Und wenn Dostojewskij in seiner Jugend auch einem gewissen unklaren Humanitarismus gehuldigt hat und einen ‚besten Zustand' erwartete, so hat ihm Sibirien über die Tiefen der Menschenseele die Augen aufgetan. Hier tönt für alle Zukunft das rasende Nein! des Kellerschlupfmenschen herauf, grimmiger als bei Nietzsche selber. Das „Raubtierhafte",[5] das im Menschen liegt, gehört mit zu seinem besten Wesen: „Vive la guerre éternelle!", ruft Raskolnikof.[6] „Ohne Krieg", schreibt Dostojewskij in einem Brief, „erstarrt der Mensch vollständig in Reichtum und Komfort und verliert die Fähigkeit, edel zu denken und zu fühlen; er verroht und verfällt in Barbarei. Ich spreche nicht von einzelnen Menschen, sondern von ganzen Völkern. Ohne Leid begreift man kein Glück."[7] Wie oft nahm Rußland schon „den Krieg an, es griff gleichsam nach ihm, wie nach einer Möglichkeit, sich durch Opfer von den Sünden und Sittenlosigkeiten zu reinigen".[8] Aber im Raubtier entdeckt Dostojewskij mit Nietzsche ein weiteres: den Trieb nach Grausamkeit: „Der Mensch ist von Natur ein Despot und liebt es, andere Wesen zu quälen."[9] Es gibt „ein eigentümliches Gefühl innerer Befriedigung, das stets, selbst bei den Nächststehenden, rege wird, sobald einem andern ein Unglück zustößt".[10] Und das gerade als ein Grundverhalt der menschlichen Liebe: „Es begab sich eben, was sich immer begibt: wen man am meisten liebt, den peinigt man am meisten."[11] So daß das grausame Allgemeingesetz aufgestellt werden kann: „Die Menschen sind eben dazu geschaffen, einander zu peinigen."[12] Und dies so innerlich und hoffnungslos, daß jede „Entwicklung" hier lächerlich erschiene. „Darauf erkannte ich, ... daß die Menschen sich nicht verändern und niemand sie umgestalten kann, ... es ist ein Naturgesetz, daß sie so sind ... Und ich weiß jetzt, Sonja, daß, wer kraftvoll und stark ist an Geist und Verstand, daß der auch Herrscher über die andern ist."[13] Das ist Raskolnikofs Folgerung, der auch den Schluß zog, daß aller Fortschritt auf Verbrechen aufgebaut sei.[14]

---

[1] N. 6, 70. – [2] N. 11, 368. – [3] D. (P.) 12, 361. – [4] D. 23, 121. – [5] D. 22, 219. – [6] D. 11, 400. – [7] DB. 179-180. – [8] D. (P.) 12, 167. – [9] D. 13, 57. – [10] D. 11, 276. – [11] D. 22, 106. – [12] D. 16, 31. – [13] D. 12, 640. – [14] D. 11, 398.

Hier öffnet sich das eigentliche Forschungsfeld des Kellerschlupfmenschen: „O sagen Sie mir doch, wer war der erste, der die Behauptung aufstellte und lehrte, der Mensch begehe nur deswegen Schlechtigkeiten, weil er seine wahren Interessen nicht kenne ... O du Säugling! O du reines, unschuldiges Kind!“[1] Die Sozialisten meinen, man könne alle Vorteile, nach denen der Mensch strebt, streben soll, berechnen und damit den „besten“ Zustand bauen. Aber es gibt eben noch einen andern „Vorteil“, der „gerade dadurch bemerkenswert ist, daß er alle Ihre Klassifikationen über den Haufen stößt und alle Systeme, die von den Freunden des Menschengeschlechts zur Beglückung des Menschengeschlechts aufgestellt sind, ständig in Stücke schlägt“.[2] Dieser „Vorteil“ aber ist „das eigene freie Wollen, die eigene, ob auch noch so wunderliche Laune, die eigenen phantastischen Einfälle, mögen sie auch manchmal geradezu an Wahnwitz streifen“, durch ihn gehen „alle Systeme und Theorien beständig zum Teufel“.[3] Diese „leidenschaftliche Liebe zu Zerstörung und Chaos“ macht es, daß der Mensch „sich instinktiv davor fürchtet, das Ziel zu erreichen ... Vielleicht liebt er das Gebäude nur aus der Entfernung, aber ganz und gar nicht aus der Nähe; vielleicht liebt er nur, es zu schaffen, aber nicht, es zu bewohnen“.[4] Letzteres wäre „nur falsche Logik“.[5] Gewiß würde im „kristallenen Schloß“ alles „außerordentlich vernünftig zugehen“. Aber dafür würde es „furchtbar langweilig sein“. Die Bosheit des Menschen wird diese Langeweile nicht aushalten. „Gerade seine phantastischen Träumereien, seine grundgemeine Dummheit wird er sich zu erhalten wünschen, lediglich um sich selbst den Beweis zu liefern (als wäre das unumgänglich notwendig), daß die Menschen immer noch Menschen sind und keine Klaviertasten.“ Er wird „absichtlich etwas anrichten, aus bloßer Undankbarkeit, eigentlich nur, um auf seinem Willen zu bestehen“.[6] Also keine Kultur? Keinen Fortschritt? Bewahre! Nur daß eben „der Mensch durch Zivilisation“ nicht „milder, also weniger blutdürstig und kriegslustig“ wird.[7] „Ich gebe zu: der Mensch ist ein in hervorragendem Maße schöpferisches Lebewesen, das dazu verurteilt ist, mit Bewußtsein nach einem Ziele zu streben ... ganz gleich wohin. Aber gerade deswegen hat er vielleicht manchmal Lust, zur Seite auszuweichen, weil er dazu *verurteilt* ist, sich diesen Weg zu bahnen.“[8] Kurz: „Das ganze Ziel“ liegt letztlich „im Streben selbst;

---

[1] D. 3, 33. – [2] Ebd. 36. – [3] Ebd. 41. – [4] Ebd. 52. – [5] Ebd. 36. – [6] Ebd. 48-49. – [7] Ebd. 37. – [8] Ebd. 51-52.

anders ausgedrückt: im *Leben* selbst, aber nicht eigentlich im Ziele."[1] „Ich gebe zu, daß ‚zweimal zwei ist vier' eine vortreffliche Sache ist. Aber wenn man schon alles lobt, dann ist auch ‚zweimal zwei ist fünf' manchmal ein allerliebstes Sächelchen."[2] Versteht man Nietzsches Begeisterung, als er diese Schrift zum erstenmal las? Die Klänge des Kellerschlupfs verstummen von nun an nicht mehr in Dostojewskijs Werk. Hippolyt im „Idioten" weiß, daß des Kolumbus Glück „den Gipfelpunkt vielleicht drei Tage vor der Entdekkung der Neuen Welt erreicht hatte, als die meuternde Schiffsmannschaft in ihrer Verzweiflung nahe daran war, das Schiff wieder nach Europa zurückzuwenden . . . Es kommt auf das Leben an, einzig und allein auf das Leben, . . . ganz und gar nicht auf das Entdeckte".[3] Lebedew meint sogar: „Das Gesetz der Selbstzerstörung und das Gesetz der Selbsterhaltung sind in der Menschheit gleich stark!"[4] Wersilof, der Romantiker, weiß, daß „mit der Logik immer eine gewisse Melancholie verbunden ist", wenn auch anderseits „die Wirklichkeit immer so eine Art von Stiefelgeruch" hat.[5] Aus all diesem aber wird sich schließlich Iwans Problem von der Notwendigkeit des Bösen entwickeln und die Fragwürdigkeit auch noch einer ewigen Seligkeit: „Alles würde sich in einen einzigen, endlosen Gottesdienst verwandeln, das wäre heilig, aber recht langweilig."[6] Die Möglichkeit, ja die Wirklichkeit eines Urbösen in der Welt hat sich unter allen Verkleidungen kundgegeben, wie es Hippolyt in einem Angsttraum unter der Gestalt einer überall durchdringenden Tarantel erscheint: „Kann einem denn das in klarer Gestalt vorschweben, was überhaupt keine Gestalt hat? Aber es schien mir zeitweilig, als sähe ich diese grenzenlose Macht, dieses taube, stumme, dunkle Wesen in einer seltsamen, unglaublichen Form vor mir. Ich erinnere mich, daß es mir vorkam, als leite mich jemand, der eine Kerze hielt, an der Hand, und zeige mir eine riesige, widerliche Tarantel und versichere mir, das eben sei jenes dunkle, taube, allmächtige Wesen und lache über meine Empörung."[7]

Der Stachel sitzt also im Innersten, tiefer noch als bei Nietzsche, bei dem das Böse nie dämonisiert wird. Was kann dann aber noch für Dostojewskij als eschatologische Perspektive übrigbleiben, nachdem er den „sozialistischen Kristallpalast" und den übermenschlichen Machtstaat des Großinquisitors verworfen hat? Und doch

---

[1] Ebd. 53. – [2] Ebd. 54. – [3] D. 16, 29. – [4] D. 15, 363. – [5] D. 22, 314. – [6] D. 25, 237-238. – [7] D. 16, 56-57.

kennen wir schon, aus der letzten Periode des Dichters, jene religiösen Träume einer dionysischen Weltverklärung kraft der Begeisterung des christlichen Herzens. Dostojewskij selbst spricht vom „großen ethischen Gedanken", der „die Menschen in die Zukunft leitet, zu ewigen Zielen, zu absoluter Freude".[1] Was der Sozialismus nicht vermag – denn „statt völlige Entfaltung ihres Lebens zu erlangen, verfallen" die Menschen in ihm „in totale Vereinsamung"[2] –, das vollbringt nach Sossima die Kraft der christlichen Kirche: „Alle werden auf einmal begreifen, wie unnatürlich es war, daß sie sich einer von dem andern absonderten. Und das wird schon das Wehen der Zeit sein, und die Menschen werden darüber staunen, daß sie so lange im Schatten saßen und das Licht ihnen verborgen war. Dann wird auch das Zeichen des Menschensohnes am Himmel erscheinen."[3] Einen Augenblick lang wird es, „wenn auch erst am Ende der Jahrhunderte", „die einige, weltumfassende und -beherrschende Kirche" gegeben haben, dort, wo der Sinn der Weltentwicklung mit dem Jenseits zusammentrifft.[4] Mystischer Chiliasmus, wenn auch nur des Herzens, wenn auch nur der Ekstase des Schuldigseins, wie bei Markell, will aus Dostojewskijs Träumen nicht weichen: an irgendein Empor der Erde muß er glauben, an irgendeine Leistung der Menschheit in ihrem endgültigen Schicksal: Jüngster Tag ist ihm eine Begegnung zweier Prozessionen: einer aufsteigenden und einer absteigenden. Und so biegt, nach der geborstenen Mitte, die das Radikalböse erkannte, das Ende geradezu wieder in den „sozialistischen" Anfang zurück. Dafür ist es bezeichnend, daß immer wieder in Dostojewskijs Werk der Traum eines irdischen Paradieses hervorbricht. Im Traum des lächerlichen Menschen als das zerbrechliche Glück, in das unaufhaltsam die Sünde einbricht, im Traum Stawrogins als unwirkliches Zauberland, im Traum des Wüstlings Swidrigailof als das wundersame Eden, in dessen Mitte aber der Sarg eines von ihm geschändeten kleinen Mädchens steht[5] – überall als ein existential notwendiger Zustand und doch durch eine unendliche Kluft von der wirklichen Existenz entrückt. Und immer in dem seltsamen Zwielicht zwischen einer rein natürlichen Unschuld und einem Gnadenparadies, zwischen der atheistisch-sozialistischen und der religiösen Utopie. Im „Jüngling", diesem labyrinthischesten Buch Dostojewskijs, vollzieht sich schließlich die vollständige Vereinigung von Anfang und

[1] D. (P.) 12, 198. – [2] D. 24, 44. – [3] Ebd. 45. – [4] D. 23, 120. – [5] D. 12, 781-785.

Ende: in der Apokalypse Wersilofs. Kostbarste Gefühle, wie die große Schwermutsliebe zu allem Endlichen, zeigen, daß Dostojewskij sie mit seiner eigensten Begeisterung geschrieben hat.[1] Die Periode des großen kommunistisch-gottlosen Umsturzes ist mit ihren „Schlachten, Flüchen, . . . Schmutz und Lärm" zu Ende. Die Menschen sind allein geblieben, wie sie es gewollt hatten.

> „Das ist dann ähnlich wie auf dem Bilde von Claude Lorrain die untergehende Sonne, majestätisch, rufend, und doch vom letzten Tage der Menschheit zeugend. Die hohe Kraftquelle, die sie bisher gespeist und erwärmt hatte, verschwindet wie diese Sonne . . . Mein geliebter Knabe, ich habe mir die Menschen nie undankbar und stumpf vorstellen können: Einsam und verwaist würden sie sich sogleich enger aneinanderschmiegen, sich mit mehr Liebe die Hände reichen und begreifen, daß sie nun allein einander alles sein müssen. Die erhabene Idee der Unsterblichkeit wäre verschwunden, und es gälte nun, sie zu ersetzen. Der ganze, ungeheure Überfluß der Liebe zu *Dem*, der die Unsterblichkeit war, würde sich nun bei allen der Natur, der Welt, den Menschen, jedem Körnchen zuwenden. Sie würden die Erde und das Leben rückhaltlos und in einem Maße lieben lernen, in welchem sie sich ihrer eigenen Vergänglichkeit bewußt würden. Sie würden (die Natur) mit Augen betrachten, wie der Liebende die Geliebte, und nicht nur mit dem Messer und Skalpell in der Hand, wie einstige Utilitarier . . . Und der Gedanke, daß die andern Menschen alle zurückbleiben in Liebe und zärtlicher Sorge füreinander, er allein würde schon die Idee von einer Begegnung nach dem Tode ersetzen . . .
>
> Und schließlich würde die Erde aufhören, zu sein, und die Sonne verlöschen, aber irgendwo im Zusammenklange der Welt würde der Gedanke bleiben, daß all das gewesen ist."

Vielleicht erscheint hier das Antichristliche, sündig Irdische noch allzu durchscheinend. Aber der Träumer Wersilof (und mit ihm Dostojewskij) ruht nicht, bis *diese* Eschatologie ganz mit der christlichen verschwommen ist:

---

[1] Wir folgen z. T. der handschriftlichen Fassung, die ausführlicher und interessanter ist („Der unbekannte Dostojewskij", 476-480). Im Roman: D. 22, 315-318.

„Je weiter aber die Zeit fortschritte, desto betrübter würde ihre Seele werden. Für sich selber wären sie zwar stolz und kühn, aber desto zagender, wenn es sich um ihren Nächsten handelte . . . Liebe und Trauer würden in (ihren) Blicken sein, und jeder müßte um das Leben und Glück des andern zittern. Und dann plötzlich würde vor aller Augen die erhabene Vision auftauchen, – oh, ich konnte mir die Menschen nicht mehr ohne IHN vorstellen, mein Liebster . . . Ich denke mir, ER würde unter die Menschen treten, die Hände über sie breiten und also reden: ‚Kinder, Engel, wie konntet ihr nur SEINER vergessen?' Und er würde sie hinführen zu IHM. Und die Schuppen würden von den Augen fallen, ein Schrei des Entzückens und des Glückes würde über die ganze Erde gehen und alles würde zu einer neuen, unendlichen Liebe auferstehen."

In dieser höllenlosen, ja sündelosen Eschatologie ist das raffinierteste Antichristentum vom naivsten Christentum wirklich ununterscheidbar geworden.

Das aber heißt schließlich, daß trotz allem gegenteiligen Anschein eine inhaltliche Eschatologie bei Dostojewskij wie bei Nietzsche überhaupt nicht zustande kommt. Der sozialistische Traum wird restlos zertrümmert durch das Nein, das um die Unverbesserlichkeit des Menschen weiß, aber der religiöse Traum schreitet über dieses Nein hinweg und zerschmilzt am Ende mit dem atheistischen ineins. Dostojewskijs Endzeitentwürfe sind Sehnsüchte, Stimmungen, Ängste, die sich widersprechen. Schestow fällt auf das hin das grimmige Todesurteil: „Hieraus folgt, daß der Kellerschlupfmensch überhaupt *nichts* zu sagen hat, wenn er in der Rolle eines Lehrmeisters der Menschheit auftritt."[1]

3. Es vollzieht sich also in beiden so etwas wie ein unaufhaltsamer Rückzug aus jedem inhaltlich Eschatologischen ins *Formal-Apokalyptische*. Es ereignet sich das Unerwartete, daß die beiden ausgeprägtesten Apokalyptiker des Jahrhunderts und die leidenschaftlichsten Kämpfer und Werber um eine Zukunftsidee, diese Idee selbst nur im Rätsel des grellen Widerspruchs stammeln können. Ist es, weil jeder menschliche Gedanke, zu Ende gedacht, Widerspruch wird? „Sie dürfen", schreibt Dostojewskij, „ein beliebiges Paradoxon aufstellen, und wenn Sie es nicht bis an die äußersten

[1] Schestow, a. a. O. 200.

Konsequenzen führen, so wird es allen durchaus fein, geistreich und comme il faut erscheinen; wenn Sie aber auch das letzte Wort aussprechen und ganz offen (und nicht andeutungsweise) erklären: ‚Dieser ist der Messias', so wird Ihnen niemand glauben . . . Der Mensch vermeidet es instinktiv, sein letztes Wort zu sagen . . . : ‚Gesagt, wird der Gedanke falsch'."[1] Und schon von Zarathustras erster Einsamkeit heißt es: „Die Einsamkeit in Scham und Schwäche und Schweigen vor dem größten Gedanken . . . Das *geringste* Verschweigen *lähmt* seine ganze Kraft, . . . der letzte Vorbehalt, das feinste Stillschweigen verhindert allen großen Erfolg."[2] Aber dann umgekehrt: „Das Wort ist ein gefährliches Ding, . . . wie vieles darf man nicht aussprechen! Und gerade religiöse und philosophische Grundanschauungen gehören zu den pudendis. Sie sind die Wurzeln unsres Denkens und Wollens: deshalb sollen sie nicht ans grelle Licht gezogen werden."[3] „Alles, was tief ist, liebt die Maske."[4] Aber dieses wissende Verschweigen ist noch nicht das Eigentliche. Tiefer liegt die Prophetennot des Sagen-Müssens und Nicht-sagen-Könnens. Das Wissen, mitten in einem übermächtigen, wirbelnden Geschehen zu stehen, ohne es zu sehen, wie ein Blinder in einer Feuersbrunst. Nietzsches Kategorien sind hier aufschlußreich: „die moderne Verdüsterung", „das Auseinanderfallen", „der unheimliche Atem des Tauwinds", „Erschöpfung oder Aufgang?", „die Ereignisse als Excitantien", „Zeitalter ungeheurer Kriege, Umstürze, Explosionen".[5] Dostojewskijs Vorahnungen des russischen Umsturzes weben in derselben Luft elektrischer Überladungen: „Wir wissen, daß ein geheimnisvoller Finger auf unser Land zeigt, und es als den günstigsten Boden für die Vollbringung der großen Tat anzeigt . . . Die Nacht wird über Rußland fallen, die Erde wird ihre alten Götter beweinen . . . Man rollt in den Abgrund, und weiß schon lang, daß es nichts gibt, sich daran anzuklammern . . . Ich verstehe nur zu gut, warum die wohlhabenden Russen sich alle ins Ausland verziehen, jedes Jahr mehr: es ist einfach Instinkt. Wenn das Schiff zu sinken beginnt, dann verlassen es die Ratten zuerst." Aber Werchowenskij hat denselben „Instinkt" für utopischen, eschatologischen Glanz: „Die ganze Erde stöhnt auf . . . Das Meer wird bis in seine Tiefen aufgewühlt werden, die alte Bretterbaracke zerschlagen, und dann werden wir daran denken, ein neues Haus aus Stein zu bauen . . ."[6]

---

[1] DB. 197-198. – [2] N. 14, 292-293. – [3] NB. 1, 113-114. – [4] N. 7, 60. – [5] N. 15, 188. 196. 235. – [6] D. 19, 363.

So fühlen Tiere zitternd und hilflos irgend etwas Furchtbares, das unaufhaltsam naht. Durch die katastrophischen Kategorien der Zeitgeschichte bricht eine weit radikalere, endgeschichtliche Katastrophe durch, wie in den eschatologischen Reden des Evangeliums und der alten Propheten. Aber dieses Geschehen wird inhaltlich nicht faßbar, und alles Reden bleibt ein leidenschaftliches Gestikulieren und Zeichenwinken von Stummen, die niemand versteht. Der endzeitliche Fiebertraum Raskolnikofs in Sibirien löst alle Umrisse in das reine Angstgefühl des unaufhaltsamen Untergehens auf: Eine geheimnisvolle Seuche frißt an der Welt, ganze Völker verfallen in Wahnsinn, Sturmglocken läuten; „wer aber eigentlich zusammenrief und warum, das wußte niemand, aber alle waren furchtbar aufgeregt".[1] Nietzsches Erregung, sein Erschrockensein vor den Abgründen der Zukunft, die sich ihm auftaten, wuchs ebenso von Jahr zu Jahr, und sein zuletzt verzerrtes Stammeln war noch der äußerste Versuch, Boden und Grund und Sinn zu fassen um jeden Preis. Die letzten Dinge fallen über die Seele her, nein: sie enthüllen sich als die Tiefe der Seele selber. Für Nietzsche ist der Himmel nichts wie die innere grenzenlose Reinheit der Seele,[2] selbst Christi Reden vom „Himmel" meinte nur einen „Zustand des Herzens".[3] Die „Seligkeit ist nichts Verheißenes, sie ist da",[4] die „Hölle" aber ist jener „Abgrund in mir", in dem die Schlange der Grausamkeit geringelt liegt.[5] Und erst ein entartetes Christentum erfand dafür äußere „Orte", als auch die „Rache" Begriffe wie „Wiederkunft", „Jüngstes Gericht", „jede Art zeitlicher Erwartung" hinzuerfand.[6] Aber auch für Dostojewskij gewinnt sich das „Jenseits" nur durch den Abgrund des Diesseits hindurch, der der entscheidende „Beweis" für die Wahrheit des Christentums ist. „Ein Abgrund öffnete sich in der Tiefe des Menschen selbst und hier erschienen wiederum Gott und Teufel, Himmel und Hölle."[7] „Darum ist der Weg Dostojewskijs der Weg geistiger Immanenz."[8] Aber dies als der entscheidende Ort der Transzendenz: „Übrigens wünschte ich an dich zu glauben",[9] gesteht, vom Kampf erschöpft, Iwan dem Teufel. Und Sossima lehrt: „Was ist die Hölle? Ich meine so: Das Leiden darüber, daß man nicht mehr lieben kann." Der Tote, der *hier* nicht lieben wollte, wird in Abrahams Schoß getragen, aber wäh-

[1] D. 12, 840-841. Ein ähnlicher endzeitlicher Fiebertraum in der „Wirtin": D. 4, 39-40. – [2] N. 6, 240-244. – [3] N. 15, 261. – [4] Ebd. – [5] N. 8, 387. – [6] N. 8, 256; vgl. 268. – [7] Berdjajew, a. a. O. 35. – [8] Ebd. 36. – [9] D. 25, 243.

rend er so in der Liebe ist, wird ihm die Qual, selbst nicht zu lieben, mitten im Paradies zur Hölle: das Feuer der Liebe brennt ihn weit grausamer aus, als je eine körperliche Flamme es vermöchte.[1] Für Markell ist umgekehrt das Paradies in seiner ganz Liebe gewordenen Seele schon ausgebrochen. Swidrigailof aber ahnt, aus seinem innern Zustand, schon die Verdammung: „Die Ewigkeit erscheint uns immer ... als etwas Riesenhaftes, ungeheuer Großes! Aber ... auf einmal stellt sich dann heraus, daß es statt dessen nur ein einziges kleines Zimmerchen ist, so in der Art einer Badestube auf dem Lande, ganz verräuchert, und Spinnen in allen Ecken. Und das ist dann die ganze Ewigkeit. Wissen Sie, mir schwant manchmal etwas in der Art."[2] Am Morgen seines Selbstmords hört er einen Kanonenschuß: „‚Aha, das Signal! Das Wasser steigt!', dachte er. ‚Gegen Morgen wird es an den tieferliegenden Stellen die Straßen überschwemmen, die Keller und Souterrains anfüllen; die Kellerratten werden herausgeschwommen kommen ...'"[3]

In dieser Weise ist formale Apokalyptik zugleich inwendige, existentiale. Gerade so ist sie dann das Prophetenlos des *Richten*-Müssens und doch nicht Richten-Könnens. Für Nietzsche ist dieses Problem geradezu *der* Widerspruch, *das* „Fragezeichen":[4] als Problem der Vereinbarkeit von Notwendigkeit (amor fati) und Verneinung (Zerbrechen der alten Tafeln). Für Dostojewskij ist es nicht minder bedeutsam die unbedingte Anerkenntnis der Schuld – wobei das Wegdisputieren geradezu als das Satanische erscheint – und zugleich das unbedingte Verbot, diese Schuld auszusprechen: „Sei vor allem dessen eingedenk, daß du niemandes Richter sein kannst."[5] So entsteht für beide dieser sprengende seelische Widerspruch, zugleich die Welt als Ganzes ungeteilt zu bejahen, zu segnen, zu umarmen, durch alles hindurch ihr recht zu geben – und ständig von ebendiesem Ganzen zurückgestoßen zu werden, es verlassen, verneinen, übersteigen zu müssen. In diesem zweideutigen Glanz von Fülle und Hohlheit steht immer wieder für ein Nu die Welt vor ihnen; in diesem Kairos, der nur die kosmische Entfaltung jenes subjektiven „Vollendungsgefühls" (Nietzsche), jener Krankheitsekstase (Dostojewskij) darstellt, eint sich ihnen der apokalyptische Widerspruch – als *Schönheit*. Denn jenes „Scheinen", das aus dem Wahrheitswiderspruch sich ergab, war der Glanz der Schönheit ebenso, wie der letzte Name für den verworrenen Wi-

[1] D. 24, 81-83. – [2] D. 12, 441-442. – [3] D. 12, 783. – [4] N. 5, 279-280. – [5] D. 24, 78.

derspruch zwischen „lichter“ und „dunkler“ Wahrheit wiederum Schönheit ist. Für Nietzsche ist es offenkundig: „denn nur als ästhetisches Phänomen ist das Dasein und die Welt ewig gerechtfertigt.“[1] Schönheit ist der Name für jene volle Formel der dionysischen Welt: „Alles Vorhandene ist gerecht und ungerecht und in beidem gleich berechtigt.“[2] Denn im Ganzen ist „selbst das Häßliche und Disharmonische ein künstlerisches Spiel“.[3] Spiel ist die alles in Tanz auflösende Existenz Zarathustras, der Sprung durch die innerste Flamme, Erlösung vom Schein durch den Schein, Ineinander-Aufheben von Schwer und Leicht, von Lust und Leid. Aber in Dostojewskij wird deutlicher, wie Spiel das ebenso göttliche wie dämonische Freisein ist, als das reine Wagnis, immer wieder auf der Schaukel ins Leere hinaus: „Das Spiel an sich! O wenn Sie wüßten, wie das mitreißt!“[4] Schönheit ist denn auch die eigentliche Maske *zwischen* beiden Wahrheiten. „Die Schönheit ist ein Rätsel“, sagt Myschkin, und er sagt es vor dem Bild des englisch-teuflischen Rätsels Nastaßja: „Diese blendende Schönheit war geradezu unerträglich.“[5] Und der dämonische Alte in der „Wirtin“: „Schönheit ist stärker als Kraft, und selbst ein eisernes Herz schmilzt in seiner Glut.“[6] Am besten aber versteht sie Dimitri Karamasof, der ihr alles: seinen Untergang und seine Läuterung, verdankt: „Schönheit ist ein furchtbares, schreckliches Ding. Furchtbar, weil sie nicht zu erklären ist, und erklären kann man sie nicht, weil Gott nur Rätsel aufgab. Da nähern sich die Ufer, da leben alle Widersprüche in Eintracht beisammen ... Breit ist der Mensch, allzu breit, ich hätte ihn enger begrenzt ... Furchtbar ist es, daß die Schönheit nicht nur etwas Schreckliches, sondern auch etwas Geheimnisvolles ist. Da ringen Gott und Teufel, das Schlachtfeld aber ist des Menschen Herz.“[7] Aber wie Schönheit hier als das tätige Gleißen und Glitzern der unbestimmbaren Mitte erscheint, so erscheint sie anderswo als das leidende Ausgesetztsein des Himmlischen in den Fängen höllischer Grausamkeit. Am bösesten, kältesten in der peinigenden Novelle „Die Sanfte“, wo es das langsame, vorsätzliche Zu-Tode-Quälen eines Mädchens durch einen alten Neurotiker ist, der noch am Ende kaum einsieht, was er getan hat: „Wir hätten uns ja noch verständigen können ... O Natur! O blinde Gesetze! Die Menschen sind einsam auf Erden ... Seht euch nur die Sonne an,

[1] N. 1, 45. – [2] N. 1, 72. – [3] N. 1, 168. – [4] Briefe, hrg. v. A. Luther (1926), 223; vgl. Dostojewskij am Roulette (1925). – [5] D. 14, 141. 146. – [6] D. 4, 103. – [7] D. 23, 198-199.

wenn sie aufgeht: ist sie nicht eine Leiche? Alles ist tot, überall Tote. Die Menschen sind einsam, um sie ist Schweigen – das ist die Erde! ‚Menschen, liebet einander' – wer hat das gesagt?"[1]

Schönheit als Rätsel der Mitte, unauflösbar, unaussagbar, in ihrem Triumph wie in ihrem Martyrium, sie ist das Herz des Apokalyptischen. Gibt das aber nicht endgültig Nietzsche recht gegenüber Dostojewskij: ist der letzte Maßstab nicht doch einfach das *Qualitative*, das durch alle andern, ethischen, religiösen, auch vitalen Kategorien nur indirekt angezeigt, aber in seiner unauflösbaren Formalität nicht ausgesagt wird? Denn dies ist doch offenbar der Sinn von Nietzsches Kategorien des „Vornehmen", des „Heroischen", des „Aristokratischen", des „instinktiv Reinlichen", des „Gerechten", des „Redlichen", selbst des „Bösen". Denn im „Bösen" sucht er nur das Edle („Das Böse kommt erst dann in Verruf, wenn es mit dem Niedrigen und Ekelhaften verwechselt wird"[2]), so wie er auch im Tugendhaften nur die wahre Großmut schätzt. Nur das Kleinliche im Guten wie im Bösen hat er nie leiden können.[3] „Nur *eine* Sünde: Feigheit."[4] Wie soll man dieses rein Formal-Qualitative beschreiben, daß „Größe" eines Menschen sein „Format" bestimmt, und das noch über jeden Kritiker recht behält, der dieser Größe nicht gewachsen ist, auch wenn seine Beweise und Widerlegungen tausendmal „schließen"? Gilt das, um ein Beispiel zu nehmen, nicht auch und gerade von Nietzsche und seinen „Kritikern"?

„Ich lehre, daß es höhere und niedere Menschen gibt, . . . zahllose unvollständige Bruchstück-Menschen."[5] Schließlich scheint sich Dostojewskij selbst dieser letzten Einteilung Nietzsches zu fügen: alle seine Helden sind „groß" im „Bessern oder Bösern". „Nicht die schwachen Herzen sucht sich das Unglück aus."[6] Im „Idioten" wird diese formale Größe zum Thema. Die ganze Familie Iwolgin stellt gegenüber Myschkin, Aglaja, Nastaßja und Rogoschin das im Guten wie Bösen hoffnungslos Mittelmäßige dar. Dostojewskij braucht sie folgerichtig denn auch nur unter der Rücksicht der „Größe" ihrer Mittelmäßigkeit: „Was soll der Romanschriftsteller mit den Alltagsmenschen anfangen, um sie einigermaßen interessant zu machen? Sie in der Erzählung ganz zu übergehen ist untunlich, weil die Alltagsmenschen immer und überall das unumgängliche Bindeglied der Lebensereignisse sind." Der Ausweg ist also, zu zeigen, wie sie „trotz all ihrer außerordentlichen Anstrengungen,

[1] D. 4, 381-385. – [2] N. 12, 262. – [3] N. 11, 51. – [4] N. 12, 290. – [5] N. 16, 359. – [6] D. 4, 103.

um jeden Preis aus dem Geleise des Gewöhnlichen und Herkömmlichen herauszukommen, doch schließlich ihr Leben lang unveränderte Alltagsmenschen bleiben."[1] Bei Gavrila ist das besonders deutlich: das tiefe Bewußtsein seiner hoffnungslosen Unoriginalität treibt ihn zu „stoßweisen, heftigen" Entschlüssen, die aber alle von einer gewissen eitlen Berechnung diktiert sind und die er für Stärke hält.[2] Das „Klammernde", zugleich Ängstliche und Kaufmännische in seiner Liebe zu Aglaja, das „Garantien verlangt", zeigt seine radikale Unfähigkeit zu einer qualitativ großen Tat.[3] Dostojewskij findet den Grund der Mittelmäßigkeit in „Eigenliebe", die alles „gemein macht", was diese Menschen anfassen;[4] aber diese „Eigenliebe" hat nichts zu tun mit dem großen, von Nietzsche gepriesenen Egoismus. Die Eigenliebe der Mittelmäßigkeit ist die Unfähigkeit zu totaler Großmut, Begeisterung, Hingabe.

Eben daraus aber gewinnen wir den Sinn dessen, was bei Dostojewskij das formal Große ist, mag es in der Gestalt von Heiligen, von Epileptikern oder von Dirnen auftreten. Es ist die absolute *Ausgesetztheit* ihrer Existenz in ein Geschehen, das sie fortreißt, mitschwemmt, das reine Ausgeliefertsein bis zur vollen Verlorenheit der ganzen Existenz. Nur große Menschen werden bei Dostojewskij wahnsinnig, so wie Nietzsches Wahnsinn durchaus das Konfinium seiner Größe ist. Es kann zwar oft scheinen, daß Dostojewskijs Methode, die ausweglose, abgründige Verworrenheit innerer Schicksale in einer letzten Wendung als geheimen Wahnsinn zu erklären, etwas wie Flucht zu einem deus ex machina sei: so vor allem bei Wersilof (gleichsam ein in allen Richtungen vollgekritzeltes Notizbuch, das am Ende niemand mehr lesen kann und das einfach zerrissen wird) und bei Nastaßja (deren Wahnsinn eigentlich nur der Ausdruck für die Hilflosigkeit *aller* menschlichen Liebe einer „zentralen" Neurose gegenüber ist); aber tiefer gesehen ist dieser technische Kurzschluß doch berechtigt und notwendig, sofern letzte existentiale Analyse gerade eines so „ausgesetzten" Daseins zu dem Abgrund führt, den Schelling als die Wahnsinnsbasis der Vernunft bezeichnet hatte. In der „Wirtin" ist diese „nackte Schutzlosigkeit des Gefühls"[5] mit letzter Eindringlichkeit gestaltet. Und dies nicht nur bei ethisch „verlorenen" Menschen, sondern gerade auch bei jenen religiös schutzlos ausgesetzten, im absoluten Augenblick des Gewissens lebenden, wie Fürst Myschkin. Myschkins Schicksal taucht

[1] D. 16, 150-151. – [2] D. 16, 156-157. – [3] D. 14, 155. – [4] D. (P. 12) 233-234. – [5] D. 4, 21.

aus dem dunklen Grund von Wahnsinnsjahren in der Schweiz auf, um nach der Katastrophe, dem Mord Nastaßjas, wieder tragisch in diesen selben Grund zurückzusinken, diesmal in der Form unheilbarer Verblödung.[1] Nietzsches Schicksal ist diesem unmittelbar benachbart; Dostojewskijs eigene Erfahrung, die ihn nach seinen Anfällen oft „in einen Zustand völliger Stumpfheit" versetzte, „der oft Tage dauerte", ließ ihn wenigstens dieser äußersten Möglichkeit ins Auge blicken.[2] Und dabei ist Myschkin sein Versuch, „einen vollkommenen Menschen darzustellen".

Diese Unmittelbarkeit der großen Menschen, der „guten" wie der „verlorenen", zum Untergang und zur Nacht vollendet die Übereinstimmung mit Nietzsches rein formalem Maßstab der Größe. Das „Ethische" ist in diesen „Jenseits" weit hinten zurückgelassen, es ist in Dostojewskijs entscheidender Position überhaupt preisgegeben als ein stets Vorletztes und darum Zweideutiges. Das spricht sich in der durchgängigen Auflösung des „Naturgesetzes" aus zugunsten der reinen Positivität des Liebesgebotes Christi. Schon der „Jüngling" ruft aus: „Warum soll ich denn durchaus meinen Nächsten lieben oder ihre zukünftige Menschheit, die ich nie zu sehen bekommen werde, die von mir nichts wissen wird, die ihrerseits vermodern wird . . ., wenn sich die Erde in einen eiskalten Stein verwandelt haben wird . . . also das Sinnloseste, was man sich überhaupt vorstellen kann."[3] Iwan ist derselben Meinung: „es gäbe auf der ganzen Erde nichts, was die Menschen zwinge, ihresgleichen zu lieben, und ein solches Naturgesetz existiere überhaupt nicht . . . Wenn es trotzdem auf Erden Liebe gibt . . ., so geschehe das einzig und allein deshalb, weil die Menschen an ihre Unsterblichkeit glauben. Iwan Fedorowitsch bemerkte dabei nebenbei noch, daß *gerade hierin das ganze Naturgesetz* bestehe, daß nämlich, wenn man der Menschheit den Glauben an ihre Unsterblichkeit vernichte, in ihr sogleich nicht nur die Liebe versiegen werde, sondern auch jede lebendige Kraft dazu".[4] Und der Starez pflichtet Iwan bei.[5] In der rein humanitären Brüderlichkeit sieht daher Dostojewskij etwas Undurchführbares.[6] Die Studie „Selbstmord und Unsterblichkeit" führt die Dialektik dieser angeblich natürlichen Liebe durch, indem jede Liebe an eine mögliche absolute Vollendung der Menschheit geknüpft wird. Ist diese Aussicht nicht vorhanden, so fühlt sich der Geist „beleidigt für die ganze Menschheit, und

---

[1] D. 16, 428-429. – [2] D. am Roulette, LXIV. – [3] D. 21, 96-97. – [4] D. 23, 127. – [5] Ebd. 128. – [6] D. (P.) 11, 236-241.

dem Gesetz der Reflexion der Ideen zufolge tötet das in ihm seine Liebe zur Menschheit . . . Ich behaupte sogar, daß die Erkenntnis ihrer vollkommenen Machtlosigkeit und Unfähigkeit, der leidenden Menschheit zu helfen, . . . im Herzen der Menschen die Liebe zur Menschheit in Haß verwandeln kann . . ., ja ich behaupte und wage auszusprechen: daß die Liebe zur Menschheit im allgemeinen und als Idee eine der für den Menschenverstand unfaßlichsten Ideen ist".[1] Faßlich und sinnvoll wird sie erst durch positive Offenbarung und Glauben an Unsterblichkeit und Auferstehung in Christus: das ist der Sinn der Lazarusperikope in „Schuld und Sühne". Was ohne diesen positiven Glauben herauskommt, das zeigt Dostojewskij an Wersilof, der wie eine bittere Nietzscheparodie anmutet: „Mein Freund, die Menschen so zu lieben, wie sie sind, ist unmöglich. Und doch soll man sie lieben. Darum tue ihnen Gutes, unterdrücke deine Gefühle, halte dir die Nase zu und schließe die Augen . . . Selbstverständlich bist du dazu berufen, streng gegen sie zu sein, wenn du nur ein bißchen klüger bist als der Durchschnitt. Die Menschen sind von Natur niedrig gesinnt und lieben gern aus Furcht; gehe nicht ein auf solche Liebe und höre nicht auf, ihnen gegenüber Verachtung zu empfinden . . . Verachte sie auch dann, wenn sie gut sind, denn gerade dann sind sie am häufigsten garstig . . . Meiner Ansicht nach ist der Mensch mit der physischen Unmöglichkeit, seinen Nächsten zu lieben, geschaffen . . . Unter ‚Liebe zur Menschheit' kann man nur die Liebe zu derjenigen Menschheit verstehen, die man selbst in seiner Seele geschaffen hat (mit andern Worten: man hat sich selbst geschaffen und die Liebe ist eine Liebe zu sich selbst) und die daher niemals in Wirklichkeit existieren wird."[2]

Daß in dieser Karikatur absichtliche Tendenz liegt, ist nicht zu leugnen. So aber endet zuletzt die ganze formale Apokalyptik Nietzsches und Dostojewskijs bei aller Identität der Haltungen (Schönheit als Eschaton, formale Größe als Maßstab) beim vollen Widerspruch (Reduktion alles Weltsinns auf die Natur selbst: Nietzsche, – oder auf den einen, transzendenten, sich offenbarenden Gott: Dostojewskij). In dieser Identität und letzten Scheidung vollzieht sich der Kampf zwischen Christ und Antichrist. „Der Menschgott stieß auf den Gottmensch, Apollon auf Christus", schreibt Dostojewskij.[3] „Dionysos gegen den Gekreuzigten" nennt es Nietzsche.[4]

---

[1] D. (P.) 12, 331-333. – [2] D. 21, 370-371. – [3] D. (P.) 12, 210. – [4] N. 15, 127.

Dieser ganze Kampf schließlich noch eingetaucht in die verdoppelte Zweideutigkeit des Neurotischen, der décadence als der *historischen* Gegenwartsgestalt des Bösen, das sich darin als unfehlbar, wenn auch unerfaßbar gegenwärtig bezeugt. „Heutzutage haben sogar fast schon die Kinder angefangen, hieran zu leiden, . . . die ganze Generation", sagt Dostojewskij.[1] Nietzsche aber sieht die „Zunahme der morbiden Elemente, des Neurotisch-Psychiatrischen und des Kriminalistischen" als Folge der „zunehmenden Zivilisation".[2]

Wir haben daher einen letzten Durchstoß durch diese Nebel der Zweideutigkeit zu versuchen, um die Gegner zum Stehn und zum Bekennen zu zwingen. Der Widerspruch, daß beide inhaltlich „nichts zu sagen haben" und doch mit schärfster formaler Leidenschaft entgegengesetzte Standpunkte einnehmen, dieser eigentlich *apokalyptische Widerspruch* muß auf seinen Sinn hin geprüft werden. Wir stoßen in diesem Prüfen auf das Wesen und auf die Grenzen des Apokalyptischen selber.

VI. Metaphysik des Apokalyptischen

Der entscheidende Kampf zwischen „Christ" und „Antichrist" vollzieht sich nicht nur in der Verhülltheit des „Formalen" und des „Neurotischen", sondern die Kämpfenden haben für die Entscheidung jeden „objektiven", beide überragenden Maßstab abgewiesen und vernichtet. Das „Perspektivische", in das sie uns von vornherein gebannt haben, gibt uns nur noch jene Maßstäbe zur Hand, mit denen sie selber messen. Die richtige Kampfmethode kann daher nur sein, jede Position am Maßstab der anderen zu messen, beide *durcheinander* zu messen, und erst dann, wenn diese Maße nicht ausreichen und gleichsam ein „Rest" bleibt, dieses Nicht-Ausreichen selbst zu einem weitern Problem zu erheben. Im ersten Vorgang, wo das Apokalyptische je zugleich Inhalt (sofern der Gegenstand eine menschliche Letzthaltung ist) und Form ist (sofern die Methode Enthüllen, Demaskieren dieser Letzthaltung anstrebt), bleiben wir innerhalb des Tuns von Apokalypse. Im zweiten wird dieses Tun selbst Gegenstand für einen trans-apokalyptischen Standpunkt.

---

[1] D. 25, 83. – [2] N. 16, 281-282.

1. Dostojewskij erscheint von beiden als der mit einem stärkern „Apriori“ belastete, nicht nur dem des Offenbarungsglaubens, sondern auch jenem typisch religiösen „Ressentiment“, das hinter dem dämonischen Schwanken zwischen „lichter“ und „dunkler“ Wahrheit sich verriet und das den Blick für das rein Sachliche notwendig trüben mußte. Hier gilt Nietzsches Wort: „Nicht wo euer Auge aufhört zu erkennen, sondern schon dort, wo eure Redlichkeit aufhört, da sieht das Auge nichts mehr.“[1] So ist es richtig, wenn wir Dostojewskij als ersten durch das Gericht Nietzsches gehen lassen.

In der Tat gleicht keiner der großen Freigeister Dostojewskijs, der Fürst der Erniedrigten und Beleidigten, Raskolnikof, Stawrogin, Werchowenskij, Schigalef, Wersilof, Iwan, dem Urbild des Gottlosen: Nietzsche. Wenn auch Nietzsche, wie diese alle, um seinen Geist die Maske wachsen ließ, die „jeder tiefe Geist braucht“,[2] so war es nicht die Maske der Unsicherheit, der Schwäche, der luziferischen Eisigkeit; „es ist nicht nur Arglist hinter einer Maske – es gibt so viel Güte in der List“.[3] Und das ist nicht nur ein „klimatischer“ Unterschied (wie Nietzsche einmal sagt: „In Petersburg wäre ich Nihilist, hier [in Nizza] glaube ich, wie eine Pflanze glaubt, an die Sonne“[4]), es ist ein qualitativer Unterschied. Stawrogin ist wie die geheimnisvolle Tür in Strindbergs Traumspiel, hinter der doch endlich nur das Nichts gähnt, Nietzsche deutet in eine überreiche Fülle. Gewiß wissen beide von unendlicher Langeweile, ja Ekel des Daseins bis zur Verzweiflung über dessen Sinnlosigkeit. Aber Stawrogin rettet sich in perverse Verbrechen, Nietzsche in eine heroische Aszese, in ein glühendes Dennoch. Nein, Stawrogin gleicht eher dem „Verführer“ bei Kierkegaard (er nennt eines seiner schmachvollen Erlebnisse einen „phantastischen Streich eines Beschäftigungslosen, die Etüde eines übersättigten Menschen“[5]), und mit solcher Verwandtschaft ist seine Parteilichkeit, sein „Apriori“, aufgewiesen. Und auch Kirillof zitiert ja nicht Nietzsche, sondern – Stirner. Dostojewskij ist „konsequenter“ als das Leben. Stawrogin ist bei aller Psychologie ein Mythus. Nietzsche wirft Dostojewskij Pessimismus vor,[6] das sagt für ihn Moralismus, Mißtrauen gegen die Gesundheit, die „Wahrheit“ des Innerweltlichen. Und wirklich, sollte nicht die bezeichnende Folge dieses Pessimismus in Dostojewskij der tiefste Grund seines „Apriori“ sein: eine Zerreißung von Leib und Geist, des großen

---

[1] N. 12, 290. – [2] N. 7, 61. – [3] Ebd. 60. – [4] NB. 3 (1), 293. – [5] D. 18, 308. – [6] N. 15, 201.

nietzscheschen Gleichgewichts, und damit die doppelte forcierte Tendenz zu einem schwermütig-leidenschaftlichen Umklammern der Erde wie zu einer utopisch-phantastischen Begeisterung vom Abstrakt-Ideellen? Iwan Karamasofs zwei Seelen sind durch eben diese Maßlosigkeit dämonisch: niederziehende „Erdkraft“ und entfesselter „reiner Geist“. In Dostojewskijs „christlicher“ Weltliebe ist ein Klang, der sich im Neuen Testament nicht findet, der aber weiterleitet zur dämonischen, gnostischen Weisheit seiner Jünger von der tragischen, notwendigen Weltliebe Gottes. Am unverhülltesten bricht das durch in der direkten Gleichsetzung von Mutter Gottes und Mutter Erde im ekstatisch-dionysischen Weltkult der Marja Lebjädkina. Eva, die fruchtbare, schuldige, verführende, ist hier je schon um ihrer Schönheit willen erlöste Maria. Hieher gehört aber auch endgültig die schon erwähnte, für Dostojewskij so wesentliche Vision des irdischen Paradieses. Ein Claude Lorrain der Dresdener Galerie, „Acis und Galathea“, ist hier Leitmotiv, einer jener Claudes, die Nietzsches innerste Helligkeit, ihm selber sinnbildlich, ausprägen („Reinstes Oktoberlicht überall . . . ein wahres Wunder von Schönheit und Lichtfülle – ein Claude Lorrain in Permanenz. Ich bin jetzt der dankbarste Mensch . . . herbstlich gesinnt in jedem guten Sinne des Wortes“[1]). Die sehnsüchtige Vision einer klagelos verklärten Sonnenwelt taucht in der Beichte Stawrogins auf, an einem Tiefpunkte von dessen moralischer Existenz, wo sie wie ein unerreichbarer, vergangener Wunschtraum aus seiner höllischen Verkommenheit aufsteigt. Sie ballt sich nah und gegenwartsbezogen zusammen in Kirillofs grübelnden, kranken Plänen, im Sprung des Augenblicks den Genuß eines Gotts zu erfliegen, sie breitet sich in der Zukunftsebene aus in Wersilofs christlich-antichristlichen Phantasien, um endlich im „Traum eines lächerlichen Menschen“ ihre klarste thematische Durchführung zu erhalten und dann noch in jähem Absturz, verzerrt, dem Spott des Teufels vor Iwan anheimzufallen.[2] Der lächerliche Mensch, verzweifelnd an Sinn und Helle des Daseins, träumt seinen Tod und sein Begräbnis. Aber sein Grab öffnet sich und er fliegt, von einem Genius geleitet, neuen, unbekannten Welten zu.

> „Gibt es auch auf dieser neuen Erde Qualen? Auf unserer Erde können wir nur mit Qualen und nur durch Qualen lieben!

[1] BO. 439, 442. – [2] UD. 314, 344, 370 ff., 454, 476 ff.

> ... Es verlangt mich, ich dürste in diesem Augenblicke darnach, nur jene Erde, die ich verlassen habe, unter Tränenströmen zu küssen; ich will kein Leben auf einer andern Erde; ich lehne ein solches ab!"[1]

Aber als der Fuß auf der neuen Erde landet („Es war die nicht durch den Sündenfall entweihte Erde"), da wandelt sich diese iwansche Empörung in höchste Rührung. In einer hellenisch schönen Landschaft wohnten schöne, liebende Menschen, die nicht ahnten, was Stolz oder Kälte oder Wollust bedeutete. Sie starben zwar, aber wissend, „daß für sie eine noch größere Steigerung der Beziehungen zum Universum eintrete". „Sie priesen die Natur, die Erde, das Meer, die Wälder." „Ich konnte kaum atmen vor der Empfindung der Fülle des Lebens."[2] Aber was geschah? „Es endete damit, daß ich sie alle verdarb." Es begann harmlos, mit Scherz, Koketterie, ein Deut Lüge und Sinnlichkeit, Eifersucht ... „Sie lernten das Leid kennen und gewannen das Leid lieb; sie dürsteten nach Qual und sagten, die Wahrheit lasse sich nur durch Qual erreichen." „Sie spotteten sogar über die Vorstellung von ... ihrem früheren Glücke", konnten sich seiner nicht mehr erinnern. „Ich ging händeringend unter ihnen umher und weinte über sie; aber ich liebte sie vielleicht noch mehr als früher, wo auf ihren Gesichtern noch kein Ausdruck des Leidens lag ..." Aber sie spotten nur und sagen, „sie hätten nur das empfangen, was sie sich selbst gewünscht hätten, und alles ... habe sich mit innerer Notwendigkeit so gestaltet".[3]

Eine wirklich nur russische Paradoxie liegt in der kleinen Novelle, die mit dem Vorsatz endet, die Möglichkeit der sündelosen Welt den Menschen zu predigen. Denn gegen dieses Ende, gegen die ganze Erlösungssehnsucht steht die anfangs und zuletzt durchbrechende, schwermütig sich einbohrende Liebe zur Qual, und das ganze Arkadien wirkt wie eine schon leicht verfärbte Kulisse, jedenfalls um ein Unendliches zu schwerelos, zu luftig, um der süßen Schwere „*unserer* Erde" ein Gegengewicht zu bieten. Und enthüllt sie sich auch, in allen Abwandlungen, als eine Flucht Dostojewskijs aus der unerträglichen Schwere der sündigen Existenz, so war sie doch so oberflächlich in ihrer rousseauhaften Naturseligkeit, ihrer schleiermacherschen naiven Empfindung des Universums, daß Do-

---

[1] D. 3, 300. – [2] Ebd. 301, 304-305. – [3] Ebd. 308-312.

stojewskij aus ihr bald auf „unsere Erde" zurückstrebte. Die Flucht in die Sündelosigkeit der „reinen Natur" (einen Zustand, den es nach katholischer Auffassung nie gegeben hat, weil die Unversehrtheit des menschlichen Geistes von vornherein als ein personal-übernatürliches Verhältnis zu Gott ins Dasein trat), ist also zugleich eine Flucht von Gott und seiner Person-Nähe weg in das forcierte, hellenische Weltfühlen eines Petersburger Kellerschlupfmenschen.

Freilich steht neben dem arkadischen Paradies das religiöse des Starzen, die gnadenhaft-transzendente Durchleuchtung der Welt in der Christusliebe der Vollkommenen: „Alles ist ein Geheimnis ..." Und doch ist auch diese Verklärung noch mehr Claude Lorrain als Angelico, und der mystische Christus, nahe einem orphisch-dionysischen Mysterium, überwiegt bei weitem den persönlichen Christus. Von einer personalen Liebe zu ihm findet sich in Dostojewskijs ganzem Werk wenig. Die ekstatische Erwartung der Auferstehung, der Verklärung dieser Erde vollzieht sich in der „Idee" Christi mehr wie in einem „Medium" als wie in einer personhaften Ursache; Christus wird Mittel, statt Mitte zu sein. Das ist deutlich aus der Form der Liebe zu sehen, die Dostojewskij noch seinen Begnadetsten, Vollendetsten leiht. Gewiß ein unendlich befreites Hinströmen der ganzen Seele in Gottesliebe und Mitleid mit der Kreatur. Aber ein Strömen, das sich selber liebt, sich musikalisch hört („Benetze die Erde mit deinen Tränen und liebe auch noch diese deine Tränen"), das in der Begeisterung des Strömens ruhend bleibt. Und dieses Ruhn der Hingabe in sich selber stellt sich *darum* irgendwie über ihr Objekt und nimmt so wieder teil an der Schwermut alles Irdischen, das sich in sich schließt. Diese Schwermut aber maskiert sich zuletzt als christliche Liebe zum Leiden und steht als solche schon wieder in der vollen Zweideutigkeit. Von ihr zu Iwans Empörung, seiner Ablehnung Gottes und Bejahung der Welt (die sich nur leicht hinter der Umkehrung versteckt: Ablehnung der Welt und Bejahung Gottes) ist ein Schritt, und kein größerer als zu Aljoschas dionysischer Erdliebe, die nach dem Tode des Starez ausbricht, unter dem Nachthimmel:

> „Er stand und schaute empor ... und plötzlich, als hätte ihn ein wuchtiger Schlag getroffen, warf er sich zur Erde nieder. Er wußte nicht, warum er sie umfing. Er wollte auch nicht darüber nachdenken, warum es ihn so unwiderstehlich verlangte, sie zu küssen; er küßte sie weinend, schluchzend und tränkte sie

mit seinen Tränen. Und wie außer sich, schwur er einem Verzückten gleich, sie zu lieben, zu lieben in alle Ewigkeit."[1]

Dieser forciert-schwermütigen Erdliebe, wie sie Zarathustra, der Leichte, Verzichtende, nie als die seine erkannt hätte, liegt auch schon der entgegengesetzte Pendelausschlag verborgen, eine utopische, unwirkliche Geistigkeit. Wie es eben statt des persönlichen Gott-Menschen sein mystischer „*Leib*", die Menschheit, die ganze erlöste Erde war, denen die Tränen galten, so ist es jetzt sein „Geist", seine „Idee" (die, wie wir sahen, jenseits des absoluten irdischen Widerspruchs ihren Ort hat), welche ins Feld gegen den Atheismus und den Sozialismus geführt werden. Beide Ekstasen, die zum „mystischen Leib" und die zum „mystischen Geist", sind im hegelschen Sinn abstrakt und schließen sich, trotz allen Scheins erdschweren Realismus, nicht zur einen konkreten Mitte echter menschlicher Liebe mit dem, was sie an Schlichtem, Schwebendem, Ausgelöschtem hat. Sinnbild und Anzeichen dafür ist, daß *das* Gleichnis des wahren mystischen Leibes, die Ehe, bei Dostojewskij zu keinerlei erfüllter Gestalt gelangt.

Der pathetisch an den Beginn des Karamasof gestellte Spruch: „Wenn das Weizenkorn nicht in die Erde fällt . . ." meint im Grunde kein realistisches „Verwesen" und Sich-Auflösen, sondern ein ekstatisches, wenn auch nächtig-tragisches Verströmen. Der Starez stirbt, indem er leise vom Sessel gleitet, die Arme ausbreitet „und gleichsam in freudigem Entzücken die Erde küßte und betete, wie er es selber gelehrt".[2] Dann aber ist es die peinliche Überraschung mit dem „Verwesungsgeruch", die selbst Aljoscha fast irremacht und die geradezu als ein Gegensatz zu seinem ekstatischen Verströmen erscheint, statt seine konkreteste Form. Und das Leben des Seligen nach dem Tode gibt sich auch noch als ein verklärtes Mitströmen mit dem weiterrollenden Strom der Menschheit.[3] So ist die Lesung der „Hochzeit von Kana" am Sarge Sossimas durchaus sinnbildlich: „Fürchte Ihn nicht. Furchtbar ist Er durch Seine Hoheit vor uns, schrecklich durch Seine Majestät, aber gnädig ist Er ohne Ende, aus Liebe hat Er sich ja uns gleichgestellt und erheitert sich mit uns, Wasser wandelt Er in Wein, damit die Freude der Gäste nicht versiege, neue Gäste . . . ladet Er ein in alle Ewigkeit."[4] An der entscheidenden Wende von Aljoschas Schicksal ertönt diese Bot-

---

[1] D. 24, 156. – [2] D. 24, 85. – [3] D. 22, 124-125. – [4] D. 24, 155.

schaft von dem in der Welt mitverströmten, mitberauschten Gott. Christus und Dionysos verschwimmen, wie einst bei Hölderlin Christus als Bruder Herakles und Letzter der Götter auftrat. „Merke dir, daß der Dichter im Augenblicke der Begeisterung Gott erfaßt", schrieb der 17jährige Dostojewskij an seinen Bruder.[1] Auch für Aljoscha wird die eigentliche Sendung, nach der Sendung durch den Starez, erst das dionysische Pfingsterlebnis, das ihn zur Erde niedermäht unter der Wucht der Heimsuchung: „‚Irgendwer suchte meine Seele heim in jener Stunde', sprach er hinfort und glaubte fest an sein Wort."[2] In dieser Ekstase ist ihm eine unverhüllte Begegnung zuteil geworden, wie auch nach Sossima „das Bild des Heilandes . . . in all seiner Verlassenheit herrlich und *unentstellt*"[3] im wahren russischen Mönch für die Endzeit aufbewahrt wird.

Hier erhebt Nietzsche sein Nein: „Jenes heiße, brennende Gefühl der Verzückten: ‚Dies ist die Wahrheit', dies mit Händen Greifen und mit Augen Sehen . . . ist kein Weg der Erkenntnis."[4] Der Kellerschlupfmensch ahnt, in seinem verzerrten Schimpfen, doch etwas von der Unwahrheit der Ekstase: „Sie haben etwas von der Wahrheit erkannt; aber Sie haben kein Schamgefühl; . . . Sie bringen sie in schmählicher Weise auf den Markt! . . . Und wie aufdringlich benehmen Sie sich! Was schneiden Sie für Gesichter! Lüge, Lüge, lauter Lüge!"[5] Der „Jüngling" schwankt unreif und unsicher zwischen der Eitelkeit der Distanz und der der Verströmung: „Oh, ich weiß, daß ich im Verkehr mit Menschen sehr schweigsam sein muß. Der gemeinste von allen Fehlern ist, sich jemanden an den Hals zu werfen; das habe ich soeben gesagt, und doch werfe ich mich Ihnen jetzt an den Hals!"[6] Gerade in die beide Lügen überwindende Mitte will Zarathustra einüben: Er will „sich eben an solche wenden, die, im Gedränge und mitten im Gesindel lebend, entweder ganz und gar die Opfer dieses Distanz-Affektes werden (des Ekels, unter Umständen!) oder ihn ablegen müssen".[7] Für diese letzten wird aufgestellt: „‚Liebe deinen Nächsten' – das heißt zu alleroberst: ‚Laß deinen Nächsten laufen!' – Und gerade dieser Teil der Tugend ist der schwerste!"[8]

Der Kampf Nietzsches gegen dieses Heiligkeits- und Verklärungsideal als Verströmung ist aber eben damit auch ein Kampf gegen den andern Pendelausschlag: das dämonisierte, in sich verbissene

[1] DB. 6. – [2] D. 24, 157. – [3] D. 24, 63. – [4] N. 11, 164. – [5] D. 3, 60. – [6] D. 21, 104; vgl. 321. – [7] NB. 4, 167. – [8] N. 12, 276.

Nein von Dostojewskijs Atheisten. Wir sahen schon, daß keiner von ihnen das Geheimnis Nietzsches widerspiegelt, das wesentlich jenseits von Verströmung und Selbstbewahrung in der Ethik des „Was liegt an mir“ geborgen liegt. In der bösesten Perspektive erschiene also Dostojewskij geradezu als der Mensch, der die Kunst des Liebens nicht versteht, der aus der neurotischen Indifferenz-Mitte forcierte Ausfälle macht bald in verfehlte Hingabe, bald in gezwungene Selbststeigerung. Seine Politik der „Erd-Verwurzelung“ gliche dem Wunschtraum eines hoffnungslos Entwurzelten, selbst seine Religion könnte noch wie maskierte Erotik sich ausnehmen, Erfindung eines anderswo unbefriedigten, lyrischen Bedürfnisses nach Verströmung. Es wäre dann auch letztlich bezeichnend, daß für Dostojewskij, so sehr er persönlich rein und zartfühlend war,[1] nicht der Stolz, sondern die Unzucht das entscheidende Sinnbild der Seinskrankheit, der Ursünde war. Sie ist Zerrbild und falscher Ersatz echter Transzendenz. Noch in Dostojewskijs Allerreinsten hat Keuschheit trotz ihrer Unverletztheit eine beständige Gefahrgrenze zu Unzucht hin.

Zwischen der zweideutigen Unmittelbarkeit des ekstatischen Augenblicks und der eindeutigen Mittelbarkeit vollendeter Liebe suchten wir einst den Weg der Seele als Übergehen. Nun zeigt sich, daß jenes Nicht-Übergehenwollen (das sich in der Problematik der Glaubensanalyse zeigte) die vollendete Liebe selbst noch unter den Formprimat des „Ekstatischen“ stellt und darum in eine tiefere Zweideutigkeit, als der sich auslegende Dostojewskij selbst es ahnt. Christliche Eschatologie wird bis zuletzt durch den Schleier des Dionysischen gesehen; denn dionysisch war zuerst das ekstatisch-kranke Konfinium zum Jenseits (als entscheidend eschatologische Kategorie), dionysisch das Pathos der forcierten Pendelschläge zwischen mystischer Leiblichkeit und mystischer Geistigkeit Gottes: – der gekreuzigte Dionysos.

2. Aber eben an diesem Punkte muß Dostojewskijs Widerspruch gegen Nietzsches Diagnose wach werden. Also doch Selbstbewahrung? Doch Einschließung der strömenden Wasser in die Staumauern von Welt und Ich? Ist es nicht besser, sich ausquellend, aber befruchtend zu verunreinen, als in eine starre, eiserne Größe hinaufzuwachsen? Ist demütiges In-der-Lüge-Verharren nicht reiner

[1] AGD. 78-79.

als der Fanatismus von Reinlichkeit und Wahrhaftigkeit? Ist die irdische Unreinheit, Krankhaftigkeit alles irdisch-Ekstatischen nicht gesünder als eine Anmaßung der großen Gesundheit? Denn die unabweisbarste „Tatsache“ ist, daß Seele sich in der Situation der Transzendenz befindet, das hoffnungslos Zerbrochene des ethischen Kreises zwingt in sie hinein. Und eine ebensolche „Tatsache“ ist es, daß ohne Gott, das ist ein unendliches *Ziel* der Transzendenz, jede Gesundheit nur tiefere Schwäre ist, jedes eschatologische Zentrum der Seele tiefere Exzentrik. Und wenn das wahr ist, dann muß Nietzsches „Gottesmord“ selber unter seinen psychologischen Entlarvungen als sublimierte Angst des Überschritts, und somit letztlich als die Verleugnung der dionysischen Grundbewegung der Seele sich enthüllen lassen. Es muß tragisches, nicht lösendes Eschaton sein.

Gegen diese Anschuldigungen hat Nietzsche eine zweifache Antwort. Die erste ergeht vom „realistischen“, „entlarvenden“ Psychologen: Die Transzendenz der ethischen Zerbrochenheit auf eine Hinterwelt ist das ewig unbewiesene Apriori aller Religion. Dieses Apriori aber kann bei tieferer Analyse selbst auf einen Modus der Immanenz zurückgeführt und der „Stachel“ zum Transzendieren als invertierte Grausamkeit des Lebens enthüllt werden. Im Aufdecken dieses Verhältnisses wird die Tugend entgiftet und erst eigentlich ihrer eigenen Wahrheit zurückgegeben: „Ich möchte dem menschlichen Dasein etwas von seinem herzbrecherischen und grausamen Charakter nehmen.“[1] *Sachlich* wird die Tugend erst werden, wenn sie es verlernt, sich selber ständig auf eine imaginäre göttliche Person zu beziehen; aber nichts ist eben „dem Menschen schwerer, als eine Sache unpersönlich zu fassen, in ihr eben eine Sache und keine Person zu sehen“.[2] Die zweite Antwort aber ergeht vom „umwertenden“, „ja-sagenden“ Philosophen, der dem vermeintlich religiösen Transzendenzphänomen seinen wahren positiven Sinn gibt: es ist das immanente Strömen und Ruhn des Lebens selbst, das sich „ins Leben schneidet“, um sich zu fühlen, und das sich selbst „hintendrein wieder heilt“. Das *Ganze* also, Wunde und Heilung, ist das Wahre und das Gute. Und dies bis zur „Erlösung“ auch noch des Vergangenen,[3] seiner Gutheißung und Aneignung bis zur Fassung der umfassenden Notwendigkeit: „Wir verstehen alles, wir leben alles, wir haben kein feindseliges Gefühl mehr in uns . . . ‚Alles ist gut‘ – es kostet uns Mühe, zu verneinen.“[4]

[1] NB. 3 (1), 225-226. – [2] N. 3, 23. – [3] N. 6, 206. – [4] N. 15, 303.

Dostojewskij hat auf diese doppelte Antwort Nietzsches eine geniale Entgegnung: die Erfindung Kirillofs. Kirillof hat „Gott getötet" – weil er, wie Nietzsches häßlichster Mensch, Gott nicht ertrug. Um diesen „Mord" zu ermöglichen, muß er, wie Nietzsche, die Transzendenz „entgiften" und sie als Modus der Immanenz verstehen. Nietzsche hatte gesagt:

> „Alles heiße ich gut,
> Laub und Gras, Glück, Segen und Regen."[1]

Kirillof ähnlich:

> „Einfach ein Blatt, nur ein Blatt. Ein Blatt ist gut. Alles ist gut ... Der Mensch ist unglücklich, weil er nicht weiß, daß er glücklich ist, nur deshalb ... Wer es erfährt, der wird sofort glücklich sein, im selben Augenblick. Alles ist gut, alles ... Das ist der ganze Gedanke (meiner Lehre)."[2]

Kirillof sagt auch, er sei „sehr glücklich". Erfährt er in seinem Weltgefühl nicht, wie Nietzsche, die ewige Glückstiefe des Seins, den großen Mittag („Still! Still; Ward die Welt nicht eben vollkommen?"[3]), und erblickt er nicht, wie der Knabe Markell, das alte Paradies durchscheinend? Mit denselben Worten drückt er's aus: Wer um sein Glück *weiß*, der ist glücklich. Freilich hat Dostojewskij zunächst ein Kriterium, dieses gottlose „Gut" vom religiösen zu scheiden. Kirillof ist ein geometrisch-klarer, ein eisig-brennender Denker. Das Zeichen der „Erwählung" fehlt: Tränen der Begeisterung. Aber dieses „Zeichen" dürfen wir hier nicht mehr gelten lassen. Kirillof bringt also, wie Nietzsche, sein Gutsein in Beziehung zu seiner Gottlosigkeit. Gott, sagt er, ist das große Unbekannte jenseits der Welt, der darum die Welt unsicher macht, zur Angst vor ihm treibt. Nein, die Angst vor dem Jenseits *ist* Gott. Angst vor dem Jenseits aber ist nichts als Angst vor dem Tode, und diese selbst ist paradox, als Angst vor dem Aufhören des Leidens. Hat aber der Mensch diese Angst überwunden, dann hat er Gott überwunden, der das Gespenst seiner Angst ist. Dann erst kann er aufatmen und sprechen: Alles ist gut! Nietzsches „Psychologie" der Religion kann nicht besser zusammengefaßt werden.

Das aber ist erst der Abbau, zur Ebene des „Tatsächlichen". Bemächtigung des Guten, des Lebens in seiner Tiefe, fordert mehr:

[1] N. 8, 385. – [2] D. 19, 55. – [3] N. 6, 401.

die Möglichkeit des „großen Mittags“, der umfassenden Ekstase. Sie wird aber nicht nur die Fülle des in der Lebenszeit zerstreuten Glückes einsammeln, sie wird auch die Grenze selbst, den Tod, als *meine* äußerste Möglichkeit einholen müssen. Nur wenn *ich* über meinen Tod verfüge, ist mir das unendliche Leben in dieser Grenze gesichert. Kirillofs Grübeln schwingt so zwischen den zwei Polen, die doch dieselbe Idee ausdrücken: Aufhebung der Zeit in eine innerweltliche Ewigkeit und – Selbstmord als Erweis der eigenen Freiheit über meine Grenze und darin Befreiung von der Angst vor dem „Jenseits“ der Grenze. Zunächst der erste Pol:

> „‚Sie glauben also an ein zukünftiges und ewiges Leben?‘
> ‚Nein. Nicht an ein kommendes ewiges Leben, sondern an ein irdisches ewiges Leben. Es gibt Momente ... Sie kommen zu Momenten, wo plötzlich die Zeit stillesteht und Ewigkeit wird.‘
> ‚Sie hoffen, zu einem solchen Augenblick zu gelangen?‘
> ‚Ja.‘
> ‚Das ist wohl kaum möglich in unserer Zeit‘, bemerkte (Stawrogin), ohne die geringste Ironie; er sprach langsam. ‚Es ist in der Apokalypse, daß der Engel schwur, es werde keine Zeit mehr geben.‘
> ‚Ich weiß. Da ist es sehr richtig, klar und präzis ausgedrückt. Wenn die Menschheit ihr Glück erreicht haben wird, dann wird es keine Zeit mehr geben, weil es nicht mehr nötig sein wird. Das ist eine sehr richtige Idee.‘
> ‚Und wohin wird man die Zeit stecken?‘
> ‚Man steckt sie nirgendshin. Die Zeit ist kein Ding, sondern ein Begriff. Er wird aus der Vernunft verschwinden.‘[1]
>
> –
>
> Es gibt Sekunden, im Ganzen nur fünf oder sechs auf einmal, und plötzlich fühlen Sie die Gegenwart der ewigen Harmonie, einer völlig erreichten ... In diesen fünf Sekunden durchlebe ich das Leben, und würde für sie mein ganzes Leben hingeben, denn sie sind es wert.“[2]

Und als Kirillof den ungeheuren Augenblick nahen fühlt, da stellt er die Uhr ab: 37 Minuten nach Zwei ... Die innere Zeitüberhobenheit soll auch Welt-Ewigkeit sein.

[1] D. 19, 53-54. – [2] D. 20, 226-227.

Aber eine alles durchschneidende Zweideutigkeit bleibt in dieser „Aufhebung“: Die Zeitsynthese, die in die Freiheit vom Nacheinander erheben soll, ist „Identität“. Die Freiheit als Todesüberlegenheit ist „Indifferenz“ („Volle Freiheit wird dann sein, wenn es völlig indifferent sein wird, zu leben oder zu sterben.“ „Der Mensch ist noch nicht, was er sein wird. Es wird einen neuen Menschen geben, glücklich und stolz. Dem es indifferent sein wird, zu leben oder nicht zu leben“). Sind wir zu Schelling zurückversetzt? Schelling–Nietzsche? Aber die Kategorien sind existential geworden. Indifferenz, erklärt Dostojewskij, ist *wirklich* nur im Augenblick des Selbstmords, Identität nur in dem der Epilepsie. Kirillof berichtet Schatof über seine Ekstasen:

> „Das ist nichts Irdisches. Ich rede nicht davon, ob es himmlisch ist, sondern daß der Mensch in irdischer Gestalt es nicht aushalten kann. Man muß sich physisch verändern oder sterben. Das ist ein klares, unbestreitbares Gefühl. Als ob man plötzlich die ganze Natur fühlt und sagt: ‚Ja, das ist richtig.‘ Gott hat, als er die Welt schuf, am Abend jedes Schöpfungstages gesagt: ‚Ja, das ist richtig, das ist gut.‘ Das . . . das ist nicht eine Ergriffenheit, sondern nur so eine Freude. Man verzeiht auch nichts mehr, was zu verzeihen wäre. Es ist nicht, daß man liebt, oh – das hier ist höher als Liebe! Das Furchtbarste ist, daß es so schrecklich *klar* ist und eine solche Freude.“[1]

Keine Ergriffenheit, wie die Freude Markells oder Sossimas! Nein, die Kälte des Verstandes Kirillofs sozusagen von innen her Licht geworden. Und eine Freude, die unmittelbar zu Gottes Schöpfungsfreude ist, also Zeichen des erreichten Zentrums, auch ohne Gott. „Höher als Liebe“ – eine positive Überwindung von Gut und Böse in ein verklärtes Jenseits. Und doch in allem Ergreifen (statt Ergriffensein), Besitzen (statt Lieben) der Schöpfung eine abgründige Einsamkeit in klarster Herrlichkeit, als ob Luzifers Ewigkeit in dieses Glück gemischt wäre. Hatte nicht Schelling gesagt: Die Hölle ist das Fundament des Himmels? Und ist nicht dieses ganze höchste Lebens-Sterbe-Glück hoch „über Liebe“ und doch „furchtbar klar“ das unmittelbarste Bild des „großen Mittags“ Nietzsches?

[1] D. 20, 227.

Das Erlebnis Zarathustras, der Augenblick von Sils Maria, war die Suspension der Zeit. An Brandes schreibt Nietzsche: „Ich pflege nämlich mitunter zu vergessen, daß ich lebe. Ein Zufall, eine Frage erinnerte mich dieser Tage daran, daß in mir ein Hauptbegriff des Lebens geradezu ausgelöscht ist: der Begriff ‚Zukunft'. Kein Wunsch, kein Wölkchen Wunsch vor mir! Eine glatte Fläche. ... Ist es, daß ich zu lange in der Nähe des Todes gelebt habe?"[1] „Höher als Liebe", sagt Kirillof. Und Nietzsche nicht minder geheimnisvoll: „Alle große Liebe will *nicht Liebe* – die will mehr."[2] Aber dieses „Mehr" geht notwendig in jene Eisregion hinein, die Nietzsche in einem Meisterstück als „Erkenntnis des Leidenden" beschrieben hat. „Es ist möglich, daß dies dem Stifter des Christentums am Kreuze begegnete, denn die bittersten aller Worte: ‚Mein Gott, warum hast du mich verlassen!', enthalten, in aller Tiefe verstanden, wie sie verstanden werden dürfen, das Zeugnis einer allgemeinen Enttäuschung und Aufklärung über den Wahn seines Lebens ... Mit Verachtung gedenkt (der Mensch) der edelsten und geliebtesten Illusion, ... in einer schauerlichen Hellsichtigkeit über sein Wesen ruft er sich zu ... : ‚Erhebe dich über dein Leben wie über dein Leiden, sieh hinab in die Gründe und die Grundlosigkeit!'"[3] Nicht als ob Kirillofs „Jenseits der Liebe" mit diesem „Heraufbeschwören der tiefsten Hölle" des Geistes[4] gleichlautend wäre. Aber diese „schauerliche Hellsichtigkeit" ist als *Basis* aus dem Eschaton Nietzsches nicht wegzudenken. Und Dostojewskij sagt dazu: „Gerade diese Klarheit ist es, die ihn umbringt."[5] Nietzsche weiß wohl, daß seine eisig-herrliche Einsamkeit tötend ist, aber nichts lockt ihn aus der Höhe seiner Über-Liebe mehr herab: „Mögen sie mich klappern und seufzen hören vor Winterkälte, ... im Sonnen-Winkel meines Ölbergs singe und spotte ich alles Mitleids."[6]

In dieser immanenten Tragik ist dieser ganze hohe Augenblick aber schon innerlich hinübergespannt zum andern Freiheitspol, zur „Indifferenz". Um sich in diese zweite Mitte zwischen Leben und Tod zu schwingen, muß Kirillof sich opfern. Wenn er sich aus Freiheit tötet, so ist das Zentrum eingenommen, der Alp Gottes von den Menschen gehoben. „Wer sich tötet, um die Angst zu töten, der wird sogleich Gott werden ... Wem es ganz egal ist, ob er lebt oder nicht lebt, der wird ein neuer Mensch sein, ... der wird Gott sein und sich physisch umgestalten."[7] Nietzsche unterschriebe

[1] NB. 3 (1), 307. – [2] N. 6, 427. – [3] N. 5, 113-114. – [4] Ebd. 114. – [5] D. (P.) 12, 331. – [6] N. 6, 257. – [7] D. 18, 188-189.

mit vollster Billigung das Wort Kirillofs: „Gott ist der Schmerz der Todesangst."[1] Immer hat er den freien Tod verkündet, Todesfurcht gilt ihm nur als angezüchteter Unfug,[2] der Tod selbst die größte „Banalität",[3] eine „dumme physiologische Tatsache",[4] zu der der Mensch sich in edler und gelassener Freiheit verhalten soll. Und in Zarathustra dasselbe Drängen zum Untergehen, damit der Pfeil Mensch durch diesen Untergang übergehe in den Übermenschen, die „physische Veränderung" sich vollziehe.

Dostojewskij legt so gleichsam an Nietzsches Ideal ein verzerrendes, aber doch vergrößerndes Glas an, unter dem es in „Identität" und „Indifferenz" zerfällt, deren Einheit ein unerreichbarer Grenzbegriff bleibt und in Kirillof geradezu als das Absurde erscheint. Nur in einer inkonsequenten Schwebe zwischen beiden, in der Verwischung ihres Unterschieds, kann Nietzsches Ideal sich behaupten. Er muß die apokalyptischen Pendelausschläge zwischen „physischer Veränderung" bis zum Gottwerden und nihilistisch-positivistischer „Entlarvung" bis zum „Gorilla"[5] in jene „humane" Mitte mäßigen, die zwar den „klassischen Nietzsche" begründet, aber die die volle Lähmung seiner wesentlichen Impulse besagt. Denn die „edle Aufgeklärtheit" dieser Mitte ist weder mehr die „furchtbare Klarheit", die erstarrte Ewigkeit des gottgleichen Augenblicks, noch kann sie die *erreichte* Indifferenz über Leben und Tod sein.

Dostojewskijs eigentliche Rache an Kirillof und Nietzsche aber ist erst die Tatsache, daß Kirillofs Ekstase, ohne daß er es weiß, beginnende Epilepsie ist, so wie in Nietzsches Ekstase der „biologische Faktor" grundlegend ist. Und wenn die Grausamkeit dieser Rache bis dahin geht, daß der Vollzug der „Erlösungstat" Kirillofs – den der Mayaschleier der Krankheit im entscheidenden Augenblick verläßt – sich zu einem grauenvollen Finale von Angst und Grauen und Erstarren zur Marionette gestaltet, so gleicht eben doch auch Nietzsches Endschicksal in erschreckender Weise dem Kirillofs: Dostojewskij selbst hätte kein anderes, folgerichtigeres dichten können. Was Kirillof nur in Epilepsie erreicht, das Nietzsche nur im Wahnsinn: hier fühlt er sich als der Gott, der andre zu sich emporheben, vergöttlichen kann.

In den Briefen seines ausbrechenden Wahnsinns zeichnen sich alle diese von Dostojewskij über seine Position hinausgeführten Ver-

---

[1] Ebd. 188. – [2] N. 14, 217. – [3] N. 3, 233. – [4] N. 16, 315. – [5] D. 18, 189.

längerungslinien klar ab. Ein „Gott-sein" (Identität), das ihm ständig in die „Bedürfnislosigkeit der Zyniker" (Indifferenz) umschlägt;[1] eine „Schaffung der Welt", bei der man doch, „wie und wo man lebt, Opfer bringen muß";[2] „Die Welt ist verklärt und alle Himmel freuen sich", aber als Unterschrift: „Der Gekreuzigte";[3] „Ich, zusammen mit Ariadne, habe nur das goldene Gleichgewicht der Dinge zu sein",[4] aber er flieht diese Bedürfnislosigkeit in ein hemmungsloses Umarmen aller Menschen. Endlich vor allem drängt in den Tagen, wo die Fieberkurve des Wahnsinns rasch steigt, alles zur Tat, zur großen, welterlösenden, christlich-antichristlichen Einigung der Welt unter ihm – Cäsar! Napoleons Vermächtnis, aber ins Geistige gewendet, liegt auf ihm. Und doch, zugleich fühlt er nicht nur die Welt um sich zittern und in Untergängen sich neu gebären,[5] sondern sich selbst in der Nichtigkeit des „Hanswurst"[6] dunkel untersinken – nunmehr wirklich in das Dilemma Raskolnikofs gestellt: „Napoleon – oder eine Laus?", oder doch in die furchtbare Ironie der letzten „Wallenstein"-Szenen, wo dieser alle Anzeichen nahender Untergänge mißdeutet in die Wehen des großen Anbruchs. Oder, noch tiefer, in den sinnvollen Untergang im Sinnlosen am Ende des Versuchs, wie Hölderlin die Kluft zwischen Dionysos und Christus zu überbrücken.

Dostojewskijs entscheidende Diagnose muß daher lauten: Angst vor Hingabe, Angst vor Gott. Kirillof spricht es aus: „Mich hat Gott mein Leben lang gequält"[7] – daß ich mich ihm ergebe. Und dieses Sich-Ergeben ist Eingeständnis der Krankheit, der radikalsten, die darin besteht, daß sie sich nicht selber heilen kann. Vor der unsäglichen Scham dieser Entblößung flieht die Kreatur in den Gottesmord. Und da Zarathustra dem „häßlichsten Menschen" begegnet:

> „‚Ich erkenne dich wohl', sprach er mit einer erzenen Stimme: ‚*du bist der Mörder Gottes*! Laß mich gehn.
>
> Du *ertrugst* den nicht, der *dich* sah, – der dich immer durch und durch sah, du häßlichster Mensch! Du nahmst Rache an diesem Zeugen!'"

---

[1] Zit. nach E. Podach: Nietzsches Zusammenbruch (Heidelberg [1930]), 96. – [2] Ebd. 96. – [3] Ebd. 86. – [4] Ebd. 88. – [5] Ebd. 68. – [6] „‚Hanswurst', Satyr, oder, wenn Sie es vorziehen, ‚Feuilletonist' ...", ebd. 79. – [7] D. 18, 190.

Und der Häßliche:

> „‚Sein Mitleiden kannte keine Scham: er kroch in meine schmutzigsten Winkel. Dieser Neugierigste, Über-Zudringliche, Über-Mitleidige mußte sterben.'"[1]

Aus dieser Verschließung in sich („Ich will für mich eine eigene Sonne schaffen"[2]) aber ein furchtbarer Absturz, den ja Nietzsche selber beschreibt. Statt des neuen „Zentrums" eine tragische Auflösung:

> „1. Mein *Anstreben* gegen den Zerfall und die zunehmende Schwäche der Persönlichkeit. Ich suchte ein neues Zentrum.
> 2. Unmöglichkeit dieses Strebens erkannt.
> 3. *Darauf ging ich weiter in der Bahn der Auflösung – darin fand ich für Einzelne neue Kraftquellen. Wir müssen Zerstörer sein!* – –"[3]

Denn das ist die Konsequenz der „Entgiftung" des Ethischen, mit der Umbiegung der Transzendenz auch die Abstumpfung der feinen Spitze des Geistes in die Natur hinein:

> „Wir sind in allen Stücken bescheidener geworden. Wir leiten den Menschen nicht mehr vom ‚Geist', von der ‚Gottheit' ab, wir haben ihn unter die Tiere zurückgestellt."[4]

Aber eben, in den Zwang der Natur zurückgeworfen, ist er nicht mehr frei. Er kann noch im heroischen amor fati seine Notwendigkeit umfangen, aber *diese* Notwendigkeit ist nicht mehr jene, die alle Freiheit liebend an sich kettet. Wo Gott einst der „Wilde Jäger"[5] der Seele sein sollte, wird es der „Erzene Stier", die Welt. Und ein seltsamer Zwang ist diese neue Freiheit:

> „‚Wenn Gott existiert (sagt Kirillof), dann ist alles Sein Wille, und außerhalb Seines Willens vermag ich nichts. Existiert er nicht, so ist alles mein Wille, und *ich bin gehalten*, meinen eigenen Willen zu offenbaren.'
> ‚Ihren eigenen Willen. – Und warum gehalten?'"[6]

---

[1] N. 6, 387. – [2] N. 5, 244. – [3] N. 15, 443. – [4] N. 8, 229. – [5] Ursprünglicher Titel der Dithyrambe „Klage der Ariadne", N. 8, 429. – [6] D. 20, 271.

Aber diese Freiheit kann sich doch nicht in ein erlöstes In-der-Welt-sein beruhigen. Sie wird zu einer neuen, gejagten Heimatlosigkeit, die immer wieder aus den Verstrickungen der Existenz in etwas ganz Neues, ganz Frisches und Unbetretenes transzendieren möchte. So Iwan Karamasof, der aus dem unlösbaren Lebensknäuel heraus beschließt, „als einsamer, suchender Wanderer, mit großen Hoffnungen" nach Europa zu reisen, „einen neuen, ihm ganz unbekannten Weg (zu) betreten". So auch Nietzsche, der Wanderer in je höhere Einsamkeiten, sich sehnend ins Leichte, Sonnengoldene:

„Was floh Zarathustra von Tier und Menschen?
Was entlief er jäh allem festen Lande?
Sechs Einsamkeiten kennt er schon –,
aber das Meer selbst war nicht genug ihm einsam,
die Insel ließ ihn steigen, auf dem Berg wurde er zur Flamme,
nach der *siebenten* Einsamkeit
wirft er suchend jetzt die Angel über sein Haupt."[1]

Myschkin, auf dem Sonnengipfel eines Schweizer Berges, überfällt diese selbe Einsamkeit: „Er erinnerte sich jetzt, daß er damals seine Hände nach dieser hellen, endlosen Bläue ausstreckte und weinte",[2] nicht aus Sentimentalität, sondern aus dem Gefühl des Fremdseins in dem Fest dieser Welt, des Mehrseins. Es ist jene „Vergessenheit", in der Nietzsche auf den Höhen über Portofino versank, „Mehrfach auch lasse ich große Feuer vor mir emporlodern, . . . Heidekraut ringsherum".[3]

Es ist augenscheinlich, daß Nietzsche immer in einer Situation steht, die bisher den Namen des Religiösen, ja des Mystischen getragen hat. „Wessen Gedanke", sagt er selbst, „nur *ein*mal die Brücke zur Mystik überschritten hat, kommt nicht mehr davon ohne ein Stigma auf allen seinen Gedanken."[4] In seiner Jugend gibt Nietzsche dieser Situation noch den Namen eines Appells: „Es geht geisterhaft um uns zu, jeder Augenblick des Lebens will uns etwas sagen, aber wir wollen die Geisterstimme nicht hören. Wir fürchten uns, wenn wir allein und stille sind, daß uns etwas in das Ohr geraunt werde, und so hassen wir die Stille."[5] Und doch ist

---

[1] N. 8, 425. – [2] D. 16, 83. – [3] NB. 4, 263-264. – [4] N. 12, 259. – [5] N. 1, 437.

Nietzsche vor dieser Stille nicht geflohen, sondern immer tiefer in sie hineingegangen. Aber immer mehr verliert dabei die Stimme an Gestalt (als ob „Stimme" etwas viel zu Äußerliches, Gegenständliches, Aufdringliches wäre im Vergleich zum wesentlicheren Appell des Schweigens) und weicht der reinen Zuständlichkeit, die auch noch die zarteste Form von Gegenüber ablehnt: „Der Begriff ‚Gnade' hat inter pares keinen Sinn und Wohlgeruch; es mag eine sublime Art geben, Geschenke von oben her gleichsam über sich ergehen zu lassen und wie Tropfen durstig aufzutrinken: aber für diese Kunst und Gebärde hat die vornehme Seele kein Geschick, ... *sie weiß sich in der Höhe*."[1] Dieses Erlöschen der „Gnade" ist der letzte Anlaß zur Diagnose Dostojewskijs: Nietzsche kann nicht Du sagen, *kann nicht lieben*. Der große Mensch, sagt Nietzsche, „will kein ‚teilnehmendes Herz', ... er findet es geschmacklos, wenn er vertraulich wird".[2] Nietzsche hat die Reinheit so weit getrieben, daß alle Hingabe ihm unrein erscheint: „Denn die Einsamkeit ist bei uns eine Tugend, als ein sublimer Hang und Drang der Reinlichkeit, welcher errät, wie es bei der Berührung von Mensch und Mensch ... unvermeidlich unreinlich zugehn muß."[3] Daran ändert Nietzsches lebenslängliche Sehnsucht und Klage nach Freunden so wenig, wie letztlich auch die „Ausrede" der Unmitteilbarkeit („Die Unmitteilbarkeit ist in Wahrheit die furchtbarste aller Vereinsamungen, die Verschiedenheit ist die Maske, welche eiserner ist als jede eiserne Maske – es gibt nur inter pares vollkommene Freundschaft"[4]). Denn diese Ausrede gilt, Nietzsche weiß es, nicht Gott gegenüber: „Ein tiefer Mensch braucht Freunde, es wäre denn, daß er seinen Gott noch hat."[5] In Iwans Nicht-Liebenkönnen entlarvt Dostojewskij diesen Hochmut der Tiefe: „Nehmen wir an, ich zum Beispiel vermag tief zu leiden, aber kein anderer kann ja jemals erfahren, bis zu welchem Grade ich leide ... und außerdem ist der Mensch selten bereit, einen andern für einen Leidenden anzuerkennen, *gleich als ob dies ein Rang wäre* ... In der Vorstellung kann man noch allenfalls den Nächsten lieben, und bisweilen sogar aus der Ferne, aber fast niemals aus der Nähe."[6] Aljoscha kann diese Moral der „innern Vornehmheit" nicht billigen, sie steht mit Iwans Gottlosigkeit in unterirdischer Beziehung. Aljoscha versteht, daß Lieben nicht abgeht ohne den Mut zum „Gemeinwerden", zur Würdelosigkeit. Sein „unreines"

---

[1] N. 7, 252. – [2] N. 16, 342. – [3] N. 7, 265. – [4] NB. 5 (2), 684. – [5] Ebd. 685. – [6] D. 23, 433.

Verströmen stünde so dem Wesen der Liebe näher als Nietzsches peinliches Reinsein.

*

3. Das gegenseitige Sich-Messen der beiden Weltanschauungen war ein *Gericht*, das heißt, es vollzog sich in der Form einer gegenseitigen Verneinung, und zeigte daher jede, auch in ihrem positiven Gehalt, unter der Form des Negativen. Dieses Gerichtsfeuer aber war, vom Ergebnis aus gesehen, ein Reinigungsfeuer, dazu bestimmt, das Unvergängliche in der Positivität beider aus den Schlacken herauszuläutern. An der Grenze der Entlarvungen bleibt ein *Rest* übrig, der ein neues Problem stellt.

Dieses neue Problem hat zwei Tiefenschichten. Die *erste* betrifft gleichsam den „Rest" in seiner Inhaltlichkeit. Es wird greifbar in der seltsamen Tatsache, daß letztlich beide Kämpfer sich den gleichen Grundvorwurf machten: das Verfehlen der echten Liebe. Bei Dostojewskij war es das neurotische Stehenbleiben zwischen zwei Wahrheitspolen als das Nicht-übergehen-Wollen ins Licht (daher das Bodenlose der Glaubensanalyse) und das verzweifelt forcierte Übertreiben beider Pole (wie um ihre Unvereinbarkeit und die Unmöglichkeit einer Wahl zu beweisen). Bei Nietzsche war es das Aufsteigern einer wesentlich übergänglichen, ontisch-unreinen Situation in einen Traum von Reinheit als Über-Liebe, wobei im heroischen Opfern aller Kommunikation auch noch nach innen und oben der Übergang abgebrochen wurde. Damit ist deutlich, daß Dostojewskij und Nietzsche in der gleichen Situation stehen, der eigentlich „mystischen" Situation vor dem letzten Wesen der Liebe. Beide sagen ein Ja und ein Nein, und durch dieses doppelte Ja und Nein hindurch muß uns das Inhaltliche ihrer Gemeinsamkeit verständlich werden.

Dann aber wird hinter diesem Problem ein tieferes kund. Das Nein, das beide sagen, ist zweideutig. Es steht in der Fragwürdigkeit, die wir früher als die zwischen Zustand und Auslegung, und damit zwischen Beschreiben und Wählen zeichneten. Das Nein kann entweder ein Konstatieren sein (daß *das* oder *das* zum Beispiel nicht Liebe sei), oder es kann ein Ablehnen sein. Dieses Ablehnen aber ist selbst wieder ein faktischer „Zustand" und damit der Beschreibung unterworfen. Fakta aber sind nicht „enthüllbar", sie *sind* einfach, was sie sind. An dieser Zweideutigkeit des Nein wird somit die eigentliche Grenze des Apokalyptischen kund und der Ort, wo „Entlarvung" in Phänomenologie umschlagen muß.

Das inhaltliche Restproblem stellt uns, wenn wir nunmehr beide Weltanschauungen in ihrem Positiven betrachten, vor die mystische Situation, in der nach dem Wesen der Liebe gefragt ist. In der gleichen Situation des Zögerns im Übergehen blicken beide anscheinend in entgegengesetzter Richtung. Dostojewskij erkennt die Notwendigkeit von Übergabe, während Verschließung ihm nur als Schuld erscheint, aber eine letzte Angst verzögert den Sprung. Nietzsche durchschaut den ästhetischen Trug der Hingabe, den Egoismus der Verströmung, sein Nein ist das Aufsparen, Aufstauen seiner innern reinen Kraft für das allerletzte Ja, das nur der unbedingtesten Notwendigkeit, in der siebenten Einsamkeit, jenseits aller unreinen Zufälle, erklingen darf.

„Schild der Notwendigkeit!
Höchstes Gestirn des Seins:
– das kein Wunsch erreicht,
das kein Nein befleckt,
ewiges Ja des Seins,
ewig bin ich dein Ja:
denn ich liebe dich, o Ewigkeit! “[1]

Beide Sichten der Liebe erscheinen wie ihr weiblicher und ihr männlicher Typus. Jener mit der Lüge und „Scheinbarkeit“ des Zauberns behaftet („Die Frauen, . . . was kommt immer dabei heraus? Daß sie ‚sich geben‘, selbst noch, wenn sie – sich geben“[2]), dieser mit dem Schaffensegoismus der Zeugung so sehr verbunden, daß „Liebe“ und „Wille zur Macht“ geradezu eins sind. Aber von diesen zwei Typen geht der Blick zurück auf jene grundlegende Problematik der Transzendenz, wie wir sie anfangs[3] zeichneten. Einerseits bilden beide jenen grundlegenden Widerspruch der Existenz selbst, sich weder im absoluten Spiegel noch im absoluten Fenster, weder im reinen Du noch im reinen Ich zu finden; insofern aber weisen beide, Nietzsche wie Dostojewskij, auf ein mögliches Jenseits beider Unvollendbarkeiten. Anderseits aber sind wir am Ende unserer langen Untersuchungen doch schon über jenen unvermittelten Gegensatz von „Spiegel“ (Liebe als Hingabe) und „Fenster“ (Liebe als reine Einsamkeit) hinaus; wir sind, genau gesehen, bei der Konstruktion ihrer Synthese *als* der absoluten Transzendenz über beide Endlichkeitsformen. Diese Synthese aber hatte sich uns als

[1] N. 8, 436. – [2] N. 5, 313. – [3] Siehe oben 203-207.

das Grenzproblem von Gnade und Freiheit gegeben, indem die absolute Selbstwahl der Freiheit (als Ausbrechen aus dem Spruch und Wider-Spruch des Spiegels, als Fenster und „Zustand“ also) sich selbst nur als das transzendent Geschenkte, die absolute, gnadenhafte Enthebung aus dem Widerspruch (als Ausbrechen aus der Verkerkerung in der Endlichkeit des Ich, als Spiegel und „Situation“ also), sich selbst nur als die immanente Selbstwahl denken ließ. Von da zeigt sich, daß Nietzsche im Grunde den ersten Aspekt so sehr absolut setzt, daß ihm jeder Spiegel immer wieder zerbricht oder durchsichtig wird in die Reinheit der einsamen Selbstbegegnung des Grundes, während Dostojewskij den zweiten Aspekt so sehr absolut setzt, daß ihm die Freiheit der Einsamkeit (als Immanenz des einsamen und freien Gottes in der geschöpflichen Freiheit und Einsamkeit) eine solche Angst einflößt, daß er sie immer wieder als das Atheistische verketzert und dämonisiert und so in einem neuen Spiegel von sich distanziert.

Was also Dostojewskij betrifft, so wäre seine Deutung der Liebe *theoretisch* richtig, sofern er die Transzendenz als eine wesentlich religiöse Situation verstand, welche sich zwischen Gnade und Freiheit, also im Dialog eines Spiegelverhältnisses, vollzieht. Sein Nein, sein Nicht-Übergehen wäre aber ein vorwiegend *psychologisches* (oder neurologisches) Problem: das Problem der Angst vor der Einwohnung der göttlichen Freiheit in der menschlichen Freiheit. Daß dieser zweite Aspekt theoretisch gesehen ist, das verrät die Faszination, welche auf Dostojewskij jene Indifferenzproblematik Stawrogins ausübte, in der er aber stets nur das negative Geheimnis, nämlich die menschliche Ohnmacht des Nicht-Liebenkönnens, entdeckt, nie das positive Geheimnis der Gnade und der „Kraft, die sich in der Ohnmacht vollendet“. An diesem Punkte spricht sich nochmals das Angstveto Dostojewskijs vor den radikalen Folgen der Inkarnation Gottes im Menschen aus.[1] Die Unmöglichkeit des Übergehens und die Bodenlosigkeit der Glaubensanalyse drücken diese Angst vor dem Mitgenommenwerden durch die Gnade aus, und folgerichtig die Selbstverschließung in eine dämonische Hölle der Selbstherrlichkeit. Diese Auflösung in ein theoretisches und ein psychologisches Problem (letzteres natürlich nicht ohne Rückwirkung auf die Theorie, aber ohne ihren Grund erschüttern zu können) läßt uns Dostojewskijs Sicht der Liebe verhältnismäßig einfach erscheinen.

---

[1] Siehe oben 312.

Bei Nietzsche liegt das Problem weit undurchsichtiger. Denn es genügt nicht, den psychologischen Ort seines Neins zum Gnadencharakter der Freiheit aufzuweisen, es muß noch vorher der Widerspruch im Theoretischen selbst aufgezeigt werden, das die mystische Zuständlichkeit als religiöse Situation zu verstehen sich weigert. Dieser Widerspruch darf nicht schon als jener Widerspruch genommen werden, aus dem je und je die Flamme der Existenz schlägt – denn auf diesen Widerspruch baut Nietzsche bewußt sein Leben –, sondern als der existentiale Widerspruch dieses Lebens selber. Anders gesagt: der Widerspruch liegt zwischen dieser Existenz und der Deutung, die Nietzsche ihr gab. Wir gehen dabei von der Positivität der Deutung der Liebe als Macht aus, um sodann den Hintergrund dieser Deutung aufzuhellen.

Nietzsche hat das Weib stets geringgeschätzt und im Spiel der Geschlechter fast zwei unrückführbare Formen der Liebe gesehen: Liebe als Schwäche beim Weib, Liebe als Stärke beim Mann. Von dieser letzten Form her baut er seinen allgemeinen Liebesbegriff auf. „Die Leidenschaft des Weibes, in ihrem unbedingten Verzichtleisten auf eigne Rechte, hat gerade zur Voraussetzung, daß auf der andern Seite *nicht* ein gleiches Pathos, ein gleiches Verzichtleisten-Wollen besteht ... Das Weib ... will einen, der *nimmt*, der sich selbst nicht gibt." Die Liebe des Mannes ist also grundlegend „ein Haben-Wollen". Nietzsche verbirgt sich keineswegs „das Harte, Schreckliche, Rätselhafte, Unmoralische dieses Antagonismus",[1] er begreift aber seine Notwendigkeit: Denn wenn zwei Verzichte aufeinanderstießen, dann „entstünde daraus – nun, ich weiß nicht was, vielleicht ein leerer Raum?" Seine weitere Liebesanalyse ist auch keineswegs eine Entlarvungstechnik,[2] welche alle Liebe auf sexuelle Machtgier zurückführt. Sondern diese letzte ist ihm nur Fundament des Aufweises der Machtstruktur aller Liebe.

Aber auch davon kann noch in doppelter Weise gesprochen werden. Entweder mit dem positivistischen Akzent, daß Liebe „nichts als" Macht sei. Dann ist es der Aufweis, wie „hinter" der Hingabe sich ein Besitzwille verbirgt. So „das Gerneleiden vom Geliebten, die Begierde, mißhandelt zu werden – andererseits der Liebgehabte, welcher das Liebende quält, sein Machtgefühl genießt, und um so mehr, als er sich selber dabei tyrannisiert: das ist eine doppelte Ausübung von Macht. Machtwille wird hier zum Trotz

[1] N. 5, 315. – [2] Trotz gelegentlicher Rückführung der Macht auf das „Böse und Gewalttätige" der tierischen Brunst: N. 11, 253.

gegen sich."[1] Im „Zittern um das Geliebte" offenbart sich der gleiche „Egoismus dieser feinsten Besitzlust".[2] „Sich-Opfern" ist der größte Akt der Macht, das Siegesbewußtsein der Selbstverschwendung. „Im Kampfe gibt man wohl sein Leben dran; aber der Siegende ist versucht, sein Leben *wegzuwerfen*. In jedem Sieg ist Verachtung des Lebens."[3] „Wo es Untergang gibt . . . da opfert sich Leben – um Macht."[4] Im Aphorismus „Was alles Liebe genannt wird" werden die scheinbar entgegengesetztesten Äußerungen der Schein-Hingabe auf die eine „Habsucht" zurückgeführt.[5]

Diese Weise des Enthüllens entspricht der Bewegung von „Form" zu „Grund". Die entgegengesetzte Bewegung, als der Mitvollzug des Form-Entwurfs durch den Grund, läßt die gleiche Wahrheit mit einem tiefer metaphysischen Akzent erscheinen: Der Grund-Aktus des Lebens, das Ausgehen aus sich und das schaffende Form-*Setzen* ist untrennbar Liebe- und Macht-Akt. „Alles Schaffen ist Mitteilen. Der Erkennende, der Schaffende, der Liebende sind *eins*."[6] Die Lüge des „Scheinens" (im Erkennen), die Gewaltsamkeit des „So soll es sein" (im Schaffen) liegen beide der Wert*setzung* zugrunde, die das Lieben ist. „‚Die Liebe macht gleich.' – Die Liebe will dem andern, dem sie sich weiht, jedes Gefühl von Fremdsein ersparen, sie ist folglich voller Verstellung und Anähnlichung, sie betrügt fortwährend und schauspielert eine Gleichheit, die es in Wahrheit nicht gibt."[7] Nur daß eben dieser Betrug so wesentlich im innersten Seinswesen begründet liegt, als das „Scheinen" selbst. Das „Schaffen", als die Grundäußerung des Lebens, ist zugleich ein Sichkundtun, und dieser Urakt der Macht ist zugleich ein Urakt der Entäußerung: „Schaffen: das heißt etwas aus uns hinausstellen, uns leerer, ärmer und liebender machen. Als Gott die Welt geschaffen hatte, da war er nichts mehr als ein hohler Begriff – und Liebe zum Geschaffenen."[8] Lieben ist damit schöpferisches Hinaussetzen des Höchsten in uns: „Wenn wir lieben, schaffen wir Menschen nach dem Ebenbilde *unseres* Gottes: und dann erst hassen wir *unseren* Teufel von Grund aus."[9] „Alle große Liebe ist noch über all ihrem Mitleiden: denn sie will das Geliebte noch – schaffen! . . . Alle Schaffenden aber sind hart."[10] Nur ist diese Härte jetzt nicht mehr der entlarvte Hintergrund einer „weichen" Hingabe, sondern ist die wesentliche, substantielle Gediegenheit

---

[1] N. 12, 106. – [2] N. 12, 106-107. – [3] N. 12, 306. – [4] N. 6, 168. – [5] N. 5, 52-54. – [6] N. 12, 250. – [7] N. 4, 341. – [8] N. 12, 252. – [9] N. 12, 278. – [10] N. 6, 130.

der schaffenden Bewegung. – Entlarvende Sicht und schaffende Sicht können sich von da aus wie eine „schwache" und eine „starke" Form von Macht und Liebe gegenübertreten: „Es gibt eine *sklavische* Liebe, welche sich unterwirft und weggibt: welche idealisiert und täuscht, – es gibt eine *göttliche* Liebe, welche verachtet und liebt und das Geliebte umschafft, hinaufträgt."[1]

Nietzsches Liebesanalyse, welche die Kühnheit hatte, Liebe mit Macht gleichzusetzen, hat zweifellos gegen manche oberflächlich-sentimentale, christliche Liebestheorie etwas Innerstes ans Licht gezogen. Dann aber vergißt sie, daß die Form der „sklavischen" Liebe: sich Unterwerfen und Hingeben, ja schon der Form der „göttlichen", schaffenden Liebe immanent ist, sofern diese Kundgabe und Entäußerung ist. Mit andern Worten: *auch* die schaffende Liebe steht mitten in der Zweideutigkeit des „Scheinens", also zwischen „Lüge" (Horizont-Vorspiegelung) und „Wahrheit" (Horizont-Setzung). Die Mitte der „Gerechtigkeit" zwischen diesen Polen entgleitet. Einerseits heißt es: „Gerechtigkeit ist schwerer als Hingebung und Liebe"[2] (weil die Distanz die Sicht des Objektiven ermöglicht), anderseits aber gilt: „Die eigentlich gerechten Menschen sind unbeschenkbar: sie geben alles zurück. Weshalb sie den Liebenden ein Greuel sind."[3] Wenn daher Nietzsche seine Analyse der starken, schaffenden Liebe stets bis zur Folgerung der Unbedürftigkeit aller höchsten Liebe treibt, um dann in dieser rein-akthaften Unbeschenkbarkeit die Tragik der Liebe zu finden, so hat er unterwegs das Phänomen der *Ent*äußerung unterschlagen, das in der Machtäußerung immanent liegt: „Er opfert sich, aber nicht aus Mitleiden, sondern aus Reichtum: er gibt ab, er gibt *sich* ab."[4] Nietzsche aber hat *sich* nicht abgegeben, in dem starken Sinn, den die Schaffensbewegung, der Wille zur Macht selbst auferlegt, er hat jene echt weltliche Schwebe zwischen Ich und Du in den Augenblick eines göttlichen Schwebens gesteigert. Die wesentliche Lüge und Ungerechtigkeit, die ihn sagen ließ: „Wer tiefer denkt, weiß, daß er immer unrecht hat, er mag handeln und urteilen, wie er will",[5] dieses Zerriebenwerden im Hin- und Hergleiten wird in einen schwerelosen Flug verwandelt: „Jede Art von Bogen und Winkeln mit einem leichten Impuls auszuführen, eine fliegende Mathematik – das ist so ein eignes Glück, daß es gewiß bei mir die Grundempfindung des Glücks auf die Dauer durchtränkt hat. Wenn es mir ganz

---

[1] N. 16, 343. – [2] N. 11, 33-34. – [3] N. 12, 291. – [4] N. 12, 282. – [5] N. 2, 370.

wohl zumute werden will, bin ich immer in einem solchen freien Schweben . . . ohne Spannung."[1] Nietzsches „Schweben" ist damit sehr genau die eigentliche Gefahrsituation aller christlichen Liebe: Die „große Unbedürftigkeit" Zarathustras, als die *Wahrheit* des durch alle Reinigungen hindurchgegangenen Egoismus, steht Aug in Aug zur „großen Unbedürftigkeit" jener vermeintlichen christlichen Heiligkeit, die so „reich" geworden ist, daß sie nur noch „ausstrahlen" kann, ohne selbst etwas Menschliches empfangen zu können. Beide verkennen die wesentliche Armut der Liebe, welche für den Christen im Geheimnis der Entleerung Christi (wie sie Nietzsche oben schon als das Schöpfungsgeheimnis beschrieb), für Nietzsche selbst in der Leere der Scheinbarkeit liegt.

Diese Leere, die letztlich in der gähnenden Kluft zwischen Grund und Form begründet liegt, ist der Grund, aus dem wir früher sagen konnten, Nietzsches Eschaton des verklärten Scheins werde von Dostojewskijs Kategorie der ontischen Krankheit umgriffen.[2] Von dieser Leere her wird sein höchster, in sich gesättigter „Zustand", den er als solchen (mit Hilfe der „ewigen Wiederkehr") einer religiösen „Situation" substituieren wollte, ohne seinen Willen wieder zu einer Bedürftigkeit und damit das rein aktive „Gewissen" wieder zu einem religiös angerufenen. Und doch erkannte Nietzsche diese Leere als ontischen Grund alles Weltscheins und Bedingung der Möglichkeit seines aktiven Nihilismus. „Es sind uns, wie noch nie irgendwelchen Menschen, Blicke nach allen Seiten vergönnt . . . Wir haben daher ein Gefühl der ungeheuren Weite, – aber auch der ungeheuren *Leere* voraus: und die Erfindsamkeit aller höheren Menschen besteht in diesem Jahrhundert darin, über dieses furchtbare *Gefühl der Öde* hinwegzukommen . . . Es gibt auch eine gewisse exzentrisch werdende Bescheidenheit, welche das Gefühl der Leere selber wieder wollüstig empfinden läßt: ja einen Genuß an der ewigen Leere aller Dinge, eine Mystik des Glaubens an das Nichts . . . Wie verzeichnen wir und führen gleichsam Buch über unsre *kleinen* Genüsse, wie als ob wir mit dem *Summieren* des vielen kleinen Genusses ein Gegengewicht gegen jene Leere, eine Füllung jener Leere erlangen könnten –: wie täuschen wir uns mit dieser summierenden Arglist!"[3] Was hier in eine *historische* Kategorie verkleidet auftritt, ist tiefer eine ontologische und darum letztlich religiöse Kategorie. Die Leere des Werdens und Vergehens erscheint

---

[1] N. 12, 222. – [2] Siehe oben 251. – [3] N. 14, 208-209.

Nietzsche als etwas im Grunde Schreckliches, Aufregendes: „Jener Kaiser hielt sich beständig die Vergänglichkeit aller Dinge vor, um sie nicht wichtig zu nehmen und *ruhig* zu bleiben. Auf mich wirkt die Vergänglichkeit ganz anders – mir scheint alles viel mehr wert zu sein, als daß es so flüchtig sein dürfte – mir ist, als ob die kostbarsten Weine und Salben ins Meer gegossen würden.“[1] Die Aufregung über diese Vergeudung sucht zunächst alles hastig zusammenzuraffen: „‚Aber wohin fließen denn zuletzt alle Flüsse des Großen und Größten am Menschen? Gibt es für sie allein keinen Ozean?‘ – Sei dieser Ozean: so gibt es einen.“[2] Aber wie sollte ein einzelnes Herz diese Verschwendung fassen! So wird als Behälter die „ewige Wiederkehr“ erdacht, in ihr soll das transzendierende Mehr-als-Augenblick der Zeit, das doch im Vergehen vergeblicht und ausgeleert scheint, aufgefangen werden. Aber schon Iwans Teufel hat diese Lösung als die Potenzierung der Leere verhöhnt: „Unsere jetzige Erde hat sich vielleicht selber billionenmal wiederholt, . . . und alles auf eine und dieselbe Weise bis zum kleinsten Strichelchen! Das ist ja die allerunanständigste Langeweile!“[3] Nietzsche weiß es und hat es selbst ausgesprochen: sein Ja zur Wiederkehr hebt die Leere nicht auf, es ist das heroische „*Trotzdem*“, das Durchsetzen der reinen Aktivität als einziger Sinn im Sinnlosen. Das reine Schaffen als Sinn ist damit auch die Voraussetzung, daß das Dasein und die Wiederkunft ertragbar seien. Nur um des Mehr-als-Seins willen ist das Sein lebbar: „Ich will das Leben nicht *wieder*. Wie habe ich's ertragen? Schaffend. Was macht mich den Anblick aushalten? Der Blick auf den Übermenschen, der das Leben *bejaht*. Ich habe versucht, es *selber* zu bejahen – ach!“[4] „Das einzige Glück liegt im Schaffen.“[5] „Ohne Produktivität ist das Leben unwürdig und unerträglich.“[6] „Vorwärts, aufwärts! Die Erde und das Leben sind nur bei dieser *schrägen* Richtung in die Höhe *auszuhalten*.“[7] „Leben wir *über* uns, um *mit* uns leben zu können!“[8]

Zwischen „Vergeudung“ des Daseins, das nicht zu halten ist, und seiner Leere, der man durch Schaffen entfliehen muß, kommt es zu keinem möglichen Ausgleich. Nietzsche hat freilich tausend Namen für diese vermeintlich erreichbare Mitte, für die verdeckte Notdürftigkeit des Daseins: „Schönheit“ (als Rechtfertigung der Scheinbarkeit), „Kraft“ (als Rechtfertigung des Bösen), „Opfern“ (als

---

[1] N. 12, 162. – [2] N. 12, 171. – [3] D. 25, 241-242. – [4] N. 12, 359. – [5] Ebd. 361. – [6] N. 11, 57. – [7] NB. 4, 131. – [8] NB. 4, 99.

Überfließen des höchsten Reichtums), „Leiden" (als Geheimnis der Lust und des Willens zur Macht), „amor fati" (als das je-stärkere Dennoch zu allen Schrecknissen der Welt). Aber all dies überdeckt nicht die Leere, macht die Situation einer möglichen, ja in aller Aktivität bereits geheim gegenwärtigen Passivität nicht erträglich. „Ich dachte mir das *mir* fürchterlichste Leben aus: das eines Höflings, Anwalts, Zolleinnehmers, Registrators, Kassenbeamten, Königs, Krämers, Hausdieners und aller jener, deren Überschuß an Leistung im *Warten* besteht, – Warten, bis jemand kommt und spricht, – während es nicht möglich ist, sich inzwischen besser zu beschäftigen."[1] Und doch bemerkt Nietzsche, daß dieses ihm unerträglich scheinende Leben das der „allermeisten überhaupt beschäftigten Menschen" ist, daß also die Leere das Normale ist. Wenn Nietzsche auch zum „ewigen Ja des Seins" sein freudiges „ewiges Ja" sagt, zu diesem inwendig hohlen Nein des Seins hat er nie Ja gesagt. Das Ja, das inmitten des absoluten Widerspruchs ertönt, mag zur Absolutheit des Widerspruchs oder zur „Kraft", die ihn aushält, oder zur „Lust", zwischen den Rätseln zu schweben, gesprochen sein, es ist nie zur hoffnungslosen, überall verrammelten *Endlichkeit* der Wahrheit gesagt worden. Denn deren Leere ist alles, nur nicht das „höchste Gestirn des Seins". Im Gegenteil, Nietzsches Nihilismus ist die Antwort auf die Leere des Seins, und er spart sein Ja nur für das Jenseits des Widerspruchs, sosehr dies Jenseits auch *im* Widerspruch erscheinen mag.

So ist die religiöse Situation völlig unvermeidbar, sie *ist* schon diese Transzendenz von (unerträglicher) Endlichkeit zur „höchsten Notwendigkeit". Am Worte „religiös" liegt hier nichts, am Worte „Gott" auch nichts. Es geht nicht darum, Nietzsche zu „entlarven" („Ein Fragezeichen, ein müdes Rätsel, ein Rätsel für Raubvögel . . . sie hungern schon nach deiner ‚Lösung'"[2]), sondern nur darum, zu zeigen, welches seine Situation ist. Unter diesem Vorbehalt muß aber diese Situation als eine im höchsten Sinn religiöse bezeichnet werden. Das *Formal-Religiöse* in Nietzsche gilt es nun sichtbar zu machen. Es zeigt sich in dem Akte einer Uraffirmation an, die als Glaube, als Sehnsucht, als Wille, als Stimmung immer über den unmittelbaren Gegenstand hinaus ist: „Das *Glauben* ist das Uranfängliche schon in jedem Sinneseindruck: eine Art Jasagen, *erste* intellektuelle Tätigkeit! Ein ‚Für-wahr-Halten' im An-

[1] N. 12, 160. – [2] N. 8, 424.

fange!"[1] „Das Wahrste in dieser Welt: die Liebe, Religion und die Kunst. Erstere sieht durch alle Verstellungen und Maskeraden hindurch auf den Kern ... und letztere tröstet als praktische Liebe ... Es sind die drei unlogischen Mächte."[2] Ist dieses unlogische „Hindurch" einmal erkannt, so mag der ganze Phänomenismus und Pragmatismus Nietzsches zugestanden werden: *Fußfassen* im Existierenden mag Tat praktischer Vernunft sein, Wille zur Macht Wurzel von Erkenntnis. Jenes „Hindurch" ist ein allem Fußfassen voraufgehendes Ja zum Sein. In der Leidenschaft dieses Ja aber weiß sich Nietzsche als „eine mystische und beinahe mänadische Seele", als die Seele, welche „hätte singen sollen".[3]

Das „Hindurch" hat formal drei Zeiten, als drei existentiale Annäherungen: „Der erste Gang. Besser verehren ... als irgendeiner ... Das umfängliche Herz." „Der zweite Gang. Das verehrende Herz zerbrechen, als man am festesten gebunden ist ... Zeit der Wüste." „Der dritte Gang. Große Entscheidung, ob tauglich zur positiven Stellung, zum Bejahen. Kein Gott, kein Mensch mehr über mir."[4] Das Nein des zweiten Ganges ist demnach die Einweihung und Ermöglichung des höchsten Ja. Durch das Nein hindurch offenbart sich das wirkliche Ähnlichsein alles Nein mit dem Ja: „Das müßte etwas sein, nicht Subjekt, nicht Objekt, nicht Kraft, nicht Stoff, nicht Geist, nicht Seele: – aber man wird mir sagen, etwas dergleichen müsse einem Hirngespinste zum Verwechseln ähnlich sehn? ... Freilich: es muß auch allem andern, was es gibt und geben könnte, und nicht nur dem Hirngespinste zum Verwechseln ähnlich sehn! Es muß den großen Familienzug haben, an dem sich alles als mit ihm verwandt wiedererkennt."[5] Diese Verwandtschaft geht bis zu einem polytheistischen Antlitz der Welt: „Wie viele neue Götter sind noch möglich! Mir selber, in dem der religiöse, das heißt gott*bildende* Instinkt mitunter zur Unzeit lebendig wird: wie anders, wie verschieden hat sich mir jedesmal das Göttliche offenbart!"[6] In diesem Instinkt aber sind stets zwei Elemente: das „instinktive", bejahende und das mythenbildende. Nur das letztere wird immer wieder ins Nein gestellt. Schon bei seinen ersten Schopenhauerstudien warf Nietzsche dem Meister vor, den Grund selbst als „Wille" zu bezeichnen, obwohl doch auch „Wille" nur eine der mythischen Formen des Grundes sei.[7] Wo also der Name „Gott" aufklingt, da ist es im Zusammenhang einer Rei-

[1] N. 16, 23. – [2] N. 10, 211-212. – [3] N. 1, 5. – [4] N. 14, 39-40. – [5] N. 13, 229. – [6] N. 16, 380. – [7] N. (Mette) 3, 352. 388-391.

nigung des höchsten Ja von allen verdunkelnden Mythen. „Gott, gedacht als das Freigewordensein von der Moral, ... Gott als das Jenseits ... von ‚Gut und Böse'."[1] „Unser größter Ernst [ist] darauf aus ... Gott selbst von diesem Schmutz zu reinigen."[2] „Eigentlich ist nur der moralische Gott widerlegt."[3] „Und ihr sollt ihn bald wiedersehen jenseits von Gut und Böse."[4] Es geht darum gegen einen spiritualisierten Gott, der nur „über Geist", nicht auch „über Stoff" stünde: „was ist amor, was deus, wenn ihnen jeder Tropfen Blut fehlt?"[5] „Im Begriff ‚Gott als *Geist*' ist Gott als Vollkommenheit *negiert*."[6] „Gott erstickte an der Theologie; und die Moral an der Moralität."[7] Und insofern jede mythische Gestalt den Blick in die Wahrheit versperrt: „Jede Kirche ist der Stein am Grabe eines Gottmenschen: sie will durchaus, daß er nicht wieder auferstehe."[8]

Hinter diesen oft leichthin gesagten Worten verbirgt sich eine geradezu bluterhafte Empfindlichkeit Nietzsches für den Sinn jenes „dritten Ganges". Hier ist das volle Unangetastetbleiben des höchsten Ja durch jedes begrifflich-direkte Anzielen gefordert. „Ist es nicht ein Grad der Entweihung, wenn der Liebende denkt: ‚nicht eigentlich nach dieser Geliebten verlange ich, sondern nach Liebe' – ist nicht jede Verallgemeinerung des Ziels eine Entweihung? Ja, schon dies ist grob und beleidigend: ‚Ich verlange nach dieser Geliebten' – sondern die Sprache der Leidenschaft will nur Weniges, nur Einmaliges, nur ein Zeichen und Symbol. *Schon alles Ganze als Ziel zu nennen ist Entweihung.* Das Ideal muß zu groß als Ganzes sein – du sollst nur einzelne Strahlen abpflücken dürfen."[9] Dieses absolute Offenbleiben als je weitere Wünschbarkeit wird sosehr zum Entscheidenden, daß ihm Nietzsche einmal geradezu den Namen „Gott" gibt.[10] Immer ist es aber die Forderung des Nicht-Fassendürfens, falls der höchste Affekt vorhanden sein soll: „Wenn wir das Gute, das wir einem Besitze verdanken, bei allem Bemühen, es zu überschauen, nicht mehr zu überschauen vermögen, so entsteht Liebe: ein Überströmen gegen etwas Unbegrenztes." Für endliche Gegenstände gilt daher: „Dinge, die man dauernd liebhaben will, muß man ein wenig unter ihrem wahren Werte ansetzen: man darf nie ganz wissen, was sie sind."[11]

Das radikale Freilassen sagt nicht ein ekstatisches Verströmen,

---

[1] N. 16, 379. – [2] N. 15, 201. – [3] N. 13, 75. – [4] N. 12, 329. – [5] N. 5, 329. – [6] N. 16, 37. – [7] N. 12, 329. – [8] N. 12, 329. – [9] N. 12, 136-137 (von mir kursiv). – [10] N. 15, 380-381. – [11] N. 11, 301.

dessen Musikalität selbst den Weg in das Offene verrammt. Wohl aber ist es die Ausfahrt in das schlechthinige Abenteuer, als „Argonauten des Ideals“[1] und „Luftschiffahrer des Geistes“,[2] alle Brücken hinter sich abgebrochen,[3] immer wieder im Zeichen des Kolumbus nach einem fernsten Ufer fahndend.[4] Aber auch in ein Abenteuer von „Torheit“ und „Verborgenheit“. „Immer verkleidet: je höherer Art, um so mehr bedarf der Mensch des Inkognitos. Gott, wenn es einen gäbe, dürfte schon aus Anstandsgründen sich nur als Mensch in der Welt bezeigen.“[5] „Ein Gott, der uns liebte, hätte um unsertwillen einige Torheiten tun müssen! Was ist mir euer Lob der ‚Weisheit‘ eures Gottes!“[6] Aber wieder verbirgt dies leichtfertige Wort ein zartestes Wissen um ein Lustgeheimnis. Torheit ist jene Vergeudung aller Endlichkeit ins Ewige. Erst als erschreckte Verzweiflung: „Vergeudet! Nutzlos! Elend, das von innen kommt!“ Dann aber: „Plötzlich hellsichtig über sich.“[7] „Letzte Steigerung: die vergeudete Menschheit . . . Jenseits der Mitte des Lebens – unwiderruflich geopfert.“[8] Sieht ein Mensch „bei allem, was er tut, auf die letzte Ziellosigkeit der Menschen, so bekommt sein eigenes Wirken in seinen Augen den Charakter der Vergeudung. Sich aber als Menschheit (und nicht nur als Individuum) ebenso *vergeudet* zu fühlen, wie wir die einzelne Blüte von der Natur vergeudet sehen, das ist ein Gefühl über alle Gefühle“.[9] Als Individuum vergeudet zu sein, ist noch immer ein rationelles „Opfer“ an Gemeinschaft und Welt. Aber die Welt als ganze „wie die kostbarsten Weine und Salben ins Meer“ vergossen, zu diesem Gefühl braucht es die Einweihung ins Geheimnis des Dionysos, in ein religiöses Geheimnis. Dieses Geheimnis aber wird vom Pessimismus Schopenhauers vollständig mißverstanden. Es ist keine „Sehnsucht nach dem Nichts“, sondern ein Geheimnis der Kraft. „Nur die dionysische Lust *reicht aus* . . .: Resignation ist *nicht* eine Lehre der Tragödie, sondern ein Mißverständnis derselben! Sehnsucht ins Nichts ist *Verneinung* der tragischen Weisheit, ihr Gegensatz!“[10] Indem man dies festhält, kann man aber das Geheimnis der Vergeudung doch einen Willen zum Untergang nennen. Den Tod als physiologisches Ereignis hat freilich Nietzsche immer geringgeschätzt, aber er ist es doch, der „jene wunderlich ungeheuerliche Frage“[11] stellt, die nach dem ontischen Untergang des Daseins.

---

[1] N. 5, 343. – [2] N. 4, 371. – [3] N. 5, 162. – [4] N. 4, 372; 5, 359. – [5] N. 16, 330-331. – [6] N. 12, 328. – [7] N. 14, 289. – [8] N. 14, 290-291. – [9] N. 2, 51. – [10] N. 16, 377. – [11] NB. 1, 316.

Dieser Untergang ist ihm so innerlich, daß er geradezu seine Wahrheit ist. *Hier* mündet Nietzsches ganze Lehre von der auf Irrtum und Leben aufgebauten Wahrheit. Im Ödipussinnbild – der Rätselrater als der notwendige Mörder des Lebens – denkt Nietzsche,[1] was George und vor ihm Wagner im Wotansinnbild – der durch ein geopfertes Auge Weise – aussprechen. Lebensphilosophisch ausgedrückt: „Wahrheit tötet – ja tötet sich selbst (insofern sie erkennt, daß ihr Fundament der Irrtum ist)."[2] Von hier aus ein hartnäckiges Denkmotiv Nietzsches: „Ist es erlaubt, der Wahrheit die Menschheit zu opfern?"[3] Sein Grundtrieb antwortet mit Ja, weil Wahrheit eben selbst nichts als der offenbar gewordene Widerspruch des Lebens ist. Was wir bisher stets als das Gegeneinander zweier Wahrheitsbegriffe betrachteten („Grund" zu „Form" als subjektive, setzende, „Form" zu „Grund" als objektive, enthüllende Wahrheit), das enthüllt sich hier als ein und derselben Wurzel entspringend: Wille zur Macht ist der Grund des Willens zur Erkenntnis,[4] und „Wille zur Wahrheit – das könnte ein versteckter Wille zum *Tode* sein".[5]

Gerade diese Einheit muß gegen allen Pessimismus einerseits, gegen einen flachen Evolutionismus anderseits, festgehalten werden. Denn in ihrer Einheit erst ergeben sie jene Kolumbus-Situation der absoluten Ausfahrt, mit einem ebenso unerbittlichen Willen zum jenseitigen Land wie zum eigenen Untergehen: Flug und Fall sinken in eins („Der Mensch . . . möchte beständig nach *oben* – fallen"[6]), so wie Boden und Bodenlosigkeit zusammenfallen („In der Höhe fühlt man sich nicht hoch, sondern tief und endlich einmal auf festem Grunde: sofern man wirklich die Unschuld der Höhe hat"[7]). Zarathustras Vorrede ist der Hochgesang dieses Willens zum Untergang in allem Willen zum Höchsten. Ja, „die unbedingte Liebe enthält – auch die Begierde, mißhandelt zu werden . . . aus der Hingebung wird zuletzt selbst der Wunsch der Selbstvernichtung: ‚Gehe unter in diesem Meere'".[8] „Alle großen Dinge gehen durch sich selbst zugrunde, durch einen Akt der Selbstaufhebung."[9] Aber dieser Untergang ist zugleich, weil es die innere Grenze und Bestimmung des Seins ist, sein Münden: Untergang und Übergang.[10]

Wenn wir nun aber von diesen noch theoretischen Kategorien in die lebendige Darlegung übergehen, so werden die Gegensätze

[1] N. 1, 67. – [2] N. 10, 208. – [3] N. 10, 209; vgl. die Zusammenstellung bei Jaspers, 198-200. – [4] N. 16, 3 ff. – [5] N. 5, 275. – [6] N. 12, 309. – [7] Ebd. – [8] Ebd. 316. – [9] N. 7, 481. – [10] N. 6, 418.

wilder und grausamer. Die Vergeblichkeit des Einzellebens klammert sich zunächst an seinen Schaffenszweck: „Über uns hinaus schaffen! Das ist der Trieb der Zeugung, das ist der Trieb der Tat und des Werks. – Wie alles Wollen einen Zweck voraussetzt, so setzt der Mensch ein Wesen voraus, das nicht da ist, das aber den Zweck seines Daseins abgibt."[1] Aber indem der Übermensch selbst als von der Vergeblichkeit umgriffen erkannt wird, wird das Umsonst des Ganzen zum Höchsten: „Jenseits der Mitte des Lebens – unwiderruflich geopfert."[2] Es ist damit das Glück des Nach-Mittags:

„Verheißung ist in der Luft,
aus unbekannten Mündern bläst mich's an,
– die große Kühle kommt . . .

Tag meines Lebens!
'gen Abend geht's."[3]

Es ist das Glück dessen, der schon jenseits seiner selbst ist. „Jetzt erst bin ich einsam . . .: nach mir verlangt mich nicht mehr!"[4] „Ich lebte jahrelang in der nächsten Nachbarschaft des Todes. Dies war mein großes Glück: ich vergaß mich, ich überlebte mich."[5] „Manch einer ward seiner selbst müde: und siehe, da erst kam das Glück zu ihm, auf das er gewartet hatte von Anbeginn."[6]

„Heiterkeit, güldene, komm!
Du, des Todes
heimlichster, süßester Vorgenuß!
– Lief ich zu rasch meines Wegs?
Jetzt erst, wo der Fuß müde ward,
holt dein Blick mich noch ein,
holt dein Glück mich noch ein."[7]

Das ist mehr denn nur der „Vorteil der Müdigkeit" („Wir werden lässig, uns selber etwas vorzumachen, und siehe! da kommt die Wahrheit über uns"[8]), es ist als ein tätiges Hineinwandern in den Abend der gewollte Verzicht auf das „Glück als Frieden der Seele".[9] Einstmals konnte Zarathustra die „Seligkeit wider Willen" nicht vertreiben, sie lief ihm nach wie ein Weib.[10] Aber das

[1] N. 14, 261. – [2] N. 14, 291. – [3] N. 8, 426-427. – [4] N. 12, 324. – [5] NB. 3 (1), 287. – [6] N. 12, 323. – [7] N. 8, 427. – [8] N. 11, 173. – [9] N. 16, 333. – [10] Siehe oben 303.

Vertriebene kann ebensogut ausbleiben. Dann wird Zarathustras Einsamkeit zur *stöhnenden.* „Mein Leben ist in allen Fundamenten *mißraten*, ich empfinde das jeden Augenblick – und ebenso, daß es so kommen mußte und daß es meine einzige ,Existenzform' ist."[1] Der Allzureiche erkennt mit Schrecken, „daß Nehmen schwerer ist als Geben",[2] und ungeschickt-hilflos klingt nun auch sein ungehörtes Betteln um Liebe: „Neulich sah ich auf einmal plötzlich im Dunkel Ihre Augen. ,Warum sieht mich kein Mensch mit solchen Augen an!', rief ich ganz erbittert aus. Oh, es ist abscheulich!"[3] „Ich für meinen Teil leide abscheulich, wenn ich der Sympathie entbehre ... Wie oft träume ich von [Wagner] und immer im Stile unseres damaligen vertraulichen Zusammenseins!"[4] „Denken Sie, auch ich dachte mitunter, es sei Ihnen wohler zumute, wenn ich wieder ferne sei – aber trotzdem, es verlangt mich doch sehr nach Ihnen, denn ich liebe Sie so, als ich Sie ehre und schonen möchte."[5] „Ich bin Ihnen so nahe, Stunde für Stunde."[6] „Ich kann nicht sagen, *wie* ich es entbehre, Sie nicht um mich zu haben. Die Einsiedelei des Lebens ist gar zu groß und wird immer größer."[7] „Wo gibt es Menschen, die mich etwas zu *erholen* vermöchten!"[8] „Ah, wenn Sie wüßten, *wie* allein ich jetzt auf der Welt bin!"[9] Aber trotzdem wird die Einsamkeit des „Vergeudeten" immer eiserner. Sie beginnt auf seine Selbstliebe überzugreifen: „Zuletzt eine Reflexion: man hört auf, sich selber *recht* zu lieben, wenn man aufhört, sich in der Liebe zu andern zu üben: weshalb dies letztere (das Aufhören) sehr zu widerraten ist (Aus meiner Erfahrung)."[10] Fünf Jahre früher hatte er noch geschrieben: „Ich wünschte, ich könnte andern Menschen täglich etwas Gutes erweisen. Diesen Herbst nahm ich's mir vor, jeden Morgen damit zu beginnen, daß ich mich fragte: Gibt es keinen, dem du heute etwas zugute tun könntest? Mitunter glückt es, etwas zu finden."[11] Aber in der zunehmenden Einsamkeit glückt es immer seltener. Sie wird die einzige strenge Erzieherin („Die Einsamkeit macht uns härter gegen uns und sehnsüchtiger gegen die Menschen: in beidem verbessert sie den Charakter"[12]). Sie hält ihn versuchend hinab in alle Abgründe der Selbstverzehrung, des Selbsthasses und der kältesten Selbstverzweiflung (im „Selbsthenker"-tum der Dithyramben), um ihn so durch das existentielle Für-sich-Untergehen

---

[1] NB. 4, 139. – [2] N. 12, 349. – [3] NB. 1, 307. – [4] NB. 4, 35. – [5] Ebd. 38. – [6] Ebd. 88. – [7] Ebd. 106. – [8] Ebd. 262. – [9] Ebd. 214. – [10] Ebd. 33-34. – [11] NB. 3 (2), 492. – [12] N. 12, 301.

erst in ihre höchsten Offenbarungen zu führen und ihm das „ungeheure Auge der Unendlichkeit"[1] ertragbar werden zu lassen. Es ist der Eintritt in ein Schweigen, das nicht leer und tonlos ist, sondern ein übermäßiges gespanntes Anhalten, aber so, daß das Anhalten im hörenden Herzen ist, während die Stille selbst das Entspannte ist. „Jetzt schweigt alles! Das Meer liegt bleich und glänzend da, es kann nicht reden. Der Himmel spielt sein ewiges, stummes Abendspiel mit roten, gelben, grünen Farben, er kann nicht reden . . . Diese ungeheure Stummheit, die uns plötzlich überfällt, ist schön und grausenhaft, das Herz schwillt dabei. – Oh, der Gleißnerei dieser stummen Schönheit! . . . Ich schäme mich dessen nicht, der Spott solcher Mächte zu sein . . . Ach, es wird noch stiller, und noch einmal schwillt mir das Herz: es erschrickt vor einer neuen Wahrheit: *es kann auch nicht reden* . . . höre ich denn nicht hinter jedem Worte den Irrtum, die Einbildung, den Wahngeist lachen? . . . Oh Meer! Oh Abend! Ihr seid schlimme Lehrmeister! Ihr lehrt den Menschen *aufhören*, Mensch zu sein!"[2] Das Schweigen hat sich wie eine eherne Tür hinter dem „Vergeudeten" geschlossen, er ist ohne Rückweg: Ich verstehe, „daß ich ohne Halt bin und leicht durch einen Sturm über Nacht fortgeblasen werden kann. Verklettert, sehr hoch, aber in der beständigen Nähe der Gefahr – und ohne eine Antwort auf die Frage ‚wohin?'."[3] Und also auch preisgegeben dem Überfallen des Namenlosen: „Ich stehe still, ich bin auf einmal müde. Voran, scheint es, geht es abwärts, blitzschnell, ringsum Abgrund – ich mag nicht hinsehen. Hinter mir ragt das Gebirge. Ich greife zitternd nach einem Halt. Wie? Ist alles um mich plötzlich zu Gestein und Absturz geworden? Hier das Gesträuch – es zerbricht in meiner Hand, und vergilbte Blätter und ärmliche Würzelchen rieseln abwärts. Mich schaudert und ich schließe das Auge. – Wo bin ich? Ich sehe in eine purpurne Nacht, sie zieht mich an sich und winkt mir. Wie ist mir doch? Was geschah, daß die Stimme dir plötzlich versagt und du dich wie verschüttet fühlst unter einer Last trunkener und undurchsichtiger Gefühle? Woran leidest du jetzt? – Ja, *leiden* – das ist das rechte Wort! – Welcher Wurm biß dir ins Herz?"[4] In diesem Ausgesetztsein und dann Verschüttetwerden und Leiden ist der „Zustand" zur „passiven" „Situation" geworden, das Schweigen in „Winken", in Angegangensein verwandelt. Das Bild vom Blitz mitten ins Herz geht

---

[1] N. 5, 359. – [2] N. 4, 291-292. – [3] NB. 4, 300. – [4] N. 12, 223.

durch Nietzsches ganzes Werk hindurch. „Und ich erflehe ein Gewitter", schreibt der Zwanzigjährige, „zieht nicht das Glockenläuten die Blitze an? Nun, so nahe, Gewitter, läutere, reinige, blase Regendüfte in meine matte Natur, sei willkommen! endlich willkommen! Sieh! Da zuckst du, erster Blitz, mitten hinein in das Herz . . . Ein zweiter Schlag! Grell und zweischneidig mitten ins Herz! . . . Und ein weicher Duft zieht aus dem Boden, ein Wind flattert heran . . . abgeknickte Blüten jagt er vor sich her . . . Mitten hindurch! Und eine Stimme scholl: ‚Werde neu!'"[1] Später im Übermutston des „Sanctus Januarius" verharmlost:

„Der du mit dem Flammenspeere
Meiner Seele Eis zerteilt,
Daß sie brausend nun zum Meere
Ihrer höchsten Hoffnung eilt . . ."[2]

Noch später, zerquält, in der „Klage der Ariadne":

„Unnennbarer! Verhüllter! Entsetzlicher!
    Du Jäger hinter Wolken!
Darniedergeblitzt von dir,
du höhnisch Auge, das mich aus Dunklem anblickt!
    so liege ich,
biege mich, winde mich, gequält
von allen ewigen Martern,
    getroffen
von dir, grausamster Jäger,
du unbekannter – *Gott* . . .

Triff tiefer!
Triff *ein* Mal noch!
Zerstich, zerbrich dies Herz!"[3]

So daß es schließlich geradezu zum „Dürsten nach dem Ende" und nach dem „erlösenden Hirnschlag" wird.[4] Das ganze Leben also im Sinnbild von „Pinie und Blitz".[5] Von da aus die Ahnung, daß das höchste Geheimnis des Lebens Grausamkeit ist (im Gedicht „Nach einem nächtlichen Gewitter"[6]), aber doch stets als Macht-, Lust- und Liebesgeheimnis. „Die Grausamkeit des Gefühllosen ist

---

[1] N. (Mette) 2, 415-416. – [2] N. 5, 207. – [3] N. 8, 429. – [4] NB. 3 (2), 587. – [5] N. 8, 354. – [6] N. 8, 341.

der Gegensatz des Mitleidens; die Grausamkeit des Gefühlvollen ist die höhere Potenz des Mitleidens."[1] Diese Grausamkeit hat also nichts gemeinsam mit der toten, materialistischen Grausamkeit der Welt Spittelers. Es ist vielmehr das unbegreifliche Sich-wehtun-Müssen des Lebendigsten. Nietzsche hat zu dieser Grausamkeit Ja gesagt, mit Lust sich in das ungeheure Wellenspiel hineingeworfen, in seiner schäumenden Vergeblichkeit jenseits von Gut und Böse: „Wie gierig kommt diese Welle heran, als ob es etwas zu erreichen gälte! Wie kriecht sie mit furchterregender Hast in die innersten Winkel des felsigen Geklüftes herein! Es scheint, sie will jemandem zuvorkommen; es scheint, daß dort etwas versteckt ist, das Wert, hohen Wert hat. – Und nun kommt sie zurück, etwas langsamer, immer noch ganz weiß vor Erregung – ist sie enttäuscht? . . . Aber schon naht eine andere Welle, gieriger und wilder noch als die erste, und auch ihre Seele scheint voll von Geheimnissen und dem Gelüste der Schatzgräberei zu sein. So leben die Wellen . . . Schon ist nichts mehr von der Welt übrig als grüne Dämmerung und grüne Blitze. Treibt es, wie ihr wollt, ihr Übermütigen, brüllt vor Lust und Bosheit – . . . es ist mir alles recht, . . . ich werde euch nicht verraten! Denn – hört es wohl! – ich kenne euch und euer Geheimnis, ich kenne euer Geschlecht! Ihr und ich, wir sind ja aus *einem* Geschlecht! – Ihr und ich, wir haben ja *ein* Geheimnis!"[2] Gewiß ist das – *Welt*, dionysische Welt, aber stets Welt mit einem unverratenen Geheimnis im Herzen. Nietzsche hat die Leidenschaft des Verschweigens dieses Geheimnisses: zu allen Rätselratern wiederholt er nur das eine: Das ist es nicht! Nur auf eine Frage am Ende eines Gedichts kann hingewiesen werden:

„Was ruhst du nicht, du dunkles Herz,
was stachelt dich zu fußwunder Flucht –
wes harrest du?"[3]

Oder in einer verklärteren Sehnsucht:

„Meine Seele, ein Saitenspiel,
sang sich, unsichtbar berührt,
heimlich ein Gondellied dazu,
zitternd vor bunter Seligkeit.
– Hörte jemand ihr zu?"[4]

---

[1] N. 12, 296. – [2] N. 5, 237-238. – [3] N. 8, 404. – [4] N. 8, 360.

Oder alles klingt in einen überschweren Gedankenstrich aus:

„Ich horchte mit dem Ohr meiner *Neugierde*:
fünfmal warf ich die Angel über mich,
fünfmal zog ich keinen Fisch herauf . . .

Ich horchte mit dem Ohr meiner *Liebe* –“[1]

Alles hängt daran, daß das Schweigen nicht gebrochen werde:

„Die Luft geht fremd und rein . . .
Bleib stark, mein tapfres Herz.
Frag nicht: warum?“[2]

Es soll nur der Blitz, jenes platonische *ἐξαίφνης* die Antwort geben dürfen. Von sich aus gibt Nietzsche kein Ja. Einmal sucht er zwar nach „einem Genossen für den Menschen“. Früher war Gott König, Vater, Richter. „Nachmals werden wir den *Freund suchen*.“[3] Aber dann wird dieser Freund alsbald wieder über alles sogenannte „Personale“ hinaus entrückt: „Nicht ego und nicht tu und nicht omnes!“[4] Also jenseits alles dessen, was *wir* Liebe nennen: „Den Egoismus als Irrtum einsehen! Als Gegensatz ja nicht Altruismus zu verstehen! . . . Nein! Über ‚mich‘ und ‚dich‘ hinaus!“[5] Das Geheimnis der Grausamkeit und ihrer Lust soll unausgesagt bleiben:

„Euer Gott, sagt ihr mir,
ist ein Gott der Liebe?
Der Gewissensbiß
ist ein Gottesbiß,
ein Biß aus Liebe?“[6]

Mit dieser „Gottestragik“ würden wir schon wieder in die Nähe der pessimistischen Philosophien und in ein theatralisches, moralisches Wagnertum rücken, zu der „Magie“ des „großen Zauberers“, dem (als ein offenbar *Vorletztes*) „die Klage der Ariadne“ in den Mund gelegt wird. Zarathustra blickt düster zur Seite nieder, nachdem er die Amfortas-Rasereien des Zauberers angehört. Aber schon durchschaut der Zauberer sein religiöses Pathos selber: „Alles ist Lüge

[1] N. 8, 405. – [2] N. 8, 426. – [3] N. 12, 123. – [4] N. 12, 130. – [5] N. 12, 129. – [6] N. 8, 388.

an mir; aber daß ich zerbreche – dies mein Zerbrechen ist echt!" Und Zarathustra bestätigt: „Das ist dein Bestes, daß du deiner müde wurdest."[1] Und er weist ihm, wie dem „letzten Papst", den Weg ins Metareligiöse. Als „Klage der Ariadne" aber erhält derselbe Dithyrambus einen positiven Schluß. In einem Blitze erscheint Dionysos:

„Sei klug, Ariadne! –
Du hast kleine Ohren, du hast meine Ohren:
steck ein kluges Wort hinein!
Muß man sich nicht erst hassen, wenn man sich lieben soll? –
Ich bin dein Labyrinth."[2]

Das Labyrinth als tragische Ausweglosigkeit ist die Verzweiflung und das religiöse Pathos Ariadnes. Dionysos aber ist die Stillung und Verklärung dieser Ausweglosigkeit in das metareligiöse Umsonst des Seins. Das Pathos des „Opfers" geht über in ein Geheimnis der Verschwendung: „Was opfern! Ich verschwende, was mir geschenkt wird ... wie dürfte ich das noch – opfern heißen!"[3] Nicht nur Wagner, auch Hegel und die ganze Prometheuswelt sind hier weit hinten zurückgelassen: „christliche" Dichtung und „christliche" Metaphysik, welche beide von der „Tragik Gottes" und von der weise verschlungenen Odyssee des Geistes erzählten, sind ins absolute Labyrinth verwiesen, und frei, unbeschwert, in seligem und lachendem Schweigen geht der Weg ins letzte Umsonst:

„Silbern, leicht, ein Fisch
schwimmt nun mein Nachen hinaus ..."[4]

Für diese „religiöse" Situation einen Namen zu suchen, wäre sinnlos. Genug, *daß* sie unabweisbar als Ganzes höchste religiöse Situation ist, Aug in Aug zum „höchsten Gestirn des Seins", leidenschaftliches Ja zum „ewigen Ja des Seins", „denn ich liebe dich, o Ewigkeit!". Das Wort „Gott" ist so verbraucht, daß wir darum nicht feilschen wollen. Das Wort „Transzendenz" ist zu einseitig – denn es geht ja um das *Einwohnen* der höchsten Freiheit in meiner Freiheit –, als daß es festgehalten werden müßte. Zudem ist Nietzsche „Luftschiffahrer des Geistes" genug, um zu wissen, was *Jenseits* heißen muß und heißen darf. So ist auch

[1] N. 6, 373. – [2] N. 8, 432. – [3] N. 6, 345. – [4] N. 8, 428.

das Wort „Du“ zu laut, wo es immer zugleich um das intimius intimo meo geht, das Wort „Liebe“ zu schwach, wo es um das Aufblitzen einer Herrlichkeit von Macht, Lust und grausamer Zartheit geht, und erst recht Worte wie „Geist“, „Vernunft“, „Weisheit“ zu falsch, wo es im Gegenteil um das tolle Verschwenden geht, bei dem „die kostbarsten Weine und Salben ins Meer gegossen“ werden.

Was aber die religiöse Situation Nietzsches ist, wer vermöchte das zu sagen? Nietzsche hat durch alle Höllen seiner Einsamkeit hindurch seinen amor fati bewahrt: „Denn es muß mir *alles* zum *Besten* gereichen: ich lebe ganz in einer fatalistischen ‚Gott-Ergebenheit‘. – Genaueres läßt sich nicht schreiben.“[1] Aber warum dann das Nein zu allem, was unter Gottes Namen sich ihm anbot? Ins religiöse Pathos des Zauberers übersetzt, klingt dies Nein wie das krampfhafte Zustemmen einer letzten Türe:

„Ha! schon viel zu nahe!
Weg! Weg!
Du hörst mich atmen,
Du behorchst mein Herz,
Du Eifersüchtiger –
Worauf doch eifersüchtig?
Weg! Weg! Wozu die Leiter?
Willst du *hinein*,
Ins Herz
Einsteigen?“[2]

Hier ist es dieselbe mystische Gottesangst wie bei Kirillof. Im Nachtlied des Johannes vom Kreuz aber ist es nicht Gott, der die Leiter anlegt, sondern die Seele, die sie aus ihrem Fenster hängt und sich selbst entflieht. Aber der „Zauberer“ ist nicht Zarathustra, dem es seine Wahrheit zugeflüstert hat: „Verschenke dich selber erst, o Zarathustra.“ Hier hindurchzusehn ist unmöglich; Nietzsches Gesicht ist zuletzt einem Geheimnis zugewandt, das es allen Blicken entzieht.

* * *

4. Wir sind damit an die Grenze der Beschreibung dessen angekommen, was für Dostojewskij und für Nietzsche das positive Eschaton bedeutet. Es zeigte sich, daß beide in der selben mystischen

---

[1] NB. 4, 105. – [2] N. 6, 368.

Situation stehen, die – summarisch gesprochen – Dostojewskij eher versteht als vollzieht, Nietzsche eher vollzieht als versteht, und daß sie sich in dieser Situation wie der weibliche und der männliche Typus, also ergänzend, verhalten. An dieser Grenze aber erhebt sich nun noch eine letzte Frage. Nietzsches und Dostojewskijs gegenseitige Anklage ging zuletzt auf ein Verfehlen, ein Nichtkönnen der Liebe. Dostojewskij sprach es in der Weise aus, daß er alle Liebe von einem Prinzip Christi abhängig machte und alle Atheisten-Liebe als Macht oder Wollust oder Maske „entlarvte". Nietzsche aber sprach es darin aus, daß er alles Religiöse als Ressentiment der Schwäche, Versicherungsangst oder Décadenceerscheinung „entlarvte" und Liebe als die Verschwendung des Reichsten beschrieb. Aber tiefer gesehen, ist doch klar, daß beide ihren Feind in sich selbst haben, daß das Nein, das sie sprechen, gegen sie selbst gesprochen ist, gleichsam als Schwung eines Absprungs, mit dem sie sich selbst zu übersteigen suchen. Dostojewskij als der ewige Zweifler, der fürchtet, er werde es bis zum Ende bleiben,[1] Nietzsche der „Selbsthenker", das „müde Rätsel", dem jeder Vorwand recht ist, sich selbst zu übersteigen,[2] beide fühlen auf ihrem Grunde ein Nein, und gegen dieses Nein sprechen sie ihr erneutes Nein. Das erste Nein ist das Nein der Ohnmacht, aber zugleich auch das Nein der Niedrigkeit und des Sträubens, das „Böse". Das zweite Nein ist das „ethische" Nein, das gegen jenes Böse sich empört und sträubt. Aber das erste Nein ist doch auch schon ein ethisches, wählendes und so *auslegendes* Nein: ein Wille zum Bösen, wie Nietzsche ihn so gut wie Dostojewskij als ein grundlegend Negatives erkennen.

Das „ethische" Nein, das sich gegen das erste wendet, hat nun die Möglichkeit, es selbst durch Auslegen, Entlarven, Durchschauen aufzuheben. In diesem Sinn hat Nietzsche das Böse ins Gemeine, dieses ins Schwache und Kranke zurückgeführt, Dostojewskij das Böse als das Neurotische erklärt. Für beide also ist es „Krankheit", und ihre Metaphysik der großen Gesundheit oder großen Heiligkeit baut sich von diesem Gegensatz her auf. Aber er zeigt sich bei näherem Zusehen, daß mit jener Entlarvung wenig getan ist. Denn das zweite Nein begegnet dem ersten nicht nur als einer „falschen" Auslegung, sondern ebenso einfachhin als einem Zustand, einem faktisch Vorliegenden. Als solches aber ist es gar nicht ent-

[1] DB. 61. – [2] N. 8, 424.

hüllbar, seine Faktizität sträubt sich gegen jedes Zurückgeführtwerden auf ein anderes. Das „Entlarven" kann dann höchstens bedeuten, daß alle Masken von der reinen Verneinung abgezogen werden (zum Beispiel „Schwäche", „Krankheit" als Vorwände) und die reine Verneinung in ihrer ganzen Blöße als „Zustand" aufgedeckt wird. „Krankheit", „Dekadenz" kann dann noch ein anderer *Name* für die reine Verneinung sein, etwa eine „Linderung" im Mund der Güte, aber keine Stellvertretung mehr.

Die Richtung des „ethischen" Nein gegen das Nein der „Bosheit" bringt also dieses ebenso zum Erscheinen, als es zum Verschwinden gebracht werden sollte. Es wird somit der Verdacht wach, ob die Schuld nicht am „ethischen" Nein selbst liegen könnte, das doch *als* Nein ebenso ein Sträuben gegen ein Faktisches ist denn ein Protest gegen ein Falsches. Das restlose Sich-Entlarven bringt nicht nur das nackte, brennende Nein auf dem Grund zum Vorschein, es hat als Nein selbst teil an jenem nackten, brennenden Nein. Es zeigt sich so das Überraschende, daß die ganze Bewegung der Entlarvung, worin Wahrheit *ent-deckt* wird, überhaupt nicht zum angestrebten *Ja* der Existenz (das seine Wahrheit sein soll) gelangt, sondern das Gegeneinander der zwei Nein die Existenz vielmehr in die Unwahrheit tiefer versenkt:

„Zwischen zwei Nichtse
eingekrümmt . . .
O Zarathustra! . . .
Selbstkenner! . . .
Selbsthenker! . . . "[1]

Damit wird ein letztesmal Nietzsches Theorie der absoluten Endlichkeit der Wahrheit bestätigt, indem Wahrheit überhaupt nicht in der Durchführung einer absoluten Enthüllung des Scheinens liegt, sondern in einer schwebenden Mitte zwischen „Erscheinen" und „Scheinbarkeit": „Oberflächlich – aus Tiefe" ist dann die entscheidende Haltung.[2] Es wird aber gleichzeitig auch der eigentliche Sinn der doppelpoligen Wahrheit Dostojewskijs endgültig offenbar. Die „dunkle" Wahrheit, die ihn faszinierte ob ihres Wahrheitsgehalts, ist nichts anderes als das Gegeneinander der beiden Nein, wie es sich am grausamsten im Kellerschlupfmenschen offenbart: hier soll im restlosen Enthüllen des Ohnmachtsabgrunds die

[1] N. 8, 424. – [2] N. 5, 11.

„Wahrheit" des Menschen zutage gefördert werden. Aber was erscheint, ist gerade seine restlose Unwahrheit, und das nicht nur als das gleichsam objektive Ergebnis eines „wahren" Bemühens, sondern gerade im *Akt* dieses verneinenden Enthüllens selbst. Daher Nietzsches abgründige Erkenntnis: „Wir glauben nicht mehr daran, daß die Wahrheit noch Wahrheit bleibt, wenn man ihr den Schleier abzieht . . . Man sollte die Scham besser in Ehren halten, mit der sich die Natur hinter Rätsel und bunte Ungewißheiten versteckt hat."[1]

In dieser inneren Endlichkeit der Wahrheit zwischen Verhüllen und Enthüllen liegt demnach auch die Grenze des Apokalyptischen überhaupt. Die beiden weisesten Psychologen, nachdem sie alle Schleier der Seele gelüftet, machen sich auf den Rückweg. Nietzsche zunächst noch mit Mißtrauen: „Es scheint, wir Europäer können jener Maskerade durchaus nicht entbehren, die Kleidung heißt. Sollte aber die Verkleidung der ‚moralischen Menschen', ihre Verhüllung unter moralische Formeln und Anstandsbegriffe, das ganze wohlwollende Verstecken unserer Handlungen unter die Begriffe Pflicht, Tugend, Gemeinsinn, Ehrenhaftigkeit, Selbstverleugnung nicht seine ebenso guten Gründe haben?"[2] Dann aber schon überzeugter: „Woraus sich ergibt, daß es zur feineren Menschlichkeit gehört, Ehrfurcht ‚vor der Maske' zu haben und nicht an falscher Stelle Psychologie und Neugierde zu treiben."[3] Endlich in ganzer Tiefe: „Kalt auf die Dinge sehen, so daß sie nackt und ohne Flaum und Farbe daliegen – das nennt sich ‚Liebe zur Wahrheit', und ist nur die Ohnmacht, zu lügen." „Der Erkennende vermeidet die Selbsterkenntnis und läßt seine Wurzeln in der Erde stecken."[4] Nietzsche kannte zwar alle Schrecknisse dieser „schauerlichen Hellsichtigkeit über sein Wesen",[5] aber sie ist ihm ein Sich-Winden „in förmlichen Krämpfen des Hochmuts", der sich selbst verzehrt: „Weg, weg mit diesem Stolze! rufen wir, es war eine Krankheit und ein Krampf mehr! . . . Wir zürnen nicht, wenn die Zaubereien der Gesundheit wieder zu spielen beginnen."[6] – Bei Dostojewskij ist genau dieselbe Wendung. Myschkins „Sehen" des Bösen ist ebenso unmittelbar ein Nichtsehen und Zudecken (das aber nichts mit dem „entlarvenden" „Verstehen" und „Zurückführen" gemein hat): „Es fehlt Ihnen an Zärtlichkeit; die Wahrheit ist Ihnen alles, und darüber werden Sie ungerecht."[7] Jewgeni Pawlowitsch sagt zu

[1] Ebd. – [2] N. 5, 288. – [3] N. 7, 259. – [4] N. 12, 247. 246. – [5] N. 4, 114. – [6] N. 4, 115. – [7] D. 16, 89.

Myschkin über ein verworrenes Erlebnis desselben: „Wenn Sie wollen, werde ich Sie vor Ihren eigenen Augen sezieren, ich werde Sie Ihnen wie in einem Spiegel zeigen"[1] – aber gerade darum hat er nichts verstanden. Ein andermal zeigt Myschkin eine erstaunliche analytische Einsicht in einen Fall neurotischen Protestes, aber es scheint, daß er die evidente Anwendbarkeit seiner Einsicht auf die vor ihm stehenden Menschen „überhaupt nicht bemerkt hatte".[2] Seine *zudeckende* Erkenntnis ist stärker als seine entlarvende. Im Kellerschlupfmenschen, zum Teil auch im „Jüngling", versuchte Dostojewskij an das Absolute durch Enthüllen zu rühren. Aber er rührte nur an das Häßliche, Kleine, Unwahre, Ohnmächtige.

Damit können wir nun aber auch der letzten gegenseitigen Entlarvung Dostojewskijs und Nietzsches – eigentlich ihren Selbstentlarvungen – ihren wahren Sinn geben. Beidemal lautete die „Diagnose" auf Unfähigkeit zur Liebe. Wir wissen jetzt, daß dieses Nein der Ohnmacht auf dem Grunde liegt, daß aber die vermeintlich „ethische" Anschuldigung, das entlarvende Nein, an dieser Ohnmacht selbst teil hat. Das „Entlarven" als Wahrheit hat seine Grenze an der zudeckenden Bewegung der Liebe. Einmal sofern die Liebe, als das eigentlich Erfinderische, Wahrheit *aufbaut,* dann aber tiefer, weil Liebe *überhaupt nicht entlarvt werden kann.* Entlarvt werden können nur die Masken der Macht (oder Ohnmacht). Darum ist alle psychologische Tätigkeit Nietzsches auf die Verkleidungen des „Willens zur Macht", die Dostojewskijs auf die „Arrangements" des neurotischen Protests gerichtet.

Es wird aber dahinter auch noch die *Grenze des Philosophierens*, sofern dieses auf „*objektive*" Wahrheit ausgeht, deutlich. Sofern das Philosophieren vorzüglich auf der Form des „*Zurück*führens" (also auf der Bewegung von „Form" zu „Grund") beruht, hat es als ganzes seine Grenze und sein Gegengewicht an der Bewegung des Schaffens „*subjektiver*" Wahrheit als „Herausführen" von Wahrheit. Dieser egressus ist, wie wir früher sahen, freilich Sache der Macht und der Hingabe zugleich, sofern beide in der Äußerung untrennbar sind. Davon wird also zwar ein Teil „entlarvbar" sein, denn sowohl die Herrschsucht wie die unreine Verströmung können sich hier in scheinbarer Wahr-

---

[1] D. 16, 368. – [2] D. 15, 296-297.

heit verbergen. Aber die Wahrheit als Zurückführen findet bald ihre Grenze an der unrückführbaren Echtheit der subjektiven Wahrheit. Und wenn Nietzsche seine Philosophie gerne eine „Schule des Verdachts" nannte,[1] wenn er überhaupt Philosophie und Mißtrauen gleichzusetzen strebt,[2] so vergißt er hier, daß dieses Mißtrauen nur der – unwichtigeren – Hälfte des Daseins zugeordnet ist. Wenn er sagt: „Werturteile über das Leben ... kommen nur als Symptome in Betracht",[3] so sieht er nicht, daß dieser Satz, dieses Werturteil dem kurz darauf geäußerten widerspricht: „Wir andern ... haben umgekehrt unser Herz weitgemacht für alle Art Verstehen, Begreifen, *Gutheißen*."[4] Dieser Widerspruch aber ist, wie wir wissen, in sich endgültig und unaufhebbar: die Wahrheit als Kritik wird immerdar in Schranken zurückgerufen von der Wahrheit als Liebe, und umgekehrt wird das freie Erfinden dieser immerdar als solches durchschaut von der entlarvenden Kritik. Wenn wir zum Beispiel einen „entlarvenden" Blick hinter die Kulissen des Lebens geworfen haben, so mögen wir zwar „mit einem verlangenden Auge" auf dessen „abgedämpfte Lichter" zurücksehen und aus der tötenden Helle des Objektiven entfliehen wollen, „wir erinnern uns" dennoch „wehmütig lächelnd, daß wir einiges ... jetzt neu und anders wissen, daß ein Schleier gefallen ist".[5] Erst *dieser* Kampf innerhalb des gleichen Subjekts erzeugt jene Mitte der Scheinbarkeit, von der wir ausgingen: „Die ‚Scheinbarkeit' gehört selbst zur Realität: sie ist eine Form ihres Seins."[6]

Die Frage des doppelten Nein hat aber noch einen weiteren Aspekt, der uns zugleich zum letzten Kapitel hinüberleitet. Der Kampf Nietzsches und Dostojewskijs gegen ihren Feind „Christentum" oder „Atheismus" schlug zuerst nach innen und wurde zu einem Selbstkampf. „Wie ich", schreibt Nietzsche, „ein *Schlachtfeld* mehr als ein Mensch gewesen bin."[7] Dabei zeigte sich, daß das Falsche, das es vorher draußen zu entlarven und zu widerlegen galt, innen einen weit härteren Widerstand leistete, als zu erwarten stand. Es zeigte sich, daß sogar das zweite Nein mit dem ersten in einem geheimen Bund und Einverständnis war, sosehr, daß die „böse" Wahrheit nicht zu einem willkürlich Entfernbaren (als Auslegung unter andern), sondern zu einem wesentlichen Zustand, einer Faktizität sich festigte. Das zeigt sich in der Art, wie bei Nietzsche das Böse ins Ganze als integrierender Teil aufgenommen wird, bei Dostojewskij

---

[1] N. 2, 3. – [2] N. 5, 279. – [3] N. 8, 69. – [4] Ebd. 30. – [5] N. 4, 115. – [6] N. 16, 67. – [7] NB. 4, 109.

die existentiale Aneignung einer paradiesischen Menschheit stets mißlingt.[1] Diese Unaufhebbarkeit des Nein war als solche ja der eigentliche Anlaß des Überstiegs jenseits von Lüge und Wahrheit wie von Gut und Böse. Jede Beschäftigung mit diesem Nein entzündete es nur mehr. Der einzige, offene Weg war die Abkehr von *beiden* Nein in Zuwendung zu einem Jenseits.

In Dostojewskij ist diese Unaufhebbarkeit besonders sprechend. Der reine Aufruhr Iwans und des Inquisitors, den Dostojewskij zu widerlegen sucht, verschwimmt mit dem Aufruhr Dostojewskijs selbst und ist in ihm nicht mehr „Symptom" von . . ., sondern einfach eine Faktizität. Die einzig mögliche Widerlegung ist, daß der ganze Aufruhr des Inquisitors hingestellt ist in die umklammernde, schweigende Existenz der Liebe Christi. Der Kuß Christi am Ende der langen Anklagerede ist nicht „Entlarvung", sondern die Manifestation des Jenseits des Aufruhrs. In der Szene Iwans mit dem Teufel wiederholt sich diese reine Faktizität: „‚Nicht einen Augenblick halte ich dich für reale Wirklichkeit', schrie Iwan, . . . ‚du bist eine Lüge, du bist meine Krankheit! . . . Du bist die Verkörperung von mir selber, übrigens nur einer Seite von mir . . . Du bist gar nicht imstande, mir irgend etwas Neues zu sagen!'"[2] Aber mit dieser „Entlarvung" des „äußern" Feindes hat Iwan ihn nur in sich hineinverlegt und ihn als seine Lüge anerkannt. Aber je mehr Iwan gegen seine Lüge vorgeht, um so selbständiger gebärdet sie sich nun wieder. Der Teufel macht ihm klar, er sei nicht anders als Iwans Fiebertraum. „Du lügst", entgegnet Iwan, „deine Absicht ist gerade die, zu versichern, daß du für dich selber vorhanden bist." „Mein Freund", erklärt der Teufel, „ich wandte heute eine ganz besondere Methode an." Diese Methode ist das Stacheln des „ethischen" Nein gegen das Nein des Aufruhrs bis zum bodenlosen Gegeneinanderrasen beider als der *bösen* Wahrheit der Existenz, oder, was dasselbe ist, als die Realisierung ihrer Unwahrheit und damit der Triumph des bösen Geistes. Das Unheimliche und zugleich unheimlich Richtige an der Situation ist, daß das Glas, das Iwan nach dem Teufel wirft, nachher unzerbrochen vor ihm steht, daß aber das psychologisch Subjektive doch von einem höhern Objektiven umklammert bleibt: „Dieser Traum ist kein Traum."[3]

---

[1] Theologisch gesprochen ist die Möglichkeit einer solchen nicht notwendig innerlich einsichtig zu machen, das theologische Faktum bleibt durchaus jenseits des phänomenologisch Vollziehbaren. – [2] D. 25, 228-229. – [3] D. 25, 256.

Genau wie Nietzsches Scheinbarkeit die Realität ist. Die Lösung findet sich keinesfalls in einer möglichen Erklärung zwischen Iwan und dem Teufel, sondern nur in der Abwendung von der ganzen satanischen Möglichkeit in Iwan. In der Einsicht des Menschen, „daß er immer Unrecht hat, er mag handeln und urteilen, wie er will",[1] oder mit Kierkegaard religiös ausgesprochen, „im Erbaulichen in der Einsicht, vor Gott allzeit unrecht zu haben", ist uns also das letzte Problem gestellt, in welchem *thematisch* behandelt werden muß, was bisher nur als direkt vollzogene Bewegung gegenwärtig war: das Problem der *Synthesis*, als des synthetischen Guts jenseits von Gut und Böse. Es ist die Frage nach dem Sinn des „Alles ist gut" Nietzsches und Kirillofs, die Frage nach der Auflösung des doch zuständlichen Bösen in einem umgreifenden Guten und damit die Frage nach der alle Kontingenz übergreifenden Not-Wendigkeit.

VII. Erfassung der Notwendigkeit

Sumunt boni sumunt mali
Sorte tamen inaequali.

Das entscheidende Erleben, das Nietzsche sowohl wie Dostojewskij vermitteln, ist ein Höhenflug über die Existenz als ganze, bei dem Gut und Bös wie aus der Vogelschau sichtbar werden, sosehr, daß man sich später nur mit Mühe in die Strenge des Entweder-Oder zurückversetzt, die Übergänge zwischen ethischem und synthetischem Gut fließend zu werden drohen. Daß beide Dichter damit in unmittelbare Nähe zu Hegel gestellt sind, ist fraglos, und doch ist ihre Lösung der hegelschen durchaus unähnlich. Wir werden also versuchen müssen, diese neue Weise, die Synthesis zu vollziehen, mit ihnen mitzuvollziehen, um sie so gegen die idealistisch-prometheische Weise innerlich abzugrenzen.

Hegel ist also gleichsam nur das formale, schematische Vorbild dessen, was es zu leisten gibt, als solches aber ist er von alles entscheidender Bedeutung. Acht Tage nach seiner Entlassung aus dem sibirischen Zuchthaus schreibt Dostojewskij an seinen Bruder: „Schicke mir . . . unbedingt Hegel; besonders aber Hegels ‚Geschichte der Philosophie'. Davon hängt meine ganze Zukunft ab."[2]

[1] N. 2, 370. – [2] DB. 58.

Spuren der Hegelbekanntschaft finden sich in allen seinen Romanen;[1] aber an der entscheidenden Stelle erscheint er doch gerade als der große Feind: Iwans Teufel ist nichts anderes als eine blutige Hegelsatire. „Verneine du nur immerzu", sagt er zu Iwan, „ohne Verneinung gibt es keine Kritik, und was wäre das schon für eine Zeitschrift, wenn es da keine ‚Abteilung für Kritik' gäbe? Ohne Kritik wäre ja nur ein einziges Hosanna. Für das Leben aber ist es nötig, daß dies Hosanna durch ein Feuer von Zweifeln hindurchgeht, nun und so weiter, in dieser Art. Ich mische mich übrigens in all das gar nicht ein, ich habe es ja nicht geschaffen, nicht ich bin dafür Rechenschaft schuldig. Nun, so hat man denn einen Sündenbock ausgesucht und ihn gezwungen, die Abteilung für Kritik zu schreiben, und man bekam Leben. Wir verstehen diese Komödie. Ich zum Beispiel verlange geradewegs und einfach Erniedrigung für mich. ‚Nein, lebe du', spricht man, ‚weil ohne dich gar nichts sein würde . . . Ohne dich würde gar nichts vorfallen, es ist aber notwendig, daß etwas vorfällt.' Nun, und da diene ich denn, sehr gegen meinen Willen, daß etwas vorfällt, und ich schaffe auf Befehl das Unvernünftige. Die Menschen halten diese ganze Komödie für etwas Ernsthaftes, ungeachtet sogar allen ihres unbestreitbaren Verstandes. Darin beruht ja auch ihre ganze Tragödie. Nun, und sie leiden, natürlich, aber – gleichwohl leben sie dafür doch wenigstens, leben sie in Wirklichkeit, nicht in der Phantasie; denn gerade das Leiden, das ist auch das Leben. Ohne Leiden, was wäre da in ihm für ein Vergnügen!"[2] Der Teufel, trotz seiner Irrealität als die „Kraft des Negativen", kann doch die Rolle des eigentlichen Märtyrers für das Gute spielen: „Ich bin vielleicht der einzige Mensch in der ganzen Natur, der die Wahrheit liebt und aufrichtig das Gute will." Als Christus am Kreuze verschied, sei er dabei gewesen und das welterschütternde Hosanna aller Engelchöre habe ihn zu Tränen gerührt; schon sei der Jubelruf auch in seiner Kehle aufgestiegen –: „aber die gesunde Vernunft – oh, das ist die allerunseligste Eigenart meiner Natur – hielt mich auch da in den gebotenen Grenzen zurück . . ., und wegen meiner sozialen Stellung war ich genötigt, in mir den schönen Augenblick zu unterdrükken und bei den Schweinereien zu bleiben". Sonst wäre ja „sogleich das unentbehrliche Minus entschwunden" und damit „alles auf der Welt erloschen".[3] – Grimmiger hat selbst Kierkegaard Hegel nicht ver-

---

[1] Vgl. z. B. D. (P.) 11, 240-241; D. 21, 386. 451 etc. – [2] D. 25, 237. – [3] D. 25, 247-248.

spottet. Aber es ist für Dostojewskij ein noch weit erbitterterer Kampf, denn wenn Kierkegaard auf die Synthesis überhaupt verzichtete, – er konnte darauf nicht verzichten. Er mußte Hegels Resultat ohne Hegels Weg erreichen, die Notwendigkeit erfassen, ohne es in der tötend-existenzlosen Weise des Teufels zu tun.

Bei Nietzsche ist es derselbe Ausgangspunkt. „Wir Deutsche sind Hegelianer, auch wenn es nie einen Hegel gegeben hätte, insofern wir (im Gegensatz zu allen Lateinern) dem Werden, der Entwicklung instinktiv einen tiefern Sinn und reicheren Wert zumessen als dem, was ‚ist'."[1] Und von da aus folgerichtig weiter: „Die Bedeutung der deutschen Philosophie (*Hegel*): einen Pantheismus auszudenken, bei dem das Böse, der Irrtum und das Leid *nicht* als Argumente gegen die Göttlichkeit empfunden werden." Es war eine „grandiose Initiative".[2] Trotzdem hat Nietzsche sein Leben lang mit Spott und Kritik an Idealisten und Hegel insbesondere nicht gespart. Auch ihm behagte der Zweck, nicht die Mittel.

Die Möglichkeit der Erfassung des Ganzen in ihrem neuen, nicht-idealistischen Sinn soll nun zuerst an Nietzsche, dann an Dostojewskij dargestellt werden.

1. Nietzsches Synthesis ist die Flamme im bleibenden Widerspruch. Als *eine* Flamme ist sie Einheit, die sich aber je aus der Wurzel der Zweiheit nährt. Es scheint dabei eine gewisse Entwicklung Nietzsches insofern feststellbar, als er, nach der ästhetischen Totalität der „Geburt der Tragödie", zunächst den „Sinn" der Synthesis in der Integration der Widersprüche in die eine Flamme sucht, wobei der Widerspruch lediglich ewiger *Anlaß* (als Widerpart und Wurzel zugleich) für die Einheit bleibt. In diesem Sinn ist dann das „Böse" im edlen Menschen tiefer sein Gutes, seine Grausamkeit ist die Potenzierung seiner Milde und seines Mitleids,[3] seine Einsamkeit ist seine tiefere Liebe, und letztlich sein Aufschwung über die Gegensätze ihre Verschmelzung. In diesem Sinn wäre die Flamme, als existentiale Einheit, die Lösung des Widerspruchs. Später wendet sich der Blick mehr auf das *Totale* der Welt, in welchem die Widersprüche beisammenliegen und in ihrem Kampf den „grandiosen Zusammenklang" ergeben. Nicht die synthetische Vereinigung in der Existenz, sondern das Wandern und Aushalten der Existenz in den Widersprüchen ist dann die eigentliche Synthesis. Stär-

[1] N. 5, 300-301. – [2] N. 15, 442. – [3] N. 12, 284.

ker als früher betont der letzte Nietzsche die Notwendigkeit der Erhaltung des Schwachen,[1] die Erhaltung des Christentums (die „zu den wünschenswertesten Dingen“ gehört[2]), die Erhaltung von Irrtum und Scheinbarkeit. Das Ganze, als Miteinander alles Falschen, ist dann das Wahre. „Dieser sagt: alle Welt ist Gedanke, Wille, Krieg, Liebe, Haß: meine Brüder, ich sage euch: alles dies einzeln ist falsch, alles dies zusammen ist wahr.“[3] Das Problem ist nicht die Aufhebung des Irrtums in Wahrheit, sondern das Bestehen des Irrtums im Teil *als* Wahrheit: „Könnte eine *Vollkommenheit* konzipiert werden, innerhalb deren selbst solche *Mißverständnisse sanktioniert* wären?“[4] Die Forderung heißt dann: „Kosmisch empfinden!“[5] „Auch das Böse, auch der Unglückliche, auch der Ausnahmemensch soll seine Philosophie, sein gutes Recht, seinen Sonnenschein haben! ... Eine neue Gerechtigkeit tut not!“[6] Weil aber diese selben Widersprüche auch im Mikrokosmos Mensch sich finden, so braucht vor der Aufhebung des Widerspruchssatzes im Denken nicht haltgemacht zu werden. Und zwar nicht nur beim bestehenden Widerspruch von Thesis und Antithesis, sondern tiefer beim Widerspruch von Thesis und Synthesis: als Synthesis kann man Einblick in die „Scheinbarkeit“ dessen haben, was man als Thesis ernst – oder, wie der Teufel Iwans sagte: als Tragödie – nehmen muß. Man kann verpflichtet sein, an sein eigenes Lügen zu glauben. Kein anderes war ja das große „Fragezeichen“ Nietzsches als das Umklammertsein seines radikalen Nein zur „Moral“ durch ein ebenso radikales „Ja“ zum „Ganzen“, also auch zu jenem Verneinten.

Diese Synthesis Nietzsches kann nun doppelt betrachtet werden, je nachdem wir seine eigene, gleichsam offizielle, Auslegung davon, als höchster dionysischer *Zustand*, oder den über sein Wollen hin sich vollziehenden Sinn als mystische *Situation* erwägen.

In der Selbstauslegung Nietzsches ist die Synthesis eine Tat der *Stärke*, der heroischen (aber zugleich entspannten) Haltung, welche über alles Einsichtige hinaus Ja sagen *will*. „Es handelt sich ganz und gar nicht um die beste oder schlechteste Welt: – Nein oder Ja, *das* ist die Frage.“[7] Das *Ja* wird also gar nicht einem höchsten „Wert“ gegeben, sondern dem „Sein“ überhaupt, dem „höchsten Gestirn des Seins“. Und doch kann dieses „höchste Gestirn“ nicht anders gedacht werden denn als das auch werthaft

[1] N. 16, 304; 15, 400. – [2] N. 15, 404. – [3] N. 12, 240. – [4] N. 16, 365. – [5] N. 12, 129. – [6] N. 5, 218. – [7] N. 14, 221.

Absolute. Hier entsteht in Nietzsches Denken der tötende Widerspruch. Was er „die Unschuld des Werdens" nennt, ist hoffnungslos von diesem Widerspruch zerrissen. Es heißt zum Beispiel: „Der Begriff ‚verwerfliche Handlung' macht uns Schwierigkeit. Nichts von alledem, was überhaupt geschieht, kann an sich verwerflich sein: denn man dürfte es nicht weghaben wollen: denn jegliches ist so mit allem verbunden, daß irgend etwas ausschließen wollen alles ausschließen heißt."[1] Dies heißt also, daß um des synthetischen Guts willen das antithetische Bös gutzuheißen ist. Die Notwendigkeit ist *schauend*, nicht *schaffend* erfaßt. Dann aber heißt es wiederum: „Der Glaube, daß die Welt, die sein sollte, *ist*, wirklich existiert, ist ein Glaube der Unproduktiven, die nicht eine Welt schaffen wollen, wie sie sein soll ... Wille zur Wahrheit – als Ohnmacht des Willens zum Schaffen."[2] Im gleichen Sinn ist Mensch nur „gut" als Untergang zum Übermenschen hin. Hier ist also auch das synthetische „Gut" nur durch die *setzende* Thesis hindurch erreichbar. Oder den Widerspruch in einem einzigen Satz ausdrückend: „Verlangen, daß etwas anders ist als es ist ... enthält eine verwerfende Kritik des Ganzen. Aber Leben ist selbst ein solches Verlangen. Feststellen, *was* ist, *wie* es ist, scheint etwas unsäglich Höheres, Ernsteres als jedes ‚So soll es sein'."[3] Das Denken tötet sich selbst im Versuch der Gleichsetzung des Unrückführbaren: Werden ist nicht Sein, *Auslegen* ist nicht *Beschreiben*, das Ja zu einer Aufgabe ist nicht das Ja zur Indifferenz ihrer Erfüllung oder Nichterfüllung. Wenn es heißt, daß die Erhaltung der Schwachen „wünschenswert" sei, so bleibt dies zweideutig: „Wunsch" kann es an sich nur innerhalb des Gegensatzes geben, er geht dann auf den Kampfanlaß für die Starken. Im „Ganzen" gibt es keinen „Wunsch" mehr, sondern nur noch Notwendigkeit. Und doch ist das „wünschenswert" immer zugleich von Nietzsche auf das Ganze bezogen. Dieser Widerspruch ist nun selbst nicht mehr stachelnd und nährend, sondern schlechthin lähmend. Wir dürfen, sagt Nietzsche, uns „unsern Intellekt" nicht „mit einem widerspruchsvollen Charakter behaftet denken: einmal eingerichtet auf das perspektivische Sehen, ... anderseits zugleich mit einem Vermögen, eben dieses perspektivische Sehen als perspektivisches, die Erscheinung als Erscheinung zu begreifen. ... Ein Glaube, ... mit dieser Einsicht angeschaut, ist nicht mehr Glaube, ist als Glaube aufgelöst. Kurz, wir dürfen uns unsern Intellekt

[1] N. 15, 358. – [2] N. 16, 84. – [3] N. 15, 381-382.

nicht dergestalt widerspruchsvoll denken, daß er ein Glaube ist und zugleich ein Wissen um diesen Glauben als Glauben."[1] Aber gerade dieser Widerspruch liegt an der Grundlage selbst des ganzen Tuns Nietzsches, ja der Begriff des Perspektivischen setzt ein übersteigendes mögliches Wissen um andere Perspektiven voraus.

Nietzsches eigentlicher Widerspruch liegt also nicht in dem eben von ihm zurückgewiesenen Widerspruch einer Selbstkritik des Intellekts (denn diesen betätigt er fortwährend und erweist ihn so als Tatsache), sondern darin, daß er als Tatsache leugnet, was er in seinem Tun voraussetzt. Darum ist dieser entscheidende Widerspruch auch nicht mehr fruchtbar, sondern leer, und wo Nietzsche an ihn stößt, da versinkt sein Denken ins Haltlose, Öde und Entmutigende. Das letzte Weltbild, das des dionysischen Kosmos als „Ungeheuer von Kraft, ohne Anfang, ohne Ende, ... ein Meer in sich selber stürmender und flutender Kräfte, ... diese meine dionysische Welt des Ewig-sich-selber-Schaffens, des Ewig-sich-selber-Zerstörens"[2] ist dann nur die Hypostasierung dieses Widerspruchs. Gerade so aber ist es eine Rückkehr zum Stadium des jungen Goethe, wie es sich im Naturfragment äußerte, zur Welt als einem „unerforschlichen, unbedingten, humoristischen, sich selbst widersprechenden Wesen, ... ganz, und doch immer unvollendet",[3] zur Potenz der Erdgeistsphäre, über die Goethe hinauswuchs, sobald er den Widerspruch, den Nietzsche nicht wahrhaben wollte, voll erkannt und die Folgen daraus gezogen hatte. Goethe begriff, daß das scheinbar Widersprüchliche (als unvermitteltes Einssein von Werden und Sein) sich zu lösen habe ins „Übergängliche und Milde" von Werden zu Sein hin. Damit wird der immanente Widerspruch (von Thesis-Antithesis) als *ganzer* überstiegen in der Bewegung des ontisch *Komparativischen*, und die Möglichkeit der Selbstkritik des Glaubens ist dann kein Anstoß mehr, sondern der Ausdruck dafür, daß das *ganze* Endliche sich als ein Sich-Übersteigendes zum Absoluten hin versteht.

Daß dies die Wahrheit von Nietzsches sich verwirrender Selbstauslegung ist, zeigt sein eigenes Tun, seine wesentliche Haltung, die durchaus nicht den Krampf des Widerspruchs als existentielle Gebärde anstrebt, sondern die möglichste Freiheit, Entspannung und Geschmeidigkeit der Kräfte. Mag ihm hier oft die tote Natur als Ideal der Entspanntheit vorschweben: Himmel, Meer, Gletscher,

[1] N. 13, 49. – [2] N. 16, 401-402. – [3] Siehe 1. Band, 487.

Sonne, Nacht – so war doch tiefer diese Freiheit keine stoische, sondern immer als eine ungeschützte, ausgesetzte, ebenso oft zitternde und weinende als dankende und lachende Empfindsamkeit verstanden, welche die Notwendigkeit weniger mit dem Besitzdrang des idealistischen Denkers als mit dem Bejahungsinstinkt des schlicht und schlechthin Lebenden erfaßte.

Aber indem wir im letzten Kapitel schon das formal Religiöse aufzeigten, in das Nietzsche gegen seinen Willen gestellt war, so müssen wir hier, wo es um die letzte Synthesis seiner Weltsicht geht, dieses Formal-Religiöse, das in seiner *Situation* liegt, bis ins Formal-Theologische aufhellen. Die Weigerung Nietzsches, den höchsten Zustand als Situation, das heißt als Angesprochenwerden durch Gott, zu verstehen, zeigt gleichfalls in einer Reinform, was in der konkreten Weltordnung der Offenbarung „Philosophie" ohne Theologie konkret ist. Denn theologisch gesprochen ist Gnade (als das seinshafte Angesprochensein der Welt durch Gott) die konkret letzte Form der gesamten Natur, in der sie sich voll-endet. Somit kann eine jede Philosophie nur *entweder* (bewußt oder unbewußt) sich in diese höchste Seinsform als ein Vorletztes einfügen, indem sie den einen, einzigen, übernatürlichen Gott als ihr Telos (bewußt oder unbewußt) bekennt, *oder* diese Situation des Angesprochenseins ablehnen (in einem Nein, das nicht ein konstatierendes, sondern ein abweisendes ist) und damit auch den einen, einzigen übernatürlichen Gott. Zwischen theologischer und atheistischer Philosophie gibt es keine „natürliche" Mitte, wenn Philosophie wirklich als das verstanden wird, was sie ist, nämlich als Lehre von den Grenzen und Gründen der Natur. Eine ἐποχή ist nicht möglich. Es liegt darum eine letzte Inkonsequenz darin, der „natürlichen" Philosophie das *Daß* Gottes (an sit) als Gegenstand einzuräumen und ihr das *Was* Gottes (quid sit) zu entziehen. Denn in der konkreten Ordnung ist der sich offenbarende übernatürliche Gott der einzige sich als Daß und Was zugleich manifestierende, und ein abweisendes Nein zu diesem Angesprochensein beläßt kein „natürliches" Daß. In Gott ist Daß und Was (existentia und essentia) streng identisch und das eine ist ohne das andere nicht zu haben. (Insofern ist Kant die logische Fortführung von Thomas.)

Aber sofern atheistische Philosophie eben kein reines Sich-nicht-Kümmern um die Offenbarung sein kann, sondern abweisendes

Nein sein muß, steht sie, ohne es zu wollen, selbst im formalen Bann des Theologischen. Sie ist gerade als abweisendes, nicht nur absehendes, Nein die eigentliche *konkrete Gestalt negativer Theologie*. Absehend von dem abweisenden Nein, ist negative Theologie die Reinigung aller weltlichen, auf Gott angewandten Begriffe von ihrer Weltlichkeit durch das Feuer der Negation. Diese Negation betrifft konsequenterweise nicht nur das Was Gottes, sondern ebenso sein Daß: Gott existiert nicht im Sinn weltlicher Existenz. Der Areopagite, Eckehart, Silesius haben dieses Nichtsein Gottes ausgesprochen. Aber Theologie vollzieht dieses Nein immer schon im Hinblick auf das synthetische Ja der *via eminentiae* und *von ihr her*, welche Gottes Sein über Sein und Nichtsein erhebt, weil sie von dorther primär angesprochen wurde. Reine negative Theologie vollzieht sich daher nur dort, wo das Nein zu Was und Daß Gottes nicht nur ein konstatierendes, sondern ein abweisendes ist, im Atheismus. Der Gottlosigkeit Gottes entspricht die Gottlosigkeit der Welt als Nein zum anredenden Gott. Darum ist das entscheidend Gottlose in Nietzsche durchaus nicht die Negation des „Daseins" Gottes, sondern die Verwandlung der Situation in einen Zustand oder, was dasselbe ist, die Verweigerung der *via eminentiae*. Freilich hat Nietzsche damit seinen Platz in der Theologie: als die konsequente Durchführung der via negativa wird sein Denken zum Wächter der Reinheit des Gottesbegriffs (indem die Reinigung jedesmal bis zum vollen Abbruch jeder Setzung geht), und sofern die *eminentia* oft ohne seinen Willen als Sinn seines *Tuns* durchbricht, ist sein Denken streckenweise beste negative Theologie selbst. Wenn Nietzsche sagt: „Eigentlich hat Schopenhauer den Pessimismus verdorben –; er war zu eng für diese prachtvolle Nein-sagerei",[1] so ist deutlich genug, daß jedes Nein nur um eines höhern Ja willen gesprochen ist. Die Enttheologisierung der Welt und aller Weltbegriffe wird in dieser „prachtvollen Nein-sagerei" geradezu zu einem religiös-kultischen Tun. Und insofern in diesem Nein auch noch die absolute Wahrheitsbasis der Weltwahrheit preisgegeben werden muß, hat Nietzsches Agnostizismus und der Begriff der allgemeinen Scheinbarkeit durchaus ihren Platz in diesem Tun. Aber daß jedes Nein intentional ein tieferes Ja meint, das zeigt sich daran, daß Nietzsche immer senkrecht durch alles Welt-

---

[1] NB. 4, 190.

liche hindurch auf sein Letztes, Absolutes, Göttliches stößt. Die Dinge, was sie für die Einzelwissenschaften sind, interessieren ihn nicht, er drängt ungestüm an die *Grenze*: „Es gibt Augenblicke und gleichsam Funken des hellsten, liebevollsten Feuers, in deren Lichte wir nicht mehr das Wort ‚ich' verstehen, es liegt jenseits unseres Wesens etwas, das in jenen Augenblicken zu einem Diesseits wird."[1] Um diese Grenze zu erreichen, werden die begrenzten weltlichen Begriffe mit einem Affekt und einer Sehnsuchtsschwere beladen, die sie schwanken und brechen macht, und dann, als sie zu klein sich erweisen, werden sie leichthin, ohne Reue, preisgegeben. Das Pathos, das hinter diesem Nein steht, kommt also *von weiter her* und *von tiefer herauf* als die Entwerfung endlicher, symbolischer Begriffe. Diese Tiefe aber (die der eigentliche Ort des Dionysos ist) ist theologisch gesehen nichts als die innere, übernatürliche Korrespondenz zum äußern Angesprochensein durch Gott, es ist die übernatürliche ἀρχή der Natur, die dem übernatürlichen τέλος der Natur antwortet, es ist jene von Nietzsche stets betonte Immanenz der Gnade in der Freiheit der Selbstwahl, der Einsamkeit Gottes (interior intimo meo) in der Einsamkeit meiner Freiheit. Und in diesem Sinn vollzieht sich auch in Nietzsche, was wir im ersten Kapitel als die entscheidende Form Dostojewskijs fanden: das Fensterwerden der ganzen Kreatur-Spiegel-Widersprüchlichkeit für die Selbstbegegnung Gottes. „Ein solcher freigewordener Geist steht mit einem freudigen und vertrauenden Fatalismus mitten im All, im *Glauben*, daß nur das Einzelne verwerflich ist, daß im Ganzen sich alles auflöst und bejaht – *er verneint nicht mehr*."[2] Zu diesem Ja strebt je und je das nihilistische Nein hindurch. Denn Nietzsche nennt sich selbst einen „gründlichen Nihilisten: obschon ich selbst . . . immer noch nicht daran verzweifle, den Ausweg und das Loch zu finden, durch das man ins ‚Etwas' kommt".[3]

Aber im Geheimnis der negativen Theologie liegt ein noch geheimeres verschlossen. Die konkrete Anrede Gottes an die Welt geschieht *einzig* im Geheimnis der Menschwerdung als Entleerung der Fülle Gottes in die Nichtigkeit der Kreatur (indem die hypostatische Union zuschärfst Allsein und Nichts eint). In dieses Entleertsein Gottes in das leere Umsonst, in die Vergeblichkeit und Vergeudung ist aber auch die gesamte Natur getaucht, wenn anders

[1] N. 1, 440-441. – [2] N. 8, 163-164. – [3] NB. 2, 582.

Christus, als Haupt des mystischen Leibes, letztlich der Welt ihre höchste Form aufprägt. Nietzsches „Gott ist tot" entspricht der Realität des Kreuzes („‚Christus am Kreuze' ist das erhabenste Symbol – immer noch"[1]), und seine Philosophie des „Umsonst" und der Vergeudung zielt, ohne es zu wissen, auf die selbe Realität. Daß aber die höchste Liebe des Menschen Überströmen und Sichverschenken ist, ein Geheimnis der Über-Macht, diese Einsicht Nietzsches gibt dem Kreuzgeheimnis seine Tiefe als Auferstehungsgeheimnis.

Nur sagt Nietzsche dies alles als „Antichrist", in der grundlegenden Form der *konkreten* negativen Theologie, nämlich als abweisendes Nein. Aber während vorhin dieses abweisende Nein nur dem Über-Sein Gottes gegenüberstand und versagte, steht es hier dem vergeblichten, vernichteten Gott gegenüber. Hier vollzieht sich jedoch die Umkehrung. Der vergeblichte Gott, der die „Form des Sklaven" zur Seinen gemacht hat, ist dabei (als Haupt des mystischen Leibes) auch bis zur konkreten Grenzform der Nichtigkeit vorgedrungen, bis zum abweisenden Nein. Auch die *konkrete* negative Theologie wird durch seine Vergeblichung zu *Seiner* Theologie. Die Gottesleere des Atheismus schaut so Aug in Aug zur Gottesleere von Golgotha, bis dazu hin, ihre Reperkussion durch die Welt hin zu sein. Die Synthesis, die Nietzsche selbst zu fassen glaubte, hat ihn selbst in sich eingefaßt. In dieser höchsten Umkehrung der ganzen dionysischen Transzendenzbewegung, wo, mit Hegel zu reden, der Begriff „gegen mich übergreifend" wird,[2] löst sich dann aber auch der leere Widerspruch Nietzsches zwischen dem Ja zur Thesis und dem Ja zur Synthesis. Denn die Synthesis und ihr „Alles ist gut" wird jetzt nicht mehr vom Menschen her gesetzt, sondern von Gott her, und der Mensch kann sie als die Notwendigkeit nur dann erfassen, wenn er sie *so* erfaßt wie Gott, nämlich in der Bewegung der Vergeblichung Gottes. Freilich bleibt dennoch im Menschen das paradoxe Zugleich *dieser* Synthesis und der Thesis-Antithesis. Als Antithesis ist er existentielles Nein zur Synthesis und das letztlich als „Zustand", als unenthüllbares „Faktum". Aber gerade weil nicht mehr *er* das „Alles ist gut" spricht, kann er dieses Nein auch nicht mehr (wie Iwans Teufel und wie Nietzsches immanente Widerspruchslehre) als den Märtyrer der dialektischen Notwendigkeit ent-schuldigen. Als Thesis

[1] N. 15, 303. – [2] Hegel, Relig. Phil., I, 192.

aber ist er die weltliche *Erscheinung* des synthetischen Ja und nicht dieses selbst. Als diese Erscheinung ist er selbst in die demütigende Situation gestellt, gegen die Antithesis und ihr Nein ein zweites, „ethisches“ Nein entgegenstellen zu müssen und im Kampfgewühl der beiden Nein die Negativität der ganzen Endlichkeit und ihrer Wahrheit und darin gerade den Durchbruch des synthetischen Ja Gottes in diese Leere hinein darzustellen.

In der Vergeblichung Gottes als Menschwerdung vollzieht sich aber letztlich nicht nur die „Erfüllung“ der Leere und Vergeblichkeit der Welt, es vollzieht sich tiefer die Offenbarung jener „Leere“ Gottes, von der wir zuerst sprachen. Denn im Feuer der Verneinung aller welthaften Begriffe – sofern diese Reinigung selbst schon bewußt oder (als Atheismus) unbewußt von der via eminentiae her geschah – ergab das Nein zum ersten thetischen Ja nicht einfach ein reines Quitt (als ob das Ja einfach wieder zurückgezogen würde und damit der Ausgangspunkt wiedergewonnen wäre), sondern im Nein offenbarte sich selbst schon die absolute Freiheit Gottes als die absolute Positivität des kreatürlichen Nichts. Das Umsonst der Ohnmacht war als solches schon Spiegel des Umsonst der absoluten Macht. (Wenn Schelling die Freiheit Gottes zum Über-nichts machte, so hatte er nur soweit unrecht, als er dieses Über-nichts doch wieder in ein Nichts der Ohnmacht umdeutete, statt in ihm das absolute Umsonst, das frag- und warumlose Freisein und gleichsam die subsistierende Verschwendung zu sehen. Nietzsches Lehre vom Willen zur Macht ergänzt darum Schelling in diesem einen Punkte.) Zu diesem Übernichts Gottes, wie es durch die Vergeblichung der Menschwerdung kundgetan wird, ist also nochmals die existentielle negative Theologie der Atheismus, als die Sonnenfinsternis in der geistigen Welt, deren Bild die Verdüsterung von Golgotha war. Diese Sonnenfinsternis aber wiederum eingeholt von Gott selbst (in seiner Gott-Verlassenheit), so daß der Spiegel vom Umsonst der Macht und Umsonst der Ohnmacht in die Synthesis (der hypostatischen Einheit) hineingenommen wird.

Das Ganze dann als Geheimnis der „descensio ad inferos“ der Liebe, wie Nietzsche selbst sie ahnte: „Eine volle und mächtige Seele wird nicht nur mit schmerzhaften, selbst furchtbaren Verlusten, Entbehrungen, Beraubungen, Verachtungen fertig: sie kommt aus solchen Höllen mit größerer Fülle und Mächtigkeit heraus: und, um das Wesentlichste zu sagen, mit einem neuen

Wachstum in der Seligkeit der Liebe. Ich glaube, der, welcher etwas von den untersten Bedingungen jedes Wachstums in der Liebe erraten hat, wird Dante, als er über die Pforte seines Inferno schrieb: ‚Auch mich schuf die ewige Liebe', verstehen."[1] Der „Blitz", der Nietzsche „mitten durchs Herz" geht, ist also die Qual des Widerspruchs, zugleich das abweisende Nein zu sagen (und damit die Hölle der Liebe zu sein) und schon von dieser Liebe mitgenommen zu werden in den Abstieg in diese selbe Hölle. Das abweisende Nein steht selbst schon im Dämmerschein der „via eminentiae", sein Nihilismus ist „ekstatischer Nihilismus".[2] Darum nennt er sein Antichristentum „die *populäre Position*, die einzig an mir begriffen werden kann",[3] die also auf eine weitere, esoterische zurückweist, welche nicht mehr im Kampfgewühl zwischen Thesis und Antithesis steht, sondern „jenseits von Gut und Böse".

„Sein bin ich, ob ich in der Frevler Rotte
Auch bis zur Stunde bin geblieben:
Sein bin ich – und ich fühl' die Schlingen,
Die mich im Kampf darniederziehn
Und, mag ich fliehn,
Mich doch zu seinem Dienste zwingen."[4]

2. Die Metaphysik der „Situation", die wir Nietzsche wider Willen entreißen mußten, soll nun noch positiv an Dostojewskij entwickelt werden, der sie bewußt als das Thema seines Werkes behandelt. Von der Hegelproblematik, wie sie im Gespräch von Iwan und Teufel erschien, erhalten wir den Zugang zur echten Fragestellung Dostojewskijs. Diese hat (in der Erkenntnis der „Zweipoligkeit" der Wahrheit) die Unaufhebbarkeit der Antithesis als eines Zustands und daher die *Unmöglichkeit eines Siegs der Thesis* (als christliches oder sozialistisches Endreich) zur *Voraussetzung*. Von dieser Voraussetzung aus erhebt sich die Frage, wie von dieser Unmöglichkeit her die Notwendigkeit der Synthesis erfaßt werden kann.

In der Puschkinrede stellt Dostojewskij die Frage: „Nehmen wir an, daß Sie den Bau der Geschicke des Menschengeschlechts aufzuführen hätten, mit dem Ziel, die Menschen zu beglücken, ihnen

[1] N. 16, 377-378. – [2] N. 16, 393. – [3] NB. 4, 173. – [4] N. (Mette) 2, 428.

zum Schluß Ruhe und Frieden zu geben. Nehmen Sie an, zu diesem Zwecke wäre es unbedingt erforderlich, im ganzen nur ein einziges menschliches Wesen zu Tode zu quälen . . . Würden Sie da wohl einwilligen, der Baumeister dieses Gebäudes unter dieser einen Bedingung zu sein? Das ist die Frage."[1] Diese Frage ist um so verfänglicher, als jeder Mensch mit Rücksicht auf das *für uns* absolut verpflichtende Gesetz der Moral dazu Nein sagen muß, während er doch nicht umhin kann, zu sehen, daß Gott selbst, der Baumeister des Gebäudes, sich gleichsam von dieser Absolutheit dispensiert hat. Denn in der Notwendigkeit der Synthesis (die doch mit der Unmöglichkeit der Thesis gegeben ist) liegt die Notwendigkeit der Antithesis als eines *Mittels*. Wir fassen damit die eigentliche Situation Iwans. Iwan anerkennt Gott, aber er lehnt Seine Welt ab, weil ihr letztes Hosanna auf Tränen und Martern aufgebaut, von ihnen „gedüngt" ist.[2] Nun aber muß er gleichzeitig einsehen, daß sein Protest ihm selber nicht hilft, da dieser Protest ja selbst ein Teil der Negation ist und so als „Mittel" und „Dünger" in die allgemeine Harmonie übergehen wird. Er weiß, daß auch er einst das Hosanna „brüllen" wird. „Ich will aber gar nicht, daß ich es dann ausrufe. Solange es noch an der Zeit ist, beeile ich mich darum, mich dagegen zu wehren, und deshalb sage ich mich auch völlig los von der höchsten Harmonie. Sie lohnt gar nicht das Tränchen, sei es auch nur eines einzigen gemarterten Kindchens." Denn wie sollte man diese Tränchen der Unschuld sühnen? „Wozu soll mir denn ihr Gerächtwerden, wozu soll mir denn die Hölle für ihre Peiniger dienen? Was kann da die Hölle wieder gutmachen, wenn jene [Kinderchen] schon zu Tode gequält wurden? Und was wäre das dann auch für eine Harmonie, wenn es eine Hölle gibt?"[3] Und Iwan stellt an Aljoscha genau dieselbe Frage, die Dostojewskij bei der Puschkinrede an die Tausende von Zuhörern stellte: „,Würdest du unter diesen Bedingungen einverstanden sein, der Bauherr dieses Gebäudes zu sein? Sprich und sage die Wahrheit!' ,Nein, ich würde nicht damit einverstanden sein', sprach leise Aljoscha."[4] Hier bricht der Ekel Iwans an dieser Weltordnung aus, der Ekel daran, daß das Leid, und was schlimmer ist, sein Protest gegen das Leid, über ihn hinweg als Mittel benützt werden. In der Hinrichtungsszene des Verbrechers Richard in Genf, der „wie ein Vieh gelebt hatte", findet Iwan das richtige, sprechende Symbol, seinen Ekel begreiflich

[1] D. (P.) 12, 137-138. – [2] D. 23, 446. – [3] D. 23, 448. – [4] D. 23, 450.

zu machen: „Im Gefängnis drängen sich auf einmal an ihn die Pastoren heran, die Mitglieder verschiedener christlicher Bruderschaften, wohltätige Damen usw. ... Man redete auf ihn ein, man setzte ihm zu, bestürmte ihn, bedrängte ihn – und da endlich gesteht er feierlich sein Verbrechen ein ... Das ganze wohltätige und gottesfürchtige Genf kam in Bewegung ... Und Richard selber weint nur noch so vor Rührung: ‚Ja, auf mich ist die Gnade niedergestiegen! ... ich sterbe im Herrn ...' Und hinter dem Armsünderwagen begleiten ihn die Equipagen, die halbe Stadt, zum Schafott."[1]

Gegen diese Lüge bäumt sich Iwans „Reinlichkeitsgefühl" auf, dasselbe, das Nietzsche gegen die Tartüfferie der Moral sich empören machte. Aber schließlich ist doch das ganze Weltschema auf dieser Komödie aufgebaut! Darum weist Iwan, „solange es noch Zeit ist", sein „Eintrittsbillett" zurück. Die Situation Iwans ist also der reine Widerspruch. Denn sie weiß einerseits um die *absolute Notwendigkeit* der Synthesis (der gegenüber das Böse nur relativ sein kann), sie weiß anderseits um den *absoluten Ernst* des Bösen wie um das absolute Gewicht des Leidens (das niemals zum Mittel werden darf). Der Widerspruch liegt also darin, daß Iwan ein Absolutes aussprechen muß, solange es noch Zeit ist, solange also dieses Absolute noch wahr ist. Er muß es als zugleich absolut und relativ aussprechen.

Von diesem Widerspruch ist die tragische, zugleich dionysische und verzweifelte Wertung der Tiefe des Augenblicks zugleich Folge und Ursache. Es ist die „karamasofsche Erdkraft", die ihn an die Schwere von irdischem Leid und irdischer Liebe fesselt. „An der eigenen Rührung werde ich mich berauschen! Die kleinen, klebrigen Frühlingsblättchen, den blauen Himmel liebe ich! Das ist es! Da spielt der Verstand gar nicht mit, auch nicht die Logik, da liebt man mit seinen Eingeweiden, da liebt man mit seinem Leibe."[2] Aljoscha versteht das „allzugut": „Ich glaube, wir sollten zu allererst auf der Welt das Leben liebgewinnen." „Soll man das Leben mehr lieben, als es Sinn hat?" fragt ihn nun aber Iwan, der doch eben noch dieses „mehr" gefordert hatte. Und Aljoscha darauf: „Unbedingt, liebgewinnen soll man es vor aller Logik, wie du sagst, unbedingt muß es früher sein als alle Logik, und dann erst wird man auch seinen Sinn erfassen."[3] Die Frage Iwans zeigt, daß das „mehr" einen doppelten möglichen Sinn haben kann, die beide in Iwans Le-

---

[1] D. 23, 438-439. – [2] D. 23, 421. – [3] Ebd.

bensliebe vereint sind: Einmal das trotzige Klammern an das absolute Jetzt des Augenblicks, der trotz seiner Relativität und Übergänglichkeit immer das Absolute ist gegenüber aller möglichen Ewigkeit. In diesem Sinn ist Iwans Lebensgier Ausdruck seines Widerspruchs und es ist folgerichtig, daß er im voraus beschließt, mit dreißig Jahren „den Becher wegzuwerfen", um in diesem letzten Gestus sein Dasein als Protest zu besiegeln. Auf der andern Seite aber – und das ist es, was Aljoscha bemerkt – ist diese Lebensgier des intellektuellen und vom hegelschen Widerspruch zerquälten Iwan die Bezeugung des unmittelbaren Instinktes in ihm, der, als das Dionysische, von *tiefer herauf* kommt, als es Iwan selber wahrhaben will. Erschien sie vorhin als Ausdruck des Forcierten, so ist jetzt umgekehrt das Intellektuelle das Forcierte, das Dionysische aber das Natürliche. Und noch einen Schritt weiter: das Dionysische erscheint sogar gerade darin noch als das Natürliche, daß es jene erste forcierte Liebe zum Augenblick als das natürlich-Jugendliche, Vorübergehende *in sich* begreift. Der ganze Widerspruch der doppelten absoluten Wahrheit wäre dann hier von der einen Relativität des weitergehenden Lebens umgriffen.

Diesen möglichen Unernst der Widerspruchsdialektik enthüllt dann gerade die Hegelsatire, mit der der Teufel Iwans Problematik entlarvt und verhöhnt. Gerade das ganze Gewicht der „Existentialität", auf die sich Iwan in der Problemstellung am meisten versteifte, geht damit – wörtlich – „zum Teufel". Die Zersetzung der Problemstellung (Satan, der „aus Moralität" nicht ins Hosanna einstimmen will) enthüllt zunächst das *wahre* Gesicht des Bösen hinter der Maske des „heroischen Pessimismus" Iwans: die platte Gemeinheit und freche Niedrigkeit, die Iwan zugleich mit Abscheu von sich weist und die er doch zugleich als – er selbst anerkennen muß. Damit aber wird diese Burleske doch auch zur Erlösung aus der forcierten Situation des doppelten absoluten Ernstes. Sofern dieser Ernst seinen innern Widerspruch zu entwickeln beginnt und sich ausweglos in sich selber verknäuelt, wird er – ein Hauptbegriff Dostojewskijs – „lächerlich", was Iwan zur Raserei bringt. *Theoretisch* entwickelt sich das Dilemma, das unlösbar schien, dahin, daß in ihm Gott zugleich gesetzt und nicht gesetzt war. Gesetzt ist Gott als der Durchzwinger der Harmonie auf Kosten des Leids seiner Kreaturen, nicht gesetzt, sofern ein Absolutes (die Welt und das Leid) gesetzt war, das nicht Gott ist und dessen Gott letztlich nur durch Zwang Herr werden kann. Darum wird Iwan und sein Inquisitor auch mit Recht von Aljoscha des Atheismus angeklagt. – Wie aber soll sich das Dilemma existentiell lösen können? Denn wenn Iwan aus seinem Protest *übergeht*, so ist das Dilemma dadurch ja keineswegs gelöst. Wenn Iwan um Gottes Dasein willen seinen Protest aufgibt, so behält er recht gegen Gott, da er voraussah, daß Gott ihn zwingen würde, etwas preiszugeben, von dem er doch weiß, daß er es nicht preisgeben kann (weil nichts die „Tränchen" sühnen kann); er hat sogar noch tiefer recht, weil *er* geradezu Gott zwingt, ihn zu jener Harmonie zu bekehren, zu der er nötig ist und die er frei ablehnt.

Aber dies alles wäre nur dann so, wenn nicht unter dem ganzen intellektuellen Dilemma und seinem doppelten Nein jenes untergründige *Ja* am Werk wäre, sein Wille zum Leben, dessen Perversion (als Forcierung) und Symptom (als „Jugendlichkeit") das ganze theoretische Dilemma darstellte. Denn seine absolute Lebensbejahung und sein absoluter, heroischer Ernst zur Erde verstand sich selber als ein doppeltes: als das unendliche Gewicht des Augenblicks (eben jenes Gewicht, das Nietzsche als eine so aufregende Vergeudung erschien und ihn daher die ewige Wiederkehr erdenken ließ) und als ein Lebensstadium, eben die Schwermut der Jugend, die sich „mit der Zeit" von selbst überlebt und in die Gelassenheit des Alters übergeht. Darum will sich ja Iwan auch mit dreißig Jahren töten, um diesen unmerklichen, ungewollten Übergang nicht erleben zu müssen. Er müßte also nicht eigentlich Gott anklagen, daß er ihn von außen her zwinge, überzugehen, sondern vielmehr eben jenes vergötterte Leben, den „Versucher-Gott" Dionysos. Iwan steht hier im Herzpunkt der Nietzscheproblematik selbst: dem Widerspruch, daß das Zeitliche unaufhaltsam abfließt und doch jeder Augenblick eine Schwere besitzt, die in seinem Fließen nicht ausgeschöpft ist. Kirillof hat die Einssetzung von Zeit und Ewigkeit existentiell versucht, auch er wollte den Augenblick anhalten, um ihn in seiner Tiefe auszuloten. Er wurde dabei das Opfer des unaufhaltsamen Flusses selber.

Damit haben wir endlich den letzten Sinn der doppelten Wahrheit Dostojewskijs gefunden. Die „*dunkle*" Wahrheit des Kellerschlupfmenschen, die trotzige Wahrheit Iwans *ist* Wahrheit und ist nicht auf eine syllogistische Weise auf die *lichte* Wahrheit reduzierbar. Iwan ist ein Zustand des Daseins, der nicht *widerlegt* werden kann. Aber wie Nietzsche sagte, er genüge sich selbst dazu, sich zu widerlegen, so widerlegt sich dieser Zustand selbst durch sein inneres, existentielles Übergehen in einen andern Zustand. Insofern ist also Nietzsche im Recht, wenn er sagt: „Die Schlange, welche sich nicht häuten kann, geht zu Grunde. Ebenso die Geister, welche man verhindert, ihre Meinungen zu wechseln; sie hören auf, Geist zu sein."[1] Dostojewskijs Welt ist eine poly-veristische Welt, sofern eben die Welt räumlich und zeitlich perspektivisch und übergänglich ist und diese Nichtidentität ihre Wahrheit ist. Die Wahrheit des Lebendigen ist, wie es selbst, eine sich entwickelnde Wahrheit (in diesem Sinne stellten wir den deutschen Idealismus in existentialen Potenzen von Kind, Jüngling, Mann, Greis dar). Dostojewskij ist also als Weltdeuter durchaus berechtigt, seine Gestalten nicht auf ein Wahrheitszentrum zu reduzieren, sondern jeder Perspektive ihr Recht zu geben und für *jede* Gestalt *„parteiisch"* zu sein. Er hat das Recht, die Perspektiven zu wechseln und dadurch der Existenz allererst ihre Tiefendimensionen, etwa ihre Perspektive, zu geben. Dies heißt aber nicht dasselbe wie sein eigenes Nichtübergehen in eine bevorzugte Gestalt (etwa Iwan oder Stawrogin) projizieren und dadurch die Bevorzugung *dieser* Gestalt zu einem Ressentiment gegen andere Gestalten steigern. Erst hier beginnt der berechtigte Vorwurf, den man Dostojewskij machen kann.

Indem also die endliche Wahrheit ihre Lebensalter hat, wird sie in ihrem innersten Wesen selbst historisch, als übergehend. Damit fällt in ihr ein absoluter Gegensatz zwischen Faktum und Nezessität dahin: das Gericht über die Fakten ergeht von keiner übergeschichtlichen Nezessität her, sondern es ergeht aus der innern Übergänglichkeit der Fakten selber. Insofern ist tatsächlich die Weltgeschichte auch das Weltgericht. „Wenn Sie älter sein werden", sagt Aljoscha zu Kolja, „so werden Sie selber erkennen, welche Bedeutung das Alter für die Überzeugung hat."[2] In dem Maße also das *Forcierte* der Jugend eine *naturhafte* Zuständlichkeit ist, löst sich das Unlösbare durch die Bewegung des Übergehens selbst. Das „absolute" Kriterium der Wahrheit des Endlichen ist das Nichthemmen ihres Flusses. Eines Tages entdeckt man, daß man durch die Bewegung gleichsam von selbst hinübergetragen wurde und das Problem verschwunden ist. Das ist die Lösung, die der Starez Sossima bei Anlaß des Buches Job gibt, das heißt bei Anlaß des eigentlichen Problems Iwans. „Wieviel ist hier des Großen, Geheimnisvollen, Unvorstellbaren? Ich vernahm dann später die

[1] N. 4, 371. – [2] D. 25, 77.

Worte der Spötter und Tadler, stolze Worte: ‚Wie konnte denn da Gott den geliebtesten von seinen Heiligen dem Hohne des Teufels preisgeben . . . nur um sich vor dem Satan zu rühmen: Siehst du wohl, was ein Heiliger meinetwegen ertragen kann?' Aber darin liegt ja auch das Große, daß da ein Geheimnis ist, daß die *vorübergehende* Erscheinung der Erde und die ewige Wahrheit sich dort miteinander berühren . . . Mein Gott, was ist das für ein Buch und was für Lehren enthält es . . . Es stellt Gott das Glück des Job wieder her. Er gibt ihm von neuem Reichtum, es vergehen wiederum viele Jahre, und da hat er auch schon neue Kinder, andere, und er liebt sie. Mein Gott! Ja, wie konnte er denn, so schien es, diese jetzigen Kinder liebgewinnen, wenn doch jene früheren nicht mehr sind, wo er doch ihrer beraubt war? Wenn man an jene denkt, wie kann man dann wohl völlig glücklich sein wie früher mit diesen Kindern, so lieb sie ihm auch sein mögen? Aber man kann das wohl, man kann das wirklich! Alter Kummer geht im geheimnisvollen Wirken des Menschenlebens allmählich über in stille, gerührte Freude; an Stelle des jungen, schäumenden Blutes tritt das sanfte, klare Alter . . . O daß doch alle die Gerechtigkeit Gottes erkännten, die rührt, versöhnt und alles verzeiht."[1]

Aber freilich ist das Forcierte nicht *nur naturhaft* jugendliche Zuständlichkeit und so Ursache des Dilemmas Iwans, es ist ebenso *auch ethisches* Auslegen und Sich-Wählen, freies Sich-Sträuben gegen den Fluß des Relativen, schuldhaftes Neinsagen und Absolutsein-Wollen Gott gegenüber und so ebensosehr das Selbstverursachte. Freilich sehen wir jetzt schon, daß diese Schuld sich nicht wie ein ruhender Pol „dunkler" Wahrheit der „lichten" Wahrheit Gottes gegenüber behaupten kann, in dem manichäischen Sinn, den wir früher beschrieben, sondern daß die ganze Schuld in dem Widerspruch besteht, das existentiale Übergehen, das wir *sind*, nicht sein zu wollen, also gleichsam in einem Sich-Bäumen der trotzdem vorantreibenden Wellen des Daseins. Aber auch mit dieser Einsicht in das tatsächliche Nicht-Absolutsein dieses Nein haben wir noch nicht seinen schuldhaften Absolutheits*anspruch* begriffen. Es kann sich zunächst wieder vom Neurotischen als „Krankheit" her aufhellen lassen. Denn Iwans Dilemma ist die typisch neurotische Versteifung auf eine absolute Einsicht mit dem gleichzeitigen Unterbewußtsein, daß diese Absolutheit unwahr ist. So wie der Neurotiker mit

---

[1] D. 24, 22-23.

allen Mitteln sich seine Selbstherrlichkeit zu beweisen sucht, aber nur aus der Angst, die im Grunde das Gegenteil weiß. Seine Heilung aber ist stets das Durchhauen des Dilemmas durch Übergehen in eine reifere existentielle Wahrheit. In diesem Sinn könnte das fundamentale Nein als so etwas wie die radikale Krankheit der Existenz im ganzen betrachtet werden. Aber diese Diagnose kann hier doch nur in dem Sinn gelten gelassen werden, als das Wort „Krankheit" nichts mehr von jenem „entlarvenden" Zurückführen an sich hat, welches die geistige Schuld durch irgendwelche „Genealogien der Moral" auf etwas „Vitales" herunter erklärt, sondern sofern sie Diagnose einer eigenständigen geistigen Verletztheit ist.

Aber gerade von diesem Aspekt aus tritt uns die entscheidende Lösung unserer Grundfrage nach der Erfassung der Notwendigkeit in einem nicht-hegelschen Sinn entgegen. Iwan und der Großinquisitor, und schon Raskolnikof und Stawrogin sind Atheisten, aber sie glauben an das Böse, zum Teil sogar an die sehr konkrete satanische Macht. Immer ist es über die Erkenntnis der Hölle, daß Dostojewskij seinen „Dunklen" zu Gott führt. Auf dem Grunde des Nein Iwans, hinter allem Rechthaben gegen Gott und Hegelianismus versteckt sich eine unbehebbare „Schwermut". Diese Schwermut wird ihm bewußt und wird „geradezu unerträglich", nachdem Iwan sein Gespräch mit Aljoscha beendet hatte. „Und nicht in der Schwermut an sich war das Seltsame, vielmehr darin, daß Iwan Fedorowitsch sich durchaus nicht darüber klar zu werden vermochte, worin eigentlich seine Schwermut ihren Ursprung hatte."[1] Es klart sich auf, sobald er Smerdjakof begegnet, er versteht, daß dieser ekelhafte Mensch, der künftige Mörder seines Vaters, Ursache seiner Schwermut ist, weil er sich heimlich mit ihm „solidarisch" fühlt. Aber dieses Bewußtsein von eigener Schuld stürzt innerlich bereits das ganze hegelsche Dilemma. Denn aus dem Schuldbewußtsein ergibt sich das existentielle Wissen um Gott als dem *Ziel* des versagenden Nein, und aus dem In-der-Schuld-sein die Unmöglichkeit, selber direkt nach der Notwendigkeit der absoluten Synthesis zu fassen. Darum ist es auch für Iwan bezeichnend, daß er, um sein Dilemma zu bauen, ausdrücklich nur auf die Kinder Bezug nahm. Die Erwachsenen „haben ja vom Apfel gegessen ... Die Kinderchen dagegen haben noch nicht gegessen, und sie sind auch noch in nichts schuldig ... sie sind ja durch eine ganze Welt

---

[1] D. 23, 484.

getrennt von den Erwachsenen".[1] Und nachdem er von viehischen Kinderquälereien gesprochen: „Daß unter den Menschen gegenseitiges Verpflichtetsein in der Sünde herrscht, verstehe ich, ich verstehe der Menschen Solidarität in der Vergeltung; aber die Kinderchen sind doch nicht eingeschlossen in die Solidarität der Sünde!"[2] Die ganze Revolte Iwans erklärt sich also besiegt, wo Schuld und nur schuldloses Leiden auf den Plan tritt. Das neue Problem ist also (wenn wir von der Frage der kleinen Kinder absehen), wie in der Schuld die Erfassung der Notwendigkeit möglich ist. Hier gibt Dostojewskij den eigentlichen Grund seiner Weltanschauung.

Wir haben das Problem bei der Erörterung des Formal-Apokalyptischen schon gestreift unter der Gestalt des Dilemmas von Richtenmüssen und Nicht-Richtenkönnen. Damals aber ging es lediglich um die *Existenz* der Schuld und deren gleichzeitige Unfaßbarkeit. Dieses Verhältnis wird hier zum Problem. Es entwickelt sich im Denken Dostojewskijs in fünf Schritten.

1. Ich weiß, daß Schuld ist, weil ich mich existentiell schuldig weiß. Iwan ging ausdrücklich nur vom unpersönlichen „Man" aus: Ich „weiß nur das eine, daß gelitten wird, daß es keine Schuldigen gibt, daß alles zusammenhängt . . ., daß alles fließt und sich ausgleicht".[3] Und doch weiß er sich selber tief, ja in „niederträchtiger"[4] Weise seinem Vater gegenüber schuldig. Hier werden, neben den „Heiligen", Gestalten wie Dimitrij und auch Sonja vorbildlich. Sie anerkennen sich als schuldig: Dimitrij, obwohl er nicht gemordet hat, Sonja, obschon ihre Sünde „Schicksal" ist.

2. Ich weiß durch existentielle Kommunikation mit allen, daß alle schuldig sind. Diese Kommunikation wird bewußt in jenem Gespür für Situation, mit dem Menschen wie Myschkin und Aljoscha besonders begabt sind, das aber keimhaft in allen Menschen schlummert. Als Karamasof ist Aljoscha mit allen Möglichkeiten seiner Blutsbrüder unterirdisch verbunden, bis zum Unglauben einschließlich,[5] bis zum Aufruhr Iwans.[6] „Du, Aljoscha, bist ein stilles Wasser, du bist ein Heiliger . . ., der Teufel weiß auch, was dir nicht mehr unbekannt ist. Ein Jungfräulicher freilich, aber solche Tiefen hat er schon durchschritten! . . . Es muß wohl die Abstammung und die Auslese etwas zu bedeuten haben. Deinem Vater nach bist du ein Wüstling, deiner Mutter nach ein Gottesnarr."[7] Während des Schuldbekenntnisses Dimitrijs wird

[1] D. 23, 434. – [2] D. 23, 447. – [3] D. 23, 446. – [4] D. 24, 504. – [5] D. 23, 403. – [6] D. 24, 116-117. – [7] D. 23, 146-147.

Aljoscha rot: „Ich errötete aber nicht über deine Worte und auch nicht über deine Taten, vielmehr darüber, daß ich ganz derselbe bin wie du ... Ich blicke nur so auf die Sache, es ist alles ein und dasselbe, völlig einer Art."[1] Und als Aljoscha mit Lisa über die Schwächen eines Dritten redet: „Nein, Lisa, da ist nichts von Verachtung ... Urteilen Sie selbst, was da schon für eine Verachtung darin liegt, wenn wir ja genau so sind wie er, wenn alle genau so sind wie er ... durchaus nicht besser."[2]

3. Infolge dieser existentiellen Kommunikation ist jeder an eines jeden Schuld beteiligt. Es gibt überhaupt keine einsame Schuld. Einerseits vibriert jede innere Schuld in Wellenkreisen weiter: „Du bist da zum Beispiel an einem kleinen Kinde vorübergegangen. Du gingst zornig vorüber an ihm, mit einem häßlichen Worte auf den Lippen und mit wuterfüllter Seele ... – Das Kind sah dich ... und so hast du vielleicht so ein schlechtes Samenkorn in seine Seele gelegt."[3] Anderseits aber besteht unter diesem psychologischen Wirken ein tieferes ontologisches: „Denn alles ist ja wie ein Weltmeer, alles fließt und alles berührt sich; du rührst an einem Ende der Welt an und am andern hallt es wider."[4] Daraus entwickelt der Starez seine Lehre von der Allschuld jedes Menschen: „Wisset ja, ihr Lieben, daß jeder einzelne von uns ganz zweifellos Schuld trägt für alle und alles auf der Erde, und das nicht nur, sofern er Anteil hat an der allgemeinen Schuld der Welt, nein, ein jeder trägt auch unmittelbar für seine Person Schuld für alle Menschen und für jeden Menschen auf der ganzen Erde."[5] Dostojewskij ist auf Spott gefaßt: „‚Ja, wie soll denn das möglich sein, daß ich für alle schuldig sei?', sagt man mir immer lachend ins Gesicht; ‚kann ich zum Beispiel für Sie schuldig sein?'"[6] Aber „es ist keineswegs sinnlos, so sehr es auch sinnlos zu sein scheint".[7] Der Grund dafür liegt in jener existentiellen Kommunikation aller Menschen in der einzigen Menschennatur, welche *Natur*, aber zugleich *Geist* ist und so eine radikale circumincessio aller Willen und Bewußtseine einschließt. Dies bedeutet in seinem letzten Sinn der Kuß der Erde, wie ihn in seinem Zusammenbruch Raskolnikof auf offenem Markte tut:[8] Die Einsicht in die Schuld fällt überein mit der sozialen Kommunikation, die mit der Erde das ganze Geschlecht umfängt. Ebenso Dimitrij in seinem Bekenntnis: „Denn alle sind an allem schuldig ... Für alle werde ich nach Sibirien wan-

[1] D. 23, 201. – [2] D. 23, 395. – [3] D. 24, 75. – [4] D. 24, 76. – [5] D. 23, 298-299. – [6] D. 24, 39. – [7] D. 24, 78. – [8] D. 12, 810.

dern; es ist ja doch wohl nötig, daß irgendwer auch für alle dahin geht."[1] Selbst Hippolyt begreift dies dunkel,[2] für Markell aber wird der Gedanke zum Ausgangspunkt der Erlösung: „Möge ich ja auch schuldig sein vor allen, dafür verzeihen mir aber auch alle, und dies eben ist das Paradies."[3]

4. In diesem Bewußtsein muß ich richten über die fremde Schuld; aber ich kann es nur tun, indem ich mich selbst mitrichte. „Denn es kann ja auf Erden niemand Richter sein über einen Verbrecher, wenn nicht dieser Richter selbst zuvor eingesteht, daß auch er genau so ein Verbrecher sei wie der, der vor ihm steht, und daß vielleicht gerade er mehr als alle andern Schuld trägt an dem Verbrechen dessen, der vor ihm steht. Wenn er aber dies eingesehen hat, dann wird er auch Richter sein können."[4] In diesem Gedanken liegt ein Mittel gegen „die Entmutigung", die uns die „große Macht der Sünde, der Gottlosigkeit und der schlechten Umgebung" einflößen. „Eine einzige Rettung gibt es da für dich: Nimm dich und mache gerade dich verantwortlich für die ganze Sünde der Menschen!"[5] „Nur so wird euer Herz gerührt sein in der Liebe, die grenzenlos ist, alle Welt umspannt und keine Sättigung kennt."[6] Darum ist also alle Psychologie im Irrtum, ja selbst in der Sünde, die aus einer Art Wohlwollen die Schuld auf Krankheit „zurückführen" will: es *muß* gerichtet werden.[7] Dieses Wohlwollen ist tiefer Angst vor der eigenen Mitschuld.[8] Und die Einsicht in die eigene Schuld ist nicht ein gültiger Anlaß, andere freizusprechen, sondern nur, sich selbst im Herzen mitzuverurteilen. Aus diesem Irrtum der Psychologie ergibt sich die Tragik des Karamasof-Schlusses: der psychologische Advokat verteidigt so, daß er an die Tat selber glaubt, die Schuld aber durch „Milieu" wegerklärt, gerade darum aber wird Dimitrij von den „Bäuerlein", den Geschworenen, verurteilt. Für Dostojewskij kann es daher eigentliche Justiz auch nur dort geben, wo eine ausdrückliche Schuldgemeinschaft besteht, das heißt in der Kirche. Denn Kirche heißt eben diese Schuld- und Gewissensgemeinschaft, und so ist ein wirkliches Schuldbekenntnis nur vor dieser Gemeinschaft möglich, wie auch die einzige wirkliche Strafe, eben „die beschlossen ist im Bewußtsein des eigenen Gewissens".[9]

5. Das Schuldbewußtsein und -bekennen kann aber nur deswegen als Kirche sein, weil die Kirche von oben her je schon die Erlösung

---

[1] D. 25, 144. – [2] D. 16, 23. – [3] D. 24, 17-18. – [4] D. 24, 78. – [5] D. 24, 77. – [6] D. 23, 299. – [7] D. (P.) 12, 293 f. – [8] Ebd. 295. – [9] D. 23, 116-118.

von der Schuld gebracht hat in der Menschwerdung Christi. Indem die Gnade in die Menschennatur überhaupt eingezogen ist, kann das Schuldbekenntnis des Einzelnen zugleich auch die Bitte um Verzeihung an alle sein und das Verzeihen für alle und die vollendete circumincessio dieses Verzeihens ist dann, nach Markells Wort, das Paradies.

Die Erfassung der Notwendigkeit geschieht also hier nicht mehr auf dem hegelschen Wege, sondern ausdrücklich *im* Schuldbekenntnis selbst. „Denn dann wirst du alles in seiner Richtigkeit erschauen und schon nicht mehr streiten können."[1] Die Hybris des hegelschen Begriffs ist so ausgeschaltet. Nietzsche sagte einmal: „Der Fromme fühlt sich dem Unfrommen überlegen: an christliche Demut will ich glauben, wenn ich sehe, daß der Fromme sich vor dem Unfrommen erniedrigt."[2] Diese Erniedrigung vollzieht Sossima, wenn er vor dem lächerlich keifenden alten Wüstling zu Boden fällt und ihn um Verzeihung bittet.[3] Im mystischen Anschluß an solche Heiligen, in deren „Herzen das Geheimnis der Erneuerung für uns alle" beruht, sieht Aljoscha den Weg zum synthetischen Gut: „Und alle werden dann Heilige sein."[4]

Die Form des Aufdeckens der Schuld im existentiellen Bekennen ist als Form der Liebe das Gegenteil des Entlarvens: sie ist gleichzeitig das Zudecken, weil sie im Bekennen auch schon die Form des Verzeihens ergreift. Iwans Revolte gegen das Leiden verwandelt sich dabei in eine Furchtlosigkeit im Leiden, das als Strafe und zugleich schon als erlösendes Mitsühnen begriffen wird. „Ja, und was bedeutet denn eigentlich das Leiden?" fragt Dimitrij. „Ich fürchte es nicht, und wenn es unermeßlich wäre. Jetzt fürchte ich es nicht, früher fürchtete ich es."[5] Kirillofs „Alles ist gut" kann hier wieder erklingen, wo das Leiden zugleich als die Notwendigkeit aus der Schuld und als Aufhebung der Schuld erkannt wird: „Alles ist schön und herrlich, *weil alles die Wahrheit ist.*"[6] Darum auch das ausnahmslose Bejahen in der Liebe: „Brüder, fürchtet euch nicht vor der Sünde der Menschen, liebet den Nächsten auch in seiner Sünde, denn solches ist schon der Liebe Gottes ähnlich und steht über der Liebe auf Erden. Liebet die ganze Schöpfung Gottes, die ganze Welt und jedes Sandkörnchen auf Erden! . . . Wenn du aber jedes Ding liebst, dann wirst du auch das Geheimnis Gottes in den Dingen erfassen."[7]

---

[1] D. 24, 77. – [2] N. 11, 65. – [3] D. 23, 136-137. – [4] D. 23, 55-56. – [5] D. 25, 145. – [6] D. 24, 27. – [7] D. 24, 74.

Diese Erfassung der Notwendigkeit aber ist das Vorrecht der „Sünder und Zöllner", die *im* Wissen um ihre Schuld und ohne sie reflektierend, wie Iwan, aufzuheben, ihr Aufgehobensein in der Gnade erfassen. Der alte Trinker Marmeladof, der das letzte Geld seiner Familie vertrinkt und so seine Tochter ins Dirnentum treibt, ist das Urbild dieser unschuldigen Sünder Dostojewskijs. „Ich will mich stärker und bezeichnender ausdrücken", sagt er völlig betrunken in der Schenke, „nicht: sind Sie imstande, sondern: *wagen Sie*, wenn Sie mich in diesem Augenblicke ansehen, die bestimmte Versicherung abzugeben, daß ich kein Lump bin?"[1] „Kreuzigen sollte man mich, kreuzigen, aber nicht bedauern! Meinst du, Schankwirt, daß deine Flasche Schnaps mir ein Genuß war? Leid, Leid habe ich auf ihrem Grunde gesucht, Leid und Tränen, und die habe ich gefunden und gekostet. Mitleid aber wird nur der haben, der mit allen Mitleid hat und alle und alles versteht, Er, der Einzige, wird Richter sein. Er wird an jenem Tage kommen und fragen: ‚Wo ist deine Tochter, die sich um der bösen, schwindsüchtigen Mutter und der fremden Kinderchen willen zum Opfer gebracht hat? Wo ist deine Tochter, die mit ihrem irdischen Vater, einem verkommenen Säufer, Mitleid hatte?' ... Und Er wird sagen: ‚Komme zu mir, ich habe dir schon damals vergeben ..., denn du hast viel geliebt ...' Und Er wird alle richten und allen vergeben, den Guten und den Bösen, den Weisen und den Einfältigen. Und wenn Er dann mit allen fertig sein wird, dann wird Er auch zu uns sprechen: ‚Kommet zu mir', wird Er sagen, ‚auch ihr! Kommet her, ihr Säufer, kommet her, ihr Schwächlinge, kommet her, ihr Schamlosen!' ... Da werden die Weisen und die Klugen sprechen: ‚Herr, warum nimmst Du diese auf?' Und Er wird sagen: ... ‚Weil auch nicht einer sich dessen selbst für würdig gehalten hat ...' Herr, Dein Reich komme!"[2] Als später seine arme, vor Armut und Elend halb wahnsinnige Frau stirbt, holt man einen Geistlichen: „Einen Geistlichen habt ihr geholt? – Das war unnötig – Das kostet einen Rubel ... Sünden habe ich keine – Und Gott muß mir sowieso vergeben; Er weiß selbst, wieviel ich gelitten habe! – Und vergibt Er mir nicht, nun, dann nicht!"[3] Über die Mutter im „Jüngling" hat Guardini richtig gesagt: „Das Bewußtsein, alles sei Schuld, ist immerfort und gleichmäßig und schmerzend wach; dennoch tut sie nichts, den Zustand zu ändern, denn sie sieht nicht, wie er anders sein könnte. So nimmt sie das Ganze als unlösliche Verstricktheit

[1] D. 11, 23. – [2] D. 11, 36-37. – [3] D. 12, 666.

auf sich ... Ihre Frömmigkeit scheint darin zu bestehen, daß sie – stehen bleibt, ... stehen bleibt in der Schuld, von der sie weiß, daß sie nicht sein durfte, und doch nicht sieht, wie sie hätte nicht geschehen können."[1] Eben diese Mutter aber spricht zu ihrem Sohne: „Christus verzeiht alles, lieber Arkadi, auch deine Lästerung verzeiht er; und er verzeiht auch Leuten, die schlechter sind als du. Christus ist unser Vater; Christus bedarf nichts und er wird sogar in der tiefsten Finsternis hell strahlen."[2] Ihr erster Mann aber, den sie verlassen hat, Makar der Pilger, sagt über den Armen: „Sein Herz in der Brust ist ihm heiter und leicht; und auch wenn er sündigt und sich grob benimmt, ist ihm doch das Herz leicht."[3] Hierher gehört auch die reizende Erzählung vom „Ehrlichen Dieb".[4]

Stets aber sind es Typen aus dem „Volke", wenn man von den „Heiligen"-Typen wie Myschkin, Aljoscha, Tichon absieht. Dies aber zeigt, daß Volk für Dostojewskij letztlich der Ort ist, wo man um Schuldgemeinschaft weiß. „Volk", dieser als soziologische Kategorie, wie wir sahen, so widerspruchsvolle Begriff, erweist sich als eine im Grunde *theologisch* gemeinte Wirklichkeit. Wie denn auch die russische Volksidee nach Dostojewskij im tiefsten das Wissen um den mystischen Christus ist, um Leid und All-Erlösung im liebenden Schuldbekennen. Und erst aus *diesem* Wissen folgt sekundär der weltlich universalistische Aspekt dieser Idee. Denn für Dostojewskij ist die eigentliche Sendung des russischen Volkes die Sendung zur universalen *Kirche*. Daß er dabei chiliastisch an die Verwirklichung dieser Sendung denkt, Staat und Kirche utopisch vermengt, ist erst ein Weiteres, das die *Sendung* als solche noch nicht mitbesagt und das übrigens scharf genug vom „realistischen" Dostojewskij selbst in Frage gestellt bleibt.

„Volk" ist somit der Ort, wo die entscheidende Ergreifung der Notwendigkeit möglich ist, weil es der Ort der Kommunikation in der Schuld und damit der Ort der Erlösung ist. Die *„Schwere"* des Volksgrunds behält hier, von dieser theologischen Sicht aus, recht gegen die schwebende Existenz des einsamen Nietzsche. „Scheinbarkeit" ist das letzte Wort alles Denkens, das, absehend vom Theologischen, nur den existentialen Gehalt der Welt zum Gegenstand nimmt. Anders gesagt: alle Philosophie, die sich nicht selbst auf Theologie geordnet versteht, mündet in Idealismus. Dies kann aber nur soweit als Vorwurf gelten, als das absehende Nein immer zu-

---

[1] Der Mensch und der Glaube (1932), 56-57. – [2] D. 21, 455. – [3] D. 22, 150. – [4] D. 4, 157 f.

gleich ein abweisendes ist. Denn im „reinen" Absehen ergäbe sich die existentiale Qualität des restlos Übergänglichen (zumal wenn es im Widerspruch der zwei sich aufhebenden Wahrheitsrichtungen betrachtet wird) durchaus als „Scheinen". *Real* ist, über dies Scheinen hinaus, erst das absolute Angesprochensein in der Situation, welches aber, wie wir sahen, so wenig ein von „außen" herankommendes ist, daß es *zugleich* Antwort auf den dionysischen Grundwillen zum Leben in uns ist. In Nietzsche war es dieser Wille, der über allen Schein recht behielt:

> „Nur dir zum Ruhme, daß ich unverrückt
> Nach Leben, Leben, Leben lechze!",[1]

bekennt er der „Göttin Melancholie". Aber dies Lechzen ist nur das ungesättigte Lechzen Iwans, weil es von der „Melancholie", der „Schwermut" der Abweisung durchschnitten ist. Erst im Bekennen Dimitrijs strömt es frei aus: „In tausend Qualen bin ich, in der Folter quäle ich mich, aber ich bin! In der Finsternis sitze ich, aber ich bin am Leben, sehe die Sonne; und sähe ich sie nicht, so weiß ich doch, daß sie da ist."[2] Dieses Strömen aber hat seinen Ort im Volk, wo die *Realität* von Schuld und Erlösung ineinandergreift. „Wenn ich die Unwahrheit gesagt habe", ruft nochmals der betrunkene Marmeladof, „wenn der Mensch kein Schuft ist, – *der Mensch, das heißt das ganze Menschengeschlecht*, so folgt daraus, daß alles übrige nur *leere*, vorgefaßte Meinung ist, lediglich eitle Schreckgebilde, und daß es keinerlei Schranken gibt."[3] Iwan versucht die Ergreifung der Notwendigkeit ohne die Kommunikation; er muß dazu die Menschheit in zwei unverbundene Hälften teilen: die Erwachsenen in ihrer Schuld-Gemeinschaft und die „schuldlosen" Kinder. Aljoscha im Gegenteil fühlt sich im tiefsten solidarisch gerade mit den Kindern, mit den „bösen" (wie Iljuschka) so gut wie mit den guten. Myschkin ist großer Kinderfreund, obwohl er in den Walliserknaben wilde und tiefgrausame Wesen findet, die er erst zum Guten zu erziehen hat, das in ihnen schlummert. Dimitrij schließt am Ende jede Kluft zwischen den Schuldigen und den Kindern: „Denn alle sind an allem schuldig. An allen Kinderchen. Denn es gibt ja große und kleine Kinder. Alle sind ‚Kinderchen'."[4] Iwans Verstand ist ein wesentlich trennender Verstand;

[1] N. 8, 340. – [2] D. 25, 145. – [3] D. 11, 43 (von mir kursiv). – [4] D. 25, 144.

er nennt ihn „geometrisch" und „euklidisch" und sein Teufel sagt zu ihm: „Ich liebe euren irdischen Realismus. Hier bei euch ist alles scharf umrissen, da eine Formel, dort eine Geometrie . . ."[1] Aber was wäre das für eine Welt, fragt hier Nietzsche, „der man mit Hilfe unsrer viereckigen, kleinen Menschenvernunft endgültig beizukommen vermöchte?"[2] Und doch ist auch das ganze Poem Iwans „Der Großinquisitor" auf dieser euklidischen Trennung aufgebaut: Zunächst auf der progressiven Trennung von Masse und Übermensch, wie Nietzsche selbst sie forderte. Aber diese selbst ist nur möglich auf der Voraussetzung einer andern: der von Christus (als historischer Gestalt, die ganz unvermutet und rein von außen her plötzlich wiederkehrt) und seinem „Leibe", der Kirche, die unter der Verführung des Übermenschen längst nicht mehr christlich ist. Darum ist der ganze Großinquisitor widerlegt vom (theologischen) Begriff des Volkes als dem Orte der Kommunikation in der Schuld. Der schweigende Kuß Christi am Schluß gibt diese Widerlegung nur erst im Symbol: er legt um die ganze euklidische Welt des Inquisitors eine aufhebende Klammer. Aber wenn dann am Ende des Gesprächs Aljoscha aufsieht und den Bruder leise auf die Lippen küßt, dann kann sich Iwan zwar scherzend wehren: „Das ist literarischer Diebstahl!", es ist gleichwohl die erste Herstellung von Kommunikation für ihn selbst: „Weißt du, Aljoscha, . . . wenn es mich tatsächlich zu den klebrigen Blättchen hinziehen wird, so werde ich sie nur in der Erinnerung an dich lieben . . . Wenn du willst, nimm das an, wenn auch nur als eine Liebeserklärung."[3] Diese Kommunikation ist ganz konkret: von diesem Menschen zu diesem Menschen. Und doch erfaßt sie eben so, nach Marmeladofs Wort, *den* Menschen und damit *das* Menschengeschlecht. Sie steht damit in entscheidendem Gegensatz zur abstrakten Menschheitsliebe des Atheismus, von der Dostojewskij an zahlreichen Stellen immer wieder betont, daß sie in eben dem Maße zunehme, als die konkrete Menschenliebe abnehme.

Dies alles führt uns entschieden in eine christliche Metaphysik von der Erbsünde hinein, die aus Dostojewskijs Werk als dessen innerster Sinn loslösbar ist.[4] Dieser Begriff der Erb- oder Geschlechts-Sünde ergibt sich am deutlichsten von der unrückführbaren Doppelseitigkeit des grundlegenden Nein als Wahl und als Zu-

[1] D. 25, 230. – [2] N. 5, 330. – [3] D. 23, 482. – [4] Wir sagen natürlich damit keineswegs, daß die Erbsünde als solche ohne Offenbarung erkennbar wäre.

stand. Als „Wahl“ ist es unverkennbar ethisch und in keiner Weise als ein rein „vitales“ Faktum „enthüllbar“. Als „Zustand“ aber ist es das im wörtlichen Sinn Un-vor-denkliche, das bis in die letzten Existenzgründe hinunterreicht. Aber entscheidend ist erst das Zugleich von Wahl und Zustand. Als Wahl ist es das Individuelle, als Zustand aber das Naturhafte, Menschheitliche; beides läßt sich nur so vereint denken, daß der Zustand selbst schon eine radikale Wahl, ein Sich-solidarisch-Erklären mit allen Gliedern des *einen* Geschlechts einschließt: der Wille zum Bösen, den Dostojewskij seit den Kellerschlupf-Aufzeichnungen auf dem Grunde der individuellen Seelen entdeckt hat, dieser Wille zum Bösen ist genauer genommen ein Wille zur Solidarität im Bösen und ruht auf der notwendigen circumincessio aller Freiheiten des einen Geschlechts. Myschkin fragt einmal: „Woher wissen Sie, . . . welche Bedeutung diese Einverleibung einer Persönlichkeit in die andere für die Schicksale der andern Persönlichkeit haben wird? . . . Indem Sie Ihre . . . gute Tat irgendwie ausstreuen, geben Sie einen Teil Ihrer Persönlichkeit weg und nehmen einen Teil einer andern in sich auf; Sie verleiben sich wechselseitig einer dem andern ein.“[1] Und Dostojewskij notiert sich selber: „Man versuche doch zu teilen, versuche doch einmal festzusetzen, wo die eigene Persönlichkeit aufhört und die andere anfängt! . . . Im Christentum ist schon die Frage undenkbar.“[2] Den tiefen Willen zur Solidarität in der Schuld hat Dostojewskij an der unheimlichen Gestalt der jungen Lisa, die Aljoscha liebt, dargestellt. Lisa steht an jenem Abgrund, wo es einen unwiderstehlich gelüstet, das Böse zu tun, und einzig darum, weil es böse ist. So erkennt sie zunächst ihre geheime Solidarität mit allem Bösen. Sie hat irgendwo gelesen, daß ein Jude einem vierjährigen Knaben erst alle Finger abgeschnitten und ihn hernach gekreuzigt hatte. „Das ist schön!“ „Schön?“ „Ja! Ich glaube bisweilen, daß ich selber da das Kind kreuzigte. Es hängt da und stöhnt, ich aber sitze ihm gegenüber und esse Ananaskompott.“ Und von dieser Entdekkung aus findet sie die allgemeine Solidarität im Bösen. „‚Es gibt Augenblicke, da lieben die Menschen das Verbrechen‘, sprach in Gedanken Aljoscha. ‚Ja! Ja! Sie haben meinen Gedanken ausgesprochen, man liebt das Verbrechen, alle lieben es und immer lieben sie es, nicht nur auf Augenblicke . . . Alle sagen, daß sie das Böse hassen, heimlich aber lieben sie es . . . Hören Sie: Jetzt wird

---

[1] D. 16, 48. – [2] D. (P.) 12, 340-341.

man Ihren Bruder dafür richten, daß er seinen Vater erschlug, und alle sind froh darüber, daß er es tat . . ., ich zuallererst!' ‚In Ihren Gedanken hinsichtlich aller ist ein wenig Wahrheit', sprach leise Aljoscha. ‚Ach, was für Gedanken Sie haben', kreischte vor Entzücken Lisa. ‚Und das bei einem Mönche.'"[1] Und als Iwan, fiebernd, vor Gericht den wahren Mörder offenbaren will, entfährt ihm das Wort: „Wer wünscht denn nicht den Tod seines Vaters?"[2] Man weiß, welch tiefes Erleben Dostojewskijs hinter solchen Worten und dem ganzen Solidaritätsproblem steht: Er hatte seinen Vater, einen liederlichen Trinker, gehaßt, und als ihm die Meldung von seiner Ermordung zukam, brach er so zusammen, daß er den ersten Anfall seiner Krankheit erlebte.

Die Erb-Sünde ist somit nicht nur das persönliche Nein, sondern zugleich das persönliche Ja zum Nein des Geschlechts, bis dazu hin, daß der Einzelne nicht „erlöst" sein möchte, wenn es nicht auch das Geschlecht wäre, oder in der extremen Fassung Berdjajews: bis zur Unerträglichkeit der Seligkeit, wenn einer vom Geschlecht in der Hölle wäre. Dostojewskijs Erzählung „Das Zwiebelchen" erzählt umgekehrt von einer bösen Alten in der Hölle, die ihr Engel an einem Zwiebelchen aus den Flammen zieht, weil sie diese Zwiebel einmal einer Bettlerin geschenkt. Aber da hängen sich die übrigen Verdammten an sie, sie versucht sie abzuschütteln und – fällt in die Flammen zurück.[3] An der Legende wird zwar deutlich, daß Sünde *als solche* das Egoistische ist, der Abbruch der Kommunikation, die Verweigerung des Übergebens. Aber das Schicksal Iwans zeigt, wie in diesen Egoismus das Dialogische wider Willen einbricht und dies gerade auf dem Weg einer solidarischen Schuld.

Wie ist bei solcher Sachlage der Begriff einer Erlösung überhaupt vollziehbar? Nicht anders, als indem *tiefer* als der Wille zur Schuldgemeinschaft ein Wille zur Heilsgemeinschaft sich ins Herz der Menschheit einpflanzt. Hier gilt das Wort des Römerbriefs: „Wie also durch des einen Menschen Sünde alle als Sünder begründet wurden, so wurden auch durch des einen Gehorsam alle als Gerechte begründet."[4] Aber dieser eine Gerechte ist eben der mystische Christus, Haupt und Leib, auf dessen Realität Dostojewskij ja seine ganze Weltansicht gründet. Diesen Christus, der auch mit den Tieren ist, verkündet der Starez, „denn für alle ist ja das Wort, jede Schöpfung und jedes Wesen, jedes Blättchen

[1] D. 25, 128-130. – [2] D. 25, 317. – [3] D. 24, 137-138. – [4] Röm. 5, 19.

strebt hin zum Worte, singt Gottes Ruhm und weint zu Christus".[1] Dieser Christus ist es auch, den Aljoscha am entscheidenden Punkt seines Gesprächs mit Iwan gegen dessen „Ablehnung der Welt" geltend macht. „Du sagtest soeben: ‚Ist denn auf der ganzen Welt ein Wesen, das (den Kinderquälern) verzeihen könnte und ein Recht dazu hätte?' Aber dieses Wesen lebt ja und Es kann alles verzeihen, allen und jedem und für alles, weil Es ja selber sein unschuldiges Blut dahingab für alle und alles. Du hast Seiner vergessen, auf Ihm aber ist ja gerade der Bau gegründet und Ihm gerade rufen sie zu: ‚Gerecht bist du, Herr!'"[2] Iwan beteuert zwar, er habe „Ihn" durchaus nicht vergessen und seit langem auf den Einwurf gewartet, und gegen ihn habe er erst seinen subtilsten Angriff, eben den „Großinquisitor". Sieht man aber näher zu, so erscheint dieser Übergang fast wie ein stilistischer Kniff Dostojewskijs, um den „Großinquisitor" einzuleiten. Denn dieser bringt in Wahrheit keineswegs die Widerlegung des Einwurfs, sondern schneidet eine ganz neue Frage an, die zwischen Kirche und Welt. Antwort wäre sie nur in dem allgemeinsten Sinn, daß hinter dem ganzen „Großinquisitor" die Leugnung Gottes und damit auch der Gottheit Christi steht. Aber diese Antwort ist keine Widerlegung.

Aljoschas Lösung ist auch die Dostojewskijs. Nur die Ratifikation der Erlösung des Geschlechts kann den Willen zur Schuldgemeinschaft entwurzeln. Tiefer im Herzen der Menschennatur als Adam ist Christus. Und nun verstehen wir auch, wie es möglich war, daß in der Schuld, die doch das wesentlich Egoistische ist, eine Kommunikation überhaupt bestehen konnte: In der Erkenntnis der Gemeinsamkeit der Schuld und im Willen zur Solidarität in ihren Folgen („es nicht besser haben wollen als die andern") liegt *tiefer* schon ein Wille des Für-einander-Leidens, der in seiner Wurzel Hingabe, Liebe, Erlösung ist. An diesem Kreuzpunkt der beiden Gemeinschaften liegt der für Dostojewskij so entscheidende Begriff des *Willens zum Leiden*.

Schon bei Nietzsche war dieser zweideutig gewesen. Denn einerseits gibt er sich deutlich als Schwächesymptom. Daneben aber steht eine Reihe von Aussprüchen, die ihn durchaus positiv bewerten: „Der Wille zur Macht strebt . . . nach Widerständen, nach Unlust. Es gibt also einen Willen zum Leiden im Grunde alles organischen Lebens."[3] In den Plänen zu den sieben Einsamkeiten wird

---

[1] D. 24, 28. – [2] D. 23, 450. – [3] N. 13, 274.

die höchste, siebente, also beschrieben: „Müdewerden, Stillwerden. Geheiligt durch Leiden. Trostlied. Der Wille zum Leiden und zur Vertiefung des Leidens. Diese ganze Not, im Widerwillen gegen das Leiden, kam aus dem Gefühl, daß die Kraft noch nicht zureichte ... Der Wille zum Leiden ist sofort da, wenn die Macht groß genug ist.“[1] „Hauptlehre: In *unserer* Macht steht die Zurechtlegung des Leidens zum Segen, des Giftes zu einer Nahrung. Wille zum Leiden.“[2] „Gibt es vielleicht ein Leiden an der Überfülle selbst?“[3]

Dostojewskij überträgt diese Problematik ins Christliche. Zuerst wird ein Wille zum Leiden als Trieb ins Dunkle, Chaotische einfach festgestellt: „Vielleicht liebt der Mensch gar nicht allein das Wohlbefinden? Vielleicht liebt er genau ebensosehr das Leiden? ... Das ist eine Tatsache.“[4] Dann erscheint dieser Trieb ins Dunkle geheimnisvoll eins mit dem „Verneinungsbedürfnis“, das gerade das Verehrteste in seinem Herzen schänden möchte, wie es in der Studie über den „Büßer“ erscheint.[5] Dostojewskij hat im Religiösen selbst diesen Instinkt der Grausamkeit wiedergefunden, als den Nietzsche das Religiöse „entlarvt“ zu haben glaubte. „Der größte Schandkerl ... ist unzufrieden mit sich, ... und dafür rächt er sich an den andern. Er martert sich, er tobt gegen sich und alles Gute in ihm und um ihn, bis er, unter ständigem Kampf gegen den in seinem Herzen sich ansammelnden Schmerz, und doch zugleich sich wie berauschend an ihm, diese letzte Grenze erreicht. Wenn er aber dann, schon über dem Abgrund hängend, sich doch noch aufzurichten vermag, so straft er sich selbst am grausamsten.“[6] In Marmeladof begegnete uns schon diese Selbstberauschung am eigenen Schmerz und das absichtliche Sündigen in diesen Schmerz hinein. Aber hier kehrt sich für Dostojewskij die Deutung um: schien eben noch der Wille zum Leiden sich als Wille zur Schuld zu enthüllen, so ist es jetzt umgekehrt der Wille zur Schuld, der auf seinem Grund einen mißverstandenen Willen zum Leiden birgt. Der Wille, Gott in seinem Herzen weh zu tun, ist schon hineingenommen in einen tieferen Willen, mit Gott dieses Weh zu erleiden. In diesem Übergang steht das Bekenntnis: „Ich glaube, das hauptsächlichste, das ursprünglichste geistige Bedürfnis des russischen Volkes ist das Bedürfnis, zu leiden, ewig und unersättlich, überall und in allem.“[7] Dies Wort soll die Erklärung für die Perver-

[1] N. 14, 294-299. – [2] N. 14, 266. – [3] N. 1, 2. – [4] D. 3, 54. – [5] D. (P.) 12, 309. – [6] Ebd. 313. – [7] Ebd. 310.

sionen im Volke selbst enthalten; und es ist, wie die Folge zeigt, durchaus religiös gemeint. Aber gerade darum kann Dostojewskij diesen Willen zur Leid- und Sühnegemeinschaft selbst nur von der Gnade Christi her verstehen: Erst wo jener Bursche auf die Hostie anlegt, erscheint ihm plötzlich in ihr der Gekreuzigte. Es ist also kein blinder Trieb ins Dunkle, wie Nietzsches Grausamkeitsinstinkt. „Denn zum Glücke sind die Menschen ja geschaffen", sagt Sossima. „Alle Lehrer, alle Heiligen, alle heiligen Märtyrer sind glücklich gewesen."[1] Sondern es ist im Letzten ein Geführtwerden durch die „unvordenkliche Schuld" in das immanente Leiden dieser Schuld, das aber je schon das erlösende Mit-Leiden ist.

In dieser Situation geschieht also die Erfassung der Notwendigkeit. Von einer „logischen", hegelschen Notwendigkeit kann aber dabei nicht mehr die Rede sein, wo gerade die Schuld aus dem „Euklidischen" herausgeführt hat und der Kuß Christi als das Unbegreiflichste, Ungesollteste die ganze Schuld umklammert. Es kann also nur *in* der Schuld die Not-Wendigkeit der Liebe erfaßt werden, wie der sinkende Petrus nach der Hand des Herrn griff. Dies Greifen geschieht im Übergehen aus dem gesamten Widerspruch des Endlichen und seinem doppelten Nein und seiner bösen Selbstverzehrung. Als der Kellerschlupfmensch tobend gegen die Kerkerwände seines Lebens gewütet, schließt er: „Das Endresultat, meine Herren, ist dieses: das Beste ist, nichts zu tun! Das Beste ist eine beschauliche Untätigkeit! Und also: es lebe die Abgeschiedenheit! ... Ach, ich lüge ja auch hier! Ich lüge, weil ich selbst so sicher wie ‚Zweimal zwei ist vier' weiß, daß das Beste ganz und gar nicht die Abgeschiedenheit ist, sondern etwas anderes, etwas ganz anderes, wonach ich dürste, was ich aber absolut nicht zu finden vermag. Hol der Teufel die Abgeschiedenheit! Ich will Ihnen sagen, was das Beste wäre: wenn ich selbst etwas von all dem glaubte, was ich jetzt niedergeschrieben habe."[2] Was der Rasende nicht zu fassen bekommt, ist der Fußbreit Realität jenseits des sinnlos sich zerstörenden Meeres der Scheinbarkeit. Diese Realität aber ist Gnade, und Gnade will er nicht fassen – lieber ertrinken!

Wenn aber Sossima die höchste Notwendigkeit jenseits von Gut und Böse faßt, so tut er es weder mit der „euklidischen" Kälte Iwans noch auch mit der „Ungeniertheit" eines Marmeladof. Er tut es „in der Schüchternheit seines Herzens", das zwar seiner Sache so gewiß

[1] D. 23, 100. – [2] D. 3, 58-59.

ist, als ein Herz es nur sein kann, das aber, weil es doch ein „schüchternes Herz“ ist, die andere Möglichkeit offen läßt. Die Pein der Hölle, meint er, ist es, nicht mehr lieben zu können. Würden nun auch die Gerechten aus dem Paradiese den Verdammten verzeihen, „so würden sie doch gerade dadurch noch mehr die Leiden der Verdammten steigern, denn sie würden ja in ihnen die Flamme des Durstes noch heftiger schüren nach antwortender, tätiger und dankbarer Liebe, die nun schon unmöglich ist. In der Schüchternheit meines Herzens meine ich freilich, daß allein schon die Erkenntnis dieser Unmöglichkeit ihnen endlich auch noch zur Erleichterung dienen würde; denn wenn sie die Liebe der Gerechten aufnahmen im Bewußtsein ihrer Unfähigkeit, sie zu erwidern, so werden sie in dieser Ergebenheit und in der Verwirklichung solcher Demut schließlich gewissermaßen eine Vorstellung gewinnen von jener tätigen Liebe, die sie auf Erden verschmähten, und sie werden dann auch eine Wirkung erleben, die der jener wenigstens ähnlich ist“.[1] Aber nachher läßt der Starez für die absolute, ewige Selbstverzehrung des Hochmuts eine Möglichkeit offen. Er tut es in dem selben Sinn, wie Makar der Pilger sagt: „Aber wie sollte es denn keine Gottlosen geben? . . . Ich habe zu wiederholten Malen von ihnen gehört; aber zusammengetroffen bin ich mit ihnen überhaupt noch nicht.“[2] Das „schüchterne Herz“ läßt die Möglichkeit offen, obwohl es von ihr nichts weiß.

In diesem letzten Nein, das die Kreatur zur eigenen Erfassung ihrer absoluten Synthesis sagt und das nichts mehr anderes ist als die Übergabe des Ja an Gott allein, finden sich Nietzsche und Dostojewskij ein letztesmal. Auch Nietzsches Nein war zuletzt das Verbot, nach einem Apfel zu greifen, der der Kreatur versagt ist: Sein Nein war ein Ja zur Erde in ihrer Unverkürztheit: „Ich beschwöre euch, meine Brüder, bleibt der Erde treu und glaubt denen nicht, welche euch von überirdischen Hoffnungen reden!“[3] Aber Dostojewskij weiß es anders: Nur das Angesprochensein durch die Ewigkeit kann der Erde ihr wahrhaft Irdisches geben: das Übergängliche, das ihre Wahrheit ist. „Die Unsterblichkeit, die ein ewiges Leben verheißt, verbindet den Menschen um so mehr, um so fester mit der Erde.“[4]

---

[1] D. 24, 83. – [2] D. 22, 150-151. – [3] N. 6, 13. – [4] D. (P.) 12, 333.

Mit Erlaubnis der kirchlichen und Ordensoberen